Obra Completa de C.G. Jung
Volume 5

Símbolos da transformação

CB052541

Comissão responsável pela organização do lançamento da
Obra Completa de C.G. Jung em português:
Dr. Léon Bonaventure
Dr. Leonardo Boff
Dora Mariana Ribeiro Ferreira da Silva
Dra. Jette Bonaventure

*A comissão responsável pela tradução da Obra Completa de
C.G. Jung sente-se honrada em expressar seu agradecimento à
Fundação Pro Helvetia, de Zurique, pelo apoio recebido.*

Dados Internacionais de Catalogação na Publicação (CIP)
(Câmara Brasileira do Livro, SP, Brasil)

Jung, Carl Gustav, 1875-1961.
    Símbolos da transformação: análise dos prelúdios de uma
esquizofrenia / C.G. Jung ; tradução de Eva Stern ; revisão
técnica Jette Bonaventure. 9. ed. – Petrópolis, Vozes, 2013.
    Título original: Symbole der Wandlung : Analyse des
Vorspiels zu einer Schizophrenie
    Bibliografia.
    ISBN 978-85-326-1348-6
    1. Mãe e filho 2. Psicanálise 3. Psicanálise e literatura
4. Sexo (Psicologia) 5. Simbolismo (Psicologia)
6. Subconsciente I. Bonaventure, Jette II. Título.

06-9080   CDD-150.1854

Índices para catálogo sistemático:
1. Psicanálise : Sistema junguiano : Psicologia
150.1854

C.G. Jung

Símbolos da transformação

5

4ª Reimpressão
Junho/2016

EDITORA
VOZES

Petrópolis

© 1973, Walter-Verlag, AG Olten

Título original em alemão: *Symbole der Wandlung – Analyse des Vorspiels zu einer Schizophrenie* (Band 5)

Editores da edição alemã:
Marianne Niehus-Jung
Dra. Lena Hurwitz-Eisner
Dr. Med. Franz Riklin
Lilly Jung-Merker
Dra. Fil. Elisabeth Rüf

Direitos exclusivos de publicação em língua portuguesa:
1986, Editora Vozes Ltda.
Rua Frei Luís, 100
25689-900 Petrópolis, RJ
www.vozes.com.br
Brasil

Diretor editorial
Frei Antônio Moser

Editores
Aline dos Santos Carneiro
José Maria da Silva
Lídio Peretti
Marilac Loraine Oleniki

Secretário executivo
João Batista Kreuch

Tradução: Eva Stern
Revisão literária: Orlando dos Reis
Revisão técnica: Dra. Jette Bonaventure

Diagramação: AG.SR Desenv. Gráfico
Capa: 2 estúdio gráfico

ISBN 978-85-326-2424-6 (Obra Completa de C.G. Jung)

ISBN 978-85-326-1348-6 (Brasil)
ISBN 3-530-40705-4 (Suíça)

Editado conforme o novo acordo ortográfico.

Este livro foi composto e impresso pela Editora Vozes Ltda.

Sumário

Prefácio dos editores

Temos o prazer de apresentar o volume 5 da Obra Completa de Jung. Como se depreende do conhecido título, ele contém exclusivamente a versão completa e definitiva de uma das obras mais importantes e avançadas de C.G. Jung.

Pelos três prefácios escritos pelo autor para edições anteriores, o leitor perceberá o que há de essencial na evolução deste livro, cuja elaboração se estendeu por quase 40 anos. Um breve resumo de dados de natureza mais técnica completa a "biografia" da obra.

Em 1911 apareceu a primeira parte do estudo (até o capítulo V: O canto da mariposa, inclusive), sob o título *Wandlungen und Symbole der Libido. Beiträge zur Entwicklungsgeschichte des Denkens,* em forma de artigo e sem ilustrações, no *Jahrbuch für psychoanalytische und psychopathologische Forschungen,* volume III, editado por Eugen Bleuler e Sigmund Freud.

Em 1912 seguiu-se a segunda parte completa, no *Jahrbuch* IV, enriquecida com nove reproduções de figuras. No mesmo ano, a Editora Franz Deuticke, de Leipzig e Viena, publicou uma *separata* em forma de livro, que compreendia 413 páginas de textos e 9 de índice (novo).

Em 1925 esta separata foi publicada pela segunda vez, "sem alterações, por motivos técnicos", mas com o prefácio datado de novembro de 1924; em 1938 foi reeditada pela terceira vez.

Em 1952 o principal editor de Jung, Rascher, de Zurique, publicou a nova edição, elaborada em 1950, sob o título *Symbole der Wandlung. Analyse des Vorspiels zu einer Schizophrenie,* sendo apresentada como 4. ed., refundida e compreendendo 769 páginas – incluindo 300 ilustrações – e 50 páginas de índice. O autor deixou a seleção e o arranjo das figuras a cargo de sua colaboradora Dra. Jolande Jacobi, em cujo ano de morte sai agora este volume 5. Decidimos reduzir o elevado número de figuras da edição original a conselho de Walter-Verlag e acompanhando a edição em língua inglesa, a fim de manter o preço da volumosa obra dentro de limites razoáveis.

Como nos volumes precedentes, verificamos todas as citações, completamos dados e traduzimos para o alemão textos que antes haviam ficado na língua original. O leitor os encontrará diretamente no texto ou em notas de rodapé (indicados por colchetes como acréscimos dos editores), ou no apêndice. Onde pudemos aproveitar uma tradução já publicada, sua fonte é mencionada em seguida à citação assim como na bibliografia. Também no apêndice apresentamos uma tradução completa das fantasias e comentários de Miss Miller, publicados em francês por Théodore Flournoy em 1906, independentemente das citações isoladas que aparecem no texto.

Foi extremamente interessante comparar o texto original de 1911-1912 com a edição definitiva de 1952, parágrafo por parágrafo. Expor detalhadamente os resultados desta comparação ultrapassaria de muito os moldes de um prefácio. Temos de limitar-nos a alguns exemplos:

A nova versão como um todo é mais ampla. Muitos trechos novos foram introduzidos e, por outro lado, páginas inteiras foram suprimidas. Praticamente em todos os parágrafos encontramos modificações, acréscimos ou cortes.

Estilisticamente notam-se maior simplicidade e precisão. A distância no tempo trouxe também maior distanciamento de expressão. A ideia fundamental amadureceu por completo: frequentemente – aqui e ali talvez lamentavelmente – deixando de mostrar um processo de pensamento, esclarecimentos, exemplos e comparações. Mas em outros trechos o novo texto se tornou menos abstrato e "difícil".

A terminologia da psicanálise e psiquiatria da época foi abandonada. O tema foi exposto sob um aspecto mais amplo. Com o avançar da idade o autor torna-se mais pessoal, mais ponderado na forma de expressão, mais reservado no julgamento, menos agressivo. Em compensação, usa com tanto mais firmeza os termos criados por ele mesmo (como arquétipo, animus-anima, sombra, si-mesmo), explicando-os e, através deles, o tema.

Quanto ao conteúdo, o leitor percebe nitidamente como o autor evoluiu de uma concepção concretista para uma conceituação simbólica do material, que o próprio Jung realizou e postulou para a compreensão da libido (no sentido de energia psíquica dirigida ao invés de mera sexualidade), exatamente neste livro. Assim, por exemplo, em lugar de "desejo incestuoso" fala-se de "regressão da libido", fala-se menos da "mãe" (pessoal) que do "inconsciente". À medida que a crítica à teoria psicanalítica ortodoxa da libido se torna mais evidente e específica, aumentam o desprendimento e a independência. Na seleção das amplificações o autor se torna mais severo e, ao mesmo tempo, mais decidido em sua classificação. "Suposições" sobre inter-relações são substituídas e comprovadas por afirmações positivas.

Também a modificação do título e subtítulo indica claramente a mudança de conceituação e de objetivo.

Finalmente, queremos agradecer à Casa Editora pela colaboração dedicada e às senhoras Elisabeth Imboden-Stahel e Lotte Boesch-Hanhart pelo consciencioso trabalho na elaboração dos índices de assuntos e de autores.

Verão de 1973

Os editores

Prefácio à quarta edição

Há muito tempo eu sabia que este livro, escrito há trinta e sete anos, necessitava de uma revisão. Mas os afazeres profissionais e minha atividade científica não me deixavam tempo suficiente para dedicar-me a esta tarefa tão desagradável quanto difícil. Idade e doença desobrigaram-me finalmente de meus compromissos e me proporcionaram o lazer necessário para analisar os erros de minha juventude. Nunca me senti feliz com este livro, e muito menos satisfeito com ele: ele foi escrito, por assim dizer, em cima do joelho, em meio à agitação e à labuta do exercício da medicina, sem o tempo e os meios disponíveis. Tive de reunir meu material às pressas, onde quer que o encontrasse. Não havia possibilidade de deixar minhas ideias amadurecerem.

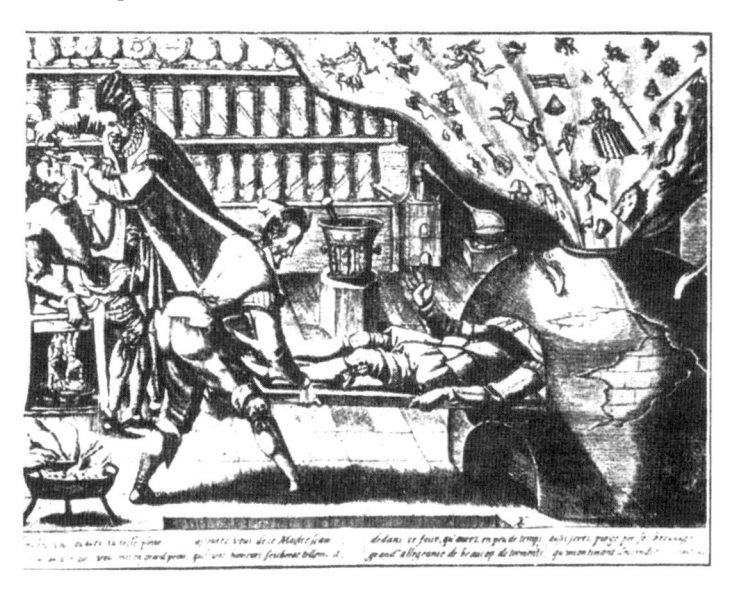

Fig. 1 – Expulsão dos demônios. Gravura anônima (século XVII)

Tudo se abateu sobre mim como uma avalanche, que também não pode ser detida. Só mais tarde compreendi a urgência inerente ao empreendimento: era a explosão de todos aqueles conteúdos anímicos que não encontravam lugar na estreiteza sufocante da psicologia e da filosofia de Freud. Está longe de mim tentar minimizar os extraordinários méritos de Freud no estudo da psique individual. Mas o molde dentro do qual Freud estendeu o fenômeno anímico pareceu-me insuportavelmente estreito. Não me refiro em hipótese alguma à sua teoria das neuroses, que pode ser tão estreita quanto quiser desde que se adapte ao material de experiência − ou à sua teoria dos sonhos, sobre a qual as opiniões podem divergir em boa paz; eu me refiro ao causalismo redutivo de suas teorias em geral e ao fato de praticamente não levar em consideração a finalidade tão característica de tudo o que é psíquico. O trabalho de Freud *Die Zukunft einer Illusion,* de data posterior, dá contudo uma ideia clara sobre seus conceitos, que se movem dentro dos limites do racionalismo e do materialismo científico característicos do fim do século XIX.

Como era de esperar, o livro nascido sob tais circunstâncias consistiu de fragmentos maiores e menores, que eu consegui reunir só insuficientemente. Foi uma tentativa só parcialmente sucedida de criar um espaço maior para a psicologia médica, a fim de incluir a totalidade do fenômeno psíquico. Um de meus objetivos principais foi libertar a psicologia médica do caráter subjetivo e personalista com que era considerada na época, ao menos a ponto de tornar possível compreender o inconsciente como uma psique objetiva e coletiva. O personalismo das ideias de Freud e de Adler, paralelo ao individualismo do século XIX, não me satisfazia porque, com exceção da dinâmica dos instintos (um tanto negligenciada por Adler), não deixava lugar para fatos objetivos e impessoais. Nestas circunstâncias, Freud não conseguiu admitir uma justificativa objetiva para minhas experiências, fazendo-o suspeitar de motivos pessoais.

Assim, este livro se tornou um marco, colocado no lugar onde dois caminhos se separaram. Por sua imperfeição e suas falhas, ele se transformou no programa dos próximos decênios de minha vida. Mal terminara o manuscrito, assaltaram-me dúvidas sobre o que significa viver com um mito ou sem ele. O mito é aquilo a que se refere um dos Santos Padres: "Quod ubique, quod semper, quod ab omnibus creditum est" (Aquilo que é acreditado em toda parte, sempre e por todos), portanto, aquele que pensa viver sem mito ou fora dele, constitui uma exceção. Ele é, na verdade, um erradicado, que não tem contato verdadeiro nem com o passado, a vida dos ancestrais (que sempre vive em seu seio), nem com a sociedade humana do presente. Não mora numa casa com os outros, não come e não bebe igual aos outros, mas vive uma vida isolada, envolto numa ilusão subjetiva elaborada por seu intelecto, e que lhe parece a verdade recém-descoberta. Este capricho da razão não abala suas entranhas; ocasionalmente só lhe vira o estômago, porque este considera tais elucubrações mentais como um bocado bastante indigesto. A alma não é de hoje! Sua idade conta muitos milhões de anos. A consciência individual é apenas a florada e a frutificação própria da estação, que se desenvolveu a partir do perene rizoma subterrâneo, e se encontra em melhor harmonia com a verdade quando inclui a existência do rizoma em seus cálculos, pois a trama das raízes é mãe universal.

O mito parecia-me ter um sentido, que eu não captaria se vivesse fora dele, na névoa de minhas próprias especulações. Eu me senti compelido a perguntar-me com toda seriedade: "O que é o mito que você vive?" Não achei a resposta e tive de confessar-me que na verdade eu não vivia nem com um mito nem dentro de um mito, e sim numa nuvem insegura de possibilidades de conceitos, que eu olhava, aliás, com desconfiança crescente. Eu não sabia que vivia um mito e, mesmo se soubesse, não teria reconhecido o mito que minha vida tecia por cima de minha cabeça. Veio-me então, naturalmente, a decisão de conhecer "meu mito". E considerei isto como tarefa por excelência, pois – assim eu me dizia – como poderia prestar contas corretamente de meu fator pessoal, de minha equação pessoal, diante de meus pacientes, se nada sabia a respeito, e sendo isto, no entanto, tão fundamental para o reconhecimento do outro? Eu precisava saber que mito inconsciente e pré-consciente me moldava, isto é, de que rizoma eu provinha. Esta decisão levou-me àqueles longos estudos sobre os conteúdos subjetivos produzidos por processos inconscientes, e ao desenvolvimento dos métodos que em parte possibilitam, em parte auxiliam a investigação prática das manifestações do inconsciente. Aqui, então, eu descobri gradativamente as inter-relações que deveria ter conhecido antes, para unir os fragmentos de meu livro.

Não sei se consegui desvencilhar-me da tarefa agora, depois de decorridos trinta e sete anos. Tive de desembaraçar-me de muita coisa e preencher muitas lacunas. Foi impossível manter o estilo de 1912, isto é, tive de incluir muitos dados que eu só descobrira anos depois. Mesmo assim, apesar de uma série de modificações radicais, tentei conservar o máximo possível do edifício original, para preservar a continuidade com edições anteriores. Apesar de alterações consideráveis, não se pode dizer que escrevi outro livro. Isto é impossível já porque a obra toda, a rigor, representa apenas um comentário razoavelmente detalhado sobre a análise "prática" do pródromo de uma esquizofrenia. A sintomatologia deste caso constitui o fio de Ariadne através dos labirintos de paralelas simbolísticas, isto é, através das amplificações indispensáveis para a constatação do sentido das inter-relações arquetípicas. Quando se analisam tais paralelizações, elas exigem muito espaço, razão por que descrições casuísticas constituem tarefas difíceis. Mas isto é natural: quanto mais nos aprofundamos, tanto mais o fundamento se alarga. Obviamente ele não se torna mais estreito e em hipótese alguma termina numa ponta, como por exemplo num trauma psíquico. Tal teoria exigiria o conhecimento prévio da alma traumaticamente afetada, que ninguém possui, e que precisa ser adquirido laboriosamente pela exploração do verdadeiro inconsciente. Para isto é necessário amplo material de comparação, sem o qual também a anatomia comparada nada pode fazer. Com o conhecimento de conteúdos subjetivos do consciente nada sabemos ainda sobre a psique e sua verdadeira vida subterrânea. Como em toda ciência, também na psicologia o trabalho de pesquisa exige conhecimentos bastante extensos. Um pouco de patologia e teoria das neuroses é totalmente insuficiente, pois esta área do conhecimento médico sabe apenas de uma doença, mas desconhece totalmente a alma que está doente. Este mal eu quis ajudar a remediar com o presente livro, na medida de minhas possibilidades – ontem assim como hoje.

A publicação de uma nova edição revista e ampliada não teria sido possível sem valiosa colaboração recebida. Sobretudo devo agradecer à Bollingen Foundation (Nova York), cujo auxílio financeiro permitiu a coleta do material ilustrativo. Devo enorme gratidão à Dra. J. Jacobi pela seleção e distribuição das ilustrações, tendo-se desincumbido da tarefa com grande cuidado e discernimento. Ao Prof.

Kerényi e à Dra. R. Schärf meu agradecimento pela revisão crítica do manuscrito; ao Sr. Vice-Diretor, Dr. K. Reucker, por ter-me cedido fotografias dos arquivos da Ciba; ao Prof. E. Abegg por amáveis informações e conselhos; à Dra. M.-L. v. Franz pela tradução dos textos gregos e latinos; à Sra. L. Hurwitz pela cuidadosa elaboração de um novo índice, e a minha secretária, Srta. M.J. Schmid, pelo enorme trabalho que constituiu a composição do texto e seu preparo para a impressão. Finalmente, quero expressar minha gratidão também a meu editor, Sr. Rascher, pela boa vontade sempre demonstrada.

Este livro foi escrito em 1911, quando eu contava trinta e seis anos de idade. Esta é uma época crítica, pois representa o início da segunda metade da vida de um homem, quando não raro ocorre uma *metánoia*, uma retomada de posição na vida. Eu bem sabia, na ocasião, do inevitável rompimento com Freud, tanto no trabalho como na amizade. Recordo aqui com gratidão, o apoio prático e moral que recebi de minha querida esposa nesta época difícil.

Setembro de 1950

C.G. Jung

Prefácio à terceira edição

A nova edição aparece quase inalterada, tendo sido feitas apenas algumas correções no texto que não modificam o seu conteúdo.

Este livro tem a ingrata tarefa de mostrar a meus contemporâneos que os problemas da alma humana não se resolvem com os escassos recursos do consultório médico, nem mesmo com a famosa "experiência de vida e conhecimento dos homens" dos leigos. A psicologia não pode prescindir da contribuição das ciências do espírito, sobretudo da história do espírito humano. É sobretudo a história que hoje nos permite coordenar a imensa quantidade de material empírico e reconhecer a importância funcional dos conteúdos coletivos do inconsciente. A psique não é uma coisa dada, imutável, mas um produto de sua história em marcha. Assim, não só secreções glandulares alteradas ou relações pessoais difíceis são as causas de conflitos neuróticos; entram em jogo também, em igual proporção, tendências e conteúdos decorrentes da história do espírito. Conhecimentos biomédicos previamente adquiridos são insuficientes para compreender a natureza da alma. O entendimento psiquiátrico do processo patológico de modo algum possibilita o seu enquadramento no âmbito geral da psique. Da mesma forma, a simples racionalização é um instrumento insuficiente. A história sempre de novo nos ensina que, ao contrário da expectativa racional, fatores assim chamados irracionais exercem o papel principal, e mesmo decisivo, em todos os processos de transformação da alma.

Parece-me que esta percepção, apoiada por acontecimentos de nossa época, pouco a pouco vem ganhando terreno.

Novembro de 1937

C.G. Jung

Prefácio à segunda edição

Nesta segunda edição o texto do livro, por motivos técnicos, não sofreu modificações. A reimpressão inalterada da obra, editada primeiramente há doze anos, não significa porém que eu ache desnecessário introduzir certas modificações e correções. Mas tais correções referem-se a detalhes e não a dados fundamentais. Mantenho ainda hoje os conceitos e afirmações emitidos neste livro. Peço ao leitor que releve os pequenos lapsos, ou melhor, as imprecisões e incertezas no detalhe.

Este livro causou muitos mal-entendidos. Pensou-se até que eu descrevia nele meu método de tratamento médico. Um tal método seria praticamente impossível; trata-se antes da elaboração do material fantasioso de uma jovem americana que eu não conhecia, Frank Miller (pseudônimo). Este material na época foi publicado por Théodore Flournoy (†) nos *Archives de Psychologie*. Tive a satisfação de ouvi-lo dizer pessoalmente que eu havia captado bem a mentalidade da jovem senhora. Valiosa confirmação me veio em 1918 por parte de um colega americano, que tratou de Miss Miller devido a uma perturbação esquizofrênica ocorrida depois de seu regresso da Europa. Escreveu-me ele que minha descrição era tão completa que nem mesmo o contato pessoal com a paciente pôde ensinar-lhe "sequer uma vírgula a mais" sobre a mentalidade dela. Devo concluir destas confirmações que minha reconstrução dos processos fantasiosos semiconscientes e inconscientes foi obviamente acertada em seus traços essenciais. Não posso deixar de chamar a atenção do leitor para um equívoco frequente. O emprego de comparações com material mitológico e etimológico, decorrentes da peculiaridade das fantasias de Miss Miller, pode despertar em certos leitores a impressão de que o objetivo deste livro seria levantar hipóteses mitológicas ou etimológicas. Esta, porém, não é minha intenção, pois do contrário eu me teria proposto analisar um mito ou toda uma esfera mitológica, como por exemplo um ciclo indiano. Certamente não teria escolhido para isto o *Song of Hiawatha* de Longfellow, e tampouco teria usado o *Siegfried* de Wagner para tratar do ciclo da *Edda* nova. Usei o material citado neste livro porque fazia parte dos requisitos diretos e indiretos das fantasias de Miss Miller, tal como os explico melhor no texto. Se neste trabalho muitos mitologemas são expostos a uma luz que torna mais claro seu sentido psicológico, recorro a esta ótica como apoio muito a propósito, sem contudo pretender com isto apresentar uma teoria geral sobre os mitos. O objetivo real deste livro limita-se a uma análise tão profunda quanto possível de todos aqueles fatores históricos mentais que se reúnem numa fantasia individual involuntária. Além das origens pessoais evidentes, a fantasia criadora dispõe do espírito primitivo esquecido e há muito soterrado, com suas imagens peculiares que se revelam nas mitologias de todos os tempos e de todos os povos. O conjunto destas imagens forma o *inconsciente coletivo* que todo indivíduo traz em potencial, por hereditariedade. É o correlato psíquico da diferenciação do cérebro humano. Isto explica por que as imagens mitológicas podem reaparecer sempre de novo, espontaneamente e concordantes entre si, não só em todos os recantos deste vasto mundo, mas também em todos os tempos. Elas simplesmente existem sempre e em toda parte. Por isto também é natural que possamos relacionar, sem dificuldade, mesmo os mitologemas temporal e etnicamente mais distanciados com um sistema fantasioso individual. Pois a base criadora é sempre a mesma psique humana e o mesmo cérebro humano que, com variações relativamente pequenas, funcionam em todo lugar do mesmo modo.

Küsnacht-Zürich, novembro de 1924

C.G. Jung

Parte I

Portanto, como é a teoria que dá o valor e o significado que os fatos têm, ela frequentemente é muito útil, ainda que parcialmente falsa; pois ela projeta luz sobre fenômenos a que ninguém dava atenção, obriga a examinar sob vários aspectos fatos que ninguém estudara antes, e estimula pesquisas mais extensas e bem-sucedidas... é, portanto, dever moral do homem de ciência arriscar-se a cometer erros e sofrer críticas, para que a ciência avance sempre... Um escritor... atacou intensamente o autor, dizendo que este era um ideal científico bastante restrito e bastante mesquinho... Mas aqueles que possuem um espírito suficientemente sério e frio para não acreditarem que tudo o que escrevem é a expressão da verdade absoluta e eterna, aprovarão esta teoria, que coloca as razões da ciência bem acima da miserável vaidade e do mesquinho amor-próprio do sábio.

Guillaume Ferrero
Les lois psychologiques du symbolisme
Préface, p. VIII

I

Introdução

Quem conseguiu ler a *Traumdeutung* de Freud sem se indignar com a novidade e audácia aparentemente injustificada de seu procedimento e sem repulsa moral contra a incrível crueza da interpretação dos sonhos, e portanto conseguiu deixar este assunto especial agir sobre si serenamente e sem preconceitos, certamente terá sentido uma impressão profunda no trecho em que Freud[1] lembra que um conflito individual, isto é, a fantasia de um incesto, é uma das raízes principais do grandioso drama antigo, a saga de Édipo. A impressão causada por esta simples constatação pode ser comparada com aquela sensação especial por que passamos quando, em meio ao ruído e à agitação de uma rua de cidade moderna, deparamos repentinamente com uma relíquia antiga: o capitel coríntio de uma coluna numa muralha ou o fragmento de uma inscrição. Ainda agora estávamos entregues aos afazeres efêmeros e barulhentos do quotidiano, quando nos aparece algo de muito distante e estranho, que desvia nosso olhar para coisas de outra ordem: erguemos os olhos da infinita multiplicidade do presente para uma união mais elevada com a realidade histórica. Lembramos de repente que neste lugar, onde agora andamos agitados de um lado para outro, há dois mil anos já reinavam vida e atividade semelhantes, ainda que sob forma um pouco diversa, paixões semelhantes dominavam os homens e estes também estavam convictos da singularidade de sua existência. Comparo esta impressão, facilmente causada pelo primeiro encontro com monumentos antigos, com aquela que Freud desperta com sua referência à saga de

1

---

1. *Die Traumdeutung*, p. 185.

Édipo. – Ainda agora estávamos ocupados com as conflitantes impressões das incontáveis variáveis da alma individual, quando subitamente deparamos com aquela singela grandiosidade da tragédia de Édipo, aquela luz perene do teatro grego. A ampliação do horizonte traz em si como que uma revelação. Para nós a Antiguidade, psicologicamente, há muito caíra nas sombras do passado. Nos bancos escolares dificilmente disfarçávamos um sorriso incrédulo quando, indiscretamente, calculávamos a idade matronal de Penélope e o venerável número de anos de Jocasta, e fazíamos comparações cômicas entre o resultado de nosso cálculo e as tempestades trágico-eróticas da saga e do drama. Não sabíamos naquela época (e quem hoje ainda o sabe?) que o filho pode sentir pela "mãe" uma paixão tão consumidora quanto inconsciente, que pode eventualmente minar toda sua vida e desconcertá-la tragicamente, o que faz com que a grandiosidade do destino de Édipo não pareça em nada exagerada. Casos raros e considerados patológicos, como Ninon de Lenclos e seu filho[2], geralmente são por demais remotos para nos transmitir uma impressão real. Mas se seguirmos o caminho traçado por Freud, chegaremos à percepção viva da existência de tais possibilidades que, embora demasiado fracas para causar o incesto verdadeiro, são no entanto suficientemente fortes para provocar perturbações profundas da alma. Não é possível admitir tais possibilidades em nós mesmos sem uma repulsa moral inicial e sem resistências que facilmente ofuscam o intelecto e impossibilitam o autorreconhecimento. Mas se conseguirmos fazer a distinção entre reconhecimento objetivo e julgamentos emocionais, estará transposto o abismo que separa nosso tempo da Antiguidade, e veremos com surpresa que Édipo ainda vive. A importância de uma tal impressão não pode ser subestimada: ela nos mostra uma identidade dos conflitos humanos elementares que está além do tempo e do espaço. Aquilo que aos gregos inspirou horror ainda hoje é verdadeiro, mas, para nós, só se abdicarmos de uma vaidosa ilusão de nossos dias distantes daqueles, isto é, de que somos diferentes, moralmente melhores que os antigos. Apenas conseguimos esquecer que uma afinidade indissolúvel nos une ao homem da Anti-

---

2. Ele parece ter-se suicidado ao saber que a tão amada Ninon era sua mãe.

guidade. Com isto abre-se um caminho para a compreensão do espírito antigo como não existia antes: o caminho de um íntimo sentir comum de um lado, e de uma compreensão intelectual de outro lado. Indiretamente, através das substruções soterradas de nossa própria alma, apoderamo-nos do sentido vivo da cultura antiga e, justamente com isso, atingimos aquele ponto fixo fora de nossa própria esfera, a partir do qual unicamente se torna possível uma compreensão objetiva de suas tendências. Esta ao menos é a esperança que haurimos da redescoberta da imortalidade do problema de Édipo.

O levantamento desta questão já rendeu frutos. Devemos a este estímulo alguns empreendimentos mais ou menos bem-sucedidos no campo da história do espírito humano. São os trabalho de Riklin[3], Abraham[4], Rank[5], Mäder[6] e Jones[7], aos quais se associa Silberer com um excelente estudo sobre fantasia e mito *(Phantasie und Mythus)*[8]. Não podemos esquecer aqui outra contribuição para a psicologia da religião cristã, que devemos a Pfister[9]. A orientação básica destes trabalhos é desvendar problemas históricos pela aplicação de conhecimentos obtidos através da atividade da alma inconsciente atual a determinada matéria histórica. Devo remeter o leitor aos trabalhos citados, para que esteja a par do grau e do tipo de conhecimento já alcançados. Em seus detalhes as interpretações muitas vezes são inseguras, o que no entanto não prejudica fundamentalmente o resultado geral. Seria suficientemente válido se tivessem demonstrado apenas a grande analogia entre a estrutura psicológica das relíquias históricas e a estrutura de produtos individuais da atualidade. A analogia está sobretudo no simbolismo, como mostram Riklin, Rank, Mäder e Abraham, e depois nos diversos mecanismos da elaboração inconsciente dos motivos.

2

---

3. Wunsscherfüllung und Symbolik im Märchen.

4. *Traum und Mythus.*

5. *Der Mythus von der Geburt des Helden.*

6. *Die Symbolik in den Legenden, Märchen, Gebräuchen und Träumen.*

7. *On the Nightmare.*

8. *Phantasie und Mythus (Vornehmlich vom Gesichtspunkte der "funktionalen Kategorie" aus betrachtet).*

9. *Die Frömmigkeit des Grafen Ludwig von Zinzendorf.*

3   Os pesquisadores psicológicos até agora voltaram seu interesse principalmente para a análise de problemas individuais. Contudo, na situação atual parece-me indiscutivelmente necessário ampliar a análise dos problemas individuais pelo acréscimo de material histórico, o que Freud já tentou em seu trabalho sobre *Leonardo da Vinci*[10]. Pois, assim como os conhecimentos psicológicos facilitam a compreensão de acontecimentos históricos, inversamente também fatos históricos podem lançar nova luz sobre conjunturas psicológicas individuais. Estas e outras considerações levaram-me a dirigir minha atenção um pouco mais para o lado histórico, na esperança de obter aí novos conhecimentos sobre os fundamentos da psicologia.

---

10. *Eine Kindheitserinnerung des Leonardo da Vinci.* Cf. tb. RANK. *Ein Traum, der sich selbst deutet.*

II

As duas formas de pensamento

Como sabemos, um dos princípios da psicologia analítica é que 4 os sonhos devem ser interpretados de modo simbólico, que não podem ser tomados ao pé da letra, sendo necessário procurar neles um sentido oculto. Este conceito antiquado do simbolismo dos sonhos gerou não apenas críticas, mas verdadeira oposição. Ao bom-senso comum não parece estranho que o sonho tenha sentido e, portanto, possa ser interpretado; isto apenas confirma uma verdade milenar e por isso mesmo banal. Já nos tempos escolares ouvimos falar dos intérpretes de sonhos egípcios e caldeus. Sabemos de José, que interpretava os sonhos do faraó (Gn 40); de Daniel e do sonho de Nabucodonosor (Dn 4), e também do livro dos sonhos de Artemidoros. Nos documentos literários de todas as épocas e de todos os povos narram-se sonhos significativos e proféticos, sonhos prenunciadores de desgraças e sonhos salvadores, enviados pelos deuses. Se um conceito é tão antigo e tão geralmente aceito, ele também deve ser de algum modo verdadeiro, isto é, *psicologicamente* verdadeiro.

Para o pensamento moderno é inconcebível que o sonho seja causado por algum deus existente fora de nós, ou que o sonho possa profeticamente prever o futuro. Mas traduzindo isto para uma linguagem psicológica, o antigo conceito já se torna mais compreensível: o sonho origina-se em alguma parte desconhecida da alma e se ocupa com o preparo do dia seguinte e seus eventos.

Segundo velha crença, a divindade ou o demônio falam em lin- 6 guagem simbólica ao adormecido, e o intérprete de sonhos deve traduzir a linguagem enigmática. Em termos modernos, isto quer dizer que os sonhos são uma série de imagens aparentemente contraditórias e incoerentes, mas contêm um material de ideias que, quando traduzidas, formam um sentido claro.

7   Se eu admitisse que meus leitores desconhecessem totalmente a análise dos sonhos, eu deveria documentar esta frase com exemplos múltiplos. Hoje em dia, no entanto, estes fatos já são tão sabidos que, em consideração ao público, precisamos ser parcimoniosos com a casuística para não nos tornarmos enfadonhos. Uma das principais dificuldades é que não podemos relatar qualquer sonho sem ter de acrescentar uma semibiografia que exponha as bases individuais do sonho. É verdade que existem certos sonhos típicos, de interpretação fácil se os analisarmos sob o ponto de vista do simbolismo sexual. Pode-se usar este tipo de análise sem associá-lo à conclusão de que o conteúdo expresso no sonho também seja necessariamente de natureza sexual. A linguagem falada contém inúmeras metáforas eróticas que são usadas para conteúdos que nada têm a ver com sexualidade; por outro lado, o simbolismo sexual de modo algum significa que o interesse que dele se valeu seja também erótico. A sexualidade, como instinto importante, é motivo e causa de inúmeros afetos, que têm influência das mais eficazes sobre a linguagem. Mas os afetos não devem ser identificados com sexualidade porque podem provir de quaisquer situações conflitantes: assim, por exemplo, o instinto da autoconservação também é fonte de muitas emoções.

8   Muitos sonhos, contudo, têm aspecto sexual ou exprimem conflitos eróticos. Isto se torna particularmente evidente no tema da violência. Assim, o tema do assaltante, do ladrão, do assassino e do estuprador assassino aparece frequentemente em sonhos de mulheres. Este tema tem uma infinidade de variações. A arma do assassino é a lança, a espada, o punhal, o revólver, a espingarda, o canhão, o hidrante, o regador, e o ato de violência pode ser um assalto, uma perseguição, um roubo, ou alguém pode estar escondido dentro do armário ou debaixo da cama. Ou o perigo é representado por animais bravios, como um cavalo que joga a sonhadora ao chão e lhe dá um coice no ventre, ou leões, tigres, elefantes com trombas ameaçadoras, e finalmente por cobras, numa variedade interminável. Ora a cobra entra na boca, ora morde o seio, como a legendária cobra de Cleópatra, ora assume o papel da cobra do paraíso ou as variações de Franz Stuck, cujas pinturas de cobras trazem os significativos títulos: "O sa-

crilégio", "O pecado", e "A sensualidade" (cf. fig. 24). A atmosfera dos quadros exprime incomparavelmente um misto de prazer e de medo, de forma aliás muito mais brutal que o encantador poema de Mörike, "Primeira canção de amor de uma donzela".

Primeira canção de amor de uma donzela

O que está na rede?
Olha um pouco!
Mas estou com medo;
Pego uma suave enguia?
Pego uma cobra?

Pescadora cega
É o amor.
Digam à criança
No que vai se meter?

Já se enrosca em meus dedos!
Oh alegria! oh dor!
Com requebros e trejeitos
Sobe no meu peito.

Me atravessa, oh assombro,
Audazmente a pele,
No coração se atira!
Oh amor, que horror!

Que fazer, que tentar?
A terrível coisa
Lá dentro volteia
Se enrola em mim.

Preciso de veneno!
Por aqui ela rasteja
Com deleite a cavar
E ainda vai me matar[1].

---

1. *Werke*, II, p. 35.

9   Todas estas coisas parecem simples, dispensando explicação para serem compreendidas. Um pouco mais complicado é o seguinte sonho de uma jovem mulher: *Ela vê o arco de triunfo de Constantino. Diante dele está um canhão, à direita deste, um pássaro, à esquerda um homem. Alguém dispara um tiro de canhão, o projétil a atinge, entra na bolsa, na carteira. Aí fica imóvel, e ela segura a carteira como se contivesse algo de muito precioso. A imagem então desaparece e ela só vê o cano do canhão, e acima dele a frase predileta de Constantino: "In hoc signo vinces".* O simbolismo sexual deste sonho é suficientemente claro para justificar a surpresa indignada do ingênuo. Se uma tal percepção é realmente nova para o sonhador e significa portanto uma compensação para uma lacuna na orientação do consciente, o sonho está praticamente interpretado. Mas se o sonhador já estiver familiarizado com esta interpretação, ela significa apenas uma repetição cuja razão é desconhecida. Sonhos deste tipo, com conteúdos semelhantes, podem repetir-se por assim dizer em série, sem que neles possamos reconhecer algo a mais do que o já sobejamente conhecido – isto é, com este tipo de consideração. Este tipo de análise por isso facilmente leva a uma "monotonia" de interpretação, da qual o próprio Freud se queixava. Em tais casos justifica-se a suspeita de que o simbolismo sexual é usado como linguagem de sonho da mesma forma como qualquer outro modo de falar. "Canis panem somniat, piscator pisces" (O cão sonha com pão, o pescador com peixes). Também a linguagem dos sonhos degenera em gíria. Constitui exceção, porém, o caso em que um tema ou um sonho inteiro se repete porque nunca foi bem compreendido, mas para a orientação do consciente seria importante que a compensação por ele expressa fosse reconhecida. No caso presente, no entanto, trata-se de simples desconhecimento, respectivamente de repressão. Poderíamos ater-nos assim ao significado sexual, sem nos preocupar com os demais detalhes da simbologia. Um sentido mais profundo é indicado pelo final: "Sob este signo vencerás". Mas este nível só poderá ser alcançado quando a sonhadora se tiver tornado tão consciente que possa admitir para si mesma a existência de um conflito erótico.

10   Estas poucas referências à natureza simbólica do sonho são suficientes. Temos de contar aqui com a simbologia dos sonhos como fato consumado, a fim de conseguir a seriedade necessária para admi-

rar este fato. Pois é curioso que na atividade espiritual consciente se insinua uma figura mental que aparentemente obedece a leis e propósitos totalmente diferentes da atividade psíquica consciente.

Por que os sonhos são simbólicos? Ou melhor, de onde vem esta capacidade de apresentação simbólica, da qual aparentemente nada percebemos em nosso pensar consciente? Observemos mais de perto: tomamos uma ideia inicial ou superior, como quer que a chamemos; e sem relembrá-la toda vez, apenas levados por um senso de orientação, seguimos uma série de ideias isoladas interligadas. Nada de simbólico vemos nisto, e no entanto todo nosso pensamento consciente se desenvolve segundo este padrão[2]. Se observarmos nosso pensamento bem de perto e acompanharmos uma linha de pensamento intensivo, por exemplo a solução de um problema difícil, percebemos subitamente que *pensamos em palavras*; que, quando pensamos muito intensamente, começamos a falar sozinhos ou até escrevemos ou desenhamos o problema, para sermos bem claros. Quem viveu durante muito tempo num país de língua estranha deve ter percebido que, depois de algum tempo, começou a pensar na língua do país. Um pensamento muito intenso se realiza, portanto, em forma de linguagem, como se quiséssemos dizê-lo, ensiná-lo, ou convencer alguém de sua veracidade. Como se vê, ele se dirige inteiramente *para fora*. Nosso pensamento dirigido ou lógico a rigor é um pensamento da realidade[3], isto é, um pensamento que se adapta à realidade[4], onde, em outras palavras, imitamos a sucessão das coisas objetivas,

11

---

2. Cf. LIEPMANN. *Über Ideenflucht;* cf. tb. JUNG & RIKLIN. *Untersuchungen über Assoziationen Gesunder* [OC, 2]. Pensar como subordinação a uma ideia dominante; cf. EBBINGHAUS. *Psychologie.* Külpe (*Grundriss der Psychologie*, p. 464) fala de modo semelhante: No ato de pensar trata-se de uma "percepção antecipada, que compreende um círculo maior ou menor de reproduções individuais, e se distingue de reproduções casuais apenas pela coerência com que retém ou reprime tudo o que é alheio a este círculo".

3. Em sua *Psychologia empirica,* § 23 [p. 16] Christian Wolff diz com simplicidade e precisão: "Cogitatio igitur est actus animae, quo sibi sui rerumque aliarum extra se cônscia est" [O pensar é assim aquele ato da alma através do qual ela se torna consciente de si mesma e das coisas fora dela].

4. O fator de adaptação é salientado particularmente por William James (*Psychologie*, p. 353s.), em sua definição do pensamento lógico: "Consideremos esta capacidade de levar em conta fatos novos como a 'differentia specifica' do pensamento lógico, que assim se distingue do pensamento associativo comum [...]".

reais, de modo que as imagens em nossa mente se sucedem na mesma ordem causal rígida em que os fatos acontecem fora dela[5]. Denominamos este tipo de pensamento também pensamento com atenção dirigida. Tem, além disso, a particularidade de cansar-nos e, por isso, de ser posto em função só temporariamente. Toda nossa tão complexa atividade vital é adaptação ao meio ambiente; uma parte desta é o pensamento dirigido que, biologicamente falando, nada mais é senão um processo de assimilação psíquica. Como toda atividade vital, acarreta um esgotamento proporcional.

12   A matéria com que pensamos é a *linguagem* e o *conceito linguístico*. É um objeto que sempre foi lado externo e ponte com esta única finalidade, a da comunicação. Enquanto pensamos de modo dirigido, pensamos para outros e falamos a outros[6]. A linguagem originalmente é um sistema de sons emotivos e imitativos que exprimem susto, medo, raiva, amor, etc., que imitam os ruídos dos elementos, o borbulhar e marulhar da água, o rolar do trovão, o farfalhar e sussurrar do vento, as vozes dos animais, etc., e, finalmente, os que resultam da combinação de percepção e reação afetiva[7]. Os idiomas mais modernos ou menos modernos reproduzem muitos resíduos sonoros onomatopoéticos. Por exemplo, os que exprimem o movimento da água: *rauschen* (murmurar), *rieseln* (marulhar), *rüschen* (fluir), *rinnen* (correr), *rennen* (correr), *to rush* (impelir), *ruscello* (regato), *ruisseau* (riacho), *river* (rio), *Rhein* (Reno) – *Wasser* (água), *wissen* (saber), *wissern* (saber), *pissen* (urinar), *piscis* (peixe), *Fisch* (peixe).

13   Assim, a língua em sua origem e essência nada mais é senão um sistema de sinais ou "símbolos" que indicam acontecimentos reais ou

---

5. "Os pensamentos são sombras de nossas sensações, sempre mais obscuros, mais vazios, mais simples do que estas", diz Nietzsche. Lotze (*Logik*, p. 552) se exprime a este respeito do seguinte modo: "[...] o pensamento, quando se abandona às leis lógicas destes seus movimentos, no fim de seu caminho corretamente percorrido volta a encontrar-se com a maneira de ser das coisas".

6. Cf. abaixo as palavras de Baldwin. O filósofo isolacionista Johann Georg Hamann (1730-1788) chegou a considerar razão e linguagem como idênticas (cf. *Schriften* VII, p. 1s.). Em Nietzsche a razão como "metafísica da linguagem" é ainda mais desprezada. Friedrich Mauthner (*Sprache und Psychologie*) é quem vai mais longe; para ele não existe pensamento sem linguagem, e só falar é pensar. Digna de consideração é sua ideia sobre o "fetichismo das palavras" reinante na ciência [p. 150s.].

7. Cf. KLEINPAUL. *Das Leben der Sprache.*

seu eco na. alma humana[8]. Sem dúvida, *temos que concordar* com Anatole France[9] quando diz:

> E o que é pensar? E como pensamos? Nós pensamos com palavras; só isto é sensual e reconduz à natureza. Lembrem-se de que um metafísico, para constituir o sistema do mundo, só dispõe do grito aperfeiçoado dos macacos e dos cães. Aquilo que ele chama de especulação profunda e método transcendental é colocar uma depois da outra, numa ordem arbitrária, as onomatopeias que gritavam a fome, o medo e o amor pelas florestas primitivas e às quais pouco a pouco se associaram significados que são considerados abstratos quando estão apenas amortecidos. – Não tenham medo de que esta sequência de pequenos gritos abafados e enfraquecidos que compõem um livro de filosofia nos venham a ensinar coisas demais sobre o universo para que não possamos mais viver nele.

Assim, nosso pensamento dirigido, ainda que fôssemos os mais absortos e solitários pensadores, nada mais é que o preâmbulo de um chamado aos companheiros anunciando que alguém encontrou água fresca, que abateu o urso, que uma tempestade se aproxima ou que lobos rondam o acampamento. Um paradoxo exato de Abelardo, que exprime bem a limitação humana de nossa complexa atividade mental, diz: "Sermo generatur ab intellectu et generat intellectum"[10]. Um sistema de filosofia, por mais abstrato que seja, em seus meios e fins, portanto, representa apenas uma artística combinação de primitivos sons naturais[11]. Daí o anseio de um Schopenhauer, de um

14

---

8. Sobre a situação primitiva da subjetividade de "símbolos" pertencentes inteiramente ao sujeito, encontrei um exemplo expressivo em meu filho: ele indicava tudo aquilo que gostaria de pegar ou comer com a enérgica exclamação "stô lô!" (em alemão suíço: "não mexer").

9. *Le jardin d'Épicure*, p. 80.

10. "A linguagem é gerada pelo pensamento e gera o pensamento".

11. Dificilmente podemos avaliar a tentadora influência que os sentidos primitivos exercem sobre o pensamento. – "[...] que tudo aquilo que alguma vez esteve no consciente, permanece como elemento ativo no inconsciente", diz Hermann Paul (*Prinzipien der Sprachgeschichte*, p. 25). Os antigos sentidos das palavras ainda atuam, inicialmente de modo imperceptível, "a partir do compartimento escuro do inconsciente na alma" (op. cit.). De modo inequívoco se manifesta o já mencionado Hamann: A metafísica "abusa de todos os sinais verbais e figuras de retórica de nossa percepção empírica para transformá-los em hieróglifos e tipos de situações ideais..." (op. cit., p. 8). Diz-se que Kant teria aprendido muito de Hamann.

Nietzsche, por reconhecimento e compreensão, o desespero e a amargura de sua solidão. Poder-se-ia esperar que um homem genial se deleitasse com a grandeza de seu próprio pensamento, renunciando ao aplauso barato das massas que despreza; mas ele sucumbe à força do instinto gregário, à sua busca e ao seu encontro; seu chamado se dirige irremediavelmente à tribo e precisa ser ouvido. Se eu disse acima que o pensamento dirigido na realidade é um pensamento em palavras, e citei o espirituoso texto de Anatole France como prova drástica, isto facilmente poderia levar ao equívoco de que o pensamento dirigido seja sempre só "palavra". Isto seria ir longe demais. A linguagem deve ser compreendida em sentido mais amplo que o do simples falar, o qual em si é apenas a exteriorização da ideia formulada, passível de comunicação. Se assim fosse, o surdo-mudo deveria ser extremamente limitado em sua capacidade de pensar, o que não acontece. Ele tem a sua "linguagem", mesmo sem o poder da fala. Historicamente esta linguagem ideal ou, em outras palavras, o pensamento dirigido, é um descendente das palavras primitivas, como diz Wundt[12]:

> Outra consequência importante da ação conjunta da modificação dos sons e dos sentidos consiste no fato de muitas palavras pouco a pouco perderem totalmente seu sentido concreto primitivo, passando a constituir sinais de conceitos gerais e da expressão das funções aperceptivas da relação e comparação e de seus produtos. Deste modo desenvolve-se o pensamento abstrato, que, por não ser possível sem a modificação do sentido sobre a qual se alicerça, é ele mesmo um produto daquelas interações psíquicas e psicofísicas das quais se compõe o desenvolvimento da linguagem.

15   Jodl[13] nega a identidade de linguagem e pensamento, porque um mesmo fenômeno psíquico em línguas diferentes pode ser expresso de maneiras diferentes. Ele conclui daí a existência de um pensamento "hiperlinguístico". Por certo tal pensamento existe, quer o chamemos de "hipológico", com Erdmann, ou "hiperlinguístico", segundo Jodl, mas não é um pensamento lógico. Minha teoria coincide com as notáveis afirmações de Baldwin, que transcrevo textualmente[14]:

---

12. *Grundriss der Psychologie,* p. 365.
13. *Lehrbuch der Psychologie,* II, p. 300.
14. *Das Denken und die Dinge Oder Genetische Logik,* II, p. 175s.

A passagem do sistema de ideias dos passos preparatórios do julgamento para o do julgamento é igual à passagem do conhecimento que encontra confirmação social para aquele sistema que pode dispensar esta confirmação. Os conceitos usados no julgamento são aqueles que, através das confirmações do intercâmbio social, já se haviam formado em seus pressupostos e implicações. Deste modo o julgamento pessoal, formado pelos métodos da devolução social e firmado pela interação com seu mundo social, torna a projetar seu conteúdo para dentro deste mundo. Em outras palavras, já está socializada a base de todo movimento que leva à afirmação do julgamento individual, o nível a partir do qual novas experiências se tornam úteis, em qualquer época; e é justamente este movimento que tornamos a reconhecer no resultado real como a sensação do "apropriado" ou a particularidade "sinômica" do conteúdo expresso.

Como veremos, o desenvolvimento do pensamento se dá essencialmente pelo método de tentativa e erro, da experimentação, quando os conteúdos são usados como se realmente tivessem um valor maior do que aquele que até então lhes tinha sido atribuído. O indivíduo é obrigado a valer-se de suas ideias antigas, de seu saber determinado, de seus juízos lógicos, para a elaboração de suas construções criativas novas. Ele conduz seu pensamento, como fizemos, "esquematicamente" ou, como diz a lógica, problematicamente, isto é, condicionalmente, disjuntamente; ele emite para todo o mundo um parecer que ainda é seu próprio, pessoal, como se fosse verdadeiro. Todo o método de descoberta vale-se deste procedimento. Mas, sob o ponto de vista linguístico, usa ainda a linguagem corrente, emprega ideias já incorporadas à linguagem social tradicional.

Esta experimentação favorece simultaneamente o pensamento e a linguagem.

Por isso, a linguagem cresce exatamente como cresce o pensamento, nunca perdendo seu sentido "sinômico" de dois componentes; seu significado é também pessoal como social.

A linguagem é o registro do conhecimento transmitido, a crônica das conquistas nacionais, o tesouro destinado a todos, alcançado pelos progressos do gênio de cada indivíduo. O sistema de "modelos" sociais assim formado reflete... os processos de julgamento da raça; e, por sua vez, torna-se a escola que formará o juízo das novas gerações.

É pelo uso da linguagem que se realiza a maior parte da educação do eu reduzindo concomitantemente as inseguranças diante da base sólida do julgamento sadio da reação pessoal, dos fatos e ideias. Quando a criança fala, submete ao mundo sinais para a determinação de um significado geral e comum; a recepção que cabe a esses sinais confirma ou rejeita sua proposta. Tanto num caso quanto no outro, a consequência é ensinamento. A tentativa seguinte da criança se faz então a partir de um grau de conhecimento em que o novo detalhe já está mais próximo daquilo que pode ser transformado na moeda corrente do relacionamento efetivo. O que importa aqui não é tanto o mecanismo exato da troca, o intercâmbio social através do qual a vitória é assegurada, e sim a educação do raciocínio, proporcionada pelo seu uso contínuo. Em todo caso individual o julgamento eficiente é também o julgamento comum [...]

[...] queremos mostrar aqui que este julgamento é obtido através do desenvolvimento de uma função cuja origem é diretamente *ad hoc* – que visa diretamente aquela experimentação social através da qual o desenvolvimento da capacitação social é igualmente fomentado – a formação da linguagem. Temos assim [...] na linguagem o instrumento palpável, real e histórico do desenvolvimento e da conservação do significado psíquico. Ela nos dá testemunho efetivo e prova a coincidência do julgamento social e pessoal. Nela o significado "sin-nômico", declarado como "adequado" pelo julgamento, transforma-se no significado "social", considerado como socialmente generalizado e aceito.

16   Estas considerações de Baldwin frisam amplamente o condicionamento do pensamento causado pela linguagem[15], que é da máxima importância tanto subjetivamente (intrapsiquicamente) quanto objetivamente (socialmente); ao menos tão importante que devemos indagar se, afinal, não tem mesmo razão Friedrich Mauthner[16], o grande cético com relação à independência do pensamento, ao afirmar que pensamento é linguagem e nada mais. Baldwin é mais cauteloso e reservado, mas veladamente não deixa de inclinar-se a favor da primazia da linguagem.

17   O pensamento dirigido ou, como talvez também o possamos chamar, o *pensamento linguístico,* é o instrumento evidente da cultu-

---

15. Menciono de passagem que Adolf Eberschweiler, a meu conselho, realizou pesquisas (experimentais) sobre o componente linguístico da associação (*Untersuchungen über die sprachliche Komponente der Assoziation.* [OC, 2]), que revelaram o interessante fato de que, na experiência, a associação intrapsíquica é modificada por influências fonéticas.

16. Op. cit., p. 164s.

ra. E por certo não erramos quando dizemos que o enorme trabalho de educação que os séculos exerceram sobre o pensamento dirigido, justamente pelo peculiar desenvolvimento do pensamento a partir do individual-subjetivo para o social-objetivo, forçou um processo de adaptação do espírito humano ao qual devemos a empiria e a técnica modernas, fenômeno absolutamente novo na história do mundo. Séculos anteriores não os conheciam. Mentes curiosas muitas vezes já se perguntaram por que os altos conhecimentos matemáticos, mecânicos e materiais, em conjunto com a arte sem par da mão na Antiguidade, nunca foram usados para transformar os elementos técnicos conhecidos (por exemplo, os princípios das máquinas simples), em técnica verdadeira no sentido moderno, não se atendo apenas ao amadorismo curioso. A isto respondemos: os antigos, com exceção de alguns indivíduos privilegiados, não possuíam capacidade nem interesse de acompanhar as modificações da matéria inanimada a ponto de poderem reproduzir artificialmente os fenômenos naturais, única maneira pela qual poderiam ter-se apoderado da força da natureza. Faltava o treino do pensamento dirigido[17]. O segredo do desenvolvimento cultural é *a mobilidade e a capacidade de deslocamento da energia psíquica*. O pensamento dirigido de nosso tempo é uma aquisição, mais ou menos recente, que faltava em épocas mais antigas.

Isto nos leva a outra questão: o que acontece quando não pensamos de modo dirigido? Falta então a nosso pensamento a ideia superior e o sentido de direção dela decorrente[18]. Não mais obrigamos nossos pensamentos a seguir uma determinada linha, mas deixa-

18

---

17. Não havia, nesse sentido, qualquer necessidade que exigisse um pensamento técnico. O problema da mão de obra estava resolvido pelo trabalho barato dos escravos, de modo que eram desnecessários esforços para economizar trabalho. Deve-se levar em consideração também que o interesse dos antigos estava voltado para outra direção: tinham grande veneração pelo cosmos divino, propriedade essa que falta totalmente a nossa era tecnológica.

18. É assim, ao menos, que este pensamento parece ao nosso consciente. Freud observa a respeito (*Die Traumdeutung*, p. 325): "Pois é comprovadamente falso que nós nos abandonamos a um fluir livre das ideias quando [...] deixamos de pensar e permitimos que imagens indesejadas venham à tona. Podemos mostrar que só nos é possível renunciar às ideias dirigidas que conhecemos e que, com o cessar destas, imediatamente predominam ideias dirigidas desconhecidas – como dizemos inadequadamente: inconscientes – que agora determinam o desenrolar das imagens indesejadas. Um pensamento sem ideias dirigidas não pode ser sequer formulado devido à nossa própria influência sobre nossa vida espiritual [...]".

mo-los flutuar, cair e elevar-se de acordo com seu próprio peso. Segundo Külpe[19], o pensamento é uma espécie de "ato voluntário interior", cuja falta leva necessariamente a um "jogo automático das ideias". William James considera o pensamento não dirigido ou "apenas associativo" como o pensamento comum. Diz ele:

> Nosso pensamento consiste em grande parte de séries de imagens das quais uma acarreta a outra, de uma espécie de quimera passiva, de que os animais superiores provavelmente também são capazes. Não obstante, este tipo de pensamento leva a conclusões racionais, tanto de ordem prática quanto teórica [...] Neste tipo de pensamento irresponsável, os elementos, ligados entre si por mero acaso, são em geral fatos empíricos concretos e não abstrações[20].

19   Podemos completar estas afirmações de James do seguinte modo: Este pensamento não requer esforço, afasta-se da realidade para fantasias do passado e do futuro. Aqui termina o pensamento em forma de linguagem, imagem segue imagem, sensação a sensação[21], mais e mais ousa manifestar-se uma tendência que cria e coloca todas as coisas não como elas são, mas como gostaríamos que fossem. O con-

---

19. Op. cit., p. 464.

20. Op. cit., p. 352.

21. Atrás desta afirmação estão primeiro experiências do âmbito normal: O pensamento indeterminado afasta-se muito do "meditar", sobretudo no que se refere à disposição para falar. Em experiências psicológicas observei muitas vezes que as pessoas em que se faziam as experiências (falo apenas de pessoas cultas e inteligentes), as quais deixei abandonar-se a seus devaneios aparentemente sem intenção e sem instruí-las previamente, apresentavam manifestações afetivas experimentalmente registráveis, sobre cujas bases racionais nada ou pouco conseguiam dizer. As observações de natureza patológica são mais instrutivas, e isto vale menos para as procedentes da área da histeria e de todas aquelas neuroses caracterizadas por grande tendência de comunicação do que para as observações no campo da psicose ou neurose de introversão, em que deve ser enquadrada a grande maioria dos distúrbios mentais, principalmente todo o grupo esquizofrênico de Bleuler. Como já indica o termo "introversão" (a que me referi brevemente em meu trabalho *Über Konflikte der kindlichen Seele* [OC, 17]), esta neurose leva a uma vida interior fechada. E aqui encontramos também aquele pensamento "hiperlinguístico", puramente "fantástico", que se move em imagens e sensações "indizíveis". Adquirimos uma ideia disto quando tentamos examinar quanto a seu conteúdo as pobres e confusas expressões verbais destes doentes. É também extremamente difícil aos doentes, como vi repetidamente, formular suas fantasias em palavras humanas. Uma doente muito inteligente, que me "traduziu" fragmentariamente um tal sistema de fantasias, dizia: "Eu sei perfeitamente do que se trata, vejo e sinto tudo, mas é totalmente impossível encontrar as palavras correspondentes".

teúdo deste pensamento, que se alheia da realidade, naturalmente só pode ser o passado com suas mil recordações. A linguagem corrente chama a este pensar de "sonhar".

Quem observa atentamente a si mesmo achará a linguagem comum apropriada. Percebemos quase todos os dias como, ao adormecer, nossas fantasias se entrelaçam com os sonhos, de modo que entre os sonhos do dia e da noite a diferença não é tão grande. Temos portanto duas formas de pensar: o pensar dirigido e o sonhar ou fantasiar. O primeiro trabalha para a comunicação, com elementos linguísticos, é trabalhoso e cansativo; o segundo trabalha sem esforço, por assim dizer espontaneamente, com conteúdos encontrados prontos, e é dirigido por motivos inconscientes. O primeiro produz aquisições novas, adaptação, imita a realidade e procura agir sobre ela. O último afasta-se da realidade, liberta tendências subjetivas e é improdutivo com relação à adaptação[22].

Mencionei há pouco que a história mostra que o pensamento dirigido nem sempre esteve tão desenvolvido quanto agora. Hoje em dia as expressões mais nítidas do pensamento dirigido são a ciência e a técnica por ela alimentada. Ambas devem sua existência apenas a uma disciplina enérgica do pensamento dirigido. Na época em que só poucos precursores da cultura atual, como o poeta Petrarca, começavam a encarar a natureza[23] de modo compreensivo, existia um equi-

---

22. Assim também em James, op. cit., p. 353s., o raciocínio tem significado produtivo, enquanto o pensamento "empírico" (puramente associativo) é apenas reprodutivo. Mas esta conclusão não satisfaz inteiramente. É bem verdade que o fantasiar de início e imediatamente é "improdutivo", isto é, inadequado e por isso inútil sob o ponto de vista da aplicação prática. Mas, a longo prazo, justamente a fantasia despreocupada revela forças e conteúdos criativos, exatamente como os sonhos. Tais conteúdos em geral nem podem ser reconhecidos de outra forma, a não ser justamente através do pensamento passivo, associativo, fantástico.

23. Cf. a impressionante descrição de Jacob Burckhardt (*Die Cultur der Renaissance in Italien*, p. 236), de Petrarca escalando o Monte Ventoux: "Espera-se em vão por uma descrição da paisagem, mas não porque o poeta lhe seja insensível, mas ao contrário, porque a vista lhe causa um impacto demasiado forte. Diante de sua alma surge todo o seu passado, com todas as suas tolices; lembra que há dez anos saíra de Bolonha, ainda jovem, e lança um olhar saudoso na direção da Itália; abre um pequeno livro, que na época fora seu companheiro, as *Confissões* de Santo Agostinho; seu olhar cai sobre o trecho, no livro: 'Viajam os homens para admirar as alturas dos montes, as ondas enormes do mar, as largas correntes dos rios, a imensidão do oceano, o giro dos astros, e se esquecem de si mesmos!' Seu mano, a quem lê estas palavras, não compreende por que ele a seguir fecha o livro e silencia".

valente de nossa ciência, a Escolástica[24], que tirava seus objetos das fantasias do passado, mas outorgava ao espírito uma formação dialética. O único triunfo que esperava o pensador era a vitória retórica na disputa, e não uma modificação visível da realidade. Os temas do pensamento muitas vezes eram incrivelmente fantásticos. Por exemplo, discutiam-se questões como: quantos anjos caberiam na ponta de uma agulha, se Cristo poderia ter realizado sua obra de redenção se tivesse vindo ao mundo sob a forma de uma ervilha, etc. As possibilidades de tais problemas, aos quais está anexo o problema metafísico de conhecer o incognoscível, mostra a qualidade singular que deve ter caracterizado este espírito, que criou coisas que, a nosso ver, constituem o cúmulo do absurdo. Mas Nietzsche pressentiu algo dos fundamentos deste fenômeno quando falou da "magnífica tensão" do espírito produzida pela Idade Média.

22   Historicamente falando, a Escolástica, em cujo espírito trabalharam homens de capacidade intelectual superior, como Tomás de Aquino, Duns Scotus, Abelardo, Guilherme de Occam, e outros, é a origem do espírito científico moderno. O futuro verá claramente como e onde a Escolástica ainda fornece subsídios vivos à ciência de nossos dias. Em toda sua essência ela é ginástica dialética, que auxiliou o símbolo da linguagem, a palavra, a adquirir um significado praticamente absoluto, de modo a atingir, finalmente, aquela substancialidade que os antigos podiam atribuir a seu Logos apenas através de valorização mística. Como o grande feito da Escolástica surgem as bases da função intelectual firmemente estruturada, a *conditio sine qua non* da ciência e da técnica modernas.

23   Se recuarmos ainda mais na história, aquilo que hoje chamamos ciência se dilui em névoa indefinida. O espírito criador de cultura procura incessantemente despojar a experiência de todo elemento

---

24. Uma descrição rápida do método escolástico encontra-se em WUNDT. *Über naiven und kritischen Realismus*, p. 345. O método consistia "primeiro, no fato de ver como tarefa principal da pesquisa científica o encontro de um mecanismo de conceitos bem determinado e aplicado uniformemente aos mais diversos problemas; e, segundo, no fato de se dar valor excessivo a determinados conceitos gerais e consequentemente também a palavras simbólicas que designam estes conceitos, donde uma análise do significado das palavras, em casos extremos, um vazio sofisma de conceitos e um jogo de palavras vêm ocupar o lugar do exame dos fatos reais a partir dos quais foram abstraídos os conceitos".

subjetivo e encontrar aquelas fórmulas que conferem à natureza e às suas forças a expressão melhor e mais adequada. Seria de nossa parte arrogância ridícula e injustificada se afirmássemos que somos mais enérgicos ou mais inteligentes que os homens da Antiguidade – nosso cabedal de conhecimentos aumentou, mas não a inteligência. Por isso mostramo-nos tão pasmos e incapazes diante de ideias novas quanto os homens nos mais obscuros tempos da Antiguidade. Tornamo-nos mais ricos em conhecimentos, mas não em sabedoria. O eixo de nosso interesse deslocou-se inteiramente para o lado da realidade material; a Antiguidade preferia o pensamento que se aproximasse mais do tipo fantástico. No espírito antigo tudo ainda está impregnado de mitologia, embora a filosofia e os primórdios das ciências naturais já realizassem um inegável "trabalho de elucidação".

Infelizmente recebemos na escola uma ideia muito precária da riqueza e da enorme expressividade da mitologia grega. Toda esta força criadora que o homem moderno aplica na ciência e na técnica, o antigo dedicou à sua mitologia. A partir desta ânsia criadora explicam-se as mudanças desnorteantes, as transformações caleidoscópicas e os reagrupamentos sincréticos, o rejuvenescimento incessante dos mitos na esfera cultural grega. Movemo-nos aqui num mundo de fantasias que, pouco interessadas na marcha externa dos acontecimentos, brotam de uma fonte interior e criam figuras variáveis, ora plásticas, ora esquemáticas. Esta atividade do espírito antigo agia de modo essencialmente artístico. O alvo do interesse não parece ter sido compreender o "como" do mundo real com a maior objetividade e exatidão possíveis, e sim adaptá-lo esteticamente a fantasias e esperanças subjetivas. Só poucos entre os antigos sentiram o esfriamento e a desilusão do homem moderno diante da ideia do infinito de Giordano Bruno e das descobertas de Kepler. A ingênua Antiguidade via no Sol o grande pai do céu e do universo e na Lua a mãe fecunda. E cada coisa tinha seu demônio, isto é, era animada e igual ao homem ou a seu irmão, o animal. Tudo era representado de modo antropomorfo ou teriomorfo, como homem ou como animal. Até o disco solar recebia asas ou pés para ilustrar o seu movimento (fig. 2). Originou-se uma imagem do universo longe da realidade, mas inteiramente ligada às fantasias subjetivas. Não será preciso provar que a criança pensa de modo semelhante. Ela anima suas bonecas e brinquedos e, em crianças dotadas de imaginação, vemos facilmente que vivem num mundo mágico.

Fig. 2 – Ídolo do deus Sol de um xamã dos esquimós do Alasca

25   Como sabemos, também o sonho apresenta um pensamento semelhante. Sem preocupação com a situação real das coisas, nele se reúnem os fatos mais heterogêneos, e um mundo de impossibilidades ocupa o lugar da realidade. Freud considera a *progressão* como a característica do pensamento desperto, isto é, o progresso do estímulo do pensar desde o sistema de percepção interna ou externa, através do trabalho de associação endoscópica, até o final motor: a inervação. Para o sonho ele acha o contrário: a *regressão* do estímulo do pensar a partir do pré-consciente ou inconsciente para o sistema da percepção, pelo qual o sonho adquire sua plasticidade sensorial, que pode intensificar-se até a nitidez alucinatória. O pensar no sonho, portanto, retrocede com relação às matérias-primas da memória: "A trama dos pensamentos do sonho na regressão se dissolve em sua matéria-prima"[25]. A reanimação de percepções antigas, no entanto, é apenas um lado da regressão; o outro lado é a regressão para recordações infantis, o que de fato também pode ser considerado como regressão à percepção primitiva, mas, devido à sua importância particular, merece menção especial. Esta regressão pode ser chamada de "histórica". Neste sentido o sonho, segundo Freud, também poderia ser descrito como uma reminiscência modificada pela transmissão para o presente. A cena original não pode efetivar sua renovação; ela precisa contentar-se com seu retorno em forma de sonho[26]. Segundo Freud, é propriedade essencial do sonho o fato de "trabalhar" uma

---

25. *Die Traumdeutung*, p. 336.
26. Ibid., p. 338.

reminiscência, isto é, aproximar o material ao presente ou traduzi-lo para a linguagem deste. Mas como a vida anímica da criança não pode negar seu caráter arcaico, esta última característica cabe ao sonho de modo todo especial. Freud acentua especificamente este fato:

> O sonho, que realiza seus desejos através de curtos caminhos regressivos, conservou-nos assim apenas uma amostra do funcionamento primitivo do aparelho psíquico, abandonado por sua ineficiência. Parece estar proscrito para a vida noturna tudo aquilo que outrora reinava na mente desperta, quando a vida psíquica ainda era jovem e inábil, como quando reencontramos na infância as armas primitivas, abandonadas, da humanidade adulta, o arco e a flecha[27].

Estas considerações nos sugerem traçar uma paralela entre o pensamento mitológico da Antiguidade e o pensamento semelhante das crianças[28], dos povos primitivos e do sonho. Este raciocínio não

26

---

27. Ibid., p. 349. A passagem seguinte na *Traumdeutung* confirmou-se desde então pelo estudo das psicoses. "Nas psicoses, os tipos de funcionamento do aparelho psíquico reprimidos no indivíduo desperto tentarão impor-se novamente, revelando então sua incapacidade de satisfazer nossas necessidades em relação ao mundo exterior". A importância desta afirmação é acentuada pelos conceitos de Pierre Janet, independentes de Freud, e que merecem ser aqui transcritos porque os confirmam, a partir de um ângulo totalmente diverso, o biológico. Janet distingue na função uma parte "inferior", firmemente organizada, e uma parte "superior", que está em transformação constante: "É justamente sobre esta parte superior das funções, sobre sua adaptação às circunstâncias presentes, que se baseiam as neuroses [...]" (p. 386). "[...] as neuroses são perturbações ou paradas na evolução das funções" (p. 388). "[...] as neuroses são doenças originárias de diversas funções do organismo, caracterizadas por uma alteração das partes superiores destas funções, retidas em sua evolução, em sua adaptação ao momento presente, ao estado presente do mundo exterior e do indivíduo e pela ausência de deterioração das partes antigas destas mesmas funções [...]" (p. 392). "Em lugar destas operações superiores se desenvolve uma agitação física e mental, e sobretudo da emotividade. Esta nada mais é que a tendência de substituir as operações superiores pela exageração de certas operações inferiores e sobretudo por grosseiras agitações viscerais" (p. 393). (*Les névroses*). As "partes antigas" são justamente as "partes inferiores" das funções, e estas substituem a adaptação fracassada. Também Claparède manifesta ideias semelhantes sobre a natureza do sintoma neurótico (*Quelques mots sur la définition de l'hystérie*). Ele considera o mecanismo histerogênico como uma "tendência à reversão", como uma espécie de atavismo do modo de reação.

28. Devo ao Dr. Abraham a seguinte comunicação: Uma menina de três anos e meio ganhara um irmãozinho, que se tornou objeto do conhecido ciúme infantil; certo dia ela disse à mãe: "Você é duas mamães (mamas). Você é minha mamãe e teu seio é a mamãe do irmãozinho". Ela acabara de assistir com grande interesse ao ato de amamentação. Para o pensamento arcaico da criança é característico considerar o seio como mamãe. Mamma lat. = seio (mama).

nos é estranho, pois o conhecemos bem através da anatomia e embriologia comparadas, que nos mostram como forma e função do corpo humano se desenvolvem por uma série de transformações embrionárias, que correspondem a transformações semelhantes na filogênese. Justifica-se assim a hipótese de que também na psicologia a ontogênese corresponde à filogênese. Desta forma, portanto, o pensamento infantil[29], assim como o do sonho, seriam como que uma repetição de fases mais antigas da evolução.

27   Nietzsche assume neste sentido uma posição digna de nota:

> [...] no sono e no sonho tornamos a atravessar o pensamento da humanidade antiga. Quero dizer: como o homem ainda hoje raciocina no sonho, a humanidade raciocinava também no estado acordado durante muitos milênios: a primeira causa que lhe ocorria para explicar qualquer coisa que necessitasse de explicação lhe bastava e valia como verdade [...] No sonho esta parcela antiquíssima da humanidade continua agindo em nós, pois é a base sobre a qual a razão superior se desenvolveu e continua se desenvolvendo em cada ser humano: o sonho nos traz de volta a situações remotas da cultura humana e nos fornece um meio para compreendê-las melhor. O pensamento em forma de sonho tornou-se tão fácil para nós porque durante enormes períodos do desenvolvimento da humanidade fomos tão bem treinados nesta forma de explicação fantástica e cômoda, a partir de qualquer ideia que primeiro nos ocorresse. Neste sentido o sonho é um descanso para o cérebro, que durante o dia precisa corresponder às exigências mais rigorosas que a cultura superior faz ao pensamento.
>
> Destes fenômenos podemos concluir quão tarde se desenvolveu o pensamento lógico rigoroso, a distinção severa de causa e efeito, se nossas funções racionais e compreensivas ainda hoje se voltam instintivamente para aquelas formas primitivas de raciocínio, e vivemos quase a metade de nossa vida neste estado[30].

28   Vimos acima que Freud, baseado na análise dos sonhos, chegou a um conceito semelhante sobre o pensamento arcaico dos sonhos. O passo desta constatação para a interpretação dos mitos como estrutu-

---

29. Cf. sobretudo o estudo de Freud, *Analyse der Phobie eines 5jährigen Knaben,* e meu trabalho *Über Konflikte der kindlichen Seele* [OC, 17].

30. *Menschliches, Allzumenschliches,* p. 27s.

ras semelhantes a sonhos não é grande. O próprio Freud[31] formulou esta conclusão: "O estudo destas estruturas psicológicas populares (mitos etc.), de forma alguma está concluído, mas é bem provável que os mitos correspondam aos restos desfigurados de fantasias correspondentes a desejos de nações inteiras, aos sonhos seculares da jovem humanidade". Assim também Rank[32] considera o mito como um "sonho coletivo" do povo[33].

Riklin salientou o mecanismo de sonho dos contos[34]. O mesmo fez Abraham em relação ao mito[35]. Diz ele: "O mito é uma parte superada da vida espiritual infantil do povo" (p. 36), e: "Assim, o mito é uma parte preservada da vida espiritual infantil do povo, e o sonho, o mito do indivíduo"(p. 71). A conclusão de que a época que criou os mitos pensava da mesma forma como entre nós ainda hoje o faz o sonho, impõe-se praticamente por si mesma. A tendência de formação de mitos na criança, a colocação de fantasias como realidades, fantasias essas que em parte têm auras de história, de fato pode ser descoberta sem dificuldade nas crianças. No entanto, um grande ponto de interrogação merece a afirmação de que o mito procede da vida espiritual "infantil" do povo. Pelo contrário, é o que há de mais adulto na produção da humanidade primitiva. Aqueles antepassados do homem providos de brânquias em hipótese alguma eram embriões, e sim animais adultos; assim também o homem que pensava e vivia no mito era uma realidade adulta e não uma criança de quatro anos. Pois o mito não é uma fantasia pueril, mas um dos requisitos mais importantes da vida primitiva.

Pode-se objetar que as tendências mitológicas das crianças lhes são incutidas pela educação. A objeção não tem base. Será que os homens alguma vez se libertaram totalmente do mito? Todos os homens tinham olhos e todos os seus sentidos para perceber que o mundo era morto, frio e infinito, e jamais tinham visto um deus ou tiveram de

29

30

---

31. *Der Dichter und das Phantasieren*, p. 205.

32. *Der Künstler: Ansätze zu einer Sexualpsychologie*, p. 36.

33. Cf. tb. Ibid. *Der Mythus von der Geburt des Helden*.

34. *Wünscherfüllung und Symbolik im Märchen*.

35. *Traum und Mythus*.

postular a sua existência como necessidade dos sentidos. Ao contrário, foi necessária uma fortíssima necessidade interior, explicável apenas através da força irracional do instinto, para estabelecer aqueles dogmas religiosos cujo absurdo já era assinalado por Tertuliano. Assim, podemos ocultar a uma criança os conteúdos dos antigos mitos, mas não livrá-la da necessidade de mitologia e muito menos a capacidade de criá-la. Se conseguíssemos cortar de uma vez todas as tradições do mundo, toda a mitologia e toda a história das religiões recomeçariam com a geração seguinte. Só poucos indivíduos, num período de certo orgulho intelectual, conseguem desfazer-se da mitologia; a massa nunca se liberta. Todo esclarecimento de nada vale; ele apenas destrói uma forma passageira de manifestação, mas não o instinto criador.

31   Voltemos a nosso raciocínio anterior.

32   Falávamos da repetição ontogenética da psicologia filogenética na criança. Vimos que o pensamento arcaico é uma característica da criança e dos povos primitivos. Mas sabemos também que este mesmo pensamento ocupa um amplo lugar no homem contemporâneo, e sobrevém assim que o pensamento dirigido cessa. Um enfraquecimento do interesse, um leve cansaço, é suficiente para anular a adaptação psicológica exata ao mundo real, que se manifesta pelo pensamento dirigido, e substituí-la por fantasias. Afastamo-nos do tema e seguimos o curso de nossos próprios pensamentos; se a desatenção aumenta, perdemos pouco a pouco a consciência do presente e a fantasia domina.

33   Impõe-se aqui a importante questão: como são constituídas as fantasias? Sabemos muito a este respeito por parte dos poetas, mas pouco por parte da ciência. Só a experiência dos psicoterapeutas lançou alguma luz sobre o assunto. Ela nos mostrou que existem ciclos típicos. O gago se imagina em fantasia como grande orador, o que Demóstenes transformou em realidade graças à sua enorme energia; o pobre se imagina um milionário, a criança, um adulto. O oprimido trava lutas vitoriosas com seu opressor, o inapto se tortura ou deleita com planos ambiciosos. O homem se compensa através da fantasia.

34   De onde as fantasias tiram sua substância? Escolhemos como exemplo uma fantasia típica da puberdade: um jovem diante do qual se ergue toda a incerteza do futuro, em sua fantasia desloca a insegu-

rança para o passado e diz: se eu não fosse filho de meus pais plebeus e sim o filho de um rico conde e eu apenas estivesse aos cuidados de meus pais, certamente algum dia chegaria um coche dourado e o senhor conde levaria o filho para seu maravilhoso palácio... e assim por diante, como num conto de Grimm que a mãe conta para as crianças. Em crianças normais isto não passa de uma ideia fugaz, que logo se esvai e é esquecida. Mas em certa época, isto é, na cultura antiga, a fantasia era considerada como verdade legítima, reconhecida por todos. Os heróis – lembro Rômulo e Remo (cf. fig. 3), Moisés, Semíramis e muitos outros – foram afastados dos pais verdadeiros[36]. Outros são diretamente os filhos dos deuses, e as estirpes nobres descendem

Fig. 3 – Rômulo e Remo com a loba. Relevo romano, Avenches (Suíça)

de heróis e deuses. Como este exemplo mostra, a fantasia do homem moderno no fundo nada mais é que uma repetição de antigas crenças populares, de início amplamente difundidas. A ambiciosa fantasia escolhe, portanto, uma forma que é clássica e outrora era tida como verdadeira. O mesmo vale para certas fantasias eróticas. Mencionamos no início sonhos de violência sexual: o ladrão que penetra numa casa e comete um ato perigoso. Também este é um tema mitológico e por certo muitas vezes também foi real[37]. Independentemente do

---

36. RANK. Op. cit. Também JUNG & KERÉNYI. *Einführung in das Wesen der Mythologie,* p. 44s. ["2. Waisenkind"].

37. Sobre o rapto da noiva na mitologia, cf. JUNG & KERÉNYI, p. 156 e 160s.] [3. "Göttliche Mädchengestalten, 4. Hekate"].

fato de ter sido acontecimento corriqueiro raptar mulheres nos tempos pré-históricos, isto também se tornou objeto da mitologia em
épocas civilizadas. Recordo o rapto de Perséfone, Dejanira, Europa,
das Sabinas, etc. Não esqueçamos que até hoje, em várias regiões, nas
festas de casamento existem costumes que lembram o antigo rapto.

35   Poderíamos citar numerosos exemplos. Todos eles provariam o
mesmo, isto é, que aquilo que para nós é fantasia oculta, outrora estava exposto publicamente. Aquilo que para nós emerge em sonhos e
fantasias, antigamente era hábito consciente ou convicção geral. Mas
aquilo que outrora era tão forte, aquilo que em outros tempos constituía a esfera espiritual de um povo altamente desenvolvido, não pode
ter desaparecido totalmente da alma humana no decorrer de poucas
gerações. Não podemos esquecer que desde a época áurea da cultura
grega só se passaram cerca de oitenta gerações. E o que são oitenta
gerações? Elas se retraem para um período insignificante se as compararmos com o tempo que nos separa do Homo Neandertalensis ou
Heidelbergensis. Quero lembrar um trecho marcante do grande historiador Guillaume Ferrero:

> É muito comum acreditar-se que quanto mais o homem recua
> na distância do tempo, mais ele difere de nós em suas ideias e
> sentimentos; que a psicologia da humanidade muda de século
> em século como a moda ou a literatura. Por isso, assim que
> encontramos na história um pouco mais antiga alguma insti-
> tuição ou costume ou lei ou crença um pouco diferentes da-
> quelas que vemos a cada dia, procuramos toda sorte de expli-
> cações complicadas que, na maioria das vezes, se reduzem a
> frases cujo significado não é muito preciso. Mas o homem
> não muda tão depressa; sua psicologia no fundo permanece a
> mesma; e se sua cultura varia muito de uma época para outra,
> não é isto que modificará o funcionamento de seu espírito. As
> leis fundamentais do espírito continuam as mesmas, ao menos
> pelos períodos históricos tão curtos de que temos conheci-
> mento; e quase todos os fenômenos, mesmo os mais estra-
> nhos, devem ser explicáveis através daquelas leis comuns do
> espírito que podemos constatar em nós mesmos[38].

---

38. *Les lois psychologiques du symbolisme*, p. VII.

O psicólogo decididamente deve filiar-se a este conceito. De 36
fato, de nossa civilização desapareceram as falagogias dionisíacas da
Atenas clássica e os mistérios dos deuses ctônicos; assim também as
representações teriomorfas da divindade estão reduzidas a alguns
poucos remanescentes como a pomba, o cordeiro e o galo que enfeita
as torres de nossas igrejas. Mas tudo isso não impede que na infância
passemos por um período durante o qual o modo arcaico de pensar e
sentir se manifesta em palavras, e que durante toda a vida, ao lado do
pensamento recém-adquirido, dirigido e adaptado, possuímos um
pensamento-fantasia que corresponde a estados de espírito ancestrais.
Assim como nosso corpo em muitos órgãos conserva ainda os resquícios de antigas funções e estados, também nosso espírito, que parece
ter ultrapassado todos os instintos primitivos, traz ainda as marcas do
desenvolvimento por que passou e repete o arcaico ao menos em sonhos e fantasias.

A questão sobre a origem da tendência e da capacidade do espíri- 37
to de manifestar-se simbolicamente levou à distinção de dois tipos de
pensamento: o pensamento dirigido e adaptado, e o pensamento
subjetivo, movido por razões interiores. A última forma de pensamento – desde que não seja corrigida constantemente pela adaptação –
necessariamente deve produzir uma imagem do mundo subjetivamente alterada. Este estado de espírito inicialmente foi considerado
infantil e autoerótico ou, segundo Eugen Bleuler, "autístico". Deste
modo ficava claramente expresso que a imagem subjetiva do mundo,
julgada sob o ponto de vista da adaptação, era inferior à do pensamento dirigido. O exemplo ideal de autismo é representado pela esquizofrenia, e o autoerotismo infantil caracteriza as neuroses. Através deste
conceito, um processo em si totalmente normal como o pensamento-fantasia não dirigido é aproximado da patologia. Isto se deve atribuir menos ao cinismo dos médicos do que ao fato de terem sido os
médicos os primeiros a darem valor a esta forma de pensamento. O
pensamento não dirigido é motivado sobretudo subjetivamente, e isto
menos por motivos conscientes do que inconscientes. Por certo produz uma imagem do mundo diferente daquela do pensamento consciente, dirigido. Mas não existe razão real para se admitir que a primeira nada mais seja que uma distorção da imagem objetiva do mundo, pois é duvidoso se o motivo interior, sobretudo inconsciente, que

dirige os processos de fantasia, não representa um fato objetivo. O próprio Freud mostrou sobejamente o quanto motivos inconscientes se baseiam no instinto, que certamente é um *fato objetivo*. Assim também ele reconheceu, ao menos em parte, sua natureza arcaica.

38   As bases inconscientes dos sonhos e fantasias só aparentemente são reminiscências infantis. Na realidade, trata-se de formas de pensamento primitivas ou arcaicas, que naturalmente aparecem mais claramente na infância do que mais tarde. Mas, em si, de modo algum são infantis e muito menos patológicas. Para caracterizá-las não se deveriam usar, portanto, expressões derivadas da patologia. Assim também o mito baseado em fantasias inconscientes, quanto ao seu sentido, conteúdo e forma de modo algum é infantil ou a expressão de uma atitude autoerótica ou autista, embora forneça uma imagem do mundo que dificilmente pode ser comparada com nossa percepção racional e objetiva. A base instintivo-arcaica de nosso espírito é um fato objetivo, preexistente, que não depende de experiência pessoal nem de qualquer arbitrariedade subjetiva pessoal, tampouco quanto a estrutura hereditária e a disposição funcional do cérebro ou de qualquer órgão. Assim como o corpo tem a sua evolução, de cujas diferentes etapas ainda traz vestígios nítidos, assim também a psique[39].

39   Enquanto o pensamento dirigido é um fenômeno inteiramente consciente[40], não podemos dizer o mesmo em relação ao pensamento-fantasia. Grande parte de seus conteúdos ainda está na área consciente, mas pelo menos outro tanto já ocorre na penumbra ou totalmente no inconsciente, e por isso só pode ser desvendado indiretamente[41]. Pelo pensamento-fantasia se faz a ligação do pensamento dirigido com as "camadas" mais antigas do espírito humano, que há muito se encontram abaixo do limiar do consciente. As fantasias que ocupam diretamente o consciente são os sonhos acordados, fantasias diurnas, a que Freud, Flournoy, Pick e outros deram particular aten-

---

39. Cf. meu trabalho *Der Geist der Psychologie*.

40. Com exceção do fato de que os conteúdos entram no consciente já prontos e altamente complexos, o que já foi mencionado por Wundt.

41. SCHELLING. *Philosophie der Mythologie*, II, considera o pré-consciente como fonte criadora; cf. tb. FICHTE. *Psychologie*, I, p. 508s., considera a "região pré-consciente" como sede de origem dos sonhos importantes.

ção. Depois vêm os sonhos, que inicialmente oferecem um aspecto enigmático ao consciente e só adquirem sentido através dos conteúdos inconscientes reconhecidos indiretamente. Finalmente, existem sistemas de fantasias por assim dizer totalmente inconscientes, num complexo separado, que apresentam tendência à constituição de uma personalidade à parte[42].

O que foi dito acima mostra como justamente os produtos procedentes do inconsciente têm parentesco com o mito. Deveríamos concluir, por isso, que uma introversão ocorrida mais tarde na vida recorre a reminiscências infantis (do passado individual), que têm traços arcaicos, a princípio muito leves, mas bem evidentes quando a introversão e regressão aumentam. [40]

Este problema merece uma discussão mais detalhada. Tomemos como exemplo concreto a história do devoto Abbé Oegger, contada por Anatole France[43]. Este sacerdote era um sonhador e fantasiava muito, principalmente sobre o destino de Judas, se este realmente fora condenado ao inferno para todo o sempre, como afirma a Igreja, ou se Deus afinal lhe perdoou. Oegger baseava-se no raciocínio lógico de que Deus, em sua onisciência, escolhera Judas como instrumento para desencadear os fatos que culminariam na obra redentora de Cristo[44]. Este instrumento necessário, sem o qual a humanidade sequer teria alcançado a Redenção, não poderia ter sido condenado para sempre por Deus infinitamente bom. Para pôr fim a suas dúvidas, Oegger uma noite dirigiu-se à igreja e suplicou um sinal de que Judas estava salvo. Sentiu então um contato celestial em seu ombro. No dia seguinte, Oegger participou ao arcebispo sua decisão de vagar pelo mundo para pregar o evangelho da infinita misericórdia de Deus. [41]

Aqui estamos diante de um sistema de fantasia nítido: trata-se da questão sutil e eternamente insolúvel se a figura lendária de Judas foi [42]

---

42. FLOURNOY. *Des Indes à la planète Mars.* • JUNG. *Zur Psychologie und Pathologie sogenannter occulter Phänomene, über die Psychologie der Dementia praecox* e *Allgemeines zur Komplextheorie* [OC, 3]. Excelentes exemplos também em SCHREBER. *Denkwürdigkeiten eines Nervenkranken.*

43. *Le jardin d'Épicure*, p. 98s.

44. A figura de Judas tem alto significado psicológico como imolador do Cordeiro de Deus, que com isto também imola a si mesmo (suicídio). Cf. parte II desta obra.

condenada ou não. A lenda de Judas em si é um tema típico: o herói perfidamente traído. Lembro Siegfried e Hagen, Balder e Loki; Siegfried e Balder são assassinados por um traidor infiel dentre seus amigos mais próximos. Este é um mito comovente e trágico, porque não é luta honesta que abate o herói, mas traição; ao mesmo tempo, é um fato que aconteceu muitas vezes na história, por exemplo, César e Brutus. O mito deste ato é antiquíssimo, mas sempre de novo recontado. É a expressão da inveja que não deixa o homem dormir. Esta regra se aplica de modo geral à tradição dos mitos: não se propagam relatos de quaisquer acontecimentos, mas apenas daqueles que traduzem uma ideia geral, sempre renovada, da humanidade. Assim, por exemplo, a vida e os atos dos heróis dos povos e fundadores de religiões são puras condensações de motivos típicos de mitos, atrás das quais desaparece a figura individual[45].

43   Mas por que nosso devoto Abbé se torturava com a velha lenda de Judas? Saiu portanto mundo afora, para pregar o evangelho da misericórdia. Depois de algum tempo abandonou a Igreja católica e passou para a seita dos swedenborgianos. Agora compreendemos suas fantasias em torno de Judas: ele era o Judas que traía seu Senhor; por isso precisava assegurar-se antes da misericórdia divina, para poder ser Judas tranquilamente.

44   Este caso torna mais claro o mecanismo das fantasias em geral. A fantasia consciente, seja ela da natureza mítica ou outra, não pode ser tomada ao pé da letra e sim compreendida quanto a seu significado.

---

45. Cf. tb. DREWS. *Die Christusmythe*. Teólogos profundos, como Kalthoff (*Die Entstehung des Christentums*) interpretam os fatos semelhantemente a Drews. Assim, diz Kalthoff (op. cit., p. 8): "As fontes que relatam a origem do cristianismo são de tal ordem que, na situação atual das pesquisas históricas, nenhum historiador ousaria tentar escrever a biografia de um Jesus histórico, baseado nestas fontes". Ainda (ibid., p. 10): "Ninguém mais hoje em dia procuraria por detrás destas narrativas dos evangelhos a vida de um homem comum, histórico, sem as consequências da teologia racionalista". E (ibid., p. 9): "Em Cristo, o divino sempre e em toda parte deve ser concebido como intimamente uno com o humano: do Deus Homem da Igreja, há uma linha reta que perpassa as epístolas e os evangelhos do Novo Testamento remontando ao Apocalipse de Daniel, onde se forjou a imagem religiosa de Cristo. Mas, em cada um dos pontos desta linha, Cristo também tem traços sobre-humanos, nunca e em parte alguma ele é aquilo que a teologia crítica dele quis fazer: um simples homem comum, um indivíduo histórico". Cf. tb. SCHWEITZER. *Geschichte der Leben-Jesu-Forschung*.

Se nos ativermos a seu conteúdo literal, ela permanecerá incompreensível e teremos de contestar a utilidade da função psíquica. Vimos porém, no caso do Abbé Oegger, que suas dúvidas e esperanças só aparentemente giravam em torno da personagem histórica de Judas, mas na realidade se referiam a ele mesmo, que, através da solução do problema de Judas, queria abrir seu caminho para a liberdade.

As fantasias conscientes, portanto, através de um tema mítico relatam certas tendências da própria personalidade que ainda não foram reconhecidas ou não mais são admitidas. Como se compreende facilmente, uma tendência a que se nega o reconhecimento e é tratada como não existente, dificilmente terá um conteúdo que se ajuste bem a nosso caráter consciente. Trata-se geralmente de coisas consideradas imorais e impossíveis, e cuja conscientização encontra a maior resistência. O que teria dito Oegger se lhe tivessem contado confidencialmente que ele mesmo estava se preparando para o papel de Judas? Achou a condenação de Judas incompatível com a bondade de Deus e por isso meditou sobre o conflito: esta é a sequência causal consciente. Paralelamente corre a sequência inconsciente: porque ele próprio queria ou precisava ser Judas, certificou-se antecipadamente da bondade de Deus. Judas tornou-se para Oegger o símbolo de sua própria tendência inconsciente, e ele precisava desta imagem para poder meditar sobre seu próprio problema; a conscientização direta ter-lhe-ia sido demasiado dolorosa. Assim, certamente devem existir mitos típicos que constituem os instrumentos específicos para o estudo dos complexos psicológicos dos povos. Jacob Burckhardt parece ter pressentido isto quando disse que todo grego do período clássico trazia em si um pouco de Édipo, assim como todo alemão tem em si um pouco de Fausto[46].

---

46. Cartas a Albert Brenner (*Basler Jahrbuch*, 1901, p. 91s.): "Para uma explicação especial do Fausto nada tenho em toda minha bagagem. Também está o senhor muito bem servido de comentaristas de toda sorte. Ouça: devolva imediatamente todos estes trastes ao círculo do livro de onde vieram [...] Aquilo que lhe está reservado encontrar no Fausto terá de ser encontrado através da intuição [...] Pois o Fausto é um mito autêntico, uma imagem ancestral, em que cada um precisa reencontrar intuitivamente e à sua maneira *seu* próprio destino e *sua* essência. Permita-me uma comparação: Que teriam dito os antigos gregos se entre eles e a lenda de Édipo se colocasse um comentarista? – Cada grego trazia em si uma fibra de Édipo, que queria ser tocada *diretamente* e exigia vibrar à *sua* maneira. E assim acontece com a nação alemã em relação ao Fausto".

46   Reencontramos os problemas que o singelo conto do Abbé Oegger nos apresentou quando examinamos fantasias que agora devem sua existência a uma atividade exclusivamente inconsciente. Miss Frank Miller, por intermédio de Flournoy, tornou acessível ao público algumas fantasias, em parte poéticas, sob o título *Quelques faits d'imagination créatrice subconsciente (Archives de Psychologie*, v. 5, 1906)[47].

---

47. Não posso ocultar que tive dúvidas se eu poderia desvendar os fatos íntimos, pessoais, que a autora trouxe a público altruisticamente, no interesse científico. Disse-me, porém, que a autora deveria suportar uma compreensão mais profunda da mesma forma que as objeções da crítica. Sempre arriscamos alguma coisa quando nos expomos a público. A ausência total de relacionamento pessoal com Miss Miller permite-me falar livremente.

III

Preâmbulo

Sabemos, por experiências múltiplas, que, quando alguém conta suas fantasias ou seus sonhos, muitas vezes não se trata apenas de um problema urgente, e sim do mais penoso de seus problemas íntimos naquele momento[1]. Como o caso de Miss Miller é complicado, temos de ocupar-nos também com detalhes que eu, atendo-me à descrição de Miss Miller, passo a expor. No primeiro capítulo, "Phénomènes de suggestion passagère ou d'autosuggestion instantanée", ela dá uma série de exemplos de sua incomum sugestionabilidade, que ela mesma considera como sintoma de um temperamento nervoso. Ela parece ter

---

1. Temos um exemplo em Bernoulli (*Franz Overbeck und Friedrich Nietzsche. Eine Freundschaft,* I, p. 72). Ele narra o comportamento de Nietzsche na sociedade Basileia: "Uma vez, contou à senhora que estava a seu lado à mesa: 'Sonhei recentemente que minha mão, estendida sobre a mesa à minha frente, de repente adquiriu uma pele vítrea, transparente; eu via nitidamente os ossos, os tecidos, a musculatura. De súbito, vi um enorme sapo sentado sobre minha mão e senti ao mesmo tempo a necessidade imperiosa de engolir o animal. Dominei minha horrível repugnância e o traguei a custo'. A jovem senhora riu. 'E a senhora ri por isso?', perguntou Nietzsche terrivelmente sério, pousando seu olhar profundo, meio indagador, meio triste, sobre sua interlocutora. Ela pressentiu então, mesmo sem compreender bem, que lhe falara um oráculo sob a forma de alegoria e que Nietzsche, através de uma estreita fresta, lhe permitira entrever o obscuro abismo de seu íntimo". Bernoulli acrescenta (p. 166) a seguinte nota: "[...] talvez se perceba também que a exatidão impecável de seu trajar era devida menos a uma ingênua satisfação consigo do que à expressão de uma fobia de sujar-se, decorrente de um asco secreto, angustiante". – Sabe-se que Nietzsche chegou a Basileia muito jovem. Estava então numa idade em que outros jovens pensam em se casar. Estava sentado ao lado de uma jovem mulher e lhe contava que algo de horrível e assqueroso acontecera com sua mão transparente, e que tivera de absorver aquilo totalmente em seu corpo. Sabe-se que tipo de doença pôs um fim prematuro à vida de Nietzsche. E justamente isto ele queria comunicar a sua companheira. O riso desta realmente foi inoportuno.

uma invulgar capacidade de empatia e identificação. Por exemplo, no *Cyrano* identificou-se a tal ponto com Christian de Neuvillette, que sentiu uma dor lancinante em seu próprio peito, e justamente no lugar em que Christian foi atingido pelo disparo mortal.

48   Poderíamos chamar o teatro, antiesteticamente, de instituição para o tratamento público de complexos. O prazer da comédia ou do enredo dramático com um final feliz se faz através da identificação de complexos próprios com os da peça; o prazer da tragédia, por meio da sensação ao mesmo tempo terrível e benéfica de ver acontecer ao outro aquilo que ameaça a nós mesmos. A simpatia de nossa autora com o moribundo Christian quer dizer que nela existe um complexo de solução semelhante, murmurando a meia voz um "hodie tibi, cras mini" (hoje a ti, amanhã a mim); e para que se saiba exatamente qual o momento crucial, Miss Miller acrescenta que sentia a dor no peito "lorsque Sarah Bernhardt se precipite sur lui pour étancher le sang de sa blessure"; portanto, o momento é aquele em que o amor entre Christian e Roxane chega a um fim drástico. Revendo toda a peça de Rostand, notamos certas passagens a cujo efeito não podemos furtar-nos facilmente e que queremos destacar aqui porque são importantes para tudo o que segue. Cyrano de Bergerac, com seu nariz comprido e feio, que lhe custou inúmeros duelos, ama Roxane, que por sua vez, ingenuamente, ama Christian por julgá-lo o autor daqueles belos versos, que no entanto provêm da pena de Cyrano. Este último é incompreendido, de cujo amor ardente e nobreza de alma ninguém suspeita, o herói que se sacrifica pelos outros: e moribundo, só no crepúsculo da vida, lê mais uma vez para Roxane a última carta de Christian, cujos versos ele mesmo escrevera:

> Roxane, adeus, eu vou morrer!
> Será esta noite, creio, minha bem-amada!
> Tenho a alma pesada ainda, de amor inconfessado
> E morro! Nunca mais, nunca meus olhos sombrios.
> Meu olhar de que eras festa fremente,
> Beijarão de passagem os gestos que fazes;
> Revejo um desses pequenos gestos que te é familiar
> Para tocar tua fronte, e eu quereria gritar...
> E grito:
> Adeus!... Minha querida, minha amada, Meu tesouro... meu amor!...

Meu coração jamais te deixou por um segundo,
E sou e serei também no outro mundo
Aquele que te amou sem medida, aquele...[2]

Roxane então reconhece o verdadeiro amado. E tarde demais, a   49
morte se aproxima e, no delírio da agonia, Cyrano se levanta, puxa
da espada:

Penso que ela olha...
Que ela ousa olhar meu nariz, este horror!
(Ele ergue a espada).
Que dizes?... É inútil?... Eu sei!
Mas não se luta na esperança do sucesso!
Não! Não! é muito mais belo quando é inútil!
– O que são todos aqueles lá? – Sois mil?
Ah! eu vos reconheço, meus velhos inimigos!
A Mentira?
(Ele vibra a espada no vazio).
Tomai, tomai! Ha! Ha! Compromissos,
Preconceitos, Covardias!...
(Ele vibra a espada).
Que eu faça um pacto?
Jamais, jamais! Ah! aí estás, Tolice!
– Sei bem que por fim me vencereis;
Não importa: eu me bato! eu me bato! eu me bato!
Sim, vós me arrancais tudo, o louro e a rosa!
Arrancai! Existe não obstante alguma coisa
Que levarei comigo, e esta noite, quando entrar na casa de Deus,
Minha saudação varrerá amplamente a soleira azul,
Alguma coisa que, sem uma dobra, nem uma mancha,
Eu levo contra a vossa vontade, e é o...
Meu penacho[3].

Cyrano, que sob o invólucro feio de seu corpo abriga uma alma   50
tanto mais bela, é um saudoso e incompreendido, e seu último triunfo é que parte ao menos com seu penacho imaculado – "sans un pli et
sans une tache". A identificação da autora com o moribundo Christian,

---

2. ROSTAND. *Cyrano de Bergerac*, p. 217s.
3. Ibid., p. 224s.

que em si é uma figura pouco expressiva, indica que seu amor está fa-
dado a ter um fim súbito – como Christian. Mas, como vimos, o trágico interlúdio com Christian se desenrola sobre um fundo muito
mais importante, isto é, o amor incompreendido de Cyrano por Roxane. A identificação com Christian poderia ser apenas um pretexto.
No decorrer de nossa análise veremos que, de fato, este provavelmente foi o caso.

51   À identificação com Christian segue-se, como outro exemplo,
uma recordação plástica do mar, à vista da fotografia de um navio em
alto-mar ("... je sentis les pulsations des machines, le soulèvement des
vagues, le balancement du navire"). Já podemos aqui suspeitar que as
viagens por mar se ligam a recordações particularmente importantes,
que penetraram fundo na alma e conferem à recordação do convés
um relevo particularmente forte pela consonância inconsciente. Veremos abaixo como estas supostas recordações poderiam estar relacio-
nadas com o problema mencionado acima.

52   O exemplo que se segue agora é estranho. Uma vez, no banho,
Miss Miller enrolara os cabelos numa toalha para protegê-los contra
a umidade. No mesmo instante ela teve a seguinte forte impressão:
"Il me sembla que j'étais sur un piédestal, une véritable statue égypti-
enne, avec tous ses détails: membres raides, un pied en avant, la main
tenant des insignes", etc. Miss Miller identifica-se, portanto, com
uma estátua egípcia, naturalmente baseada numa semelhança não
aceita. Isto quer dizer: Eu sou como uma estátua egípcia, tão rígida,
hirta, altiva e "impassible", para o que o estilo egípcio é proverbial.

53   O exemplo seguinte mostra a influência pessoal da autora sobre
um artista:

> [...] eu consegui fazê-lo reproduzir paisagens, como a do lago
> Léman, onde ele jamais estivera, e ele afirmava que eu era ca-
> paz de fazê-lo desenhar coisas que ele jamais vira e lhe dar a
> sensação de uma atmosfera que ele nunca havia sentido; em
> suma, que eu me servia dele como ele mesmo se servia de seu
> lápis, isto é, como de um simples instrumento.

54   Esta observação está em total contradição com a fantasia da estátua egípcia. Miss Miller tem a necessidade não confessada de frisar
sua influência quase mágica sobre outra pessoa. Também isto provavelmente não acontece sem necessidade interior, sentida por quem

muitas vezes não consegue estabelecer um relacionamento afetivo verdadeiro. Consola-se então com a fantasia de sua força de sugestão quase mágica.

Com isto esgota-se a série de exemplos que devem ilustrar a autossugestionabilidade e a ação sugestiva da autora. Nesse sentido os exemplos não são muito convincentes nem interessantes, mas sob o ponto de vista psicológico tornam-se muito mais valiosos porque nos oferecem uma certa perspectiva da problemática pessoal da autora. A maioria dos exemplos abrange casos em que Miss Miller sofreu o efeito de sugestões, a libido se apoderou de determinadas impressões e as exagerou, o que teria sido impossível sem a presença de energia livre disponível em consequência de uma relação insuficiente com a realidade.   *55*

IV

O hino ao Criador

56   O segundo capítulo da publicação de Flournoy traz o título: "Gloire à Dieu. Poème onirique".

57   Na idade de 20 anos Miss Miller (1898) fez uma longa viagem pela Europa. Eis em suas próprias palavras a descrição:

> Depois de uma longa e penosa viagem de Nova York a Estocolmo e de lá a Petersburgo e Odessa, foi para mim uma verdadeira volúpia (une véritable volupté)[1] abandonar o mundo das cidades habitadas e penetrar no mundo das ondas, do céu e do silêncio. Eu passava horas no convés para sonhar, estendida numa cadeira preguiçosa: As histórias, lendas e mitos dos países distantes que eu vira, voltavam imprecisos, diluídos numa espécie de névoa radiante, na qual as coisas perdiam sua realidade, enquanto só os sonhos e fantasias pareciam reais. No início evitei também toda companhia, mantendo-me à distância, inteiramente perdida em minhas fantasias, onde tudo que eu conhecia de grandioso, belo e bom me voltava à consciência com nova força e nova vida. Empreguei também boa parte de meu tempo para escrever a meus amigos, ler e esboçar pequenos poemas sobre os lugares visitados. O caráter de algumas destas poesias era mais para o sério.

58   Talvez pareça supérfluo analisar mais de perto todos estes detalhes. Mas lembremos a constatação feita acima de que, quando as pessoas deixam falar seu inconsciente, este sempre conta as coisas mais íntimas. Sob este aspecto, muitas vezes os menores detalhes se tornam significativos. Neste trecho, Miss Miller relata um "estado de introversão": Depois que a vida das cidades, com suas múltiplas im-

---

1. A escolha de palavras e alegorias é sempre significativa.

pressões, atraiu seu interesse (com aquela força sugestiva, já mencionada, que impõe violentamente a impressão), ela respira aliviada sobre o mar e, depois de toda aquela exterioridade, submerge em seu mundo interior com intencional alheamento do meio ambiente, de maneira que as coisas perdem sua realidade e os sonhos se transformam em verdade. A psicopatologia conhece um distúrbio mental[2] em que os doentes se fecham cada vez mais contra a realidade e submergem em sua fantasia e, à medida que a realidade perde sua influência, o mundo interior aumenta em força determinadora. Este processo leva a um auge, onde os doentes, muitas vezes, subitamente tomam consciência de seu alheamento da realidade: o que acontece então é uma espécie de pânico, em que os pacientes começam a dirigir-se ao mundo exterior com tentativas doentias. Estas tentativas provêm do desejo compensador de novo relacionamento. Esta parece ser uma regra psicológica válida para os doentes e, em menor grau, também para pessoas normais.

Assim pode-se esperar que depois de sua prolongada introversão, que até prejudicou temporariamente a sensação de realidade, Miss Miller seja dominada novamente pela impressão do mundo exterior, e por uma influência tão energicamente sugestiva quanto a de suas fantasias. Continuemos a acompanhar a narrativa:

> Mas quando a viagem se aproximou do fim, os oficiais de bordo se desdobraram em amabilidades (tout ce qu'il y a de plus empressé et de plus aimable), e passei muitas horas divertidas

59

---

2. Esta doença tinha a denominação não bem adequada, dada por Kraepelin, de Dementia praecox. Bleuler chamou-a mais tarde de esquizofrenia. É uma grande infelicidade que os psiquiatras tenham encontrado esta doença. A este fato se deve seu prognóstico aparentemente mau, pois "dementia praecox" significa falta de esperança terapêutica. Que impressão teríamos da histeria se a julgássemos sob o ponto de vista do psiquiatra! O psiquiatra, em sua clínica, naturalmente vê apenas o pior e por isso precisa ser um pessimista, pois está terapeuticamente impedido. Que lamentável aspecto teria a tuberculose se fosse descrita apenas à base das experiências em um asilo de doentes incuráveis!
Assim como as histerias crônicas, que fazem definhar os doentes lentamente nos hospícios não são características da histeria verdadeira, assim tampouco o é a esquizofrenia com relação às suas formas tão frequentemente vistas no consultório e que raramente chegam às mãos do psiquiatra de hospital. "Psicose latente" é um conceito que o psicoterapeuta conhece demasiadamente bem, e teme.

tentando ensinar-lhes o inglês. Na costa da Sicília, no porto de Catânia, escrevi uma canção de marinheiro, que aliás se parecia com uma canção muito conhecida entre os homens do mar ("Brine, wine and damsels fine"). Os italianos de modo geral cantam bem, e um dos oficiais, que cantava no convés durante a vigia noturna, me causara grande impressão e me inspirara a ideia de escrever algumas palavras apropriadas para sua melodia. Pouco depois quase tive de inverter o conhecido ditado, "Veder Napoli e poi morir", pois repentinamente fiquei muito indisposta (embora sem perigo), mas restabeleci-me o suficiente para poder desembarcar e visitar de carro os pontos atrativos da cidade. Este dia me cansou muito e, como pretendíamos ver Pisa no dia seguinte, voltei ao navio à noitinha e fui dormir cedo, sem pensar em algo mais sério que na beleza dos oficiais e na feiura dos mendigos italianos.

60   Ficamos um pouco decepcionados, pois, ao invés da grande impressão esperada, encontramos apenas um idílio inofensivo, um flirt. Em todo caso, um dos oficiais, o cantor, lhe causara forte impressão ("il m'avait fait beaucoup d'impression"). Mas a observação no fim da narrativa, "sans songer à rien de plus sérieux qu'à la beauté des officiers" etc., torna a diminuir a seriedade da impressão. A suposição de que esta última tenha influenciado bastante no seu estado de espírito é apoiada, contudo, pelo fato de ter sido escrita uma poesia em homenagem ao cantor. Temos a propensão a não dar grande valor a tais acontecimentos, dispostos a acreditar nas afirmações de seus protagonistas quando descrevem tudo como muito simples e sem importância. Dou maior atenção a este fato porque, como mostra a experiência, depois de um tal período de introversão, uma impressão tem efeito profundo, talvez subestimado por Miss Miller, sobre a emotividade. O mal-estar súbito, passageiro, necessitaria de uma avaliação psicológica, que no entanto não pode ser feita por falta de dados mais específicos. Mas só através de uma emoção profunda, que chega até os alicerces, podemos compreender os fenômenos que agora seguem:

De Nápoles a Livorno o navio leva uma noite, durante a qual dormi mais ou menos bem – pois meu sono raramente é profundo e sem sonhos. Pareceu-me que a voz de minha mãe me acordava justamente no fim do seguinte sonho: Primeiro tive uma ideia vaga das palavras: "When the morning stars sang together" – que eram o prelúdio de uma ideia imprecisa de criação e de imponentes corais ecoando através do universo.

Apesar do caráter confuso e contraditório próprio do sonho, imiscuíram-se os coros de um oratório apresentado por uma das melhores sociedades de música de Nova York, e em seguida recordações do "Paraíso Perdido" de Milton. Depois, lentamente, certas palavras emergiram desta confusão, arranjando-se em três estrofes, sendo que elas apareceram em minha caligrafia, sobre papel comum com pautas azuis, numa página de meu velho álbum de poesias que sempre levo comigo; em resumo, apareceram-me exatamente assim como alguns minutos depois de fato se encontravam em meu livro.

Miss Miller escreveu então a seguinte poesia, cuja redação modificou um pouco alguns meses depois, com o que, a seu ver, se reaproximou mais do original do sonho: 61

Quando o Eterno criou o Som,
Miríades de ouvidos surgiram para ouvir,
E através de todo o Universo
Rolou um eco profundo e claro:
"Toda Glória ao Deus do Som!"

Quando o Eterno criou a Luz,
Miríades de olhos surgiram para a ver,
E ouvidos que ouviam e olhos que viam
Tornaram a entoar o imponente coral:
"Toda Glória ao Deus da Luz!"

Quando o Eterno criou o Amor,
Miríades de corações saltaram para a vida;
E ouvidos cheios de música, olhos cheios de luz,
Proclamaram com corações cheios de amor:
"Toda Glória ao Deus do Amor!"[3]

Antes de ocupar-nos com as tentativas de Miss Miller, de descobrir as raízes desta criação subliminal por meio de suas próprias ideias, 62

---

3. When the Eternal first made Sound / A myriad ears sprang out to hear, / And throughout all the Universe / There rolled an echo deep and clear: / "All Glory to the God of Sound!" // When the Eternal first made Light / A myriad eyes sprang out to look, / And hearing ears and seeing eyes, / Once more a mighty choral took: / "All Glory to the God of Light!" // When the Eternal first gave Love, / A myriad hearts sprang into life; / Ears filled with music, eyes with light, / Pealed forth with hearts with love all rife: / "All Glory to the God of Love!"

tentaremos fazer uma revisão geral do material até agora apresentado. A impressão do navio já foi devidamente destacada, de maneira que não deverá ser difícil reconhecer os processos dinâmicos que levaram a esta manifestação poética. Já dissemos acima que Miss Miller talvez tenha subestimado consideravelmente o alcance da impressão erótica. Esta hipótese torna-se ainda mais provável pela experiência de que impressões eróticas relativamente fracas muitas vezes são subestimadas. Vemos isto mais claramente nos casos em que as pessoas envolvidas consideram uma relação erótica impossível por razões sociais ou morais (por exemplo, pais e filhos, irmãos, relações entre homens mais velhos e mais jovens, etc.). Se a impressão for relativamente fraca, ela nem sequer existe para a pessoa envolvida; se for forte, forma-se uma dependência trágica que pode acarretar qualquer despropósito. A tolerância pode ser muito grande, e não obstante todos se mostrariam moralmente chocados se falássemos de "sexualidade". Um certo tipo de educação tacitamente pretende saber o menos possível sobre tais motivos ocultos, e mostrar desconhecimento total a seu respeito[4]. Não é de admirar por isto que o julgamento em relação ao alcance de uma impressão erótica seja inseguro e insuficiente. Como vimos, Miss Miller estava perfeitamente disposta a uma impressão *profunda*. Mas dos sentimentos assim despertados, muito pouco parece ter vindo à tona, pois o sonho ainda teve de acrescentar muita coisa. A experiência analítica sabe que os primeiros sonhos que os pacientes trazem para a análise têm interesse especial, inclusive porque revelam julgamentos e avaliações sobre a personalidade do médico, sobre as quais teríamos perguntado em vão diretamente. Eles enriquecem a impressão *consciente* que o paciente tem de seu médico, e muitas vezes são conotações eróticas feitas pelo inconsciente, justamente devido à subestimação e ao julgamento inseguro da impressão. Na expressão drástica e hiperbólica do sonho, a impressão frequentemente aparece de forma quase incompreensível devido às dimensões inadequadas do símbolo. Outra peculiaridade, que parece baseada na estratificação histórica do inconsciente, é que a impressão à qual é negado o reconhecimento consciente se apodera de uma forma de relacionamento antiga. Assim se explica por que em

---

4. O leitor deve ter em mente que isto foi escrito antes da Primeira Guerra Mundial. Muita coisa mudou desde então.

mocinhas, por ocasião de seu primeiro amor, ocorrem sérias dificuldades de comunicação, que podem ser reduzidas a distúrbios por reavivamento regressivo da imago paterna[5].

Podemos supor alguma coisa semelhante em Miss Miller, pois a ideia da divindade criadora masculina parece ser um derivado da imago paterna[6], que tem, entre outras, a finalidade de substituir a relação infantil com o pai de tal modo que venha a facilitar ao indivíduo a passagem do círculo estreito da família para o círculo mais amplo da sociedade humana. Com isto, naturalmente, o significado do quadro ainda está longe de esgotado.   63

De acordo com estas considerações, vemos na poesia e seu "prelúdio" o produto poético-religioso de uma introversão regressiva para a imago paterna. Apesar da percepção aparentemente insuficiente da impressão ativa, elementos importantes da mesma são incluídos no produto substitutivo, de certa forma como insígnias de sua origem. A impressão inicial tinha sido o oficial cantando durante a vigia noturna ("When the morning stars sang together"), cuja figura desvendou à jovem um mundo novo ("Criação").   64

Este "Criador" criou o som, depois a luz e finalmente o amor. A criação do som em primeiro lugar tem certas paralelas no "verbo cria-   65

---

5. Dou preferência intencionalmente à expressão imago, ao invés de complexo, para indicar também visualmente, através da escolha do termo técnico, aquela situação psicológica que entendo por "imago", aquela independência viva na hierarquia psíquica, aquela autonomia que se cristalizou como particularidade essencial do complexo de sentimentos às custas de experiências múltiplas e que é ilustrada pelo conceito de "imago". (Cf. *Die Psychologie der Dementia praecox*. Caps. II e III. [OC, 3].) Meus críticos viram neste conceito um retorno à psicologia medieval, e o rejeitaram. Este "retorno" de minha parte foi consciente, pois a psicologia de velhas e novas superstições a meu ver fornece inúmeros comprovantes. Percepções e confirmações interessantes nos são fornecidas também pelo doente mental Schreber, em sua autobiografia (*Denkwürdigkeiten eines Nervenkranken*). "Imago" tem apoio no romance *Imago*, de Spitteler, e na antiga ideia religiosa de "imagines et lares".
Em meus escritos posteriores uso para isto o termo "arquétipo", e com isso quero expressar o fato de tratar-se de motivos impessoais, coletivos.

6. A afirmação de que a divindade masculina é um derivado da imago paterna literalmente só é válida dentro do âmbito de uma psicologia personalista. Um exame mais profundo da imago paterna mostra que nela *a priori* já estão contidos certos elementos coletivos que não se baseiam em experiências individuais. Cf. meu trabalho O *eu e o inconsciente* [OC 7/2, § 211s.], Petrópolis: Vozes, 1982.

dor" do *Gênesis,* em Simão o Mago, onde a voz corresponde ao Sol[7], nos lamentos e gritos mencionados no *Poimandres*[8], e no riso do Deus na criação do mundo (κοσμοποιία), que se encontra no papiro J 395 de Leiden[9]. Podemos desde já arriscar uma conjetura que mais tarde se confirmará plenamente, isto é, a seguinte cadeia de associações: O cantor – a estrela da manhã que canta – o deus do som – o Criador – o deus da luz – do Sol – do fogo – e do amor. Estas designações em sua maioria encontram-se também na linguagem erótica e sempre que se intensifica, em consequência de afeto, o modo de expressão.

66   Miss Miller tentou compreender a criação inconsciente, e isto por um processo que em princípio coincide com o da análise psicológica e por isto leva aos mesmos resultados que esta. Mas, como em geral acontece ao leigo e ao principiante, ela para nas ideias que expõem o complexo subjacente só indiretamente. No entanto, basta um simples processo de conclusão, a rigor um pensar levado a termo somente para encontrar o sentido.

67   De início, Miss Miller estranha que sua fantasia inconsciente não tenha colocado a luz em primeiro lugar, de acordo com a criação do mundo descrita por Moisés, e sim o som. Segue-se então uma explicação construída *ad hoc* e teoricamente. Diz ela:

> Talvez seja interessante lembrar que Anaxágoras também faz o cosmos surgir do caos por meio de uma espécie de furacão[10], o que geralmente não acontece sem a produção de ruído. Mas naquela época eu ainda não estudara filosofia e nada

---

7. "A voz, contudo, e o nome (são) Sol e Lua". HIPÓLITO. *Elenchos.* VI, 13. – Max Müller, em seu prefácio aos *Sacred Books of the East* (I, p. xxv), diz sobre o sagrado som Om: "He therefore who meditates on Om, meditates on the spirit in man as identical with the spirit in nature, or in the sun". (Quem, portanto, medita sobre Om, medita sobre o espírito no homem como idêntico ao espírito na natureza ou no Sol.)

8. SCHULTZ. *Dokumente der Gnosis*, p. 62. Texto em: SCOTT. *Hermética*, I, p.12.

9. DIETERICH. *Abraxas*, p. 17: "E riu o deus sete vezes: ha ha ha ha ha ha ha, e enquanto o Deus ria, surgiram sete deuses".

10. Em Anaxágoras a potência primitiva viva do νοῦς confere movimento à matéria inerte. De som naturalmente nem se fala. Miss Miller também dá mais ênfase à natureza de vento do nous do que a antiga tradição o justificaria. Por outro lado, este nous é parente do πνεῦμα e do λόγος απερματικός; dos antigos estoicos. A fantasia incestuosa de uma de minhas pacientes diz: O pai cobre-lhe o rosto com as mãos e sopra em sua boca aberta, o que representa a inspiração.

sabia de Anaxágoras nem de suas teorias sobre o nous, as quais, ao que parece, eu segui inconscientemente. Também desconhecia totalmente Leibniz e sua doutrina "dum Deus calculat, fit mundus".

As duas referências: Anaxágoras e Leibniz, dizem respeito à criação pelo "pensamento", isto é, o pensamento divino por si só poderia produzir uma realidade material nova; uma insinuação a princípio incompreensível, mas que logo se tornará mais clara.

Chegamos agora àquelas ideias das quais Miss Miller deduz o essencial de sua criação inconsciente: 68

> É sobretudo o *Paraíso perdido* de Milton, na edição ilustrada por Doré, que nós tínhamos em casa e com a qual me deleitei frequentemente, desde os tempos de infância. Depois, o livro de Jó, que me leram em voz alta desde que me lembro. Aliás, se compararmos as primeiras palavras do *Paraíso perdido* com meu primeiro verso, observamos que a métrica é a mesma.
>
> "Of man's first disobedience..."
> "When the Eternal first made sound".
>
> Além disso, minha poesia lembra diversas passagens de Jó e uma ou duas partes do oratório de Händel, "A Criação"[11], o que já ocorreu indistintamente no início do sonho.

O *paraíso perdido* que, como se sabe, se relaciona tão intimamente   69
com o começo do mundo, é especificado melhor pelo verso "of man's first disobedience..." que, evidentemente, se refere ao pecado original, tema, no presente contexto, de alguma importância. Sei da objeção que será aqui levantada, isto é, que, assim como este, Miss Miller poderia ter escolhido qualquer outro verso como exemplo, por mero acaso teria se valido daquele que primeiro lhe ocorrera, e que também por mero acaso tinha este conteúdo. A crítica que se faz ao método das ideias que ocorrem com os pacientes frequentemente usa estes argumentos. O mal-entendido vem do fato de não se dar a devida importância à causalidade na esfera psíquica: pois não existem acasos, não há os "assim como". É assim, e por isto existe uma boa razão para que assim seja. É um fato que a poesia se relaciona com o pecado original, e nisto se manifesta aquela problemática que insinuamos acima. Infelizmente a autora não diz de que trechos de Jó ela se lembrou. Por isso só

---

11. Provavelmente ela quis se referir à *Criação* de Haydn.

são possíveis conjeturas gerais. Em primeiro lugar, a analogia com O *paraíso perdido:* Jó perde tudo o que possui, e isto por sugestão de Satanás, que faz com que Deus duvide dele. Assim também, pela tentação da serpente os homens perderam o paraíso e foram expulsos para o sofrimento na terra. A ideia, ou melhor, o estado de espírito que é expresso pela reminiscência do paraíso perdido, é a sensação de ter perdido alguma coisa que se relaciona com tentação satânica. Acontece a ela como a Jó, sofre sem ter culpa, pois não se deixou levar pela tentação. Os sofrimentos de Jó não são compreendidos por seus amigos[12];

Fig. 4 – Cristo no colo da Virgem. Mestre do Alto Reno (cerca de 1400)

---

12. Cf. Jó 16,1-11.

ninguém sabe que Satanás está no jogo e que Jó realmente é inocente. Ele não cansa de afirmar sua inocência. Seria isto uma insinuação? Sabemos que certos neuróticos e sobretudo doentes mentais constantemente defendem sua inocência contra acusações inexistentes; a uma observação mais próxima descobrimos, no entanto, que o doente, ao defender sua inocência aparentemente sem qualquer motivo, na verdade faz apenas um jogo para enganar a si mesmo e que provém exatamente daqueles instintos cujo caráter é revelado pelo conteúdo das supostas acusações e negações[13].

Jó sofre duplamente, de um lado pela perda de sua felicidade, de outro lado pela falta de compreensão de seus amigos. Este último tema perpassa todo o livro. O sofrimento do incompreendido lembra a figura de Cyrano de Bergerac: ele também sofre duplamente, de um lado por causa do amor sem esperança, de outro lado por não ser compreendido. Ele tomba, como vimos, na última luta desesperada contra "le Mensonge, les Compromis, les Préjugés, les Lâchetés et la Sottise":

"Oui, vous m'arrachez tout, le laurier et la rose!"

Jó se lamenta:

> Deus entrega-me à custódia dos ímpios,
> arroja-me em mãos criminosas.
> Vivia eu tranquilo, quando me esmagou,
> agarrou-me pela nuca e me triturou.
> Fez de mim seu alvo.
> Suas flechas zuniam em torno de mim,
> atravessou-me os rins sem piedade
> e derramou por terra meu fel.
> Abriu-me com mil brechas
> e assaltou-me como um guerreiro[14].

A analogia de sentimentos está no sofrimento da luta desesperada contra o mais forte. É como se esta luta fosse acompanhada ao longe pelos sons da "Criação", o que faz entrever um quadro bonito

---

13. Lembro, por exemplo, o caso de uma paciente de 20 anos de idade que suspeitava constantemente de sua inocência, sendo impossível dissuadi-la da ideia. Gradativamente, a partir da defesa indignada, desenvolveu-se uma erotomania com correspondente agressividade.

14. Jó 16,12s. [As citações bíblicas são tiradas da *Bíblia Sagrada*, edição Vozes de 1982. N. do Ed.].

e misterioso, que pertence ao inconsciente e ainda não emergiu para
a luz do dia. Pressentimos mais do que sabemos, que esta luta realmente tem algo a ver com a Criação, com o duelo entre negação e
afirmação. As referências ao *Cyrano* de Rostand pela identificação
com Christian, ao *Paraíso perdido* de Milton, aos sofrimentos de Jó,
incompreendido pelos amigos, revelam nitidamente que na alma da
poetisa alguma coisa se identifica com estas imagens; sofre como
Cyrano e Jó, perdeu o paraíso e sonha ou planeja "Criação" – criação
pelo pensamento – fecundação pelo sopro do Pneuma.

73   Deixemos que de novo Miss Miller nos guie:

> Lembro que uma vez, aos quinze anos de idade, fiquei muito
> perturbada com um artigo que minha mãe me lera sobre a
> "Ideia que gera espontaneamente o seu objeto". Fiquei tão
> perturbada que não consegui dormir a noite toda, pensando e
> repensando sobre o que significaria aquilo.
>
> Na idade dos nove aos dezesseis anos eu ia todos os domingos a
> uma igreja presbiteriana onde o pároco, naquela época, era um
> homem muito culto... Numa das primeiras lembranças que
> guardei dele, vejo-me como menininha, sentada numa grande
> cadeira no coro da igreja, esforçando-me para ficar acordada e
> prestar atenção, mas não conseguindo por nada neste mundo
> compreender o que ele queria dizer ao nos falar do "Chaos",
> "Kosmos" e da "dádiva do amor" (don d'amour).

74   São, portanto, lembranças bastante precoces da época do início da
puberdade (nove a dezesseis), que associaram as ideias do cosmo, que
surge do caos, com o "don d'amour". O ambiente em que ocorreu esta
associação é a lembrança de um clérigo venerado, que pronunciou
aquelas palavras obscuras. Da mesma época é a lembrança daquela
perturbação por causa da ideia do "pensamento" criador, que por si só
"gera seu objeto". Aqui estão indicados dois caminhos da criação: o
pensamento criador e a misteriosa relação com o "don d'amour".

75   Durante os últimos semestres de meus estudos de medicina tive
oportunidade, através de longa observação, de compreender profundamente a alma de uma mocinha de quinze anos. Percebi com espanto, naquela ocasião, quais são os conteúdos das fantasias inconscientes e o quanto eles se afastam daquilo que uma mocinha desta idade
aparenta e daquilo que alguém de fora poderia imaginar. Eram fanta-

sias muito ricas, de caráter verdadeiramente mítico. Ela era, na fantasia dividida, a mãe ancestral de incontáveis gerações[15]. Se descontarmos sua fantasia realmente poética, restam elementos que provavelmente são comuns a todas as moças desta idade, pois o inconsciente é comum a todos os indivíduos em grau infinitamente maior do que os conteúdos do consciente individual, pois é a condensação do historicamente médio e frequente.

O problema de Miss Miller nesta idade era o humano geral: Como serei criativa? A natureza, de início, só tem uma resposta: "através do filho (don d'amour?!)". Mas como se chega ao filho? Aqui surge o problema que, como mostra a experiência, relaciona-se com o pai[16], com o qual a rigor não deveria ocupar-se, pois com ele se toca no proibido incesto. Nos anos em que a criança cresce para além do âmbito familiar, o amor forte e natural que a liga ao pai se desvia para formas de pai mais elevadas, para a autoridade e os "Padres" de Igreja, e para o Deus Pai que eles por assim dizer representam objetivamente; e aí há ainda menos possibilidade de abordar o problema. No entanto, a mitologia é pródiga em consolos. O Logos não se fez carne? O Pneuma divino e o Logos não penetraram no seio da Virgem? Aquele "tufão" de Anaxágoras era o Nous divino, que a partir de si mesmo se transformou no mundo. Por que conservamos até hoje a imagem da mãe imaculada? Porque ela ainda é rica em consolo e, sem palavras ou sermões, diz àqueles que procuram consolo: "Eu também me tornei mãe" – pela "ideia que gera espontaneamente o seu objeto". Penso que houve razões suficientes para uma noite de insônia se as fantasias próprias à puberdade se apoderaram desta ideia – pois as consequências seriam inenarráveis.

Tudo o que é psíquico tem um sentido inferior e um sentido superior, como diz o profundo enunciado da mística antiga: "Céu em cima / Céu embaixo / Estrelas em cima / Estrelas embaixo / Tudo o que está em cima / Também está embaixo. / Compreende isto e ale-

76

77

---

15. O caso foi publicado em *Zur Psychologie und Pathologie sogenannter occulter Phänomene* [OC, 1].

16. Cf. FREUD. *Analyse der Phobie eines 5jährigen Knaben*; e JUNG. *Über Konflikte der kindlichen Seele* [OC, 17].

gra-te"[17], e com isso tocamos o enigma do significado simbólico de tudo que é psíquico. Não faríamos justiça à singularidade intelectual de nossa autora se nos contentássemos em atribuir a excitação daquela noite de insônia unicamente ao problema sexual em sentido estrito. Esta seria apenas uma das metades, isto é, a metade inferior. A outra metade é a criação ideal ao invés da real.

78   Para uma personalidade capaz de trabalho intelectual, a possibilidade de criação intelectual é digna das maiores esperanças, para muitos é até uma necessidade de vida. Também este outro lado da fantasia explica a agitação, pois trata-se de uma ideia que pressente o futuro, uma daquelas ideias que, para usar a expressão de Maeterlinck[18], provêm do "inconscient supérieur", daquela "potência prospectiva" de combinações subliminares[19]. É uma ex-

---

17. οὐρανὸς ἄνω, οὐρανὸς κavtw, ἄστρα ἄνω, ἄστρα κάτω, πᾶν τοῦτο ἄνω, πᾶν τοῦτο κάτω, τοῦτο λαβὲ καὶ εὐτυχει. Antiga paráfrase da *Tabula Smaragdina* de Hermes, isto é, do texto apresentado por Athanasius Kircher (*Oedipus Aegyptiacus* II, p. 414). Refiro-me a esta última em meu trabalho *A psicologia da transferência* (§ 384, OC, 16/2).

18. *La sagesse et la destinée*, p. 87.

19. Certamente me acusarão, por isto, de misticismo. Mas pensemos melhor no assunto: indubitavelmente o inconsciente contém as combinações psicológicas que não atingem o limiar da consciência. A análise decompõe estas combinações em suas determinantes históricas. Ela trabalha em retrocesso, como a história. Assim como grande parte do passado está tão recuada no tempo que o conhecimento histórico não mais pode alcançá-la, assim também grande parte da determinação inconsciente é inalcançável. Mas a história não sabe de duas coisas: aquilo que está oculto no passado e aquilo que está oculto no futuro. Ambas, porém, talvez pudessem ser alcançadas com certa probabilidade, a primeira como postulado, a última como prognóstico político. À medida que no hoje já está contido o amanhã e toda a trama do futuro já está tecida, uma percepção mais profunda do presente poderia tornar possível um prognóstico do futuro mais ou menos distante. Se transportarmos este raciocínio para o campo psíquico, chegaremos necessariamente ao mesmo resultado: assim como vestígios de recordações de há muito subliminares ainda são acessíveis ao inconsciente, assim também o são determinadas combinações subliminares para a frente muito tênues, que são da maior importância para os acontecimentos futuros, à medida que estes são determinados por nossa psicologia. Mas, assim como a história não se preocupa com combinações para o futuro, que são objeto da política, tampouco as combinações psicológicas para o futuro são alvo da análise, mas constituiriam antes objeto de uma síntese psicológica refinada, que soubesse acompanhar os cursos naturais da libido. Não somos capazes disto, ou só muito imperfeitamente, mas o inconsciente o é, pois aí isto acontece, e parece que de tempos em tempos, em determinados casos, fragmentos importantes deste trabalho vêm à tona, pelo menos em sonhos, de onde viria então o significado profético dos sonhos, de há muito afirmado pela superstição. Os sonhos não raro são antecipações de modificações futuras do consciente. Cf. meu trabalho sobre *A energia psíquica* e *A natureza da psique*. Petrópolis: Vozes, 1984.

periência ocasional de meu trabalho profissional diário (uma experiência sobre cuja certeza preciso expressar-me com toda a precaução exigida pela complexidade da matéria), em determinados casos de neuroses prolongadas, de vários anos, ocorrer na época do início da doença ou muito antes disso, um sonho, frequentemente de nitidez visionária, que se grava para sempre na memória e durante a análise desvenda ao paciente um sentido oculto, antecipando os acontecimentos subsequentes da vida[20]. Estou inclinado a atribuir este sentido também à excitação daquela noite agitada, pois os acontecimentos posteriores, à medida que Miss Miller os revela consciente ou inconscientemente, parecem confirmar que aquele momento deve ser considerado como a apresentação e o pressentimento de um objetivo de vida.

Miss Miller conclui suas ideias com as seguintes observações: 79

> (O sonho) me parece proceder de uma mistura de ideias do Paraíso perdido, de Jó e da Criação, com ideias como "o pensamento que gera espontaneamente o seu objeto", a "dádiva do amor", "caos" e "cosmos".

Como os fragmentos de vidro colorido num caleidoscópio, assim em sua mente se teriam combinado fragmentos de filosofia, estética e religião, 80

> sob a influência estimulante da viagem e dos países vistos de relance, combinada com o grande silêncio e a magia indizível do mar... Ce ne fut que cela et rien de plus: "Only this and nothing more!"

Com estas palavras, Miss Miller, polida, mas energicamente, nos despede. Suas palavras de despedida em sua negativa final, repetida em inglês, deixa uma dúvida: a pergunta sobre que posição deve ser negada por essas palavras. "Ce ne fut que cela et rien de plus", quer dizer, de fato só "le charme impalpable de la mer" – e o jovem que cantou melodiosamente durante a vigília está esquecido e ninguém deverá saber, sobretudo a própria sonhadora, que ele foi uma estrela 81

---

20. Ao que parece, os sonhos permanecem espontaneamente na memória enquanto resumem acertadamente a situação psicológica do indivíduo.

da manhã precedendo a criação de um novo dia[21]. Mas não devemos incorrer no erro de tranquilizar-nos e ao leitor com uma frase do tipo "Ce ne fut que cela". Pois neste caso logo deveríamos desmentir-nos. Isto acontece também com Miss Miller quando acrescenta uma citação inglesa: "Só isto e nada mais", sem contudo indicar a fonte. A citação é do poema "The Raven" (O corvo) de Edgar A. Poe. A respectiva estrofe diz:

> Quando eu cochilava, quase adormecendo, súbito ouvi pancadas
> Como alguém batendo, batendo levemente, na porta de minh'alcova.
> "Alguma visita", pensei comigo, "batendo na porta de minh'alcova".
> Apenas isto e nada mais.

82   Um corvo espectral bate à noite à sua porta e lembra o poeta de sua "Lenore", irremediavelmente perdida. O corvo chama-se "Nevermore" (Nunca Mais), e como estribilho a cada estrofe ele grasna o seu sinistro "Nevermore". Velhas recordações voltam angustiosamente e o espectro diz implacavelmente "Nevermore". O poeta procura em vão afugentar o visitante indesejado e grita para o corvo:

> Sê esta nossa partida, ave ou Satanás, gritei me erguendo: Retorna às tempestades e às praias plutônicas da noite! Nem deixes negra pluma como penhor da tua mentira! Deixa minha solidão intacta! – do busto sobre minha porta sai! Tira de meu coração teu bico, daqui de minha porta vai! Grasna o corvo "Nunca Mais".

---

21. Uma canção de amor, que teve muitas variações, mostra como são coletivas as formas de uma tal experiência. Cito-a segundo sua forma epirótica neogrega (ARNOLD. *Die Natur verrät heimliche Liebe*, p. 159):
Ó querida, quando nos beijamos, estava escuro, quem nos viu? / Viu-nos uma estrela noturna, viu-nos a Lua, / E inclinou-se para o mar, e ao mar falou; / O mar então contou ao remo, e este a seu barqueiro; / O barqueiro fez disto uma canção, ouviram-na os vizinhos, / Ouviu-a também o padre, e a minha mãe contou;
Dela o pai o soube, e muito se irritou; / Ralharam e zangaram e me proibiram / De jamais chegar à minha porta, jamais até a janela. / Mas à janela eu irei, como se fosse ter com as flores,
E paz não encontrarei, enquanto o amado não for meu.

A frase que aparentemente supera a situação com facilidade,   83
"Only this and nothing more", provém de um texto que narra o desespero por causa de um amor perdido[22]. A citação, portanto, des-
mente nossa poetisa. Ela subestima a impressão e o grande efeito que
o cantor noturno lhe causara. Justamente esta subestimação é a razão
pela qual não chega diretamente à elaboração consciente, e daí se originam os "enigmas psicológicos"[23]. A impressão continua trabalhando
no inconsciente e produz fantasias simbólicas. Primeiro, são "as estrelas cantantes da manhã", depois o paraíso perdido, depois a nostalgia
veste roupas sacerdotais, pronuncia palavras obscuras sobre a criação
do mundo e, finalmente, se ergue num hino religioso para, enfim, encontrar aí uma saída. Mas o hino contém as marcas de sua origem: o
cantor noturno, passando pela relação com a imago paterna, transformou-se no criador, no deus do som, da luz e do amor, com o que não
queremos dizer que a ideia da divindade seja oriunda da perda de um
amor ou que, em si, nada mais seja do que um substitutivo para um objeto humano. Trata-se aqui evidentemente de um deslocamento da libido para um objeto simbólico, pelo que este último quase se transforma num substitutivo. Trata-se em si de uma vivência genuína, mas
que, como tudo, pode ser usada para um fim inadequado.

O desvio da libido parece ser uma *via crucis,* ao menos o *Paraíso*   84
perdido e a lembrança paralela de Jó parecem indicá-lo. A aparente
identificação inicial com Christian, que faz concluir por Cyrano,
mostra que o desvio é uma *via crucis:* assim como os homens, depois
da queda no pecado, tiveram de suportar o peso da vida na terra, ou
como Jó sofreu sob o poder de Satanás e de Deus e, inconscientemen-

---

22. A atmosfera da poesia lembra muito a *Aurélia*, de Gérard de Nerval, onde é anteci-
pado o mesmo destino que se abateu sobre Miss Miller: a perturbação mental. Cf.
também o significado do corvo na Alquimia (nigredo) em *Psychologie und Alchemie* (§
333s., OC, 12).

23. Também aqui há grande semelhança na atitude de Gérard de Nerval com Aurélie,
cuja presença marcante se recusou a aceitar. Ele não podia admitir numa "femme ordi-
naire de ce monde" o brilho que lhe conferia o seu inconsciente. Hoje sabemos que
uma impressão forte como esta se baseia na projeção de um arquétipo: o da anima (ou
do animus). Cf. meu trabalho, *O eu e o inconsciente*. Petrópolis: Vozes, 1982 (§
296s.); e JUNG & KERÉNYI. *Einführung in das Wesen der Mythologie* ("Zum psychologischen Aspekt der Kore-Figur", § 356s., OC, 9).

te, transformou-se em joguete entre duas forças do Além. Encontramos esta mesma cena da "aposta com Deus" também no *Fausto:*

Mefistófeles:

> Que apostais? Haveis de perdê-lo um dia se me permitis
> Por meus caminhos sutilmente o conduzir![24]

85   Satanás: "Mas estende tu um pouco a tua mão, e toca em tudo o
que ele possui, e verás se ele não te amaldiçoa na cara"[25].

86   Enquanto em Jó as duas grandes correntes são caracterizadas
como o Bem e o Mal, o problema mais imediato de Fausto é claramente erótico. O Diabo é brilhantemente caracterizado no seu papel
de sedutor. Este aspecto falta em Jó, mas ao mesmo tempo este não
tem consciência do conflito reinante em sua própria alma; refuta as
palavras de seus amigos, que querem convencê-lo do mal existente
em seu coração. Neste sentido podemos dizer que Fausto é mais lúci-
do, admitindo abertamente a dilaceração de sua alma.

87   Miss Miller age como Jó; ela não se reconhece e faz o Bem e o
Mal virem do Além. A identificação com Jó é marcante também neste
sentido. Mais uma analogia significativa deve ser mencionada: o poder criador, como o amor deve ser interpretado sob o ponto de vista
natural, deteve-se na divindade como seu atributo essencial, aparentemente derivada da impressão erótica. Por esta razão, Deus no hino
é louvado como Criador. Temos a mesma cena em Jó. Satanás é o
destruidor da fecundidade de Jó; Deus é o próprio Fecundo, e por
isso no fim do livro canta o hino à sua própria força criadora, hino
esse imbuído de grande beleza poética, no qual estranhamente é dada
maior ênfase a dois antipáticos representantes do mundo animal, Beemot e Leviatã, ambos símbolos da mais brutal força da natureza:

> Vê o hipopótamo que criei como a ti;
> alimenta-se de erva como o boi.
> Vê a força de suas ancas,
> o vigor de seu ventre musculoso.
> Sua cauda reponta como um cedro,
> enfeixam-se os tendões de suas coxas.

---

24. Parte I, Prólogo no céu, p. 140.
25. Jó 1,11.

Os ossos são tubos de bronze,
as vértebras, barras de ferro.

Quem poderá agarrá-lo pela frente,
ou atravessar-lhe o focinho com um gancho?
Poderás pescar com anzol o crocodilo
e atar-lhe a língua com uma corda?
Serás capaz de passar-lhe um junco pelas narinas,
ou perfurar suas mandíbulas com um gancho?
Virá a ti com muitas súplicas,
ou dirigir-te-á palavras suaves?
Fará um contrato contigo,
para que faças dele o teu criado permanente?

Esta é uma tradução exata de Jó 40,15-18 e 24-28 segundo a Bíblia Vozes (no original Jung usou a Zürcher Bibel).

O texto da Bíblia inglesa, usada por Miss Miller, como a tradução de Lutero, sob certos aspectos é mais sugestivo:

Jó 40,15-19:

Vê o hipopótamo que criei como te criei a ti,
que se nutre de erva como o boi.
Vê, a sua força reside nas suas ancas
e o seu vigor no umbigo de seu ventre.
Move sua cauda como um cedro;
os nervos das suas coxas estão entrelaçados.
Os seus ossos são como fortes peças de bronze,
seus ossos são semelhantes a barras de ferro.
Ele é a obra-prima de Deus...

41,1-4:

Poderás tu apanhar leviatã com um anzol?
ou atar a sua língua com uma corda?
Serás capaz de passar um junco nas suas narinas,
ou de furar as suas mandíbulas com um espinho?
Acaso te fará muitas súplicas,
e te dirigirá palavras suaves?
Fará aliança contigo
a fim de que faças dele o teu escravo perpétuo?

89   Deus diz isto para mostrar a Jó seu poder e sua força primitiva. Deus é como Beemot e Leviatã[26]: a natureza fértil, abençoada − a ferocidade e impetuosidade indomáveis da natureza − e o perigo extremo da violência desenfreada[27]. Mas o que destruiu o paraíso terrestre de Jó? A força desenfreada da natureza. A divindade, como mostra o poeta, simplesmente apresentou seu outro lado, ao qual chamamos Diabo, e soltou sobre Jó todos os horrores da natureza. O deus que criou tais monstruosidades, diante das quais os fracos e pequeninos homens estarrecem de medo, deve realmente conter em si qualidades que dão o que pensar. Este deus mora no coração, no inconsciente[28]. Aí está a origem do medo do indizivelmente horrível, e da força de resistir a este medo. Mas o homem, isto é, seu eu inconsciente, é como um joguete, uma pluma, levada por muitos ventos em muitas direções, ora vítima, ora carrasco; e não pode impedir a ambos. O Livro de Jó nos mostra Deus agindo ao mesmo tempo como Criador e como Destruidor: Quem é este Deus? Esta pergunta se impôs à humanidade em todas as partes do mundo e em todos os tempos e sempre de novo, de forma semelhante: uma força do além, a que estamos abandonados, que cria assim como mata, uma imagem das necessidades e dos fatos inevitáveis da vida. Como, sob o ponto de vista psicológico, a figura de Deus é um complexo de ideias de natureza arquetípica, deve ser considerada como representante de uma certa soma de

---

26. Cf. a respeito SCHÄRF. *Die Gestalt des Satans im Alten Testament.*

27. Jó 41,11-21:

"Da sua goela irrompem tochas acesas / e saltam centelhas de fogo. / De suas narinas jorra fumaça, / como caldeira acesa e fervente. / Seu hálito queima como brasa / e sua goela lança chamas. / Em seu pescoço reside a força, / diante dele corre o terror. / As dobras de seus músculos são compactas, / fundidas sobre ele, sem movimento. / Seu coração é duro como rocha, /sólido como uma pedra molar. / Quando se ergue, tremem os heróis / e aterrorizados erram o alvo. / A espada que o atinge não resiste, / nem a lança, nem o dardo, nem o arpão. / O ferro para ele é palha, / o bronze, madeira carcomida. / A flecha não o afugenta, / as pedras da funda são felpas para ele. / A clava é para ele como lanugem, / ri-se do sibilo dos dardos".

28. Trata-se de antropomorfismos, para os quais devem ser lembradas em primeiro lugar fontes psicológicas.

energia (libido), que aparece de forma projetada[29]. Nas principais religiões da atualidade os atributos de Deus parecem ser derivados da imago paterna, em religiões mais antigas também da imago materna. São eles o poder dominador, o pai atemorizante e rancoroso (Antigo Testamento), e o pai amoroso (Novo Testamento). Em certas imagens pagãs o lado materno sobressai muito, acrescentando-se ainda o elemento animal, o teriomorfo[30] (cf. fig. 5). A ideia de Deus não é só uma imagem, mas também uma força. A força primitiva, que seu Hino ao Criador reivindica em Jó, o incondicional e implacável, injusto e sobre-humano, são atributos certos e verdadeiros da força natural dos instintos e do destino que "nos faz entrar na vida", que faz "o pobre se tornar culpado", e contra a qual a luta, em última análise, é inútil. O homem não tem outra alternativa a não ser pactuar de algum modo com esta vontade. O acordo com a libido em hipótese alguma é um simples deixar-se levar, pois as forças psíquicas não têm uma direção única e muitas vezes até se dirigem umas contra as outras. Um simples deixar-se levar dentro de pouco tempo acarretaria uma confusão enorme. Frequentemente é difícil, ou mesmo impossível, perceber a corrente fundamental e, com isto, a direção certa: colisões, conflitos e enganos são inevitáveis.

Vemos que em Miss Miller o hino religioso, composto inconscientemente, vem ocupar o lugar do problema erótico. Seu material é obtido, em sua maior parte, de reminiscências reanimadas pela libido introvertida. Se a "Criação" não tivesse acontecido, Miss Miller esta-

90

---

29. Esta afirmação causou grande celeuma, pois não se percebeu que se tratava apenas de um conceito psicológico e não de um enunciado metafísico. O fato psíquico "Deus" é um tipo autônomo, um *arquétipo coletivo*, como o chamei mais tarde. Por isto não só existe em todas as formas superiores de religião, mas aparece também espontaneamente em sonhos individuais. O arquétipo é uma formação psíquica inconsciente, mas que tem existência real, independentemente da posição tomada pelo consciente. É uma existência anímica, que como tal não pode ser confundida com o conceito de um Deus metafísico. A existência de um arquétipo nem *estabelece* nem nega Deus.

30. No cristianismo o teriomorfo não existe, a não ser em pequenos restos como pomba, peixe, cordeiro. Aqui também se situam os animais dos evangelistas. O corvo e o leão eram determinados graus de iniciação no mistério de Mitra. Como Dioniso, entre outras formas, também era representado como touro, suas seguidoras usavam chifres, como se fossem vacas. (Comunicação pessoal do Prof. Karl Kerényi). As veneradoras da deusa Ártemis chamavam-se ἄρκτοι, ursas (cf. fig. 95).

ria à mercê da impressão erótica, com as consequências habituais, ou
com um desfecho negativo, que teria substituído a felicidade perdida
por uma tristeza proporcionalmente grande. Sabe-se que as opiniões
divergem sobre o valor do desfecho de um conflito erótico como é
apresentado por Miss Miller. Afirma-se que é mais bonito e nobre
deixar uma tensão erótica consumir-se imperceptivelmente no elevado sentimento de uma poesia religiosa, na qual talvez muitas outras
pessoas possam encontrar deleite e prazer, e que seria uma espécie de
injustificado fanatismo pela verdade criticar uma tal solução por ser
inconsciente. Não quero decidir esta questão neste ou naquele sentido, mas procurar averiguar o que significam o aparente desvio da libido e a aparente autoilusão no caso de uma assim chamada solução
não natural e inconsciente, isto é, quais os objetivos visados. Não
existem processos psíquicos "gratuitos", ou melhor, é uma hipótese
do maior valor heurístico que os fenômenos psíquicos sejam essencialmente dirigidos para um determinado fim.

91   O fato de termos comprovado o episódio amoroso como raiz e
causa da poesia ainda não significa muito como explicação, e não responde ainda a pergunta sobre o fim visado. Se uma finalidade secreta
não estivesse associada ao assim chamado desvio ou à "repressão",
este processo não poderia realizar-se tão fácil, natural e espontaneamente. Também não ocorreria tão frequentemente, desta ou de outra
forma. Sem dúvida esta transformação da libido se move na mesma
direção que a modificação, transposição ou deslocamento cultural
dos instintos naturais em geral. Deve ser um caminho muitas vezes
percorrido, e até tão familiar que a própria transposição se faz quase
ou totalmente despercebida. Mas entre a transformação psíquica dos
instintos como acontece normal e comumente, e um caso como este,
há uma diferença: pois não se pode afastar a suspeita de que a autora
passou premeditadamente por cima do fator crítico (o cantor), o que
quer dizer, em outras palavras, que houve uma certa "repressão".
Este termo a rigor só deveria ser usado quando existisse um ato voluntário que, como tal, só pode ser consciente. Pessoas nervosas até
certo ponto podem ocultar a si mesmas estas volições, dando a impressão de que o ato de repressão ocorreu de modo totalmente inconsciente. O *contexto*[31] apresentado pela própria autora é tão con-

---

31. Cf. *A energia psíquica* (§ 542s. Petrópolis: Vozes, 1983).

vincente que ela deve ter percebido estes motivos bastante intensamente, realizando por isto a modificação da situação por meio de um
ato de repressão mais ou menos consciente.

Fig. 5 – Deusa mãe com cabeça de javali. Vârâhi, como shakti do Vishnu
(vârâha) com cabeça de javali

No entanto, repressão significa livrar-se ilegitimamente de um
conflito; isto é, a pessoa se ilude sobre a inexistência do mesmo. Mas
o que acontece com o conflito reprimido? Está claro que ele continua
existindo, embora a pessoa não tenha consciência disto. Como já vimos, a repressão reanima regressivamente uma antiga relação ou tipo
de relacionamento, neste caso a imago paterna. Conteúdos inconscientes "constelados" (ativados) ao que sabemos sempre são ao mesmo
tempo projetados, isto é, ou são descobertos em objetos externos ou
se afirma que existem fora da própria psique. Devem reaparecer em
alguma parte um conflito reprimido e sua conotação afetiva. A projeção decorrente da repressão não é *feita* conscientemente pelo indivíduo, mas acontece automaticamente. Tampouco é reconhecida como tal, a não ser que sobrevenham condições especiais que forcem a
retração da projeção.

92

93   A "vantagem" da projeção consiste em livrar-se do conflito aflitivo de modo aparentemente definitivo. Outra pessoa ou circunstâncias externas têm agora a responsabilidade. Em nosso caso, da imago paterna surge um hino dirigido à divindade sob o aspecto de pai. Daí a acentuação do pai de todas as coisas, do Criador. O lugar do cantor humano é ocupado pela divindade, e o lugar do amor terreno pelo amor celestial. O material de que dispomos não nos fornece provas, mas é bastante inverossímil que Miss Miller, por uma situação conflitante do momento, não soubesse ao menos que a fácil transformação da impressão erótica em enlevo religioso pode ser explicada pela ocorrência de um ato de repressão. Se esta hipótese for correta, o deus-pai representa uma projeção, e o processo responsável pela mesma é uma manobra de autoludíbrio, com o fim ilegítimo de tornar irreal uma dificuldade existente de fato, isto é, eliminá-la habilmente.

94   Se um produto como o hino surgisse sem ato de repressão, de modo inconsciente e espontâneo, estaríamos diante de um processo de transformação inteiramente natural e automático. Neste caso a divindade criadora derivada da imago paterna não mais seria um produto de repressão, um substitutivo, mas um fenômeno natural inevitável. Todos os atos genuínos de criação, artística ou outra, representam tais transformações naturais, destituídas de conflitos semiconscientes. Mas à medida que são causados por um ato de repressão, eles são condicionados por um complexo que os deforma neuroticamente em grau cada vez maior e quase os rotula como produtos substitutivos. Com alguma experiência não será mesmo difícil determinar a sua origem, sua procedência de um ato de repressão. Assim como um parto natural que põe ou "projeta" no mundo um ser vivo não é causado por qualquer repressão, também a criação artística e intelectual é um processo natural, mesmo se for projetada a figura de uma divindade. Nem sempre se trata de uma questão religiosa, filosófica ou mesmo confessional, e sim de um fenômeno natural, universalmente difundido. Este último até constitui a base dos conceitos sobre Deus em geral, que são tão antigos que não sabemos ao certo se são decorrentes de uma imago paterna ou se esta provém deles. (O mesmo vale para a imago materna.)

95   A imagem divina decorrente de um ato de criação espontâneo é uma figura viva, uma entidade que existe de per si e por isto se torna autônoma com relação a seu aparente criador. Como prova disto

lembramos que a relação entre o criador e sua obra é dialética e, de acordo com a experiência, não raro é a obra que fala a seu criador. Certa ou erradamente, o homem comum conclui daí que a figura criada existe por si mesma e tende a admitir que não foi ele quem a criou, mas que ela se moldou dentro dele – uma possibilidade que crítica alguma pode refutar, pois o vir a ser desta figura é um processo natural, orientado para um determinado fim, no qual a causa antecipa a finalidade. Como se trata de um fenômeno natural, fica em aberto se uma imagem divina é criada ou se cria a si mesma. O homem comum não consegue negar esta independência e desenvolve na prática seu relacionamento dialético. Assim, em todas as situações difíceis ou perigosas apela para sua presença, com o intuito de deixar a seu cargo as dificuldades aparentemente insuportáveis e esperar a sua ajuda[32]. Psicologicamente isto quer dizer que os complexos que afligem a alma são "transferidos" *conscientemente* para a divindade, o que é o inverso direto de um ato de repressão. Neste último os complexos são deixados para uma instância inconsciente, preferindo-se esquecê-los, enquanto na prática religiosa é muito importante que se tenha consciência das dificuldades, isto é, dos "pecados". Um excelente meio para isto é a confissão recíproca de pecados (Tg 5,16), que impede eficientemente que eles se tornem inconscientes[33]. Estas medidas visam a conscientização dos conflitos, o que também é *conditio sine qua non* da psicoterapia. Assim como o tratamento médico institui a pessoa do médico como receptor dos conflitos do paciente, assim a prática cristã recorre a Cristo; pois "Nele temos a redenção pela virtude de seu sangue, a remissão dos pecados"[34]. Ele é o redentor e resgatador de nossa culpa; um Deus que está acima do pecado: "Ele não cometeu pecado, nem em sua boca se encontrou engano"[35]; "carregou nossos pecados em seu corpo sobre o madeiro (da cruz)"[36].

---

32. Cf. 1Pd 5,7 e Fl 4,6.

33. Cf. 1Jo 1,8: "Se dizemos que em nós não há pecado, enganamos a nós mesmos e a verdade não está conosco".

34. Ef 1,7 e Cl 1,14; Is 53,4: "No entanto, foi Ele que carregou as nossas enfermidades, e tomou sobre si as nossas dores".

35. 1Pd 2,22.

36. 1Pd 2,24

"Assim também Cristo se ofereceu uma só vez (em sacrifício) para apagar os pecados de muitos [...]"[37] Este Deus é caracterizado como isento de pecados e como autoimolador. A projeção consciente, como é visada pela educação cristã, traz assim um benefício psíquico duplo: primeiro, o conflito ("pecado") entre duas tendências opostas permanece consciente, impedindo-se assim que, em virtude da repressão e do esquecimento de um sofrimento conhecido, desenvolva-se um sofrimento desconhecido e por isso tanto mais aflitivo; segundo, alivia-se a carga, entregando-a a Deus, que sabe de todas as soluções. Mas a figura de Deus é essencialmente uma imagem psíquica, um complexo de representações de natureza arquetípica, que a fé considera como idêntico a um ens metafísico. A ciência não tem competência para julgar esta colocação. Ao contrário, ela precisa procurar sua explicação sem esta hipóstase. Só pode constatar, por isto, que o lugar do homem objetivo passa a ser ocupado por uma figura (Gestalt) aparentemente subjetiva, isto é, um complexo de representações. Este complexo, como mostra a experiência, possui certa autonomia funcional. Ele se revela como uma existência psíquica. Com isto se ocupa antes do mais a experiência psicológica e, sob este aspecto, também pode ser objeto da ciência. Esta só pode constatar a presença de fatores psíquicos e, enquanto não ultrapassarmos esta limitação por meio da fé, em todas as questões assim chamadas metafísicas confrontamo-nos exclusivamente com existências psíquicas. Estas existências, justamente por sua natureza psíquica, estão intimamente entrelaçadas com a personalidade individual e por isto sujeitas a uma infinidade de variações, ao contrário de um postulado de fé, cuja uniformidade e durabilidade estão garantidas tradicional e institucionalmente. A limitação imposta pela abordagem científica faz com que a figura (Gestalt) religiosa se apresente essencialmente como um fator psíquico, que só teoricamente pode ser separado da psique individual. Quanto mais for separado desta conceitualmente, tanto mais perde sua plasticidade e expressividade, pois deve seu cunho peculiar e sua vivacidade justamente a sua íntima ligação com a psique individual. A observação científica transforma a figura (Ges-

---

37. Hb 9,28.

talt) divina, em relação à qual a fé postula segurança e certeza absolutas, numa grandeza variável e difícil de ser definida, embora não possa pôr em dúvida sua existência (em sentido psicológico). Coloca, portanto, no lugar da certeza da fé a incerteza da percepção humana. A mudança de posição assim determinada não deixa de ter consequências profundas para o indivíduo: o consciente vê-se isolado num mundo de fatores psíquicos, onde só o máximo cuidado e discernimento podem impedi-lo de assimilar estes últimos e identificá-los consigo mesmo. Este perigo é tão grande porque na experiência imediata (em sonhos, visões, etc.), as figuras religiosas têm grande tendência de aparecer sob formas variadas; frequentemente revestem-se a tal ponto da matéria da psique individual, que se torna duvidoso se, afinal, não foram produzidas pelo indivíduo. Isto de fato é uma ilusão da consciência, e bastante frequente[38]. Na realidade, a experiência íntima provém do inconsciente, sobre o qual não temos qualquer poder. O inconsciente é natureza que nunca engana: só nós nos enganamos. Ao prescindir de conceitos metafísicos por basear-se apenas na experiência demonstrável, o raciocínio científico leva diretamente àquela incerteza causada pela variabilidade dos fatores psíquicos. Ele acentua a subjetividade da experiência religiosa, o que constitui uma ameaça para a coletividade de uma crença. A Igreja cristã se previne contra este perigo, sempre sentido e muitas vezes experimentado; seu sentido psicológico é expresso da forma mais clara nos preceitos da Epístola de São Tiago: "Confessai, pois, vossos pecados uns aos outros"[39]. É extremamente importante manter unida a comunidade através do amor de uns para com os outros; as instruções paulinas não deixam dúvidas a respeito:

> Fazei-vos servos uns dos outros pela caridade[40].
>
> Perseverai no amor fraterno[41].

---

38. Como expus acima, nem sempre se trata de uma ilusão, mas o sujeito, a própria pessoa, pode ser a fonte principal da formação de uma imagem, o que acontece principalmente em neuroses ou psicoses.

39. Tg 5,16. – "Carregai os fardos uns dos outros". Gl 6,2.

40. Gl 5,13.

41. Hb 13,1.

Olhemos uns pelos outros, para estimularmos a caridade e as boas obras.

Não nos afastemos das nossas reuniões...[42]

96   Na comunidade cristã a fraternidade parece ser condição essencial para a redenção, ou como quer que chamemos o estado almejado. A Primeira Epístola de São João é semelhante:

Quem ama o seu irmão, permanece na luz [...] Mas quem odeia seu irmão, está em trevas [...][43]

Ninguém jamais viu a Deus; se nos amarmos mutuamente, Deus permanece em nós [...][44]

97   Mencionamos acima que os pecados são confessados reciprocamente e os problemas espirituais são transferidos para a figura divina. Com isto estabelece-se uma estreita ligação entre Deus e o homem. Mas não só com Deus, também com o próximo deve existir união através do amor. E esta parece ser tão importante quanto aquela. Se Deus só "permanece em nós" se "amamos o irmão", poderíamos quase supor que o amor é mais importante que Deus. Esta questão não parece tão absurda se examinarmos mais de perto as palavras de Hugo de S. Vítor:

Pois tu possuis grande poder, ó amor, só tu pudeste trazer Deus do céu para a terra. Oh! quão forte é o teu vínculo, com o qual até Deus pôde ser atado [...] tu o trouxeste, o prendeste em teus laços, o feriste com tuas setas [...] tu feriste o invulnerável, prendeste o insuperável, atraíste o incomutável, tornaste mortal o Eterno [...] ó amor, quão grande é a tua vitória![45]

Portanto o amor parece ser uma força nada desprezível. Ele é o próprio Deus[46]. Por outro lado, "amor" é um antropomorfismo por excelência e, ao lado da fome, a clássica força motriz psíquica do ho-

---

42. Hb 10,24.

43. 1Jo 2,10s.

44. 1Jo 4,12.

45. "Magnam ergo vim habes, caritas, tu sola Deum trahere potuisti de caelo ad terras. O quam forte est vinculum tuum, quo et Deus ligari potuit. Adduxisti illum vinculis tuis alligatum, adduxisti illum sagittis tuis vulneratum [...] Vulnerasti impassibilem, ligasti insuperabilem, traxisti incommutabilem, aeternum fecisti mortalem [...] O caritas quanta est victoria tua!" (*De laude caritatis,* col. 974s.).

46. 1Jo 4,16: "Deus é amor, e quem permanece no amor permanece em Deus, e Deus permanece nele".

mem. Psicologicamente falando, ele é de um lado uma função de relacionamento, de outro lado, um estado psíquico carregado de emoção que vemos coincidir, por assim dizer, com a imagem de Deus. O amor indubitavelmente tem uma determinante instintiva; ele é uma característica e uma atividade humana, e se a linguagem religiosa define Deus como "amor", existe o grande perigo de confundir o amor que age no homem com os atos de Deus. Aqui estamos diante do já mencionado arquétipo profundamente arraigado na alma individual, onde é necessário o maior cuidado para eliminar o tipo coletivo da psique pessoal, ao menos conceitualmente. Na prática esta distinção é importante, pois o "amor" humano é considerado como uma *conditio sine qua non* para a presença divina[47].

Sem dúvida temos aqui um problema sério para aqueles que querem libertar o relacionamento entre o homem e Deus da psicologia. Para o psicólogo a situação é menos complexa. O "amor" empiricamente se revela como a força do destino por excelência, quer se apresente como concupiscência baixa ou como afeição espiritual. Ele é uma das mais possantes forças motrizes das coisas humanas. É considerado "divino", e esta designação lhe cabe com justa razão, pois tudo o que há de mais poderoso na psique sempre foi chamado de "deus". Se acreditamos em Deus ou não, se louvamos ou praguejamos, sempre deixamos escapar a palavra "Deus". Sempre e em toda parte o psiquicamente poderoso se chama algo como "Deus". No entanto, "Deus" scmprc é confrontado com o homem e dele expressamente diferenciado. O amor, contudo, é comum a ambos. E é próprio do homem enquanto ele o domina, mas ao δαίμον, quando ele é seu objeto ou sua vítima. Psicologicamente isto quer dizer que a libido, como força do desejo e do anseio, em sentido mais amplo como energia psíquica, em parte está à disposição do eu, mas em parte se mantém autônoma com relação a ele e, eventualmente, o domina a ponto de o levar involuntariamente a uma situação de emergência, ou então lhe desvenda uma inesperada e adicional fonte de energia. Como a relação do inconsciente com a consciência não é puramente mecânica ou complementar, e sim compensatória e em consonância com as parcialidades da atitude

98

---

47. 1Jo 4,12.

consciente, não se pode negar o caráter inteligente da ação inconsciente. Estas experiências tornam compreensível que a imagem divina tenha sido concebida como um ser pessoal.

99   Como o inconsciente[48] impôs aos homens em última análise um *destino espiritual* em sentido mais amplo e em grau cada vez maior, foi desta experiência que resultou o conceito de que a figura de Deus é um espírito e este deseja o espírito. Isto não é invenção nem do cristianismo nem dos filósofos, mas uma experiência humana primitiva que também o ateu confirma. (Neste caso trata-se apenas daquilo de que se fala, não de sua aceitação ou negação.) A outra definição de Deus por isto diz: "Deus é Espírito"[49]. A imagem pneumática de Deus acentou-se de forma especial no *Logos,* conferindo ao "amor" que provém de Deus um caráter especial, isto é, o da abstração, como o encontramos no conceito do "amor cristão".

100   É este "amor espiritual", que a rigor é muito mais inerente à imagem de Deus do que ao homem, que deve unir a comunidade dos homens: "Por isto acolhei-vos uns aos outros, como também Cristo vos acolheu para a glória de Deus"[50].

101   É natural que Cristo "acolheu" os homens com amor "divino"; por isto também o amor dos homens entre si não só deve, mas *pode* ter um caráter "espiritual" ou "divino", como diz nossa citação. Isto não é tão natural assim, pois psicologicamente a energia de um arquétipo não está à disposição do consciente. Por isto também as formas do amor humano com razão não são consideradas como "espirituais" e muito menos "divinas". A energia do arquétipo só se transmite ao eu humano quando este é influenciado ou dominado por uma ação autônoma do arquétipo. Desta experiência psicológica deveríamos concluir que o homem que exerce um amor espiritual esteja inteiramente dominado pelo mesmo através de um *donum gratiae,* pois dificilmente ele poderia por seus próprios meios usurpar uma

---

48. Não se pode escolher ou desejar voluntariamente alguma coisa que não se conhece. Por isto não pode ter sido almejado conscientemente um objetivo espiritual num momento em que este ainda nem existia.

49. Jo 4,24.

50. Rm 15,7.

ação divina como é o amor. Justamente graças ao *donum amoris* ele pode, neste sentido, ocupar o lugar de Deus. De fato, podemos constatar psicologicamente que um arquétipo é capaz de dominar o eu e mesmo obrigá-lo a agir em seu sentido (do arquétipo). O homem pode aparecer na forma do arquétipo e realizar atos correspondentes a ele; pode, de certo modo, ocupar o lugar de Deus, razão por que não só é possível, mas natural, que outros homens se dirijam a ele como se dirigissem a Deus. Esta possibilidade sabidamente é uma instituição na Igreja católica, cuja eficiência psicológica não pode ser negada. Deste relacionamento surge uma comunidade de natureza arquetípica, que se distingue de todas as outras comunidades porque sua finalidade ou seu objetivo não é uma utilidade imanentemente humana, mas um símbolo transcendental, cuja natureza corresponde às características do arquétipo dominante.

A aproximação entre os homens causada por esta comunidade proporciona uma intimidade psíquica que, por sua vez, influi na esfera instintiva do amor "humano" e por isso encerra determinados perigos. São sobretudo os instintos do erotismo e do poder constelados inevitavelmente. A intimidade cria certa aproximação entre os homens que muito facilmente leva àquilo de que o cristianismo os quer libertar, isto é, à atração do excessivamente humano, com todas as consequências e necessidades sob as quais sofreu o homem já bastante civilizado de nossa era. Pois, assim como a vivência religiosa antiga frequentemente era interpretada como união física com a divindade[51], assim certos cultos estavam impregnados de sexualidade de todos os tipos. A sexualidade era demasiado fácil no relacionamento entre os homens. A decadência moral dos primeiros séculos do cristianismo produziu uma reação moral nascida das trevas das camadas mais baixas da sociedade, reação essa que nos séculos II e III encontra sua manifestação mais pura nas duas religiões antagônicas, o cristia-

102

---

51. Cf. REITZENSTEIN. *Die hellenistischen Mysterienreligionen*, p. 20: "Entre as formas como povos primitivos imaginavam a sagração religiosa máxima, a união com Deus, estava necessariamente a de uma união sexual, através da qual o homem acolhia em si a essência e a força de um deus, seu sêmen. A ideia, de início inteiramente sensual, em diferentes regiões leva independentemente a atos sagrados em que o deus é representado por substitutos humanos ou por um símbolo, o falo". Mais a respeito em DIETERICH. *Eine Mithrasliturgie*, p. 121s.

nismo de um lado e o mitraísmo de outro. Estas religiões almejavam uma forma superior de comunidade, sob o signo de uma ideia (λογος) projetada ("encarnada"). Ali tornavam-se úteis para a preservação da sociedade todos aqueles instintos mais fortes do homem que antes o arrastavam de uma paixão para outra, o que os antigos entendiam como determinação dos maus espíritos, como εἱμαρμένη[52], e o que psicologicamente também poderíamos traduzir como coerção da libido[53]. Um exemplo entre muitos é o destino de Alípio, nas *Confissões* de Santo Agostinho:

---

52. Cf. as orações da assim chamada liturgia de Mitra (1910, ed. por Dieterich). Aí (p. 4/5, 10/9) encontram-se passagens características, como: ...τῆς ἀνθρωπίνης μου ψυχικῆς δυνάμεως, ἣν ἐγὼ πάλιν μεταπαραλήμψομαι μετὰ τὴν ἐνεστῶσαν καὶ κατεπείγουσάν με πικρὰν ἀνάγκην ἀχρεοκόπητον... ("a força da alma humana, que readquirirei depois da amarga dor que ora me oprime, livre de culpa"). ...ἐπικαλοῦμαι ἕνεκα τῆς κατεπειγούσης καί πικρᾶς καὶ ἀπαραιτήτου ἀνάγκης... ("devido à oprimente, amarga e inexorável necessidade"). Da fala do sacerdote de Ísis (APULEIO. *Metamorphoses*, lib. XI, p. 233) depreende-se pensamento semelhante. O jovem filósofo Lúcio é transformado num asno, o animal em permanente cio e odiado por Ísis; mais tarde é desencantado e iniciado nos mistérios de Ísis (cf. fig. 9). Durante o desencantamento, o sacerdote diz o seguinte: "[...] lubrico virentes aetatulae, ad serviles delapsus voluptates, curiositatis improsperae sinistrum praemium reportasti [...] Nam in eos, quorum sibi servitium Deae nostrae maiestas vindicavit, non locum casus infestus [...] In tutelam iam receptus es Fortunae, sed videntis". (Sobre o perigoso solo da juventude deixaste escravizar-te pelos prazeres baixos e recebeste o sinistro prêmio da curiosidade nefasta [...] Mas diante daqueles cuja vida sua majestade, nossa rainha, reivindicou para si, o destino inimigo não tem mais poder [...] foste acolhido sob a tutela de Fortuna, mas [não da cega] e sim da vidente.) Em sua oração à rainha dos céus, Ísis (op. cit., p. 241), Lúcio diz: "Qua Fatorum etiam inextricabilíter contorta rectatas licia, et Fortunae tempestates mitigas, et stellarum noxios meatus cohibes". ([...] (tua direita) com a qual separas os fios inextricavelmente emaranhados do destino e aplacas as tempestades da sorte e impedes os caminhos funestos dos astros.) – O sentido dos mistérios (cf. fig. 6) de modo geral era quebrar "a determinação dos astros" por meio de força mágica. O poder do destino só se torna desagradavelmente perceptível quando tudo acontece contra a nossa vontade, isto é, quando não estamos em harmonia com nós mesmos. De acordo com este conceito, já os antigos haviam estabelecido a relação entre εἱμαρμένη e a "luz original" ou o "fogo original", com a ideia estoica da última causa, do onipresente *calor que tudo criou*, e que justamente por isso é também a fatalidade (cf. CUMONT. *Die Mysterien des Mithra*, p. 98). Este calor, como veremos mais tarde, é uma imagem do libido (cf. fig. 13). Outra imagem da Ananke (necessidade), de acordo com o livro de Zoroastro περὶ φύσεως, é o *ar* que, como *vento* (cf. acima), por sua vez tem relação com o fecundador.

53. Schiller diz no *Wallenstein* (*Die Piccolomini*, II, 6, p. 118): "Em teu peito estão as estrelas do teu destino". "Nossos destinos são o resultado de nossa personalidade", diz Emerson em seu ensaio "Fate", em *The Conduct of Life* (p. 41).

Mas a devassidão dos cartagineses, que se manifesta em toda sua selvageria naqueles espetáculos brutais e vãos, o arrastara ao turbilhão desta miséria. (Agostinho o converteu com sua sabedoria.) [E ele] depois destas palavras se reergueu da profundidade da lama pela qual voluntariamente se deixara tragar, e o ofuscara com prazeres infaustos; com corajosa abstinência sacudiu o lodo de sua alma, toda a sujeira do circo o abandonou, e ali não mais foi ter. (Alípio foi então a Roma para estudar direito; e recaiu no erro.) Uma infeliz paixão o atraiu perdidamente para os jogos de gladiadores. Pois se a princípio ainda os renegava e abominava, alguns amigos e colegas, que encontrou ao regressarem de um festim, o forçaram amistosamente a acompanhá-los ao anfiteatro no dia destes jogos cruéis e sanguinários, embora ele se negasse e resistisse com todas as suas forças.

Fig. 6 – Cenas dos mistérios de Elêusis. O iniciando, com a cabeça coberta, recebe a força purificadora da joeira. Segundo um vaso funerário (século I)

Ele lhes disse: "Ainda que arrasteis meu corpo para aquele lugar e o prendais, podereis voltar também meu espírito e meus olhos para aquele espetáculo? Pois estarei presente-ausente e manter-me-ei além de vós e destes jogos". Apesar destas palavras, levaram-no consigo, curiosos em saber se realmente cumpriria o que dissera. Ao chegarem, sentaram-se onde ainda havia lugares, e tudo ardia em prazer desumano. Alípio fechou os olhos e proibiu sua alma de aventurar-se em tais perigos. Oh! tivesse ele também tapado os seus ouvidos. Pois quando um dos gladiadores caiu na luta e o povo irrompeu em tremendo clamor, deixou-se levar pela curiosidade. Disposto a desprezar orgulhosamente qualquer cena, fosse ela qual fosse, abriu os olhos. E sua alma foi ferida mais gravemente que o corpo daquele que desejara ver. Tombou mais

miserável que aquele cuja queda provocou. O clamor que penetrou em seus ouvidos e o fez abrir os olhos, formando uma
brecha através da qual foi atingido e derrubado, ele, mais arrojado do que forte de espírito, e tanto mais fraco por ter con-
fiado em si mesmo e não, como deveria, em ti. Pois ao ver o
sangue, também se sentiu dominado pela sede de sangue e
não mais se desviou. Olhou para a luta e absorveu-lhe o ódio,
embora não soubesse. Regozijou-se no jogo nefando e deixou-se embriagar pelo prazer sanguinário. Já não era mais o
mesmo de quando viera, e sim o autêntico cúmplice daqueles
que o haviam trazido. Que mais se pode dizer? Ele viu, participou do clamor, inflamou-se e levou consigo o desejo louco
de voltar sempre e sempre de novo, não só em companhia daqueles que primeiro o haviam levado, mas à frente de todos e
aliciando outros[54].

103   É bem verdade que a civilização do homem custou os mais pesados sacrifícios. Uma época que criou o ideal estoico deve ter sabido
muito bem para que e contra o que o inventava. O século de Nero
forneceu o conteúdo para as célebres passagens da *41ª epístola* de *Sêneca* a *Lucílio*:

> Um induz o outro ao erro, e como poderemos chegar à
> bem-aventurança se ninguém impõe um basta, se todo mundo
> nos arrasta cada vez mais para o fundo?

> Se, em algum lugar, encontrares um homem destemido no pe-
> rigo, impassível diante dos prazeres, feliz no infortúnio, sere-
> no em meio à tempestade, superior ao comum dos mortais,
> em nível igual aos deuses: não sentes então veneração? Não te
> vês forçado a dizer: um ente tão sublime realmente é mais que
> só um miserável corpo? Ali reina uma força divina; um espíri-
> to tão privilegiado, pleno de moderação, superior a tudo o
> que é mesquinho, que sorri diante daquilo que tememos ou
> desejamos: este é animado por uma força celestial; tal não
> existe sem a participação de um deus. Em sua maior parte, um
> tal espírito pertence às regiões de onde desceu até nós. Assim
> como os raios do sol alcançam a terra mas têm suas raízes no
> lugar de onde vêm, assim um eminente, santo homem, envia-
> do até nós para que conheçamos melhor o divino, de fato
> convive conosco, mas na realidade pertence a sua pátria origi-

---

54. Livro VI, caps. VII-VIII, p. 132s.

nal; para lá dirige seu olhar e seus anseios; entre nós caminha como um ente superior[55].

Os homens daquela época haviam amadurecido para a identifi-   104
cação com o Logos encarnado, para a instituição de uma sociedade portadora de uma ideia[56] em nome da qual podiam amar-se e chamar-se irmãos[57]. A ideia de um μεσίτης, um intermediário, em cujo nome se abriam novos caminhos para o amor, tornou-se realidade, e com isto a sociedade humana deu um enorme passo para a frente. Isto não foi consequência de uma filosofia sutilmente elaborada, mas de uma necessidade elementar da massa que vegetava em treva espiritual. Necessidades profundas devem ter impelido os acontecimentos neste sentido, pois a humanidade não se sentia bem naquele estado de devassidão[58]. O sentido daqueles cultos – cristianismo e mitraísmo – está claro: é a repressão moral de instintos animais[59]. A grande ex-

---

55. *Fünfzig ausgewählte Briefe Seneca's an Lucilius*, p. 51 e 49.

56. A ascensão até a "Ideia" é descrita em Santo Agostinho, op. cit., livro X, caps. VIs. O início do cap. VIII (p. 237), diz: "Vencerei também esta força de minha natureza, subindo por degraus até meu Criador. Mas eis-me diante dos campos, dos vastos palácios da memória, onde estão os tesouros de inúmeras imagens trazidas por percepções de toda espécie".

57. Também os adeptos de Mitra chamavam-se irmãos. Em linguagem filosófica, Mitra era o Logos emanado de Deus (CUMONT, *Die Mysterien des Mithra*, p. 125).

58. Santo Agostinho, que viveu este período de transição não só no tempo mas também em espírito, escreve em suas *Confissões* (livro VI, cap. XVI): "E eu perguntava: 'Se fôssemos imortais e vivêssemos em perpétuo prazer dos sentidos, sem temor algum de perdê-lo, não seríamos felizes? Que mais poderíamos desejar?' E eu não sabia que isso era uma grande miséria, não poder, tão imerso no vício e cego como estava, imaginar a luz da virtude e de uma beleza que por si mesma deve ser abraçada, invisível aos olhos da carne e somente visível das profundezas da alma. Na minha miséria, não procurava saber de que fonte manava essa grande doçura em conversar com os amigos, mesmo sobre esses assuntos vergonhosos, e por que, segundo o modo de pensar então, não podia ser feliz sem meus amigos, por maior que fosse a abundância dos prazeres carnais. Eu amava a meus amigos desinteressadamente, também sentia que eles me amavam com o mesmo desinteresse. Ó caminhos tortuosos! Pobre da alma temerária que, apartando-se de ti (Deus), esperava achar algo melhor! Dá voltas e mais voltas, de costas, de lado, de bruços, mas tudo lhe é duro, porque só tu és seu descanso".

59. As duas religiões ensinam uma moral ascética e uma moral de ação. Esta última é encontrada sobretudo no culto de Mitra. Cumont diz que o mitraísmo deve seu sucesso ao valor de sua moral, "que educava de modo excelente para a ação" (*Mysterien des Mithra*, p. 133). Os adeptos de Mitra formavam um "santo exército" para a luta contra o mal (CUMONT. Op. cit., p. 133). Havia entre eles virgines = virgens, e continentes = ascetas (ibid., p. 151[4]).

pansão das duas religiões revela alguma coisa daquele sentimento de redenção inerente aos primeiros adeptos e que hoje em dia dificilmente conseguimos compreender. Poderíamos tornar a compreendê-lo se pudéssemos ver clara e coerentemente o que tornou a acontecer em nossos dias. O homem civilizado de hoje parece estar muito longe disto. Ele apenas se tornou nervoso. Estão perdidas para nós as necessidades que a comunidade cristã sentia, pois não conhecemos mais o sentido delas. Não sabemos contra o que ela nos deveria proteger[60]. Para pessoas esclarecidas, a religiosidade se aproximou muito da neurose[61]. Devemos lembrar, contudo, que a educação cristã no sentido espiritual levou inevitavelmente a uma desvalorização indevida da *physis* e, com isto, produziu uma imagem otimista distorcida do homem. Julgamo-nos excessivamente bons e espirituais, somos por demais ingênuos e otimistas. Em duas guerras mundiais o abismo do mundo reabriu-se e nos trouxe um ensinamento que não poderia ter sido mais terrível. Sabemos agora do que é capaz o ser humano, e o que nos ameaça se a psique das massas voltar a dominar. Psicologia das massas é egoísmo exacerbado até o inconcebível, pois seu fim é imanente e não transcendente.

105   Com isto voltamos ao nosso ponto de partida, isto é, à questão se Miss Miller criou alguma coisa de valor com seu poema. Se levarmos em consideração as condições psicológicas ou histórico-morais sob as quais se originou o cristianismo, isto é, numa época onde a brutalidade desenfreada constituía espetáculo diário, compreendemos o empolgamento religioso que dominava toda a personalidade e o valor da religião que defendia o homem da civilização romana contra o

---

60. Conservei intencionalmente estas frases, constantes em edições anteriores, porque são características para a falsa sensação de segurança do "fin de siècle". Desde então vimos horrores com os quais Roma nem sequer sonhava. Sobre as condições sociais no Império Romano remeto o leitor a PÖHLMANN. *Geschichte des antiken Kommunismus und Sozialismus*; e a BÜCHER. *Die Aufstände der unfreien Arbeiter 143 bis 129 vor Christus*. Provavelmente a causa principal da estranha melancolia que pesou sobre todo o Império Romano deva ser procurada no fato de enorme parcela da população viver na mais negra miséria da escravidão. Não é possível que aqueles que levam uma vida feliz e despreocupada não sejam, afinal, contagiados pela profunda tristeza e maior miséria de seus irmãos, e isto pelos caminhos secretos do inconsciente. Consequentemente, uns se entregavam a orgias frenéticas enquanto outros, os melhores, caíam na estranha melancolia e no tédio dos intelectuais da época.

61. Infelizmente também Freud cometeu este erro.

visível avanço do mal. Para aqueles homens não era difícil manter viva a ideia do pecado, pois o viam diante de si no dia a dia. Miss Miller, porém, não só subestima seu "pecado", mas também não capta a relação entre a "miséria acabrunhante e inexorável" e seu produto religioso. Este perde assim o valor vivo da religiosidade. Não parece haver muito mais do que uma transformação sentimental do erótico, que se realiza em surdina e à margem do consciente, e em princípio tem o mesmo valor ético que o sonho, que também acontece sem a nossa intervenção.

À medida que a consciência moderna se ocupa apaixonadamente de coisas totalmente alheias à religião, ficam sumidas em grande parte no inconsciente a religião e seu objeto, quer dizer, a propensão elementar ao pecado. Por isso hoje não se acredita nem na religião nem no pecado. A psicologia é tachada de fantasia suja, quando seria fácil convencer-nos dos demônios que a alma humana abriga se lançássemos um rápido olhar através da história das religiões e dos costumes. A esta descrença na brutalidade da natureza humana associa-se a incompreensão da importância da religião. A transformação inconsciente de um instinto em atividade religiosa não tem valor ético e frequentemente não passa de poder histérico, ainda que seu produto tenha valor estético. A deliberação ética só existe onde o conflito é consciente em todos os seus aspectos. O mesmo vale para o posicionamento religioso: deve ter consciência de si mesmo e de suas motivações para ser algo mais do que simples imitação inconsciente[62]. 106

Através de um trabalho educativo secular o cristianismo dominou a instintividade animal do mundo antigo, assim como dos séculos bárbaros subsequentes, a tal ponto que uma grande quantidade de forças criadoras foi liberada para a construção de uma civilização. O efeito desta educação mostrou-se inicialmente numa mudança fundamental de posição, isto é, na fuga do mundo e na busca do além durante os primeiros séculos do cristianismo. Esta época almejava a interiorização e a abstração espiritual. Lembro o trecho de Santo Agostinho cita- 107

---

62. Um teólogo que me acusou de ideias anticristãs não percebeu que Cristo jamais disse: "Para que não *permaneçais* como as crianças", mas frisou: "Para que não vos *torneis* como as crianças". Isto se refere ao perigoso embotamento do sentimento religioso. Não se pode deixar de perceber todo o drama do renascimento *in novam infantiam!*

do por Burckhardt: "Viajam os homens para admirar as alturas das montanhas e as enormes vagas do mar... e esquecem de si mesmos"[63].

108   Mas não era só a beleza estética do mundo que perturbava a concentração sobre um objetivo espiritual e eterno, tentando e distraindo a atenção; da própria natureza emanavam influências demoníacas ou mágicas.

109   O grande conhecedor do culto de Mitra, Franz Cumont, diz o seguinte sobre a ligação dos antigos com a natureza:

> Os deuses estavam em toda parte e imiscuíam-se em todas as atividades da vida diária. O fogo que preparava os alimentos dos fiéis e os aquecia, a água que saciava sua sede e lhes proporcionava asseio, até o ar que respiravam e o dia que os iluminava eram objeto de suas homenagens. Talvez nenhuma outra religião tenha dado tanta oportunidade de oração e tantos motivos de devoção de seus fiéis quanto o mitraísmo. Quando o iniciado, à noite, dirigia-se para a gruta sagrada, oculta na solidão da floresta, a cada passo novas impressões despertavam uma emoção mística em seu coração. As estrelas que brilhavam no céu, o vento que agitava a folhagem, a fonte ou o riacho que corriam marulhantes até o vale, mesmo a terra em que pisava – tudo era sagrado a seus olhos, e toda a natureza que o envolvia despertava o temor respeitoso pelas forças infinitas que agiam no universo[64].

110   Sêneca descreve a ligação religiosa com a natureza com as seguintes palavras:

> Ao penetrares numa floresta de árvores antigas e excepcionalmente altas, onde o emaranhado de ramos e galhos te esconde o céu: a majestade da mata, o silêncio do lugar, a sombra maravilhosa desta abóbada livre e ao mesmo tempo densa, não despertam em ti a fé em um ser superior? E aonde, debaixo de rochas sapadas, sob o flanco de uma montanha, estende-se uma gruta, não feita pela mão do homem mas assim forjada pela natureza, não penetra então em tua alma uma espécie de religião? Veneramos as nascentes dos grandes rios. Onde quer que das profundezas da terra brote uma água, ali se ergue um altar; reverenciamos as fontes de águas térmicas; mui-

---

63. *Die Bekenntnisse,* livro X, cap. VIII, p. 239.
64. *Mysterien des Mithra,* p. 135.

tos lagos são tidos como sagrados por seu negror sombrio ou por sua insondável profundeza[65].

Em contraste brusco com o antigo sentimento religioso diante da natureza está a atitude cristã de afastamento do mundo, como a descreve Santo Agostinho:

111

> Mas que amo eu quando amo a ti, meu Deus? Não amo a beleza do corpo nem os encantos temporais, nem o brilho da luz, tão cara a estes olhos, nem as doces melodias das mais variadas cantigas, nem o aroma suave das flores e de perfumados bálsamos e ervas, nem o maná, nem o mel, nem os membros que se regozijam com os abraços da carne. Não é isto que amo, quando amo meu Deus, que é luz, voz, olfato, alimento, abraço de meu ser íntimo; onde resplandece para minha alma uma luz sem limites, onde ressoa o que tempo algum pode calar, onde emanam perfumes que o vento não dissipa, onde apetece o que a gula não reduz, e onde permanece unido o que tédio algum separa. É isto que amo, quando amo a meu Deus[66].

O mundo e sua beleza precisava ser evitado, não só por sua vaidade e inconsistência, mas porque o amor à criação logo transformou o homem em seu escravo; como diz Santo Agostinho, os homens "amore subduntur eis (isto é, às coisas criadas) et subditi indicare non possunt"[67]. São dominados pela afeição às coisas e perdem até sua capacidade de julgamento. Deveria ser possível amar alguma coisa, isto é, ter uma inclinação positiva para com alguma coisa, sem se deixar dominar por ela a ponto de perder o discernimento e o bom-senso. Mas Santo Agostinho conhece os homens de seu tempo e sabe quanta divindade e quanta supremacia divina está encerrada na beleza do mundo.

112

> Só tu, ó deusa, guias portanto os caminhos da natureza,
> Sem ti criatura alguma alcança da luz a glória,
> Sem ti nada de bom, nada de belo pode surgir no mundo[68].

113

---

65. Op. cit., p. 49.

66. Op. cit., livro X, cap. VI, p. 234.

67. Ibid., p. 235.

68. "Quae quoniam rerum naturam sola gubernas, nec sine te quicquam dias in luminis oras exoritur neque fit laetum neque amabile quicquam [...]".

Assim Lucrécio canta a "alma Vênus" como o princípio onipotente da natureza. O homem está irremediavelmente à mercê deste
demônio, se não afastar "a limine" e categoricamente esta influência sedutora. Não se trata somente da sensualidade e da sedução estética, mas também – e este é o ponto essencial – do paganismo e sua
ligação religiosa com a natureza (fig. 7). Deuses vivem nas criaturas,
por isso o homem sucumbe a elas e por isso deve afastar-se delas por
completo, para não ser subjugado pelo seu poder. Neste sentido o
mencionado exemplo de Alípio é muito instrutivo. Se conseguir fechar-se ao mundo, o homem pode erigir em seu íntimo um mundo

Fig. 7 – A mãe do universo. *Le Songe de Poliphile* (século XVI)

espiritual que finalmente resiste às impressões dos sentidos. A luta contra o mundo físico possibilitou o desenvolvimento de um pensamento independente de exterioridades. O homem adquiriu aquela *independência da ideia* que conseguiu resistir à impressão estética, de modo que o pensamento não mais estava acorrentado ao efeito emocional da impressão e, inicialmente, opôs-se a ele, para depois ascender até a observação meditativa. Com isto estabeleceu um relacionamento novo e independente com a natureza, continuou a trabalhar sobre os alicerces lançados pelo espírito dos antigos[69] e reatou aquele vínculo com a natureza que a abstração do mundo, preconizada pelo cristianismo, havia desfeito. No nível espiritual recém-adquirido se estabelece agora uma relação com o mundo e com a natureza que, ao contrário da atitude antiga, não mais sucumbe à magia do objeto, mas pode observá-lo refletindo a seu respeito. Contudo, um pouco da devoção religiosa penetrou na atenção dedicada à natureza, e alguma coisa da ética religiosa entrou na verdade e integridade científicas. Embora na época do Renascimento o antigo sentimento pela natureza transparecesse nitidamente na arte[70] e na filosofia da natureza[71], deslocando temporariamente o princípio cristão para o segundo plano, a nova independência racional e intelectual se confirmou e permitiu que a mente penetrasse cada vez mais em profundezas da natureza que épocas anteriores jamais haviam imaginado. Quanto mais o novo espírito científico penetrava e avançava nos segredos da natureza, tanto mais ele se tornava prisioneiro deste mundo que havia conquistado – como sói acontecer com o vencedor. Ainda no início deste século um autor cristão interpretava o espírito moderno como uma segunda encarnação do Logos. "A percepção profunda da animação da natureza na pintura e na poesia modernas", diz Kalthoff, "a intuição viva que nem a ciência, em seus trabalhos mais sérios, dispensa, mostra como o Lo-

---

69. Cf. KERÉNYI. *Die Göttin Natur.*

70. Cf. HARTLAUB. *Giorgiones Geheimnis.*

71. A alquimia. Cf. meu trabalho, *Paracelsus ais geistige Erscheinung* (§184, 198s., 228s., OC, 13).

gos da filosofia grega, que conferiu à antiga figura de Cristo seu lugar no cosmo, despojado de seu caráter de transcendentalidade, festeja uma nova encarnação"[72]. Não foi preciso muito tempo para se reconhecer que se tratava menos de uma encarnação do Logos do que da queda do anthropos ou do nous na physis. O mundo não só estava despojado de seu Deus, mas também de sua alma. Pelo deslocamento do centro de interesses do mundo interior para o mundo exterior, o conhecimento da natureza aumentou muito em comparação com outros tempos, mas o conhecimento e a experiência do mundo interior diminuíram proporcionalmente. O interesse religioso, que deveria ser o mais forte e por isso decisivo, afastou-se do mundo interior, e as imagens do dogma constituem em nosso mundo atual restos estranhos e incompreensíveis, expostos a toda sorte de críticas. Até a psicologia moderna tem dificuldade em reivindicar um direito à existência para a alma humana e fazer crer que a alma é uma forma de ser com propriedades pesquisáveis, podendo por isso ser objeto de uma ciência experimental; que ela não está apenas suspensa em alguma coisa exterior, mas possui interioridade autônoma; que não representa apenas a consciência do eu, mas tem uma existência que, no essencial, só pode ser desvendada indiretamente. Diante de tal atitude, o mito, isto é, o dogma da Igreja, afigura-se como uma série de afirmações absurdas, porque impossíveis. O racionalismo moderno é explicativo e até se orgulha moralmente de suas tendências iconoclastas. De um modo geral, as pessoas se contentam com o conceito pouco inteligente de que o enunciado do dogma visa uma impossibilidade concreta. Poucos se dão conta de que poderia ser a expressão simbólica de determinado conjunto de ideias. Não é tão fácil dizer em que consistiria esta ideia. E aquilo que "eu" não sei, simplesmente não existe. Por isto, para esta burrice esclarecida, também não existe uma realidade psíquica não consciente.

114   O *símbolo* não é uma alegoria nem um semeion (sinal), mas a imagem de um conteúdo em sua maior parte transcendental ao consciente. É necessário descobrir que tais conteúdos são *reais*, são agen-

---

72. *Die Entstehung des Christentums*, p. 154.

tes com os quais um entendimento não só é possível, mas necessá-rio[73]. Com este descobrimento compreender-se-á então do que trata o dogma, o que ele formula e qual a razão de sua origem[74].

---

73. Cf. meu trabalho, O eu e o inconsciente. Petrópolis: Vozes, 1982 [OC 7/2, § 353s.].

74. Ao escrever este livro todas estas coisas ainda me eram muito vagas e não encontrei outra solução a não ser citar o seguinte trecho da carta 41 de Sêneca a Lucílio (op. cit., p. 49): "Se te esforças persistentemente por sentimentos nobres, ages bem e salutar-mente. Mas não precisas desejar esta atitude, pois ela está em tuas próprias mãos e po-des realizá-la. Não é preciso erguer as mãos para o céu ou pedir ao sacristão que permi-ta chegares bem junto ao ouvido da imagem de Deus para teres certeza de ser ouvido: Deus está junto a ti, está contigo, em ti. Sim, meu caro Lucílio, um santo espírito habita em nós; ele observa tudo o que de bom e de mau em nós existe, e sobre tudo vela. Assim como o tratamos, assim também ele age conosco; ninguém é bom sem Deus. Ou pode alguém alcançar a felicidade sem Ele? Não é Ele quem confere ao homem gran-des e elevados pensamentos? Em todo homem honrado mora um Deus: qual? – isto não sei dizer-te".

V

O canto da mariposa

115   Pouco depois dos acontecimentos a que acima aludimos, Miss Miller viajou de Gênova a Paris. Diz ela:

> Meu cansaço no trem foi tanto, que mal consegui dormir uma hora. Estava terrivelmente quente no compartimento das senhoras.

116   Às quatro da manhã ela notou uma mariposa que voava em torno da luz. Tentou adormecer de novo, quando subitamente lhe ocorreu o seguinte poema:

> *A mariposa ao sol*
>
> Ansiei por ti quando primeiro rastejei para a consciência,
> Meus sonhos todos tratavam de ti quando na crisálida dormia.
> Miríades de minha espécie esgotam suas vidas
> Contra uma tênue centelha vinda de ti.
> Só uma hora mais – e minha pobre vida se esvai;
> Mas meu último esforço, como o primeiro desejo meu, será
> Apenas de tua glória aproximar-me; depois, obtido
> Um vislumbre encantado, eu morrerei contente,
> Pois a fonte de beleza, calor e vida
> Em seu esplendor perfeito, por uma vez olhei.

117   Antes de ocupar-nos com o material que Miss Miller traz para a compreensão desta poesia, tornemos a analisar rapidamente a situação psicológica em que ela surgiu. Algumas semanas parecem ter transcorrido desde a última manifestação direta do inconsciente. Nada sabemos sobre o estado de espírito e as fantasias deste período. Se pudermos concluir alguma coisa deste silêncio, seria que neste espaço de tempo realmente nada de importante aconteceu, e que a

nova poesia torna a ser um fragmento manifesto da prolongada elaboração inconsciente do complexo[1]. Muito provavelmente se trata do mesmo conflito já exposto anteriormente. No entanto, o produto anterior, o Hino ao Criador, pouca semelhança tem com o poema atual. A nova poesia tem caráter bastante desalentador e melancólico: mariposa e Sol, duas coisas que nunca se encontram. Mas perguntamos: a mariposa realmente precisa chegar até o Sol? Conhecemos o provérbio da mariposa que voa para a luz e queima suas asas, mas não a lenda de uma mariposa que procura o Sol. Ao que parece, misturam-se aqui duas coisas diferentes quanto ao sentido; primeiro, a mariposa que voa em torno da luz até queimar-se, e depois a imagem de um ser pequeno e efêmero, talvez a efemérida que, em lamentável contraste com a eternidade dos astros, anseia pela luz imperecível. Este quadro lembra *Fausto:*

> Vê como ao rubor crepuscular
> Fulgem as choças e o verde que as cerca!
> Recua e cede, findo está o dia,
> Para lá avança e desperta nova vida.
> Oh! pudesse do solo erguer-me alguma asa,
> Para seguir-lhe o curso sempre e sempre!
> Veria no fulgor do ocaso eterno
> A meus pés o mundo silencioso.
>
> Mas parece ir-se enfim o grande deus;
> Novo impulso, porém, em mim desperta:
> Corro a beber sua luz eterna,
> À minha frente o dia, e atrás a noite,
> Sobre mim o céu, aos pés o oceano.
> Um belo sonho, enquanto o Sol se vai.
> Às asas do espírito tão simplesmente
> Não pode unir-se asa corporal[2].

Pouco depois Fausto vê o "negro cão vagar por sementeiras e restolhais", o cão que é Satanás, o próprio tentador, em cujo fogo in-

118

---

1. Os complexos são muito estáveis, embora suas manifestações exteriores variem caleidoscopicamente. Pesquisas experimentais convenceram-me deste fato (*Experiências diagnósticas de associação*, 1904-1910).

2. Parte I, p. 164s.

fernal Fausto queimará suas asas. Ao pensar que dedicava sua grande nostalgia à beleza do Sol e da terra, "ele abandonou-se" e caiu nas mãos do maligno.

> Sim, ao belo Sol desta terra,
> Decidido, vira tuas costas[3].

havia dito Fausto pouco antes, num reconhecimento correto da situação, pois a veneração da beleza da natureza conduz o cristão da Idade Média a pensamentos pagãos, que estão na mesma prontidão antagônica junto a sua religião consciente como a concorrência perigosa que outrora o mitraísmo fazia ao cristianismo[4].

119   A nostalgia de Fausto tornou-se sua perdição. Seu anseio pelo além coerentemente o levara ao cansaço de viver e ele estava à beira do suicídio[5]. O anseio pela beleza deste mundo tornou a levá-lo à perdição, à dúvida e à dor, até a morte trágica de Margarida. Seu erro foi deixar-se levar irrefreadamente num e noutro sentido pelo impulso da libido, como homem de grande e indomada paixão. Ele volta a retratar o conflito coletivo do início de nossa era, mas, o que é digno de nota, em ordem inversa. O já citado exemplo de Alípio mostra contra que forças de tentação Cristo teve de defender-se recorrendo à transcendência absoluta de sua fé. Aquela cultura teve que perecer porque a própria humanidade se insurgiu contra ela. Sabe-se que já antes da expansão do cristianismo uma estranha esperança de reden-

---

3. Ibid., p. 154.

4. A última tentativa malograda de fazer a religião da natureza triunfar sobre o cristianismo foi feita por Juliano o Apóstata.

5. A solução deste problema foi tentada de modo semelhante através da fuga do mundo nos primeiros séculos pós-cristãos (as cidades anacoretas nos desertos do Oriente). Voltadas para o espírito, as pessoas se matavam para fugir da extrema brutalidade da cultura romana decadente. Sempre se encontra ascese quando os impulsos animais são tão fortes que precisam ser dominados pela força. Chamberlain (*Die Grundlagen des 19. Jahrhunderts*) vê neste fato um suicídio biológico decorrente do excessivo abastardamento dos povos mediterrâneos daquela época. Eu penso que o abastardamento torna as pessoas antes vulgares e cheias de alegria de viver. Tudo indica que eram homens éticos aqueles que punham fim à sua vida, cansados da melancolia reinante, que por sua vez era a expressão da dilaceração espiritual do indivíduo, como que para fazer morrer em si uma tendência ultrapassada.

ção se apoderara da humanidade. Um reflexo deste estado de ânimo é a écloga de Virgilio:

> Já se cumpriu o tempo do vaticínio de Cuma,
> Já dos séculos o magno trajeto recomeça;
> Retorna a serva sagrada[6] e retorna o reino de Saturno,
> Já do alto Olimpo nova geração aponta.
> Ao nascimento do filho, a quem logo esta Idade Férrea
> Cede, e Áurea Idade renasce sobre a terra.
> Casta Lucina, sê propícia: já reina teu mano Apolo.
> ...
> Guia do ano; de violência e horror esvai-se agora
> O último vestígio, aliviados respiram os povos.
> Destino divino partilha a criança e olha os heróis
> Caminhando na multidão bendita; eles mesmos o saúdam amáveis.
> Quando rège o país pela força de seus pais pacificados[7].

A volta para a ascese, em consequência da expansão do cristianismo, trouxe uma nova experiência para muitos: o monaquismo e o anacoretismo. Fausto faz o contrário: para ele o ideal ascético é mortal. Ele luta por libertação e ganha a vida entregando-se ao Diabo, mas com isto traz a morte para aquela que ele mais ama: Margarida. Ele foge da dor dedicando sua vida ao trabalho, e com isto salva muitas vidas[8]. Seu duplo destino como redentor e anjo da morte já é insinuado antes:

120

---

6. Δίκη (a Justiça), filha de Júpiter e Têmis, que desde a Idade Áurea abandonara a terra embrutecida.

7. Ultima Cumaei venit iam carminis aetas: / magnus ab integro saeclorum nascitur ordo. / Iam redit et Virgo, redeunt Saturnia regna, / Iam nova progenies caelo demittitur alto. / Tu modo nascenti puero, quo ferrea primum / desinet ac toto surget gens aurea mundo, / casta fave Lucina: tuus iam regnat Apollo. / [...] / te duce, si qua manent sceleris vestigia nostri, / inrita perpetua solvent formidine terras. / Ille deum vitam accipiet, divisque videbit / permixtos heroas et ipse videbitur illis, / pacatumque reget patriis virtutibus orbem. *Bucólica*, Ecl. IV. Cf. NORDEN. *Die Geburt des Kindes*, p. 14. Graças a esta écloga, Virgílio mereceu mais tarde a honra de ser considerado um poeta quase cristão. Em Dante ele exerce a função de guia em vista desta passagem.

8. Parte II, ato 5, p. 471: Um lamaçal se estende junto aos montes, / Empesta tudo o que já foi conquistado; / Drenando este charco podre. / Abro espaço para milhões de criaturas...

Wagner:

> Grande homem, que sentimento,
> Deve dar-te o preito desta multidão!

Fausto:

> Assim, com infernais eletuários,
> Nestes montes, nestes vales,
> Causamos maiores males que a peste.
> A milhares dei eu próprio o veneno,
> Feneceram; e agora devo presenciar passivo,
> Que se honrem os infames assassinos[9].

121   O profundo significado do *Fausto* de Goethe é justamente ter traduzido em palavras um problema que vinha se desenvolvendo há vários séculos, exatamente como o drama de Édipo o fizera na cultura helénica. Qual a saída entre Cila, da negação do mundo, e Caribde, de sua afirmação?

122   O tom esperançoso que se manifestou no Hino ao Deus Criador não deve ter durado muito. A postura artificial só promete, jamais cumpre sua palavra; o antigo anseio voltará, pois uma particularidade de todos os complexos trabalhados só no inconsciente é que nada perdem de sua carga afetiva original, embora suas manifestações externas possam modificar-se de forma quase ilimitada. Podemos, por isso, considerar a primeira poesia como uma tentativa inconsciente de resolver o conflito por meio de uma posição religiosa positiva, como nos primeiros séculos os conflitos conscientes eram decididos pelo confronto com um aspecto religioso. Esta tentativa falha. Com a segunda poesia segue-se uma segunda tentativa, decididamente mais mundana. Seu sentido é indubitável: só uma vez... (having gained one raptured glance...) e depois morrer. Das esferas da transcendência religiosa o olhar, como em Fausto[10], desvia-se para o Sol deste mundo. E já se imiscui algo que tem sentido diferente, isto é, a mariposa, que voa em torno da luz até queimar as asas.

---

9. Parte I, p. 163s.

10. Parte I, p. 164s. Fausto (passeando): Oh! Asa alguma do chão me ergue, / Para sempre e sempre o seguir. / No arrebol eterno eu semeio / O silencioso mundo a meus pés... / Mas já novo ímpeto desperta / E corro ávido, para beber sua eterna luz.

Vejamos agora alguns enfoques de Miss Miller para a compreen-   123
são do poema:

> Este pequeno poema me impressionou profundamente. É ver-
> dade que não encontrei logo para ele uma explicação suficien-
> temente clara e direta. Mas poucos dias depois, desejando ler
> para uma amiga um texto filosófico que eu lera em Berlim, no
> inverno anterior, e que me entusiasmara, deparei com as se-
> guintes palavras: "La même aspiration passionnée de la mite
> vers l'étoile, de l'homme vers Dieu". Eu as tinha esquecido
> completamente, mas parecia bem claro que justamente estas
> palavras tinham reaparecido em minha poesia hipnagógica.
> Além disso, lembrei-me de um drama, visto há alguns anos,
> "La mite et la flamme", como outra possível fonte do poema.
> Vê se quantas vezes a expressão "mariposa" me foi inculcada[11].

A impressão profunda que a poesia causou à autora significa que   124
ela traduz um conteúdo anímico igualmente intenso. Na expressão
"aspiration passionnée" encontramos o anseio apaixonado da mariposa pela estrela, do homem por Deus, quer dizer, a mariposa é a
própria Miss Miller. Sua última observação sobre a palavra "mariposa" que lhe foi inculcada tantas vezes, significa quantas vezes ela gra-
vou inconscientemente a palavra "mariposa" como adequada a ela
mesma. Seu anseio por Deus é semelhante ao anseio da mariposa pela
"estrela". O leitor deve estar lembrado que esta expressão já apareceu no material anterior: "when the morning stars sang together",
isto é, o oficial canta no convés durante a vigília. O anseio por Deus é
semelhante ao anseio pela estrela cantante da manhã. No capítulo
anterior mostramos que esta analogia era esperada – "sic parvis com-
ponere magna solebam" (assim eu costumava comparar coisas grandes com pequenas).

É humilhante, ou chocante, como queiram, que o anseio maior do   125
homem, o único com que ele se torna verdadeiramente homem, esteja
tão próximo à sua condição humano-subumana. Por isso temos a tendência de negar esta relação, apesar dos fatos irrefutáveis. Um oficial
com pele morena e bigode negro e – a ideia religiosa mais sublime... ?
Não queremos pôr em dúvida a incomensurabilidade destes dois objetos. Mas eles têm uma coisa em comum: ambos são objetos de um an-

---

11. Op. cit., p. 47.

seio amoroso e resta saber se a natureza do objeto modifica alguma coisa na natureza da libido, ou se nos dois casos não se trata do mesmo desejo, isto é, do mesmo processo emocional. Psicologicamente não está decidido – para usarmos uma comparação banal – se o apetite em si tem alguma coisa a ver com a natureza daquilo que se deseja. Externamente por certo importa que tipo de objeto é desejado, mas internamente o que realmente importa é o tipo do processo de desejar. Pois este pode ser instintivo, compulsivo, indomado, descontrolado, ávido, insensato, sensual etc.; ou sensato, ponderado, controlado, coordenado, harmonioso, ético, refletido, etc. Para a avaliação psicológica este "como" é mais importante do que o "o que" – "si duo faciunt idem, non est idem" (se dois fazem a mesma coisa, não é a mesma coisa).

126   O modo de apetecer é tão importante porque confere ao objeto a qualidade estética e moral do bom e do belo e com isto influencia profundamente nosso relacionamento com os outros e com o mundo. A natureza é bela porque eu a amo, e bom é tudo aquilo que meu sentimento considera "bom". Os valores se originam sobretudo do tipo de reação subjetiva. Com isto não negamos a existência dos assim chamados valores "objetivos". Mas estes são válidos graças a um consenso geral. No domínio de Eros torna-se bem claro quão pouco vale o objeto e quanto vale o ato subjetivo.

127   Aparentemente Miss Miller pouco se interessou pelo oficial, o que é humanamente compreensível. Apesar disso, resultou deste relacionamento um efeito profundo e prolongado, que envolveu até Deus no problema. Os estados de ânimo que aparentemente nascem destes objetos tão diversos dificilmente procedem deles, e sim da vivência subjetiva do amor. Portanto, quando Miss Miller louva Deus ou o Sol, ela na realidade se refere a seu amor, àquele instinto profundamente arraigado no âmago da natureza humana.

128   O leitor há de lembrar-se que no capítulo anterior estabelecemos a seguinte cadeia de sinônimos: o cantor – Deus do Som – estrela cantante da manhã – Criador – Deus da Luz – Sol – fogo – amor. Com a mudança da impressão erótica do positivo para o negativo, surgem predominantemente símbolos de *luz* para o objeto. Na segunda poesia, onde o anseio ousa expor-se mais abertamente, surge até o Sol. Como a libido se afastou do objeto concreto, seu objeto tornou-se psíquico, isto é, Deus. Mas psicologicamente Deus é o nome de um

complexo de representações que se agrupam em torno de um sentimento muito forte. A tonalidade afetiva é o fator característico e ativo do complexo[12]; ele representa uma tensão emocional que pode
ser formulada energeticamente. Os atributos de luz e fogo mostram
a intensidade da tonalidade afetiva e por isso são expressões da
energia psíquica que se manifesta como libido. Quando se venera
Deus, o Sol ou o fogo (cf. fig. 13), venera-se diretamente a intensidade ou a força da libido, portanto o fenômeno da energia psíquica
da libido. Toda força e todo fenômeno são uma certa forma de
energia. Forma é imagem e maneira de aparecer. Ela exprime duas
coisas: primeiro, a energia que nela se manifesta, e segundo, o *medium* em que a energia aparece. Pode-se afirmar, por um lado, que a
energia produz a sua própria imagem e, por outro lado, que o caráter do *medium* força a energia para dentro de uma determinada forma. Este deduzirá do Sol a ideia de Deus, enquanto aquele opinará
que o significado divino atribuído ao Sol provém da numinosidade
determinada pela tonalidade afetiva. Aquele, por seu temperamento e sua inclinação, acredita mais no efeito causal do ambiente, este,
mais na espontaneidade do transe espiritual. Temo que aqui se trata
da célebre questão de quem é mais velho, o ovo ou a galinha. Mesmo assim sou de opinião que o fenômeno psicoenergético neste
caso não só é primordial, mas também que ele explica muito mais
que a hipótese da primazia causal do mundo exterior.

Penso, por isso, que em geral a energia psíquica, a libido, produz
a imagem de Deus usando modelos arquetípicos, e que o homem, em
consequência da força anímica que nele age, reverencia o divino (fig.
8). Chegamos assim à conclusão aparentemente chocante de que –
sob o ponto de vista psicológico – a imagem de Deus é um fenômeno
real, mas de início subjetivo. Como diz Sêneca: "Deus está próximo
de ti, Ele está contigo, em ti"; ou, como reza a Primeira Epístola de
São João: "pois Deus é amor" e "se nos amamos uns aos outros, Deus
permanecerá em nós"[13].

129

---

12. Cf. JUNG. *Uber die Psychologie der Dementia praecox* [§ 77s. OC, 3]; e *A energia
psíquica*. Petrópolis: Vozes, 1983 [§ 200].

13. 1Jo 4,8.12. A "caritas" da Vulgata corresponde à ἀγάπη grega. Este termo do
Novo Testamento, assim como ἀγάπησις (afeição) é derivado de ἀγαπᾶν, amar, esti-
mar, louvar, gostar etc., e é portanto uma função indubitavelmente psíquica.

130   Para aquele que entende por libido apenas a energia psíquica de
que dispomos conscientemente, um relacionamento religioso assim
definido não passaria de um jogo ridículo consigo mesmo. Trata-se,
porém, da energia inerente ao arquétipo, isto é, ao inconsciente, e por
isto não está à nossa disposição. Este aparente "jogo consigo mesmo"
nada tem, portanto, de ridículo, sendo, ao contrário, extremamente
importante. Trazer um Deus dentro de si significa muito: é a garantia
de felicidade, de poder e até de onipotência, uma vez que estes são

Fig. 8 – Veneração da doutrina de Buda como roda solar.
Stupa de Amarâvati (séculos II-III)

atributos divinos. Trazer Deus em si mesmo quer dizer quase tanto
como ser o próprio Deus. No cristianismo, onde as ideias e símbolos
grosseiramente materiais foram eliminados ao máximo, encontram-se
vestígios desta psicologia. Esta deificação é mais nítida nos mistérios
pagãos, onde o místico é elevado à condição divina pela cerimônia da

iniciação: no final da consagração nos mistérios sincréticos de Ísis[14], ele é coroado com a coroa de ramos de palmeira, colocado sobre um pedestal e venerado como Hélio (cf. fig. 9). No papiro mágico editado por Dieterich como *Liturgia de Mitra*, ἱερὸς λόγος do iniciado diz:

> Eu sou uma estrela que convosco segue seu curso e resplandece das profundezas[15].

No êxtase religioso o iniciado se iguala aos astros, assim como um santo da Idade Média se equiparava a Cristo pela estigmatização. Francisco de Assis chegou até ao parentesco com o irmão Sol e a irmã Lua[16].

Hipólito, durante a deificação do devoto, insiste: γέγονας γὰρ θεός (tu te tornaste Deus); ἔσῃ δὲ ὁμιλητὴς θεοῦ καὶ συγκληρονόμος Χριστοῦ (serás companheiro de Deus e coerdeiro de Cristo). Sobre a deificação Hipólito diz: τοῦτ᾽ ἔστι τὸ λνῶθι σεαυτόν (este é o conhece-te a ti mesmo)[17]. O próprio Jesus justifica aos judeus sua condição de Filho de Deus com a citação do Salmo 82,6: "Eu disse: vós sois deuses"[18].

As ideias de deificação são antiquíssimas. Na crença antiga localizavam-se no período após a morte, mas o mistério já as contém neste mundo. Temos uma bela descrição num texto egípcio; é o canto triunfal da alma em ascensão:

> Sou o deus Atum, que só eu fui.
> Sou o deus Rê, em seu primeiro esplendor.
> Sou o grande deus, que se criou a si mesmo... o senhor
> dos deuses, a que nenhum outro deus se iguala.

131

132

133

---

14. APULEIO. Op. cit., livro XI, p. 240: "At manu dextera gerebam flammis adustam facem: et caput decore corona cinxerat, palmae candidae foliis in modum radiorum prosistentibus. Sic ad instar Solis exornato, et in vicem simulacri constituto..." [Eu trazia uma tocha ardente em minha direita e estava ornado com uma coroa de folhas de palmeira, dispostas de modo a formarem como que raios em torno de minha cabeça. Assim, adornado como imagem do Sol, lá estava eu, como uma estátua].

15. Ἐγώ εἰμι σύμπλανος ὑμῖν ἀστὴρ καὶ ἐκ τοῦβάθους ἀναλάμπων, in: DIETERICH. *Eine Mithrasliturgie*, p. 8/9.

16. Também os reis sassânidas se diziam "Irmãos do Sol e da Lua". No Egito, a alma de todo soberano era uma centelha do Hórus solar.

17. *Elenchos*, X, 34,4, p. 293.

18. Jo 10,34s.

Eu existia ontem e conheço o amanhã, o campo de luta dos
deuses se fez, enquanto eu falava. Sei o nome daquele
grande deus, que nele mora...

Sou o deus Min, em seu aparecer; coloco as penas sobre
minha cabeça[19],

Estou em meu reino, entro em minha cidade. Estou como meu
pai Atum a todo e cada dia.

Minha impureza se foi, e o pecado que havia em mim está
erradicado.

Lavei-me naqueles dois grandes tanques que estão em
Heracleópolis, onde o sacrifício dos homens é purificado
para aquele grande Deus que ali reina.

Ando pelo caminho onde lavo minha fronte nas águas dos
justos. Chego a este reino dos glorificados e nele penetro
pelo magnífico portal.

Vós, que estais na frente, estendei-me vossas mãos, pois sou
eu, eu que me tornei um de vós. Estou com meu pai Atum a
todo e cada dia[20].

134   A deificação necessariamente tem por consequência um aumento da importância e do poder individual[21]. Isto de início parece ser o
objetivo: uma afirmação do indivíduo face à sua enorme fraqueza e
insegurança na vida pessoal. Mas o reforço da personalidade é apenas uma consequência externa da deificação; muito mais significativos são os processos afetivos profundos. Quem introverte a libido,
quem a desvia do objeto externo, sofre inicialmente as consequências
inevitáveis da introversão: a libido, voltada para dentro do indiví-

---

19. Cf. acima, a coroação. Penas, símbolo do poder. Coroa de penas = coroa de raios.
A coroação em si já é identificação com o Sol. Assim, por exemplo, a coroa denteada
aparece nas moedas romanas a partir da época em que os césares eram identificados
com o *Sol invictus:* "Solis invicti comes" (Companheiro do Sol invicto). A auréola e a
tonsura são a mesma coisa, uma imagem do Sol. Os sacerdotes de Ísis tinham a cabeça
raspada, brilhante como estrela (cf. APULEIO, op. cit.).

20. O "Emergir do inferno, durante o dia" (ERMAN. *Ägypten,* p. 459s.).

21. No texto da assim chamada Liturgia de Mitra lê-se: Ἐγώ εἰμι σύμπλανος ὑμῖν
ἀστὴρ καὶ ἐκ τοῦ βάθους ἀναλάμπων ὀξυοξερθου, ταῦτά σου εἰπόντος εὐθέως ὁ
δίσκος ἁπλωθήσεται (p. 8). [Eu sou uma estrela que convosco segue seu curso e resplandece desde as profundezas (p. 9). Quando tiveres dito isto, o disco solar há de
abrir-se imediatamente].

Fig. 9 – A iniciação de Lúcio. Frontispício do livro 11 de
Les métamorphoses ou l'asne d'or de L. Apulée (1648)

duo, retorna ao passado individual e, do mundo das recordações,
traz à tona aquelas imagens antigas que revivem os tempos em que o
mundo ainda era cor-de-rosa. São, em primeiro lugar, as recordações
da infância e, entre elas, as imagens do pai e da mãe. São as recordações únicas e imperecíveis, e não são necessárias grandes dificuldades

na vida do adulto para tornar a despertar e ativar estas lembranças. Na religião a reanimação regressiva paterna e materna das imagens tem papel importante. Os benefícios da religião correspondem aos efeitos da proteção exercida pelos pais sobre a criança, e seus sentimentos místicos estão arraigados nas lembranças inconscientes de certas emoções da primeira infância, daqueles pressentimentos arquetípicos; como diz o hino: "Estou em meu reino, entro em minha cidade. Estou com meu pai Atum a todo e cada dia"[22].

135   Mas o pai visível do mundo é o Sol, o fogo celeste, por isto Pai, Deus, Sol, Fogo, são sinônimos mitológicos. O conhecido fato de que na força do Sol em verdade se reverencia a grande força criadora da natureza, diz claramente àquele que ainda não se deu conta, que o homem, na figura divina, venera a energia do arquétipo. Este simbolismo aparece de modo extraordinariamente plástico no terceiro logos do papiro comentado por Dieterich: depois da segunda oração, estrelas saem do disco solar em direção ao iniciado, "com cinco pontas, em grande número e enchendo todo o ar". "Quando o disco solar se tiver aberto, verás um círculo incomensurável e portões chamejantes, que estão cerrados". O iniciado diz a seguinte oração: "Ouve-me, escuta-me [...] tu que com o sopro do espírito fechaste os ígneos palácios do céu, tu, biventrado, senhor do fogo, criador da luz, ignívomo, valoroso como o fogo, rebrilhante de espírito, prazeroso do fogo, esplendoroso, senhor da luz, ígneo, doador de luz, semeador de fogo, retumbante de fogo, vivo em luz, redemoinho de fogo, estimulador de luz, relampejante, glória da luz, multiplicador da luz, candelabro de fogo, domador dos astros", etc.[23]

---

22. Cf. sobretudo os oráculos do Evangelho segundo São João: "Eu e o Pai somos um" (10,30). "Quem me vê, vê também ao Pai" (14,9). "Não credes que eu estou no Pai e que o Pai está em mim?" (14,11). "Saí do Pai e vim ao mundo; outra vez deixo o mundo e vou para o Pai" (16,28). "Subo para meu Pai e vosso Pai; para meu Deus e vosso Deus" (20,17).

23. Ἐπάκουσόν μου, ἄκουσόν μου ... ὁ συνδήσας πνεύματι τὰ πύρινα κλεῖθρα τοῦ οὐρανοῦ, δισώματος, πυρίπολε ... φωτὸς χτίστα ... πυρίπνοε ... πυρίθυμε ... πνευματόφως ... πυριχαρῆ... καλλίφως ... φωτοκράτως ... πυρισώματε, φωτοδότα, πυρισπόρε, πυρικλόνε ... φωτόβιε ... πυριδῖνα, φωτοκινῆτα, κεραυνοκλόνε ... φωτὸς κλέος αὐξησίφως ... ἐνπυρισχησίφως ... ἀστροδάμα ... (op. cit., p. 8/10 e 9).

A invocação, como vemos, é quase inesgotável em atributos de luz e de fogo e, em sua redundância, só pode ser comparada com os adjetivos amorosos análogos do misticismo cristão. Entre os muitos textos que poderiam ser citados como exemplos, escolhi um trecho dos escritos de Mechthild von Magdeburg (1212-1277): **136**

> Ó Senhor, amai-me com força e amai-me muito e longamente; quanto mais vezes me amardes, mais pura serei; quanto mais fortemente me amardes, mais bela serei; quanto mais longamente me amardes, mais santa serei neste mundo.

Deus responde: **137**

> Devo à minha natureza amar-te com frequência, pois eu próprio sou o amor; devo ao meu desejo amar-te fortemente, pois também eu desejo que me amem com ardor; devo à minha eternidade amar-te longamente, pois eu não tenho fim[24].

A regressão religiosa de fato se vale da imago paterna e materna, mas só como um símbolo: ela reveste o arquétipo com a figura dos pais assim como explica a energia do mesmo com as ideias de fogo, luz, calor[25], fecundidade, força criadora, etc. Na mística, o divino percebido interiormente muitas vezes é só luz ou Sol, e é pouco ou nada personificado (cf. fig. 10). Na liturgia de Mitra encontra-se uma passagem bem característica: ἡ δὲ πορεία τῶν ὁρωμένων θεῶν διὰ τοῦ δίσκου, πατρός μου, θεοῦ φανήσεται[26]. **138**

Hildegard von Bingen (1100-1178) se expressa do seguinte modo: **139**

> Mas a luz que eu vejo não é local, e sim muito e muito mais luminosa que a nuvem que sustenta o Sol [...] Não posso distinguir a forma desta luz, assim como não posso ver o disco solar inteiro. Nesta luz porém, de quando em quando e não frequentemente, eu vejo uma outra luz que me disseram ser a luz viva, e não sei dizer quando e de que modo eu a vejo. E quan-

---

24. BUBER (org.). *Ekstatische Konfessionen*, p. 66.

25. Renan (*Dialogues et fragments philosophiques*, p. 168) diz: "Avant que la religion fût arrivée à proclamer que Dieu doit être mis dans l'absolu et l'idéal, c'est-à-dire hors du monde, un seul culte fût raisonnable et scientifique, ce fût le culte du soleil". (Antes que a religião proclamasse que Deus deva ser colocado no absoluto e no ideal, isto é, fora do mundo, um só culto era racional e científico, isto é, o culto do Sol).

26. DIETERICH. *Mithrasliturgie*, p. 6/7: "O caminho dos deuses visíveis aparecerá através do Sol, o Deus, meu Pai".

do a contemplo, sinto-me aliviada de toda tristeza e de todo
sofrimento, e tomo então as atitudes de uma cândida donzela
e não de uma velha senhora[27].

140   Simeão o novo teólogo (970-1040) diz o seguinte:

Minha língua carece de palavras e o que acontece em mim
meu espírito vê, mas não explica [...] Ele vê o invisível, o despojado de qualquer forma, totalmente uno, não composto, e
infinito em tamanho. Pois ele não vê qualquer começo, nenhum fim ele vê, e está inteiramente ciente de nenhum meio,
e não sabe como dizer o que vê. Um Todo aparece, penso eu,
e não em sua própria essência, mas através de uma participação. Pois no fogo acendes fogo e todo o fogo recebes: este porém não diminui e permanece indiviso como antes. Assim
também aquilo que é partilhado separa-se do primeiro, e
como um ser corpóreo entra em muitas luzes. Aquele, porém,
é espiritual, incomensurável, inseparável e inesgotável. Pois
não se divide em muitos quando se dá, mas permanece indiviso, e está dentro de mim e nasce em meu pobre coração como
um Sol ou um redondo disco solar, semelhante à luz, pois é
uma luz[28]!

141   Das palavras de Simeão se depreende claramente que aquilo que
é visto como luz interior, como Sol do além, é o psíquico emocional:

E seguindo-o, meu espírito ansiava por abraçar o esplendor vislum-
brado, mas não o encontrou como criatura e não lhe foi possível sair
das criaturas, para que pudesse cingir junto a si aquele esplendor
não criado e não alcançado. Não obstante, andou à volta de tudo e
ansiou por vê-lo. Pesquisou o ar, caminhou pelo céu, transpôs os

---

27. BUBER. Op. cit., p. 51s.

28. Ibid., p. 41. Um simbolismo semelhante encontra-se em Carlyle (*Über Helden,
Heldenverehrung und das Heldentiimliche in der Geschichte*, p. 54): "O grande fato da
existência é coisa grande para ele. Volte-se ele para onde quiser, não poderá sair da au-
gusta presença desta realidade. Sua natureza é assim, e é isto que o torna tão grande.
Terrível e maravilhoso, real como a vida, real como a morte lhe é este universo. Mesmo se todos os homens esquecessem esta verdade e caminhassem em vaidosa aparência, ele não poderia fazê-lo. Diante dele brilha constantemente a imagem de chamas
[...]" Podemos citar inúmeros exemplos da literatura, por exemplo Friedländer (*"Veni
Creator!" Zehn Jahre nach dem Tode Friedrich Nietzsche's*, p. 823): "Sua nostalgia almeja apenas o que há de mais puro no amado; como o Sol, ela traga com a chama da
suprema vida tudo aquilo que não quer ser luz, transformando-o em carvão. Este olhar
de Sol do amor" etc.

abismos, espreitou, como lhe pareceu, os confins do mundo[29]. Mas em tudo isso nada encontrou, pois tudo era criação. E eu me lamentava, sofria e ardia em meu íntimo, e como um alienado eu vivia. Ele porém veio, quando quis, e descendo como uma clara nebulosa parecia pairar em torno de minha cabeça e então, assustado, gritei. Ele porém, de novo desaparecendo, deixou-me só. E ao procurá-lo penosamente percebi, de súbito, que ele estava dentro de mim mesmo, e no centro de meu coração apareceu ele como a luz de um Sol circular[30].

Em Nietzsche, em *Ruhm und Ewigkeit* encontramos uma simbólica semelhante: 142

Silêncio! –
Sobre grandes coisas – eu vejo o Grande! –
devemos silenciar
ou falar grande:
fala grande, meu maravilhoso saber!
Ergo os olhos –
ali rolam mares de luz:

---

29. Este quadro contém a raiz psicológica da "transmigração celeste" cuja ideia é antiquíssima. É uma imagem do Sol em seu trajeto (cf. fig. 11), que do levante ao poente viaja pelo mundo todo. Esta comparação está indelevelmente impregnada na fantasia humana, como mostra, entre outros, a poesia "Schmerzen" de Wesendonck:
Sol, toda noite choras / Tingindo os belos olhos de cor rubra / Quando, refletindo-te no mar, / Te alcança a morte prematura. // Mas renasces no esplendor antigo, / Glória deste mundo obscuro, / No reerguer-te matutino, / Como herói soberbo e vencedor. // Oh! como poderia então lamentar-me, / Como, meu coração, pesado ver-te, / Se deve fraquejar o próprio Sol, / Se deve o Sol se pôr? // E se a morte só vida gera, / Dores só alegria trazem: / Oh como sou grato à natureza / Por tais dores me ter dado!
Outro paralelo é a poesia de Ricarda Huch: Como a terra, despedindo-se do Sol, / Se precipita na noite tenebrosa, / Cobrindo o corpo nu com névoa estrelada, / Emudecida, despojada de estival ardor. // E mergulhando mais e mais nas sombras do inverno, / Súbito se aproxima daquilo de que foge, / Por rósea luz se vê agora abraçada, / Vindo ao encontro do amor perdido. // Assim eu, sofrendo a pena do exílio, / De teu semblante parti para o desterro, / Ao ermo norte voltada sem defesa, // Mais e mais me inclinando para a morte, / E despertei assim, junto a teu peito, / De matutino esplendor cegada.
A transmigração celeste é um caso especial da transmigração do herói que, sob a forma da "peregrinatio", se prolonga na alquimia. Este tema aparece pela primeira vez na transmigração celeste de Platão (?) no tratado harrânico *Platonis liber quartorum* (p. 145). Cf. tb. JUNG. *Psychologie und Alchemie* [§ 457, OC, 12].

30. BUBER. Op. cit., p. 45.

Fig. 10 – O olho de Deus. *Seraphisches Blumengärtlein... aus Jacob Boehmens Schriften* (Frontispício, 1700)

Fig. 11 – A viagem do Sol. A deusa do Ocidente, na barca da noite, entrega o disco solar à deusa do Oriente, na barca da manhã. Período egípcio tardio

– oh noite! oh silêncio! oh bulha mortalmente quieta!
Vejo um sinal –,
de longínquas distâncias
lentamente, cintilante, uma constelação desce a mim...[31]

---

31. *Werke* VIII, p. 427.

Não é de admirar que a grande solidão de Nietzsche tenha recria-   143
do certas imagens que a vivência religiosa de antigos cultos havia
transformado em rituais. Nas histórias da liturgia de Mitra temos
imagens semelhantes, que agora podemos compreender sem dificuldade como símbolos extáticos da libido:

> Mas ao teres dito a segunda oração, onde duas vezes se diz si-
> lêncio, e a seguinte, então assobia duas vezes e estala a língua
> duas vezes, e de imediato verás grande número de estrelas de
> cinco pontas descerem do disco solar enchendo todo o ar.
> Mas dize novamente silêncio, silêncio, etc.[32].

Os atos de assobiar e estalar a língua são relíquias arcaicas, mo-   144
dos de atrair a divindade teriomorfa. Significado semelhante tem o ur-
rar: "Tu, porém, levanta o olhar para ele e solta um longo urro, como
que com um chifre, aplicando todo o teu fôlego, comprimindo teus
flancos, e beija os amuletos" etc.[33] "Minha alma urra com a voz de um
leão faminto" diz [p. 75] Mechthild von Magdeburg. Salmo 42,2:
"Como o cervo clama por água fresca, assim minha alma, ó Deus, clama por ti". O hábito do culto, como tantas vezes, degenerou em metáfora. Mas a esquizofrenia ressuscita o antigo hábito no assim chamado
"milagre do berro" de Schreber[34], através do qual ele informa sobre sua
existência ao Deus mal orientado a respeito da humanidade.

Pede-se silêncio, e a seguir desvenda-se a visão luminosa. A se-   145
melhança entre a situação mística e a visão poética de Nietzsche é
surpreendente. Nietzsche fala de "constelação". Constelações sabidamente são sobretudo teriomorfas ou antropomorfas; o papiro
diz: ἀστέρας πέταδακτυλιαίους (estrelas de cinco dedos, semelhantes à Aurora "com os dedos rosados"), o que nada mais é que
uma imagem antropomorfa. Pode-se esperar, portanto, que após
uma contemplação prolongada, a "imagem de chamas" se transfor-
me num ser animado, numa "constelação" de natureza teriomorfa
ou antropomorfa, pois a simbólica da libido não estaciona no Sol,
na luz ou no fogo, mas dispõe de muitos outros meios de expressão.
Dou a palavra a Nietzsche:

---

32. DIETERICH. *Mithrasliturgie*, p. 9.

33. Op. cit., p. 13.

34. *Denkwürdigkeiten eines Nervenkranken*, p. 205s.

O *sinal de fogo*

Aqui, onde entre mares cresceu a ilha,
uma pedra sacrifical erguida bruscamente,
aqui, sob um céu escuro,
Zaratustra, acende seu fogo celestial...

Esta chama com ventre esbranquiçado
– até frias distâncias lança labaredas seu anseio,
para alturas cada vez mais puras estende seu pescoço –
uma serpente se impacienta impertigada:
este sinal diante de mim ergui.

Minha própria alma é esta chama:
por novas distâncias insaciável,
sobe, sobe, seu silencioso ardor...

Tudo que é solitário procuro agora:
respondei à inquietação da chama,
apanhai para mim, pescador em altos montes,
minha sétima, derradeira, solidão![35]

146   Aqui a libido se transformou em fogo, chama e serpente. O símbolo egípcio do "disco solar vivo": o disco com os dois uréus (serpentes) (cf. fig. 12) contém a combinação das duas analogias da libido. O disco solar com seu calor fecundante é *o* análogo do calor fecundante do amor. A comparação da libido com o Sol e o fogo é essencialmente "análoga". Ela também contém um elemento "causativo", pois Sol e fogo, como forças benfazejas, são objetos do amor humano (por exemplo, o herói solar Mitra é alcunhado de o "Muito amado"). Na poesia de Nietzsche a comparação também é causativa, mas desta vez em sentido contrário: a comparação com a serpente é indubitavelmente fálica. O falo é a fonte da vida e da libido, o criador e taumaturgo, e sempre foi venerado como tal. Temos, portanto, três tipos de simbolização da libido:

1. A *comparação análoga*: como Sol e fogo (cf. fig. 13).

2. As *comparações causativas*: a) Comparação com o objeto. A libido é designada por seu objeto, por exemplo, pelo Sol benfazejo, b)

---

35. *Werke*, VIII, p. 417.

Fig. 12 – O disco solar alado. Trono de Tutankhamon
(século XIV a.C.)

Comparação com o sujeito. A libido é designada por seu instrumento ou pelo análogo deste, por exemplo, pelo falo ou pela serpente (seu análogo).

A estas três formas fundamentais acrescenta-se ainda uma quarta: a *comparação de atividade,* onde o "tertium comparationis" é a ação (por exemplo, a libido fecunda como o touro; é perigosa – pela força de sua paixão – como o leão ou o javali; está no cio como o asno etc.). Estas comparações significam igual número de possibili- 147 dades de símbolos, e por esta razão todos os símbolos, infinitamente diferentes, enquanto imagens da libido podem ser reduzidos a uma raiz muito simples: justamente à libido e às suas propriedades. Esta redução e simplificação psicológica corresponde ao esforço histórico das civilizações de unir e simplificar sincreticamente o infinito número de deuses. Já encontramos esta tentativa no Egito Antigo, onde o incrível politeísmo dos diferentes demônios locais finalmente tornou necessária uma simplificação. Todos estes diferentes deuses locais foram identificados com o deus Sol, Rê; assim, o Amon de Tebas, o Horus do Oriente, o Hórus de Edfu, o Chnum de Elefantina, o Atum

Fig. 13 – Ídolo solar germânico

de Heliópolis etc.[36] Nos hinos ao Sol a combinação Amon-Rê-Har-machis-Atum foi invocada como "deus único, vivo em verdade"[37]. Amenhotep IV (18ª Dinastia) foi mais longe neste sentido: ele substituiu todos os deuses existentes até então pelo "grande e vivo disco solar", cujo título oficial era: "O Sol que domina os dois horizontes, o que no horizonte exulta em seu nome: esplendor que está no disco solar". – "E não devia ser adorado um deus solar", acrescenta Erman[38], "e sim o próprio astro do Sol, que participa aos seres vivos a infinidade de vida nele existente através de suas mãos radiadas"[39] (fig. 14. Cf. tb. figs. 2 e 16).

Com sua reforma, Amenhotep IV realizou uma obra valiosa sob o ponto de vista psicológico. Ele reuniu no disco solar todos os deuses representados pelo Touro[40], Carneiro[41], Crocodilo[42], Estaca[43] etc., e declarou assim os atributos especiais de cada um deles como inerentes aos atributos do Sol[44]. Destino semelhante teve o politeísmo grego e romano com as tendências sincretistas dos séculos subsequentes. Temos um excelente exemplo na bela oração de Lúcio à Rainha do Céu (Lua):

> Rainha do Céu, quer (te chames) Ceres, a soberba mãe dos frutos do campo, quer sejas Vénus, ou a irmã de Febo, ou Proserpina, que causa horror com seu ulular noturno... tu, que com tua suave luz feminina iluminas todas as cidades[45].

148

---

36. Até o deus da água, Sobk, incorporado no crocodilo, foi identificado com Rê.

37. ERMAN. *Ägypten*, p. 354.

38. Ibid., p. 355.

39. Cf. acima, "estrela de cinco dedos".

40. Boi Ápis, como manifestação de Ptah.

41. Amon.

42. Sobk de Fayum.

43. O deus de Dedu, no Delta, que era venerado na forma de estaca de madeira.

44. Esta Reforma, executada com muito fanatismo, logo tornou a sucumbir.

45. APULEIO. Op. cit., lib. XI, p. 223s.: "Regina coeli, sive tu Ceres alma, frugum parens originalis... seu tu coelestis Venus... seu Phoebi soror... seu nocturnis ululatibus horrenda Proserpina... ista luce feminae collustrans cuncta moenia..."
É interessante que também os humanistas (penso numa palavra de Mutianus Rufus) tenham chegado ao mesmo sincretismo e declarado que a Antiguidade, a bem dizer, teve apenas dois deuses, um masculino e um feminino.

149   Estas tentativas de tornar a reunir em poucas unidades os arquétipos dispersos em inúmeras variantes e personificados em deuses individuais após sua multiplicação e diversificação politeísta mostram
que já em tempos remotos as analogias praticamente se impunham.
Heródoto merece ser citado sob este aspecto, sem falar dos sistemas
do mundo greco-romano. À tendência de unificar opõe-se outra tendência, talvez ainda mais forte, de sempre de novo criar pluralidade.
Até em religiões ditas estritamente monoteístas, como o cristianismo,
a tendência politeísta se mostrou irreprimível: A divindade está dividida em três partes, a que se acrescentam ainda as hierarquias celestiais. Estas duas tendências de politeísmo e monoteísmo estão em luta
constante; ora é *um* Deus com muitos atributos, ora são muitos deuses, que então simplesmente têm diferentes nomes locais e personificam ora este, ora aquele atributo do arquétipo, como vimos nos deuses egípcios. Com isto voltamos ao poema de Nietzsche, "O sinal de
fogo". Encontramos ali a imagem da libido como chama, teriomorfi-
camente representada como serpente (simultaneamente como imagem da alma[46]: "Minha própria alma é esta chama", cf. fig. 15). Vimos que a serpente não deve ser interpretada apenas como falo, mas
é também um atributo da imagem do Sol (o ídolo solar dos egípcios),
portanto um símbolo da libido. Pode acontecer, assim, que o disco
solar seja representado não só com mãos e pés (fig. 16. Cf. tb. fig. 2),
mas também com um falo. Encontramos a prova disto numa estranha
poesia da liturgia de Mitra: "Será visível também o assim chamado
tubo, a origem do vento no cumprimento de sua função. Pois verás
como que um tubo pendendo do disco solar"[47].

---

46. A substância de luz ou fogo foi atribuída não só à divindade, mas também à alma,
como no sistema de Mâni e também entre os gregos, onde era caracterizada como sopro
de fogo. O Espírito Santo do Novo Testamento aparece em forma de chamas sobre as
cabeças dos apóstolos, pois imaginava-se o Pneuma como fogo (cf. tb. DIETERICH.
Mithrasliturgie, p. 116). Muito semelhante é a ideia iraniana do Hvarenô, que significa
a "Graça dos Céus" através da qual o monarca reina. A "Graça" era concebida muito
substancialmente como uma espécie de fogo ou Glória luminosa (cf. CUMONT.
Mysterien des Mithra, p. 84s.). Ideias semelhantes encontram-se na "Seherin von Prevorst", de Kerner.

47. ὁμοίως δὲ καί ὁ καλούμενος αὐλός, ἡ ἀρχὴ τοῦ λειτουργοῦντος ἀνέμου. ὄψει
γὰρ ἀπὸ τοῦ δίσκου ὡς αὐλὸν κρεμάμενον. DIETERICH. Op. cit., p. 6/7.

Fig. 14 – O Sol gerador de vida. Amenhotep IV
sentado em seu trono. Relevo egípcio

Fig. 15 – A serpente de Mercúrio. Dragão, serpente, salamandra na
alquimia são símbolos do processo de transformação psíquica.
Barchusen, *Elementa chemiae* (1718)

150   Esta curiosa visão de um tubo pendendo do disco solar seria estranha num texto religioso, como o da liturgia de Mitra, se o tubo não tivesse significado fálico: o tubo é o lugar de origem do vento. Este atributo à primeira vista não tem significado fálico. Mas devemos lembrar que o vento, assim como o Sol, é fecundador e criador[48]. Um pintor da Idade Média alemã representa a concepção do seguinte modo: um tubo ou cano desce do céu e penetra por baixo da saia de Maria; dentro do tubo voa o Espírito Santo em forma de pomba, para a fecundação da Mãe de Deus[49] (cf. fig. 17 e também fig. 4).

Fig. 16 – As mãos do Sol. Relevo, Spitalkirche, Tübingen

151   Num doente mental observei a seguinte alucinação: o doente vê no Sol um membro ereto. Quando balança a cabeça para um e outro lado, o pênis solar também oscila numa e noutra direção, e daí se origina o vento. Não consegui compreender esta estranha alucinação até vir a conhecer as visões da liturgia de Mitra. A alucinação, ao que me parece, também elucida um trecho bastante obscuro do texto, que vem imediatamente em seguida ao anteriormente citado: εἰς δὲ τὰ μέρη τὰ πρὸς λίβα ἀπέραντον οἷον ἀπηλιώτην. ἐὰν ᾖ κεκληρωμένος εἰς

---

48. As éguas da Lusitânia e os abutres egípcios, segundo antiga crença popular, eram fecundadas pelo sopro do vento.

49. Sobre Mitra, que nasceu miraculosamente de uma rocha (cf. fig. 20), diz Jerônimo que esta concepção se deu "solo aestu libidinis" (somente pelo calor da libido) (CUMONT. *Textes et monuments*, I, p. 163).

τὰ μέρη τοῦ ἀπηλιώτου ὁ ἕτερος, ὁμοίως εἰς τὰ μέρη τὰ ἐκείνου ὄψει τὴν ἀποφορὰν τοῦ ὀράματος.

Dieterich traduz: 152

> e para as regiões do Ocidente, como infinito vento oriental; quando o outro tem destinação para as regiões do Oriente, igualmente verás a conversão da vista para as regiões daquele[50].

Mead traduz: 153

> and toward the regions Westward, as though it were an infinite East Wind. But if the other wind, toward the regions of the East, should be in service, in the like fashion shalt thou see, toward the regions of that (side), the converse of the sight[51].

"Ὁραμα é a visão, aquilo que é visto: ἀποφορά significa a rigor levar embora, tirar. O sentido portanto poderia ser: de acordo com a direção do vento a visão é levada ou voltada ora para cá, ora para lá. O δραμα é o tubo, "o lugar de origem do vento", que oscila ora para o oeste, ora para o leste, e talvez produza o vento correspondente. A visão do doente coincide extraordinariamente com este movimento do tubo[52]. Este estranho caso deu-me oportunidade para certas pesquisas em doentes mentais negros[53]. Pude convencer-me, nesta ocasião, que o conhecido tema do íxion na roda solar (cf. fig. 90) ocorreu no sonho de um negro inculto. Esta e algumas outras experiências semelhantes foram suficientes para orientar-me: não se trata de uma hereditariedade característica de uma determinada raça, mas de uma propriedade humana geral. Também não se trata, em hipótese alguma, de *ideias* herdadas, mas de uma *predisposição* funcional para produzir ideias iguais ou semelhantes. Mais tarde denominei esta predisposição de *arquétipo*[54].   154

---

50. Op. cit., p. 7.

51. MEAD. *A Mithraic Ritual*, p. 22.

52. Devo a meu colega, Dr. Franz Riklin, o conhecimento do seguinte caso, que apresenta uma simbólica que nos interessa. Trata-se de uma doente paranoica, na qual a mania de grandeza se manifestou do seguinte modo: *Ela viu subitamente uma luz forte, um vento soprou, ela sentiu como seu "coração virou", e a partir deste momento sabia que Deus nela penetrara e estava dentro dela.*

53. Para isto recebi a bondosa permissão do diretor do Government Hospital de Washington D.C., Dr. A. White, a quem deixo aqui a minha gratidão.

54. Mais detalhes em JUNG & KERÉNYI. *Einführung in das Wesen der Mythologie* ["Zur Psychologie des Kind-Archetypus", § 260s.]; e JUNG. *Der Geist der Psychologie* [§ 388s.].

Fig. 17 – Obumbratio Mariae. Tapeçaria renana
(fim do século XV)

155   Os diferentes atributos do Sol aparecem sucessivamente na liturgia de Mitra. Depois da visão de Hélio aparecem sete virgens com cabeça de serpente e sete deuses com cabeça de touro preto. A virgem é facilmente compreendida como comparação e causa da libido. A serpente no paraíso geralmente é imaginada como feminina, como o princípio sedutor na mulher (também representado como feminino por artistas antigos)[55] (cf. fig. 18). Semelhantemente, na Antiguidade a serpente se tornou o símbolo da terra, que por sua vez sempre foi concebida como feminina. O touro é um símbolo conhecido de fecundidade. Os deuses-touros na liturgia de Mitra são chamados κνωδακοφύλακες "guardiães do eixo da terra", que invertem o "eixo

---

55. Cf. meu trabalho *Psicologia e religião*. Petrópolis: Vozes, 1978 [OC, 11/1; § 104s.].

do círculo do céu". Mitra possui o mesmo atributo, sendo ora o próprio "Sol invictus", ora o companheiro e senhor de Hélio (cf. fig. 43 e 77): traz na mão direita "a constelação da Ursa, que movimenta o céu e o faz retornar". Os deuses com cabeça de touro, também ἱεροὶ καὶ ἄλκιμοι νεανίαι (jovens sagrados e fortes) como o próprio Mitra, que recebeu o qualificativo de νεώτερος (o jovem), são apenas desdobramentos atributivos da mesma divindade. O deus principal da liturgia de Mitra subdivide-se em Mitra e Hélio (cf. fig. 19), cujos atributos são muito semelhantes (aos de Hélio): "[...] verás um deus jovem, belo, com fogosos cabelos anelados, vestindo hábito branco e manto escarlate, com uma grinalda de fogo"[56]; (aos de Mitra): "Verás Deus onipotente, com semblante iluminado, jovem, com cabelos dourados, em hábito branco e grinalda dourada, pantalonas largas, segurando na mão direita a espádua dourada de um touro que é a constelação da Ursa, aquela que move e faz retroceder o céu, peregrinando de hora em hora para cima e para baixo, e então verás sair raios de seus olhos e estrelas de seu corpo"[57].

Se considerarmos ouro e fogo como semelhantes em sua essência, há grande analogia entre os atributos dos dois deuses. As visões do Apocalipse de São João Evangelista, provavelmente não muito mais antigas, merecem ser acrescentadas a estas imagens místico-pagãs:

156

> Virei-me para ver quem falava comigo. Ao virar-me, vi sete candelabros de ouro. No meio alguém semelhante a um filho de homem, vestido de túnica longa até os pés e com o peito cingido por um cinturão de ouro. A cabeça e os cabelos eram brancos como lã branca e como a neve. Os olhos eram como chamas de fogo. Os pés semelhantes ao bronze incandescente no forno, e a voz, como a voz de muitas águas. Na mão direita tinha sete estrelas[58] e da boca saía uma espada afiada de dois

---

56. DIETERICH. *Mithrasliturgie*, p. 10-11: ὄψει θεὸν νεώτερον εὐειδῆ πυρινότριχα ἐν χιτῶνι λευκῷ καί χλαμύδι κοκκίνημ ε!χοντα πυϖρινον οτεϖφανονο. [Citações no texto acima, p. 12, 13 e 15.]

57. DIETERICH. Op. cit., p. 14-15: <ὄψει> θεὸν ὑπερμεγέθη, φωτινὴν ἔχοντα τὴν ὄψιν, νεώτερον, χρυσοκόμαν, ἐν χιτῶνι λευκῷ καὶ χρυσῷ στεφάνῳ καὶ ἀναξυρίσι, κατέχοντα τῇ δεξιᾷ χειρὶ μόσχου ὦμον χρύσεον, ὅς ἐστιν ἄρκτος ἡ χινοῦσα καὶ ἀντιστρέφ ονσα τὸν οὐρανόν, χατὰ ὥραν ἀναπολεύουσα χαὶ χαταπολεύουσα, ἔπειτα ὄψει αὐτοῦ ἐκ τῶν ὀμμάτων ἀστραπὰς καὶ ἐκ τοῦ σώματος ἀστέρας ἁλλομένους.

58. A Ursa Maior é formada por sete estrelas.

gumes[59]. O aspecto do rosto era como o Sol, quando resplandece em toda sua plenitude (Ap 1,12s.).

Fig. 18 – A sedução de Eva. Zainer, *Speculum humame salvationis.*
(Augsburgo, 1470)

Olhei e eis uma nuvem branca e alguém como um filho de homem, sentado sobre a nuvem com uma coroa de ouro (στέφανον χρυσοῦν)[60] na cabeça e uma foice afiada na mão (Ap 14,14).

Seus olhos são como chamas de fogo, traz na cabeça muitos diademas...

Está vestido com um manto tinto de sangue...[61]

Seguem-no os exércitos celestes em cavalos brancos, vestidos de linho puro[62]. De sua boca sai uma espada afiada... (Ap 19,12s.).

---

59. Mitra é frequentemente representado com a adaga numa das mãos e a tocha na outra (cf. fig. 20). A adaga é importante em seu mito como instrumento de imolação, como também na simbólica cristã. Cf. minhas explicações em: *O símbolo da transformação na missa.* Petrópolis: Vozes, 1979 [OC, 11/3; § 324 e 357s.].

60. Mais exatamente, "uma grinalda dourada".

61. Cf. o manto escarlate de Hélio. No ritual de vários cultos os fiéis envolviam-se nas peles ensanguentadas dos animais sacrificados. Por exemplo, nas festas lupercálias, dionísias e saturnálias. Estes últimos nos legaram o carnaval, cuja figura típica em Roma era o polichinelo priápico.

62. Cf. o séquito de Hélio vestido de linho fino. Os deuses com cabeça de touro vestem περιζώματα (aventais?) brancos.

Não é necessário supor que exista uma dependência direta entre   157
o Apocalipse e as ideias de Mitra. As visões dos dois textos emanam
de uma fonte que não jorra apenas em um único ponto, mas brota no
espírito de muitos homens. Os símbolos que dela procedem são por
demais típicos para pertencerem a um só indivíduo.

Menciono estas imagens para mostrar como a simbólica da luz se   158
desenvolveu gradativamente, com o crescente aprofundamento da
visão, até constituir a imagem do herói solar, do "muito amado"[63,64].
Estes fenômenos visionários constituem as raízes psicológicas das co-
roações solares nos mistérios (cf. fig. 9 assim como Apuleio, *Metamorphoses,* liber XI). Seu ritual é a vivência religiosa entorpecida em
forma de liturgia, que, devido à sua legitimidade, transformou-se em
forma exterior aceita por todos. Compreende-se, assim, que a Igreja
antiga por um lado tivesse um relacionamento especial com Cristo
como "Sol novus" e, por outro lado, encontrasse certa dificuldade
em defender-se contra o símbolo pagão. Já Fílon de Alexandria viu
no Sol a imagem do Logos divino ou da divindade em geral[65]. Num
hino ambrosiano, Cristo é invocado: "O Sol salutis", etc. Na época
de Marco Aurélio, Melitão em sua obra περὶ λούτρου chamava Cristo de "Sol do Oriente [...] como o Sol único ele subiu ao céu"[66].

Mais nítida ainda é uma passagem do Pseudo-Cipriano: 159

> Oh, quão bela e divinamente, se confirma a previsão do Se-
> nhor, pois no exato dia em que o Sol foi criado, Cristo nas-
> ceu, a 28 de março, uma quarta-feira. Por isso, com razão o

---

63. O título de Mitra em: *Vendidad,* XIX, 28; citado em CUMONT. *Textes et monuments,* p. 37.

64. O desenvolvimento da simbólica solar no *Fausto* não chega até a visão antropomorfa. Ela se detém (na cena do suicídio, Parte I, I, 1, p. 154) na carruagem de Hélio.
("Uma carruagem de fogo, sobre leves asas / de mim se aproxima!"). A carruagem de
fogo chega para receber o herói moribundo ou em despedida, como na ascensão de Elias ou de Mitra (de modo semelhante também São Francisco de Assis). O voo de Fausto
passa sobre o mar, como o de Mitra. As ilustrações cristãs antigas da ascensão do profeta Elias baseiam-se em parte nas representações mítricas correspondentes. Os cavalos da carruagem solar abandonam a terra firme e avançam para o céu deixando a seus
pés Oceano, o deus da água (CUMONT. *Textes et monuments,* I, p. 178).

65. *De somniis,* I, 85.

66. Ἥλιος ἀνατολῆς ... μόνος ἥλιος οὗτος ἀνέτειλεν ἀπ' οὐρανοῦ. Cf. PITRA. *Ana-
lecta sacra,* apud CUMONT. *Textes et monuments,* I, p. 355.

Fig. 19 – O Filho do Homem entre os sete candelabros.
Comentário de Beatus (segunda metade do século XII)

profeta Malaquias pôde dizer ao povo (4,2): "Nascerá para vós o Sol da justiça e estará a salvação sob as suas asas". É ele o Sol da justiça em cujas asas apareceu a salvação[67].

160   Num trabalho atribuído a João Crisóstomo *De solstitiis et aequinoctiis*, lemos:

> Mas também o Senhor nasceu no inverno, no dia 24-25 de dezembro, quando se espremem as olivas maduras para se obter a unção, o óleo para ungir – mas chamam-no também o dia do nascimento do Invicto. Quem, no entanto, é tão completamente invicto quanto Nosso Senhor, que subjugou e venceu a morte? Ou, quando dizem ser o dia do nascimento do Sol, é então o próprio Sol da justiça, de que falou o Profeta Malaquias. – O Senhor da luz e da noite, o criador e ordenador, que o profeta denominou "Sol da Justiça"[68].

---

67. CUMONT. Op. cit. "O quam praeclara Providentia ut illo die quo factus est sol, in ipso die nasceretur Christus, V. Kai. Apr. feria IV, et ideo de ipso ad plebem dicebat Malachias propheta: 'orietur vobis sol iustitiae et curatio est in pennis eius', hic est sol iustitiae cuius in pennis curatio praeostendebatur". A passagem em Malaquias diz: "Mas para vós, os que temeis o meu nome, nascerá o Sol da justiça e estará a salvação sob as suas asas". Este quadro lembra o disco solar alado do Egito (cf. fig. 21 e 12).

68. "Sed et dominus nascitur mense Decembri, hiemis tempore, VIII kal. Ianuarias, quando oleae maturae praemuntur ut unctio, id est chrisma, nascatur [...] Sed et Invicti natalem appellant. Quis utique tam invictus nisi dominus noster qui Mortem subactam devicit? vel quod dicant Solis esse natalem, ipse est Sol iustitiae, de quo Malachias propheta dixit. – Dominus lucis ac noctis conditor et discretor qui a propheta Sol iustitiae cognominatus est" (CUMONT. Op. cit., p. 355).

Segundo o testemunho de Eusébio de Alexandria, os cristãos   161
também participavam do culto ao Sol nascente, que se estendeu até o
século V:

> Ai daqueles que se prostram diante do Sol e diante da Lua e
> dos astros. Pois eu vi muitos que se prostraram diante do Sol e
> para ele rezaram. Já ao nascer do Sol oferecem suas orações,
> com as palavras: "Tende piedade de nós", e não só os helióla-
> tras e hereges o fazem, mas também os cristãos, esquecendo
> sua fé, juntam-se aos gentios[69].

Agostinho diz expressamente a seus cristãos: "Non est ominus   162
Christus sol factus, sed per quem sol factus est" ("Cristo não é o Senhor
que se transformou em Sol, mas é aquele por quem o Sol foi feito")[70].

A arte sacra conservou muita coisa do culto ao Sol[71]: assim, a au-   163
réola radiada em torno da cabeça de Cristo, a auréola em geral. A lenda cristã atribui muitos símbolos de fogo e luz a seus santos[72]. Assim,
os doze apóstolos foram comparados com os doze signos do zodíaco
e por isso representados com uma estrela sobre a cabeça[73]. Não é de

---

69. Eusébio: περὶ ἀστρονόμων, II, citado em CUMONT. Op. cit., P. 356: Οὐαὶ τοῖς προσχυ-
νῦσι τὸν ἥλιον καὶ τὴν σελήνην χαὶ τοὺς ἀστέρας. πολλποὺς γὰρ οἶδα τοὺς
προσχυνοῦντας καὶ εὐχομένους εἰς τὸν ἥλιον. ἤδη γὰρ ἀνατείλαντος τοῦ ἡλίου, προσε-
ύχονται χαὶ λέγουσιν. "'Ελέησον ἡμᾶς" καὶ οὐ μόνον Ἡλιογνῶσται καὶ αἱρετικοὶ τοῦτο
ποιοῦσιν ἀλλὰ καὶ χριστιανοὶ ἀφέντες τὴν πίστιν τοῖς αἱρετιχοῖς συναναμίγυνται.

70. In Ioannis evangelium tractatus XXXIV, 2 [III/2, col. 2.037].

71. As pinturas nas catacumbas também contêm muitos símbolos solares. A cruz gamada (roda solar), por exemplo, encontra-se sobre o hábito do Fossor Diógenes, no cemitério de Pedro e Marcelino. Os símbolos do Sol nascente, touro e carneiro encontram-se no afresco de Orfeu, no cemitério de Santa Domitila; também carneiro e pavão (que, com a Fênix, é símbolo solar), num epitáfio da catacumba de Calisto.

72. Numerosos exemplos em GÖRRES. Die christliche Mystik.

73. LE BLANT. Les Sarcophages chrétiens de la Gaule. Nas homilias de Clemente de
Roma (II, 23, cit. em CUMONT. Op. cit., I, p. 356) lemos: τῷ χυρίῳ γεγόνασιν
δώρεχα ἀπόστολοι τῶν τοῦ ἡλίου δώδεκα μηνῶν φέροντες τὸν ἀριθμόν. Como se
vê, trata-se da trajetória do Sol pelo zodíaco. Este foi representado como serpente (assim como a trajetória lunar dos assírios, cf. fig. 22), que leva os signos nas costas (como
o deus leontocephalus do Mistério de Mitra, cf. fig. 79). Esta ideia se encontra num
trecho de um códice vaticano (190, século XIII, p. 229, citado em: CUMONT. Op. cit.,
p. 35): Τότε ὁ πάνσοφος δημιουργὸς ἄχρῳ νεύματι ἐχίνησε τὸν μέγαν δράκοντα σὺν
τῷ κεκοσμημένῳ στεφάνῳ, λέγω δὴ τὰ ιβ' ζώδια, βαστάζοντα ἐπὶ τοῦ νώτου αὐτοῦ...
Também o sistema maniqueu atribuía a Cristo a imagem de serpente, isto é, da serpente
na árvore do paraíso (cf. Jo 3,14: "E como Moisés levantou no deserto a serpente, assim também importa que seja levantado o Filho do homem [...]") (cf. fig. 23).

Fig. 20 – Mitra com a adaga e a tocha. Relevo romano

admirar que os gentios considerassem o Sol como o Deus dos cristãos, conforme relata Tertuliano[74]. Nos maniqueus era realmente o Sol. Um dos monumentos mais estranhos desta esfera, onde se misturam elementos gentios asiáticos, helenísticos e cristãos, é a Ἐξήγησις περὶ τῶν ἐν Περσίδι πραχθέντων[75], editada por Wirth, um livro de fábulas que traz profundas revelações sobre a simbólica sincretista. Ali encontramos a seguinte dedicatória mágica: Διὶ ‘Ηλίῳ θεῷ μεηάλῳ βασιλεῖ ’Ιησοῦ[76]. Em certas regiões da Armênia ainda hoje os cristãos pedem ao Sol nascente que "repouse o seu pé sobre a face daquele que está rezando"[77].

---

74. "Alii humanius et verisimilius Solem credunt deum nostrum" [Outros, mais humana e provavelmente, consideram o Sol como nosso deus] (Apologia, 16).

75. "Relato sobre os acontecimentos na Pérsia", segundo um manuscrito de Munique do século XI, apud WIRTH. Aus orientalischen Chroniken, p. 151s.

76. "Ao grande deus Zeus Hélio, ao rei Jesus" (op. cit., p. 166, 22).

77. ABEGHIAN. Der armenische Volksglaube, p. 41.

Sob o símbolo de "mariposa e sol" penetramos nas profundezas 164
históricas da alma e deparamos com um ídolo soterrado do herói solar "jovem, belo, com cachos dourados" e com coroa radiada que,
eternamente inacessível aos mortais, vaga em torno da terra e faz a noite
suceder ao dia, o inverno vir depois do verão, a morte depois da vida –
e renasce com novo esplendor, iluminando gerações. A ele se dirige a
nostalgia da sonhadora, que procura ocultar-se na mariposa.

A cultura antiga da Ásia Menor conhecia um culto ao Sol sob a 165
imagem do Deus que morre e renasce: Osíris (cf. fig. 64), Tammuz,
Átis-Adônis[78], Cristo, Mitra[79], Fênix e outros. No fogo era venerada
não só a força benfazeja, mas também a força destruidora. As forças
da natureza sempre têm dois lados, como já vimos no Deus de Jó.
Este fato faz-nos voltar à poesia de Miss Miller. Suas reminiscências
comprovam nossa suspeita inicial de ser a imagem da mariposa e do
Sol uma poetização de duas imagens, uma das quais acabamos de descrever; a outra é a mariposa e a chama. Como título de uma peça de
teatro, sobre cujo conteúdo a autora nada nos revela, "Mariposa e
Sol" provavelmente têm o conhecido sentido do esvoaçar em torno
do fogo da paixão até queimar as asas. O desejo apaixonado tem dois
lados: é a força que tudo exalta e, sob determinadas circunstâncias,
também tudo destrói. É compreensível assim que um desejo ardente
já venha em si acompanhado de medo, ou que seja seguido ou anunciado por medo. A paixão acarreta destinos e com isso cria situações
irrevogáveis. Impele a roda do tempo para a frente e imprime na memória um passado irreparável. O medo do destino é por demais compreensível: ele é imprevisível e ilimitado; encerra perigos desconhe-
cidos, e a hesitação do neurótico em tentar a vida explica-se facilmente pelo desejo de ficar de lado, para não ser envolvido na perigosa luta. Quem renuncia à façanha de viver precisa sufocar dentro de si

---

78. Átis mais tarde foi igualado a Mitra. Como este, foi representado com o barrete
frígio (cf. fig. 20). Cf. CUMONT. *Mysterien des Mithra*, p. 167s. Segundo o testemunho de Jerônimo, a gruta da natividade de Belém originalmente foi um santuário (spelaeum) de Átis (USENER. Op. cit., p. 291).

79. Cumont (*Mysterien des Mithra*, p. IV) diz: "Com espanto perceberam os dois rivais
quão semelhantes eram sob muitos aspectos, sem se darem conta das causas desta semelhança".

Fig. 21 – Sol alado com a Lua e a árvore da vida. Relevo hitita

mesmo o desejo de fazê-lo, portanto cometer uma espécie de suicídio parcial. Isto explica as fantasias de morte que frequentemente acompanham a renúncia ao desejo. Na poesia, Miss Miller já expôs estas fantasias e acrescenta ainda o seguinte: "Eu havia lido uma antologia das obras de Byron, que muito me agradaram e me ficaram na memória. Aliás, o ritmo de meus dois últimos versos: 'For I, the source...', é muito semelhante àquele de dois versos de Byron:

> Now let me die as I have lived in faith
> Nor tremble tho' the Universe should quake!"

> (Agora como vivi, em fé deixai-me morrer,
> E ainda que se abale o universo não me deixeis tremer).

166　　　　Esta reminiscência, com a qual se encerra a série de lembranças, confirma as fantasias de morte consequentes à renúncia. A citação é de uma poesia inacabada de Byron, *Heaven and Earth*, o que Miss Miller não diz. O trecho todo é o seguinte:

> Bendito seja Deus
> Pelo que passou,
> Pelo que é:
> Pois de tudo que é ou foi,
> É Senhor.
> Tempo, espaço, eternidade, vida, morte –
> O vasto conhecido e o imensurável desconhecido,
> Ele fez, e pode desfazer.

E devo *eu,* por um leve sopro,
Gemer e blasfemar?
Não; como vivi, em fé, deixai-me morrer,
E ainda que se abale o universo, não me deixeis tremer[80].

As palavras estão contidas numa espécie de glorificação ou ora-   167
ção, dita por um "mortal" que se encontra em fuga desesperada diante do dilúvio crescente. Com sua citação, Miss Miller se coloca na
mesma situação: deixa entrever que seu estado emocional de desespero é comparável ao dos infelizes que se viam ameaçados pelas
águas crescentes do dilúvio. Com isto ela nos abre uma janela para os
obscuros motivos de sua nostalgia pelo herói solar. Vemos que sua
nostalgia é inútil, pois ela é uma mortal, só brevemente erguida para
a luz por uma nostalgia imensa, e depois abandonada à morte, ou melhor, impelida por uma angústia mortal, como os homens do dilúvio,
e apesar da luta desesperada inexoravelmente à mercê da destruição.
Esta situação lembra vivamente a cena final de *Cyrano de Bergerac:*

Fig. 22 – Serpente representando a trajetória da Lua.
Marco miliário assírio de Susa

Cyrano:

Oh! mas!... uma vez que ela está a caminho,
Eu a esperarei de pé, espada na mão!...

---

80. *The Poetical Works,* p. 421.

> Que dizeis?... É inútil?... Eu sei.
> Mas não se luta na esperança de vencer!
> Não! não! é muito mais belo quando é inútil!...
>
> Sei muito bem que no fim haveis de me abater...[81]

168   Sua esperança humana é inútil, pois ela almeja o divino, o "muito amado", venerado na imagem do Sol. O material de que dispomos não permite afirmar que se trata aqui de uma decisão ou escolha consciente. Ao contrário, Miss Miller se vê diante do fato de o lugar do cantor ter sido ocupado por um herói divino sem sua intervenção. Persiste a interrogação se com isto aconteceu alguma coisa de favorável ou desfavorável.

169   O *Heaven and Earth* de Byron é um "mistério baseado na passagem seguinte do Gênesis": "Vendo os filhos de Deus que as filhas dos homens eram formosas, tomaram por suas mulheres as que, dentre todas, lhes agradaram"[82]. Além disso, como outro tema de sua poesia, Byron apõe à mesma a seguinte passagem de Coleridge: "And woman wailing for her demon lover" (e mulher pranteando por seu amante demônio). A poesia de Byron combina dois grandes acontecimentos, um psicológico e um telúrico: a paixão que derruba todas as barreiras, de um lado, e os temores das forças desenfreadas da natureza, de outro lado. Os anjos Samiasa e Azaziel apaixonam-se pecaminosamente pelas belas filhas de Caim, Ana e Aolibama, e rompem assim a barreira erguida entre mortais e imortais. Revoltam-se contra Deus, como outrora Lúcifer, e o Arcanjo Rafael ergue sua voz admoestadoramente:

> Mas no homem a sua voz ouviu,
> E vós, a da mulher – quão bela é,
> Da serpente a voz menos sutil que os beijos seus.
> Conquistou a serpente pó apenas; mas ela,
> Hostes do céu atrairá à terra,
> Para a lei dos céus quebrar[83].

---

81. ROSTAND. Op. cit., p. 224s.

82. "And it came to pass... that the Sons of God saw the daughters of men, that they were fair; and they took them wives of all which they choose" (Gn 6,2).

83. Op. cit., p. 419.

O poder de Deus está ameaçado pela tentação da paixão; uma   170
segunda rebelião dos anjos ameaça o céu. Traduzindo esta projeção
para a esfera psíquica, de onde, aliás, ela veio, teremos: o poder do
bom e do sensato, que regem o mundo através de sábios regulamen-
tos, está ameaçado pelo elementar e caótico poder da paixão. Por isto
a paixão deve ser exterminada. Isto quer dizer, em projeção mitológica: a geração de Caim e todo o mundo pecaminoso devem ser destruídos radicalmente por meio do dilúvio. Esta é a consequência necessária da paixão que derrubou todas as barreiras. Ela é como o mar que
quebrou seus diques, como as águas das profundezas, como as chuvas
torrenciais[84] que foram as geradoras, as fecundadoras, as "mães",
como diz a mitologia hindu. Agora, abandonam seus limites naturais e
crescem até cobrir os cumes das montanhas e tragar tudo o que é vivo.
Como força transcendente da consciência, a libido se presta tanto ao
δαίμων, ao bom Deus, como ao Diabo. Portanto, se o mal pudesse ser
destruído, o "divino" ou "demoníaco" em geral sofreria uma perda
grave; seria uma amputação no corpo da divindade. Isto se manifesta
no lamento de Rafael sobre os dois rebeldes Samiasa e Azaziel:

> ... por que
> Este mundo não pode ser criado nem destruído,
> Sem causar um vazio tão imenso
> Nas fileiras imortais?...[85]

---

84. A natureza, o objeto em si, reflete tudo o que existe em nosso inconsciente, mas
não nos é consciente como tal. Atribuímos ao objeto muitas nuanças de prazer e des-
prazer de nossa percepção, sem sequer ponderar até onde ele pode ser responsabiliza-
do pelas mesmas. Um exemplo de projeção direta é encontrado nesta canção popular:
Lá embaixo, na praia, ali à beira-mar, / Uma donzela o lenço do amado estava a lavar...
/ Uma leve brisa soprou pela praia, / Soerguendo-lhe a saia com seu sopro, / Sua perna
fez entrever um pouco. / E a praia, e o mundo inteiro se iluminaram.
(Canção popular neogrega, de SANDERS. *Das Volksleben der Neugriechen*, p. 81. – A
vida do povo neogrego). Cit. por Arnold, p. 166.
  Ou, na forma germânica:
Na quinta de Gymir vi caminhar Minha bem-amada; / O brilho de seus braços incan-
desceu o céu / E todo o eterno mar.
(De: *Die Edda*. Cit. em Arnold, p. 167).
Enquadram-se aqui também todas as narrativas fantásticas sobre os acontecimentos
"cósmicos" por ocasião do nascimento e da morte dos heróis.

85. BYRON. Op. cit., p. 419.

171   A paixão eleva o homem não só acima de si mesmo, mas também
acima dos limites de sua condição de mortal e mundano e, ao ele-
vá-lo, ela o destrói. Esta "ascensão" mitologicamente encontra sua
expressão na construção da torre de Babel, que traz confusão aos homens[86], ou na indignação de Lúcifer. Na poesia de Byron ela é representada pela ambição da geração de Caim, cuja diligência põe a seu
serviço os astros e seduz até os filhos de Deus. Embora a nostalgia pelas coisas mais elevadas seja legítima, o fato de transcender os limites
traçados ao homem encerra em si o conceito primitivo de pecado e,

Fig. 23 – A serpente elevada, como reverso do crucifixo.
Moeda de Jerônimo de Magdeburgo, ourives de Annaberg

com isto, a perdição. O anseio da mariposa pelas estrelas não é puro pelo
fato de estarem elas lá em cima no céu, mas é o desejo de uma mariposa
que dificilmente se desnaturaliza para aspirações tão nobres. Também o
homem afinal continua homem. Pelo excesso de sua aspiração ele pode atrair
o divino para a perdição de sua paixão[87]. Ele de fato parece elevar-se para o divino, mas abandona com isto sua condição humana. Assim o amor de Ana e
Aolibama por seus anjos se transforma em ruína para deuses e homens. A ape-

---

86. Comparável aos heróis míticos, que entram em confusão mental depois de seus
maiores feitos.
87. A história da religião contém muitos exemplos de tais desvios.

lação com que as filhas de Caim invocam os anjos é, por assim dizer, um paralelo exato da poesia de Miss Miller.

Ana[88]:

> Serafim!
> De tua esfera!
> Se alguma estrela[89] contiver a tua glória;
> Se nas profundezas eternas do céu
> Tronares com "os sete",
> Ou se através do espaço infinito e alvo
> Mundos afugentares com
> Teu bater de asas reluzentes,
> Ouve!
> Pensa nela, que por ti anseia!
> E embora nada seja para ti,
> Lembra que és tudo para ela...
>
> A eternidade está em teus anos,
> Perene, imortal beleza em teu olhar;
> Não podes simpatizar comigo,
> Exceto no amor, e ali reconhecer tu deves
> Que jamais pó, de tanto amor,
> Sob estes céus chorou.
> Caminhaste por teus muitos mundos[90],
> Viste a face daquele que te fez grande,
> Assim como fez de mim uma das últimas
> Expulsas dos portais do Éden;
> No entanto, Serafim, imploro!
> Ouve!
>
> Pois me amaste, e morrer não posso,
> Enquanto não souber o que, sabendo, morrerei,
> Que em tua eternidade esqueceste
> Aquela cujo amor não aplaca nem mesmo a morte,
> Imortal essência que tu és!

---

88. Ana é a amada de Jafé, o filho de Noé. Ela o abandona por causa do anjo.

89. O invocado é, a bem dizer, uma *estrela*. Compare com a "Estrela da Manhã" de Miss Miller.

90. Na verdade, um atributo do Sol em seu trajeto.

Grande é o amor dos que amam em pecado e medo;
E medo e pecado sinto em meu coração,
Guerra inútil travam: a uma adamita perdoa
Meu Serafim, que tal pensamento ocorra.
Pois a dor é nosso elemento...

A hora se aproxima
Que me diz não estarmos tão abandonados.
Aparece!
Aparece!
Serafim!
Azaziel meu! vem!
E deixa as estrelas entregues à sua própria luz.

Aolibama:

Eu te chamo, por ti espero, e te amo...
Embora feita de barro
E tu de raios
Mais claros que a luz do dia
Nas fontes do Éden,
Tua imortalidade retribuir não poderia
Amor mais forte que o meu
Amor. Há uma luz[91]
Em mim que, embora ainda proibida,
Eu sinto foi acesa na luz de teu deus e na tua[92].

Pode ocultar-se longamente: morte e destruição
Nossa mãe Eva nos legou – mas meu coração
As desafia; se esta vida deve findar um dia,
É *esta* uma razão para um do outro partir?

Tudo partilho, até imortal dor;
Pois se tu *comigo* a vida partilhaste,
Como recuaria diante de tua eternidade?
Não! ainda que a serpente me picasse
E que tu mesmo a serpente fosses,

---

91. A substância luminosa da própria alma.

92. A união das duas substâncias luminosas mostra a sua origem comum; são imagens da libido. Segundo Mechthild von Magdeburg (*Das fliessende Licht der Gottheit*), a alma é feita de "Amor".

Fig. 24 – A sensualidade. Pintura de Franz Stuck (1863-1928)

> Se enroscando em mim[93]! Eu sorriria,
> Sem acusar-te; em quente abraço
> Apenas te amaria.
> Mas – desce e prova
> De uma mortal o amor
> Por um imortal...

O aparecimento dos dois anjos que se segue a esta invocação é,   172
como sempre, uma resplandecente visão de luz:

Aolibama:

> As nuvens de sua plumagem rompem
> Como se trouxessem a luz da manhã.

---

93. Cf. os quadros de Stuck: O pecado, O vício e A sensualidade (cf. fig. 24), onde o
corpo nu da mulher é envolvido por uma serpente. No fundo, uma imagem da angústia mortal.

Ana:

> Se nosso pai visse tal esplendor!

Aolibama:

> Pensaria apenas que era a Lua
> Nascendo, por algum ato de magia,
> Uma hora antes do que deveria.

Ana:

> Vê! todo o ocidente iluminaram
> Como um renovado pôr do Sol; – vê!
> Sobre a crista tardia do Ararat
> Um arco multicolorido,
> Remanescente de sua esplendorosa trilha,
> Agora brilha!...[94]

173   Diante desta colorida visão de luz, onde as duas mulheres são inteiramente nostalgia e esperança, Ana usa uma comparação carregada de presságios, que subitamente volta a contemplar o tremendo abismo do qual, por um momento, emerge a assustadora natureza teriomorfa do suave deus de luz:

> [...] e agora, eis que, à noite voltou
> Como a borbulhante espuma
> Que Leviatã levanta
> De sua insondável morada,
> Ao brincar sobre as calmas vagas,
> Submergindo logo após lançar-se para o alto,
> Ao fundo, ao fundo, até onde dormem as fontes do oceano[95].

174   Lembramo-nos deste peso enorme na balança dos direitos de Deus sobre o homem Jó. Onde estão as profundas fontes do oceano, ali mora Leviatã, dali brota a maré destruidora, o mar da paixão. A sensação asfixiante, opressora, do despertar do instinto aparece projetada como maré em ascensão que destrói tudo o que é vivo, para, a partir desta destruição, fazer nascer uma nova e melhor criação.

---

94. Op. cit, p. 412s.

95. Op. cit., p. 413.

Jafé:

> A vontade eterna
> Há de solucionar condigna
> Do sonho do bem e do mal o enigma;
> Expiar em si todos os tempos, as coisas todas;
> Reuni-las sob suas asas poderosas,
> Abolindo o inferno!
> E da terra redimida
> Restaurar a beleza primitiva.

Espíritos:

> E quando acontecerá este miraculoso encanto?

Jafé:

> Quando o Redentor vier; primeiro em pranto,
> E depois em glória.

Espíritos:

> Novos tempos, novos climas, novas artes, novos homens;
> Mas antigo pranto, antigos crimes, a mais antiga desgraça,
> Sob várias formas estarão em vossa raça.
> As mesmas tempestades morais
> O futuro tragarão, tal qual
> As vagas soltas submergem em instantes
> As sepulturas dos gloriosos gigantes[96].

As visões proféticas de Jafé devem ser explicadas primeiramente na "fase do sujeito"[97]: com a morte da mariposa na luz o perigo por esta vez passou; mas com isto o problema não está resolvido. O conflito recomeça, mas é "promessa no ar", um presságio do "Muito Amado" que ascende para o Sol do meio-dia e torna a mergulhar na noite e no frio; um deus de morte prematura ao qual desde tempos imemoriais se prendem esperanças de renovação e eternidade. **175**

---

96. Op. cit., p. 415s.

97. A interpretação dos produtos do inconsciente, por exemplo, de uma pessoa no sonho, tem dois aspectos: o que esta significa de per si (nível do objeto) e como projeção (nível do sujeito). Cf. *Psicologia do inconsciente*. Petrópolis: Vozes, 1983 [OC, 7/1; § 130].

Parte II

I

Introdução

Antes de ocupar-nos com o material sobre o qual se baseia esta segunda parte, parece-me indicado recapitular a estranha linha de pensamentos que a análise da poesia "The Moth to the Sun" revelou. Embora esta poesia seja muito diferente do "Hino ao Criador" que a precedeu, um exame mais profundo da nostalgia pelo Sol levou a ideias mitológicas básicas que se aproximam muito das considerações feitas em relação à primeira poesia: o deus criador, cuja natureza dupla aparece nitidamente em Jó, com as bases da segunda poesia adquire uma nova qualificação de ordem astral-mitológica, ou melhor, astrológi-

Fig. 25 – "Quadro do deus Sol". Nabú-apal-iddina, rei da Babilônia (cerca de 870 a.C.) faz oferendas ao deus Sol

ca. O deus se transforma no Sol, e com isso encontra uma expressão natural que está além da fragmentação moral no divino pai celestial e no diabo. O Sol, como observa Renan, a bem dizer é a única imagem "racional" de Deus, seja sob o ponto de vista primitivo, seja sob o prisma das ciências naturais de hoje: nos dois casos o Sol é o Deus Pai, do qual vivem todos os seres vivos e que é o fecundador e criador, a fonte de energia de nosso mundo. No Sol, como objeto natural que não conhece dilema íntimo, a discrepância que se apoderou da alma humana pode desfazer-se harmoniosamente. O Sol não é só benfazejo, pois também pode destruir, razão por que a figura do zodíaco do calor de agosto é o leão destruidor de rebanhos, que o herói judaico Sansão[1] mata para salvar a terra moribunda desta praga. Mas a natureza peculiar do Sol é queimar, e parece natural aos homens que ele queime. Também brilha igualmente para justos e injustos e faz crescer tanto seres úteis quanto nefastos. Por isso o Sol é adequado para representar o deus visível deste mundo, a força propulsora de nossa própria alma a que chamamos de libido e cuja essência é produzir coisas úteis e nocivas, boas e más. Esta comparação não é um mero jogo de palavras, como nos mostram os místicos: quando, por introversão, descem para as profundezas de seu próprio ser, encontram "em seu coração" a imagem do Sol, encontram sua própria "vontade de viver" que, com razão, posso dizer com razão física, é chamada Sol, pois nossa fonte de energia e vida é o Sol. Assim, nossa vida fisiológica como processo energético é inteiramente Sol. Um exemplo da mitologia hindu mostra a natureza especial desta "energia solar" contemplada interiormente pelo místico. Das explicações da terceira parte do *Svetâsvatara-Upanishad* reproduzimos os seguintes trechos, que se referem a Rudra[2]:

---

1. Sansão como deus solar. Cf. STEINTHAL. *Die Sage von Simson.* O abatimento do leão, como o sacrifício do touro na liturgia de Mitra, é uma antecipação da autoimolação divina. Cf. abaixo.

2. Rudra, mais propriamente como pai dos Maruts (ventos), um deus-vento ou tempestade, aparece aqui como deus criador único, como mostra o texto. Na qualidade de deus vento cabe-lhe o papel de criador e fecundador: remeto o leitor às explicações na 1ª parte sobre Anaxágoras e abaixo.

2. Pois existe só um Rudra, eles não admitem um segundo, que dirige todos os mundos com seus poderes. Ele está por detrás de todas as pessoas, e depois de ter criado todos os mundos, ele, o protetor, os recolhe no final dos tempos.

3. Este deus único, tendo seus olhos, sua face, seus braços e seus pés em toda parte, ao produzir o céu e a terra, solda-os um ao outro com seus braços e suas asas.

4. Ele, o criador e mantenedor dos deuses, Rudra, o grande vidente, o senhor de tudo, ele que outrora fez nascer Hiran-yagarbha, possa ele prender-nos com bons pensamentos[3] (Terceira Adhyâya, p. 244s.).

Estes atributos mostram nitidamente o criador universal e, nele,   177
o Sol, que é alado e espreita o mundo com mil olhos[4] (cf. fig. 26). As passagens seguintes confirmam o que foi dito e acrescentam ainda a importante particularidade de estar o deus contido também na criatura individual:

7. Aqueles que sabem além disso do Grande Brahman, o vasto, oculto nos corpos de todas as criaturas, e, só ele, envolvendo tudo, como o senhor, estes se tornam imortais.

8. Eu conheço esta grande pessoa (purusha) de brilho solar para além das trevas. O homem que o conhece realmente passa por cima da morte; não há outro caminho a seguir.

11. [...] ele mora na caverna (do coração) de todos os seres, ele impregna tudo, por isso ele é o onipresente Siva (Terceira bAdhyâya, p. 245s.).

O poderoso deus, o semelhante ao Sol, está dentro de cada um, e   178
quem o conhece é imortal[5]. Prosseguindo no texto, chegamos a novos atributos que explicam de que forma Rudra mora dentro do homem:

12. Esta pessoa (purusha) é o grande senhor; ele é o criador da existência, ele possui o mais puro poder de alcançar tudo, ele é luz, ele é indestrutível.

---

3. Esta e as demais passagens do *Upanishad* foram citadas de: *The Upanishads* [traduzido e editado por F. Max Müller. Ao contrário de edições anteriores, foi usada a tradução mais moderna existente na biblioteca de Jung].

4. Também o deus solar persa Mitra tem uma infinidade de olhos. A visão da serpente com muitos olhos em Inácio de Loyola também pertenceria a esta categoria? Cf. minha palestra *Der Geist der Psychologie* [§ 395].

5. Quem tem em si o deus, o Sol, é imortal como o Sol. Cf. Parte I, cap. V.

13. A pessoa (purusha), do tamanho de um polegar, mora bem dentro, mora sempre no coração dos homens, é percebida pelo coração, pelo pensamento, pela mente; aqueles que sabem disso, tornam-se imortais.

14. A pessoa (purusha), com mil cabeças, mil olhos, mil pés, tendo envolto a terra por todos os lados, estende-se para além dela num espaço de dez dedos.

15. Esta pessoa sozinha (purusha) é tudo o que foi e o que será; ela é também o senhor da imortalidade; é tudo que cresce com alimento (Terceira Adhyâya, p. 246s.).

179   Trechos paralelos importantes encontramos em *Katha-Upanis-had* (segundo Adhyâya, Quarto Valli, p. 16).

12. A pessoa (purusha), do tamanho de um polegar, está no meio de si-mesma (corpo?), como senhor do passado e do futuro, e doravante não teme mais. É assim mesmo.

13. Esta pessoa, do tamanho de um polegar, é como uma chama sem fumaça, senhor do passado e do futuro, ela é o mesmo hoje e amanhã. É assim mesmo.

180   Dedais, dáctilos e cabiros naturalmente têm aspecto fálico, pois são forças criadoras personificadas, cujo símbolo é o falo. Este representa a libido, a energia psíquica e seu aspecto criador. Isto vale de modo geral para muitos símbolos sexuais que ocorrem frequentemente não só na fantasia do sonho, mas também na linguagem. Em nenhum dos dois casos precisam ser tomados ao pé da letra; não devem ser considerados como semióticos, isto é, como sinais de uma determinada coisa, mas como símbolos. O símbolo é uma expressão indeterminada, ambígua, que indica alguma coisa dificilmente definível, não reconhecida completamente. O "sinal" tem um significado determinado, porque é uma abreviação (convencional) de alguma coisa conhecida ou uma indicação correntemente usada da mesma. Por isso o símbolo possui numerosas variantes análogas, e quanto mais possuir, tanto mais completa e correta é a imagem que traça de seu objeto. A mesma força criadora que é simbolizada pelo polegar e outros, também pode ser representada pelo falo ou outros símbolos (cf. fig. 27), que descrevem ainda outros aspectos do processo básico. Os *anões forjadores* trabalham às ocultas, o *falo* produz um ser vivo, e isto também no escuro, e a *chave* abre portas proibidas e secretas,

atrás das quais esperam coisas a serem descobertas. Encontramos este contexto em *Fausto* (na cena das mães):

Fig. 26 – Bes com olhos de Hórus. Figura egípcia em bronze
(cerca do século VI a.C.)

Mefistófeles:

> Louvo-te ao de mim partires
> E vejo que o diabo conheces bem.
> Toma esta chave aqui!

Fausto:

> Coisinha à toa!

Mefistófeles:

> Pega-a primeiro e não a menosprezes!

Fausto:

> Ela cresce em minha mão! Ela brilha, reluz![6]

---

6. Cf. abaixo (cap. IV da parte II) a simbólica da luz na etimologia de φαλλός.

Mefistófeles:

> Percebes agora o que com ela possuis?
> A chave há de farejar o lugar certo;
> Segue-a até embaixo; às mães vai te levar[7].

181   Novamente o diabo entrega a Fausto o instrumento milagroso, assim como no início, aproximando-se de Fausto sob a forma do cão negro, responde à pergunta deste "Mas quem és tu?, com as palavras:

> Uma parte daquela força,
> Que sempre quer o mal, e sempre cria o bem[8].

182   A libido aqui descrita não é só criadora-formadora e geradora, mas ela também tem a capacidade de pressentir, como um ser vivo independente (daí a possibilidade de personificação!). Ela é uma ânsia dirigida para um determinado fim, como a sexualidade, que é aliás um objeto de comparação muito usado. O "Reino das mães" não tem pouca relação com o útero (cf. fig. 28), com a matrix, que como tal frequentemente simboliza o inconsciente em seu aspecto plástico-criador. Esta libido é uma força natural boa e má ao mesmo tempo, portanto moralmente indiferente. Unido a esta força, Fausto consegue realizar o verdadeiro objetivo de sua vida, primeiro com aventuras nefastas e depois para a bênção da humanidade. No reino das mães ele encontra o trípode, o vaso hermético no qual deve ser celebrado o "casamento real". Aqui Fausto precisa da varinha mágica fálica para realizar o maior dos milagres, a criação de Páris e Helena[9]. O insignificante instrumento na mão de Fausto representa aquela obscura força criadora do inconsciente, que se revela quando atendemos a seu chamado, e que é capaz de realizar milagres[10]. Esta impressão paradoxal parece ser universal, pois também a *Svetâsvatara- Upanishad* diz o seguinte sobre o deus-anão:

> 19. Pegando sem mãos, correndo sem pés, ele vê sem olhos, ouve sem ouvidos. Ele conhece o que pode ser conhecido,

---

7. Parte II, p. 316.

8. Parte I, p. 172.

9. Cf. *Psychologie und Alchemie* [OC, 12, no índice analítico, cf. coniunctio. Expus o problema sob o ponto de vista psicológico em: *Die Psychologie der Übertragung* [OC, 16].

10. Goethe refere-se ao "miraculum" da crisopeia.

Fig. 27 – O deus da fecundidade Frey. Figura fálica em bronze, de
Södermanland, Suécia (século XI)

mas ninguém o conhece; chamam-no o primeiro, o grande ser
(purusha).

20. O si-mesmo, menor que pequeno, maior que grande...
(Terceira Adhyâya, p. 248).

O símbolo fálico muitas vezes representa a divindade criadora,   183
para o que Hermes é um excelente exemplo. O falo é concebido como
independente, o que não era apenas uma ideia comum na Antiguidade, mas se depreende também dos desenhos de nossas crianças e artistas. Não é de admirar, portanto, que determinadas características correspondentes sejam reencontradas também no vidente, artista e taumaturgo mitológicos. Hefesto, Wieland o Ferreiro e Mâni (o fundador do maniqueísmo, mas cujos dons artísticos também eram louva-
dos), têm pés aleijados, pois o pé também tem poder criador mágico,
como explicarei abaixo. Parece ser típico também que os videntes sejam cegos e que o velho vidente Melampo, que teria introduzido o falo
litúrgico, tenha um nome tão estranho como Pé Negro[11]. A má aparência e a deformidade tornaram-se particularmente características
para aqueles deuses ctônicos secretos, os filhos de Hefesto, aos quais se
atribuía um poder mágico enorme, os cabiros[12] (cf. fig. 29). Seu culto

---

11. Dele também se conta que, em reconhecimento pelo fato de ter sepultado a mãe
das serpentes, as jovens serpentes lhe teriam limpado os ouvidos, de modo que ele se
tornou clariouvinte.

12. Cf. o vaso do Cabeirion de Tebas, onde os cabiros são representados de forma nobre e caricatural (ROSCHER. *Lexikon,* cf. verbete megaloi theoi). Cf. tb. KERÉNYI.
Mysterien der Kabiren (cf. fig. 30).

samotrácico está intimamente mesclado com o do itifálico Hermes que, segundo o relato de Heródoto, foi levado à Ática pelos pelasgos. Chamam-se também μεγάλοι θεοί, os grandes deuses. Seus parentes próximos são os dáctilos idálicos (dedos ou polegares)[13], aos quais as mães dos deuses ensinaram a arte de forjar ("A chave encontrará o lugar certo. / Segue-a para baixo, que ela vai te levar às mães"). Eles foram os primeiros sábios, os mestres de Orfeu, e inventaram as fórmulas mágicas efésicas e os ritmos musicais[14]. A desproporção característica que mencionamos acima no texto do *Upanishad* e no *Fausto* encontra-se também aqui, onde o poderoso Hércules era considerado como um dáctilo. Os gigantescos frígios, os hábeis servos de Reia[15], também eram dáctilos. Os dois Dioscuros relacionam-se com os cabiros[16] e também usam o estranho barrete pontiagudo[17] (pileus) próprio destes misteriosos deuses, e cujo uso se propaga a partir de então, como um secreto sinal de reconhecimento. Átis usa o barrete frígio (pileus), assim como Mitra (cf. figs. 20 e 49). Este capuz tornou-se tradicional para os deuses ctônicos infantis de hoje, os gnomos.

Fig. 28 – A caverna geradora. Segundo um "lienzo" mexicano

---

13. Sobre o motivo por que os dáctilos eram chamados de dedais, encontramos uma explicação em Plínio (*Historiae naturales*, 37, 170). Segundo esta explicação, existiam pedras preciosas cretenses de cor ferruginosa em forma de dedal, que eram chamadas idaei dactyli.

14. Daí o metro do dáctilo.

15. Cf. ROSCHER. Op. cit., cf. verbete daktyloi.

16. VARRO identifica os μεγάλοι θεοί com os Penates. Os cabiros seriam "simulacra duo virilia Castoris et Pollucis", no porto da Samotrácia.

17. Em Prasiae, na costa da Lacônia, e em Pephnos encontraram-se algumas estatuetas com apenas um pé de altura e gorros na cabeça.

A figura do anão evoca a imagem do menino-deus, do puer ae- 184
ternus, παῖς, do jovem Dioniso, Júpiter Anxuro, Tages, etc. No
mencionado vaso de Tebas, um Dioniso barbudo é designado como
Καβίρος e a figura de um menino como Παῖς; segue-se a caricatura
de um menino designado como Πρατόλαος e depois novamente um
homem barbudo caricaturado designado como Μίτος[18] (cf. fig. 30).
Μίτος a rigor quer dizer fio, mas na língua órfica é usado para semente. Presume-se que esta composição correspondia a um grupo
de figuras litúrgicas no santuário. Esta hipótese coincide com a história do culto, assim como é conhecida: seria, supõe-se, um culto
originalmente fenício de Pai e Filho[19], de um cabiro velho e um cabiro jovem, que foram mais ou menos assemelhados aos deuses gregos. A figura dupla de Dioniso adulto e menino prestava-se particularmente bem a esta assimilação. Este culto também podia ser chamado de culto do ser humano grande e pequeno. Ora, Dioniso sob
vários aspectos é um deus em cujo culto o falo era elemento importante, como no culto argivo de Dioniso-Touro. Além disso, a herma
fálica do deus causou uma personificação do falo dionisíaco na forma do Deus Fales, que nada mais é que um priapo. O texto diz
ἑταῖρος ou σύγκωμος Βακχίου[20]. O paradoxo de grande e pequeno, de gigante e anão, encontrado no texto do Upanishad, aqui é
expresso de forma mais amena como menino e homem ou pai e filho. O tema da deformação (cf. fig. 29), muito usado no culto cabírico, também é encontrado no desenho do vaso, onde as figuras paralelas de Dioniso e Παῖς são Μίτος e Πρατόλαος caricaturados[21].
Como antes a diferença de tamanho, agora a deformidade se torna
motivo de cisão.

---

18. A seu lado encontra-se uma figura feminina designada como Κρατεια, que (na língua órfica) é interpretada como "a que dá à luz".

19. ROSCHER. Op. cit., veja verbete megaloi theoi.

20. "Amigo e companheiro de Baco" (ROSCHER. Op. Cit., cf. Verbete Phales). Hoje
considera-se mais provável uma origem mediterrânea antiga, pré-helênica. Cf.
KERÉNYI. *Die Geburt der Helena*, p. 59.

21. Também ilustrado em Kerényi (*Mysterien der Kabiren*, p. 10) [cf. fig. 30].

Fig. 29 – Ulisses como cabiro deformado. Skyphos atribuído ao pintor
cabírico (cerca de 400 a.C.)

185   Nossas considerações mostram que o termo "libido", introduzido por Freud, de modo algum está isento de conotação sexual[22], mas
que uma definição exclusiva e unilateralmente sexual deste conceito
deve ser rejeitada. Appetitus e compulsio são propriedades de todos
os instintos e automatismos. Assim como não podem ser tomadas ao
pé da letra as metáforas sexuais da linguagem, também não o podem
as analogias correspondentes em processos, sintomas e sonhos instintivos. A teoria sexual dos automatismos psíquicos é um preconceito
insustentável. Já o simples fato de ser impossível que a totalidade dos
fenômenos psíquicos seja derivada de *um único* instinto proíbe uma
definição unilateral da libido. Eu uso este conceito naquela aplicação
geral que já a linguagem clássica lhe conferira. Em Cícero a libido
está enquadrada num sentido muito amplo:

> Pensam que *satisfação* e *prazer* provêm de dois bens de nossa
> imaginação: que a satisfação está na ideia de bens alcançados,
> enquanto o prazer, atraído por aquilo que parece bom, se ex-

---

22. No trabalho de Freud (*Psychoanalytische Bemerkungen über einen Fall von Paranoia*), publicado simultaneamente com minha parte I (1. ed.), encontra-se uma observação (p. 68) cujo sentido é paralelo ao de minhas considerações sobre a "Teoria da Libido" decorrente das fantasias do doente mental Schreber: "Os 'raios divinos' de
Schreber, compostos pela condensação de raios solares, fibras nervosas e espermatozoides, a rigor nada mais são que os atributos da libido representados materialmente, projetados para fora, e tornam sua fantasia extraordinariamente semelhante à nossa teoria. Que o mundo deve acabar porque o eu do doente atrai todos os raios sobre si, que
mais tarde, durante o processo de reconstrução, ele precisa preocupar-se para que
Deus não desfaça sua união radiada com ele, estes e outros detalhes da fantasia de
Schreber soam quase como percepções endopsíquicas dos processos que admiti como
base para uma compreensão da paranoia".

cita e se deixa arrastar. Pois todos os homens, por sua natureza, anseiam por aquilo que lhes parece um bem, e evitam o
contrário. Assim que se oferece, portanto, a ideia de alguma
coisa que parece ser um bem, a própria natureza impele o homem a adquiri-la. Se isto acontece, agora, com ponderação e
perseverança, os estoicos chamavam um tal desejo de "boule-
sis" e nós o chamamos de vontade. Esta, segundo eles, só existe no homem sábio, e o definem assim: Vontade é aquilo que
se deseja com a razão. Aquilo, porém, que é contrário à razão
e veementemente excitado chama-se libido ou desejo desen-
freado, que se encontra em todos os tolos[23].

O significado da libido aqui é desejar, na diferenciação estoica   186
contra o querer com apetite imoderado. No mesmo sentido Cicero
usa o termo libido: "[...] quas (res) libidine, non ratione gesserat". (O
que ele fizera por vontade arbitrária, não guiado pela razão.)[24] Também Salústio diz: "Iracundia pars est libidinis" (a ira é parte da libido); em outro trecho, em sentido mais brando e geral, que se aproxima de nosso uso do termo: "Magisque in decoris armis et militaribus
equis, quam in scortis et conviviis libidinem habebant". (Eles sentiam
mais prazer com belas armas e cavalos militares do que com prostitutas e festins.)[25] Também: "Quod si tibi bona libido fuerit patriae" etc.
(Se tu tivesses real interesse por tua pátria)[26]. O emprego de libido é
tão geral que a frase "libido est scire" quer dizer apenas "eu quero",
"me apraz"[27]. Na frase "aliquam libido urinae lacessit", libido tem o
sentido de ânsia. Também o significado de volúpia sexual é antigo.

---

23. *Tusculanarum disputationum libri*, IV, VI, 12: "Volunt ex duobus opinatis bonis
nasci *libidinem* et *laetitiam,* ut sit laetitia praesentium opinione versatur, cum Libido
ad id, quod videtur bonum, inlecta et inflammata rapiatur. – Natura enim omnes ea,
quae bona videntur, sequuntur fugiuntque contraria. Quam ob rem simul obiecta spe-
cies cuiuspiam est, quod bonum videatur, ad id adipiscendum impellit ipsa natura. Id
cum constanter prudenterque fit, eius modi appetitionem Stoici βούλησιν appellant,
nos appellamus voluntatem; eam illi putant in solo esse sapiente, quam sic definiunt;
voluntas est quae quid cum ratione desiderat: quae autem ratione ad versa incitata est
vehementius, ea libido est, vel cupiditas effrenata, quae in omnibus stultis invenitur".

24. *Pro Quinctio*, 14.

25. *Catilina*, 7.

26. *Carta a César*, 13.

27. Neste sentido ainda hoje existe "libidine" na linguagem popular toscana.

Bem a propósito, Agostinho define a libido como um "generale voca-bulum omnis cupiditatis" e diz:

> Existe um impulso para a vingança, que se chama ira, um impulso para ganhar dinheiro, que se chama ganância, um impulso para triunfar de qualquer maneira, que se chama obstinação, um impulso para gabar-se que se chama jactância. Existem, portanto, muitos e variados impulsos, alguns dos quais também têm nomes próprios, enquanto outros não. Quem, por exemplo, poderia encontrar facilmente uma expressão para o impulso de dominar que, como se pode provar, é da maior importância na mente dos tiranos e nas guer-

Fig. 30 – Banquete do cabiro. Skyphos do pintor cabírico (cerca de 435 a.C.)

ras civis?[28]

187   Para ele, libido é um *appetitus* como fome e sede, e no que toca à sexualidade diz: "A volúpia é precedida por um desejo que se sente na carne, como que um apetite pela mesma, como fome e sede" etc.[29] Com este emprego clássico e geral do conceito coincide também o contexto etimológico do termo libido:

188

---

28. "Est igitur libido ulciscendi, quae ira dicitur: est libido habendi pecuniam, quae avaritia: est libido quomodocumque vincendi, quae pervicacia: est libido gloriandi, quae iactantia nuncupatur. Sunt multae variaeque libidines, quarum nonnullae habent etiam vocabula propria, quaedam vero non habent. Quis enim facile dixerit, quid vocetur libido dominandi, quam tamen plurimum valere in tyrannorum animis, etiam civilia bella testantur?" We *civitate Dei*, XIV, XV, p. 587).

29. "Voluptatem vero praecedit appetitus quidam, qui sentitur in carne quasi cupiditas eius, sicut fames et sitis" etc. (op. cit.).

Libido ou lubido (com libet, mais antigo lubet), agrada, e libens ou lubens = com prazer, com vontade; sanscr. lúbhyati = sente forte desejo, lôbhayati = deseja excitadamente, lubdha-h = ávido, lôbha-h = desejo, cobiça; got. liufs; antigo alto-alemão liob = querido. Acrescenta-se got. lubains = esperança, e antigo alto-alemão lobôn = louvar, elogio, glória. Búlgaro antigo ljubiti = amar, ljuby = amor; lituano liáupsinti = louvar, glorificar[30].

Podemos dizer que desde Robert Mayer o conceito de libido no campo da psicologia funcionalmente tem o mesmo significado que o conceito de energia no campo da física[31].   189

---

30. WALDE. *Lateinisches etymologisches Wörterbuch*, cf. verbete libet. Liberi = crianças, é aproximada de libet por Nazari (apud WALDE. Op. cit., p. 426). Se isto se confirma, então Liber, o deus da geração italiano, indubitavelmente composto de liberi, também deveria ser derivado de libet. Libitina é a deusa dos cadáveres e nada teria a ver com Lubentina e Lubentia (atributo de Vênus), que faz parte de libet. O nome ainda não está explicado (cf. abaixo).

31. Cf. meu trabalho *A energia psíquica*. Petrópolis: Vozes, 1983 [OC, 8/1; § 37].

II

Sobre o conceito de libido

190   Em *Drei Abhandlungen zur Sexualtheorie*, Freud introduziu seu conceito de libido e a definiu como sexual, conforme já dissemos. A libido se revela como divisível e pode associar-se a outras funções e áreas que em si nada têm a ver com sexualidade, em forma de "afluxos libidinosos". Daí resulta a comparação freudiana da libido com um caudal, que é divisível, pode ser represado e passar para colaterais etc.[1] Apesar da definição da libido como sexualidade, Freud não declara "tudo" como "sexual", mas reconhece a existência de outros impulsos especiais, não conhecidos quanto à sua natureza, mas aos quais teve de atribuir a faculdade de receber "afluxos" libidinosos". O quadro hipotético básico é o "feixe de instintos"[2] onde o instinto sexual figura como instinto parcial. Sua penetração em outros territórios instintivos é um fato provado pela experiência[3]. A teoria de Freud decorrente deste conceito – segundo a qual as forças instintivas de um sistema neurótico correspondem justamente àqueles afluxos libidinosos de outras funções ins-

---

1. Cf. FREUD. *Drei Abhandlungen.*

2. Um conceito que, como é sabido, Möbius tentou reabilitar. Entre os autores mais recentes, Fouillée, Wundt, Beneke, Spencer, Ribot e outros atribuem ao sistema de instintos a primazia psicológica.

3. O mesmo vale para a fome. Tive uma paciente já praticamente curada de seus sintomas. Um belo dia ela apareceu repentinamente com uma aparente recaída total na antiga neurose. A princípio não consegui compreender o que se passava, até que se constatou que, absorta numa fantasia intensa, ela esquecera de almoçar. Um copo de leite e um pedaço de pão anularam o "acréscimo de fome" com sucesso imediato.

tintivas (não sexuais)[4] – transformou-se na base da teoria psicanalítica das neuroses (isto é, da doutrina da Escola de Viena). Pouco depois Freud teve de refletir, contudo, se afinal a libido não coincidiria com o *interesse* em geral. Devo observar que um caso de paranoia esquizofrênica motivou esta consideração. O referido trecho, aqui citado na íntegra, diz:

> Uma terceira consideração, que se impõe diante dos conceitos aqui desenvolvidos, coloca a questão se devemos considerar a separação entre a libido e o mundo exterior como suficientemente eficaz para explicar por seu intermédio o "fim do mundo", e se neste caso os conteúdos retidos do eu não seriam suficientes para manter a relação com o mundo exterior. Neste caso deveríamos ou fazer coincidir aquilo que chamamos de conteúdos libidinosos (interesse de fontes eróticas) com o interesse em geral, ou aventar a hipótese de que um distúrbio acentuado da colocação da libido possa induzir também um distúrbio equivalente dos conteúdos do eu. No entanto, estes são problemas para cuja solução estamos ainda totalmente desamparados e inábeis. Se pudéssemos partir de uma doutrina segura sobre os instintos, o caso seria outro. Mas na realidade não dispomos de tal doutrina. Consideramos o instinto como o conceito-limite do somático contra o espiritual, vemos nele o representante psíquico de forças orgânicas e admitimos a distinção popular de instintos do eu e instinto sexual, que nos parece concordar com a duplicidade biológica do ser individual que visa sua própria conservação assim como a conservação da espécie. Mas tudo o mais são hipóteses que levantamos e tornamos a descartar, para orientar-nos no emaranhado dos processos psíquicos mais obscuros. Esperamos justamente das investigações psicanalíticas sobre processos mentais patológicos que nos forcem a determinadas decisões nas questões da doutrina dos instintos. Diante da pouca idade

---

4. Freud (*Drei Abhandlungen*, p. 22): "Devo adiantar [...], que estas psiconeuroses, de acordo com minhas experiências, se baseiam em impulsos sexuais. Não quero dizer com isto que a energia do instinto sexual contribui com aquelas forças que mantêm os fenômenos patológicos, mas quero afirmar explicitamente que este contributo é a mais importante e única constante fonte de energia da neurose, de modo que a vida sexual destas pessoas se manifesta ou exclusivamente ou predominantemente ou só em parte nestes sintomas".

que têm tais estudos e por serem isolados esta expectativa ainda não pode ser satisfeita[5].

191   Mas finalmente Freud decide que a alteração paranoica se explica suficientemente pela retração da libido sexual. Diz ele:

> [...] por isso acho muito mais provável que uma relação alte-
> rada com o mundo se explica, apenas ou predominantemen-
> te, pela ausência do interesse libidinoso[6].

192   No trecho acima citado Freud aborda a questão se a notória perda
da realidade na paranoia (e na esquizofrenia)[7], sobre a qual chamei a
atenção em minha *Psychologie der Dementia praecox*[8], deve ser atribuída apenas à retração do "estado libidinoso" ou se este coincidiria
com o assim chamado interesse objetivo em geral. Dificilmente podemos supor que a "fonction du réel" (Janet)[9] normal seja alimentada
somente por "afluxos libidinosos", isto é, por interesse erótico. Fato
é que em muitos casos a realidade desaparece como um todo, de
modo que os doentes não apresentam mais o menor sinal de adaptação psicológica. (Nestas condições, conteúdos do inconsciente se so-
brepõem à realidade.) Somos obrigados a dizer que se perdeu não só
o interesse erótico, mas o interesse em geral, isto é, toda relação com
a realidade, com exceção de alguns resquícios insignificantes. Se a libido realmente for só sexualidade, como ficam os castrados? Nestes
desaparece justamente o interesse "libidinoso" pela realidade, sem
que reajam necessariamente com uma esquizofrenia. A expressão
"afluxo libidinoso" indica uma grandeza muito duvidosa. Muitos
conteúdos e processos aparentemente sexuais são meras metáforas e
analogias, como, por exemplo, "fogo" em vez de paixão, "esquenta-
do" em vez de com raiva, "casamento" em vez de fortes laços, etc.
Certamente não se há de supor que todo telhador, ao colocar "telhas
macho" sobre "telhas fêmea", e todo indivíduo de língua latina, ao

---

5. *Psychoanalytische Bemerkungen über einen Fall von Paranoia*, p. 65.
6. Ibid., p. 66.
7. O caso de Schreber, do qual se trata aqui, não é uma paranoia pura. Cf. Schreber. *Denkwürdigkeiten*.
8. Cf. tb. *Der Inhalt der Psychose*.
9. Cf. JUNG. *Über die Psychologie der Dementia praecox* [§ 9 e 195, OC, 3].

manipular peças "macho" e "fêmea", sintam-se particularmente gratificados com "afluxos libidinosos".

Em minha *Psychologie der Dementia praecox* usei a expressão "energia psíquica", porque aquilo que se perde é mais do que só o interesse erótico. Se quiséssemos explicar esta perda de relacionamento, a cisão esquizofrênica entre o homem e o mundo, somente pela retração do erotismo, chegaríamos àquela inflação do conceito de sexualidade que, aliás, é característica para a teoria de Freud. Deveríamos então declarar toda relação com o mundo como relacionamento sexual, o que acarretaria uma tal nebulosidade do conceito de sexualidade que não mais saberíamos o que a palavra "sexualidade" significa afinal. Um sintoma nítido dessa inflação de conceitos é o termo "psicossexualidade". Na esquizofrenia falta à realidade muito mais do que poderíamos atribuir à sexualidade *sensu strictiori*. Falta uma quantidade tão grande de "fonction du réel" que necessariamente devem estar incluídos na perda outros instintos aos quais não se pode atribuir caráter sexual; ninguém há de se convencer que a realidade nada mais é que uma função sexual. Além disso, se tal fosse, a introversão da libido (*sensu strictiori*) já nas neuroses deveria acarretar uma perda da realidade comparável àquela da esquizofrenia. Mas isto não acontece. Como mostra o próprio Freud, a introversão e regressão da libido sexual ou erótica na melhor das hipóteses leva à neurose, mas não à esquizofrenia.

A posição reservada frente à teoria sexual que assumi no Prefácio de minha *Psychologie der Dementia praecox*, apesar de todo reconhecimento dos mecanismos psicológicos afirmados por Freud, foi dada pela situação da teoria da libido na época, cuja conceituação não me permitia explicar distúrbios funcionais que afetam outras áreas tanto quanto a sexualidade, através de uma teoria sexualista unilateral. Ao invés da teoria sexual das *Drei Abhandlungen,* pareceu-me mais adequado um conceito energético. Ele me tornou possível identificar a expressão "energia psíquica" com o termo "libido". Este último indica um desejo ou um impulso que não é refreado por qualquer instância moral ou outra. A libido é um *appetitus* em seu estado natural. Filogeneticamente são as necessidades físicas como fome, sede, sono, sexualidade, e os estados emocionais, os afetos, que constituem a natureza da libido. Todos estes fatores têm suas diferenciações e su-

193

194

tis ramificações nesta tão complicada psique humana. Não pode haver dúvida de que também as maiores diferenciações se originaram de formas primitivas mais simples. Assim, muitas funções complicadas, às quais hoje em dia deve ser negado um caráter sexual, provêm originalmente do instinto de propagação. Como se sabe, na série ascendente dos animais ocorreu um deslocamento importante nos princípios da propagação: a massa dos produtos de procriação com a correlata casualidade da fecundação foi reduzida mais e mais a favor de uma fecundação segura e uma proteção eficiente da prole. Pela redução da produção de óvulos e espermatozoides foi libertada uma grande quantidade de energia; esta procurou e encontrou novas aplicações. Assim, vemos os primeiros impulsos artísticos na série animal a serviço do instinto de propagação, limitados à época do cio. O primitivo caráter sexual destes fenômenos biológicos perde-se com sua fixação orgânica e independência funcional. Se não restam dúvidas sobre a primitiva ligação da música à esfera da propagação, seria igualmente injustificado e estranho se quiséssemos compreender a música sob o prisma da sexualidade. Uma tal interpretação nos levaria a contemplar a catedral de Colônia sob o aspecto da mineralogia porque, entre outras coisas, ela é feita de pedras.

195   Se falamos da libido como instinto de propagação, conservamo-nos com isto dentro dos limites do conceito que confronta a libido com a fome, de modo semelhante como o instinto de conservação da espécie se confronta com o da conservação do indivíduo. Na natureza naturalmente não existe esta separação artificial. Aqui só vemos um instinto vital contínuo, uma vontade de existir, que pela conservação do indivíduo busca alcançar a propagação de toda a espécie. Neste ponto esta concepção coincide com o conceito de vontade em Schopenhauer, no sentido de que um movimento visto de fora pode ser por nós compreendido internamente apenas como vontade, desejo ou anseio. Esta projeção de conteúdos psicológicos para dentro do objeto filosoficamente se chama "introjeção"[10]. Pela introjeção a noção do mundo é subjetivizada. A esta mesma introjeção o conceito de força deve sua existência. Como Galileu disse claramente, a origem

---

10. O conceito de "introjeção" de Ferenczi significa, ao contrário, a absorção do mundo exterior no mundo interior.

deste conceito deve ser procurada na percepção subjetiva da própria força muscular. Assim também o conceito de libido como *cupiditas* ou *appetitus* é uma *interpretação* do processo energético psíquico que vivenciamos sob a forma de um *appetitus*. Sobre o que ele se baseia sabemos tão pouco quanto sobre o que a psique em si mesma é.

Chegamos à afoita suposição de que a libido, que primitivamente servia para a produção de óvulos e espermatozoides, agora aparece, por exemplo, firmemente organizada na função da construção do ninho e incapaz de qualquer outra aplicação. Somos em consequência obrigados também a considerar como fenômeno energético qualquer outro anseio ou desejo, portanto também a fome e o que quer que compreendamos por instinto. 196

Esta consideração nos leva a um conceito de libido que se amplia para um conceito do "tender para" de modo geral. Como a citação de Freud mostra, realmente sabemos muito pouco sobre a natureza dos instintos humanos e sua dinâmica psíquica para poder ousar atribuir a primazia a um único instinto. É mais prudente por isso, ao falarmos de libido, entender com este termo um valor energético que pode transmitir-se a qualquer área, ao poder, à fome, ao ódio, à sexualidade, à religião etc., sem ser necessariamente um instinto específico. Como Schopenhauer diz acertadamente: "A vontade como coisa em si é totalmente diversa de sua apresentação e completamente independente de todas as formas da mesma, as quais ela só assume ao aparecer, e portanto se referem apenas à sua objetividade, sendo alheias a ela mesma"[11]. 197

Numerosas são as tentativas mitológicas e filosóficas de formular e esclarecer a força criadora que o homem conhece como vivência subjetiva. Para dar alguns exemplos, lembro o significado cosmogônico de Eros em Hesíodo[12] assim como a figura órfica de Fanes (cf. fig. 31), o "Reluzente", que foi o primeiro, do "Pai de Eros". Fanes também tem (orficamente) o significado de Priapo, é bissexual e equivale ao Dioniso Lísio tebano[13]. O significado órfico de Fanes é 198

---

11. *Die Welt als Wille und Vorstellung*, I, § 23, p. 166.

12. *Teogonia*.

13. Cf. ROSCHER. *Lexikon*, III, col. 2.248s.

igual ao do Kâma hindu, Deus do Amor, que também é princípio cosmogônico. Para o neoplatônico Plotino, a alma do mundo é a energia
do intelecto[14]. Plotino compara o Uno (o princípio criador original)
com a luz em si, o intelecto com o Sol (♂), a alma do mundo com a
Lua (♀). Plotino também compara o Uno com o Pai e o intelecto com
o Sol[15]. O Uno, designado como Urano, é transcendental. O filho,
como Crono, domina o mundo visível. A alma do mundo (designada
como Zeus) está subordinada a ele. O Uno ou a Ousia de toda a existência é designado por Plotino como hipóstase, assim também as três
formas de emanação, portanto μία οὐσία ἐν τρισὶν ὑποστάσεσιν.
(Um ser em três hipóstases.) Como observa Drews, esta também é a
fórmula da Trindade cristã (Pai, Filho e Espírito Santo), como foi determinada nos Concílios de Niceia e Constantinopla[16]. Lembramos
ainda que certos sectários do início do cristianismo atribuíam ao
Espírito Santo (alma do mundo, Lua) significado maternal. A alma
do mundo em Plotino tende ao ser dividido e à divisibilidade, *conditio sine qua non* de toda modificação, criação e propagação; é um
"Todo infinito da vida", pura energia; é um organismo vivo das ideias, que nela se tornam ativas e reais[17]. O intelecto é seu gerador, seu
pai: o que nele se contempla ela faz desabrochar no sensorial[18].
"Aquilo que está fechado no intelecto desabrocha como Logos na
alma do mundo, preenche-a de conteúdo e como que a embriaga com
néctar"[19]. O néctar, como o soma, é a bebida da fecundidade e da vida.
Como alma "superior", a alma chama-se Afrodite celestial, como alma
"inferior", Afrodite terrena. Ela conhece "as dores do parto"[20] etc.

199   O ponto de vista energético significa a libertação da energia psíquica, numa definição por demais estreita. A experiência mostra que
processos instintivos de qualquer tipo muitas vezes são enormemente

---

14. DREWS. *Plotin und der Untergang der antiken Weltanschauung*, p. 127.

15. Ibid., p. 133.

16. Ibid., p. 135.

17. PLOTINO. *Enéadas*, II, 5, 3.

18. Ibid., IV, 8, 3.

19. Ibid., III, 5, 9.

20. DREWS. Op. cit., p. 141.

Fig. 31 – Fanes no ovo. Figura de culto órfica

aumentados pelo afluxo de energia que pode ser procedente de qualquer parte. Isto não vale só para a sexualidade, mas também para a
fome ou a sede. Uma esfera instintiva pode ser temporariamente des-
potencializada a favor de uma outra. Isto se aplica a todas as atividades psíquicas em geral. Se admitíssemos que seria sempre só a sexualidade que sofresse tais despotencializações, este conceito correspon-
deria a uma espécie de teoria flogística na área da física e da química.

Freud com razão se mostrou cético em relação ao estado atual da doutrina dos instintos. O instinto é uma misteriosa manifestação de vida, de caráter em parte psíquico, em parte fisiológico. Ele pertence às funções mais conservadoras da psique e é difícil ou mesmo impossível modificá-lo. Distúrbios patológicos de adaptação como neuroses etc., por esta razão se explicam antes pelo posicionamento diante do instinto do que por uma modificação do mesmo. Este posicionamento, no entanto, é um problema complicado, altamente psicológico, que certamente não seria problema se dependesse do instinto. As forças motoras da neurose provêm de uma série de propriedades do caráter e de influências do ambiente que, em conjunto, resultam na atitude que torna impossível um modo de vida que satisfaça os instintos. Assim, a distorção neurótica dos instintos do indivíduo jovem está relacionada com uma disposição semelhante de seus pais, e o distúrbio de sua esfera sexual é um fenômeno secundário e não primário. Não existe, portanto, uma teoria sexual das neuroses e sim uma teoria psicológica das mesmas.

200   Com isto voltamos à nossa hipótese de que não é o instinto sexual, mas uma energia em si indiferente, que leva à formação de símbolos: luz, fogo, sol etc. Assim, pela perda da função do real na esquizofrenia, não ocorre um aumento da sexualidade, mas um mundo de fantasia que apresenta traços arcaicos nítidos[21]. Com isto não negamos que, sobretudo no início da doença, ocasionalmente apareçam distúrbios sexuais muitas vezes até intensos, que surgem também em toda sorte de emoções fortes, como pânico, ódio, fanatismo religioso etc. O fato de que na esquizofrenia uma fantasia arcaica vem ocupar o lugar da realidade nada prova sobre a natureza da função do real, mas apenas demonstra o fato biológico já conhecido de que, na perda de um sistema recente, um sistema mais primitivo e por isso mais antigo pode vir a substituí-lo. Para usar a comparação de Freud: atira-se com arco e flecha ao invés de armas de fogo. O desaparecimento das últimas aquisições da função do real (ou adaptação) é substituído, se o for, por um modo de adaptação mais primitivo. Já encontramos este princípio na doutrina das neuroses: uma adaptação falha é subs-

---

21. Cf., por exemplo, SPIELREIN. *Über den psychologischen Inhalt eines Falles von Schizophrenie*, p. 329.

tituída por um modo de adaptação antigo, no caso, uma reavivação regressiva da imago dos pais. Na neurose o produto substitutivo é uma fantasia de procedência e alcance individual, faltando aqueles traços arcaicos característicos da esquizofrenia. Nas neuroses nunca ocorre uma verdadeira perda da realidade, mas apenas uma falsificação da realidade. Na esquizofrenia esta realmente se perde em grande parte. Devo um exemplo simples deste fato a um trabalho de meu discípulo Honegger[22], infelizmente falecido demasiado cedo: Um paranoico de boa inteligência, muito bem informado da forma redonda da Terra e sua rotação em torno do Sol, em seu sistema substitui os conhecimentos astronômicos modernos por um sistema detalhadamente elaborado, no qual a Terra é um disco chato por sobre o qual caminha o Sol. A Dra. Spielrein também dá alguns exemplos interessantes das definições arcaicas que nesta doença encobrem os significados das palavras modernas. Assim, por exemplo, sua paciente citou a analogia mitológica do álcool, da bebida da embriaguez, como "efusão de sêmen" (quer dizer, como soma)[23]. Ela tem também uma simbólica do cozinhar, paralela à visão alquimista de Zósimo. Este viu água fervendo da concavidade do altar, e dentro da água pessoas que eram transformadas[24]. A paciente substitui terra por mãe[25], e água por mãe[26] (cf. figs. 36 e 37).

Minhas observações acima sobre a substituição da função perturbadora do real por equivalentes arcaicos se apoiam numa observação da Dra. Spielrein. Diz a autora: "Várias vezes tive a ilusão de que os doentes simplesmente teriam se tornado vítimas de uma superstição reinante no povo"[27]. De fato, os doentes substituem a realidade pelas fantasias, fantasias essas semelhantes às ideias do passado que a seu tempo tiveram função de realidade. Como mostra a visão de Zósimo, as antigas superstições eram símbolos[28] que tentavam expressar ade-

201

---

22. O trabalho não foi publicado.

23. Op. cit., p. 338, 353 e 387. Quanto a soma como "efusão de sêmen" cf. abaixo.

24. BERTHELOT. *Collection des anciens alchimistes grecs*, III, 1, 2s.

25. SPIELREIN. Op. cit., p. 345.

26. Ibid., p. 338.

27. Ibid., p. 397.

28. Lembro também aqueles índios para os quais os primeiros homens se originam da união do punho de uma espada com uma naveta de tecelão.

quadamente o desconhecido no mundo (e na alma). A com-"preen-são" (Auf"assung") possibilita uma "captação" ("Griff") das realida-des, quer dizer, uma con-"cepção" (= concaptação ["Begriff"]) de-las, expressando uma tomada de posse. A concepção corresponde funcionalmente à força mágica do nome, que se apodera do objeto. Com isto se torna inofensivo e é incorporado ao sistema psíquico, o que eleva a importância e o poder do espírito humano (cf. a primitiva valorização do ato de dar nomes no Alvissmál da *Edda* antiga). Spiel-rein pensa num significado semelhante do símbolo, quando diz:

> Assim, quer me parecer que um símbolo deve sua origem ao anseio de um complexo por [...] dissolução no todo geral do pensamento... O complexo é assim despojado do pessoal [...] Esta tendência de dissolução (transformação) de todo com-plexo é a força propulsora da poesia, da pintura, de toda for-ma de arte[29].

202   Se substituirmos o conceito "complexo" pelo de valor energético (= grau afetivo do complexo), a ideia de Spielrein concorda sem difi-culdade com a minha.

203   Ao que parece, através deste caminho da formação de analogias pouco a pouco se modificou o cabedal de ideias e nomes. Com isto ocorreu uma ampliação da visão do mundo. Conteúdos particular-mente acentuados ("complexos com conotação afetiva") refletiram-se em numerosas analogias e produziram sinônimos cujos objetos entra-ram assim para dentro do mágico campo de ação da psique. Surgiram com isso estas íntimas relações de analogia que Lévy-Bruhl chamou apropriadamente de "participation mystique". É evidente que a esta tendência de encontrar analogias, que parte de conteúdos com conota-ção afetiva, cabe uma importância enorme para o desenvolvimento es-piritual do homem. Temos de dar razão a Steinthal quando afirma que à palavrinha "assim como" deve ser atribuída uma importância enor-me para o desenvolvimento do pensamento. Pode-se imaginar facil-mente que a transmissão da libido para analogias levou a humanidade primitiva a uma série dos mais importantes descobrimentos.

---

29. Op. cit., p. 399.

III

A transformação da libido

Tentarei a seguir descrever a transmissão da libido num exemplo concreto. Certa ocasião tratei de uma paciente que sofria de depressão catatônica. Como se tratava de um caso de psicose de grau mais leve, não era de estranhar a presença de numerosos traços histéricos. No início do tratamento, ao narrar um episódio doloroso, ela caiu num estado histérico de sonolência durante o qual apresentou todos os sinais de excitação sexual. (Tudo indicava que durante este estado ela não se deu conta de minha presença.) A excitação terminou num ato de masturbação. Este ato era acompanhado por um gesto estranho: com o dedo indicador da mão esquerda ela executava violentos movimentos de rotação na têmpora esquerda, como se quisesse cavar um buraco ali. Depois houve amnésia total do ocorrido, e também do estranho gesto com a mão nada consegui averiguar. Embora o ato possa ser reconhecido sem dificuldade como o gesto de enfiar o dedo na boca, no nariz ou no ouvido, apenas deslocado para a têmpora, e que este ato pode ser interpretado como analogia do ato de masturbação, esta impressão pareceu-me significativa, mesmo sem inicialmente saber por quê. Muitas semanas depois tive oportunidade de falar com a mãe da paciente. Esta contou-me que a doente fora uma criança estranha: já aos dois anos mostrava a tendência de sentar-se de costas sobre uma porta de armário aberta, e fechar a porta com batidas rítmicas da cabeça[1] com o que levava ao desespero todos os presentes. Pouco depois, ao invés de brincar com outras crianças, começou a cavar buracos com o dedo no revestimento da parede da casa. Fazia isto com pequenos

---

1. Num caso de catatonia vi esta oscilação catatônica da cabeça originar-se de movimentos de coito gradativamente deslocados para cima, o que Freud descreveu como transferência de baixo para cima.

movimentos de rotação e de raspagem, e ficava horas nesta atividade. Para os pais ela era um enigma total. (A partir dos quatro anos sobreveio onanismo.) Está claro que esta atividade infantil deve ser considerada como precursora da atitude ulterior.

205   O ato de cavar pode ser encontrado muito cedo na infância, numa época anterior ao onanismo. Este período psicologicamente ainda é muito obscuro, porque faltam lembranças individuais. Um comportamento tão individual de uma criança tão pequena realmente é estranho. Da vida posterior da criança sabemos que seu desenvolvimento, como sempre, entremeado com acontecimentos externos paralelos, levou àquele distúrbio mental conhecido pelo individualismo e pela originalidade de seus produtos: à esquizofrenia. O estranho nesta doença está no aparecimento de uma psicologia arcaica. Daí resultam todos os numerosos contatos com produtos mitológicos, e o que consideramos como criações originais e individuais muitas vezes nada mais são que formações comparáveis às de outros tempos. Deveríamos aplicar este critério a todas as produções desta estranha doença, inclusive a este sintoma de cavar. O ato de cavar da paciente começou bem no início de sua juventude: foi reativado a partir deste passado, quando a doente, já depois de casada há vários anos, recaiu no antigo onanismo. Isto ocorreu depois da morte do filho, com o qual se identificara através de um amor excessivo. Quando a criança morreu os antigos sintomas reapareceram na mãe, então sadia, sob forma de surtos de masturbação associados a este mesmo ato de cavar. Como já foi dito, este sintoma primário precedeu o onanismo infantil. Esta constatação é importante porque o ato de cavar se distingue assim de outro hábito semelhante mais tardio, que ocorre depois do onanismo.

206   Como já mencionamos, no indivíduo jovem a libido a princípio se manifesta exclusivamente na área da função de alimentação, onde o alimento é ingerido no ato da sucção através de movimentos rítmicos. Ao mesmo tempo já aparece na área motora um movimento rítmico de braços e pernas que causa prazer. Com o crescimento do indivíduo e o desenvolvimento de seus órgãos, a libido encontra novos caminhos para realizar-se. O modelo primário da atividade rítmica, causadora de satisfação e prazer, é transferido então para a zona de outras funções, visando provisória e parcialmente a sexualidade. Não quero dizer porém que a atividade rítmica se origine do ato de nutrição. Uma parte considerável da energia nutricional e de cresci-

mento deverá transformar-se em libido sexual e outras formas. Esta transição não se faz repentinamente na puberdade, como pensam os leigos, mas gradativamente no decorrer da maior parte da infância. Neste estado de transição, a meu ver, distinguem-se duas fases: a fase do sugar e a da atividade rítmica em si. Quanto ao seu caráter, o sugar ainda pertence inteiramente ao âmbito da função alimentar, mas se estende, porém, além desta por não constituir mais uma função de alimentação, mas uma atividade rítmica análoga sem ingestão de alimento. Como órgão auxiliar surge a mão. Na fase da atividade rítmica a mão aparece ainda mais nitidamente como órgão auxiliar, a atividade rítmica abandona a zona oral e volta-se para outras áreas. Existem agora muitas possibilidades. Como mostra a experiência, são geralmente os outros orifícios do corpo que despertam o interesse; a seguir vem a pele e pontos especiais dela, e finalmente movimentos rítmicos de qualquer tipo. Atividades que podem surgir como esfregar, cavar, puxar e outras, ocorrem num certo ritmo. É claro que esta atividade, quando atinge a área sexual, pode dar ensejo às primeiras tentativas onanísticas. No decorrer de sua transformação a libido leva muita coisa da fase de nutrição para suas novas áreas de aplicação. Assim se explicam, por exemplo, as numerosas e íntimas ligações entre as funções alimentar e sexual. Quando ocorre um obstáculo à atividade adulta que a obrigue à regressão, ocorre uma regressão a fases de desenvolvimento antigas. A fase da atividade rítmica geralmente coincide com o período do desenvolvimento mental e da fala. Proponho assim designar o período do nascimento até as primeiras manifestações nítidas (portanto não "interpretadas") de sexualidade, portanto o período do primeiro ao quarto ano de vida aproximadamente, como a fase pré-sexual, comparável ao estado de crisálida da borboleta. Ela se caracteriza por uma mistura variável de elementos da fase de nutrição e da fase sexual. Certas regressões podem retornar a esta fase pré-sexual; isto parece ser a regra, ao menos segundo as experiências atuais, na regressão da esquizofrenia e da epilepsia. Quero citar dois exemplos: um dos casos refere-se a uma jovem que, na época do noivado, adoeceu de catatonia. Ao ver-me pela primeira vez, ela veio ao meu encontro, abraçou-me e disse: "Papai, me dá comida!" O outro caso diz respeito a uma jovem empregada que se queixava de alguém a perseguir com eletricidade, o que desencadeava nela uma sensação estranha nos órgãos genitais, "como se ali embaixo alguém estivesse bebendo".

207   Estes fenômenos mostram que as fases antigas da libido podem ser reavivadas regressivamente. Este caminho não só parece viável, como também frequentado de muitos modos: Poderíamos esperar assim – se esta hipótese for verdadeira – que, em fases mais antigas do desenvolvimento da humanidade, esta transformação não era um sintoma patológico e sim um processo frequente e normal. Seria interessante, por isso, saber se sinais deste fenômeno se conservaram na história.

208   Devemos a Abraham[2] ter-nos chamado a atenção para uma relação etnológica entre o cavar e a ação de acender o fogo. Este autor encontrou um estudo especial no trabalho de Adalbert Kuhn[3]. Suas pesquisas nos mostram a possibilidade de Prometeu, o portador de fogo, ter sido irmão do hindu pramantha, isto é, o pedaço de madeira masculino por cuja fricção se acendia o fogo. O portador de fogo hindu chama-se Matariçvan, e o ato de acender o fogo nos textos hieráticos é designado pelo verbo manthâmi[4], que significa sacudir, esfregar, produzir por fricção. Kuhn relacionou este verbo com o grego μανθάνω, que significa "aprender", e também explica a semelhança dos conceitos[5]. O *tertium comparationis* provavelmente está no ritmo (o movimento de ir e vir no espírito). Segundo Kuhn a raiz manth ou math, passando por μανθάνω (μάθημα, μάθησις) προ-μηθέομαι levaria a Προμηθεύς, que sabidamente é o ladrão de fogo grego. Afirma-se que, assim como Zeus de Tireu tem o cognome Προ-μανθεύς, aqui particularmente interessante, também Προ-μηθεύς não seria uma palavra indo-germânica original relacionada ao sânscrito pramantha, mas apenas um apelido. Uma glosa de Hesíquio coincide com este conceito: Ἰθάς: ὁ τῶν Τιτάνων κῆρυξ Προμηθεύς. Outra glosa de Hesíquio explica ἰθαίνομαι (ἰαίνω esquentar) como θερμαίνομαι, aquecer, donde teríamos para Ἰθάς o significado de "o chamejante", análogo a Αἴθων ou Φλεγύας[6]. A relação de Prometeu com pramantha torna-se, portanto, duvidosa. Προμηθεύς como cognome de Ἰθάς no

---

2. *Traum und Mythus.*

3. *Mythologische Studien* I: *Die Herabkunft des Feuers und des Göttertrankes* (cf. fig. 37). Um extrato do conteúdo encontra-se em Steinthal: *Die ursprüngliche Form der Sage von Prometheus;* também em ABRAHAM. Op. cit.

4. Também mathnâmi e mâthâyati. A raiz é manth ou math.

5. *Z. f. vgl. Sprachforsch*, II, p. 395, e IV, p. 124 (ROSCHER. *Lexikon*, III, col. 3.034).

6. Bapp (ROSCHER. Op. cit.).

entanto é significativo, pois "o chamejante" é o "premeditador"[7].
(Pramati = providência, também é atributo de Agni, embora pramati
tenha outra derivação). Prometeu também pertence à estirpe dos descendentes de Flégias, que Kuhn relaciona inegavelmente com a família sacerdotal hindu dos Bhrgu[8]. Os Bhrgu, como Mâtariçvan (o "que
intumesce na mãe") também são portadores de fogo. Kuhn cita um
trecho segundo o qual Bhrgu se origina na chama, assim como Agni.
("Na chama nasceu Bhrgu, Bhrgu tostado, não queimou".) Este conceito leva a uma raiz semelhante de Bhrgu, ao sânscrito bhrây = ful-
gir, latim fulgeo e grego φλέγω (sânscrito bhargas = fulgor, latim ful-
gur). Bhrgu aparece assim como o "fúlgido". Φλεγύας é o nome de
uma determinada espécie de águia devido à sua cor amarela intensa.
A relação com φλέγειν = queimar, está clara. Os Plégias são, portanto, as águias de fogo[9]. Prometeu também pertence aos Flégias. O caminho de pramantha a Prometeu realmente não se faz através da palavra, mas talvez através da contemplação ou da imagem, e talvez
Prometeu tenha o mesmo significado que pramantha[10]; em outras

---

7. Um paralelo interessante é o deus de fogo dos balineses, que mora no cérebro do homem e é sempre representado dançando sobre uma roda em chamas (símbolo do Sol). É
considerado como o maior e mais popular deus dos habitantes de Bali (cf. fig. 32).

8. Bhrigu = φλὲγυ, um conjunto fonético reconhecido. Cf. ROSCHER. Op. cit.

9. A águia como totem do fogo entre os índios; cf. ROSCHER. Op. cit.

10. A raiz "manth", segundo Kuhn, na língua alemã levaria a "mangeln", "rollen" (ca-
landrar roupa). Manthara é a batedeira de manteiga (cf. fig. 37). Quando os deuses produziram o amrta (elixir da imortalidade) batendo o oceano, usaram o monte Mandara
como batedeira (KUHN. *Mythologische Studien*, I, p. 16s.). Steinthal (*Prometheus*, p. 8)
chama a atenção para a expressão latina em linguagem poética: mentula = membro
masculino, o que daria mentmanth. Eu acrescento: mentula pode ser considerado como
diminutivo de menta ou mentha (μίνθα), menta (hortelã). Na Antiguidade a menta era
chamada "coroa de Afrodite" (Dioscórides, II, 154). Apuleio a chama de "mentha vene-
rea"; ela era um afrodisíaco. Em Hipócrates encontramos um sentido oposto: "Si quis
eam saepe comedat, eius genitale semen ita colliquescit, ut effluat, et arrigere prohibet et
corpus imbecillum reddit". (Quando ingerido frequentemente, o sêmen genital torna-se
tão fluido que escorre, o que impede a ereção e enfraquece o corpo), e segundo Dioscórides, a menta também é um agente anticoncepional (AIGREMONT. *Volkserotik und
Pflanzenwelt*, I, p. 127). Mas sobre a menta os antigos também dizem: "Menta autem
appellata, quod suo odore mentem feriat... mentae ipsius odor animum excitat". (Chama-se menta porque com seu aroma fere a mente... o aroma da menta excita o ânimo.)
Isto nos leva ao radical ment – em mens: mente (em inglês mind) – com o que estaria es-
tabelecida a evolução paralela a pramantha. Acresce ainda que um queixo pronunciado
chama-se mento (mentum). É sabido que um queixo muito acentuado é peculiar à figura
priápica do polichinelo, assim como barbas (e orelhas) pontudas são próprias aos sátiros
e demais demônios priápicos; de modo geral, todas as saliências do corpo podem assumir significado masculino e todas as depressões ou cavidades, significado feminino.

Fig. 32 – O deus solar Tjintya, de Bali. Escultura em madeira

palavras, poderia tratar-se de um paralelo arquetípico e não de uma transmissão oral.

209   Durante certo tempo acreditava-se que Prometeu só mais tarde adquiriu seu significado como premeditador (justificado pela figura de Epimeteu), e primitivamente estava ligado a pramantha, manthâmi, mathâyati, mas que etimologicamente não poderia ser equiparado a προμηθέομαι, μάθημα, μανθάνω. Ao contrário, o pramati = providência, atributo de Agni, nada tem a ver com manthâmi. Recentemente, porém, a tendência é novamente derivar Prometeu de μανθάνω[11]. O que podemos constatar com segurança nesta história confusa é, portanto, que encontramos a ideia de pensar, premeditar, pre-

---

11. KERÉNYI. *Prometheus*, p. 20.

venir, relacionada com a produção do fogo por perfuração. Mas atualmente não temos provas do parentesco seguro entre as palavras usadas para isto. Na etimologia devemos levar em consideração, além da migração das palavras, o renascimento autóctone de certas imagens primitivas.

O pramantha como instrumento do Manthana (o sacrifício de fogo) entre os hindus tem significado sexual: o pramantha representa falo ou homem, o pau furado colocado embaixo é vulva ou mulher. O fogo gerado é a criança, o filho divino Agni (cf. fig. 33). No culto os dois paus chamam-se Purûravas e Urvaçi e são personificados

210

Fig. 33 – Agni com as duas madeiras. Índia

como homem e mulher. Do órgão genital da mulher nasce o fogo[12].
Weber dá uma descrição da produção de fogo no culto (manthana):

> Um determinado fogo sacrifical é aceso pela fricção de dois
> paus; toma-se um pedaço de madeira com as palavras: "Tu és o
> lugar de nascimento do fogo" (janitram), e sobre ele colo-
> cam-se duas gramíneas: "vós sois os dois testículos", sobre es-
> tas o *adharârani* (o pau colocado por baixo) "tu és Urvaçi",
> unta-se o *uttarârani* (o pau a ser colocado por cima) com mantei-
> ga "tu és força" (sêmen...), e deposita-se o mesmo sobre o *adhara-
> râni:* "Tu és Purúravas", e esfregam-se ambos três vezes: "fric-
> ciono-te com o Gâyatrîmetrum", "fricciono-te com o Trish-
> tubhmetrum", "fricciono-te com o Jagatîmetrum"[13].

211   A simbólica sexual desta produção de fogo é clara. Uma canção
da *Rigveda* (III, 29, 1-3) traz o mesmo conceito e a mesma simbólica:

> Este é o pau de rodar. O gerador (pênis) está pronto. Traze a
> senhora da tribo[14]. Torneemos Agni segundo antigo costume.
>
> Nos dois paus está jâtavedas, como nas grávidas o protegido fru-
> to do ventre; dia a dia Agni será louvado pelos solícitos e devo-
> tos homens.
>
> Naquela que está ali estendida faze penetrar (a haste), tu que
> és entendido nisto; de pronto ela concebe, dá à luz o fecundo-
> do; com ponta avermelhada, iluminando seu caminho, nas-
> ceu o filho de Ilâ na magnífica madeira[15].

---

12. "O que é denominado guhya (partes pudendas) chama-se o yoni (lugar de nascimento) do deus, e o fogo que aí é dado à luz chama-se benfazejo" (*Karmapradîpa de
Kâtyâyana*, I, 7, traduzido para o alemão por KUHN. *Herabkunft des Feuers*, p. 65s.).
Na língua alemã a relação etimológica bohren – geboren é possível (bohren = furar;
geboren werden = nascer). O germânico borôn (furar) não tem relação com o latim
forare (id;) e o grego φαράω) = arar. Supõe-se uma raiz indo-germânica bher com o
sentido de sustentar, sânscrito bhar, grego φερ, latim fero; daí o antigo alto-alemão
beran = dar à luz (gebären), inglês to bear, latim fero e fertilis, fordus (fértil, prenhe),
grego φορός (id.). Mas Walde (*Lat. etymol. Wörterbuch*, verbete ferio) relaciona forare com a raiz bher-. Cf. adiante a simbólica do arado (cf. fig. 34).

13. WEBER. *Indische Studien*, I, p. 197, cit. por KUHN. Op. cit., p. 71.

14. Ou dos homens em geral. Vicpatni é a madeira feminina, viçpati, um atributo de
Agni, a madeira masculina.

15. KUHN. *Herabkunft des Feuers*, p. 64s. A madeira como símbolo da mãe. Cf.
FREUD. *Traumdeutung*, p. 211. "O filho de Ilâ": Ilâ é a filha de Manu, o único, que
com o auxílio de seu peixe sobreviveu ao dilúvio e depois, com sua filha, tornou a gerar os homens.

Percebemos que pramantha é ao mesmo tempo Agni, o filho concebido: o falo é o filho ou o filho é o falo. Também a língua alemã atual contém resquícios de antigos símbolos: um menino é chamado de "Bengel" (o que em alemão quer dizer garoto e também cacete); no dialeto de Hesse diz-se "Stift" ou "Bolzen" (também rapaz e "cavilha" ou "flecha")[16]. A Artemisia Abrotanum L., que em alemão se chama "Stabwurz" (abrótano: ao pé da letra significa "vara aromática"), em inglês chama-se "boy's love". (A designação vulgar do pênis em alemão como "rapaz" já foi usada por Grimm e outros.) O culto da produção de fogo como superstição foi mantido na Europa até o século XIX. Kuhn menciona um caso ocorrido ainda no ano 1828, na Alemanha. Chamava-se o ato mágico de "Nodfyr"[17]: fogo de emergência, e usava-se o feitiço principalmente contra epidemias do gado. Da Crônica de Lanercost, de 1268, Kuhn cita um caso particularmente curioso de fogo de emergência, cujas cerimônias permitem reconhecer a analogia sexual:

> Para preservar íntegra a fé divina, recorde o leitor que, no ano em que na Laodonia grassava a peste comumente chamada Lungessouht [tísica], atacando o gado, certos donos de animais que eram clérigos por sua posição, mas não por convicção, ensinaram ao povo a acender fogo pela fricção de paus e a erigir uma estátua a Priapo, para com isto socorrer os animais. Quando assim o fizera um leigo cisterciense em Fenton diante do portal de sua propriedade, e mergulhara os testículos de um cão na água benta e com esta aspergira os animais...[18]

212

---

16. Cf. HIRT. *Etymologie der neuhochdeutschen Sprache*, p. 348.

17. O *Capitulare Carlomanni* de 742 proibia "illos sacrilegos ignes quos niedfyr vocant" [estes fogos sacrílegos que se chamam niedfyr]. Cf. GRIMM. *Deutsche Mythologie*, I, p. 502. Aqui também encontramos descrições de tais cerimônias de fogo.

18. "Pro fidei divinae integritate servanda recolat lector, quod cum hoc anno in Laodonia pestis grassaretur in pecudes armenti, quam vocant usitate Lungessouht, quidam bestiales, habitu claustrales non animo, docebant idiotas patriae ignem confrictione de lignis educere et simulacrum Priapi statuere, et per haec bestiis succurrere. Quod cum unus laicus Cisterciensis apud Fentone fecisset ante atrium aulae, ac intinctis testiculis canis in aquam benedictam super animalia sparsisset etc." (op. cit., p. 43).

Estes exemplos, por serem provenientes de diferentes épocas e 2
povos diversos, provam a existência de uma tendência geral de estabelecer um paralelo entre produção de fogo e sexualidade. A repetição cultural ou mágica da antiquíssima invenção mostra o quanto o
espírito humano persevera em formas antigas e quão profundamente
arraigada está a reminiscência de furar para produzir fogo. Talvez
haja a tendência de ver na simbólica sexual da produção cultural de
fogo uma participação da sabedoria dos sacerdotes. Isto pode ser verdade para certas elaborações cultuais do mistério do fogo. Mas continua em aberto a questão se a produção de fogo primitivamente não
tinha relação mais profunda com a sexualidade. Sabemos que tais
atos cultuais ocorrem em povos primitivos, como na tribo australiana
dos Watschandis[19]; estes, na primavera, realizam a seguinte magia da
fecundação: cavam um buraco no chão e o cercam de arbustos de forma a imitar as partes genitais femininas. Em torno deste buraco dançam a noite inteira, segurando suas lanças diante de si como um pênis
em ereção. Dançam em volta do buraco e cravam suas lanças na fossa, clamando: "pullì nira, pullì nira, pulli nira wataka" (non fossa,
non fossa, non fossa sed cunnus!). Tais danças "obscenas" ocorrem
também em outras tribos[20].

Fig. 34 – O arado fálico. Vaso grego com figuras pretas

---

19. PREUSS. *Der Ursprung der Religion und Kunst*, p. 358s.
20. Cf. F. SCHULTZE. *Psychologie der Naturvölker*, p. 161s.

Neste feitiço primaveril[21] se representa uma cópula sacramental,   214
sendo o feminino representado pelo buraco na terra, o masculino
pela lança. Este "hierógamo" era elemento constitutivo de muitos
cultos e muito importante em diversas seitas[22].

Não é difícil imaginar que, assim como os mencionados negros   215
australianos realizam uma espécie de "hierógamo" com a terra, a
mesma ideia possa ser representada pela produção de fogo através de

---

21. Esta prática primitiva leva ao símbolo fálico do arado. 'Αροῦν quer dizer arar e
tem além disso o significado poético de engravidar. O arare latino significa apenas
arar, mas a frase "fundum alienum arare" quer dizer "colher os frutos no pomar do vizinho". Uma representação excelente do arado fálico encontra-se num vaso do museu
arqueológico de Florença: estão ilustrados aí seis homens itifálicos nus, que carregam
um arado em forma de falo (cf. fig. 34; cf. DIETERICH. *Mutter Erde*, p. 107s.). O
"carrus navalis" (carnaval) de nossa festa, na Idade Média às vezes era um arado
(HAHN. *Demeter und Baubo*, apud DIETERICH. Op. cit., p. 109). O Professor
Abegg, de Zurique, chamou minha atenção para o trabalho de Meringer, *Wörter und
Sachen*. Encontramos aqui uma fusão muito ampla de símbolos da libido com material
externo e atividades externas, que apoia integralmente nossas considerações. O raciocínio de Meringer parte de duas raízes indo-germânicas, uen e ueneti. Indo-germânico
*uen, madeira, antigo islandês van, vana. Agni é garbhas vanãm, fruto do ventre das
madeiras. Indo-germânico *ueneti significava "ele lavra a terra"; isto quer dizer a perfuração do solo com um pau afiado e o subsequente rasgar da terra para a formação de
vales. O verbo em si aqui não é usado, porque o primitivo trabalho na terra cedo foi
abandonado. Quando se descobriu uma maneira melhor de lavrar a terra, a designação
do primitivo solo de cultivo passou para o pasto, a várzea. Temos aqui o gótico vinja
νομή, antigo islandês vin, prado, pasto. Talvez também o islandês Vanen como deuses
da lavoura. Ainda o indo-germânico *uenos, prazer do amor, latim Vênus. Do significado emocional de *uenos faz parte no antigo alto-alemão vinnan "delirar". Correlato
também o gótico vens, ἐλπις antigo alto-alemão wân, expectativa e esperança; sânscrito van, cobiçar; ainda "prazer"; antigo islandês vinr, bem-amado, amigo. Do significado "arar" origina-se "habitar"; esta transição ocorreu apenas na língua germânica.
De habitar [wohnen] vem [gewöhnen] estar habituado; antigo islandês vanr "habituado". De "arar" provém também esforçar-se, trabalhar muito; antigo islandês vanr
vinna, trabalhar; antigo baixo-alemão winnan, desgastar-se no trabalho; gótico vinnan πάσχειν, vunns πάθημα. De "arar" origina-se por outro lado lucrar, "alcançar",
antigo alto-alemão giwinnan; mas também "ferir": gótico vunds, "ferido". "Ferido"
no sentido original seria assim o solo aberto pelo instrumento. De "ferir" depois
também "bater, vencer"; antigo alto-alemão winna, luta; antigo saxão winnan, lutar
(cf. fig. 35).
22. O antigo hábito do "leito nupcial" no campo de cultura, visando tornar a terra fértil, mostra claramente a analogia: assim como fecundo a mulher, fecundo a terra. O
símbolo transfere a libido para o preparo e a fecundação da terra. Cf. MANNHARDT.
Wald- und Feldkulte, I, onde se encontram numerosos exemplos.

dois paus. Ao invés de dois seres humanos, as bodas rituais são representadas por dois simulacros, por Purûravas e Urvaçi, pelo pau masculino e pelo pau feminino (cf. fig. 33).

216   Sem dúvida a sexualidade é um dos conteúdos psíquicos de maior carga afetiva. Certos conceitos tendem a derivar dela também todas as suas analogias, admitindo para isso a hipótese segundo a qual a libido sexual em algum ponto encontraria uma barreira, sendo obrigada a procurar uma atividade substitutiva sob forma de uma analogia ritual. Para explicar a regressão e transformação parcial da libido, Freud sabidamente admitiu que a barreira seria a *proibição do incesto*. Mais exatamente a proibição do incesto representa uma limitação da tendência endogâmica. Mas, para obrigar um instinto à regressão ou apenas para limitá-lo parcialmente, é preciso que do outro lado haja uma energia suficientemente maior. Freud, com razão, vê esta energia no *medo,* e para explicar o mesmo recorre ao mito mais ou menos plausível da horda primitiva que, em analogia à horda de macacos, é tiranizada por um velho. Deveríamos completar este quadro com uma matrona igualmente assustadora que representa o medo das filhas, assim como o pai ancestral mantém o respeito aterrorizado dos filhos. Teríamos assim uma fonte de medo patrilinear e outra matrilinear, correspondentes às condições primitivas. Posso imaginar que os neuróticos entre os homens primitivos "pensavam" assim.

217   Uma tal origem da força motivadora que domina o instinto parece-me no mínimo duvidosa, e isto em primeiro lugar pelo simples fato de que as tensões dentro de um grupo primitivo nunca são maiores do que aquelas que significam a luta pela existência de todo o grupo. Se assim não fosse, o grupo pereceria incontinenti. A tendência endogâmica significa um grande perigo para o grupo primitivo; esse perigo é banido justamente pela restrição dessa tendência. O meio para isto parece ser o difundido "cross-cousin-marriage"[23], que contrabalança as tendências endogâmicas e exogâmicas. Os perigos que ameaçam o grupo depreendem-se das vantagens que ele obtém através da restrição da tendência endogâmica, na qual se enquadra o tabu do incesto. O grupo adquire consistência interna, possibilidade de

---

23. Cf. meu trabalho *Psicologia da transferência* [OC, 16/2, § 433s.].

Fig. 35 – A furadeira giratória. Hieróglifo mexicano (detalhe)

expansão e, com isso, maior segurança. Pois a fonte do medo não está dentro do grupo, mas fora dele, em riscos muito reais que a luta pela existência acarreta. O medo de inimigos e da fome sobrepuja até a sexualidade, que não é problema para os primitivos, pois é mais fácil ter uma mulher do que os mantimentos necessários. O medo das consequências da inadaptação é motivo convincente para a restrição do instinto. O confronto com situações de emergência obriga a pensar em como resolvê-las. A libido, tornada regressiva pelo impedimento, retorna sempre às possibilidades existentes no indivíduo. Um cão que encontra a porta fechada a arranha até que ela seja aberta, e um homem que não acha resposta esfrega o nariz, repuxa o lábio, coça atrás da orelha etc. Se ele se impacientar, aparecerão ainda outros ritmos; há de tamborilar com os dedos, bater com os pés etc. Surgirão também várias analogias sexuais mais ou menos nítidas, como gestos de masturbação. Koch-Grünberg[24] conta como os índios ficam sentados sobre a rocha e a riscam com pedras enquanto suas canoas contornam os saltos da correnteza. Com o correr do tempo formam-se assim desenhos caóticos ou rabiscos comparáveis talvez a desenhos sobre mata-borrão. Neste contexto torna-se compreensível aquilo que Maeterlinck conta no "L'oiseau bleu"[25]: As duas crianças que procuram o pássaro azul na terra dos ainda não nascidos encontram aí um menino que tem o hábito de enfiar o dedo no nariz. Diz-se que um dia, quando a terra tiver esfriado, ele descobrirá um novo

---

24. *Südamerikanische Felszeichnungen*, p. 17.
25. P. 218.

fogo. A paciente de Spielrein[26] relaciona o ato de furar de um lado com o fogo, de outro com a concepção. Disse ela: "Precisa-se do ferro para perfurar a terra... Com o ferro pode-se fazer homens frios nascerem da pedra". Com o ferro incandescente pode-se perfurar a montanha. O ferro torna-se incandescente quando com ele furamos uma rocha.

218   A libido represada por um obstáculo não regride necessariamente para objetos sexuais antigos, mas para atividades rítmicas infantis que são o modelo primário tanto do ato da alimentação quanto do ato sexual. Segundo o material de que dispomos, não parece impossível que a descoberta da produção de fogo tenha ocorrido deste modo, isto é, através do redespertar regressivo do ritmo[27]. Esta hipótese me parece psicologicamente possível. Não quero dizer com isso que o fogo foi descoberto só deste modo. A descoberta pode ter acontecido também ao se bater a pederneira. O que quero constatar aqui é apenas o processo psicológico cujas alusões simbólicas indicam uma tal possibilidade da descoberta de como acender fogo.

219   Embora estas atividades rítmicas despertem uma impressão de divertimento, não deixam de impressionar por sua firmeza e energia. Como se sabe, tais ritos (e é disto que se trata) geralmente são sérios e realizados com enorme dispêndio de energia, em contraste flagrante com a notória indolência dos povos primitivos. Com isto a aparente brincadeira adquire caráter de esforço propositado. Se certas tribos dançam durante toda uma noite ao som monótono de três notas, isto não nos dá a sensação de divertimento; mais parece intenção e exercício. E de fato assim é, pois o ritmo é a maneira clássica de gravar certas ideias ou outras atividades, e aquilo que deve ser gravado, isto é, firmemente organizado, é a transferência da libido para uma nova forma de atuação. Como depois da fase nutritiva do desenvolvimento a atividade rítmica não tem mais função no ato da alimentação, ela passa não só para a área da sexualidade *sensu strictiori*, mas também para o campo dos "mecanismos de atração", música e dança, e finalmente para a área do trabalho propriamente dito. É impressionante a relação íntima, a própria dependência entre o rendimento do traba-

---

26. Op. cit., p. 371.

27. Cf. as respectivas provas em Bücher (*Arbeit und Rhythmus*).

lho e música, canto, dança, tambor e ritmos em geral nos povos primitivos. Esta relação constitui a ponte para a sexualidade, e com isso a possibilidade de um desvio, de um afastamento da tarefa propriamente dita. Como uma tal digressão não é rara e ocorre em todas as áreas culturais, pode-se pensar facilmente que toda realização diferenciada seja até certo ponto um substitutivo para quaisquer formas de sexualidade. A meu ver, isto é um engano, que no entanto é compreensível diante da enorme importância psíquica deste instinto. Eu mesmo já defendi conceito semelhante, ao supor que as diversas formas de atração e de proteção da prole eram originárias da divisão e diferenciação de uma libido sexual primária, do instinto de propagação em geral, e que assim elas seriam também as precursoras das atividades culturais, na medida em que estas têm caráter instintivo. Uma das causas deste erro foi a influência de Freud, a outra, de maior peso, foi o fator ritmizante muitas vezes inerente a tais funções. Só mais tarde reconheci que a tendência ao ritmo de modo algum tem origem na fase nutritiva passando desta para a fase sexual, mas que ela representa um caráter peculiar de todos os processos emocionais em geral. Toda emoção, em qualquer fase da vida, tende a manifestações rítmicas, a repetições constantes. O mesmo se verifica na experiência de associação com palavras de reação destacadas dentro de um complexo, sob a forma de repetição, assonância e aliteração[28]. A formação de ritmo por isso não constitui razão para se admitir que a função a ela ligada seja derivada da sexualidade.

O valor psíquico da sexualidade assim como uma analogia plausível com ela, no caso de uma regressão, torna fácil o desvio para a sexualidade, quando parece tratar-se de um desejo sexual cuja realização (injustamente) se impede. Este é o raciocínio típico da neurose. Os homens primitivos parecem conhecer instintivamente o perigo deste desvio: os mencionados Watschandis não podem olhar para qualquer mulher enquanto celebram a cerimônia do hierógamo. Em certa tribo de índios era costume que os homens, antes de partirem para a guerra, rodeassem uma bonita jovem que ficava nua no meio deles. Quem tivesse uma ereção era excluído como incapaz para a

220

---

28. EBERSCHWEILER. *Untersuchungen über die sprachliche Komponente der Assoziation.*

função de guerreiro. Com o desvio para a sexualidade o problema real nem sempre, mas frequentemente, fica encoberto. Procura-se acreditar e fazer os outros acreditarem que se trata de um problema sexual fracassado já há tempo e cujas causas estariam no passado. Com isto encontra-se finalmente uma saída e consegue-se contornar o problema atual, deslocando a questão para outra área, não perigosa. Com este lucro indevido perdeu-se, porém, a adaptação, trocando-a por uma neurose.

221   Atribuímos acima a restrição dos instintos ao medo dos perigos muito reais da existência neste mundo. Mas a realidade externa não é a única fonte de medo que cerceia os instintos; o homem primitivo muitas vezes teme ainda mais uma realidade "interna", o mundo dos sonhos, das almas do outro mundo, dos demônios e deuses, e também dos feiticeiros e bruxas, embora nosso racionalismo pense poder eliminar esta última fonte de medo apontando a sua irrealidade. Trata-se no entanto de realidades psíquicas internas, cuja natureza irracional não é influenciável por raciocínios lógicos. Podemos tirar certas superstições do homem primitivo, mas não é possível com meras palavras libertá-lo da embriaguez, da decadência moral e do desespero. Existe uma realidade psíquica tão inflexível e insuperável quanto o mundo exterior, o qual também é tão útil e cheio de recursos quanto aquela, conhecendo-se os meios e caminhos para evitar os perigos e desenterrar os tesouros. "Magic is the science of the jungle" (a mágica é a ciência da selva), disse um conhecido pesquisador. O homem civilizado olha com desdém para a superstição primitiva, o que é tão tolo como se desprezássemos as armaduras e alabardas, os castelos e as catedrais da Idade Média. Meios primitivos são tão eficientes em condições primitivas quanto uma metralhadora ou o rádio em condições modernas. Podemos considerar nossas religiões e ideologias político-sociais como medidas de cura e propiciação e compará-las às ideias mágicas primitivas. Sempre que faltam tais "représentations collectives", surgem confusas idiossincrasias individualistas, ideias de coação, fobias e outros estados de possessão que nada perdem em primitivismo, para não falar das epidemias espirituais de nosso tempo, diante das quais a epidemia de caça às bruxas do século XV foi um episódio insignificante.

Apesar de todos os esforços racionalistas de reavaliação, a realida- 222
de interna é e será uma fonte de medo genuína, que se torna tanto mais
perigosa quanto mais for negada. Os impulsos biológicos com isso es-
barram não só contra uma barreira externa, mas também contra uma
interna. O mesmo sistema psíquico que de um lado se baseia na concupiscência dos instintos, por outro lado se fundamenta numa vontade
contrária que é pelo menos tão forte quanto o instinto biológico.

A vontade de repressão ou supressão dos instintos naturais, ou 223
melhor, do predomínio e falta de coordenação destes, isto é, da "su-
perbia" e "concupiscentia", provém – quando o motivo não é consti-
tuído pelas calamidades externas – de fonte espiritual, de imagens
numinosas, psíquicas. Estas imagens, conceitos, convicções ou ideais
agem através da energia própria ao indivíduo, que porém nem sempre o dispõe espontaneamente para este fim, mas lhe é por assim dizer subtraída destas imagens. A própria autoridade paterna raramente consegue dominar permanentemente o espírito dos filhos. Isto só
acontece quando o pai invoca ou pronuncia aquela imagem que é nu-
minosa aos homens em geral ou pelo menos se apoia no consenso geral (*consensus omnium*). A sugestão do meio ambiente é em si uma
consequência da numinosidade da imagem e por outro lado intensifica a mesma. Se não existir uma sugestão do meio neste sentido, o efeito
coletivo da imagem é pequeno ou nulo, embora possa ser de extrema
intensidade como experiência individual. Menciono este fato porque
se discute se as imagens internas, as "représentations collectives", são
meras sugestões do meio ou experiências primitivas genuínas e espontâneas. Com relação à primeira alternativa temos a observar que
ela apenas adia a resposta, pois o conteúdo da sugestão deve ter-se
originado algum dia, de algum modo. Alguma vez as afirmações míticas foram originais, experiências numinosas primárias, e quem não
perder o ânimo da pesquisa poderá observar ainda hoje estas experiências subjetivas primárias. Já mostrei acima[29] como uma afirmativa mítica (falo solar) se repete sob condições que não apresentam
qualquer possibilidade de transmissão. O paciente era um pequeno
comerciário com escolaridade não superior ao curso secundário. Cria-

---

29. [Cf. § 150s. deste vol.].

ra-se em Zurique e nem com o maior esforço de imaginação consegui conceber de onde o paciente teria tirado a imagem do falo solar, do movimento de vaivém da cabeça e da origem do vento. Eu mesmo, que estaria em condições bem melhores de conhecer o significado e a relação entre estas ideias graças a uma certa cultura geral, de nada sabia, e só quatro anos depois de minha primeira observação (1906) descobri o seu paralelo em Dieterich, *Eine Mithrasliturgie*[30].

224   Esta observação não ficou isolada[31]: naturalmente não se trata de ideias hereditárias, e sim de uma predisposição inata para a criação de fantasias paralelas, de estruturas idênticas, universais, da psique, que mais tarde chamei de inconsciente coletivo. Dei a estas estruturas o nome de arquétipos. Elas correspondem ao conceito biológico do "pattern of behaviour"[32].

225   O arquétipo, como mostra a história dos fenômenos religiosos, tem efeito numinoso, isto é, o sujeito é impelido por ele como pelo instinto, e este pode ser limitado e até subjugado por esta força, sendo supérfluo apresentar provas para isto.

226   Se um instinto é limitado ou inibido, ocorre uma repressão e regressão do mesmo; mais exatamente: se, por exemplo, ocorre uma inibição da sexualidade, há uma eventual regressão quando a energia da sexualidade abandona este campo de aplicação e anima a função de outra área, ou melhor, se incorpora a ela. Modifica assim a sua forma. Tomemos como exemplo a cerimônia dos Watschandis: muito provavelmente o buraco na terra é uma analogia ao genital da mãe; pois, quando um homem não pode olhar para mulher alguma, seu eros volta para a mãe. Mas como o incesto precisa ser evitado, o buraco na terra como que substitui a mãe. Pela prática da cerimônia a energia de caráter incestuoso é retirada da sexualidade e reconduzida a uma fase infantil, alcançando aí, quando a operação é bem-sucedida, uma outra forma, e isso equivale a uma outra função. Mas é de se

---

30. Op. Cit., p. 62s. Cf. Minhas observações sobre este caso em: A natureza da psique. Petrópolis: Vozes, 1984 [OC, 8/2; § 104s.]
31. Cf. JUNG & KERÉNYI. *Einführung in das Wesen der Mythologie*; e JUNG. *Psychologie und Alchemie* [OC, 12; § 52s.].
32. [Cf. JUNG. *A natureza da psique*. Op. cit., § 397s.].

supor que a operação só pode realizar-se com dificuldade, pois o instinto original tem tendência tanto endogâmica ("incestuosa") quanto exogâmica, e assim deve ser de certa forma dividido. Esta divisão está associada à consciência e à conscientização. A regressão se dá com certa dificuldade porque a energia, como força específica, adere a seu sujeito e assim, em sua passagem de uma forma para outra, transfere alguma coisa de seu caráter anterior para a forma subsequente[33]. A consequência disto é que os fenômenos daí decorrentes têm em si o caráter de ato sexual, mas não são mais atos sexuais reais. Assim também a produção de fogo é apenas a analogia de um ato sexual, assim como este frequentemente é usado na linguagem corrente como analogia de atividades completamente diversas. A fase pré-sexual da primeira infância, à qual a regressão retorna, caracteriza-se por numerosas possibilidades de aplicação, porque a libido ali readquire sua polivalência indiferenciada original. É pois compreensível que um componente da libido que torna a "ocupar" regressivamente esta fase se encontre diante de possibilidades múltiplas de aplicação. Como nesta cerimônia dos Watschandis se trata de uma libido ligada a um objeto, à sexualidade, ela levará esta determinação como caráter essencial ao menos em parte para a nova forma. A consequência disto é que um objeto análogo é "ocupado", tomando o lugar do reprimido. O caso ideal de um tal objeto é representado pela mãe terra fornecedora de alimento (cf. fig. 36 e fig. 7). A psicologia da fase pré-sexual contribui com o caráter de nutrição que lhe é característico, enquanto a sexualidade participa com sua forma característica, o hierógamo. Daí se originam os antiquíssimos símbolos da agricultura. No ato de lavrar a terra misturam-se fome e incesto. Os cultos da mãe terra veem no cultivo da terra a fecundação da mãe. Mas a finalidade da ação é a produção do fruto da lavoura e o caráter da ação é mágico e não sexual. A regressão, neste caso, leva à reanimação da mãe como objeto do desejo, mas desta vez simbolicamente como a fornecedora de alimento.

Devemos talvez à invenção do fogo uma regressão muito semelhante para a fase pré-sexual, para a fase da atividade rítmica. A libido que regride devido a uma restrição do instinto, ao alcançar a fase

227

---

33. Designado na energética antiga como "Extensitätsfaktor" ("fator de extensibilidade"). Cf. VON HARTMANN. *Weltanschauung der modernen Physik*, p. 5.

Fig. 36 – A mãe Terra nutriz. Mural na catedral de Limburgo
(cerca de 1235)

pré-sexual, reanima o ato infantil de furar, ao qual confere agora
uma substância externa correspondente ao seu objetivo anterior, razão pela qual esta se chama adequadamente matéria, pois o objeto
desta fase era a mãe. Como tentei mostrar acima, a ação de furar exige a força e a resistência de um homem adulto e o "material" adequado para produzir o fogo. Naturalmente nunca encontraremos provas
reais para isto, mas é presumível que em algum lugar se conservaram
vestígios destes primitivos exercícios preliminares à produção de
fogo. Num monumento da literatura hindu consegui encontrar uma
passagem que contém esta transição da libido para o preparo do
fogo. Ela está na *Brhadâranyaka-Upanishad;* cito-a segundo a tradução alemã de Deussen[34].

> Pois ele (Âtman[35]) era do tamanho de um homem e uma mu-
> lher quando abraçados. Ele dividiu seu eu em duas partes; daí

---

34. *Die Geheimlehre des Veda*, p. 22s. Os *Upanixades* pertencem à teoria das escrituras
vedas e contêm a parte teosófico-especulativa das doutrinas vedas. As escrituras ou co-
leções vedas em parte são de idade indeterminada e, como durante muito tempo só foram transmitidas oralmente, podem datar de uma antiguidade muito remota.

35. O ser primeiro e universal, cujo conceito, retraduzido em termos psicológicos, coincide com o conceito de libido.

se originaram esposo e esposa...[36] com ela ele se acasalou; daí se originaram os homens. Ela contudo ponderou: "Como pode ele comigo acasalar-se após ter-me produzido de seu próprio ser? Pois bem, vou ocultar-me!" – Ela então se transformou numa vaca; ele porém virou um touro e acasalou-se com ela. Daí se originaram os bovídeos. – Então ela virou uma égua, mas ele se tornou um garanhão; ela se transformou numa jumenta, ele num jumento e se acasalou com ela. Daí se originaram os equídeos. – Ela se transformou numa cabra, ele num bode; ela numa ovelha, ele num carneiro e acasalou-se com ela; daí se originaram as cabras e ovelhas. – Assim aconteceu que ele criou tudo o que se casa, até as minúsculas formigas, tudo isto ele criou. Aí então ele reconheceu: "Deveras, eu próprio sou a criação, pois eu criei o mundo todo!"... Esfregou então (as mãos mantidas diante da boca), assim; da boca, como do seio materno, e das mãos, produziu então o fogo.

Numa criança de aproximadamente um ano observei um gesto habitual estranho: ela segurava uma das mãos diante da boca e com a outra esfregava continuamente a primeira. Este hábito perdeu-se depois de alguns meses. Casos como este mostram que a interpretação de um mitologema, por exemplo, o acima, como gesto da primeira infância, tem sua razão de ser.   228

Mas a observação também é interessante sob outro aspecto: é a importância da boca, que nesta idade ainda tem significação exclusivamente nutritiva. A vontade e o prazer de ingerir alimento estão aqui localizados. Não há razão para dar a este prazer uma interpretação sexual. A ingestão de alimento é uma atividade genuína e gratificante por si mesma e, como é uma necessidade vital, a natureza lhe concedeu o prêmio do prazer. Nesta idade a boca começa a adquirir ainda outro   229

---

36. Âtman, portanto, é concebido como um ser originalmente bissexual ou hermafrodita. O mundo originou-se do desejo. Cf. DEUSSEN (org.). *Brhadâranyaka-Upanishad* 1, 4, 1-3, p. 22: "1. No início o mundo era só o Âtman [...] Este olhou em torno: e não viu nada além de si mesmo [...] Então sentiu medo; por isso, aquele que está só sente medo. Ponderou ele então: 'o que devo temer, se nada existe além de mim' [...] Mas ele também não tinha qualquer prazer; por isto aquele que está só não sente prazer. Desejou ele então um *segundo*". Segue-se aqui a descrição de sua divisão, citada acima. O conceito de Platão sobre a alma universal aproxima-se da ideia hindu: "Não precisava dos olhos, pois nada visível se encontrava em derredor [...] Nada dela se separava, nada se lhe acrescia, pois nada existia além de si mesma" (*Timaios*, p. 26).

significado, o de órgão da linguagem. A importantíssima função da fala duplica por assim dizer a importância da boca para a criança. A atividade rítmica exercida pela boca exprime uma concentração das forças emocionais, justamente da libido, neste ponto. Assim a boca (como aliás, em menor grau, também o ânus) torna-se um lugar de origem. Como vimos acima no relato hindu, dela provém também a maior descoberta do homem primitivo, o fogo. Existem textos que colocam fogo e fala como paralelos. No *Aitareya-Upanishad* lemos:

> Então ele tirou das águas um purusha (homem) e o modelou. Este ele chocou; e, ao chocá-lo, fendeu-se sua boca como um ovo, e da boca nasceu a fala e da fala, Agni[37].

230   Aqui, portanto, ora consta que da fala provém o fogo, ora que o fogo se transforma em fala. No *Brhadâranyaka-Upanishad* há uma relação semelhante entre fogo e fala:

> "Yâjñavalkya", assim falou ele, "quando após a morte deste homem sua fala se extinguir no fogo, seu hálito no vento, seus olhos no Sol etc.".
>
> "Mas quando o Sol se pôs, ó Yâjñavalkya, e a luz desapareceu, e o fogo se apagou, o que então servirá de luz ao homem?" – "Então sua fala lhe servirá de luz; pois à luz da fala ele senta e caminha, faz o seu trabalho e regressa ao lar". "[...] Mas quando o Sol se pôs, ó Yâjñavalkya, e a Lua desapareceu e o fogo se apagou e a voz emudeceu, o que então servirá de luz ao homem?" – "Então ele a si mesmo (*âtman*) servirá de luz; pois à luz de seu ser (da alma) ele senta e caminha, faz o seu trabalho e regressa ao lar"[38].

231   A associação à primeira vista estranha entre boca, fogo e fala existe também em nossa linguagem moderna: as palavras são "ardentes" e "inflamadas". Na linguagem do Antigo Testamento a associação entre boca e fogo é frequente, por exemplo 2Samuel 22,9: "Subiu fumaça de suas narinas e de sua boca um fogo voraz". Isaías 30,27: "Seus lábios (do Senhor) estão cheios de cólera e sua língua é como fogo destruidor". Salmo 29,7: "A voz do Senhor faz flamejar lampejos de fogo". Jeremias 23,29: "Não é minha palavra como fogo?" Da boca das duas línguas proféticas do Apocalipse 11,5 sai fogo.

---

37. DEUSSEN. *Sechzig Upanishads des Veda*, I, 1, 3 e 4, p. 16.
38. Op. cit., 3, 2, p. 37 e 53s.

Sempre de novo o fogo é chamado "devorador", "consumidor",   232
o que indica a função da boca; assim em Isaías 9,19: "Pela cólera do
Senhor Todo-poderoso o país foi conturbado e o povo se tornou um
alimento para o fogo". (Também Ezequiel 15,4.) Um bom exemplo
se encontra nos Atos dos Apóstolos 2,3s.: "E viram então uma espécie
de línguas (γλῶσσαι) de fogo, que se repartiram [...] E ficaram cheios
do Espírito Santo e começaram a falar em outras línguas [...]
(γλῶσσαις) [...]" A γλῶσσα do fogo provoca a glossolalia dos apóstolos. Em sentido negativo a Carta de Tiago 3,6 diz: "Também a língua
é um fogo. Como um mundo de iniquidade, a língua está entre nossos membros a contaminar todo o corpo. Inflama o ciclo de nossa
existência, sendo atiçada pelo inferno". O Livro dos Provérbios
16,27 diz algo semelhante a respeito do homem perverso: "[...] e seus
lábios destroem como um fogo". Também os dragões, os cavalos
(Apocalipse 9,17) e o Leviatã (Jó 41,10) cospem fogo.

A relação da boca com a fala e o fogo é inequívoca: nos dicioná-   233
rios etimológicos encontramos um radical indo-germânico bhâ com
o significado de "reluzir, brilhar". Este radical encontra-se no grego
φάω, φαίνω, φάος, no antigo irlandês bán = branco, em novo alto-alemão bohnen = polir, tornar brilhante. Mas o mesmo radical
bhâ também significa "falar"; ele se encontra no sânscrito bhan = falar, armênio ban = palavra, novo alto-alemão Bann, fascínio, fasci-
nar, no grego φᾶ-μί, ἔφαν, φᾶτις, no latim fâri, fâtum.

O radical lâ com o significado de soar, latir, encontra-se no sâns-   234
crito las lásati = ressoar e las lásati = brilhar, resplandecer.

Outra confluência arcaica de significados parece existir na classe   235
de vocábulos egípcios derivados das raízes muito próximas ben e bel
e da duplicação benben e belbel. O significado original destas palavras é: expelir, sair, intumescer, projetar (com o sentido figurado de
efervescer, borbulhar e arredondamento); belbel, acompanhado do
sinal do obelisco, quer dizer fonte de luz. O próprio obelisco, além
dos nomes de teschenu e men, também era chamado benben e, mais
raramente, berber e belbel[39]. O radical indo-germânico vel com o sig-

---

39. Cf. BRUGSCH. *Religion und Mythologie der alten Ägypter*, p. 255, e o vocabulário
egípcio.

nificado de ondear (fogo) é encontrado no sânscrito ulunka = incêndio, no grego Φαλέα, no ático άλέα = calor do Sol, gótico vulan =
ondear; antigo alto-alemão e alemão moderno walm = calor, brasa.
O radical indo-germânico da mesma família, vélkô, com o sentido de
brilhar, arder, é encontrado no sânscrito ulka = incêndio, no grego
Fελχᾶνος = Vulcano. Mas o mesmo radical vel também quer dizer
soar, em sânscrito vânî = ressonância, canto, música; tcheco volati =
chamar. O radical svéno = tons, sons, encontra-se no sânscrito svan,
svánati = sussurrar, ressoar, no zenda qanañt, latim sonare, iraniano
antigo senm, cambriano sain, latim sonus, anglo-saxão svinsian =
soar. O radical da mesma família svénos = ruído, som, encontra-se
no védico svánas = ruído, latim sonor, sonorus. Outro radical semelhante é svonós = tom, ruído, em iraniano antigo son = palavra. O
radical své(n), locativo svéni, dativo sunéi, significava Sol, em zenda
qeng = Sol (cf. acima svénô zenda qanant), gótico sun-na, sunnô[40].
Embora as estrelas sejam percebidas apenas por seu brilho, fala-se da
música e da harmonia celestial, o que já lemos em Pitágoras. O mesmo nos versos de Goethe:

> Ressoa o Sol em antigas árias
> De cantantes esferas fraternais,
> E cumpre seu trajeto pré-traçado
> Ao clamor rimbombante de trovões[41].

> Escutai, escutai o troar das horas!
> Capta já a mente ativa
> O sonoro nascer do novo dia.
> Portas de rocha rangem crepitantes,
> Rodas de Febo rolam trepidantes,
> Quanta zoeira traz a luz!
> Ecoam trompetes e pistões,

---

40. O termo "Schwan" (cisne) cabe aqui, pois ele também "canta ao morrer". Cisne,
águia, fênix, aparecem na alquimia como símbolos afins. Representam o Sol e com isso
o ouro filosofal. Cf. também o verso de Heine: "Es singt der Schwan im Weiher, / Und
rudert auf und ab, / Und immer leiser singend / taucht er ins Flutengrab". (Canta o cisne no açude, / E para lá e para cá flutua, / E com canto cada vez mais fraco / Na sepultura das águas afunda. *Buch der Lieder*, p. 23).

41. *Faust*, parte I, p. 140.

Pisca o olho, o ouvido pasma,
O inaudito não se escuta.
Escondei-vos nas ramagens,
Em recônditos abrigos,
Entre as rochas, nas folhagens,
Ensurdeceis, se atingidos[42].

Não podemos esquecer também os versos de Hölderlin: 236

Onde estás? Ébria, desperta a minh'alma
De todo o teu prazer; pois ouço agora,
Em meio a sons dourados, o jovem Sol,
Em lira celestial tocar sua canção crepuscular.
Os bosques e colinas em derredor ressoam...[43]

Estas imagens lembram o deus solar Apolo, caracterizado pela   237
lira como músico. A confluência dos significados de soar, falar, brilhar, fogo, manifesta-se até fisiologicamente (?) no fenômeno da *au-
dition colorée*, da tonalidade das cores e do colorido dos sons. Neste
sentido deve-se pensar por isso na existência de uma identidade pre-
consciente; quer dizer, os dois fenômenos têm alguma coisa em comum, apesar de toda a diferença real. Trata-se de uma identidade
psíquica, isto é – por certo não casualmente –, das duas descobertas
mais importantes que distinguem o homem de todos os seres vivos: a
linguagem e o uso do fogo. Ambos são produtos da energia psíquica,
da libido ou do mana, para usar um conceito primitivo. Em sânscrito
existe um conceito que caracteriza perfeitamente a situação precons
ciente mencionada. É o termo têjas, que significa:

1. Agudeza, corte.

2. Fogo, brilho, luz, brasa, calor.

3. Aspecto sadio, beleza.

4. A força ardorosa e criadora de cor no organismo humano
(imaginada na bílis).

5. Força, energia, força vital.

---

42. Op. cit., parte II, p. 272.

43. "Sonnenuntergang" (segunda versão) (*Sämtliche Werke*, p. 93).

6. Natureza impetuosa.

7. Força espiritual, também mágica; influência, prestígio, dignidade.

8. O sêmen masculino[44].

238   O termo têjas descreve portanto aquela condição psicológica também indicada pela expressão "libido". É a *intensidade* subjetivamente percebida das mais diversas situações. Tudo o que for muito acentuado, portanto os conteúdos carregados de energia, têm por isso amplos significados simbólicos. Para a fala, que tudo exprime, isto é óbvio. Mas seria interessante dizer alguma coisa sobre a simbólica do fogo.

239   O termo sânscrito para fogo é agnis (o latino ignis)[45], o fogo personificado é o deus Agni, o mediador divino (cf. fig. 33), cujo símbolo tem certas semelhanças com ideias cristãs.

240   Um nome erânico de fogo é Nairyôçagha = palavra masculina. Hindu: Narâçamsa = desejo dos homens[46]. Sobre Agni, o fogo, diz Max Müller em *Einleitung in die vergleichende Religionswissenschaft*:

> Era comum aos hindus considerar o fogo sobre o altar simultaneamente como sujeito e objeto do sacrifício. O fogo queimava a oferenda e era por assim dizer o sacerdote: o fogo levava o sacrifício até os deuses e era assim um mediador entre homens e deuses; mas o próprio fogo também representava um ser divino, um deus, e quando se pretendia venerar este deus, o fogo era ao mesmo tempo sujeito e objeto do sacrifício. Daí a primeira ideia de Agni sacrificar-se a si mesmo, isto é, de oferecer seu próprio sacrifício para si mesmo, e, depois, de imolar-se a si mesmo...[47]

241   A semelhança destas ideias com o símbolo cristão é evidente. Krishna diz o mesmo nos *Bhagavad-Gîtâ*:

---

44. [Cf. MACDONELL. *Sanskrit Dictionary*, p. 112, verbete tégas].

45. Relacionada com ag-ilis, móvel: F.M. MÜLLER. *Ursprung und Entwick-lung der Religion*, p. 237.

46. SPIEGEL. *Erânische Altertumskunde* II, p. 49.

47. [P. 219, nota].

Tudo então é Deus!

O sacrifício é Brama, o óleo e o grão
São Brama, o fogo é Brama, a carne que ele consome
É Brama, e o próprio Brama atinge aquele
Que, em tal prece, medita sobre Brama[48].

A sábia Diotima, no *Banquete* de Platão, apresenta um conceito   242
diferente sobre o emissário e mediador divino. Ela ensina a Sócrates
que Eros é "o ser intermediário entre mortais e imortais", "um grande demônio, caro Sócrates; pois todo o demoníaco é justamente o
termo médio entre Deus e o homem". Eros tem a incumbência "de
ser intérprete e mensageiro dos homens junto aos deuses e dos deuses
junto aos homens, de uns para suas orações e sacrifícios, de outros
para suas ordens e recompensas pelos sacrifícios, e transpor assim o
abismo entre ambos, de modo que por seu intermédio o universo se
una em si mesmo". Diotima dá uma excelente descrição de Eros:
"[Ele] é másculo, temerário e perseverante, um grande caçador (arqueiro! cf. adiante) e incansável armador de intrigas, sempre à procura da sabedoria [...], um poderoso feiticeiro, envenenador e sofista; e
não é feito como um imortal nem como um mortal, mas no mesmo
dia ora progride e resplandece, ao atingir a plenitude do objetivo almejado, ora fenece; sempre porém torna a despertar para a vida, graças à natureza de seu pai (ressurreição!), mas o fim alcançado sempre
de novo lhe escapa [...]"[49]

No *Avesta* e nos *Vedas* o fogo é mensageiro de deus. Na mitolo-   243
gia cristã há várias semelhanças com o mito de Agni. Daniel (3,24s.)
fala dos três homens na fornalha:

> Então o Rei Nabucodonosor, tomado de pasmo, levantou-se
> apressadamente e perguntou a seus conselheiros: "Não lança-
> mos três homens bem amarrados no meio do fogo?" Eles res-
> ponderam ao rei: "Certamente, Majestade!" O rei prosse-
> guiu: "Mas estou vendo quatro homens passearem livremente
> no meio do fogo, sem que tenham sofrido qualquer dano, e o
> aspecto do quarto homem é o de um filho de deuses".

---

48. Book IV, p. 25 e 26.
49. *Das Gastmahl*, p. 93s.

244   A *Bíblia pauperum* (na edição de 1471) observa sobre esta passagem:

> Lê-se no Profeta Daniel, no capítulo 3, que Nabucodonosor, rei da Babilônia, mandou colocar três homens na fornalha ardente, e, quando o rei se aproximou da fornalha e olhou para dentro dela, viu junto aos três um quarto que era igual ao filho de deus. Os três significam a santa trindade de pessoas e o quarto a unidade do ser. Portanto, Cristo em seu esplendor representa a trindade de pessoas e a unidade do ser[50].

245   De acordo com esta interpretação a lenda dos três homens na fornalha se apresenta como um processo mágico, onde um quarto homem aparece no fogo. A fornalha (como o "tripé" incandescente no *Fausto*) é um símbolo materno. Deste último sasm Páris e Helena, o par real da alquimia; na fornalha, segundo a tradição popular, são assadas as crianças. O athanor dos alquimistas, isto é, o forno de fundição, significa o ventre, enquanto o alembicus ou a cucurbita, o vas Hermetis, representam o útero. O quarto na fornalha aparece como um filho de Deus, surgido no fogo[51]. O próprio Javé é fogo. Sobre o salvador de Israel está escrito em Isaías 16,17: "E a luz de Israel se transformará em fogo, e seu santo em chama". Um cântico de Efrém o Sírio diz sobre Cristo: "Tu que és todo fogo, tem piedade de mim". Este conceito tem por base a palavra (apócrifa) do Senhor: "Quem está próximo de mim, está próximo do fogo"[52].

246   Agni é a chama sacrifical, o sacrificador e o sacrificado. Assim como Cristo deixou no vinho seu sangue redentor como um φάρμακον ἀθανασίας (remédio de imortalidade), assim Agni também é o soma, o sagrado elixir inspirador, o hidromel da imortalidade[53]. Soma e fogo são idênticos na literatura veda. Assim como os antigos hindus viam no fogo um símbolo da energia suprema de Deus, portanto de uma imagem interior, eles também reconheciam na bebida inebriante ("água de fogo", Soma-Agni, como chuva e fogo) a mesma dinâmica

---

50. [Prancha XII].

51. Também os alquimistas ocuparam-se com esta história e viram no quarto homem o "filius philosophorum". Cf. *Psychologie und Alchemie*. Op. cit., § 449 [OC, 12].

52. [*Neutestamentliche Apokryphen,* p. 35].

53. Este lado de Agni lembra Dioniso, que tem paralelos tanto com a mitologia cristã quanto com a indiana.

psíquica. A definição veda do soma como efusão de sêmen[54] confirma esta interpretação. O significado de Agni como soma é paralelo ao conceito cristão do sangue eucarístico como corpo de Cristo.

Também o soma é o "elixir nutritivo" cuja caracterização mito-   247
lógica coincide com a do fogo, razão por que ambos estão unidos em Agni. O elixir da imortalidade (Amrta) também é batido pelos deuses hindus como o fogo (cf. fig. 37).

Em nossas considerações, que partiram do pramantha do sacrifí-   248
cio de Agni, ocupamo-nos até agora apenas com um significado do termo manthâmi ou mathnâmi, isto é, com aquele que indica o movimento de esfregar. Contudo, Kuhn mostra que esta palavra também tem o sentido de arrancar, apoderar-se, raptar[55]. Segundo ele, este significado já existe nos textos vedas. A saga do descobrimento sempre considera a produção de fogo como um *rapto* (sob este aspecto enquadra-se no tema universal da preciosidade difícil de ser alcançada). Muitas vezes o preparo do fogo é um ato proibido, usurpador, sujeito a punição, acessível só por meio de astúcia ou violência (em geral por astúcia)[56]. Os preceitos rituais dos hindus impõem penas graves àquele que prepara fogo de modo incorreto. Na Igreja católica havia o antigo costume de preparar um fogo novo na Páscoa. O acender do fogo portanto também no Ocidente faz parte do mistério ritual, o que assegura seu caráter simbólico, isto é, ambíguo. As regras dos atos rituais devem ser obedecidas rigorosamente para que exerçam o efeito mágico almejado. O ritual geralmente tem significado protetor, apotropaico, e a realização ou o emprego incorreto tem o perigo de evocar justamente o perigo contra o qual o ritual pretendia proteção. A fala assim como a produção de fogo significavam outrora triunfos sobre a inconsciência animal e desde então constituem os mais poderosos meios mágicos para sobrepujar os poderes "demoníacos" do inconsciente, sempre à

---

54. "Tudo, enfim, que no mundo é úmido, ele criou com a efusão de sêmen; este porém é o soma" (*Brhadâranyaka-Upanishad*, 1, 4, p. 394).

55. A questão é se este significado só se desenvolveu secundariamente. Segundo Kuhn, é provável; diz ele (*Herabkunft des Feuers*, p. 18): "Ao lado do significado até agora exposto da raiz *manth*, já nos Vedas desenvolveu-se também a ideia de arrancar, como consequência natural de tal ato".

56. Exemplos em Frobenius (*Das Zeitalter des Sonnengottes*).

Fig. 37 – Batendo o mar de leite. Miniatura da Rajput School, Índia

espreita. As duas atuações da libido exigem atenção, concentração e disciplina da libido, e possibilitam assim um maior desdobramento da consciência. Mas a realização e o emprego incorretos do rito causavam um movimento retrógrado da libido, uma regressão, ameaçando um retorno ao antigo estado impulsivo e inconsciente. O perigo consiste nos chamados "perils of the soul", isto é, na dissociação da personalidade ("perda de uma alma") e diminuição da consciência, ambas tendo por consequência um reforço automático do inconsciente. Tais consequências não só constituem um grande perigo para a vida emocional do homem primitivo, mas causam transtornos psíquicos também no assim chamado homem civilizado sob a forma de estados de possessão e epidemias psíquicas.

A repressão da libido aumenta a impulsividade e ativa assim as   249
possibilidades e tendências a excessos e aberrações de toda sorte. Entre estes, os distúrbios sexuais são bastante frequentes, como era de
se esperar e como a experiência confirma. Um exemplo particularmente elucidativo é a psicologia do incendiário: a provocação de incêndio realmente é uma "produção de fogo" regressiva, e ao mesmo
tempo em certos casos se associa à masturbação. Hans Schmid relata
o seguinte caso[57]: um jovem camponês imbecil provocou vários in-
cêndios. Durante um deles as suspeitas caíram sobre ele por seu comportamento, porque observava o fogo alegremente, de mãos nos bol-
sos, da porta de uma casa defronte. Mais tarde, durante o exame,
confessou que se masturbava toda vez que se deleitava diante de um
fogo por ele ateado.

O ato de preparar fogo é um hábito exercido no mundo inteiro   250
no decorrer de muitos séculos, e que pouco a pouco foi perdendo sua
aura de mistério. Mas sempre houve a tendência de, vez por outra,
preparar o fogo de modo cerimonial e misterioso (assim como o comer e beber segundo um ritual), de acordo com regras exatas, das
quais ninguém tinha o direito de se afastar. Este rito lembra a numinosidade original do preparo do fogo. Não tem, além disto, qualquer
importância prática. A anamnese do preparo do fogo está no mesmo
nível que a lembrança dos antepassados entre os povos primitivos e
dos deuses entre os civilizados. Sob o ponto de vista psicológico a cerimônia tem a importância de uma instituição com um sentido determinado, pois representa um procedimento bem circunscrito para a
transmissão da libido. Este relato tem o valor funcional de um paradigma: através dele mostramos como se deveria agir no caso de repressão da libido. O que chamamos de "repressão da libido" constitui para o homem primitivo um fato concreto: a vida não flui mais, as
coisas perderam seu brilho, e plantas, animais e homens não prospe-
ram mais. A antiga filosofia chinesa de *I Ging* cunhou expressivas
imagens para isto. O homem moderno nestas circunstâncias sente
uma paralisação ("I am stuck"), uma diminuição da alegria e da vontade de viver ("perdi a libido"), ou uma depressão. Muitas vezes é

---

57. *Zur Psychologie der Brandstifter.*

mesmo necessário chamar a atenção de um paciente para este fato, pois a introspecção do homem atual frequentemente deixa tudo a desejar. Se no rito oriental ainda hoje é aceso o fogo novo, isto relembra o sentido redentor e salvador do primeiro preparo do fogo. Com isto o homem arrancou ou roubou um segredo da natureza (Prometeu e o roubo do fogo!). Ele se permitiu uma intervenção por assim dizer ilícita na natureza e incorporou a seu consciente uma parcela do inconsciente universal primordial. Ele se apoderou de um bem precioso como que por um roubo e lesou o reino dos deuses. Quem conhece o medo do homem primitivo diante de inovações imprevisíveis pode bem imaginar sua insegurança e escrúpulo face a esta descoberta. Por certo temos o reflexo desta experiência ancestral no tema do roubo (roubo das reses solares, das maçãs de ouro das Hespérides e da erva da vida). No culto de Diana de Arícia só chegava a ser sacerdote aquele que ousava colher um ramo no bosque da deusa.

IV

O nascimento do herói

O mais nobre de todos os símbolos da libido é a figura humana do demônio ou do herói. A simbólica abandona então o campo do neutro, próprio à imagem astral e meteórica, e assume forma humana: a imagem do ser que passa da tristeza para a alegria e da alegria para a tristeza, o ser que ora resplandece no zênite, como o Sol, ora imerge em noite profunda e desta mesma noite renasce para novo esplendor[1]. Assim como o Sol, em seu movimento e segundo suas leis intrínsecas, sobe desde a manhã até o meio-dia, ultrapassa o meio-dia e declina para a tarde, deixando para trás seu esplendor e mergulhando na noite que tudo encobre, assim também o homem, segundo leis imutáveis, segue seu caminho e desaparece na noite ao fim da jornada, para renascer de manhã em seus filhos, reiniciando nova trajetória. A passagem simbólica do Sol para o homem é fácil e viável. A terceira e última criação de Miss Miller também segue esta linha. Ela chamou a peça de "Chiwantopel, Drame hypnagogique". Sobre a origem da fantasia conta o seguinte:

> Depois de uma noite cheia de preocupações e temor, fui deitar-me às 11:30h. Estava agitada e sem poder dormir, apesar de muito cansada [...] Não havia luz no quarto. Fechei os olhos e tive a sensação de que alguma coisa estava para acontecer. Senti então um grande relaxamento e fiquei tão passiva quanto possível. Diante de meus olhos surgiram linhas, centelhas e espirais luminosas [...] seguidas de uma visão caleidoscópica de acontecimentos triviais recentes.

---

1. Provavelmente daí o belo nome do herói solar Gilgamesh, "homem triste-alegre". Cf. JENSEN. *Das Gilgamesh-Epos in der Weltliteratur*.

252   O leitor lamentará comigo não sabermos qual foi o motivo de suas preocupações e temores. Teria sido muito importante para o que segue. Esta lacuna é tanto mais lamentável porquanto desde a primeira poesia (1898) até a fantasia ora comentada (1902) quatro anos se passaram. Nada sabemos sobre este intervalo, durante o qual o problema certamente não dormiu no inconsciente. Mas esta falta também tem seu lado positivo, pois a validade geral da fantasia agora exposta não será afetada por qualquer interesse pela vida particular da autora. Com isto suprimiu-se alguma coisa que muitas vezes impede o médico, em seu trabalho diário, de desviar o olhar do fatigante trabalho de minúcia para as amplas inter-relações existentes entre todo conflito neurótico e o destino de toda a humanidade.

Fig. 38 – Os três primeiros trabalhos de Hércules.
Segundo o relevo de um sarcófago copiado por Gori
(*Inscriptiones antiquae graecae et romanae*, 1783)

253   O estado que a autora nos relata corresponde àquele que geralmente precede um sonambulismo intencional[2], como o referido por exemplo pelos médiuns espíritas. Deve-se admitir certa predisposição para ficar à escuta dos leves sussurros noturnos, pois do contrário tais emoções tênues e quase imperceptíveis passariam desapercebidas. Reconhecemos nesta escuta uma corrente da libido para dentro, que começa a escoar para um objetivo misterioso, ainda não visí-

---

2. Cf. a respeito os estudos de Silberer (*Bericht über eine Methode, gewisse symbolische Halluzinationserscheinungen hervorzurufen und zu beobachten*).

vel. É como se ela tivesse descoberto de repente, nas profundezas do inconsciente, um objeto que a atrai enormemente. A vida do homem voltada para fora geralmente não permite tais introversões; deve-se admitir para isto um certo estado excepcional, por exemplo a falta de objetos externos, que obriga o indivíduo a procurar um substitutivo para eles no interior da própria alma. No entanto, é difícil imaginar que este mundo tão rico seja demasiado pobre para poder oferecer um objeto ao amor de um homem. Ele oferece possibilidades infinitas para todos. É, ao contrário, a incapacidade de amar que priva o homem de suas possibilidades. Este mundo é vazio somente para aquele que não sabe dirigir sua libido para coisas e pessoas e torná-las vivas e belas para si. O que nos obriga, portanto, a criar um substitutivo a partir de nós mesmos não é a falta externa de objetos, e sim nossa incapacidade de envolver afetivamente alguma coisa além de nós. Por certo as dificuldades da vida e as contrariedades da luta pela existência nos acabrunham, mas também situações graves não impedem o amor, ao contrário, podem estimular-nos para os maiores sacrifícios. Nunca dificuldades reais reprimirão a libido a ponto de produzir uma neurose. Para isto falta o conflito que é a condição de toda neurose. Só a resistência que opõe seu não querer ao querer pode causar a regressão que eventualmente constituirá o ponto de partida de um distúrbio psicogênico. A resistência contra o amar causa a incapacidade para o amor, ou esta incapacidade age como resistência. Assim como a libido se assemelha a uma caudal que despeja suas águas generosamente pelo mundo da realidade, a resistência, dinamicamente falando, não se assemelha talvez a uma rocha que se ergue no leito do rio e é circundada ou recoberta pelas águas, mas a uma corrente em retrocesso, de volta à nascente ao invés de ir para a foz. Uma parte da alma quer o objeto externo, a outra porém quer voltar ao mundo subjetivo de onde acenam os palácios aéreos e frágeis da fantasia. Poderíamos considerar esta divisão do querer humano, para a qual Bleuler, partindo de pontos de vista psiquiátricos, propôs o conceito de ambitendência[3], como um fato sempre e constantemente presente; basta lembrar que já o mais primitivo impulso motor é um ato contraditó-

---

3. Cf. BLEULER. *Zur Theorie des schizophrenen Negativismus.*

rio, pois na ação de extensão são inervados também os músculos fle-
xores. Nunca, porém, esta ambitendência normal dificulta ou impede o ato intencionado, mas é requisito indispensável para sua coordenação e perfeita realização. Para que da harmonia de contradições
sutilmente afinadas resulte uma resistência prejudicial à ação, é necessário um plus ou um minus anormal de um ou de outro lado. Deste terceiro fator adicional origina-se a resistência. Isto vale também
para a cisão da vontade, que causa tantas dificuldades ao homem. Só
o terceiro fator anormal dissolve os pares opostos, intimamente unidos em condições normais, e os traz à tona como tendências separadas; só assim se transformam realmente no querer e não querer[4] que
obstroem o caminho um ao outro. A harmonia transforma-se assim
em desarmonia. Não é minha função verificar aqui de onde vem o
terceiro fator desconhecido e o que ele seja. Freud vê o "complexo
central" ("Kernkomplex") no problema do incesto, pois a libido que
regride para os pais não produz só símbolos, mas também sintomas e
situações que só podem ser interpretados como incestuosos. Desta
fonte provêm todas aquelas relações incestuosas que existem em
abundância na mitologia. A facilidade com que esta regressão ocorre
parece ser devida a certa indolência peculiar à libido, que não quer
abandonar qualquer objeto do passado, mas retê-lo para sempre. O
"passo sacrílego para trás" de que fala Nietzsche, despojado de seu
invólucro incestuoso, revela-se como uma retenção passiva da libido
nos primeiros objetos da infância. Mas esta indolência também é uma
paixão, como diz La Rochefoucauld:

> De todas as paixões, a mais desconhecida de nós mesmos é a
> preguiça; é a mais ardente e a mais maligna de todas, embora
> sua violência seja insensível e os danos que ela causa fiquem
> bem escondidos. Se considerarmos atentamente seu poder,
> veremos que em todos os encontros ela se torna dona de nos-
> sos sentimentos, interesses e prazeres: é a rêmora que tem a
> força de deter as maiores embarcações; é uma bonança mais
> perigosa para os assuntos importantes que os escolhos e as

---

4. Cf. a advertência de Krishna ao vacilante Arjuna na *Bhagavad-Gîtâ* (p. 13): "But
thou, be free of the pairs of opposites!" (Mas tu, livra-te dos pares opostos!).

mais violentas tempestades. O repouso da preguiça é um encanto secreto da alma que susta repentinamente as mais ardentes diligências e as mais obstinadas resoluções; para dar, enfim, a verdadeira ideia desta paixão, é preciso dizer que a preguiça é como uma beatitude da alma que a consola de todas as suas perdas e que substitui todos os seus bens[5].

Esta paixão perigosa é que aparece sob a duvidosa máscara do incesto. Ela nos aparece na imagem da mãe terrível[6] (cf. fig. 74). É a causadora de incontáveis males, não por último os distúrbios neuróticos. Pois é sobretudo de obscuros resíduos estacionários da libido que se desenvolvem aquelas fantasias nebulosas que encobrem a realidade a ponto de tornarem a adaptação impossível. Não queremos estender-nos mais sobre as bases das fantasias incestuosas; por ora a alusão ao problema é suficiente. O que nos preocupa aqui é a questão se a resistência que em nossa autora levou à regressão significa uma dificuldade externa consciente ou não. Se se tratasse de uma dificuldade externa, a libido de fato seria represada; ela produziria fantasias que melhor chamaríamos de planos, como superar o obstáculo. Seriam ideias tentando engendrar soluções. Seria talvez um esforço de pensamento que levaria a tudo menos a um drama hipnagógico. A passividade acima mencionada também não condiz com um obstáculo externo real, e justamente por sua resignação indica uma tendência que rejeita soluções reais e prefere um substitutivo fantástico. Deve tratar-se, em última análise, de um conflito interno semelhante às impressões anteriores que levaram às duas primeiras criações inconscientes. Somos forçados a concluir que o objeto externo não pode ser amado porque uma parte predominante da libido prefere um objeto interior que sobe das profundezas do inconsciente para substituir a realidade ausente.

Os fenômenos visionários que se manifestam nas primeiras etapas da introversão situam-se entre os conhecidos fenômenos[7] das visões hipnagógicas (assim chamados "fenômenos de luz própria" dos olhos). Eles constituem a base das visões propriamente ditas, das autopercepções da libido sob a forma de símbolos, como podemos ver agora.

254

255

---

5. *Máxime* (*supprimée*) DCXXX, p. 264.

6. Cf. os capítulos seguintes.

7. Cf. MÜLLER, J. *Über die phantastischen Gesichtserscheinungen.*

256   Miss Miller continua:

> Tive então a impressão de que alguma comunicação estava para
> me ser feita. Pareciam repetir-se em mim as palavras: "Fala, Se-
> nhor, pois tua serva ouve, abre tu mesmo meus ouvidos!"

257   Esta passagem indica claramente a intenção; a expressão "com-
muniqué" (comunicação) é um termo usado corriqueiramente em
círculos espíritas. As palavras bíblicas contêm uma invocação ou uma
"oração": um desejo dirigido para a divindade, uma concentração da
libido na imagem divina. A oração refere-se a 1Samuel 3,1s., onde
Samuel, à noite, é chamado três vezes por Deus, mas pensa que era
Eli quem o chamava, até que este lhe explica que o chamado vinha de
Deus, e que, se tornasse a chamar o seu nome, respondesse: "Fala,
que teu servo ouve". A sonhadora usa estas palavras em sentido contrário, pois por meio delas conduz seus desejos, sua libido, para as
profundezas do inconsciente.

258   Sabemos que os indivíduos, por mais que se afastem uns dos outros pela diferença de seus conteúdos conscientes, tornam-se tanto
mais semelhantes quando os observamos sob o ponto de vista do inconsciente. É um forte impacto para todo psicoterapeuta quando se
dá conta quão semelhantes são as imagens inconscientes, apesar de
toda multiplicidade. A diversificação só ocorre com a individuação.
Este fato dá uma profunda validade psicológica a uma importante
parte da filosofia de Schopenhauer, Carus e Hartmann. A evidente
uniformidade do inconsciente serve de base psíquica para estes conceitos filosóficos. O inconsciente consiste, entre outros, dos "resíduos"
da psique arcaica indiferenciada, inclusive dos estágios prévios da
animalidade. As reações e os produtos da psique animal são de uma
uniformidade e estabilidade gerais aparentemente só em parte reen-
contráveis no homem. Este nos parece mais indivíduo que o animal.
Mas isto também pode ser uma ilusão, pois temos a tendência conve-
niente de reconhecer principalmente a diversidade das coisas que nos
interessam. Isto é necessário para a adaptação psicológica, que não
seria possível sem uma diferenciação minuciosa das impressões. Devido a essa tendência, nossa maior dificuldade é reconhecer as coisas
com que nos ocupamos diariamente em seu contexto geral. Isto torna-se muito mais fácil para objetos que nos estão mais distantes.
Assim, por exemplo, para um europeu de início é quase impossível

diferenciar fisionomias numa população chinesa, embora os chineses tenham feições tão individuais quanto os europeus. Mas o que há de comum em seus traços característicos é muito mais evidente ao estrangeiro do que a diversidade individual. No entanto, se vivermos entre chineses desaparece mais e mais a impressão de uniformidade, e por fim também eles se tornam indivíduos. A individualidade faz parte daquelas realidades condicionais que são superestimadas devido à sua importância prática; não pertence àqueles fatos gerais extremamente claros e que por isso se impõem e sobre os quais deve basear-se uma ciência. O conteúdo do consciente individual por isso é o pior objeto para a psicologia, justamente porque diferenciou o geral até o irreconhecível. A natureza dos fenômenos conscientes é constituída justamente pelo processo de adaptação que se realiza em detalhes minuciosos, enquanto o inconsciente é o geral que une não só os indivíduos entre si num povo, mas também regressivamente com os homens do passado e sua psicologia. Assim o inconsciente, em sua generalidade[8] que vai além do individual, é em primeiro lugar o objeto de uma psicologia verdadeira que pretende não ser uma psicofísica.

O homem como indivíduo é um fenômeno suspeito, cujo direito à existência poderia ser combatido sob o ponto de vista biológico, segundo o qual o indivíduo só tem sentido como ser coletivo, como elemento integrante da massa. Mas o aspecto cultural lhe confere um significado que o separa da massa e que no decorrer dos milênios levou à formação da personalidade, passo a passo com a qual se desenvolveu o culto ao herói. A tentativa da teologia racionalista de manter um Jesus pessoal como último e valioso resto da divindade desaparecida no imaginável corresponde a esta tendência. Sob este aspecto a Igreja católica se adaptou melhor, atendendo à necessidade geral de um herói visível através do reconhecimento de um substituto sacerdotal sobre a terra. A percepção da figura religiosa através dos sentidos apoia de certo modo a transferência da libido para o símbolo, desde que a veneração não estacione no próprio objeto visível. Mas também neste caso ela está ao menos ligada à figura humana substitutiva, e está despojada de sua forma primitiva mesmo sem ter alcançado a imagem simbólica visada. Esta necessidade de uma realidade visível conservou-se secreta-

259

---

8. Em meus trabalhos posteriores falo por isso do inconsciente "coletivo".

mente em certa teologia protestante e pessoal, com seu Jesus historicamente desejado. Não que os homens amem o Deus visível; não o
amam tal como aparece, como ser humano: pois se os devotos quises-
sem amar o ser humano, poderiam dirigir-se a seu vizinho ou a seu inimigo. A figura religiosa não pode ser apenas um homem; ela deve representar aquilo que realmente é, a totalidade daqueles protótipos que
sempre e em todos os tempos exprimem o "extraordinariamente eficiente". Sob a forma humana visível não se procura o homem, mas o su-
per-homem, o herói ou o deus, justamente o ser *semelhante* ao homem, que exprime aquelas ideias, formas e forças que comovem e
moldam a alma humana. Para a experiência psicológica são os conteúdos arquetípicos do inconsciente (coletivo), aqueles resíduos de remota humanidade comuns a todos os homens, aquele patrimônio geral
sobrevivente a toda diferenciação e desenvolvimento, que é dado a todos os homens como a luz do Sol e como o ar. Mas ao amarem este le-
gado, amam aquilo que é comum a todos; voltam assim à mãe da humanidade, à psique que era antes de existir um consciente, e readqui-
rem deste modo uma parcela desta coesão e desta força secreta e irresistível que emana da sensação de solidariedade com o todo. É o problema de Anteu, que só pelo contato com a mãe terra conserva sua força gigantesca. Este temporário recuo-para-dentro-de-si-mesmo, dentro de certos limites parece ter efeito benéfico sobre o estado psíquico
do indivíduo. É mesmo de se esperar que os dois mecanismos básicos
da psique, extroversão e introversão, sejam também duas formas de
reação normais e adequadas contra complexos: a extroversão como
meio de fugir do complexo para a realidade; a introversão como meio
de libertar-se com o complexo da realidade exterior.

260   A história de 1Samuel 3,1s. conta como a libido é dirigida para
dentro: a invocação exprime a introversão e a esperança manifesta de
que Deus fale; transfere a atividade do consciente para a substancialidade constelada pela invocação, que se desvenda à nossa compreensão empírica como um protótipo. A experiência mostra que é comum
a todos os conteúdos arquetípicos possuírem certa autonomia, por
um lado aparecendo espontaneamente, por outro lado podendo
exercer uma coação por vezes até irresistível. (Remeto o leitor aqui a
meus trabalhos posteriores.) A esperança de que "Deus" assuma a atividade e espontaneidade do consciente nada tem portanto de absurdo, pois os arquétipos são inteiramente capazes disto.

Depois de ter-nos orientado sobre os intuitos gerais da oração, 261
estamos prontos para ouvir mais sobre as visões de nossa sonhadora:
depois da oração aparece "a cabeça de uma esfinge com toucado
egípcio", para logo tornar a desaparecer. Aqui a sonhadora foi inter-
rompida, acordando por um momento. A visão lembra a fantasia da
estátua egípcia, mencionada no início, cujo gesto enrijecido aqui está
perfeitamente no lugar como um fenômeno da "categoria funcional"
(Silberer). Os estados leves de hipnose tecnicamente também são
chamados de "engourdissement" (entorpecimento). A palavra "Esfinge" indica "enigma"; uma criatura enigmática que também faz
perguntas enigmáticas, como a esfinge de Édipo, que está à porta de
seu destino como um prenúncio simbólico do inevitável. A Esfinge é
uma representação semiteriomorfa daquela imago materna que pode
ser designada como a mãe terrível e da qual existem numerosos vestígios na mitologia. Poder-se-á objetar que nada além da palavra
"Esfinge" justifica a alusão à Esfinge de Édipo. Diante da falta de
contexto, uma interpretação individual de fato seria impossível. A
menção de uma fantasia "egípcia", na parte I (§ 52), é insuficiente
para ser usada aqui. Somos obrigados por isso – se é que ousamos
tentar compreender esta visão – a voltar-nos um tanto temerariamen-
te para o material pré-histórico, baseados na hipótese de que o inconsciente ainda hoje forja os seus símbolos como no passado mais
longínquo. Com relação à Esfinge, remeto o leitor à parte I (§ 24),
onde falávamos sobre a representação teriomorfa da libido (cf. fig.
5). O médico conhece bem esta forma de representação através dos
sonhos e fantasias de seus pacientes. O instinto frequentemente é
apresentado como touro, cavalo, cão etc. Um de meus pacientes, que
mantinha relações delicadas com mulheres e que iniciou o tratamento temendo que eu lhe proibisse suas aventuras, sonhou que eu (seu
médico) espetava contra a parede um estranho animal, meio porco,
meio crocodilo, fazendo isto com grande habilidade. Os sonhos estão
cheios de tais representações teriomorfas da libido. Também seres
mistos, como neste sonho, não são raros. Bertschinger[9] deu-nos uma
série de exemplos, em que sobretudo a metade inferior (animal) é representada de modo teriomorfo. A libido representada de forma teri-

---

9. *Illustrierte Hallusinationen.*

omorfa é a impulsividade "animal"[10], que se encontra em estado reprimido. No caso mencionado estranhamos, contudo, onde estaria a repressão deste homem, pois dava ampla vazão a seus instintos. Mas a sexualidade não é o único instinto, e a instintividade não pode ser simplesmente identificada com sexualidade. Por isso é bem possível que meu paciente, com sua evidente ausência de repressão sexual, estivesse ferindo justamente seu instinto. Seu sonho, representando seu receio de minha proibição médica, é um pouco fiel demais para não ser suspeito. Sonhos que repetem a realidade com exatidão excessiva ou insistem com excessiva nitidez numa realidade antecipada usam o conteúdo consciente como forma de expressão. Seu sonho indica uma projeção: ele projeta a matança do animal sobre o médico. Assim lhe parece, pois não sabe que ele próprio fere o seu instinto. O instrumento pontiagudo em geral significa a agulha intelectual, que espeta e classifica o inseto. Ele tem ideias "modernas" sobre a sexualidade e não sabe que tem medo que eu possa tirar-lhe suas ideias prediletas. Ele receia esta possibilidade com razão, pois, se não estivesse dentro dele, dificilmente teria tido este sonho. Os símbolos teriomorfos quase sempre se referem a manifestações inconscientes da libido.

262   A inconsciência dos impulsos instintivos baseia-se em duas razões: uma é a inconsciência geral, da qual todos participam em maior ou menor grau; a segunda é uma inconsciência secundária consequente à repressão de conteúdos incompatíveis. Este fenômeno não é causa, mas já sintoma de uma atitude neurótica que prefere ignorar certos fatos desagradáveis e não hesita em trocar uma pequena vantagem no presente por toda uma cadeia de sintomas doentios.

263   Como vimos, a repressão não se refere só à sexualidade, mas aos instintos em geral. Estes são os fundamentos vitais, as leis da vida de modo geral. A regressão causada pela repressão dos instintos sempre leva ao passado psíquico e com isso também à fase da infância, onde os poderes decisivos aparentemente e em parte também realmente

---

10. Na Idade Média a Esfinge era considerada como um "emblema" da volúpia. Alciatus (*Emblemata*, p. 801) diz que ela significa "corporis voluptas, primo quidem aspectu blandies, sed asperrima, tristisque, postquam gustaveris – De qua sic/... meretricius ardor/ Egregijs iuvenes sevocat a studijs". (A volúpia do corpo de início tem aspecto atraente, mas áspero e triste depois de ter sido degustada – Dela se diz... O ardor do meretrício afasta os jovens de estudos sérios).

foram os pais. Mas além dos pais entram em jogo também os impulsos dos instintos inatos, o que se depreende da influência diferente que os pais exercem sobre seus filhos: os filhos reagem de maneiras diversas à influência dos pais. Possuem, portanto, determinantes individuais. Para o vazio do consciente infantil deverá parecer, naturalmente, que todas as influências determinantes provêm de fora. A criança não sabe distinguir seus próprios instintos da influência e da vontade dos pais. A incapacidade de discernimento da criança faz com que os animais que representam os instintos sejam ao mesmo tempo atributos dos pais e que os pais apareçam em forma de animais, o pai como touro, a mãe como vaca etc.[11] (cf. fig. 94).

Se a regressão vai além da fase infantil e penetra na fase pré-consciente ("pré-natal"), aparecem imagens arquetípicas que não mais se associam a recordações individuais, mas pertencem àquele patrimônio de possibilidades imaginativas hereditárias que renascem com cada ser humano. Aqui surgem as imagens de seres "divinos" que são de natureza em parte humana, em parte animal. A maneira como estas figuras se apresentam depende da atitude do consciente: se este tem uma atitude negativa para com o inconsciente, os animais são assustadores, se a atitude for positiva aparecem por exemplo "animais prestativos". Uma atitude excessivamente carinhosa e dependente para com os pais, na qual estes naturalmente participam de forma decisiva, frequentemente também é compensada no sonho por animais assustadores que correspondem aos pais. Um desses animais assustadores é a esfinge, que ainda mostra sinais nítidos de uma derivação materna: na saga de Édipo a Esfinge foi enviada por Hera, que detestava Tebas devido ao nascimento de Baco. Pensando ter vencido a Esfinge, procedente da deusa materna, ao resolver seu enigma simples até para uma criança, Édipo incorreu justamente no incesto materno e teve que cortejar Jocasta, sua mãe, porque o trono e a mão da enviuvada rainha de Tebas pertenciam àquele que livraria o país da praga da Esfinge. Sobrevieram então todas aquelas consequências trágicas que teriam sido evitadas se Édipo se tivesse deixado intimidar pela perigosa figura da Esfinge. Ela representa formalmente a

264

---

11. Talvez também o tema dos "animais prestimosos" tenha relação com a imago dos pais.

mãe "terrível" ou "devoradora" (cf. adiante!). Édipo ainda não conhecia o assombro filosófico de Fausto: "As mães! As mães! – quão estranho isto soa!"[12] Ele não sabia que a perspicácia do homem jamais estará à altura do enigma da Esfinge.

265   A genealogia da esfinge apresenta muitas conexões com o problema aqui abordado: ela é filha de Equidna, um ser misto, bela donzela na parte superior, horrível serpente na inferior. Este ser duplo corresponde à imagem da mãe: em cima, a metade humana, amável, atraente; embaixo, a metade animal, terrível, pela proibição do incesto transformada em bicho assustador[13]. Equidna descende da mãe universal, a mãe terra, Geia, que a gerou com Tártaro, o inferno personificado. A própria Equidna é mãe de todos os monstros, a Quimera, Cila, Górgona (cf. fig. 39), do horrendo Cérbero, do leão de Nemeia e da águia que devorou o fígado de Prometeu; além disso ela

Fig. 39 – Górgona. Detalhe de um vaso grego

ainda gerou uma série de dragões. Um de seus filhos é Ortro, o cão do terrível Gerião, que foi morto por Hércules. Com este cão, seu filho, Equidna gerou a Esfinge em incestuoso coito. Este material é suficiente para caracterizar o complexo simbólico da Esfinge. É claro que um fator desta ordem não se resolvia com a solução de um enig-

---

12. Parte II, p. 315.

13. No sincretismo helênico a figura de Equidna se transformou em símbolo cultural da mãe Ísis.

ma infantil. O enigma era justamente a cilada que a Esfinge armava
ao peregrino. Superestimando sua inteligência, ele caiu em cheio na
armadilha e cometeu, sem o saber, o sacrilégio do incesto. O enigma
da Esfinge era ela mesma, a imagem terrível da mãe, pela qual Édipo
não se deixou advertir.

Se pudermos tirar alguma conclusão do símbolo da Esfinge no   266
caso de nossa sonhadora, apesar da falta de material subjetivo, podemos talvez dizer que o significado da Esfinge aqui é igual ao caso de
Édipo, embora este tenha sido homem. Em nosso caso quase teríamos de esperar por uma Esfinge masculina. De fato existem Esfinges
masculinas e femininas no Egito, o que Miss Miller talvez até soubesse. (No entanto, a Esfinge de Tebas indubitavelmente é feminina.)
Deveria tratar-se, portanto, de um monstro masculino, porque na
mulher o perigo não vem da mãe e sim do pai. Deixamos esta questão
em aberto e retornamos à narração dos fatos. Quando Miss Miller
tornou a concentrar-se, as visões continuaram:

> De repente aparece um asteca, perfeitamente claro em todos
> os detalhes: a mão aberta com dedos grandes, a cabeça de per-
> fil, armamentos, ornato da cabeça semelhante ao adorno de
> penas dos índios americanos. O quadro todo lembra um pou-
> co as esculturas mexicanas.

Aqui se confirma nossa suspeita de que na Esfinge se ocultava   267
uma figura masculina. O asteca é um índio primitivo ou americano
primitivo. Na esfera pessoal ele representa o lado primitivo do pai,
pois Miss Miller é americana. Devo observar a este respeito que em
análises de americanos observei frequentemente que a parte inferi-
or da personalidade (a "sombra")[14] era representada por um negro
ou índio; quer dizer, onde um europeu em seu sonho colocaria um
representante um tanto negativo de sua própria espécie, o americano coloca um negro ou índio. O representante da plebe caracteriza
a parte inferior da personalidade do homem. Mas Miss Miller é
uma mulher. Sua sombra por isso deveria ser uma figura feminina.
Aqui no entanto se trata de uma figura masculina que, diante do papel que exerce na fantasia de Miss Miller, pode ser considerada

---

14. À medida que a sombra é inconsciente, ela corresponde ao inconsciente "pessoal".
Cf. meu trabalho *Psicologia do inconsciente*. Petrópolis: Vozes, 1983 [OC, 7/1; § 103].

como uma personificação do elemento masculino na personalidade feminina. Em meus trabalhos posteriores denominei esta personificação de "animus"[15].

268   Vale a pena analisar os detalhes da visão, pois contêm vários aspectos interessantes. O ornato de penas de águia tem significado mágico. O índio adquire um pouco da qualidade solar da ave quando se enfeita com suas penas, assim como se adquire a coragem e a força do inimigo quando se come seu coração ou tira o seu escalpo. Ao mesmo tempo, a coroa de penas é equivalente à coroa radiada do Sol (cf. fig. 40). Vimos na primeira parte como é importante a identificação com o Sol. Encontramos mais provas disto não só em muitos costumes antigos, mas também em figuras correspondentes da linguagem religiosa, por exemplo no Livro da Sabedoria de Salomão 5,16: "Por isso receberão das mãos do Senhor a bela coroa"[16]. Existem na Bíblia muitas outras passagens semelhantes. Um cântico religioso de Johann Ludwig Konrad Allendorf diz sobre a alma:

> Está agora liberta de todo sofrimento,
> Cessou sua dor e padecimento;
> Alcançou da felicidade a coroa,
> Como noiva e soberana,
> Em eterno fascínio e esplendor,
> Junto ao grande soberano no trono.
>
> Ela vê sua face clara;
> Seu ser amável, benfazejo,
> A faz renovar-se agora por inteiro;
> É uma luz em sua luz.
>
> Pode o filho agora o Pai olhar,
> Sente o manso impulso de amar;
> A palavra de Jesus agora entende:
> Ele mesmo o Pai te quer bem.
> Um insondável mar do bem,
> Um abismo de bênçãos eternais,
> Se abre ao espírito transfigurado;

---

15. Cf. JUNG, E. *Ein Beitrag zum Problem des Animus*.
16. Bíblia de Lutero.

Ele vê Deus face a face
E sabe da herança de Deus na luz
E de seu coerdeiro, Jesus.

O corpo na terra repousa cansado,
Dormindo até ouvir o chamado de Jesus.
Então o pó que ora cobre a obscura sepultura
Se transformará em Sol e luz pura.
Então todos nos encontraremos de novo com os piedosos
Quem sabe quando.
E estaremos com o Senhor para sempre[17].

Numa canção de Laurentius Laurentii temos (também sobre a   269
alma):

[...] à noiva agora,
Por ter vencido,
É confiada a coroa[18].

No cântico de Gottfried Wilhelm Sacer encontramos a passagem: 270

Meu caixão adornem com grinaldas,
Como sói a um vencedor.
Daquelas celestiais primaveras
Minh'alma alcançou
A sempre verde coroa;
O digno esplendor da vitória,
Do Filho de Deus provém:
Este assim me contemplou[19].

O papel da mão na visão parece ser importante. Sua posição é   271
descrita como "aberta" e os dedos como "larges" (*à larges doigts*). É
digno de nota que justamente a mão tenha nítido destaque. Podería-

---

17. [*Evangelisches Gesangbuch jür Kirche, Schule und Haus in Basel-Stadt und Ba-sel-Land*, n. 401 (p. 428s.)]. A coroa exerce um papel também na alquimia. Deve ter sido introduzida ali através da cabala (cf. a grande compilação sobre o assunto em GOODENOUGH. *The Crown of Victory in Judaism*). O hermafrodita geralmente é representado portando uma coroa (cf. fig. 41). Reuni o material alquimista sobre a co-roa num livro ainda não publicado, *Mysterium coniunctionis* [saiu em 1955-1957; cf. Bibliografia deste volume, OC, 14/1, Petrópolis: Vozes, 1985].

18. *Evangelisches Gesangbuch*, n. 398, p. 424.

19. Op. cit., n. 392, p. 420.

mos ter esperado antes uma descrição da expressão fisionômica. Sabe-se que o gesto da mão é importante; infelizmente nada mais sabemos a respeito. Mencionamos aqui uma fantasia paralela, referente à mão: no estado hipnagógico o paciente viu *sua mãe pintada na parede como uma pintura sacra bizantina; estava com uma das mãos levantadas, os dedos muito abertos. Estes eram muito grandes, alargados nas extremidades em forma de clava e cada um deles estava envolto por uma pequena coroa radiada.* A ideia seguinte, correlata a este quadro, é a dos dedos de um sapo com ventosas nas extremidades, depois a semelhança com um falo. O aspecto antigo da imagem da mão também é significativo. Provavelmente nesta fantasia a mão tem o significado do ser gerador e criador. Esta interpretação é apoiada por outra fantasia interessante do mesmo paciente: *Ele vê subir da mão de sua mãe alguma coisa semelhante a um rojão que, à observação mais minuciosa, é uma ave reluzente com asas de ouro, um faisão dourado,* como ele lembra então. Já vimos que a mão tem realmente o significado de gerar, e que no preparo do fogo este papel lhe é conferido. Com a mão se fricciona o fogo, da mão portanto ele provém. Agni, o fogo, é glorificado como uma ave de asas douradas[20].

Fig. 40 – Dançarino índio com adorno de festa

---

20. "Einem den roten Hahn aufs Dach setzen" [colocar o galo vermelho sobre o teto de alguém], diz-se em alemão para "atear fogo à casa de alguém".

Sobre o asteca Miss Miller diz: "Dans mon enfance, je m'intéres-   272
sais tout particulièrement aux fragments aztèques et à l'histoire du
Pérou et des Incas". Infelizmente nada mais nos é revelado. Mas do
aparecimento do asteca podemos concluir que o inconsciente se apoderou das impressões destas leituras, provavelmente porque este material veio ao encontro dos conteúdos inconscientes por sua natureza
semelhante, por poder expressá-los satisfatoriamente. Assim como
na Esfinge podemos ver a mãe, podemos admitir no asteca um aspecto do pai. Como a mãe influencia principalmente o Eros do filho,
com Édipo logicamente ocorre o casamento com a mãe. Mas o pai in-

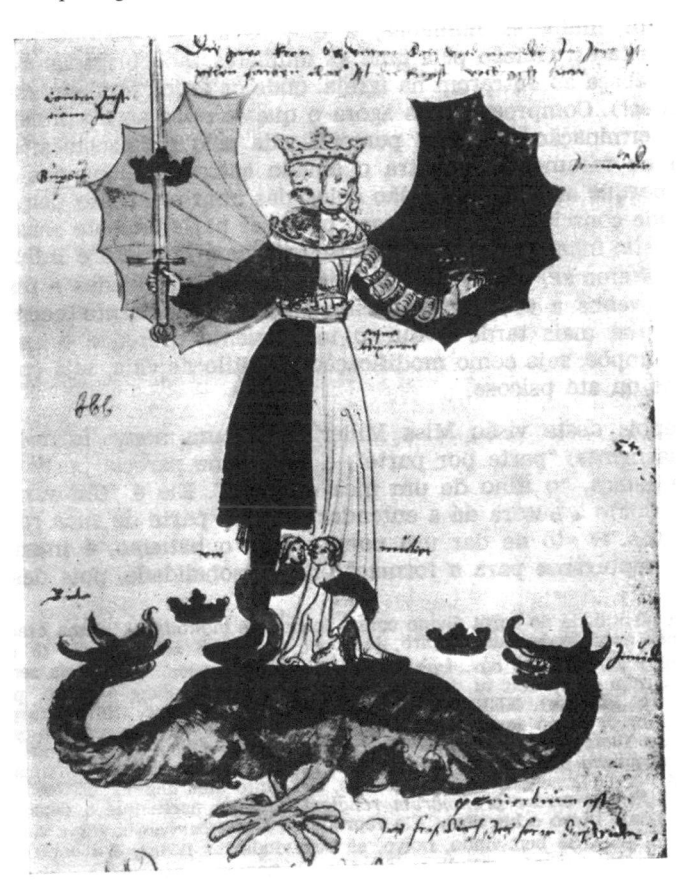

Fig. 41 – O hermafrodita coroado. *Tractatus qui dicitur Thomae
Aquinatis de alchimia* (cerca de 1520)

fluencia o espírito (logos) da filha, elevando o mesmo, e isto não raro
até uma intensidade patológica, estado esse que mais tarde denominei de "possessão do animus". Esta determinação espiritual teve papel importante em nossa autora, como se depreende do prefácio da
segunda edição, levando finalmente à alienação. Embora o asteca in-
dique claramente a figura masculina e com isso a influência do pai,
ele não deixou de ser precedido pela Esfinge. Numa americana não
seria impossível que isto indicasse uma certa prevalência do elemento
feminino. O complexo materno na América é frequente e muitas vezes bastante acentuado, provavelmente devido à predominância da
influência materna nas famílias assim como à posição social da mulher em geral. O fato de mais da metade do capital americano estar
em mãos femininas dá o que pensar. Devido a estas condições, muitas
americanas desenvolvem principalmente seu lado masculino, que depois é compensado no inconsciente por uma peculiar instintividade
feminina, justamente por uma Esfinge.

273   A figura do asteca já está caracterizada como "heroica". Ela representa o ideal masculino para a feminilidade primitiva de nossa
autora. Já nos deparamos com este ideal no encontro com o oficial
do navio italiano que desapareceu sem deixar vestígios. Ele de fato
se aproximou do ideal inconsciente de Miss Miller, mas não aguen-
tou a concorrência com este, devido à falta do encantamento místico do "demon-lover", aquele anjo que se interessa por mulheres humanas, o que os anjos ocasionalmente parecem fazer. (Razão pela
qual as mulheres são obrigadas a cobrir a cabeça ao entrarem na
igreja, onde os anjos também estão presentes!) Compreendemos
agora o que se opôs ao marinheiro: é a determinação espiritual personificada pelo herói asteca, que nunca ou raramente encontra o
amado entre os filhos dos homens porque as esperanças são coloca-
das num nível alto demais. A atitude consciente num tal caso pode
ser perfeitamente sensata e modesta, mas a esperança inconsciente
nem por isso é influenciada. Mesmo se, depois de vencidas grandes
dificuldades e resistências, venha a ocorrer um assim chamado casamento normal, descobre-se mais tarde o que o inconsciente pretende e então este se impõe, seja como modificação do estilo de vida,
seja como neurose ou até psicose.

Depois desta visão Miss Miller sentiu um nome formar-se em sua   274
mente, "parte por parte", e este nome parecia pertencer a este asteca,
"o filho de um inca do Peru". Ele é "Chi-wan-to-pel"[21]. Como a autora dá a entender, isto faz parte de suas reminiscências. O ato de dar
um nome, como o batismo, é imensamente importante para a formação da personalidade, pois desde tempos remotos atribui-se um poder mágico ao nome. Saber o nome secreto de alguém significa ter
poder sobre ele. Como exemplo amplamente conhecido lembro o
canto de "Rumpelstilzchen". Num mito egípcio, Ísis tira o poder do
deus solar Rê ao obrigá-lo a revelar-lhe seu verdadeiro nome. Dar um
nome significa, portanto, dar poder, conferir uma determinada personalidade ou alma[22]. A este respeito a autora observa que o nome
lhe lembrava muito o nome Popocatepetl que, evidentemente, faz
parte das lembranças inesquecíveis dos tempos de escola e, para indignação dos pacientes, ocasionalmente reaparece num sonho ou pensamento. [N.T.: a primeira parte do nome, "Popo", na língua alemã corresponde a "bum-bum" em português.] Mesmo não hesitando em levar em consideração esta brincadeira irreverente, perguntar-se-á se
isto se justifica. Mas deve-se fazer também a contrapergunta: por que
sempre é Popocatepetl e não o vizinho Iztaccihuatl ou o Orizaba,
também vizinho e ainda mais alto. Este último tem até um nome mais
bonito e mais fácil de pronunciar. Popocatepetl impressiona por seu

---

21. A identidade do herói divino com o iniciado é indubitável. Numa oração a Hermes
encontrada num papiro, lê-se: σὺ γάρ, ἐγὼ καὶ ἐγὼ σύ. τὸ σὸν ὄνομα ἐμὸν καὶ τὸ
ἐμὸν σόν. ἐγὼ γάρ εἰμι τὸ εἴδωλόν σου ... (Tu és semelhante a mim, e eu sou tu, teu
nome é o meu e meu nome é o teu, pois eu sou tua imagem). Kenyon cit. in:
DIETERICH. *Eine Mithrasliturgie*, p. 97. O herói como imagem da libido está muito
bem representado pela cabeça de Dioniso de Leiden (ROSCHER. *Lexikon*, I, col.
1.128), onde os cabelos envolvem a fronte como labaredas. Ele é como uma chama.
Cf. Isaías 10,17: "A luz de Israel se tornará um fogo, seu santo uma chama". Firmicus
Maternus (*De errore profanarum religionum*, XIX) narra que o deus era saudado como
noivo e luz nova. Ele reproduz a frase: δε νυμφίε χαῖρε νυμφίε χαῖρε νέον φῶς (Sê
bem-vindo, noivo, sê bem-vinda luz nova), e a confronta com o conceito cristão: "Nul-
lum apud te lumen est, nec est aliquis qui sponsus mereatur audire: unum lúmen est,
unus est sponsus. Nominum horum gratiam Christus accepit". (Nenhuma luz existe
além de ti, nem merece alguém ser chamado noivo: una é a luz, uno é o noivo. A graça
destes nomes Cristo recebeu, p. 47.)
22. O ato de dar um nome transmite certas qualidades, se não a própria alma; daí o antigo hábito de dar nomes de santos às crianças.

nome onomatopaico. No inglês a onomatopeia seria a palavra to pop = estalar (popgun = espingarda de ar comprimido etc.); no alemão e no francês são as palavras Hinterpommern, Pumpernickel, Bombe, pétarde (le pet = flatus). O "Popo" alemão de fato não existe em inglês, mas o flatus é chamado "to poop", na linguagem infantil "to poo-poo" (americano). Na linguagem infantil o ato de defecar frequentemente é chamado "to pop". Um nome jocoso para o traseiro é "the bum". (Poop é também a popa do navio). No francês "pouf!" serve como onomatopeia, pouffer = estourar, la poupe – a popa, le poupard = o nenê, la poupée = a boneca. Poupon diz-se carinhosamente a uma criança bochechuda. No holandês pop = boneca; no latim puppis = popa, mas Plauto usa a palavra jocosamente para o traseiro. Pupus é criança, pupula = menina, bonequinha. O grego ποπ-πύζω indica um ruído de estalar ou soprar; diz-se do beijo mas também dos sons secundários ao se tocar flauta (em Teócrito).

275   Um de meus pacientes quando menino ligava o ato de defecar à fantasia: seu traseiro seria um vulcão, haveria uma forte erupção, explosões de gases e derramamento de lava. As denominações para os fenômenos elementares da natureza originalmente são muito pouco poéticas; lembre-se por exemplo a bonita aparição de uma estrela cadente, que na língua alemã traz o deselegante nome de "Sternschnuppe" (secreção nasal das estrelas). (Certos índios sul-americanos a chamam de "urina das estrelas".) A cascata Voile de la Vierge, em Wallis, famosa por sua beleza, traz este nome poético só há pouco tempo; antes chamava-se "Pissevache". Os nomes simplesmente provêm da realidade mais próxima.

276   À primeira vista parece estranho que a figura de Chiwantopel, esperada com ansiedade quase mística e que Miss Miller numa observação compara ao espírito de controle dos espíritas, venha a situar-se numa vizinhança tão pouco honrosa, que sua essência (nome) parece estar em relação com estas regiões afastadas do corpo. Para compreender estas possibilidades é preciso raciocinar do seguinte modo: quando o inconsciente produz alguma coisa, traz à tona primeiramente o material da infância que a memória perdeu. Devemos, portanto, adotar a atitude daquela época, em que este material ainda estava na superfície. Se, portanto, um objeto muito conceituado é aproximado pelo inconsciente da região anal, isto indica uma aten-

ção e uma valorização como aquela que a criança confere a estas funções desprezadas pelo adulto. Mas ainda subsistem restos deste interesse infantil. A pergunta é somente se isto também corresponde à psicologia da criança. Antes de analisar esta pergunta devemos constatar que o fator anal está muito próximo da veneração. Uma lenda oriental fala dos cavaleiros cristãos que se ungiam com as fezes dos sacerdotes para se tornarem temíveis. Uma paciente, cuja característica era uma veneração muito grande pelo pai, em fantasia *viu seu pai sentado majestosamente num vaso sanitário, enquanto as pessoas que passavam o saudavam com devoção.* É preciso lembrar também que existe uma relação íntima entre excrementos e ouro[23], o extremamente vão une-se ao extremamente valioso. Os alquimistas procuravam nos excrementos ("in stercore invenitur") sua *prima materia* da qual surgiria a figura mística do "filius philosophorum". Uma jovem paciente, de educação muito religiosa, viu num sonho o *Crucifixo representado no fundo de um urinol decorado com flores azuis.* O contraste é tão grande que chegamos a supor que os valores da infância sejam muito diferentes dos nossos. E realmente o são. As crianças dedicam ao ato de defecar e seus produtos um interesse[24] que mais tarde só um hipocondríaco lhes daria. Compreendemos um pouco este interesse quando vemos que a criança já cedo relaciona a defecação com uma teoria de propagação[25]. A criança pensa: este é o caminho através do qual se produz, através do qual "sai" alguma coisa.

Adquiriu mais tarde o hábito de demorar-se no banheiro a mesma criança da qual falei em meu trabalho *Über Konflikte der kindlichen Seele;* também achava que as crianças nasciam através do ânus, 277

---

23. De Gubernatis [*Die Thiere in der indogermanischen Mythologie*], baseado no folclore, diz que excrementos e ouro sempre andam juntos, e Freud diz o mesmo baseado na experiência psicológica individual. Grimm [*Mythologie*, III, p. 454] refere a seguinte fórmula mágica: quem quiser ter dinheiro em casa durante o ano inteiro, precisa comer lentilhas na Sexta-feira Santa. Esta estranha relação explica-se simplesmente pelo fato fisiológico da digestão difícil das lentilhas, que reaparecem em forma de moedas. O indivíduo transformou-se assim num "fazedor" de dinheiro.

24. Um pai francês, que quis negar (naturalmente) este interesse por parte de seu filho, mencionou contudo que quando a criança falava de "cacao" sempre acrescentava "lit"; ela queria dizer "caca-au-lit".

25. FREUD. *Analyse der Phobie eines 5jährigen Knaben.*

assim como o pequeno Hans sobre o qual escreveu Freud. Certo dia
o pai impacientou-se e chamou: "Saia daí, por favor; afinal o que é
que você está fazendo?" Ao que veio a resposta: "Um carrinho e dois
pôneis!" A pequena portanto "faz" um carrinho e dois pôneis, coisas
que na época ela desejava muito. Deste modo pode-se fazer o que se
deseja. A criança deseja ardentemente uma boneca ou (no fundo)
uma criança de verdade (isto é, a criança se exercita para sua tarefa
biológica futura) e, através do caminho em que alguma coisa é produzida, ela faz para si a boneca como substituta da criança, ou da coisa desejada em geral. Outra paciente teve fantasia paralela na infância: no banheiro havia uma fresta na parede. Ela fantasiou que *desta
fresta saía uma fada que lhe dava tudo o que ela desejava.* O "trono"
sabidamente é o lugar dos sonhos, onde muita coisa é criada em que
mais tarde não mais reconheceríamos este lugar de origem. Lombroso relata uma fantasia patológica de dois artistas loucos:

> Cada um deles se considerava como Deus em pessoa e Senhor
> do mundo. Eles criavam ou geravam o mundo fazendo-o sair
> do reto, como os ovos das aves saem do oviduto (isto é, da
> cloaca). Um dos dois era dotado de verdadeiro talento artísti-
> co. Ele pintou um quadro [...] no qual se encontra no próprio
> ato da criação: o mundo sai de seu ânus, o membro masculino
> está em plena ereção, ele está nu, cercado de mulheres e de to-
> das as insígnias de seu poder[26].

278   Só depois de ter percebido estas relações pude entender uma observação que fizera há anos, mas não conseguira compreender, e com
a qual por isso sempre de novo me ocupava. A paciente era uma senhora culta, que em circunstâncias trágicas teve de separar-se de seu
marido e filho e ser internada num manicômio. Ela apresentava uma
ausência de afeto e uma "impertinência" típicas, consideradas como
"embotamento afetivo". Como eu duvidava deste embotamento e estava propenso a ver nela uma atitude secundária, esforcei-me particularmente para descobrir de que maneira chegar até a fonte soterra-
da do afeto. Finalmente, depois de mais de 3 horas, descobri um raciocínio que levou a doente repentinamente a um afeto perfeitamente
adequado e por isso comovedor. Neste momento o relacionamento

---

26. *Genie und Irrsinn*, p. 207.

afetivo com ela estava completamente estabelecido. Isto aconteceu pela manhã. Quando voltei ao setor no fim da tarde, na hora combinada, ela me recebeu lambuzada de fezes da cabeça aos pés, e disse rindo: "agora eu te agrado?" Ela nunca havia feito isto antes; obviamente era um gesto destinado a mim. Minha impressão foi tão profunda que me convenci do embotamento afetivo de tais casos durante muitos anos. Na realidade esta cerimônia para receber-me foi uma defesa drástica contra a transferência na medida em que a paciente agia como pessoa adulta. Mas na medida em que ela agia ao nível da infantilidade regressiva, esta cerimônia significou uma erupção positiva de sentimentos. Por isso o seu ambíguo "agora eu te agrado?"

A origem de Chiwantopel a partir do Popocatepetl de acordo com a explicação acima quer dizer, portanto: "eu o faço, produzo, invento". Trata-se de uma espécie de criação do homem ou nascimento por meios infantis. Os primeiros homens eram feitos de barro ou argila. A palavra latina "lutum", que significa "terra amolecida", também tem o sentido figurado de sujeira. Em Plauto é até usado como insulto, como "seu sujo!" O nascimento anal lembra também o tema de jogar coisas atrás de si. Um exemplo conhecido é o oráculo que Deucalião e Pirra, os únicos sobreviventes do dilúvio, haviam recebido: deviam jogar a ossada da mãe grande atrás de si. Jogaram então atrás de si as pedras das quais surgiram homens. Segundo uma lenda, os dáctilos se originaram de modo semelhante do pó que a ninfa Anquiale jogou atrás de si. Devemos lembrar ainda um significado jocoso do produto anal: no espírito popular o excremento muitas vezes é considerado como monumento ou lembrança (o que é importante para o criminoso na forma do *grumus merdae*). Lembro os contos humorísticos daquele que, levado por um fantasma através de tortuoso labirinto até um tesouro oculto, depois de ter-se despojado de todas as roupas, para marcar o caminho ainda planta um excremento. Na remota Antiguidade um tal sinal evidentemente tinha a mesma importância que o esterco dos animais, como sinal de presença ou de assinalar a direção tomada. Simples marcos de pedras ("homenzinhos de pedra") provavelmente substituíram depois o perecível esterco.

Devemos mencionar ainda que, como paralelo à conscientização de Chiwantopel, Miss Miller cita outro caso em que subitamente lhe ocorreu um nome, A-ha-ma-ra-ma, com a sensação de tratar-se de al-

279

280

guma coisa assíria. Como possível fonte ela lembrou "Asurabama – qui fabriqua des briques cuneiformes" (Asurabama – que fabricou tijolos cuneiformes). Este fato me é desconhecido. Mas Assurbanipal deixou a biblioteca de escrita cuneiforme desenterrada em Kujundschik. Talvez "Asurabama" tenha alguma relação com este nome. Pode-se pensar ainda no nome de Aolibama, que encontramos na parte I. A palavra "Ahamarama" também revela ligação com Ana e Aolibama, justamente as filhas de Caim e sua paixão pecaminosa pelos arcanjos. Esta possibilidade indica Chiwantopel como o almejado filho de Deus. Byron teria pensado nas duas irmãs lascivas Oola e Ooliba (Ezequiel 23,4)? Uma mulher de Esaú chama-se Oolibama (Gênesis 36,2.14). Outra mulher do mesmo é Ada. A Dra. R. Schärf indicou-me uma tese de Breslau, da autoria de Georg Mayn (1887), sobre o *Heaven and Earth* de Byron. O autor afirma que muito provavelmente Ana originalmente era Ada. Byron teria transformado o nome em Ana porque Ada já aparece no drama *Cain*. Por seu significado, Aolibama tem relação com Oola e Ooliba em Ezequiel 23,4s. Oola quer dizer: "(ela tem) sua (própria) tenda", isto é, seu próprio templo. Ooliba significa: "minha tenda está ali dentro" (dentro dela), isto é, em Jerusalém (em Ezequiel 23,4s., Oola é o nome da Samaria). Em Gênesis 36,41, também é o nome de uma tribo edomita. Os cultos cananeus eram celebrados sobre colinas, sobre "bamoth", como se vê nos profetas. Um sinônimo de colina é "ramah". Mas é duvidoso se podemos relacionar com isto o neologismo de Miss Miller, Ahamarama.

281   Miss Miller observa que, além do nome Asurabama, ainda lhe ocorreu "Ahazuerus". Esta ideia leva a um lado totalmente diferente do problema da personalidade inconsciente. Se o material de que dispúnhamos até agora nos revelou alguma coisa da teoria infantil sobre a criação do homem, esta última ideia nos descortina uma visão sobre o dinamismo da criação inconsciente da personalidade. Ahasverus é o judeu errante. Sua característica é a peregrinação infinita e inquieta até o fim dos tempos. O fato de Miss Miller ter lembrado justamente este nome nos autoriza a seguir esta trilha.

282   A lenda de Ahasverus, cujos primeiros sinais literários datam do século XIII, parece ser de origem ocidental. A figura do judeu errante causou maior produção literária que a figura de Fausto, e estes trabalhos em sua maioria são do século XIX. Se esta figura não se chamas-

se Ahasverus, ela existiria da mesma forma, sob outro nome, talvez o do Comte de Saint-Germain, o misterioso rosa-cruz cuja imortalidade é afirmada e cuja morada atual (o país) seria até conhecida[27]. Embora as notícias sobre Ahasverus não possam ser comprovadas antes do século XIII, a tradição oral pode recuar muito mais no tempo e não seria impossível a existência de uma ponte para o Oriente. Ali a figura paralela Chidr ou al Chadir, o Chidher cantado por Rückert, é o "judeu errante". A lenda é puramente islâmica[28]. O estranho no entanto é que Chidr não é só considerado santo, mas em círculos sufistas adquire até significado divino. Diante do rigoroso monoteísmo islâmico inclinamo-nos a pensar em Chidr como divindade árabe pré-islâmica, que não foi reconhecida oficialmente pela nova religião, mas por determinados motivos teria sido tolerada. Mas isto não pode ser comprovado. Os primeiros vestígios de Chidr encontram-se nos comentaristas do Alcorão Buchâri († 870) e Tabari († 923) e isto numa estranha passagem da 18ª sura do Alcorão. Esta sura tem o título: "A Caverna", e refere-se à caverna dos sete adormecidos que, de acordo com a lenda, nela dormiram durante 309 anos e assim escaparam à perseguição, e acordaram numa nova era. É interessante observar como o Alcorão, depois de longas considerações éticas, no decorrer da mesma sura chega à seguinte passagem, que é particularmente importante para a origem do mito de Chidr; por isso cito o Alcorão textualmente:

> Certo dia Moisés disse a seu servo (Josué, filho de Nûn): Não quero parar de caminhar, ainda que viaje durante 80 anos, até alcançar a confluência dos dois mares. Quando atingiram esta confluência dos dois mares eles esqueceram seu peixe (que haviam levado para a refeição), o qual então, através de um canal, seguiu seu caminho até o mar. Depois de terem passado por aquele sítio, Moisés disse a seu servo: traze-nos o almoço, pois esta viagem nos fatigou. O servo porém respondeu: Eis o que me aconteceu! Quando descansávamos ali junto ao rochedo, esqueci o peixe. Só Satanás pode ser a causa de eu tê-lo

---

27. O povo não larga seu herói solar peregrino. Dizia-se também que Cagliostro certa vez saiu de Basileia com quatro cavalos brancos simultaneamente de todas as portas da cidade.

28. Cf. meu trabalho *Über Wiedergeburt* [OC, 9; § 40s.].

esquecido e não mais ter-me lembrado dele, e de maneira milagrosa seguiu seu caminho até o mar. Disse Moisés: Ali, portanto, é o lugar que procuramos. E voltaram pelo caminho através do qual tinham vindo. E encontraram um de nossos servos, que havíamos[29] dotado com nossa graça e sabedoria. Então Moisés lhe disse: Devo seguir-te para que, como meu guia, me ensines uma parte da sabedoria que aprendeste? Ele porém respondeu: Não aguentarás ficar comigo; pois como poderias quedar pacientemente junto a coisas que não podes compreender?[30]

283   Moisés acompanha o misterioso servo de Deus, que faz muitas coisas que Moisés não compreende. Finalmente o desconhecido se despede de Moisés e lhe diz:

Os judeus te perguntarão sobre Dhulkarnain[31]. Responde: Quero contar-vos uma história sobre ele. Consolidamos seu reino sobre a terra e lhe demos os meios para realizar todos os seus desejos. Um dia caminhou até chegar ao lugar onde o Sol se põe, e pareceu-me que o Sol se punha num poço de lama preta. Ali ele encontrou um povo...[32]

284   Segue-se uma reflexão moral e depois a história continua:

Continuou então seu caminho até chegar ao lugar onde o Sol nasce...[33]

285   Se quisermos saber quem é o desconhecido servo de Deus, encontramos a explicação no trecho seguinte: ele é Dhulqarnein, Alexandre, ele vai ao lugar do poente e ao lugar do nascente, como o Sol. O desconhecido servo de Deus é explicado pelos comentaristas como

---

29. Nós = Alá.

30. Op. cit., p. 246s.

31. O "Bicorne". Segundo os comentaristas, trata-se de Alexandre o Grande, que na saga árabe tem papel semelhante a Dietrich von Bern, rei dos godos orientais. Os dois cornos referem-se à força do touro solar. Em muitas moedas Alexandre aparece com os cornos de Júpiter Amon (cf. fig. 42). Trata-se da identificação do legendário soberano com o Sol da primavera no signo de Áries. A humanidade tem a evidente necessidade de apagar o lado pessoal e humano de seus heróis para torná-los semelhantes ao Sol, isto é, transformá-los inteiramente em símbolos da libido. Se pensarmos com Schopenhauer, diremos: símbolo da libido. Mas se pensarmos com Goethe dizemos: Sol; pois existimos, porque o Sol nos vê.

32. Op. cit., p. 248.

33. Ibid., p. 249.

Fig. 42 – Alexandre com cornos. Moeda de Lisímaco
(século III a.C.)

Chidr, "o verdejante", "o peregrino incansável [...] o mestre e conselheiro de homens devotos, o sábio em coisas divinas [...] o imortal"[34]. A autoridade de Tabari relaciona Chidr com Dhulqarnein: Na comitiva de Alexandre, Chidr teria alcançado a "torrente da vida" e ambos, sem o saber, dela teriam bebido e assim se tornaram imortais. Além disso, os comentaristas antigos identificam Chidr com Elias, que também não morreu mas subiu ao céu numa carruagem de fogo. Elias tem a carruagem em comum com Hélio[35]. Supõe-se que Ahasverus deve sua existência a uma passagem obscura da Sagrada Escritura. Esta passagem encontra-se em Mateus 16,28. Ela é precedida pela cena em que Cristo nomeia Pedro rochedo de sua Igreja, e lhe delega seu poder; segue-se a profecia de sua morte e depois vem o trecho:

> Em verdade vos digo: alguns dos que aqui se encontram não morrerão antes de terem visto o Filho do homem vir em seu reino.

A seguir vem também a cena da transfiguração: 286

> E se transfigurou diante deles; o rosto brilhou como o Sol e as roupas se tornaram brancas como a luz. E apareceram Moisés e Elias conversando com ele. Tomando a palavra, Pedro disse a Jesus: "Senhor, como aqui é bom. Se quiseres, farei aqui três tendas, uma para ti, outra para Moisés e outra para Elias"[36].

---

34. VOLLERS. *Chidher*, p. 235s. Tirei deste trabalho os comentários sobre o Alcorão.

35. Também Mitra e Cristo, Parte I [§ 165 deste vol.].

36. Mt 17,2-4.

287   Destas passagens se depreende que Cristo é comparado a Elias,
mas não é idêntico a ele[37], embora o povo o considere como Elias.
Mas a ascensão é um paralelo entre Cristo e Elias. Sua profecia revela
que, além de sua própria pessoa, existem mais um ou alguns imortais,
que não morrerão até a parusia. Segundo João 21,21s., o discípulo
João seria este imortal, e, segundo a lenda, ele realmente não está
morto, mas apenas dorme na terra até a parusia e respira de modo a
levantar o pó sobre sua sepultura[38].

288   Diz um relato[39] que Dhulqarnein teria levado seu "amigo" Chidr
até a fonte da vida para fazê-lo beber imortalidade[40]. (Alexandre também se banhou na torrente da vida e efetuou as lavagens rituais.) Na
lenda árabe Chidr é o acompanhante ou aparece como acompanhado. (Chidr com Dhulqarnein ou com Elias é "igual a" ou idêntico a
eles.)[41] São, portanto, duas figuras semelhantes mas entre elas há uma
distinção. Encontramos a mesma situação no cristianismo na cena do
Jordão, onde São João "leva Jesus à fonte da vida". Este, na situação
daquele que vai ser batizado, está na condição de subordinado, João
é o superior; semelhantemente a Dhulqarnein e Chidr ou Chidr e
Moisés, também Elias. Esta relação é tal que Vollers[42] compara Chidr
e Elias de um lado com Gilgamesh e seu irmão primitivo Eabani ou
Erikidu, de outro lado, com os Dioscuros, um dos quais também é
mortal enquanto o outro é imortal. A mesma relação existe entre Jesus e São João Batista[43] de um lado, e Cristo e Pedro de outro lado.
No entanto, este último paralelo só pode ser explicado através da
comparação com o mistério de Mitra, onde o conteúdo esotérico ao
menos nos é revelado pelos monumentos. No relevo de mármore de

---

37. Mas, segundo Mt 17,11, João Batista deve ser considerado como Elias.

38. Cf. a saga de Kyffhäuser.

39. VOLLERS. Op. cit., p. 258.

40. Outro relato diz que Alexandre esteve com seu "ministro" Chidr no Monte Adão,
na Índia.

41. Estas identificações mitológicas seguem as regras do sonho, onde o sonhador pode
dividir-se em várias entidades.

42. Op. cit., p. 274.

43. "É preciso que ele cresça e eu diminua" (Jo 3,30).

Klagenfurt[44], vê-se como Mitra coroa Hélio com a coroa radiada ou o conduz para cima (?). Hélio está ajoelhado diante de Mitra ou ascende até ele. No monumento de Osterburken vê-se Mitra segurando com a mão direita a mística espádua do bezerro sobre a cabeça de Hélio, curvado diante dele, enquanto a mão esquerda segura o punho da espada. Uma coroa está no chão entre os dois. Cumont[45] observa que esta cena provavelmente representa o protótipo divino da cerimônia da iniciação no grau de miles, quando o iniciado recebia uma espada e uma coroa. Hélio, portanto, é nomeado miles de Mitra. Mitra parece agir como protetor de Hélio, o que lembra a ousadia de Hércules diante de Hélio: em sua marcha contra Gerião, Hélio arde demais; encolerizado, Hércules o ameaça com suas flechas infalíveis. Isto obriga Hélio a ceder e emprestar ao herói sua nave solar com a qual atravessa o mar. Assim Hércules chega à Erítia, às manadas de Gerião[46].

No monumento de Klagenfurt, Mitra também é representado apertando a mão de Hélio, como numa despedida ou num acordo (cf. fig. 43). Em outra cena Mitra entra no carro de Hélio para a ascensão, ou melhor, para a "viagem pelo mar"[47]. Cumont acha que Mitra dá a Hélio (ou Sol) uma investidura solene e consagra seu poder divino ao coroá-lo com suas próprias mãos[48]. Esta relação corresponde à existente entre Cristo e Pedro. Por seu atributo, que é o galo, Pedro tem caráter solar. Depois da ascensão de Cristo, ele é o guardião visível da figura divina e por isso sofre a mesma morte que Cristo (crucificação), substitui o principal deus do Império Romano, o Sol invictus, e torna-se a cabeça da Ecclesia "militans et triumphans".

289

---

44. CUMONT. *Textes et monuments*, p. 172s.

45. Ibid., p. 173.

46. O paralelo entre Hércules e Mitra vai mais longe. Como Hércules, Mitra é um excelente arqueiro. A julgar por certos monumentos, não só a juventude de Hércules parece estar ameaçada por uma serpente, mas também a de Mitra. O sentido do trabalho de Hércules coincide com o mistério mitríaco da vitória sobre o touro e seu sacrifício (cf. fig. 38).

47. No monumento de Klagenfurt estas três cenas estão representadas numa sequência, sugerindo, portanto, que constituem uma unidade dramática. Ilustração em CUMON. *Mysterien des Mithra*, prancha II, fig. 6 (cf. fig. 43).

48. CUMONT. Op. cit., p. 173; • ROSCHER. *Lexikon*, II, col. 3.048, 42s.

Já na cena de Malco ele se revela como o miles Christi, ao qual é entregue a espada. O sucessor de Pedro usa a tríplice coroa. Mas a coroa é atributo solar e assim o papa é um simbólico "solis invicti comes", como um césar romano. O Sol que se vai nomeia um sucessor ao qual transfere a força solar. Dhulqarnein dá a Chidr a vida eterna, Chidr ensina a sabedoria a Moisés. Existe até um relato segundo o qual o distraído servo Josué ingenuamente bebe da fonte da vida, tornando-se imortal; como castigo, Chidr e Moisés o colocam num navio e o mandam para o mar – novamente um fragmento de um mito solar, o motivo da "viagem pelo mar"[49].

290   O símbolo que representa a parte do Zodíaco em que o Sol, com o solstício do inverno, recomeça seu curso anual, é o Capricórnio, o αἰγόκερως (o que tem cornos de cabra); como um cabrito, o Sol sobe pelas montanhas mais altas, e é como um peixe na profundidade do mar. Nos sonhos o peixe às vezes tem o significado de criança ainda não nascida[50], pois esta antes de nascer vive na água, como um peixe. E o Sol, ao mergulhar no mar, torna-se criança e peixe ao mesmo tempo. O peixe por isso se relaciona com renovação e renascimento.

291   A viagem de Moisés com seu servo Josué é a viagem de uma vida (oitenta anos). Eles envelhecem e perdem a força vital, isto é, o peixe, "que de maneira milagrosa tomou seu caminho até o mar"; quer dizer, o Sol se põe. Quando os dois se dão conta da perda, encontram Chidr junto à fonte da vida (onde o peixe morto foi ressuscitado e pulou n'água); Chidr está sentado no chão envolto por seu manto[51]. Segundo outra versão, ele está numa ilha no meio do mar ou "no lugar mais úmido da terra"; quer dizer, recém-nascido das profundezas maternais da água. Onde o peixe desapareceu, nasce Chidr, "o verdejante", como "filho das profundezas da água", de cabeça coberta, um

---

49. Cf. FROBENIUS. *Das Zeitalter des Sonnengottes.*

50. Esta interpretação ainda é um pouco mitológica; mais exatamente, o peixe simboliza um conteúdo (autônomo) do inconsciente. Manu tem um peixe com cornos. Cristo é um peixe, assim como o filho de Ἰχθύς, da Derketo sírio-fenícia. Josué ben Nün quer dizer "Filho do Peixe". O "bicorne" (Dhulqarnein = Alexandre) entra na saga de Chidr.

51. A cobertura com o manto significa insegurança, isto é, "ser Espírito". Por isso a cobertura nos mistérios (cf. fig. 6). Crianças que nascem com o "gorro da felicidade" (envoltório amniótico) são consideradas filhos da fortuna.

pregador da sabedoria divina, como a Oannes-Ea babilônico (cf. fig. 44), que era representado em forma de peixe e como tal saía do mar diariamente para pregar a sabedoria aos homens[52].

Seu nome é associado ao de João Batista. Com o nascer do novo Sol, aquilo que era peixe e vivia no escuro, envolto por todos os temores da noite e da morte[53], transformou-se em luminosa e ardente estrela diurna. Assim as palavras de João Batista adquirem um sentido especial:

292

> Eu vos batizo com água em sinal de conversão. Depois de mim, porém, outro virá mais forte do que eu. É Ele que vos batizará no Espírito Santo e no fogo[54].

Como Vollers, também nós podemos comparar Chidr e Elias (Moisés e seu servo Josué), com Gilgamesh e seu mano Eabani. Gilgamesh peregrina mundo afora levado pelo medo e pela nostalgia, à procura da imortalidade (cf. fig. 45). Seu caminho o conduz através do mar até o sábio Utnapishtim (Noé), que conhece o meio de transpor as águas da morte. Ali Gilgamesh é obrigado a descer até o fundo do mar para apanhar a planta mágica que o levará de volta à terra dos homens. De volta à pátria, uma serpente lhe rouba a erva mágica (o peixe retorna ao mar). Mas no caminho de volta da terra dos bem-aventurados ele é acompanhado por um navegador imortal que, banido pela maldição de Utnapishtim, não pode retornar ao país dos bem-aventurados. Pelo desaparecimento da erva mágica, a viagem de Gilgamesh perdeu seu sentido; por isso ele é acompanhado por um imortal, sobre cujo destino porém nada mais encontramos nos frag-

293

---

52. O Tages etrusco, o "menino recém-desenterrado na lavoura", que emerge do valo recém-traçado na terra, também é um portador de sabedoria. O mito litaolano dos basutos (FROBENIUS. Op. cit., p. 105) conta que um monstro devorou todos os homens, escapando apenas uma mulher que num estábulo (em vez de caverna, cf. abaixo a etimologia deste mito) deu à luz um filho, o herói. Até que ela tivesse preparado um berço de palha para o recém-nascido, ele já crescera e falava "palavras sábias". O rápido crescimento do herói, tema frequente, parece indicar que o nascimento e aparente infância do herói são tão estranhos porque seu nascimento a rigor significa um renascimento, razão por que mais tarde ele se adapta tão depressa a seu papel de herói. Para maiores detalhes sobre a saga de Chidr, cf. meu trabalho *Über Wiedergeburt* [OC, 9; § 240s.].

53. Luta de Rê com a serpente noturna.

54. Mt 3,11.

Fig. 43 – Mitra e Hélio. Fragmento do santuário
de Mitra em Klagenfurt

mentos da epopeia. Segundo Jensen[55], este imortal desterrado seria o
paradigma de Ahasverus.

---

55. *Das Gilgamesch-Epos in der Weltliteratur*, I, p. 50. Na revisão de meu livro conservei minha descrição, baseada sobretudo em Jensen, na sua forma original. Poderia ser completada em certos detalhes pelos resultados de pesquisas mais recentes. Remeto o leitor a HEIDEL. *The Gilgamesh Epic and Old Testament Parallels.* • SCHOTT. *Das Gilgamesch-Epos.* • THOMPSON. *The Epic of Gilgamish.*

Fig. 44 – Sacerdote com máscara de peixe como Oannes.
Relevo de Kujundschik (Nínive)

Encontramos aqui o tema dos Dioscuros: mortal e imortal, o pôr   294
e o nascer do Sol. O *sacrificium mithriacum (o* sacrifício do touro)
em sua representação cúltica muitas vezes está ladeado pelos dois Dadóforos, Cautes e Cautópates, um com a tocha erguida, o outro com
a tocha abaixada (cf. fig. 46). Eles representam um par de irmãos que
revelam seu caráter pela posição da tocha. Cumont aproxima-os dos
Érotes sepulcrais, que têm significado tradicional como gênios com a
tocha invertida. Um deles portanto seria a morte, o outro a vida. Não
posso deixar de estabelecer um paralelo entre o *sacrificium mithriacum* (onde os Dadóforos estão lado a lado junto ao sacrifício do touro) e o sacrifício cristão do Cordeiro (carneiro). O crucificado também é ladeado de dois ladrões, um dos quais deverá subir ao paraíso,
o outro descer para o inferno[56]. Os deuses semitas muitas vezes são
representados ladeados de dois Paredroi, por exemplo, o Baal de
Edessa acompanhado por Aziz e Monimos (Baal como Sol acompa-

---

56. A diferença em relação ao sacrifício no culto de Mitra é significativa. Os Dadóforos são simples deuses de luz que não participam do sacrifício. A cena cristã é muito
mais dramática. A íntima relação entre os Dadóforos e Mitra, sobre a qual falo mais
adiante, faz supor alguma coisa semelhante no caso de Cristo e dos ladrões.

nhado em seu curso através de Marte e Mercúrio, segundo a interpretação da astrologia). De acordo com o conceito babilônico, os deuses
estão agrupados em tríades. Assim os dois ladrões de algum modo fazem parte de Cristo. Os dois Dadóforos (cf. fig. 46) são partes disso-
ciadas[57] da figura principal de Mitra, ao qual é atribuído um caráter
triádico secreto (Cumont). Segundo refere Dionísio Areopagita, os
magos celebravam a festa τοῦ τρι-πλασίου Μίθρου[58] [δο "Μιτρα
τρ]πλιχε"].

295   Cumont narra[59] que Cautes e Cautópates ocasionalmente trazem
nas mãos respectivamente uma cabeça de touro e um escorpião. O
Touro e o Escorpião são signos equinociais[60], o que indica que a cena
do sacrifício se referia inicialmente à trajetória do Sol: o Sol nascente,
que se autoimola no apogeu do verão, e o Sol que se põe. Na cena do
sacrifício não era fácil ilustrar o nascer e o pôr do Sol, razão por que
esta ideia foi colocada fora da referida cena.

296   Mencionamos acima que os Dioscuros representam uma ideia
semelhante, embora sob forma um pouco diferente: um Sol é mortal,
o outro imortal. Como toda esta mitologia solar é psicologia projetada para o céu, a proposição básica provavelmente é: assim como o
homem consiste de um elemento mortal e outro imortal, também o
Sol é um par de irmãos dos quais um é mortal, o outro imortal. O homem de fato é mortal, mas há exceções, existem homens imortais, ou
alguma coisa em nós que é imortal. Assim os deuses ou um Chidr ou
um Comte de Saint-Germain são aquela parte nossa imortal que paira algures, inatingível. A comparação com o Sol sempre de novo nos

---

57. Um monumento apresenta a seguinte dedicatória: "D(eo) Invicto) M(ithrae) Cautopati". Encontra-se ora "Deo Mithrae Caute" ou "Deo Mithrae Cautopati", assim
como a variação "Deo Invicto Mithrae" ou apenas "Deo Invicto", ou só "Invicto". Os
Dadóforos também são representados com punhal e arco, os atributos de Mitra. Con-
clui-se daí que as três figuras representam quase que três estados diferentes de uma
mesma pessoa. Cf. CUMONT. *Textes et monuments*, I, p. 208s.

58. Ibid. Sobre o drama representado pela simbólica tríade, cf. minhas considerações
em: *Interpretação psicológica do Dogma da Trindade*. Petrópolis: Vozes, 1983 [OC,
11/2; § 172s.].

59. Ibid., p. 210.

60. São os sinais equinociais para o período de 4300 até 2150. Estes sinais há muito ul-
trapassados foram, portanto, conservados no culto até a época depois de Cristo.

Fig. 45 – Gilgamesh com a erva da imortalidade. Relevo do palácio de
Ashur-nasier-apal II (885-860) em Kalhu (Assíria)

mostra que a dinâmica dos deuses é energia psíquica; ela é a nossa
parte imortal, representando aquele elo através do qual o homem se
sente integrado para sempre na continuidade da vida[61]. É vida da
vida da humanidade. Suas fontes, que emanam das profundezas do

---

61. Para caracterizar a alma individual e a alma universal, o Âtman pessoal e sobrepes-
soal, a Çvetâçvatara-Upanishad, IV, 6, 7, 9 (DEUSSEN. *Sechzig Upanishads des Veda*,
p. 301s.), usa a seguinte comparação:
Dois íntimos amigos, com belas asas, / Uma mesma árvore abraçam; / Um deles se deleita com o doce fruto, / O outro apenas observa, sem comer. // A tal árvore rebaixada a
alma / Em sua impotência sofre, escravizada; / Mas ao contemplar e venerar do outro o
poder / E majestade, dela sua mágoa se esvai... // De quem provêm os hinos, ofertas,
obras, juramentos / De preceitos da Veda passados e futuros, / Como mago este criou o
mundo, / No qual outro se aprisionou por ilusão.

inconsciente, provêm do tronco de toda a humanidade, onde o indivíduo isolado, biologicamente ao menos, não passa de um galho cortado e transplantado da mãe.

Fig. 46 – Os dadóforos com a tocha erguida e abaixada. Figuras laterais de um baixo-relevo mitraico de mármore

297   A força vital psíquica, a libido, simboliza-se pelo Sol[62] ou personifica-se em figuras de heróis com atributos solares. Ao mesmo tempo, porém, ela se expressa em símbolos fálicos. As duas possibilidades aparecem numa gema da Babilônia tardia, descrita por Lajard[63] (cf. fig. 47). No centro do quadro está um deus andrógino. No lado masculino encontra-se uma serpente com um halo solar em torno da

---

62. Entre os elementos que compõem o ser humano, a liturgia de Mitra salienta principalmente o fogo como o elemento divino, designado como τὸ εἰς ἐμην κράσιν θεοδώρητον (o que é dado por Deus para a minha composição) (DIETERICH. *Mithrasliturgie*, p. 58).

63. *Recherches sur le cuite, les symboles, les attributs, et les monuments figurés de Vénus en Orient et en Occident* [excerto, 1.837], p. 32s.

cabeça, no lado feminino vê-se uma serpente com a Lua sobre a cabeça. Este quadro possui ainda um sufixo sexual simbólico: no lado masculino vê-se um losango, um apreciado símbolo do órgão genital feminino; no lado feminino está uma roda sem aro. Os raios engrossam como clavas nas extremidades, o que, como os dedos claviformes mencionados anteriormente, têm significado fálico. Parece tratar-se de uma roda fálica, conhecida na Antiguidade. Existem gemas "obscenas" em que Amor gira uma roda feita de falos[64]. Quanto ao significado do Sol, quero mencionar o seguinte exemplo: Na coleção de antiguidades de Verona descobri uma inscrição romana tardia em que se encontra o seguinte desenho[65]:

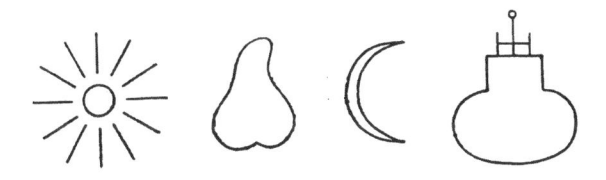

Esta simbólica pode ser lida facilmente: Sol = falo, Lua = recipiente (útero). Esta interpretação é confirmada por outra peça da mesma coleção: ali se encontra o mesmo desenho, apenas o recipiente[66] está substituído por uma figura feminina. Da mesma forma certamente também deve ser interpretada a cunhagem de certas moedas. Em Lajard[67] encontramos uma moeda de Perga onde Ártemis é representada por uma pedra cônica, ladeada por um homem (aparentemente Men) e uma figura feminina (aparentemente Ártemis). Num baixo-relevo ático vemos Men (o assim chamado Lunus) com uma lança, ladeado por Pã com uma clava e uma figura de mulher[68]. Tudo

298

---

64. O que representa o fenômeno periódico que se manifesta na sexualidade, o ritmo.

65. Esta ilustração não é uma fotografia, mas apenas um esboço feito a lápis pelo autor.

66. Num mito bacairi aparece uma mulher que surgiu num pilão de milho. Um mito zulu diz: uma mulher deve recolher uma gota de sangue num jarro, fechar o jarro, deixá-lo de lado durante oito meses e reabri-lo no nono mês. Ela segue o conselho, abre o jarro no nono mês e encontra nele uma criança (FROBENIUS. Op. cit., p. 236 e 237).

67. Op. cit., p. 48 [texto]; pl. I, fig. 13 [detalhe de fig., 1849].

68. ROSCHER. *Lexikon*, II, col. 2.733s, verbete Men.

isto mostra que, além do Sol, também a sexualidade é usada para simbolizar a libido.

Fig. 47 – Divindade andrógina. Gema do período babilônico tardio

299   Outra linha ainda merece especial menção. O Dadóforo Cautópates, que substitui Mitra, é apresentado com o galo[69] e a pinha. Mas estes são os atributos do deus frígio Men (cf. fig. 48), cujo culto era muito difundido. Men era representado com o barrete frígio[70], com a pinha e o galo, bem como sob a forma de menino; os Dadóforos são figuras infantis. (Esta particularidade aproxima-os, juntamente com Men, dos Cabiros e Dáctilos.) Mas Men tem relação muito próxima com Átis, filho e amante de Cibele. No tempo dos imperadores romanos Men e Átis se fundiram numa só divindade. Como já foi dito, também Átis usa o píleo, assim como Men, Mitra e os Dadóforos. Como filho e amante de sua mãe, ele traz o problema do incesto. Este logicamente leva à castração sacral no culto de Átis-Cibele. Segundo a lenda, o herói, enlouquecido pela mãe, mutila-se. Não posso aprofundar-me no momento, pois pretendo discutir o problema do incesto mais no final da obra. Só menciono aqui que o motivo do incesto logicamente precisa vir à tona porque a libido em regressão, que se introverte por motivos internos ou externos, sempre reanima as imagens dos pais e com isto aparentemente restabelece as relações da infância. Mas isto não pode acontecer por se tratar da libido de um adulto, que já entrou na esfera da sexualidade e por isso inevitavelmente introduz um caráter sexual incompatível, ou melhor, incestuo-

---

69. Um animal solar bem conhecido.
70. Como Mitra e os Dadóforos.

so, na relação secundária, isto é, reanimada, com os pais[71]. É este que dá ensejo à simbólica do incesto. Como o incesto precisa ser evitado de qualquer maneira, necessariamente resulta ou a morte do filho-amante ou sua autocastração como castigo pelo incesto cometi-

Fig. 48 – O deus Men sobre o galo. Relevo ático da sagração

do, ou o sacrifício dos instintos, sobretudo da sexualidade, como medida preventiva ou expiatória contra a tendência ao incesto (cf. fig. 49). Como a sexualidade é um dos exemplos mais convincentes da força dos instintos, ela também é a mais atingida pelo recurso ao sacrifício, a abstinência. Os heróis frequentemente são peregrinos[72]: a peregrinação é uma imagem da nostalgia[73], do anseio nunca aplacado que em parte alguma encontra seu objeto, da procura pela mãe perdida. A comparação com o Sol também sob este aspecto é facilmente compreendida. Por isso os heróis sempre são semelhantes ao Sol. Por

---

71. Esta explicação não satisfaz. Infelizmente não me foi possível expor aqui o problema arquetípico do incesto, com todas as suas complicações. Ocupei-me detalhadamente dele em meu livro *Ab-reação, análise dos sonhos e transferência*. Petrópolis: Vozes [OC, 16/2].

72. Gilgamesh, Dioniso, Hércules, Mitra etc.

73. Cf. GRAF. *Richard Wagner im "Fliegenden Holländer"*.

isso nos julgamos autorizados a concluir, enfim, que o mito do herói é um mito solar. Quer me parecer contudo que ele é antes a autorre-presentação da nostalgia do inconsciente em sua busca insaciada e raramente saciável pela luz da consciência. Esta, porém, sempre em perigo de ser enganada por sua própria luz e transformada em fogo fátuo, anseia pela força salutar da natureza, pelas raízes profundas do ser e pela atordoante comunhão com a vida de incontáveis criaturas. Deixo a palavra aqui ao Mestre que pressentiu as raízes da mais profunda nostalgia (a de Fausto):

Mefistófeles:

> Reluto em revelar segredo elevado. –
> Deusas tronam aqui em solidão.
> Lugar não há, menos ainda tempo, onde estão;
> Delas falar é hesitação.
> Elas são as *mães*.
>
> [...] Deusas, ignoradas
> Por vós mortais, por nós mal mencionadas.
> Vai procurá-las pois em sua morada funda,
> Se delas precisamos, a culpa é tua.

Fausto:

> Qual o caminho?

Mefistófeles:

> Nenhum caminho! É o não trilhado,
> O não trilhável! Um rumo ao não rogado,
> Não rogável. Estás disposto?
> Trincos nem cadeados há, a serem removidos,
> Por solidões serás a esmo impelido:
> Tens tu noção de ermo e solidão?...
>
> E se o oceano a nado transpusesses,
> Vendo ali a ilimitada vastidão,
> Verias ainda que onda após onda segue,
> Mesmo com o pavor da morte a te espreitar.
> Algo verias! Talvez no imenso verde
> De mares acalmados, a dança de delfins;
> Verias o passar das nuvens, o Sol, a Lua e as estrelas –

Nada verás no eterno e longínquo vácuo,
Não ouvirás o som de teu próprio passo,
Não sentirás firmeza em teus pés.

Toma esta chave aqui.

A chave há de farejar o lugar certo.
Segue-a até embaixo: às mães vai te levar.

Submerge, pois! Eu poderia dizer: sobe!
Tanto faz. Foge do que já teve origem,
Nos reinos soltos das criações!
Encanta-te com o que há muito não existe!
Névoas ali volteiam incessantes,
Agita a chave, mantém-nas distantes...

Dir-te-á uma trípode ardente,
Que ao fundo dos fundos chegaste finalmente.
As mães verás em seu clarão:
Umas sentadas, outras vêm e vão.
Ao bel-prazer. Formação, transformação,
Do eterno espírito, eterna ocupação.
Envoltas por visões de infinitas criaturas,
Elas não te veem, veem apenas esquemáticas figuras.
Coragem então, o perigo é iminente,
Vai à trípode diretamente,
E com a chave a toca![74]

Fig. 49 – Cibele e seu filho-amante Átis. Segundo uma moeda romana

---

74. [*Faust*, parte II, p. 315s.].

V

Símbolos da mãe e do renascimento

300   Miss Miller descreve a visão que se segue à do nascimento do herói como "um formigueiro de gente". Conhecemos esta imagem inicialmente como o símbolo do segredo[1], ou melhor, do inconsciente. A posse do segredo leva ao afastamento da comunidade dos homens. Como para o equilíbrio da libido um relacionamento completo e sem atritos com os outros é extremamente importante, a posse de segredos subjetivamente importantes geralmente incomoda muito. Por isso o neurótico se sente enormemente aliviado quando, durante o tratamento, pode finalmente desfazer-se de seus segredos. O símbolo da massa, de preferência da massa que flui e está em movimento, frequentemente também representa o grande movimento do inconsciente. Tais símbolos sempre indicam uma animação do inconsciente e o início de uma dissociação entre o eu e o inconsciente.

301   A visão do formigueiro de gente se amplia: aparecem cavalos, trava-se uma batalha.

302   Com Silberer, quero considerar o significado destas visões inicialmente como pertencente à "categoria funcional", pois a ideia básica da massa desordenada é a expressão da massa de ideias que se aproxima, assim como a batalha e eventualmente os cavalos que representam o movimento, a energia. Veremos o significado mais profundo do aparecimento de cavalos no decorrer de nossas considerações sobre os símbolos maternos. A visão seguinte tem caráter mais determinado e é mais significativa quanto ao conteúdo: Miss Miller vê uma "cité de rêve", uma cidade de sonho. A imagem é igual àquela vista pouco antes na capa de uma revista. Infelizmente nada mais sa-

---

1. FREUD. *Die Traumdeutung.*

bemos a respeito. Certamente podemos imaginar esta "cité de rêve" como uma coisa muito bonita e desejada, uma espécie de Jerusalém celestial, como a sonhou o autor do Apocalipse[2] (cf. fig. 50).

A cidade é um símbolo materno, uma mulher, que abriga em si os habitantes como filhos. Compreende-se assim por que as duas deusas-mães, Reia e Cibele, ostentam coroas em forma de muro (cf. fig. 51). O *Antigo Testamento* trata as cidades de Jerusalém, Babel, etc., como se fossem mulheres. Isaías (47,1s.) exclama: 303

> Desce, assenta-te no pó, virgem, filha de Babilônia! Assenta-te no chão, destronada, filha dos caldeus! Pois já não te chamarão de grã-fina e amimada. Pega o moinho e mói a farinha, tira o véu! Levanta a saia, descobre as coxas, atravessa os rios. Seja descoberta tua nudez, apareça também tua vergonha! Tomarei vingança e não pouparei a ninguém. Fala nosso fiador, cujo nome é Senhor Todo-poderoso, Santo de Israel: Assenta-te bem quieta e vai para as trevas, filha dos caldeus! Já não voltarás a ser chamada "Soberana dos Reinos".

Jeremias (50,12) diz sobre Babel: 304

> [...] vossa mãe está profundamente envergonhada, aquela que vos gerou enrubesce!

Cidades fortificadas, nunca subjugadas, são donzelas; colônias   305
são filhos e filhas de uma mãe. Cidades também são prostitutas: Isaías diz de Tiro (23,16):

> Toma a cítara, percorre a cidade, ó prostituta esquecida!

e (1,21):

> Como se tornou prostituta a cidade fiel, cheia de direito?

Encontramos uma simbólica semelhante no mito de Ógiges, o le-   306
gendário rei de Tebas egípcia, e cuja mulher também se chamava Teba. A Tebas beócia fundada por Cadmo recebeu por isso o cognome "ogígica". Este cognome também foi dado ao grande dilúvio, chamado o "ogígico", porque ocorreu durante o reinado de Ógiges. Veremos abaixo que esta coincidência não ocorreu por mero acaso. O fato de a cidade e a mulher de Ógiges terem o mesmo nome indica que alguma relação deve existir entre a cidade e a mulher, o que é fácil de compreender, pois a cidade simplesmente é idêntica à mulher. Encontramos ideia semelhante na Índia, onde Indra é considerado

---

2. Hoje falaríamos de "mandala" como um símbolo do eu.

Fig. 50 – A nova Jerusalém (Ap 21,2s.). Bíblia de Merian (1704)

esposo de Urvarâ. Mas Urvarâ quer dizer a "terra fértil". Também a posse de um país pelo rei é considerada como casamento com a terra de lavoura. Ideias semelhantes devem ter existido na Europa. Ao assumirem seu reinado, os príncipes precisavam garantir uma boa colheita. O rei sueco Domaldi foi morto por causa de uma má safra (saga de Ynglinga 18). Na saga de Rama, o herói se casa com Sîtâ, o sulco na terra lavrada. À mesma linha de ideias pertence o hábito chinês segundo o qual o imperador precisa arar a terra ao subir ao poder. A ideia de ser a terra feminina encerra o pensamento da companhia constante da mulher, de um convívio físico. O deus Shiva, na qualidade de Mahadeva e Parvati, é masculino e feminino. Ele até dispôs de uma metade de seu corpo como moradia para sua esposa Parvati (cf. fig. 52). O tema da coabitação constante aparece também no conhecido símbolo do *lingam,* encontrado em muitos templos hindus: a base é um símbolo feminino, e dentro dele está o falo[3] (cf. fig. 53). Este símbolo se assemelha aos cestos e caixas fálicas gregas.

---

3. Outra forma do mesmo tema é o conceito persa da árvore da vida, que está no lago pluvial Vourukasha. As sementes desta árvore misturam-se com a água e isto garante a fertilidade da terra. A *Vendidâd,* 5, 57s. diz: "As águas correm para o lago Vourukasha, para a árvore Hvâpa. Ali crescem minhas árvores todas, de todas as espécies. Estas eu faço chover ali como alimento para o homem puro, como pasto para a vaca bem criada". Outra árvore da vida é o branco Haoma, que cresce na fonte Ardîçura, a água da vida (SPIEGEL. *Erânische Altertumskunde*, I, p. 465s.).

A caixa ou arca é um símbolo feminino (cf. fig. 55 e 98), isto é, o ventre materno, que era um conceito familiar aos mitologistas antigos[4]. A caixa, a pipa ou cesta com o precioso conteúdo muitas vezes é imaginada como flutuando sobre a água, o que constitui uma analogia à trajetória do Sol. O Sol transpõe o mar como o deus imortal que toda noite submerge no mar materno para renascer pela manhã.

Frobenius diz: 307

> Se o sangrento nascer do Sol sugere estar ocorrendo ali um parto, isto é, o nascimento do jovem Sol, segue-se imediatamente a pergunta sobre a paternidade: como esta mulher teria engravidado? E como esta mulher simboliza a mesma coisa que o peixe, o mar (se partirmos aqui de uma exceção! o Sol tanto submerge no mar como dele emerge), a estranha resposta é que este mar antes engolira o Sol velho. Forma-se assim o mito da consequência, onde a mulher "mar" primeiro engoliu o Sol e agora dá à luz um Sol novo; assim aparentemente ela engravidou[5].

Todos estes deuses que viajam pelo mar são figuras solares. Para 308 "a viagem noturna pelo mar" (Frobenius) eles estão encerrados numa caixa ou arca, frequentemente com uma mulher (cf. fig. 54, novamente invertendo a situação real, mas de acordo com o tema da coabitação constante, que vimos acima). Durante a viagem noturna pelo mar o deus solar está encerrado no ventre materno, frequentemente ameaçado por muitos perigos.

Ao invés de citar muitos exemplos, limito-me a reproduzir aqui o 309 esquema construído por Frobenius[6] para inúmeros mitos semelhantes:

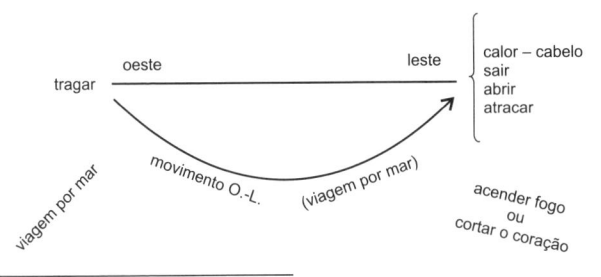

---

4. Encontramos provas disto no trabalho de Rank (*Der Mythus von der Geburt des Helden*).

5. *Das Zeitalter des Sonnengottes*, p. 30.

6. Ibid., p. 421.

Fig. 51 – Diana de Éfeso com a coroa em forma de muro.
Alabastro e bronze. Estátua romana (século II a.C.)

Frobenius apresenta a seguinte lenda:

> Um herói é tragado *(tragar)* por um monstro marinho no
> o(este). O animal viaja com ele para o Leste *(viagem pelo
> mar)*. Enquanto isso, ele acende um fogo na barriga do mons-
> tro *(acender fogo)* e, como sente fome, corta um pedaço do
> coração do animal *(cortar o coração)*. Pouco depois percebe
> que o peixe desliza para terra firme *(atracar)*, e começa imedia-
> tamente a cortar o animal por dentro *(abrir)*; depois sai *(sair)*.
> No ventre do animal estava tão quente que todos os seus ca-
> belos caíram *(calor, cabelo)*. Muitas vezes o herói ainda liber-

ta todos os que haviam sido tragados anteriormente (*tragar geral*), e que agora também saem (*saída geral*).

Um paralelo muito próximo é a viagem de Noé no dilúvio, em que todos os seres vivos morrem; só ele e a vida por ele preservada são levados para uma nova criação. Uma saga melapolinésica[7] conta que o herói, na barriga do kombili (peixe real), toma seu "obsidian" e corta a barriga do peixe. "Ele se esgueirou para fora e viu um esplendor. Sentou-se então e ponderou: 'Gostaria de saber onde me encontro', disse. Então o Sol ergueu-se num ímpeto e atirou-se de um lado para outro". O Sol tornou a sair. Frobenius menciona a história do maecaco Hanumant, contida no Ramayana, e que representa o herói solar: "O Sol, no qual Hanumant voa pelos ares, lança uma sombra sobre o mar; um monstro marinho percebe a sombra e através dela atrai Hanumant. Quando este vê que o monstro o quer engolir, ele cresce desmesuradamente. O monstro assume as mesmas proporções gigantescas. Então Hanumant torna-se tão pequeno como um polegar, se esgueira para dentro do enorme ventre do monstro e sai pelo outro lado"[8]. Em outro trecho do poema lê-se que ele saiu pela orelha direita do monstro. (Como o Gargantua de Rabelais, que também nasceu da orelha da mãe.) "Hanumant retoma seu voo e encontra novo obstáculo na mãe de Rahu (do demônio devorador do Sol). Esta também atrai a sombra[9] de Hanumant, que torna a usar o mesmo ardil: diminui e entra em seu corpo. Apenas ele entra, transforma-se numa massa enorme, intumesce, arrebenta a mãe e a mata, e depois vai embora". Compreendemos assim por que o preparador de fogo hindu, Mâtariçvan, se chama "o que intumesce na mãe". A arca (caixa, baú, pipa, barco etc., cf. fig. 55) é uma analogia do ventre materno, assim como o mar, no qual o Sol mergulha para renascer. Aquilo que intumesce na mãe também pode significar a subjugação e morte da mesma. O preparo do fogo é um ato consciente por excelência e "mata" assim o estado obscuro de dependência da mãe.

311

---

7. Ibid., p. 60s.

8. Ibid., p. 173s.

9. "Sombra", por certo simplesmente = alma. Ainda não devemos supor considerações morais.

Fig. 52 – Shiva e Parvati reunidos. Shiva-Ardhanari (Kangra),
"Shiva, bissexual" (início do século XIX)

312   A partir deste conjunto de ideias compreendemos as referências mitológicas a Ógiges: É ele quem possui a mãe, a cidade, quem portanto está unido à mãe. Por isso em seu reinado ocorreu o grande dilúvio. Num trecho típico do mito solar consta que o herói, quando unido à mulher dificilmente atingível, é lançado ao mar dentro de uma pipa ou coisa semelhante, e depois desembarca numa praia distante para nova vida. A parte central, a "viagem noturna pelo mar" dentro de uma arca, falta na saga de Ógiges. Mas na mitologia os diversos trechos típicos de um mito podem ser encadeados uns aos outros nas sequências mais variadas, o que dificulta muito a interpretação de um mito isolado sem o conhecimento de todos os outros. O sentido dos mitos aqui evocados está claro: é o anseio de renascer

através da volta ao ventre materno, de tornar-se imortal como o Sol. Este anseio pela mãe aparece frequentemente nas Sagradas Escrituras. Lembro a passagem da Epístola aos Gálatas (Gl 4,26–5,1):

Fig. 53 – Lingam com yoni. Seven Pagodas, Madras (Índia)

Ora, a Jerusalém do alto é livre, essa é nossa mãe. Pois está escrito:

> *Alegra-te, estéril, que não dás à luz,*
> *prorrompe em gritos,*
> *tu que não conheces as dores do parto,*
> *porque mais numerosos serão*
> *os filhos da abandonada*
> *do que os da que tem marido.*

Como Isaac, irmãos, vós sois filhos da promessa. Como naquele tempo o filho segundo a carne perseguia o filho segundo o Espírito, o mesmo acontece hoje. Mas o que diz a Escritura?: *Expulsa a escrava com seu filho, pois o filho da escrava não será herdeiro juntamente com o filho da livre.* Portanto, irmãos, nós não somos filhos da escrava, mas da livre. É para gozarmos da liberdade que Cristo nos libertou.

313   Os cristãos são os filhos da cidade superior, não filhos da cidade-mãe terrena, que devem ser expulsos, pois o gerado pela carne é oposto ao gerado pelo espírito, que não nasceu da mãe carnal, mas de um símbolo da mãe. Relembramos os índios, para os quais o primeiro ser humano surgiu do punho de uma espada ou de uma naveta de tecelão. O processo que constrói o símbolo coloca no lugar da mãe uma cidade, fonte, caverna, igreja, etc. (cf. fig. 50 e 61). Esta substituição se faz porque a regressão da libido reaviva experiências e modos da infância, e sobretudo a relação com a mãe[10]. Mas o que outrora fora natural e útil para a criança, significa um perigo para a alma do adulto, perigo esse representado pelo símbolo do incesto. Como o tabu do incesto se opõe à libido e a retém em seu sentido regressivo, esta pode desviar-se para as analogias maternas produzidas pelo inconsciente. Com isto a libido volta a tornar-se progressiva, num grau de consciência um pouco mais elevado em relação ao anterior. A utilidade deste desvio torna-se patente sobretudo quando no lugar da mãe é colocada a cidade: a ligação infantil (primária ou secundária) significa uma limitação e paralisação do adulto, enquanto a ligação à cidade enaltece suas qualidades de cidadão e lhe possibilita ao menos uma existência útil. Nos povos primitivos temos a tribo no lugar da cidade. Encontramos a simbólica da cidade bem desenvolvida no Apocalipse de João (Ap 17,1s.), onde duas cidades exercem um papel importante, uma por ele repudiada e amaldiçoada, a outra almejada. Lemos:

> Vem e te mostrarei o juízo da grande prostituta sentada entre as grandes águas. Com ela se prostituíram os reis da terra, e os habitantes da terra se embriagaram com o vinho de sua prostituição. E me levou em espírito para o deserto. Vi uma mulher sentada numa fera cor de escarlate, cheia de nomes de blasfêmia, com sete cabeças e dez chifres. A mulher se vestia de púr-

---

10. Naturalmente também com o pai. Mas a relação com a mãe, por motivos óbvios, tem a preferência. Ela é mais primária e mais profunda.

pura e escarlate, estava adornada de ouro e pedras preciosas e
pérolas, e tinha na mão uma taça de ouro cheia de abominação
e imundície de sua prostituição. Na fronte trazia escrito um
nome – mistério –: "Babilônia, a grande, a mãe das prostitutas
e das abominações da terra". Vi que a mulher estava embriaga-
da com o sangue dos santos e com o sangue dos mártires de Jesus. Seu aspecto me encheu de grande assombro (cf. fig. 56).

Fig. 54 – O casal devorado pela terrível mãe. Amuleto de xamã da tribo
Tlingit, Sudeste do Alasca (século XIX)

Segue-se no texto uma interpretação difícil de compreender.   314
Destacamos apenas que as sete cabeças do dragão significam sete
montanhas sobre as quais a mulher está sentada. Poderia tratar-se
aqui de uma clara referência a Roma, a cidade cujo poder mundano
oprimia o mundo e a época do autor do Apocalipse. As águas sobre as
quais está a mulher, a "mãe", "são os povos, as nações e as línguas", e
também isto parece referir-se a Roma, pois ela é a mãe dos povos e
dona de todos os países. Assim como na linguagem comum as colônias
são chamadas de "filiais", os povos dominados por Roma são como
membros de uma família dominada pela mãe. Em outra versão do
quadro, os reis dos povos, portanto os "filhos", se prostituem com
esta mãe. O Apocalipse continua (18,2s.):

> Caiu, caiu a grande Babilônia. Tornou-se morada de demônios,
> guarita de todo espírito impuro e abrigo de toda ave impura e
> abominável. Pois com vinho do furor de sua prostituição se
> embriagaram todas as nações...

315   Assim esta mãe torna-se não só a mãe de todos os horrores, mas
também o receptáculo de todo mal e de toda impureza. As aves são
imagens da alma[11], das almas condenadas e dos maus espíritos. Assim a
mãe se transforma no submundo, na cidade dos próprios condenados.
Reconhecemos na antiga imagem da mulher montada no dragão[12] a já
mencionada Equidna, mãe de todos os monstros infernais. Babilônia é
a figura da mãe "terrível", que com tentação diabólica induz todos os
povos à prostituição e os embebeda com seu vinho (cf. fig. 56). A embriaguez aqui está em relação direta com a lascívia, pois ela também é
um símbolo da libido, como já vimos no paralelo entre fogo e Sol.

316   Depois da queda e maldição da Babilônia, encontramos no Apocalipse (Ap 19,6s.) o hino que nos transporta da metade inferior para
a metade superior da mãe, onde deverá tornar-se possível tudo o que
seria impossível sem incesto:

> Aleluia! Porque estabeleceu seu reino o Senhor, Deus to-
> do-poderoso. Alegremo-nos, exultemos e demos glória, por-
> que se aproximam as núpcias do Cordeiro[13]. A Esposa está

---

11. No submundo babilônico as almas são aladas, como as aves. Cf. *A Epopeia de Gilgamesh*.

12. Num evangeliário de Bruges, do século XIV, encontra-se uma miniatura onde a
"mulher", suave como a mãe de Deus, está a meio corpo dentro de um dragão.

13. Em grego τὸ ἀρνίον, o cabrito. Diminutivo do desusado ἀρήν = bode. (Em Teo-
frasto aparece com o significado de "pimpolhos"). O termo semelhante ἄγνις designa
uma festa celebrada anualmente em Argos, em memória de Linos, quando era cantada
a lamentação chamada λίνος, para lamentar a sorte de Linos, filho recém-nascido de
Psamata e Apolo, dilacerado pelos cães. A mãe havia enjeitado a criança de medo de
seu pai Crótopos. Mas por vingança Apolo enviou o dragão Poine ao país de Crótopos. O oráculo de Delfos ordenava uma lamentação anual das mulheres e donzelas
pela morte de Linos. Também Psamata recebia uma parte das honrarias. A lamentação
por Linos, como mostra Heródoto (II, 79, p. 215s.), é análoga ao costume fenício, ci-
priota e egípcio da lamentação por Adônis (Tammuz). No Egito Linos chama-se Maneros, como observa Heródoto. Brugsch (*Religion und Mythologie der alten Ägypter*,
p. 13) pensa que Maneros provinha do lamento egípcio "maa-n-chru" "atende ao chamado". Poine tem a particularidade de arrancar os filhos do ventre de todas as mães.
Reencontramos este conjunto de temas no Apocalipse 12, onde se fala da mulher coro-
ada de estrelas que está para dar à luz e cujo filho é ameaçado pelo dragão, mas é arrebatado para o céu. O infanticídio decretado por Herodes é uma humanização desta
imagem primitiva (cf. BRUGSCH. *Die Adonisklage und das Linoslied*). Dieterich
(*Abraxas. Studien zur Religionsgeschichte des späteren Altertums*, p. 117), para explicar esta passagem, refere o mito de Apolo e Pitão, que ele reproduz deste modo (seg.

preparada. Foi-lhe dado vestir linho brilhante e puro, pois o linho são as obras justas dos santos. E ele me disse: "Escreve: felizes os convidados para o banquete nupcial do Cordeiro".

O Cordeiro é o Filho do Homem que festeja suas bodas com a "esposa". A princípio não sabemos quem é a esposa. Mas o Apocalipse (Ap 21,9s.) nos mostra que mulher é a noiva do Cordeiro: 317

> Vem que te mostrarei a noiva, a esposa do Cordeiro[14]. Levou-me em espírito a um grande monte bem alto e mostrou a cidade santa, Jerusalém, que descia do céu, da parte de Deus. Tinha a glória de Deus... (cf. fig. 50).

Fig. 55 – Noé na arca. Altar esmaltado de Nicolau de Verdun (1186), Catedral de Klosterneuburg perto de Viena

---

Higino): "A Pitão, filho da Terra, grande dragão [...], havia sido profetizado que o filho de Leto o mataria. Leto estava grávida de Zeus. Mas Hera fez com que ela só pudesse dar à luz num lugar onde não houvesse Sol. Quando Pitão percebeu que Leto ia dar à luz, começou a persegui-la, para a matar. Mas Bóreas levou Leto a Posídon. Este a levou para Ortígia e cobriu a ilha com as vagas do mar. Não encontrando Leto, Pitão voltou ao Parnaso. Leto deu à luz na ilha Ortígia erguida por Posídon. No quarto dia depois do nascimento Apolo se vingou. Correu ao Parnaso e matou Pitão".

14. Ap 21,2: "Vi a cidade santa, a nova Jerusalém que descia do céu do lado de Deus, ornada como uma esposa se enfeita para seu esposo".

318   Desta passagem, de acordo com tudo que a precedeu, poderíamos concluir que a cidade, a noiva celestial que aqui é prometida ao
Filho, é a mãe, respectivamente a imago materna[15]. Na Babilônia,
usando a linguagem da Epístola aos Gálatas (Gl 4,21s.), a serva impu-
ra é expulsa, para receber a mãe-noiva com tanto maior segurança na
celestial Jerusalém. O fato de os Santos Padres terem incluído o Apocalipse entre os livros canônicos é prova de finíssima intuição psicológica. Ele é uma fonte preciosa da simbologia do cristianismo primitivo[16]. Os demais atributos conferidos à celestial Jerusalém tornam
seu significado de mãe indubitável:

> E mostrou-me então um rio de água da vida, pura como cris-
> tal. Saía do trono de Deus e do Cordeiro. No meio da rua da
> cidade, de um lado e de outro do rio, havia uma árvore da
> vida, que dava doze frutos, cada fruto em seu mês. As folhas
> da árvore eram saudáveis para as nações. Já não haverá maldi-
> ção alguma[17].

319   Encontramos nesta passagem o símbolo da água, o mesmo que
vimos na menção de Ógiges e sua relação com a cidade. O significado
maternal da água (cf. fig. 57) é um dos simbolismos mais claros na esfera da mitologia[18], como diziam os antigos: ἡ θάλασσα – τῆς γενέσεως σύμβολον (o mar – símbolo do nascimento). A vida vem da

---

15. A saga de Shaktideva da *Somadeva Bhatta* conta que o herói, depois de galharda-
mente escapar de ser tragado por um peixe monstruoso (a terrível mãe), vê finalmente
a cidade dourada e desposa sua amada princesa (FROBENIUS. Op. cit., p. 175).

16. No livro apócrifo Atos de Tomé (século II), a Igreja é considerada como a virgem
mãe-esposa de Cristo. Numa invocação do Apóstolo lemos:
"Vem, nome sagrado de Cristo, que estás acima de todos os nomes. / Vem, poder do
supremo e máxima graça. / Vem, doador da bênção do supremo. / Vem, mãe, miseri-
cordiosa. / Vem, economia do masculino. / Vem, mulher que descortinas os mistérios
ocultos [...]" etc.
    Outra invocação diz:
"Vem, graça máxima. / Vem, esposa (literalmente: comunidade) do masculino. / Vem,
mulher que conheces o mistério do eleito [...] / Vem, mulher que mostras as coisas
ocultas / E revelas as coisas indizíveis, pomba sagrada, que produzes as aves gêmeas. /
Vem, mãe secreta" (CONYBEARE. *Die jungfräuliche Kirche und die jungfräuliche
Mutter*, p. 77). A relação com a mãe está fora de dúvida (cf. fig. 61).

17. Ap 22,1s.

18. Cf. FREUD. *Traumdeutung;* cf. tb. ABRAHAM. *Traum und Mythus*, p. 22s.

água[19], daí também os dois deuses que aqui mais nos interessam, Cristo e Mitra; este último nasceu às margens de um rio, Cristo "renasce" no Rio Jordão. Além disso, nasceu da Πηγή, a "sempiterni fons amoris"[20], da Mãe de Deus, que a lenda pagão-cristã transformou em ninfa da fonte. A "fonte" também existe no mitraísmo: uma dedicatória diz "Fonti perenni". Uma inscrição de Apulum leva a de-

Fig. 56 – A grande Babilônia. Gravura em cobre de Burgkmair para ilustração do *Novo Testamento* (Augsburgo 1523)

---

19. Is 48,1: "Ouvi o que segue, casa de Jacó, que vos dais o nome de Israel e sois descendentes de Judá..."

20. (Fonte – a contínua fonte do amor). WIRTH. *Aus orientalischen Chroniken.*

dicatória: "Fons aeternus"[21]. Em persa, ardvîçûra é a fonte com a água da vida. Ardvîçûra-Anâhita é uma deusa da água e do amor (assim como Afrodite é a "nascida na espuma"). Nos Vedas as águas chamavam-se mâtritamâh = as mais maternais. Tudo o que é vivo emerge da água, como o Sol, e no fim do dia torna a nela submergir. Nascido das fontes, dos rios e dos mares, o homem na morte chega às águas do Estige, para iniciar a "viagem noturna pelo mar". As águas negras da morte são águas da vida, a morte com seu frio abraço é o seio materno, assim como o mar de fato traga o Sol, mas o faz renascer do seio materno. A vida não conhece morte:

> Em correntes de vida, na tormenta da ação
> Ondeio sem cessar,
> Volteio indo e vindo!
> Nascimento e morte,
> Um eterno mar,
> Um menear constante,
> Um ardente viver...[22]

320   A projeção da imago materna sobre a água confere a esta uma série de qualidades numinosas, respectivamente mágicas como são próprias à mãe. Um bom exemplo é a simbólica da água-benta na igreja (cf. fig. 58). Nos sonhos e fantasias, o mar ou as grandes extensões de água significam o inconsciente. O aspecto materno da água coincide com a natureza do inconsciente no que este (sobretudo no homem) pode ser apontado como a mãe do consciente. O inconsciente – quando interpretado no nível do sujeito[23] – também tem significado materno, como a água.

321   Um símbolo materno quase tão frequente quanto a água é o madeiro da vida (ξύλον ζωῆς) ou a árvore da vida. A árvore da vida é em primeiro lugar uma árvore genealógica com frutas, portanto uma espécie de mãe genealógica. Em muitos mitos o homem se origina de árvores; muitos mostram o herói dentro da árvore materna, como

---

21. (A fonte permanente, eterna). CUMONT. *Textes et monuments* I, p. 106s.

22. *Faust*, parte I, p. 149.

23. Sobre o termo "Nível do Sujeito", cf. meu trabalho *Tipos psicológicos*, definição 50. Petrópolis: Vozes, 2011 [OC, 6].

Fig. 57 – A fonte da vida. Ícone da escola de Constantinopla (século XVII)

Osíris morto na erica, Adonis na murta etc. (cf. fig. 64). Divindades femininas frequentemente foram veneradas como árvores, daí o culto das florestas e árvores sagradas. Compreende-se assim por que Átis se castrou debaixo de um pinheiro, isto é, ele o faz por causa ou com referência à mãe. Juno de Téspias era um galho de árvore, Samos era uma tábua, Argos uma coluna, a Diana de Caria era um pe-

Fig. 58 – Pia batismal anglo-saxônica de Kilpeck, Inglaterra
(início do século XII)

daço de madeira não esculpida, Atenas de Lindos uma coluna alisada.
Tertuliano chama a Ceres de Faros de "rudis palus et informe lignum
sine effigie" (uma rude tora e um informe pedaço de madeira sem efí-
gie). Ateneu afirma que Latona, de Delos, era um ξύλινον ἄμορφον,
um pedaço de madeira sem forma. Tertuliano chama a Palas ática de
"crucis stipes", a haste da cruz (ou mastro). A estaca de madeira des-

guarnecida (cf. fig. 59) é fálica[24], como indica o nome φάλης (palus). O φαλλός é uma estaca, como lingam cúltico geralmente feito de ma-

Fig. 59 – Gancho fálico. Peça central: provavelmente símbolo do Sol. Escultura em madeira, Nova Guiné

---

24. Ao invés de colunas, também coni, como no culto de Cípride, de Astarte etc.

deira de figueira, como as estátuas romanas de priapos. Φάλος é o nome de uma saliência ou ornamento no elmo, mais tarde chamada χῶνος. Φάλληνος passando por φαλλός tem o significado de "lenhoso"; φαλ-άγγωμα = rolo (de aplanar); φάλαγξ: uma trave redonda; este nome foi dado à formação de combate macedônica por sua vigorosa força de choque. Além disso, a falange dos dedos[25] também se chama φάλαγξ. Pode-se pensar ainda em φαλός com o significado de brilhante, refulgente. A raiz indo-germânica é bhale = inchar, intumescer[26]. Quem não lembra Fausto?

> Ela cresce em minha mão,
> Ela brilha, reluz![27]

322   Esta é uma simbólica "primitiva" da libido, que mostra a relação direta entre libido e luz. Relações semelhantes encontram-se nas invocações de Rudra no *Rigveda:*

> 1, 114, 3. Que obtenhamos tua graça por meio de tua veneração, ó Rudra, senhor dos homens, urinador (que abençoa com urina, forte em sêmen...).
>
> 4. O chamejante (reluzente) Rudra, o executor do sacrifício, o circulante (o que caminha em arco no céu), o vidente, invocamos por auxílio na terra...
>
> 2, 33, 5. [...] que aquele que revela coisas doces (bondoso?), o que não se faz de rogado, o castanho-avermelhado, o provido de belo elmo, não nos deixe à mercê do ciúme (da inveja).
>
> 6. Alegrou-me o touro unido a Marut, com vigorosa força vital o suplicante...
>
> 8. Ao touro castanho-avermelhado, ao branco refulgente, faço ecoar um forte hino de louvor; que se venere o Ser chamejante com grandes honras. Nós cantamos o Ser brilhante (o augusto nome?) de Rudra.

---

25. Sobre a simbólica da falange remeto o leitor ao que foi dito sobre os dáctilos [§ 180-184 deste volume]. Lembro ainda o seguinte trecho de um mito dos Bakairis: "Nimagakaniro engoliu duas falanges de Bakairis, das quais havia muitas na casa porque Oka as usava como pontas de flechas e matava muitos Bakairis, cuja carne comia. Das falanges, e só delas, não de Oka, a mulher engravidou" (FROBENIUS. Op. cit., p. 236).

26. Outros exemplos em Prellwitz (*Etymologisches Wörterbuch der griechischen Sprache*).

27. Cf. § 180 deste volume.

14. Que a seta de Rudra passe ao longe, que a grande (pesada) ira do reluzente se aplaque; que se afrouxem os retesados arcos (ou as duras setas?) para os nobres. Tu, abençoador (com urina) (vigoroso gerador), sê clemente para com nossos filhos e netos[28].

Os mais diversos aspectos daquele que tem grande força espiritual e vital, do "extraordinariamente eficiente", do Mana personificado, estão reunidos aqui na figura de Rudra: o Sol chamejante com brilho branco, o lindo elmo, o touro gerador e a urina (*urere* = arder).   323

Não só os deuses, mas também as deusas, sob o ponto de vista de sua dinâmica, são símbolos da libido. A libido se expressa na comparação com Sol, como luz, fogo, sexualidade, fertilidade e crescimento. Por isso também as deusas ostentam símbolos fálicos, embora estes sejam de natureza essencialmente masculina. A principal razão disto é que, assim como no homem se escondem traços femininos (cf. fig. 60), também na mulher existem atributos masculinos[29]. A feminilidade da árvore que representa a deusa (cf. fig. 62) está mesclada com símbolos fálicos, como mostra, por exemplo, a árvore genealógica que sai do ventre de Adão. Em meu livro *Psicologia e alquimia* reproduzi a figura de um Adão onde a árvore corresponde ao membro masculino (a figura foi reproduzida de um manuscrito do Vaticano). Assim, a árvore tem por assim dizer um caráter bissexual. O fato de, na língua latina, as árvores terem terminação masculina e gênero feminino também atesta este caráter[30].   324

No sonho de uma mulher jovem a árvore apresenta um caráter hermafrodita[31] semelhante: *Ela se encontrava num jardim em que havia uma estranha árvore exótica com singulares flores ou frutos avermelhados, carnosos; ela colheu alguns e os comeu. Com grande susto sentiu-se envenenada.*   325

---

28. SIECKE. *Der Gott Rudra im Rig-Veda*, p. 237s.

29. Cf. a teoria Anima-Animus em meus trabalhos posteriores.

30. A *figueira* é a árvore fálica. É digno de nota que Dioniso colocou um "ficus" na entrada do Hades, assim como se colocavam falos sobre as sepulturas. O cipreste dedicado à deusa Afrodite, ou Cípride, transformou-se em sinal de morte por ter sido colocada na porta da casa mortuária.

31. Sobre hermafroditismo, cf. *Psychologie und Alchemie* [OC,12; índice analítico, cf. este termo].

Fig. 60 – Deusa no lingam. Camboja (século XIV)

326   Na vida conjugal da sonhadora existiam certas dificuldades sexuais em consequência das quais sua fantasia começou a ocupar-se
com um jovem de seu círculo de amizades. É a árvore, que já estava
no paraíso e exercia para os primeiros pais um papel semelhante ao
deste sonho. É a árvore da libido, que neste caso representa tanto o
lado feminino como o masculino, indicando simplesmente o tipo de
relacionamento entre os dois.

327   Uma charada norueguesa diz:

       No monte Billins está uma árvore,
       Que goteja sobre um mar,
       Seus galhos brilham como ouro;
       Isto você não vai decifrar.

328   A filha do Sol recolhe à noite os ramos dourados quebrados do
carvalho maravilhoso.

       Amargamente chora o pequeno Sol,
       No jardim das maçãs
       Da macieira caiu
       A maçã de ouro.

Não chores, pequeno Sol,
Deus faz outra
De ouro, de bronze,
De pratinha.

O significado cintilante da árvore – Sol, árvore do paraíso, mãe,   329
falo – explica-se pelo fato de ser ela um símbolo da libido e não uma
alegoria concreta deste ou daquele objeto. Um símbolo fálico também
não significa o órgão sexual, mas a libido, e mesmo, quando aparece
claramente como tal não quer indicar a si mesmo mas representa um
símbolo da libido. Pois os símbolos não são sinais ou alegorias de um
fato conhecido, mas procuram insinuar uma situação pouco ou nada
conhecida. O "tertium comparationis" de todos estes símbolos é a libido. A unidade do significado está apenas na alegoria à libido. O significado fixo das coisas termina nesta esfera. Ali a única realidade é a libido, cuja natureza se revela através de nossas realizações. Não é, portanto, a verdadeira mãe, mas a libido do filho, cujo objeto a mãe fora
outrora. Interpretamos os símbolos mitológicos de modo excessivamente concreto e estranhamos a cada passo as infindáveis contradições dos mitos. Sempre de novo esquecemos que é a força criadora inconsciente que se oculta em imagens. Se, portanto, o texto diz: "Sua
mãe era uma fada má", a tradução é: o filho é incapaz de separar a libido da imago materna; ele sofre resistências porque está preso à mãe.

A simbólica da água e da árvore, conferidos como outros atribu-   330
tos ao símbolo da cidade, também indicam aquela libido que está inconscientemente arraigada na imago materna. O Apocalipse em certas passagens importantes deixa transparecer a nostalgia pela mãe[32].
Também a esperança do autor do Apocalipse termina na mãe: καὶ
πᾶν κατάθεμα οὐκ ἔσται ἔτι, "não haverá ali jamais maldição"
(22,3). Não haverá mais pecado, repressão, desarmonia consigo mes-

---

32. A relação entre filho e mãe constituiu a base de muitos cultos. Robertson (*Die
Evangelien-Mythen*, p. 36) observou a relação de Cristo com as Marias e ele supõe que
esta relação provavelmente faz alusão a um mito antigo "onde aparece um deus pales-
tino, talvez de nome Josué, com relações alternadas de amante e filho para com uma
Maria mítica – uma flutuação natural na teosofia antiga e que ocorre, com variações,
nos mitos de Mitra, Adônis, Átis, Osíris e Dioniso, todos eles relacionados com uma
mãe-deusa e uma esposa ou uma sósia feminina; a mãe e esposa ocasionalmente são
identificadas".

mo, nem culpa ou pavor mortal, nem dor de separação, pois pelas bodas do cordeiro o filho se uniu com a mãe-esposa e assim foi alcançado o bem-aventurado estado final. Este símbolo se repete nas "nuptiae chymicae", a "coniunctio" da alquimia.

331   Assim o Apocalipse termina com este mesmo acorde de esplendor místico que a intuição poética retomou, dois milênios depois; é a última prece do "Doctor Marianus":

> Implorai o olhar divino,
> Frágeis penitentes,
> Em grato, redentor, destino,
> A vos transformar!
> Seja a ti oferecido,
> Todo nobre sentimento!
> Virgem, Mãe, Rainha,
> Deusa, sê clemente![33]

332   Diante desta beleza e grandiosidade de sentimentos surge uma questão de princípio: se está certo o conceito causal como é defendido por Freud; segundo este conceito a formação de símbolos se explicaria apenas pela repressão da tendência primária ao incesto, e assim seria um mero produto substitutivo. Mas a "proibição do incesto" não é em si um fenômeno primário, mas está relacionada aos sistemas primitivos de classes de casamento, que por sua vez constituíam uma necessidade vital para a organização da tribo. Trata-se, portanto, mais de fenômenos teleológicos do que de simples causalidades. É preciso salientar ainda que sobretudo o mito solar mostra como a base do desejo "incestuoso" não é a coabitação, mas a ideia de voltar a ser criança, retornar ao abrigo dos pais, penetrar na mãe para novamente dela nascer. E para esta finalidade surge um obstáculo, o incesto: a necessidade de tornar a penetrar no ventre materno de uma forma qualquer. Uma das maneiras mais simples seria fecundar a mãe, e assim, por si mesmo, tornar a gerar a si próprio. Aqui entra o obstáculo da proibição do incesto. Por esta razão os mitos solares ou de renascimento criam as mais variadas analogias com a mãe, para fazer a libido fluir para novas formas e impedi-la assim, eficientemente, de

---

33. *Faust*, parte II, p. 487.

regredir para um incesto mais ou menos real. Um destes meios é transformar a mãe num ser diferente ou torná-la mais jovem[34], para fazê-la desaparecer, ou melhor, retransformá-la depois do nascimento. O que se procura não é a coabitação incestuosa, mas o renascimento. O obstáculo da proibição do incesto torna a fantasia criativa: tenta-se, por exemplo, engravidar a mãe por meio de fórmulas mágicas de fecundação. O resultado do tabu do incesto e das tentativas de transferência é o exercício da fantasia, que pouco a pouco, pela criação de possibilidades, abre caminhos através dos quais a libido pode realizar-se. Assim, imperceptivelmente, ela é deslocada para formas espirituais. A força "que sempre quer o mal" produz assim vida espiritual, razão por que nas religiões este processo foi elevado à categoria de sistema. É interessante observar como elas se esforçam em fomentar esta transformação simbólica[35]. Um exemplo excelente neste sentido nos é dado pelo Novo Testamento. No diálogo sobre o renascimento, Nicodemos não consegue deixar de considerar a coisa realisticamente:

> Como o homem pode nascer, se já é velho? Acaso pode entrar de novo no seio da mãe e tornar a renascer?[36]

---

34. Rank ilustrou isto com belos exemplos no mito da donzela transformada em cisne (*Die Lohengrinsage*).

35. Muther (*Geschichte der Malerei*, II, p. 355) diz no capítulo "Die ersten spanischen Klassiker": "Tieck escreveu: 'A volúpia é o grande segredo de nosso ser, a sensualidade, a primeira roda motriz em nossa máquina. Ela toca nossa existência para a frente e a torna alegre e cheia de vida. Tudo o que imaginamos de belo e nobre pertence a esta esfera. Sensualidade e volúpia são a alma da música, da pintura e de todas as artes. Todos os desejos do homem giram em torno deste polo, como insetos em torno da luz. O gosto da beleza e a sensibilidade artística são apenas outros dialetos e pronúncias. Nada mais indicam que o instinto do homem para a volúpia. Eu mesmo cultivo uma propensão que vem da sensualidade'. Aí está expresso o que nunca podemos esquecer na avaliação da antiga arte sacra: o desejo de apagar os limites entre o amor mundano e o amor divino, fazer um penetrar imperceptivelmente no outro, sempre foi a ideia básica, o maior meio de agitação da Igreja católica". A este respeito quero observar que restringir-se excessivamente à sexualidade não é possível. Trata-se principalmente de impulsividade primitiva, isto é, da libido ainda não suficientemente diferenciada, que no entanto se apodera de preferência da forma sexual. A volúpia de modo algum é a única forma de "sensação de plenitude da vida". Existem diversas paixões que não podem ser derivadas da sexualidade.

36. Jo 3,3s.

Mas Jesus quer elevar e purificar o conceito sensual do espírito materialista e modorrento de Nicodemos, e lhe anuncia no fundo a mesma coisa – e que não é a mesma coisa:

> Em verdade, em verdade, te digo: quem não nascer da água e do Espírito Santo, não pode entrar no reino de Deus. O que nasce da carne é carne, mas quem nasce do Espírito é espírito. Não te admires de ter dito: é preciso nascer do alto. O vento sopra onde quer e lhe ouves a voz, mas não sabes de onde vem nem para onde vai. Assim é todo aquele que nasceu do Espírito.

334   Nascer da água quer dizer originalmente: nascer do ventre materno; nascer do espírito: ser gerado pelo sopro fecundado do vento. É o que também nos mostra o texto grego, onde espírito e vento são indicados pela mesma palavra πνεῦμα: τὸ γεγεννημένον ἐκ τῆς σαρκὸς σάρξ ἐστιν, καὶ τὸ γεγεννημένον εκ τοῦ πνεύματος πνεῦμά ἐστιν ... τὸ πνεῦμα ὅπου θέλει πνεῖ etc.

335   Esta simbólica provém da mesma necessidade expressa pela lenda egípcia do abutre, que é só feminino e fecundado pelo vento. Como base destas afirmações mitológicas reconhecemos o imperativo: não deves dizer que a mãe é fecundada por um homem, de maneira comum, e sim por um ser etéreo, de modo incomum. Esta exigência está em contraste flagrante com a verdade empírica; por isso o mito é uma ponte apropriada para a analogia: diz-se que foi um herói que morreu e assim alcançou a imortalidade. A necessidade que estabelece esta imposição evidentemente é uma tendência de ir além da realidade: um filho naturalmente pode pensar que seu pai o gerou de modo carnal, mas não que ele mesmo fecunde a mãe e assim, tal como o filho nasça para uma nova juventude. Este pensamento é banido pelo perigo de regressão e substituído pela imposição acima de expressar-se por meio de símbolos sobre o problema do renascimento (sob determinadas circunstâncias). Na exortação de Jesus a Nicodemos encontramos esta imposição: não penses de modo carnal, pois então serás carne, mas pensa simbolicamente e então serás espírito. É evidente o quanto esta atração pelo simbólico educa e promove o homem: Nicodemos permaneceria aferrado ao quotidiano grosseiro se não conseguisse elevar-se simbolicamente acima de seu concretismo. Se tivesse um espírito obtuso, por certo se teria chocado com a irracionalidade e irrealidade destes conselhos e teria tomado a coisa ao pé

da letra, para finalmente descartá-la como incompreensível e impossível. Mas as palavras de Jesus têm tanta força de sugestão porque expressam verdades simbólicas fundamentadas na estrutura psíquica do homem. A verdade empírica não liberta o homem de suas amarras sensuais, pois lhe mostra apenas que sempre foi assim e também não poderia ser diferente. Mas a verdade simbólica, que coloca água no lugar da mãe, espírito ou fogo no lugar do pai, oferece uma nova saída à libido presa na assim chamada tendência incestuosa, liberta-a e a conduz para uma forma espiritual. Assim o homem, como ser espiritual, volta a ser criança e a nascer em meio a um círculo de irmãos, mas sua mãe é a "Comunidade dos Santos", a Igreja (cf. fig. 61), e seu círculo de irmãos é a humanidade, com a qual torna a unir-se no patrimônio comum da verdade simbólica. Ao que parece, este processo

Fig. 61 – A Mater Ecclesia. Hildegard von Bingen, *Scivias* (século XII)

foi particularmente necessário na época em que se originou o cristianismo, pois faltava completamente o sentimento de solidariedade entre os homens, devido aos enormes contrastes entre a escravidão e a liberdade do burguês e senhor.

336   Vendo como Jesus se esforça para fazer com que Nicodemos aceite o conceito simbólico das coisas, isto é, aquilo que os fatos reais, por assim dizer, envolvem com um véu, e como era importante para a história da civilização que se pensasse, e ainda se pense, deste modo, não compreendemos bem por que os esforços da psicologia moderna a favor da simbólica frequentemente encontrem forte oposição. A transposição da libido do só-racional e só-realista hoje em dia é tão importante como sempre foi. E isto não porque o racionalismo e o realismo tivessem dominado (de fato não dominaram), mas porque os guardiães das verdades simbólicas, isto é, as religiões, perderam sua eficiência perante as ciências. Também as pessoas inteligentes não entendem mais a utilidade de uma verdade simbólica, e os representantes das religiões perderam a oportunidade de desenvolver uma apologética atualizada. O aferro ao mero concretismo do dogma ou à ética pela ética ou ainda a uma simples humanização da figura de Cristo, sobre a qual até se fizeram frágeis tentativas biográficas, não atraem. A verdade simbólica hoje em dia está indefesa à mercê do pensamento científico, inadequado para este fim, e no seu estado atual não está em condições de concorrer com ele. A prova da verdade inexiste. O apelo exclusivo à fé é uma frágil "petitio principii", pois é justamente a evidente inverossimilhança da verdade simbólica que impede a crença na mesma. Ao invés de insistir no cômodo apelo à fé, a meu ver os teólogos deveriam esforçar-se em tornar está fé possível. Mas para isto deveriam criar-se novas bases para a verdade simbólica, bases estas que falassem não só ao sentimento, mas também à razão. Isto contudo só pode acontecer se recordarmos por que razões a humanidade teve necessidade da inverossimilhança de afirmações religiosas, e por que motivos se subordinou a realidade concreta e palpável do mundo a uma verdade espiritual tão diferente.

337   Os instintos operam mais livremente quando inexiste qualquer consciência que colida com eles, ou quando uma consciência já presente está inteiramente adaptada a eles. Mas este último estado já não existe no homem primitivo, pois sempre encontramos sistemas psí-

quicos que se opõem à impulsividade pura. E mesmo que a tribo primitiva tenha apenas vestígios de cultura, encontramos a fantasia criativa ocupada em produzir analogias dos processos instintivos para libertar a libido da instintividade pura, transferindo-a para ideias análogas. Estes sistemas devem ser constituídos de tal forma que ofereçam uma espécie de declive para a libido, pois esta não aceita qualquer coisa, senão poderíamos dirigi-la à vontade sobre qualquer objeto. Mas isto só acontece em processos voluntários, e assim mesmo só de modo limitado. A libido é um *penchant* natural; ela é como a água, que necessita de um declive para poder correr. A constituição das analogias por isso é um problema difícil, pois devem ser ideias que atraiam a libido. A meu ver, seu caráter especial está no fato de serem arquétipos, formas universalmente presentes e hereditárias que, em sua totalidade, constituem a estrutura do inconsciente. Se Cristo fala a Nicodemos de espírito e água, não são ideias quaisquer, mas pensamentos típicos que desde os tempos mais remotos exerceram fascínio sobre a mente. Ele faz alusão ao arquétipo e, se alguma coisa puder convencer Nicodemos, será este o elemento convincente, pois os arquétipos são as formas ou leitos nos quais o rio dos fenômenos psíquicos corre desde sempre.

Não podemos tratar do problema da formação de símbolos sem incluir os processos instintivos, pois é destes que provém a força motriz do símbolo. O símbolo em si perde todo sentido quando não tem contra si a resistência do instinto, assim como os instintos desordenados só chegariam à perdição do homem se o símbolo não lhes desse forma. Por isso é inevitável ocupar-nos com um dos instintos mais fortes, a sexualidade, pois a maioria dos símbolos em maior ou menor grau representam analogias deste instinto. A abordagem da formação dos símbolos a partir dos processos instintivos corresponde a uma observação científica natural, que não pretende ser a única possível. Concordo plenamente que a formação de símbolos também poderia ser explicada do ponto de vista espiritual. Para isto basta a hipótese de ser o "espírito" uma realidade autônoma que dispõe de energia específica suficientemente forte para curvar os instintos e obrigá-los a assumir formas espirituais. Esta hipótese tem seus senões para a concepção científica natural, mas ainda sabemos tão pouco sobre a natureza da psique que não poderíamos apresentar uma razão

338

decisiva contra esta posição. De acordo com minha visão empírica,
prefiro no entanto descrever e explicar a formação de símbolos como
um processo natural, estando porém plenamente consciente da provável unilateralidade de meu ponto de vista.

339   Como dissemos, a sexualidade exerce um papel importante na
formação de símbolos, inclusive os religiosos. Há quase dois mil anos
praticava-se o culto da sexualidade mais ou menos abertamente. É
verdade que se tratava de gentios que não conheciam coisa melhor. A
natureza das forças simbólicas não muda de um século para outro. Se
tivermos uma noção do conteúdo sexual de antigos cultos e imagi-
narmos que a experiência de união com o deus da Antiguidade era
considerada como um coito mais ou menos concreto, não podemos
mais conceber que as forças motoras da fantasia que cria os símbolos
se tenham modificado completamente depois do nascimento de Cristo. O fato de os primeiros cristãos se terem afastado tão energicamente da natureza e dos instintos e, por sua tendência ascética, terem
evitado a sexualidade, prova exatamente a origem destas motivações.
Por isto não é de estranhar que esta transformação tenha deixado
marcas profundas na simbólica cristã. Se assim não fosse, esta religião
jamais teria conseguido transformar a libido. Mas conseguiu este objetivo brilhantemente, porque suas analogias arquetípicas estão muito bem ajustadas à força instintiva a ser modificada. Fui muito censu-
rado por não ter hesitado em relacionar até as imagens espirituais
mais sublimes com os fatos por assim dizer subumanos. Mas meu objetivo foi a compreensão de concepções religiosas cujo valor eu percebia demasiado bem para descartá-las com argumentos racionalistas. Afinal o que se quer com realidades incompreensíveis? Com elas
só nos dirigimos àqueles que não tentam pensar e compreender. Ape-
la-se à fé cega, exaltando-a ao máximo. O que se consegue com isto é
uma educação que anula o pensamento e a crítica. A história contem-
porânea demonstrou com horror e sangue o que a crença cega, por
tanto tempo apregoada, conseguiu na Alemanha depois de ter se afastado inevitavelmente do dogma cristão. O perigo não está nos grandes
hereges e ateus, mas nos inúmeros pequenos pensadores, que só sabem
fazer filosofice e um dia descobrem quão irracionais são todas as
afirmações religiosas. Aquilo que não se entende elimina-se logo, e
assim se perdem irremediavelmente todos os grandes valores da ver-

dade simbólica. O que pode fazer um filosofista com os dogmas da Virgem, da morte como sacrifício, da Santíssima Trindade?

Hoje em dia o médico psicoterapeuta precisa esclarecer as bases   340
da vivência religiosa a seus pacientes cultos e até lhes mostrar o caminho que os leva até onde uma tal vivência se torna possível. Se, por isso, como médico e cientista, analiso os complicados símbolos religiosos e procuro remontar às suas origens, faço-o exclusivamente com a finalidade de conservar, pela compreensão, os valores que eles representam e levar os indivíduos a pensar de novo simbolicamente, como os pensadores da Igreja antiga. Isto jamais foi dogmática estéril. Só que, se hoje alguém pensa deste modo, é simplesmente considerado como antiquado. Este modo de ver não atinge mais o homem moderno. Por isso é preciso encontrar um caminho para que este possa voltar a participar espiritualmente do conteúdo da mensagem cristã.

Numa época em que grande parte da humanidade começa a   341
abandonar o cristianismo, vale a pena verificar por que afinal ele foi adotado. Adotou-se o cristianismo para escapar da brutalidade e da inconsciência dos antigos. Se o abandonarmos, está à nossa espera a antiga brutalidade, da qual a história de nossa época deu um exemplo dificilmente suplantado. O passo nesta direção não é um progresso, mas um retrocesso. É como o indivíduo que abandona uma forma de adaptação e não tem outra; ele infalivelmente regredirá a um velho caminho em seu próprio prejuízo, pois o mundo mudou desde então. Portanto, estará diante do antigo problema da brutalidade aquele que abandona o cristianismo e com isso a instituição da moral, por lhe repugnarem a inconsistência filosófica da dogmática cristã e o vazio religioso da ideia de um Jesus meramente histórico – sobre cuja pessoa contraditória muito pouco sabemos e este pouco confunde-nos o raciocínio. Vimos o que acontece quando um povo inteiro acha a máscara moral muito aborrecida. Então a besta é solta e toda uma civilização soçobra na embriaguez da imoralidade.

Existem hoje em dia inúmeros neuróticos que o são simplesmen-   342
te porque não sabem por que razão não podem ser felizes à sua maneira; e nem ao menos sabem que lhes falta esta felicidade. E além destes neuróticos existem ainda muito mais indivíduos normais – e pessoas de bom nível – que se sentem angustiados e insatisfeitos porque não têm mais qualquer símbolo que ofereça um caminho para a

libido. A todos estes impõe-se remontar aos fatos originais para que voltem a conhecer sua personalidade primitiva e saibam como e onde ela deve entrar no jogo. Só assim é possível que determinadas exigências sejam preenchidas enquanto outras sejam reconhecidas como indesejáveis, por infantis, e portanto recusadas. Pensamos que nossa primitividade desapareceu há muito e que dela nada mais existe. Fomos terrivelmente frustrados neste sentido. O mal inundou nossa civilização como nunca antes. Este espetáculo aterrador permite compreender o que o cristianismo enfrentava e o que se esforçava por modificar. No entanto, este processo de mutação nos séculos subsequentes realizou-se principalmente de modo inconsciente. Observei acima (§ 106) que tal mutação inconsciente da libido não tem valor ético à qual se opunha o cristianismo da primitiva época romana. Também lembrei contra que correntes de imoralidade e embrutecimento ele teve que se opor. Devo, porém, acrescentar que a fé pura e simples não é mais um ideal ético, pois ela significa uma transformação inconsciente da libido. A fé é um carisma para aquele que a possui, mas não é um caminho para aquele que precisa entender antes de acreditar. É um modo de ser cuja validade não pode ser negada. Pois também o devoto pensa que Deus deu a razão ao homem para coisas melhores do que mentir e enganar. Embora se *acredite* em símbolos natural e originalmente, também é possível *entendê-los,* o que é o único caminho viável para todos aqueles que não têm o carisma da fé.

343   O mito religioso é uma das maiores e mais importantes aquisições que dão ao homem a segurança e a força para não ser esmagado pela imensidão do universo. O símbolo, observado sob o ponto de vista do realismo, não é uma verdade concreta, mas psicologicamente ele é verdadeiro, pois foi e continua sendo a ponte para as maiores conquistas da humanidade[37].

344   A verdade psicológica não exclui uma verdade metafísica. Mas a psicologia como ciência deve abster-se de quaisquer afirmações metafísicas. Seu objeto são a psique e seus conteúdos. Ambos são realidades efetivas, pois são eficazes. Apesar de termos uma física da

---

37. Sobre o significado funcional do símbolo, cf. *Energia psíquica.* Petrópolis: Vozes, 1984 [OC, 8/1; § 88s.].

alma, não podemos observá-la e julgá-la a partir de um ponto arqui-médico externo, e portanto nada de objetivo sabemos a seu respeito, pois tudo o que dela sabemos é ela própria, a alma é a experiência direta de nosso ser e existir. Ela é para si mesma a experiência única e direta e a "conditio sine qua non" da realidade subjetiva do mundo em geral. Ela cria símbolos cuja base é o arquétipo inconsciente e cuja imagem aparente provém das ideias que o consciente adquiriu. Os arquétipos são elementos estruturais numinosos da psique e possuem certa autonomia e energia específica, graças à qual podem atrair os conteúdos do consciente a eles adequados. Os símbolos funcionam como *transformadores,* conduzindo a libido de uma forma "inferior" para uma forma superior. Esta função é tão importante que a intuição lhe confere os valores mais altos. O símbolo age de modo sugestivo, convincente, e ao mesmo tempo exprime o conteúdo da convicção. Ele age de modo convincente graças ao número, que é a energia específica própria do arquétipo. A vivência do último não é só impressionante, mas de fato "comovente". Ela produz fé naturalmente.

A fé "legítima" sempre remonta à vivência. Mas existe ainda uma fé baseada exclusivamente na autoridade da tradição. Pode-se considerar também esta fé como "legítima", pois também a força da tradição representa uma vivência cujo valor para a continuidade da cultura está fora de dúvida. Mas nesta forma de fé existe o perigo do simples hábito, da preguiça mental, da inércia cômoda e estéril, que ameaça uma parada e um consequente retrocesso da cultura. Esta dependência, que se tornou mecânica, anda passo a passo com uma regressão psíquica para a infantilidade. Os conteúdos tradicionais pouco a pouco perdem seu verdadeiro sentido e só são mantidos formalmente, sem que esta forma de fé ainda exerça qualquer influência sobre a vida. Não existe mais força vital por detrás dela. A reputada infância espiritual só tem sentido quando a sensação da vivência ainda está viva. Mas se ela se perde, a fé pode vir a significar apenas uma dependência corriqueira, infantil, que substitui o esforço no sentido de uma nova compreensão ou até o impede. Esta é a situação a meu ver hoje reinante. [345]

Como na fé se trata de "ideias superiores" centrais e vitais, das quais depende o necessário sentido da vida, o próprio psicoterapeuta tem antes do mais a tarefa de recompreender os símbolos para poder com- [346]

preender seu paciente nesta procura compensatória inconsciente por uma tomada de posição que exprima a totalidade da alma humana.

347   Voltemos de novo à nossa autora.

348   A visão da cidade segue-se aquela de "uma estranha árvore conífera com galhos nodosos". Esta imagem não nos causa mais estranheza depois do que vimos sobre a árvore da vida e sua associação com a mãe, a cidade e a água da vida. O atributo "estranho", como nos sonhos, deverá indicar um destaque especial ou numinosidade. Infelizmente a autora não oferece material individual para esta visão. Como no desenrolar das visões a árvore mencionada na simbólica da cidade é realçada aqui com destaque especial, vejo-me obrigado a apresentar mais uma parte da história do símbolo da árvore.

Fig. 62 – A árvore da vida. Recipiente de bronze egípcio (26ª dinastia)

Sabe-se que no culto e no mito as árvores sempre exerceram pa- 349
pel importante (cf. fig. 62). A árvore-mito típica é a árvore do paraíso
ou da vida. São conhecidos o pinheiro de Átis, a árvore ou as árvores
de Mitra, o freixo nórdico Yggdrasill, etc. O pendurar a imagem de
Átis num pinheiro (cf. fig. 120), a suspensão de Mársias, que se transformou num conhecido tema nas artes, a suspensão de Odin, os sacrifícios germânicos por enforcamento, etc., ensinam-nos que a suspensão na cruz não é um fato isolado na mitologia religiosa, mas pertence à mesma gama de ideias como em geral. Sob este aspecto a cruz de
Cristo é a árvore da vida e ao mesmo tempo o lenho da morte (cf. fig.
71). Assim como se afirmava miticamente que o homem descendia de
árvores, também existiam rituais de sepultamento em árvores ocas.
Por isso até hoje existe a expressão "árvore dos mortos", ao invés de
caixão. Se levarmos em consideração que a árvore é acima de tudo
um símbolo materno (cf. fig. 62), o sentido deste sepultamento se
torna compreensível: *O morto é por assim dizer encerrado na mãe,
para o renascimento* (cf. fig. 64, 81 e 108). Encontramos este símbolo
no mito de Osíris, contado por Plutarco[38]. Reia está grávida de Osíris
e ao mesmo tempo de Ísis; Osíris e Ísis já se unem no ventre materno.
(Tema da "viagem noturna pelo mar", com incesto.) Seu filho é Aru-
éris, mais tarde chamado Hórus. Diz-se que Ísis nasceu no "totalmente úmido" (τετάρτη δὲ τὴν Ἴσιν ἐν πανύγροις γενέσθαι)[39]. Sobre
Osíris se conta que um certo Pamiles, em Tebas, ao tirar água ouvira
uma voz do templo de Zeus ordenando-lhe que anunciasse o nascimento de μέγας βασιλεὺς εὐεργέτης Ὄσιρις (o grande e benfazejo
deus Osíris)[40]. Em homenagem a este Pamiles eram celebradas as pa-
mílias, que seriam semelhantes às faloforias. Assim como Dioniso,
Pamiles parece ter sido originalmente um demônio fálico. Como
falo, Pamiles representa a força criadora que "tira alguma coisa" do
inconsciente (isto é, da água) e com isto cria o deus (Osíris) como
conteúdo consciente. Este contexto também pode ser compreendido
como vivência individual: Pamiles tira água. Este ato é simbólico,
quer dizer, pode ser vivenciado como arquétipo: é trazer para cima

---

38. *De Iside et Osiride.*
39. Ibid., p. 20.
40. Ibid., p. 19s.

alguma coisa da profundidade; aquilo que é trazido à tona é um conteúdo numinoso, antes inconsciente, que em si seria obscuro, se uma voz do alto não o tivesse anunciado como nascimento de um deus. Isto se repete no batismo no Jordão (Mt 3,17).

350   Osíris foi morto traiçoeiramente pelo deus do inferno Tifão, que o encerrou numa arca. Esta foi solta sobre o Nilo e assim enviada para o mar. Mas no inferno Osíris uniu-se com sua segunda irmã, Néftis. Vemos aqui como se desenvolve a simbólica: no ventre materno, antes da existência extrauterina, Osíris comete incesto; na morte, na segunda vida intrauterina, Osíris torna a cometer incesto, as duas vezes com uma irmã, pois o casamento com irmãs na Antiguidade não era apenas tolerado, mas até apreciado. Zaratustra até *recomendava* o casamento consanguíneo.

351   Através de um ardil, o maldoso Tifão faz Osíris entrar na arca ou caixote: o "Mal" que existe no homem quer voltar para dentro da mãe, para dentro da proibida tendência incestuosa com a mãe, eis o ardil inventado por Tifão. É interessante notar que é justamente o Mal que quer atrair Osíris para a arca, pois à luz da teologia deste tema o fato de estar encerrado dentro da arca significa a latência antes do nascimento renovador. O Mal, como que reconhecendo sua imperfeição, anseia por aperfeiçoamento por meio do renascimento: "Uma parte daquela força que sempre quer o mal, e produz sempre o bem"[41]. De modo bem característico, trata-se de um ardil: como que através de um logro astuto, o homem quer apoderar-se de qualquer maneira do renascimento, para tornar-se de novo criança. Assim parece ao julgamento "racional". Um hino[42] egípcio até acusa a mãe Ísis de ter traído o rei solar Rê: interpreta-se como má vontade da mãe o ter repudiado e denunciado o filho. O hino conta como Ísis formou uma cobra e a colocou no caminho de Rê, e como esta feriu o deus solar com sua picada venenosa. Deste ferimento ele nunca mais sarou, e finalmente teve que retirar-se no lombo da vaca celeste. Mas a vaca é a deusa-mãe com cabeça de vaca (cf. fig. 63), como Osíris de Ápis. A mãe é acusada como se fosse responsável pelo fato de ser ne-

---

41. [*Faust*, parte I, p. 172].

42. ERMAN. *Ägypten und ägyptisches Leben im Altertum*, p. 360s.

cessário recorrer a ela para sarar da ferida que ela mesma nos infligiu. A ferida apareceu porque o incesto foi considerado tabu[43] e com isto foi fechado o caminho para a esperançosa segurança da infância e juventude, para todo o acontecer instintivo inconsciente que faz a criança viver como um anexo dos pais, livre de qualquer responsabilidade. Deve estar contida nisto muita recordação intuitiva da era animal, quando ainda não se falava em "você deve" e "você pode", mas tudo era apenas simples acontecer. Ainda parece persistir no homem uma profunda mágoa para com a lei que outrora o separou brutalmente do abandono instintivo e da beleza da natureza animal em sua harmonia mais profunda. Esta separação manifestou-se entre outros na proibição do incesto e seus correlatos (leis sobre o casamento, tabus alimentares, etc.). Enquanto a criança permanece nesta identidade inconsciente com a mãe, ela continua integrada na alma animal tão inconsciente quanto esta. O desenvolvimento da consciência leva inevitavelmente não só à distinção em relação à mãe, mas também em relação aos pais e à família em geral, e a uma relativa separação do inconsciente e do mundo instintivo. Mas a nostalgia deste mundo perdido continua e sempre de novo nos acena quando surgem necessidades de adaptação difíceis, de desvios e recuos, de regressão para os tempos da infância, o que produz então a simbólica incestuosa. Se esta tentação fosse inequívoca, uma vontade enérgica poderia libertar-se dela sem maiores dificuldades. Mas ela não é inequívoca, porque uma nova adaptação e orientação de significado vital só pode ser realizada com sucesso se ocorrer de forma a corresponder aos instintos. Se isto não acontecer, nada de concreto resultará, mas apenas um produto artificial e forçado, que a longo prazo se revelará como incompatível com a vida. O homem não pode transformar-se em alguma coisa exclusivamente pelo raciocínio, mas apenas naquilo que já está em potencial dentro dele. Se uma tal transformação se torna necessária, a adaptação mantida até agora e que pouco a pouco se des-

---

43. Devo lembrar aqui que à palavra incesto associo ainda outro significado além do propriamente dito: Incesto é o retorno à infância. Para a criança ainda não se trata de incesto; só para o adulto, que possui uma sexualidade plenamente desenvolvida, este retorno se torna incesto, pois ele não é mais criança, mas dispõe de uma sexualidade que já não suporta qualquer regressão.

faz é compensada inconscientemente pelo arquétipo de uma outra forma de adaptação. Se o consciente conseguir interpretar o arquétipo constelado quanto ao sentido e de maneira apropriada, ocorre uma transformação compatível com a vida. Assim, a forma de relacionamento mais importante da infância, isto é, a relação com a mãe, é compensada pelo arquétipo da mãe quando a separação da infância se impõe. Da interpretação surge por exemplo a mãe Igreja (cf. fig. 61), que até agora se mostrou eficiente. Mas se também esta forma começar a apresentar sinais de envelhecimento, pouco a pouco uma nova interpretação se tornará inevitável.

Fig. 63 – Hator com cabeça de vaca. Figura em bronze do serapeu de Saqqârah (período tardio)

352   Se ocorrer uma transformação, a forma antiga não perde seu atrativo: quem se separa da mãe, anseia pela volta à mesma. Esta nostalgia pode transformar-se em paixão arrasadora, que ameaça tudo o que já se conseguiu. Neste caso a "mãe" aparece de um lado como a meta máxima, de outro lado como ameaça perigosa, com a mãe "terrível"[44].

---

44. Cf. FROBENIUS. Op. cit.

Terminada a viagem noturna pelo mar, a arca de Osíris é lançada   353
à terra em Biblos, caindo entre os ramos de uma erica que cresce em
torno do caixão e se desenvolve em frondosa árvore (cf. fig. 64). O
rei do país manda colocar a árvore como coluna debaixo de seu
teto[45]. Neste período em que Osíris está perdido (solstício de inverno), cai a lamentação milenar pelo deus morto, e seu εὕρεσις (encontro) é uma festa.

Tifão esquarteja o cadáver e destrói as partes. Encontramos o   354
tema do esquartejamento em muitos mitos solares[46], ao contrário da
"composição" da criança no ventre materno. De fato a mãe Ísis procura as partes do cadáver com a ajuda de Anúbis, que tem cabeça de
chacal. Aqui os devoradores noturnos de cadáveres, os cães e chacais,
tornam-se ajudantes da composição, da recriação[47]. Possivelmente
também o abutre egípcio deve seu significado simbólico de mãe a esta

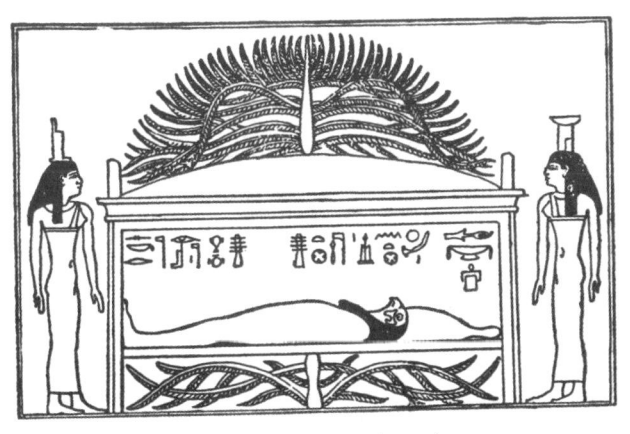

Fig. 64 – Osíris no caixão feito de erica.
Segundo um relevo de Dendarah (Egito)

---

45. O que lembra muito as colunas fálicas dos templos de Astarte. Segundo uma versão, a mulher do rei teria se chamado Astarte. Este símbolo lembra as cruzes que encer-
ram uma relíquia, adequadamente chamadas ἐγκόλπια (enkolpia).

46. Spielrein (op. cit., p. 359s.) detecta numa paciente demente numerosos indícios do
tema do esquartejamento. Fragmentos de diversas coisas e substâncias são "cozidas"
ou "queimadas". "As cinzas podem transformar-se em gente". A paciente viu "crianças
serem retalhadas em caixões de vidro".

47. Deméter recolheu as partes do corpo retalhado de Dioniso e o recompôs.

função de devorar cadáveres. Na Antiguidade persa jogavam-se os cadáveres como alimento aos cães, assim como ainda hoje no Tibete ou nas torres mortuárias dos Parsi a remoção dos mortos é deixada aos cuidados dos abutres. Na Pérsia era costume levar um cão junto ao leito do moribundo, que lhe devia dar um pouco de alimento[48]. Provavelmente o alimento era dado ao cão para que este poupasse o corpo do moribundo, assim como Cérbero foi apaziguado pelo bolo de mel que Hércules lhe deu na viagem ao inferno. Mas se levarmos em consideração que Anúbis, com sua cabeça de chacal (cf. fig. 65), presta bons serviços à reconstituição de Osíris e ao significado materno do abutre, surge a pergunta se esta cerimônia não simboliza algo de mais profundo. Creuzer[49] também se ocupou com esta ideia e chegou à conclusão de que a forma astral da cerimônia do cão, do aparecimento da estrela Sírio (ou Canícula) na época do apogeu do Sol, tenha relação com a cerimônia. Quer dizer: a introdução do cão no quarto do moribundo teria um significado compensatório, pois a morte seria transformada assim no apogeu do Sol. É uma imagem psicológica, como se depreende também do fato de se considerar a morte como penetração no ventre materno (para o renascimento). Esta interpretação provavelmente também é apoiada pela função do cão no *sacrificium Mithriacum*, que de outra forma seria enigmática. Os monumentos mostram que sobre o touro morto por Mitra frequentemente aparece um cão saltando. Mas tanto na lenda persa quanto nos monumentos este sacrifício é apresentado como o momento da fertilidade máxima. Isto é expresso de maneira extraordinariamente bela no relevo mitraico de Heddernheim (cf. fig. 66); num lado da grande laje (outrora giratória) aparecem o abatimento e o sacrifício estereotipado do touro, do outro lado estão o Sol com um cacho de uvas na mão, Mitra com a cornucópia, os dadóforos (= os porta-tocha) com frutas, correspondendo à lenda de que do touro morto provém toda fertilidade: dos cornos vêm os frutos, do sangue o vinho, da cauda os cereais, do sêmen as gerações de bovinos, do focinho o alho etc. Sobre esta cena está Silvano, com os animais da floresta que dele se originam.

---

48. Cf. DIODORO, III, 62.

49. *Symbolik und Mythologie der alten Völker*, II, p. 212.

Neste sentido é bem provável que o cão tenha o significado suge-   355
rido por Creuzer. Como Anúbis, também Hécate, a deusa do inferno, tem cabeça de cão. Na qualidade de *canicula*, ela recebia o sacrifício de cães para afugentar a peste. Sua relação com a deusa Lua suge-
re o significado de promover o crescimento. Hécate é a primeira a in-
formar Deméter sobre o rapto da filha e lembra assim o papel de
Anúbis. Como Hécate, Ilitíia, a deusa do nascimento, recebe sacrifícios de cães. A própria Hécate (cf. fig. 104) ocasionalmente é deusa
do casamento e do nascimento. O cão também é companheiro constante de Esculápio, o deus da medicina, que ainda enquanto homem
reanimou um morto e por castigo foi fulminado por um raio. Estes
contextos explicam a seguinte passagem de Petrônio: "Peço-te enca-
recidamente que pintes um cãozinho ao pé de minha estátua [...] para
que me seja concedido, graças a ti, viver depois da morte"[50].

Voltemos ao mito de Osíris! Apesar da reconstituição do cadáver   356
empreendida por Ísis, a reanimação só é incompleta porque o falo de
Osíris não é mais encontrado; ele fora comido pelos peixes; falta a força vital[51]. É verdade que Osíris, como sombra, ainda uma vez fecunda
Ísis, mas o fruto é Harpócrates, que era fraco "nos membros inferiores", isto é, de acordo com o significado de γυίον, nos pés. No hino
acima mencionado Rê também é ferido no pé pela serpente de Ísis. O
pé, como órgão mais próximo à terra, também em sonhos representa a
relação com a realidade terrena e muitas vezes tem significado gerador
ou fálico[52]. Οἰδίπους (oedious = pé inchado) é suspeito sob este aspecto. Osíris, embora como sombra, arma o Sol novo, seu filho Hórus,
para a luta com Tifão. Osíris e Hórus correspondem ao já mencionado
simbolismo do pai-filho. Osíris está ladeado pela figura bem formada e

---

50. *Satyricon*, cap. 71. ["Valde te rogo, ut secundum pedes statuae meae catellam pin-
gas [...] ut mihi contingat tuo beneficio post mortem vivere"].

51. Frobenius (op. cit., p. 393s.) observa que frequentemente falta um membro aos deuses do fogo (aos heróis solares). Para isto existem os seguintes paralelos: "Assim como o
deus, girando, arranca um braço de Ogren (do gigante), Ulisses, girando, arranca um
olho do nobre Polifemo, após o que o Sol sobe misteriosamente no céu. Haveria uma
relação entre este acender do fogo e o arrancar o braço girando-o?" Trata-se em primeiro lugar de uma mutilação, depois de um movimento giratório, que Frobenius relaciona com o preparo do fogo. A mutilação no caso de Átis é uma castração e no caso
de Osíris é alguma coisa semelhante.

52. Cf. AIGREMONT. *Fuss- und Schuhsymbolik und Erotik*.

pela figura feia, isto é, Hórus e Harpócrates, que geralmente aparece como aleijado ou grotescamente deformado. É possível que o tema dos dois irmãos desiguais esteja ligado à ideia primitiva segundo a qual a placenta é o irmão gêmeo do recém-nascido.

Fig. 65 – O deus Anúbis, com cabeça de chacal, debruçado sobre um morto. Túmulo de Der el-Medineh, Tebas (Egito)

357   Na tradição Osíris se mistura com Hórus. Hor-pi-chrud, que é o verdadeiro nome do último[53], compõe-se de chrud = criança e Hor (de hri = sobre, por sobre) e significa a "criança que surge em cima" como o Sol em ascensão, contrariamente a Osíris, que personifica o Sol em declínio, o Sol "no Ocidente". Assim Osíris e Horpichrud ou Hórus constituem um ser, ora esposo, ora filho da mesma mãe. Chnum-Rê, o deus solar do Baixo Egito, representado como carneiro, tem a seu lado Hatmehit como deusa feminina local, e esta tem o peixe sobre a cabeça. Ela é mãe e esposa de Bi-neb-did (carneiro, nome local de Chnum-Rê). No hino de Híbis, Amon-Rê é invocado:

> Teu (Chnum-) carneiro se encontra em Mendes, reunido em Tmuis como deus quadriforme. É o falo o senhor dos deuses. Regozija o touro (isto é, o esposo) de sua mãe na vaca (ahet, da mãe) e o homem fecunda por seu sêmen (ka-mutef)[54].

---

53. BRUGSCH. *Religion und Mythologie der alten Ägypter*, p. 354.
54. Ibid., p. 310.

Em outras inscrições[55] Hatmehit é designada diretamente como 358
"mãe de Mendes" (Mendes é a forma grega de Bib-neb-did: carneiro). Ela também é invocada como a "bondosa", como o sentido figurado de ta-nofert, como "mulher jovem". A vaca como símbolo materno (fig. 94) encontra-se nas mais diversas formas e variações da
Hator-Ísis (cf. fig. 63) e sobretudo no Nun feminino (paralelamente a
este a deusa original Nit ou Nêith), a matéria úmida primitiva, que é
ao mesmo tempo de natureza masculina e feminina. Por isso Nun é
invocado[56]: "Amon, as águas primitivas [...][57], o existente no começo". É chamado o pai dos pais, a mãe das mães. A isto corresponde a
invocação do lado feminino de Nun-Amon, a Nit ou Nêith:

Fig. 66 – A fecundidade subsequente ao sacrifício mitraico.
Relevo de Heddernheim.

55. Ibid.

56. Ibid., p. 112s.

57. Na Tebaida, onde o deus principal é Chnum, este, com seu componente cosmogônico, substitui o sopro do vento, a partir do que se desenvolveu mais tarde o "espírito
(πνεῦμα) de Deus que paira sobre as águas"; é a imagem primitiva dos pais cósmicos,
deitados um sobre o outro até que o filho os separe.

Nit, a velha, a mãe de deus, a senhora de Esne, o pai dos pais, a mãe das mães, é o escaravelho e o abutre, o existente como começo.

Nit, a velha, a mãe (caracterizada pelo abutre), que gerou o deus-luz Rã, que gerou primeiro quando nada havia que gerasse. A vaca, a velha, que gerou o Sol e deitou os germens dos deuses e dos homens[58]. (cf. fig. 67).

359   A palavra "nun" indica os conceitos de jovem, recente, novo, e também a água recém-chegada da enchente do Nilo. Por extensão, "nun" também é usado para as caóticas águas primitivas, para a matéria geradora original[59], personificada pela deusa Nunet. Dela se originou Nut, a deusa celeste, representada com ventre estrelado ou como vaca celeste (cf. fig. 68), também com ventre estrelado.

360   Quando o deus solar se retira gradativamente sobre o dorso da vaca celeste, isto quer dizer: ele volta para a mãe, para renascer como Hórus. Pela manhã a deusa é mãe, à tarde é irmã-esposa e à noite novamente é mãe, que recebe o morto em seu colo.

361   Assim se explica o destino de Osíris: ele entra no ventre materno, na arca, no mar, na árvore, na coluna de Astarte, ele é esquartejado, reconstituído e reaparece em seu filho, o Horpi-chrud.

362   Antes de falar dos mistérios que este mito nos revela, é preciso dizer mais alguma coisa a respeito do símbolo da árvore. Osíris está deitado sobre os ramos da árvore que crescem à sua volta[60]. O tema de ser envolto ou coberto por vegetação (cf. fig. 64) encontra-se com frequência no mito solar e no mito do renascimento. Um exemplo é a história da bela adormecida, outro a saga da jovem presa entre o córtice e a madeira[61]. Uma saga primitiva conta como o herói solar precisa ser libertado de plantas trepadeiras[62]. Uma jovem sonha *que seu amado caiu na água, ela tenta salvá-lo, mas primeiro precisa retirar da água algas e plantas marinhas e depois consegue alcançá-lo.* Numa

---

58. BRUGSCH. Op. cit., p. 114s.

59. Ibid., p. 128s.

60. Cf. tema semelhante no conto egípcio de Bata [ERMAN. *The Literature of the Ancient Egyptians*, p. 156].

61. Canção sérvia, a que se refere Grimm (*Deutsche Mythologie*, II, p. 544).

62. FROBENIUS. Op. cit., p. 271s.

Fig. 67 – Nit dando à luz o Sol. Relevo egípcio

saga africana o herói, depois de seu feito, ainda precisa ser desvencilhado das algas. Num conto polinésio o navio do herói é envolto pelos tentáculos de um pólipo gigante. A embarcação de Rê durante sua viagem noturna pelo mar é envolta pela serpente da noite. Na adaptação poética da história do nascimento de Buda, feita por Edwin Arnold, também se encontra o tema do envolvimento:

> Completos os seus dias, a rainha Maia estava sob um palco,
> Ao meio-dia em áreas do palácio.
> Um tronco majestoso, ereto qual templar coluna,
> Coroado de esplêndida folhagem e fragrantes flores;
> E – sabendo chegada a hora – pois de tudo sabedora –
> A cônscia árvore sua copa inclina,
> Reverenciando da rainha a majestade.
> E súbito a terra faz brotar mil flores

Para formar um leito; enquanto, pronto para o banho,
Da rocha contígua nasce límpido riacho,
De águas cristalinas. Assim ela deu à luz seu filho...[63]

363   Encontramos um tema muito semelhante na lenda cúltica da Hera de Samos. Todos os anos a imagem "desaparecida" do templo era fixada num tronco de lygos em qualquer parte à beira-mar, e envolta pelos ramos da árvore (cf. fig. 64). Ali era "achada" e lhe era servido o bolo de noiva. Esta festa é antes de mais um ἱερὸς γάμος (casamento cúltico), pois em Samos corria a lenda de que Zeus tivera inicialmente um longo e secreto caso amoroso com Hera. Em Plateias e Argos fazia-se até um cortejo nupcial com damas de honra, banquete etc. A festa era celebrada no mês dos casamentos Γαμηλιών (início de fevereiro). Mas também nestas duas cidades a imagem era levada até um lugar solitário da floresta, como na lenda de Plutarco, segundo a qual Zeus raptou Hera e a escondeu numa caverna de Kithairon. Mas de acordo com o que vimos até agora, tudo isso nos leva ainda a outro raciocínio, isto é, à magia do rejuvenescimento, associada ao hierógamo. O desaparecimento e esconderijo na floresta, na caverna, à beira-mar, encoberta pelo lygos[64], indica morte e renascimento. A época que precede a primavera (a época dos casamentos) em Γαμηλιών era bem adequada para isto. Pausânias[65], II, 38,2 de fato conta que a Hera de Argos todos os anos readquiria sua virgindade pelo banho na fonte Kanathos. O significado deste banho é salientado ainda pela notícia de que no culto plateico de Hera Teleia apareciam ninfas tritônicas como carregadoras de água. Na *Ilíada*, onde se descreve o leito conjugal de Zeus sobre o Ida, lê-se:

---

63. *The Light of Asia*, p. 23s. Cf. o nascimento do germano Aschanes, onde também a rocha, a árvore e a água presenciaram a cena do nascimento. Spitteler, em seu *Prometheus*, usou o mesmo tema da árvore amorosa para descrever como a natureza recebe os "adornos" trazidos à terra. É uma ideia tirada da história do nascimento de Buda. Cf. "Om mani padme hum" = oh, os adornos no lótus [SPITTELER. *Prometheus und Epimetheus*, p. 125s.].

64. Λύγος é um salgueiro, e de modo geral qualquer ramo flexível e trançável. λυγόω quer dizer trançar.

65. *Beschreibung von Griechenland*, II, 38, 2, p. 189.

Assim Zeus, abraçou ardorosamente sua esposa. Embaixo, a santa terra produziu ervas verdejantes, Lótus com orvalhadas flores, crocos e jacintos, Densa e frouxamente intumescidos, que do solo os elevaram;

Fig. 68 – A vaca celeste. Do túmulo de Sethos I, Egito

Então repousaram ambos, envoltos em manto de nuvens,
Belo e rebrilhante de ouro; e orvalhou com perfume de luz.
Assim dormia tranquilo, nas alturas de Gargaro, o pai,
Ébrio de sono e amor, e cingia a esposa com seus braços[66].

Drexler reconhece nesta descrição[67] uma alusão ao jardim dos deuses no extremo oeste, à beira do oceano, ideia essa que seria originária de um hino de hierógamo pré-homérico[68]. Este país ocidental é o país do poente; para lá se dirigem Hércules e Gilgamesh, onde o Sol e o mar materno se unem em bodas eternamente rejuvenescedoras. Nossa hipótese de uma ligação entre o hierógamo e um mito de renascimento parece portanto confirmar-se. Pausânias[69] menciona um fragmento de mito semelhante, no qual a imagem da Ártemis Órtia também se chamaria Ligodesma (envolta por salgueiros), porque foi encontrada entre os ramos de um sal-

364

---

66. XIV, 294-296.

67. É estranho que justamente nesta passagem (verso 288) se encontra a descrição do Sono sentado no alto de um pinheiro. "Ali estava ele, envolto por ramos cheios de agulhas espinhosas, / semelhante ao trovejante pássaro que à noite adeja pelos montes". Tem-se a impressão de que este tema pertence ao hierógamo. Cf. tb. a rede mágica com a qual Hefesto apanha Ares e Afrodite em flagrante e os expõe ao escárnio dos deuses.

68. Cf. ROSCHER. *Lexikon*, I, col. 2102, 52s.

69. Op. cit., III, 16, 11, p. 231.

gueiro. Este relato parece conter uma alusão à celebração do hierógamo grego com seus costumes, acima descritos.

365   O tema da "devoração" (cf. fig. 69 e 70), que Frobenius demonstrou como um dos elementos mais regulares dos mitos solares, aqui está
muito próximo (também em sentido figurado). O "dragão-baleia" sempre "devora" o herói. A devoração também pode ser parcial. Uma menina de seis anos que não gostava de ir à escola sonha *que sua perna era
envolvida por um grande verme vermelho*. Ao contrário do que seria de
esperar, ela mostra um interesse carinhoso pelo animal. Uma paciente
adulta, que não consegue separar-se de uma amiga mais velha por ter
transferido para a mesma seu amor pela mãe, sonha: *Ela está em vias
de passar por sobre um riacho largo. Não há ponte. Mas ela encontra
um lugar em que a passagem é possível. Quando está a ponto de
fazê-lo, um grande caranguejo, que estava oculto na água, agarra seu pé
e não a larga mais*[70].

366   Também etimologicamente existe esta imagem: existe uma raiz
indo-germânica vélu-, vel-, com o significado de circundar, envolver, gi-
rar, virar. Daí derivam-se os termos sânscritos: val, valate = cobrir, envolver, rodear, encaracolar, vallî = planta trepadeira, ulûta = boa constrictor = latim volutus, lituano velù, velti = enrolar, eslavo eclesiást. vlina
= antigo alto-alemão wella = onda. À raiz vélu pertence também a raiz
vlvo com o significado de envólucro, cório, útero. Sânscrito ulva, ulba, com
o mesmo significado. Latim volva, volvula, vulva. A vélu também pertence
a raiz ulvorâ com o sentido de pomar, casca de plantas. Sânscrito urvárâ =
seara. Zenda urvara = planta. A mesma raiz vel também tem o sentido de
ondear. Sânscrito ulmuka = incêndio. Fαλέα, Fέλο dá o gótico vulan = ondear e também o antigo-alemão e médio alto-alemão walm = calor, brasa[71]. (É curioso que no estado da "involução" os cabelos do herói solar
sempre caem em consequência do calor.) Encontramos a raiz vel ainda
com o sentido de "soar, retumbar"[72] e querer, desejar.

---

70. Cf. meu trabalho: *Psicologia do inconsciente*. Petrópolis: Vozes, 1983 [OC, 7/1, §
123s.].

71. FICK. *Vergleichendes Wörterbuch der indogermanischen Sprachen*, I, p. 132.

72. Cf. o "Sol retumbante" [Goethe, § 235 deste vol.].

O tema do envolvimento é uma simbólica materna[73]. As árvores devo-   b367
radoras são ao mesmo tempo mães procriadoras (cf. fig. 76). Assim, na saga
grega μελίαι νύμφαι são os freixos, as mães da humanidade do bronze. O
Bundehesh simboliza os primeiros seres humanos, Meshia e Meshiane,
como a árvore reivas. A matéria que, segundo o mito nórdico, foi animada
por Deus quando este criou o homem, é designada[74] por trê = madeira, árvore[75]. Lembro também ὕλη = madeira. No tronco do freixo universal
Yggdrasill esconde-se um casal humano na hora do fim do mundo, e dele se
originam as gerações do novo mundo[76]. Na hora do fim do mundo o
freixo se transforma na mãe protetora, na árvore da morte e da vida,
num ἐγκόλπιον[77]. Esta função de renascimento atribuída ao freixo universal
explica também a imagem que encontramos no capítulo intitulado "A porta do conhecimento das almas do oriente", no *Livro dos Mortos, do Egito:*

---

73. Do tema de devorar faz parte também o dos "rochedos que se dobram" (FRO-
BENIUS. Op. cit., p. 405). O herói precisa passar com seu navio entre dois rochedos
que se dobram. (Como a porta que morde, o tronco de árvore que se dobra). Ao passar
geralmente é prensada a cauda da ave (ou a parte traseira da embarcação etc.): reconhecemos aqui novamente o tema da mutilação ("arrancar o braço, girando-o").
Scheffel usa esta imagem em sua conhecida canção "Ein Harung liebt' eine Auster"
[Um arenque amava uma ostra]. O fim da canção é que a ostra, ao beijá-lo, lhe impren-
sa a cabeça. As pombas que trazem Ambrósia a Zeus precisam passar pelos rochedos
que se dobram. Frobenius menciona que as montanhas ou cavernas que só se abrem
com uma fórmula mágica estão intimamente ligadas ao tema dos rochedos que se dobram. O melhor exemplo é representado por uma saga sul-africana (FROBENIUS,
p. 407): "É preciso então chamar a rocha pelo nome e gritar: 'Rocha Untunjambili,
abre-te, para que eu possa entrar'. Mas o rochedo, se não quiser abrir-se para o homem
que o chama, pode responder: 'A rocha não é aberta por crianças; ela só é aberta pelas an-
dorinhas que voam pelos ares'". O interessante é que nenhuma força humana pode abrir a
rocha, só uma fórmula ou um pássaro podem fazê-lo. Este enunciado já diz que a abertura
da rocha é uma tarefa que não pode ser realizada de fato, mas que apenas se deseja realizar. "Desejar" ["wünschen"] no médio alto-alemão já é o "poder de criar coisas extraordi-
nárias". O pássaro representa o "pensamento que exprime um desejo" [Wunschgedanke]

74. GRIMM. Op. cit., I, p. 474.

75. Em Atenas existia uma estirpe dos Αἰγειροτόμοι (talhados do choupo).

76. HERRMANN. *Nordische Mythologie*, p. 589.

77. Tribos javanesas colocavam a imagem de sua divindade numa escavação artificial de uma árvore. No mito persa o branco Haoma é uma árvore celestial que
cresce no lago Vourukasha; o peixe Kharmâhî nada à sua volta e a protége contra
o sapo Ahrimans. Ela dá vida eterna, filhos às mulheres, maridos às donzelas e cavalos aos homens. No Mînôkhired a árvore chama-se a "preparadora do cadáver"
(SPIEGEL. Erânische Altertumskunde, II, p. 114).

Fig. 69 – Demônio devorando o Sol. Relevo,
Java Oriental (século XV)

Eu sou o piloto na quilha sagrada. Eu sou o timoneiro que não descansa no barco de Ra[78]. Eu conheço aquela árvore de cor verde-esmeralda, de cujo seio Ra sobe às alturas[79].

368   Barco e árvore (barco dos mortos e árvore dos mortos [cf. § 361]) estão aqui muito próximos. O quadro diz que Ra nasceu da árvore. Da mesma forma certamente deve ser interpretada a representação do deus solar Mitra, que no relevo de Heddernheim sobressai a meio corpo do cimo de uma árvore (cf. fig. 77). Em outros monumentos ele está a meio corpo dentro de um rochedo, indicando o nascimento na rocha. Muitas vezes encontra-se um rio junto ao lugar de nascimento de Aschanes, o primeiro rei dos saxões, que

---

78. O barco solar, que conduz o Sol e a alma através do mar da morte até o nascimento.
79. BRUGSCH. *Religión und Mythologie der alten Ägypter*, p. 177.

Fig. 70 – O leão que devora o Sol na alquimia. Manuscrito,
biblioteca do cabido de St. Gallen (séc. XVII)

nasce das rochas betuminosas[80] no meio da floresta, junto a uma fonte[81]. Aqui estão reunidos todos os símbolos maternos: terra, árvore e
água. É, portanto, muito lógico que na Idade Média se tenha dado à
árvore o título poético de "senhora". Também não é estranho que a
lenda cristã da árvore da morte, a cruz, tenha feito a árvore da vida,
de forma que muitas vezes se vê Cristo crucificado numa árvore frondosa com folhas e frutos (cf. fig. 71). Este relacionamento da cruz
com a árvore da vida, que já é encontrada na Babilônia como símbolo
cúltico, também é considerado como muito provável por Zöckler,
um estudioso da história da cruz[82]. O significado pré-cristão do símbolo (universalmente difundido) não contradiz esta interpretação,
muito pelo contrário, pois seu sentido é vida. Também a ocorrência
da cruz no culto solar (a cruz de braços iguais e a gamada representam a roda solar), assim como no culto das deusas do amor não invalida o significado (histórico) acima. A lenda cristã fez amplo uso deste

---

80. Também Is 51,1: "Olhai para a rocha da qual fostes talhado e da pedreira da qual
fostes extraídos". Outros exemplos em: VON LÖWIS OF MENAR. *Nordkaukasische
Steingeburtsagen.*

81. GRIMM. Op. cit., I, p. 474.

82. *Das Kreuz Christi*, p. 51s.

símbolo. Quem é versado na história da arte da Idade Média conhece
o quadro em que a cruz sai do túmulo de Adão (cf. fig. 72). A lenda

Fig. 71 – Cristo na árvore da vida. Pintura, Estrasburgo

dizia que Adão estava enterrado no Monte Gólgota. Set plantou sobre sua sepultura um ramo da árvore do paraíso, que se tornou a cruz
e a árvore da morte de Cristo[83]. Como se sabe, o pecado e a morte vieram ao mundo por culpa de Adão, e Cristo, por sua morte, nos redi-
miu da culpa. À pergunta sobre qual foi afinal a culpa de Adão, podemos responder que seu pecado imperdoável, punido com a morte,
foi ter-se atrevido a comer da árvore da vida[84]. As consequências dis-

---

83. A saga de Set encontra-se em Jubinal, apud: ZÖOKLER, Op. cit., p. 241.

84. As árvores sagradas germânicas eram protegidas pela lei de um tabu absoluto: era
proibido arrancar suas folhas ou colher qualquer coisa no chão até onde se estendesse
sua sombra.

Fig. 72 – A cruz do túmulo de Adão. Porta ocidental da Catedral de
Estrasburgo (cerca de 1280)

to são narradas por uma lenda judaica: alguém, a quem foi dado lançar ainda um rápido olhar ao paraíso depois do pecado original, viu
ali a árvore e os quatro rios. Mas a árvore estava seca e entre seus ramos estava uma criança. A mãe havia engravidado[85].

A esta saga corresponde a tradição judaica segundo a qual Adão,   369
antes de Eva, teria tido uma mulher demoníaca de nome Lilit, com a
qual lutava pelo poder. Esta mulher subiu aos ares pela magia do
nome de Deus e escondeu-se no mar. Mas Adão a obrigou a voltar

---

85. Segundo a lenda alemã (GRIMM. Op. cit., II, p. 809) o herói redentor nascerá
quando tiver crescido a árvore que agora brota num muro, como frágil rebento, e
quando de sua madeira tiver sido feito o berço em que o herói será ninado. A fórmula
diz (ibid.): "Plantar-se-á uma tília da qual brotarão dois galhos, e da madeira destes
será feito um berço. A criança que primeiro o ocupar estará fadada a passar da vida
para a morte pela espada, e então haverá redenção". Também nas sagas germânicas o
início do acontecimento futuro está ligado a uma árvore em crescimento. Cristo também é designado como "rebento" ou "verga".

com a ajuda de três anjos[86]. Lilit transformou-se num mar ou numa lâmia (cf. fig. 73), que ameaçava as mulheres grávidas e raptava as crianças recém-nascidas. O paralelismo é o das lâmias, os fantasmas noturnos que assustam as crianças. A saga original era que Lâmia seduziu Zeus, mas a ciumenta Hera fez com que Lâmia só desse à luz crianças mortas. Desde então a furiosa Lâmia é a perseguidora das crianças, as quais mata sempre que pode. Este tema volta com frequência nos contos de fadas, onde a mãe muitas vezes aparece como assassina[87] ou antropófaga (cf. fig. 74). Um paradigma alemão é a conhecida história de Joãozinho e Maria. Λαμία também é um grande e voraz peixe de água salgada[88], o que constitui uma ponte para o tema do dragão-baleia estudado por Frobenius. Reencontramos aqui o quadro da terrível mãe sob a forma do peixe voraz, uma personificação da morte[89]. Em Frobenius encontram-se numerosos exemplos, onde o monstro não devora só seres humanos (cf. fig. 74), mas também animais, plantas e até um país inteiro, tudo sendo salvo pelo herói num glorioso renascimento.

370   As lâmias são fantasmas noturnos típicos, cuja natureza feminina é abundantemente documentada[90]. Têm em comum a característica de cavalgarem suas vítimas. Seus equivalentes são os corcéis fantásticos que raptam seus cavaleiros em cavalgadas loucas. Estas formas simbólicas representam o tipo de pesadelo que, segundo as experiências de Laistner[91], explicaria os contos de fadas. O ato de cavalgar adquire

---

86. Talvez possamos reconhecer aqui o tema do "auxílio de pássaros". Anjos a bem dizer são pássaros. Observe-se a plumagem com que se vestem as almas do submundo, as "almas-pássaros". No *sacrificium Mithriacum* o arauto dos deuses (dos "anjos") é um corvo; o arauto dos deuses é um ser alado. Na tradição judaica os anjos são masculinos. O símbolo dos três anjos é importante porque significa a tríade superior, aérea, espiritual, em luta com uma força inferior, feminina. Cf. meu trabalho *Zur Phänomenologie des Geistes im Märchen* [OC, 9/1; § 419].

87. FROBENIUS. Op. cit., p. 110s.

88. Λαμός = garganta, caverna, τὰ λαμία = desfiladeiros.

89. A relação próxima entre δελφίς = delfim e δελφύς = útero deve ser lembrada. Em Delfos encontram-se o desfiladeiro e o tripé (δελφινίς = mesa deifica com três pés em forma de delfins). Cf. Melicertes sobre o delfim e o sacrifício de Melkarth no fogo.

90. Cf. o abundante material em Jones (*On the Nightmare*).

91. LAISTNER. *Das Rätsel der Sphinx.*

um aspecto particular pelos resultados das pesquisas sobre a psicologia infantil: dois trabalhos, o de Freud e o meu[92], demonstraram, de um lado, o significado do medo inerente aos cavalos, de outro lado, o caráter aparentemente sexual da fantasia de cavalgar. O essencial parece ser o *ritmo*, que só secundariamente adquire significado sexual. Se levarmos em consideração estas experiências, não é de admirar que o freixo universal Yggdrasill se chame Corcel Assustador (em al. "Schreckross"). Cannegieter diz sobre os fantasmas noturnos: "Os camponeses espantam estes fantasmas femininos (mães, mairas) com um osso de uma cabeça de cavalo que jogam sobre o telhado, e em nossas terras frequentemente vemos tais ossos sobre as casas dos camponeses. Mas à noite cavalgariam à hora de dormir e fatigariam os cavalos em longas viagens"[93]. À primeira vista parece haver também uma relação etimológica entre mar e cavalo – nightmare e mare (inglês). Mas o radical indo-germânico para Mähre (cavalo velho) é mark. Mähre é o cavalo, inglês mare, antigo alto-alemão marah (cavalo macho) e meriha (cavalo fêmea), nórdico antigo merr (mara = pesadelo), anglo-saxão myre (maira). A palavra francesa cauche-mar vem de calcare = pisar (de significado iterativo, daí o pisar as uvas); também se diz do galo, que "pisa" a galinha (galadura). Este movimento também é típico para o "Mar", por isso se diz do rei Vanlandi: "Mara tradt hann", Mara o pisoteou até matar durante o sono[94]. Um sinônimo de pesadelo ou mar é Troll ou "Pisador". Este movimento "calcare" é documentado também pela experiência de Freud e minha em crianças, onde o pisar ou "espernear" tem certo significado sexual, embora o ritmo seja o elemento primário. Como Mara, pisoteia também o "Stempe"[95] (cavalo noturno que aterrorizava as crianças segundo Grimm).

1

---

92. FREUD. *Analyse der Phobie eines 5jährigen Knaben.* • JUNG. *Über Konflikte der kindlichen Seele* [OC, 17].

93. *Epistola de ara ad Noviomagum reperta*, p. 25 (apud GRIMM. Op. cit., II, p. 1.041): "Abigunt eas *nymphas* (matres deas, mairas) hodie rustici *osse capitis equini tectis injecto*, cujusmodi ossa per has terras in rusticorum villis crebra est animadvertere. Nocte autem ad concubia equitare creduntur et equos fatigare ad longínqua itinera".

94. GRIMM. Op. cit., II, p. 1.041.

95. Ibid.

A raiz ariana comum mar quer dizer morrer, por isso "mara" significa o "morto", a "morta", ou a morte. Daí resulta mors, μόρος = fatalidade (também μοῖρα?)[96]. Sabe-se que as nornas sentadas sob o freixo do mundo representam o destino, como Cloto, Láquesis e Átropos. Também entre os celtas o conceito de fatae passa para o de matres e matronae[97], que entre os alemães tinham significado divino. Um conhecido episódio de Júlio César fala desta importância das mães: "[...] para que suas mães de família esclareçam, através da sorte e de oráculos, seria proveitoso iniciar uma batalha, ou não" [...][98]

Fig. 73 – Lâmia raptando recém-nascido. Friso do "túmulo das harpias". Acrópole de Xanto.

3

96. Cf. HERRMANN. Op. cit., p. 64. • FICK. Op. cit., I, p. 284s.

97. GRIMM. Op. cit., I, p. 345s.

98. [...] "Ut matresfamiliae eorum sortibus et vaticinationibus declararent, utrum proelium committi ex usu esset, nec ne" (De bello Gallico, I, 50). Cf. o significado mântico do desfiladeiro de Delfos, do poço (fonte) de Mimir etc.

Sobre a etimologia de mar pode-se acrescentar que na língua francesa há grande semelhança fonética entre mãe e mar (mère e mer), o que no entanto nada prova etimologicamente. No eslavo mara quer dizer bruxa, no polonês mora = pesadelo. Mor ou more (alemão suíço) quer dizer porca que já deu cria (também palavra insultuosa). Em boêmio "mura" quer dizer fantasma noturno e também borboleta noturna, esfinge. Esta estranha associação explica-se provavelmente pelo fato de ser a borboleta tanto alegoria como símbolo da psique. Os esfingídeos são as mariposas do crepúsculo; aparecem no escuro, como as maras. Finalmente é preciso mencionar que a oliveira sagrada de Atená se chamava μόρια, nome derivado de μόρος, destino, fatalidade. Halirrhotios quis derrubar a árvore, mas ao tentar fazê-lo matou-se com o machado.

A relação sonora acidental entre mar, mère e o latim mare é estranha. Seria uma referência à "grande, primitiva" imagem da mãe, que primeiro era todo nosso universo e depois se tornou símbolo de todo o universo? Goethe diz que as mães estão "envoltas por representações de todas as criaturas"[99]. Também os cristãos estabelecem uma ligação entre a Mãe de Deus e a água: "Ave maris Stella" é o início de um hino a Maria. Não será por acaso que a palavra infantil mamá (seio materno) se repete nos mais diversos idiomas e que as mães de dois heróis religiosos se chamam Maria e Maia. A mãe é o cavalo da criança, o que se depreende do hábito primitivo de carregar o filho nas costas ou brincar de cavalinho. Odin estava suspenso no freixo universal, sua mãe, seu "Corcel Assustador". 373

Já vimos que Ísis, a mãe egípcia de Deus, traiu o deus solar com a serpente venenosa; também em Plutarco Ísis trai seu filho Hórus: Hórus domina o malvado Tifão, que assassinou Osíris traiçoeiramente. Mas Ísis torna a libertá-lo. Furioso, Hórus agride a mãe e lhe arranca da cabeça[100] o adorno real, razão por que Hermes lhe deu uma cabeça de vaca (cf. fig. 63). Hórus então domina Tifão pela segunda vez. Na saga grega, Tifão é o dragão. Mesmo sem esta constatação, está claro que a luta de Hórus é a luta típica do herói solar com 374

---

99. [Cf. § 299 deste vol., parte final].

100. PLUTARCO. *De Iside et Osiride*, 19, 6, p. 31s.

o "dragão-baleia". Sobre este último sabemos no entanto que ele representa uma imagem da terrível mãe, da voraz garganta da morte, na qual os homens são moídos e despedaçados[101] (cf. fig. 74). Quem vence este monstro, adquire nova ou eterna juventude. Mas para isto e apesar de todos os perigos, geralmente é preciso entrar no ventre do monstro[102] ("viagem ao inferno") e permanecer ali durante algum tempo ("prisão noturna no mar")[103].

375   A luta com a serpente noturna significa assim a subjugação da mãe, a quem é atribuído um crime infame, a traição do filho. Uma confirmação plena destas inter-relações nos é dada pelos fragmentos do poema épico babilônico sobre a criação do mundo, encontrados por George Smith, em sua maioria provenientes da biblioteca de Assurbanipal. O texto talvez seja da época de Hamurábi (2000 a.C.). Nesta epopeia vemos que o já conhecido Ea, filho das profundezas da água e deus da sabedoria[104], dominou Apsû. Apsû é o gerador dos grandes deuses. Ea, portanto, subjugou o pai. Mas Tiâmat jurou vingança. Ela se armou para a guerra contra os deuses:

> Mãe Hubur, que tudo criava,
> Forneceu armas irresistíveis, gerou cobras gigantes
> Com dentes afiados, em tudo impiedosas (?);
> Com veneno encheu seus corpos, ao invés de sangue.
>
> Salamandras gigantes (?) revestiu de terror;
> Exuberantes, com feroz brilho, as fez se erguerem altas (?)
> Quem as visse, morreria de horror.
> Seus corpos se retorceriam, sem que pudessem fugir.
>
> Ela ergueu salamandras (?), dragões e lahamas,
> Furacões, cachorros loucos, homens-escorpiões.
> Violentas tempestades, homens-peixes e bodes
> Com armas impiedosas, sem medo de lutar.
> Veementes são suas ordens (de Tiâmat), irresistíveis.

---

101. Cf. os mitos exóticos narrados em Frobenius (op. cit.), onde o ventre do tubarão é simplesmente o país dos mortos.

102. Uma das particularidades de Mar é que só pode tornar a sair pelo mesmo buraco pelo qual entrou. Este tema evidentemente pertence ao mito do renascimento.

103. FROBENIUS. Op. cit., p. 264s.

104. Abismo da sabedoria, poço da sabedoria, fonte da fantasia. Cf. adiante.

Fig. 74 – A mãe antropófaga. Amuleto de xamã da tribo dos Tlingit,
Sudeste do Alasca (moderno)

Terminada sua obra poderosa,
Tiâmat tramou (?) (maldade) contra os deuses e sua prole;
Para vingar Apsû, Tiâmat fez o mal...

Quando ele ouviu isto,
Ficou muito inquieto e aflito, e sentou-se acabrunhado...

Dirigiu-se ao pai, seu progenitor Ansar,
Para comunicar-lhe o que Tiâmat tramara:

Tiâmat, nossa mãe, encheu-se de aversão por nós,
Preparou uma revolta, irada, furiosa[105].

376   Contra o terrível exército de Tiâmat, os deuses finalmente desta-
cam o deus da primavera Marduk, o Sol vencedor; Marduk se prepara para a luta. Sobre a arma mortal que fez para seu uso, lemos:

Ele criou o vento mau Imhullu, a tempestade sul e o furacão;
O quatro-ventos, o sete-ventos, o turbilhão (?) e o vento da
    desgraça (?).

Soltou então os ventos que criara, sete no total.
Para devastar as entranhas de Tiâmat, eles o seguiram.

Tomou o Senhor então o ciclone (?), sua grande arma,
E como carro usou a borrasca, incomparável, terrível.

377   Suas armas principais são o vento e uma rede, com a qual quer
apanhar Tiâmat. Aproxima-se de Tiâmat e a desafia para a luta[106].

Aproximaram-se então Tiâmat e o sábio (?) entre os deuses,
    Marduk,
Erguendo-se (?) para a luta, prontos para o combate:
Estendeu o Senhor então a sua rede, e a apanhou;
Soltou o Imhullu de seu séquito, contra a face dela,

Quando Tiâmat abriu sua boca, tanto quanto pôde (?),
Fez com que o Imhullu nela penetrasse, para que seus lábios
    não mais pudessem fechar-se.

Com os ventos furiosos encheu o seu corpo;
Tomadas (?) estavam as suas entranhas, e ela abriu muito a
    boca.

---

105. Segundo GRESSMANN. *Altorientalische Texte und Bilder zum Alten Testament*
I, p. 8, 9, 16, 18, 19 [Pranchas I, II e IV].
106. "Então o Senhor aproximou-se, espreitando para o meio (?) de Tiâmat..."

Tomou da espada (?) e despedaçou seu corpo,
Retalhou suas entranhas, cortou seu coração,
Dominou-a e pôs fim à sua vida;
Jogou ao chão o seu cadáver e o pisou.

Tendo matado a mãe, Marduk planejou a criação do mundo: 378

Descansou então o Senhor, observando o seu cadáver,
Dividiu depois o colosso (?), planejando coisas sábias;
Dividiu-a em duas partes[107], como um peixe chato (?),
Tomou uma metade e com ela cobriu o céu.

Assim Marduk criou o universo a partir da mãe (cf. fig. 117).   379
Vê-se que a morte do dragão materno ocorre aqui sob o aspecto de
uma fecundação pelo vento com antecedentes negativos. O mundo é
criado a partir da mãe, isto é, com a libido tirada da mãe (por meio
do sacrifício) e pelo impedimento da regressão, que constituía uma
ameaça para o herói. Veremos esta fórmula significativa mais de perto no último capítulo. Também no Antigo Testamento encontram-se
interessantes paralelos deste mito, conforme mostrou Gunkel[108].
Assim temos em Isaías 51,9s.:

Desperta, desperta, reveste-te de força, braço do Senhor!
Desperta como nos dias de outrora, no tempo das gerações
antigas! Acaso não foste tu que massacraste Raab, varando de
lado a lado o dragão? Não foste tu que secaste o mar, as águas
do vasto Oceano, transformando em estrada as profundezas
do mar, para abrir passagem aos resgatados?

O nome Raab no Antigo Testamento frequentemente é usado   380
para o Egito, assim como dragão (Isaías 30,7 chama o Egito de "a
Raab silenciada"); ele significa, portanto, algo de mau e inimigo.
Aqui Raab aparece como o velho dragão, como Tiâmat, contra cujo
poder malfazejo Marduk ou Javé se levantam. A expressão "os resgatados" refere-se aos judeus libertados do cativeiro, mas também é mitológica, no sentido de que o herói liberta aqueles que haviam sido
tragados pelo dragão-baleia (FROBENIUS, op. cit.).

---

107. Divisão da mãe, cf. Kaineus.
108. *Schöpfung und Chaos*, p. 30s.

381   Salmo 89,11:

> Trituraste o cadáver de Raab...

382   Jó 26,12s.:

> Com seu poder agitou o mar,
> com sua destreza aniquilou Raab.
> O seu sopro clareou os céus,
> e sua mão traspassou a Serpente fugitiva.

383   Gunkel considera Raab como idêntico a Caos, isto é, Tiâmat. O dragão também aparece como Leviatã, como monstro aquático e personificação do mar:

384   Salmo 74,13s.:

> Fendeste o mar com tua força
> e esmagaste as cabeças dos dragões marinhos,
> esmigalhaste as cabeças do Leviatã
> e o deixaste como presa aos monstros marinhos.
> Abriste mananciais e torrentes,
> secaste rios inesgotáveis.

385   Outro paralelo é Isaías 27,1:

> Naquele dia o Senhor castigará, com sua espada afiada, grande e forte, o Leviatã, serpente fugidia, o Leviatã, serpente tortuosa, e matará o Dragão que está no mar.

386   Em Jó 40,20s. encontramos um tema especial:

> Poderás pescar com anzol o crocodilo
> e atar-lhe a língua com uma corda?
> Serás capaz de passar-lhe um junco pelas narinas,
> ou perfurar suas mandíbulas com um gancho?

387   Em Frobenius encontram-se numerosos paralelos a este tema em mitos primitivos, onde o monstro marítimo também é pescado com o anzol.

388   Vimos que a proibição do incesto figuradamente impede o filho de tornar a gerar-se a si próprio através da mãe. Porém não é o homem em si, tal qual ele é, que deve ser gerado novamente ou renascer como um todo renovado, mas, segundo a mitologia, é o herói ou deus que rejuvenesce. Estas figuras geralmente são expressas ou caracterizadas por símbolos da libido (luz, fogo, Sol etc.), dando a impressão de representarem a energia psíquica ou vital. De fato elas

personificam a libido. É um fato confirmado pela experiência psiquiátrica que todas as partes da psique, na medida em que possuem certa autonomia, apresentam caráter de personalidade, como os produtos de cisão na histeria e esquizofrenia, os "espíritos" dos adeptos do espiritismo, as figuras de sonhos, etc. Cada parcela desagregada da libido, isto é, cada complexo, tem ou é uma personalidade (fragmentária). Assim é se analisarmos as coisas pela observação pura. Mas se formos ao fundo da questão, veremos que se trata de formações arquetípicas. Não existem argumentos absolutos contra a hipótese segundo a qual as figuras arquetípicas possuem sua personalidade *a priori* e não são personificadas secundariamente. Pois os arquétipos, enquanto não representam apenas relações funcionais, revelam-se como δαίμονες, como agentes pessoais. Desta forma são primeiro experimentados e não imaginados, como quer o racionalismo.

Fig. 75 – A formação do ovo do universo. Egito

Consequentemente o homem deriva seu caráter de personalidade só secundariamente, como diz o mito, de sua descendência de heróis e deuses, o que quer dizer psicologicamente: a consciência de sua personalidade origina-se da influência de arquétipos pessoais[109]. A favor deste conceito poderíamos citar muitos comprovantes mitológicos.

---

109. Representados a nosso nível pelo quarteto pai-mãe, padrinho-madrinha, os últimos correspondendo ao par de deuses.

389   É em primeiro lugar o deus que se transforma, e através dele também o homem participa da transformação. Assim Chnum "o formador, o oleiro, o arquiteto"[110] forma seu ovo sobre seu torno (cf. fig. 75), pois ele é "o crescimento imorredouro, a própria autogeração e o próprio nascimento espontâneo [...] o criador do ovo que saiu das águas primitivas"[111]. No *Livro dos Mortos* está escrito: "Eu sou o falcão sublime (isto é, o deus Sol), que saiu de seu ovo [...]" Ainda: "Eu sou o criador de Nun (das caóticas águas primitivas), que estabeleceu sua sede no submundo. Meu ninho não é visto e meu ovo não é quebrado"[112]. Outra passagem diz: "Aquele grande e magnífico deus em seu ovo, que é seu próprio autor, autor daquilo que dele se originou"[113] (cf. fig. 109). Por isso o deus Nagaga-uer chama-se o "grande cacarejador" *(Livro dos Mortos* 81,2 e 98,2: "Eu grasno [nagaga] como o ganso e eu pio como o falcão")[114].

390   A transferência da libido em regressão para a figura divina permite a afirmação de que é um deus ou herói quem comete o incesto. Em épocas primitivas não havia necessidade de maior simbolização. Esta só se torna necessária quando se começa a desacreditar este deus, o que naturalmente só acontece numa esfera moral mais elevada. Heródoto relata:

> Eu já havia percebido como comemoram a festa de Ísis na cidade de Busíris. Depois do sacrifício, todos se batem, homens e mulheres, milhares de pessoas. Mas seria um pecado de minha parte mencionar aquele pelo qual se batem... Em Paprêmis eles festejam sacrifícios com atos sagrados, como nos demais lugares. Mas na hora em que o Sol se põe, alguns poucos sacerdotes se ocupam em torno da imagem; a maioria deles fica na entrada munidos de cacetes; e outros, que querem cumprir uma promessa, mais de mil pessoas, estão à sua frente, também munidos de paus, em grupo. Na véspera transportam a imagem para um outro santuário, levando-a num pequeno templo de madeira dourada. Os poucos que ficam jun-

---

110. BRUGSCH. *Religion und Mythologie der alten Ägypter*, p. 161.
111. Ibid., p. 162s.
112. Ibid., p. 169-170.
113. Ibid., p. 170.
114. Ibid., p. 172.

to à imagem puxam um carro de quatro rodas sobre o qual está o templo com a imagem que encerra. Mas os demais, que estão nas antessalas, não os deixam entrar. No entanto os que têm promessas a cumprir, os atacam. Começa então uma violenta briga, um quebrando a cabeça do outro; penso que muitos vêm a falecer em consequência dos ferimentos; apesar de os egípcios afirmarem que ninguém morre.

Os nativos afirmam ter introduzido esta comemoração pelo seguinte: neste santuário morava a mãe de Ares[115]. Ares teria sido educado fora de casa, e depois de adulto voltara para ter relações com a mãe. Mas os servos da mãe, que nunca o haviam visto, não o deixaram entrar tranquilamente e lhe impediram a passagem; ele trouxe então gente de outra cidade, maltratou muito os servos e foi ter com sua mãe. Por isso afirmam ter introduzido esta briga na festa dedicada a Ares[116].

No texto de uma pirâmide, que descreve a luta do faraó morto   391
pelo predomínio no céu, lê-se:

Chora o céu, tremulam as estrelas, tremem os guardas dos deuses e fogem seus servos, ao verem o rei erguer-se como espírito, como um deus que vive de seus pais e se apodera de suas mães[117].

Está claro que os fiéis aqui se batem e talvez até se matem para   392
participar do mistério do incesto dos deuses[118]. Com isto participam à sua maneira dos atos de seu deus[119]. A morte de Bálder (semelhante à morte de Osíris) pelo ferimento com um ramo de visco parece ter explicação semelhante. A saga conta que todas as criaturas tiveram de comprometer-se a não fazer mal a Bálder, só o visco foi esquecido, aparentemente por ser ainda muito jovem. Mas foi o ramo de visco que abateu Bálder. O visco é um parasita. Da madeira de uma planta

---

115. Por Ares certamente deve-se entender o Tifão egípcio.

116. Livro II, 61s., p. 208.

117. Apud DIETERICH. *Mithrasliturgie*, p. 100.

118. Na saga polinésia de Mauí lê-se: o herói roubou o cinto da mãe (FROBENIUS, p. 308). O rapto do véu no mito da donzela transformada em cisne tem o mesmo sentido numa saga africana dos lombas, o herói simplesmente violenta a mãe (op. cit.).

119. O mito mencionado acima, de Halirrhotios, que se matou ao tentar derrubar a árvore sagrada de Minerva, a moria, contém a mesma psicologia, assim como a castração dos sacerdotes a serviço da Grande Mãe. A tendência asceta no cristianismo (auto-castração de Orígenes) é um fenômeno semelhante.

parasitária ou trepadeira obtinha-se o pedaço de madeira feminina
no ritual de perfuração a fogo[120], portanto a mãe do fogo. Mare re-
pousou sobre "maerentakken", que Grimm entende como sendo um
visco[121]. O visco era um medicamento contra a infertilidade[122]. Só
com cerimônias solenes e depois da oferenda sacrifical o druida da
Gália podia subir no carvalho sagrado para ali cortar o visco ritual.
Aquilo que cresce na árvore é a criança (cf. fig. 76), que seria a própria pessoa sob forma nova e rejuvenescida, e é justamente isto o que
não se pode alcançar porque a proibição do incesto o impede. O visco, que ainda é muito jovem, vai tornar-se um perigo para Bálder. O
visco, como o parasita que cresce sobre a árvore, significa alguma coisa
como "o filho da árvore". Como a árvore que vimos tem significado
de origem, como a mãe, ela representa início e fonte de vida, esta força vital mágica tão familiar aos primitivos, cuja renovação anual era
celebrada pela veneração de um filho divino, um *puer aeternus*. Uma
tal figura é o augusto Bálder. A este tipo só é dada uma vida curta,
pois ele só é a antecipação de alguma coisa desejável e esperada. Isto
é tão verdade que um determinado tipo de filho apresenta *in concreto* as propriedades de um jovem deus, a tal ponto que vem a falecer
precocemente[123]. A razão disto é que ele só vive através da mãe e não
cria raízes próprias, encontrando-se, portanto, em incesto permanente. Ele é, por assim dizer, um sonho da mãe – por isso também a
antecipação de um objetivo exemplar – que logo torna a ser devorado, para o que os filhos-deuses da Ásia Anterior são exemplos excelentes, como Tammuz, Átis, Adônis e Cristo. O visco representa o
mesmo que Bálder, o "filho de sua mãe", a força vital almejada, bro-
tada da "mãe", renovada. Mas o visco, cortado de seu hospedeiro,
murcha. Portanto, o druida que o colhe também o mata e repete com

---

120. Cf. KUHN. *Herabkunft des Feuers*, p. 37.

121. Ibid., II, p. 1.041.

122. Provavelmente a razão por que na Inglaterra se penduram ramos de visco na época do Natal. Visco como vara da vida: cf. AIGREMONT. *Volkserotik und Pflanzenwelt*, II, p. 36.

123. Uma descrição excelente do *puer aeternus* encontra-se no belo livrinho do avia-
dor Saint-Exupéry, *Le petit prince*. Fontes seguras me confirmaram o complexo materno deste autor.

este gesto a mortal autocastração de Átis e o ferimento de Adônis pelo dente de javali. Este é o sonho da mãe na era matriarcal, quando ainda não existia pai para dar assistência ao filho.

Fig. 76 – A "árvore Wak-wak" com os frutos humanos. De uma história turca da Índia Ocidental (Constantinopla 1730)

Mas por que o visco mata Bálder se é, por assim dizer, seu irmão   393
ou sua irmã? A suave figura do *puer aeternus* é uma espécie de ilusão. Na realidade ele é um parasita da mãe, uma criação de sua fantasia, que só vive enquanto tem suas raízes no corpo materno. Na experiên-

cia interior direta, a mãe corresponde ao inconsciente (coletivo), o fi-lho ao consciente que se julga livre, mas que sempre de novo fica à mercê do sono e do inconsciente. O visco corresponde ao irmão fictí-cio, irmão sombra, que E.T.A. Hoffmann descreve tão bem nos *Elixie-ren des Teufels* (Elixires do Diabo), e que sempre aparece ao psicotera-peuta como uma personificação do "inconsciente pessoal"[124]. Assim como ao cair da tarde as sombras se tornam mais longas e envolventes, este visco significa o fim de Bálder. O visco, por significar um análogo de Bálder, é tirado da árvore pelo druida como "preciosidade dificilmente alcançada" (cf. adiante). A sombra tem efeito mortal quando existe pouca força vital ou pouca consciência para concluir a obra heroica.

394   O "filho de sua mãe", enquanto apenas ser humano, morre cedo, mas como deus pode realizar o que não é permitido, o sobre-hu-mano, pode cometer o incesto mágico e com isto alcançar a imortali-dade. Em muitos mitos o herói não morre, mas em compensação pre-cisa vencer o dragão da morte.

395   Como o leitor já deve ter percebido, o dragão, como imagem materna negativa, exprime a resistência contra o incesto, ou melhor, o medo dele. O dragão e a serpente são os representantes simbólicos do medo das consequências da quebra do tabu, da regressão para o incesto. Por isto é compreensível por que sempre encontramos a ár-vore com a serpente. A serpente e o dragão têm principalmente o sig-nificado de guardiães e defensores do tesouro. Na canção persa anti-ga de *Tishtriya* aparece, neste sentido, o cavalo negro Apaosha, que mantém ocupadas as fontes do lago das chuvas. O cavalo branco Tish-triya duas vezes avança em vão contra Apaosha, mas na terceira tenta-tiva, com a ajuda de Ahuramazda, consegue vencê-lo[125]. Abrem-se

---

124. Cf. *O eu e o inconsciente*. Petrópolis: Vozes, 1984 [OC, 7/2; § 103].

125. O mesmo tema, mas sob outro aspecto, se encontra numa saga da Baixa-Saxônia: Crescerá um freixo do qual ainda nada se viu, mas um pequeno rebento brota desperce-bido do chão. Em toda noite de Ano-Novo aparece um cavaleiro branco para decepar a jovem planta. Mas ao mesmo tempo aparece um cavaleiro negro e tenta impedi-lo. De-pois de longa luta, o branco consegue afugentar o negro e decepa o rebento. Mas um dia o branco não conseguirá mais fazê-lo; então o freixo crescerá e quando tiver altura sufi-ciente para que um cavalo possa ser amarrado à sua sombra virá um poderoso rei e uma violenta batalha será travada (fim do mundo). Cf. GRIMM. Op. cit., II, p. 802.

então as comportas do céu e uma violenta chuva cai sobre a terra[126].
Na simbólica deste cântico vê-se claramente como a libido se opõe à
libido, o instinto contraria o instinto, como o inconsciente está em
desacordo consigo mesmo, e como o homem mitológico, em todas
as adversidades e contrariedades da natureza externa, percebia este
inconsciente, sem se dar conta de que via nele o fundo paradoxal de
seu consciente.

A árvore envolta pela serpente deve ser compreendida, assim,   396
como símbolo da mãe protegida pelo medo do incesto. Este símbolo
não é raro em monumentos mitraicos. Da mesma forma deve ser interpretado o rochedo envolto pela serpente, pois Mitra (também
Men) nasceu da rocha. A ameaça ao recém-nascido pela serpente
(Mitra, Apolo, Hércules) explica-se pela lenda de Lilit e Lâmia. Pitão, o dragão de Leto, e Poine, que devasta o país de Crótopos, foram
enviados pelo pai do recém-nascido: este fato mostra que o pai é a causa do medo, o que levou Freud a seu mito etiológico da horda primitiva com o ciumento velhinho à frente. O modelo para isto naturalmente é o ciúme de Javé, que quer proteger sua esposa Israel contra a
promiscuidade com deuses estranhos. O pai representa o mundo das
ordens e proibições morais, quando, por falta de informação sobre os
tempos primitivos, ficará em aberto a questão se os primeiros manda-
mentos morais não se explicariam melhor por certos estados de
emergência gerais do que pelas preocupações familiares do pai primitivo. Em todo caso, seria mais fácil cuidar de uma caixa cheia de ara-
nhas do que das fêmeas de uma horda primitiva. O pai é o representante do espírito que se opõe à impulsividade, impedindo-a. É este
seu papel arquetípico, que lhe cabe inexoravelmente, sem interferir
em suas demais qualidades pessoais. Por esta razão, frequentemente é
o objeto de temores neuróticos do filho. Em situação análoga, o
monstro a ser vencido pelo herói muitas vezes é um gigante que guarda o tesouro. Um bom exemplo é o gigante Chumbaba na *Epopeia de
Gilgamesh,* que guarda o jardim de Ishtar[127]: Gilgamesh o subjuga e
assim conquista Ishtar. Esta então faz apelos sexuais a Gilgamesh[128].

---

126. LEHMANN. In: CHANTEPIE DE LA SAUSSAYE. *Lehrbuch der Religionsgeschichte,* II, p. 227s.

127. Mais exemplos em FROBENIUS. Op. cit., passim.

128. Cf. JENSEN. *Das Gilgamesch-Epos,* p. 17s. (prancha VI).

Estes dados são suficientes para compreender o papel de Hórus em Plutarco, sobretudo o tratamento brutal de Ísis. Subjugando a mãe, o herói torna-se igual ao Sol e gera a si mesmo de novo. Ele ganha a força do Sol invicto e obtém o eterno rejuvenescimento. Agora compreendemos também uma série de quadros da lenda de Mitra no relevo de Heddernheim (cf. fig. 77). Ali aparece primeiro o nascimento de Mitra da copa de uma árvore; o quadro seguinte mostra-o carregando o touro vencido (cf. fig. 89), onde o touro representa o monstro (comparável ao touro vencido por Gilgamesh), o "pai", que paradoxalmente, como gigante e animal perigoso, força a proibição do incesto. Como a mãe, que dá a vida e torna a tirá-la como mãe "terrível" ou "devoradora", também o pai é paradoxal, pois vive seus instintos livremente e ao mesmo tempo personifica a lei que os proíbe. A diferença sutil, mas fundamental, é que o pai não comete incesto enquanto o filho mostra tendências para o mesmo. Contra este se dirige a lei paterna, com a impetuosidade e a violência dos instintos irrefreados. Freud não percebe que também o espírito é dinâmico e precisa ser para que a psique não perca seu autocontrole, seu equilíbrio. Enquanto o "pai", como lei moral, é no filho não só um fator objetivo, mas também um fator espiritual subjetivo, o abatimento do touro evidentemente significa um domínio dos instintos animais, mas, secreta e ocultamente, também uma violação da força da lei, portanto uma usurpação dos direitos culposa. Como o bom é sempre inimigo do ótimo, toda inovação radical representa uma lesão de direitos tradicionais e por isso, ocasionalmente, um crime mortal. Como é sabido, este dilema tem papel importante na psicologia dos primórdios do cristianismo, na discussão por causa da lei judaica. Sem dúvida, aos olhos dos judeus Jesus era um infrator da lei. Não sem motivos ele é o *Adam secundus*; assim como o primeiro Adão por seu pecado, ao comer da árvore proibida, tornou possível o afloramento da consciência, o segundo Adão estabeleceu o contato necessário com um novo Deus[129].

---

129. Esta transformação da imagem de Deus já era pressentida e manifestada na Idade Média (cf. *Psychologie und Alchemie* [OC, 12; § 522s.]. A transformação já começa a preparar-se no livro de Jó: Javé deixa-se levar por Satanás, age deslealmente em relação a Jó, engana-se em seu julgamento e é obrigado a confessar o seu engano. Jó precisa curvar-se ao poder, mas leva a vitória moral. Nisto já está o gérmen da consciência do Cristo de João: "Eu sou o caminho, a verdade e a vida" [Jo 14,6].

Fig. 77 – O sacrifício do touro de Mitra. Relevo de Heddernheim

O terceiro quadro mostra Mitra pegando o adorno da cabeça do   397
Sol, a coroa radiada. Este gesto lembra a ideia cristã de que aqueles
que venceram alcançam a coroa da vida eterna.

No quarto quadro o Sol está ajoelhado diante de Mitra (cf. fig.   398
43). Estes dois últimos quadros mostram que Mitra ficou com a
força solar e tornou-se assim senhor do Sol. Ele venceu seus "instintos
animais" (o touro). O animal representa o instinto e a proibição, e o
homem é homem porque vence os instintos animais. Assim Mitra sacrifica sua natureza animal. (Uma solução já prenunciada na *Epopeia
de Gilgamesh* pela renúncia do herói à horrível Ishtar.) No sacrifício
de Mitra a renúncia à instintividade já não ocorre na forma da arcaica
subjugação da mãe, mas através da renúncia à instintividade própria.
A ideia primitiva do renascimento pela penetração no ventre materno aqui já se deslocou tanto que o herói, já suficientemente adianta-

do na domesticação, ao invés de cometer o incesto, procura alcançar a imortalidade através do sacrifício da tendência ao incesto. Esta importante transformação só vem a completar-se totalmente no símbolo do Deus crucificado. Pelo pecado de Adão pende da árvore da vida o sacrifício cruento de um homem[130] (cf. fig. 71). Embora a árvore da vida tenha significado materno, ela não é mais a mãe, mas um equivalente simbólico da mesma, a quem o herói sacrifica sua vida. Não é possível imaginar um símbolo que pudesse reprimir a instintividade de modo mais drástico. Até o tipo de morte revela o conteúdo simbólico do ato: o herói parece pendurar-se nos galhos da árvore materna ao ser atado aos braços da cruz. Ele, por assim dizer, se une com a

Fig. 78 – A cruz de Palenque. Relevo maia, Yucatán (México)

mãe na morte, e ao mesmo tempo nega o ato da união e paga sua culpa com a pena de morte. Por este ato de coragem máxima e máxima

130. Cristo morre na mesma madeira na qual Adão outrora pecou (ZÖCKLER. Op. cit., p. 241).

renúncia, a natureza animal é reprimida ao extremo, razão por que se pode esperar como resultado uma graça máxima para a humanidade; pois apenas um ato desta natureza parece poder redimir a culpa de Adão, que consistiu numa instintividade irrefreada. O sacrifício justamente não significa uma regressão, mas uma transferência bem-sucedida da libido para o equivalente simbólico da mãe, e com isso para um plano espiritual.

Como já foi dito, era um rito comum pendurar em árvores as vítimas para o sacrifício e atravessá-las com lança. Encontramos numerosos exemplos desse costume sobretudo entre os povos germânicos[131]. Sobre Odin consta:

> Sei que estive suspenso na árvore sacudida pelo vento
> durante nove noites,
> ferido pela lança, consagrado a Odin,
> eu mesmo a mim mesmo...[132]

Pendurar as vítimas em cruzes era um costume religioso da América Central. J.G. Müller[133] menciona a *escrita fejervárica* (um hieróglifo mexicano); no fim dela encontra-se uma cruz em cujo centro se vê suspensa uma divindade ensanguentada. Igualmente significativa é a cruz de Palenque[134] (cf. fig. 78): em cima da cruz vê-se um pássaro, e de cada lado uma figura humana; eles olham para a cruz e na direção desta seguram uma criança (para o sacrifício ou para o batismo?). Os mexicanos antigos, ao que tudo indica, todas as primaveras invocavam as boas graças de Centeotl, "a filha do céu e a deusa dos grãos", pregando um jovem ou uma jovem numa cruz e atirando flechas contra a vítima[135]. O nome da cruz mexicana significava: "Árvore de nossa vida ou carne"[136]. Uma ilustração da Ilha Philae parece

399

400

---

131. Assim, por exemplo, penduravam-se peles de animais nas árvores sagradas e atiravam-se lanças contra elas.

132. Apud HERRMANN. *Nordische Mythologie*, p. 308.

133. *Geschichte der amerikanischen Urreligionen*, p. 498.

134. STEPHENS. *Centralamerika*, II, p. 346, apud MÜLLER. Op. cit., p. 498.

135. ZÖCKLER. Op. cit., p. 34.

136. BANCROFT. *Native Races of the Pacific States of North America*, II, p. 386 e 509 (apud ROBERTSON. *Die Evangelien-Mythen*, p. 139).

mostrar Osíris em forma de crucifixo, chorado por Ísis e Néftis, as ir-
mãs-esposas[137].

401   Como já dissemos, o significado da cruz não se esgota com o de
árvore da vida. Müller a entende como sinal da chuva e da fertilidade[138]. É também um sinal importante para afastar toda desgraça (ben-
zer-se).

402   Como a cruz se assemelha a um homem com os braços estendidos horizontalmente, ilustrações dos primeiros tempos do cristianismo mostram Cristo não pregado na cruz, mas postado diante dela,
com os braços estendidos[139]. Maurice dá a esta interpretação uma
base excelente. Diz o seguinte:

> [...] é fato tão notável quanto bem documentado, que os drui-
> das escolhiam a mais imponente e bela árvore de seus bosques
> como emblema da divindade que adoravam. E, tendo cortado
> os ramos laterais, afixavam dois dos maiores entre eles à parte
> mais alta do tronco, de tal modo que os ramos estendidos de
> cada lado, como os braços de um homem, juntamente com o
> corpo, davam a impressão de uma grande cruz (cf. fig. 79); e
> na casca, em vários lugares, inscreviam a letra "tau"[140].

403   Também a "árvore da ciência" da seita hindu dos jainas toma
forma humana; ela é representada como um tronco muito grosso em
forma de cabeça humana, de cujo vértice saem dois ramos mais longos que caem para os lados e um ramo ereto mais curto, coroado por
um espessamento semelhante a um botão ou a uma flor[141]. Robertson
menciona que também no sistema assírio se encontra a divindade re-

---

137. ROSSELLINI. *Monumenti del'Egitto* etc., t. 3, tab. 23 (apud ROBERTSON. Op.
cit., p. 142).

138. ZÖCKLER. Op. cit., p. 7s. Na representação do nascimento de um rei em Lúxor,
dá-se o seguinte: O mensageiro divino, o Thot com cabeça de ave, anuncia à rainha
virgem Mautmes que ela vai dar à luz um filho. Na cena seguinte, Kneph e Athor en-
costam uma crux ansata em seus lábios e assim a fecundam espiritualmente (simbolicamente) (cf. fig. 80). SHARP. *Egyptian Mythology*, p. 18s. (apud ROBERTSON. Op.
cit., p. 43).

139. Robertson (op. cit., p. 140) conta que o sacerdote e imolador mexicano se envolve com a pele de uma mulher recém-sacrificada e se coloca diante do deus da guerra
com os braços estendidos.

140. Referência à cruz egípcia primitiva em forma de T (*Indian Antiquities*, VI, p. 68).

141. ZÖCKLER. Op. cit., p. 19.

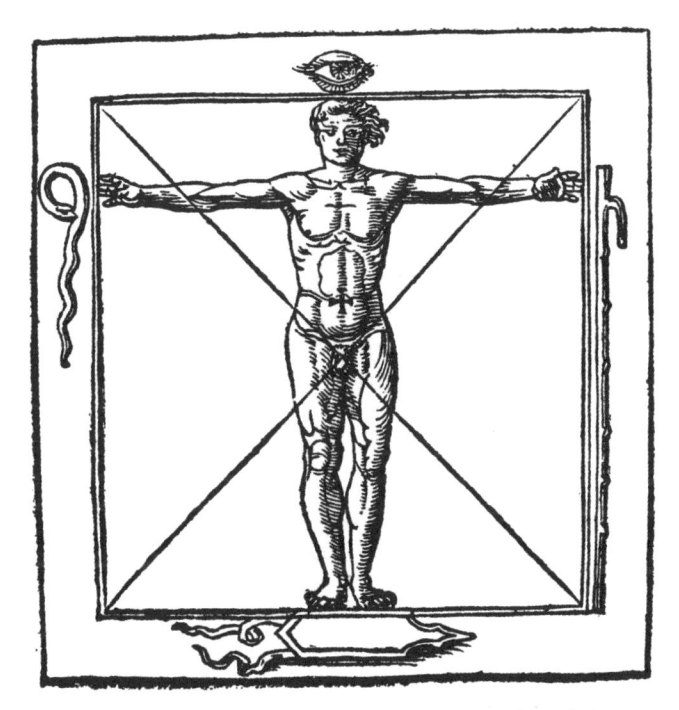

Fig. 79 – O homem como cruz. Agrippa von Nettesheim,
De occulta philosophia (1533)

presentada em forma de cruz, onde a trave vertical corresponde a
uma figura humana e a trave horizontal a um par de asas convencio-
nais[142]. Ídolos da Grécia Antiga, como foram abundantemente encontrados na ilha de Egina, têm caráter semelhante: cabeça exageradamente longa, braços afastados e soerguidos como asas, e seios na
parte anterior[143].

Não se pode afirmar com segurança se o símbolo da cruz tem ou
não alguma relação com os dois paus da produção ritual do fogo. Parece no entanto que também o sentido de "união" é inerente ao símbolo da cruz, pois a ideia de renovação faz parte da magia da fertili-

404

---

142. *Evangelien-Mythen*, p. 133.

143. Devo ao Prof. E. Fiechter, ex-professor da Escola Politécnica de Stuttgart, a comunicação destes achados.

dade e esta ideia está intimamente associada à cruz. Encontramos a
ideia de "união" representada pelo símbolo da cruz no "Timeu" de
Platão, onde o demiurgo torna a unir as partes da alma universal por
meio de duas suturas em forma de X (chi). Segundo Platão, a alma
universal contém em si o mundo como corpo. Esta imagem lembra
infalivelmente a mãe:

> Ele [o demiurgo] colocou a alma no centro do corpo do uni-
> verso e estendeu-a através de todo o mundo, e ainda com ela
> envolveu o corpo do universo por fora. Assim produziu o
> mundo como um círculo a girar em círculo e que, único e só,
> devido à sua boa constituição, tem condições de relacionar-se
> consigo mesmo e não precisa de outro, sendo suficientemente
> íntimo e amigo de si mesmo. Através de todas estas providên-
> cias ele criou o mundo como um Deus bem-aventurado[144].

405   Este grau máximo de inatividade e simplicidade simbolizado pelo
fato de estar encerrado em si mesmo significa bem-aventurança divina.
O ser humano neste estado está como que contido dentro de um recipiente, como um Deus hindu no lótus ou no abraço de sua shakti. Ana-
logamente a este conceito mitológico-filosófico, o invejável Diógenes
morava dentro de um barril, para dar assim expressão mitológica à
bem-aventurança e santidade de sua renúncia. Sobre a relação da alma
do universo com o corpo do universo, diz Platão o seguinte:

> Se começarmos a falar agora da alma, também o deus não a
> criou só depois do corpo: pois ele não teria permitido que o
> mais velho fosse dominado pelo mais jovem; nós, em grande
> parte dependentes do acaso e do imprevisto, também falamos
> assim, mas ele criou a alma de modo a preceder o corpo quan-
> to à sua origem e boa constituição, e ser mais venerável do
> que este; ele a fez senhora e futura soberana do corpo...[145]

406   Também através de outros indícios a imagem da "alma" de algum modo parece coincidir com a imago materna[146]. O desenvolvimento ulterior da alma do universo no "Timeu" se faz de modo mis-

---

144. *Timaios*, p. 27.

145. Ibid.

146. Cf. *Tipos psicológicos* [OC, 6], definições de "alma" e "imagem anímica" ("Seele" e "Seelenbild"). A anima é o arquétipo do feminino, que tem papel particularmente
importante no inconsciente do homem. Cf. *O eu e o inconsciente* [OC, 7/2; § 296s.].
Sobre a alma universal do Timeu cf. *Interpretação psicológica do Dogma da Trindade*
[OC, 11/2; § 186s.].

terioso e controvertido[147]. Quando a operação estava terminada, aconteceu o seguinte:

> Uma vez montado assim todo este conjunto, ele o fendeu em duas partes, no sentido do comprimento, e uniu as partes ao meio em forma de cruz, de modo a formarem um chi (x)...
>
> Depois de concluído todo o conjunto da alma de acordo com a vontade do Mestre, ele criou tudo o que é corporal no interior dela e o juntou de tal modo que a interpenetrasse[148].

Um emprego estranho do símbolo da cruz existe entre os índios Muysca: eles estendem duas cordas em forma de cruz sobre um espelho d'água (lago ou rio), e no ponto de intersecção atiram na água frutas, óleo e pedras preciosas.[149] Aqui a divindade evidentemente é a água e não a cruz, que apenas indica o lugar onde as oferendas devem ser apresentadas. Este simbolismo é um pouco confuso. A água, sobretudo a profundeza da água, geralmente tem significado materno, como o de "colo". O ponto de intersecção das duas cordas é o "ponto de união", onde se faz o "cruzamento". (Observe-se o duplo sentido da palavra. Pela analogia trata-se de sacrifício cuja finalidade é trazer fertilidade ou abundância dos objetos ofertados.) {407}

A cruz aparece frequentemente como *crux ansata* (cruz alada, de asas) na mão de Tum, supremo deus egípcio, hegemon da enéade (comando dos nove). Seu significado é "vida" e indica que Deus dá "vida" (cf. fig. 80). É importante conhecer as propriedades que caracterizam este deus doador de vida. O Tum de On-Heliópolis chama-se "o Pai de sua Mãe". A deusa a ele ligada, Jusas ou Nebit-Hotpet, é chamada ora de mãe, ora de filha, ora de esposa do deus. O primeiro dia de outono nas inscrições heliopolitanas é designado como "o dia de festa da deusa Jusasit", como a chegada da irmã, que se prepara para unir-se com seu pai. É o dia em que "a deusa Mehnit termina seu trabalho para deixar o deus Osíris penetrar no olho esquerdo"[150]. Este dia chama-se também "Suprimento do olho sagrado com {408}

---

147. Cf. minhas considerações, op. cit.

148. Op. cit., p. 29s.

149. ZÖCKLER. Op. cit., p. 33.

150. Isto é, a Lua. Cf. adiante [§ 487 deste vol.]. A Lua como o ponto de encontro das almas (cf. fig. 91).

Fig. 80 − A crux ansata doadora de vida. Egito

o que lhe é necessário". A vaca celeste com o olho lunar, Ísis, no equi-nócio de outono recebe o sêmen gerador de Hórus[151]. (A Lua como guardiã do sêmen.) O "olho" substitui o colo materno, o que se de-preende também do mito de Indra, o qual, por um sacrilégio contra Betsabeia, teve que usar as imagens de Yoni (vulva) espalhadas pelo corpo todo, mas por clemência dos deuses as degradantes figuras de Yoni são transformadas em olhos (semelhança de forma). No olho está a "pupilla", isto é, a pequena imagem refletida, uma criança. O grande deus torna a ser criança, ele penetra no ventre materno para renovar-se[152] (cf. fig. 81). Diz um certo hino:

> Tua mãe, o céu,
> te estende seus braços.

409   Em outra passagem lemos:

---

151. BRUGSCH. *Religión und Mythologie der alten Ägypter*, p. 286.

152. Retirada de Rê para a vaca celeste. Num rito de purificação hindu o penitente precisa rastejar através de uma vaca artificial para renascer.

Resplandeces, ó pai dos deuses, sobre o dorso de tua mãe, diariamente tua mãe te recebe em seus braços... quando reluzes
na morada da noite, tu te unes com tua mãe, o céu[153].

O Tum de Pitum-Heroópolis não só traz a *crux ansata* como   410
símbolo, mas até tem este sinal como cognome mais frequente, isto é,
ānχ ou ānχi, o que quer dizer "vida" ou "o vivo". É venerado principalmente como a serpente Agatodemo (cf. fig. 110), da qual se diz: "A
sagrada serpente Agatodemo provém da cidade de Nezi". A serpente
(por causa de sua troca de pele) é o símbolo da renovação, como o escaravelho (um símbolo do Sol) do qual se diz que, sendo apenas do
sexo masculino, torna a criar-se a si mesmo. O nome Chnum (outro
nome para Tum, sempre se referindo ao deus Sol) vem do verbo num,
cujo significado é "unir-se", "incorporar"[154]. Chnum aparece como o
oleiro e escultor de seu próprio ovo (cf. fig. 75).

A cruz parece ser assim um símbolo de muitos significados; sen-   411
do um de seus sentidos principais o de "árvore da vida" e "mãe". É
compreensível assim a simbolização como figura humana. As diferentes formas da *crux ansata* têm o sentido de "vida" e "fertilidade"
assim como "união", que deve ser concebida como hierógamo do
deus com sua mãe com a finalidade de anulação da morte e renovação da vida[155]. Este mitologema, como se vê, foi absorvido pelos conceitos cristãos. Santo Agostinho diz:

> Como um noivo saiu Cristo de seu aposento; com o prenún-
> cio de seu casamento saiu para o campo do mundo... chegou
> até o leito da cruz e ali, subindo, confirmou o matrimônio; e
> ao sentir os penosos suspiros da criatura... entregou-se ao cas-
> tigo em devota doação pela esposa... e desposou a mulher
> para todo o sempre[156].

---

153. F. SCHULTZE. *Psychologie der Naturvölker*, p. 338.

154. BRUGSCH. Op. cit., p. 290s.

155. Não se deve estranhar estas formas, pois é o ser primitivo em nós cujas forças ancestrais aparecem na religião. As palavras de Dieterich (*Mithrasliturgie*, p. 108) tornam-se particularmente significativas sob este aspecto: "Vindo de *baixo* as ideias antigas adquirem nova força na história das religiões: a revolução que vem de baixo traz
nova vida à religião sob formas antiquíssimas, indestrutíveis" [grifo de Jung].

156. "Procedit Christus quasi sponsus de thalamo suo; praesagio nuptiarum exiit ad cam-
pum saeculi [...] pervenit usque ad crucis thorum et ibi firmavit ascendendo coniugium;
ubi cum sentiret anhelantem in suspiriis creaturam commercio pietatis se pro coniuge
dedit ad poenam [...] et copulavit sibi perpetuo iure matronam" (*Sermo suppositus*
120,8). A "mulher" (matrona) é a Igreja.

412   A analogia é tão clara que dispensa maiores comentários. Portanto, entende-se como um simbolismo não só comovente, mas profundo em sua ingenuidade, uma lamentação em inglês arcaico[157], em que Maria acusa a cruz de ser uma árvore falsa, de ter destruído injusta e infundadamente "o fruto de seu ventre, seu querido passarinho", com venenosa poção, com a bebida da morte que só os descendentes do pecador Adão, culpados de algum delito, haveriam de beber. Nenhuma culpa teria seu filho. Ela se lamenta:

> Cruz, tu és a madrasta de meu filho, tão alto o suspendeste que nem sequer posso beijar seus pés! Cruz, tu és minha inimiga mortal; tu mataste meu passarinho azul.

413   Sancta Crux responde:

> Mulher, agradeço-te minha honra; teu magnífico fruto, que agora ostento, resplandece em sangue escarlate. Não só para ti, mas para salvar o mundo todo, desabrocha esta bela flor em ti.

Sobre a relação das duas mães entre si Sancta Crux diz:

> Foste coroada rainha dos céus pela criança que deste à luz. Mas eu aparecerei como brilhante relíquia perante o mundo todo no dia do juízo final; então erguerei meu lamento por teu filho santo, inocente, em mim martirizado.

Assim a mãe da morte se une com a mãe da vida em seu lamento pelo Deus agonizante, e como sinal externo de sua união, Maria beija a cruz e se reconcilia com ela[158]. A ingênua antiguidade egípcia conservou a união das tendências contrastantes na imagem materna de Ísis. A separação do filho de sua mãe representa a despedida do homem da inconsciência do animal. Só pela intervenção da "proibição do incesto"[159] pôde surgir o indivíduo cônscio de si mesmo, que antes de modo irreflexo se identificava com a parentela como uma só coisa. Só assim nasceu a ideia da morte individual e definitiva. Deste

---

157. "Dispute between Mary and the Cross". In: MORRIS. *Legends of the Holy Rood*, apud ZÖCKLER. Op. cit., p. 240s.

158. Na Grécia o pelourinho em que os criminosos eram executados ou castigados chamava-se ἑκάτη (hécate).

159. O tabu do incesto é parte de um conjunto complexo: o sistema de classes de casamento, cuja forma mais elementar é o cross-cousin-marriage. Este é um compromisso entre as tendências endogâmica e exogâmica. (Cf. *Ab-reação, análise dos sonhos e transferência*). [OC, 16/2; § 433s.]

Fig. 81 – Renovação no ventre materno. Figura em madeira da tribo dos
índios Nootka, ilha de Vancouver, Canadá

modo pelo pecado de Adão, que consistiu justamente na conscientização, a morte entrou no mundo. O neurótico que não consegue separar-se da mãe tem boas razões: afinal é o medo da morte que o
prende a ela. Ao que parece, nenhum conceito ou palavra é suficientemente forte para expressar a importância deste conflito. Esta luta
milenar visando obter expressão do incesto certamente não pode tirar sua força do conceito vulgar por demais estreito. Provavelmente
deve-se considerar a lei, que em última análise e originalmente se exprime como "proibição do incesto", como obrigação à domesticação. Igualmente há de se qualificar o sistema religioso como uma instituição que absorve e organiza os instintos de natureza animal inade-
quados para os fins culturais, para gradativamente tornar possível
seu uso sublimado.

As visões seguintes de Miss Miller não necessitam mais de expli-   416
cações detalhadas. A seguinte visão é a imagem de uma "baía purpúrea". A simbólica do mar se enquadra perfeitamente no que dissemos
acima. Poderíamos lembrar aqui as reminiscências do golfo de Nápo-

les, que vimos na primeira parte. Mas não podemos menosprezar o significado da "baía" dentro do contexto geral. Em francês chama-se "une baie", o que provavelmente corresponde a uma "bay" no texto original inglês. Examinemos a etimologia desta palavra. "Baie" é usado de modo geral para alguma coisa aberta, assim como a palavra catalã badia (bai) vem de badar = abrir. Na língua francesa "bayer" quer dizer ficar boquiaberto. Um sinônimo é a palavra latina sinus (em alemão "Meerbusen") e outro termo é golfo, o que no francês está em relação direta com gouffre = precipício. Golfo tem parentesco com κόλπος[160], que significa ao mesmo tempo seio e colo, colo materno. Também pode significar prega de vestido e bolso. (No alemão suíço "buese" também é usado como bolso de paletó). Κόλπος também pode ser um vale profundo entre montanhas altas. Estas denominações mostram claramente quais as ideias básicas primitivas. Elas explicam as palavras escolhidas por Goethe na passagem em que Fausto quer acompanhar o Sol nas asas da nostalgia, para "beber sua luz eterna" no dia eterno.

> Não impediu então o divinal trajeto
> O agreste monte com seus passos mil;
> Já o mar se abre com cálidas baías
> Diante do assombrado olhar[161].

417   A nostalgia de Fausto, como a dos heróis, almeja o mistério do renascimento, da imortalidade, razão por que seu caminho o conduz ao mar e o arrasta pela garganta da morte, cujo medo e estreiteza significam ao mesmo tempo o novo dia.

> Sou impelido pelo alto-mar afora,
> O fluido espelho brilha a meus pés,
> Para novas margens chama novo dia.
> Ígnea carruagem, sobre leves asas,
> De mim se aproxima! Prestes me sinto
> A penetrar no éter em curso renovado,
> A novas esferas de atividade pura.
> Esta vida sublime, este êxtase sem par!...

---

160. DIEZ. *Etymologisches Wörterbuch der romanischen Sprachen*, p. 90s.
161. *Faust,* parte I, p. 165.

Atreve-te a romper estes portais,
Perante os quais todos temerosos passam!
É tempo de provares com atos,
Que o brio do homem não cede
À altura dos imortais.
Não tremer diante da sinistra gruta
Onde a fantasia seu próprio tormento cria;
Caminhar até a fatal passagem
Em cuja boca estreita todo o inferno arde;
Dar este passo com serenidade,
Com risco até de resvalar no Nada[162].

Soa como uma confirmação quando a visão seguinte é "une falaise   418
à pic", um penhasco escarpado (cf. gouffre). O fim da série de visões
isoladas, como diz a autora, é uma confusão de sons, como wa-ma,
wa-ma. Este som parece muito primitivo. Como a autora nada esclarece sobre as raízes subjetivas destes sons, só nos resta uma hipótese:
dentro do contexto geral poderíamos ponderar se este som não seria
uma leve distorção desta voz comum que é ma-ma (cf. abaixo).

---

162. Ibid., p. 154s.

VI

A luta pela libertação da mãe

419   Depois de curta pausa na produção de visões, a atividade do inconsciente recomeça.

420   Aparece uma floresta com árvores e arbustos. Depois das considerações do capítulo anterior, basta acrescentarmos aqui que o significado da floresta coincide no essencial com o da árvore-tabu. A árvore sagrada geralmente se encontra numa floresta ou no jardim do paraíso. O bosque proibido muitas vezes substitui a árvore-tabu e adquire todas as propriedades desta. A floresta tem significado materno, como a árvore. Na visão que agora se segue a floresta constitui o cenário em que se dá o dramático fim de Chiwantopel. Cito o início do drama no texto original, isto é, a descrição da primeira tentativa de sacrifício. No início do capítulo seguinte o leitor encontrará a continuação, o monólogo e a cena do sacrifício.

> O personagem Chi-wan-to-pel surgiu do sul, a cavalo, envolto em manto de cores vivas, vermelho, azul e branco. Um índio, em traje de camurça bordado de pérolas e ornado de plumas, avança agachado e se prepara para atirar uma flecha contra Chi-wan-to-pel. Este apresenta seu peito, numa atitude de desafio, e o índio, fascinado diante desta visão, esquiva-se e desaparece na floresta.

421   Chiwantopel aparece a cavalo. Este fato é importante pois, como mostra o drama logo em seguida (§ 464s.), o cavalo não exerce um papel indiferente mas tem a mesma morte que o herói. Este chega a chamá-lo de "caro irmão", o que indica uma grande semelhança entre cavalo e cavaleiro. Parece existir entre ambos uma relação íntima, que os conduz ao mesmo destino. Já vimos que a libido que visa a

mãe simboliza esta como cavalo[1]. A imagem materna é um símbolo da libido; o cavalo também, e em alguns pontos, quando os conceitos se cruzam, os dois símbolos se encontram. O fator comum às duas imagens está na libido. Sob este aspecto o herói e seu cavalo surgem como representação da ideia do homem com sua esfera dominada de instintos animais. (Imagens paralelas seriam Agni sobre o bode, Wotan sobre o Sleipnir, Ahura-Mazda sobre Angromainyu[2], Cristo sobre o jumento[3], Mitra sobre o touro acompanhado do leão e da serpente, seus animais simbólicos, Men sobre o cavalo com pés humanos, Freir sobre o javali de cerdas douradas etc. Cf. figs. 77 e 82.) Os animais cavalgados sempre têm grande importância na mitologia, aparecendo frequentemente de forma antropomorfizada; assim, o cavalo de Men tem pernas anteriores humanas, a burra de Balaão fala como ser humano, o touro sobre o qual Mitra pula para apunhalá-lo (taurocatapsia[4], fig. 77), tem o significado de um doador de vida divino. A caricatura do crucifixo do Palatino apresenta o crucificado com cabeça de asno (cf. fig. 83; talvez com base na antiga lenda de que no templo de Jerusalém era venerada a figura de um asno)[5]. Na qualidade de "Drosselbart" (= barba de corcel), Wotan é semi-humano, semicavalo. Também uma antiga charada alemã mostra esta unidade entre cavalo e cavaleiro[6]: "Quem são os dois que viajam para o Thing? Jun-

---

1. Assim, a deusa do inferno, Hécate, também é representada com cabeça de cavalo. Deméter e Filira, para escapar às perseguições de Crono ou Posídon, transformam-se em cavalo. Bruxas frequentemente se transformam em cavalos, razão por que em suas mãos podem ver-se sinais de cravos de ferradura. O diabo cavalga as bruxas-cavalos; cozinheiras de padres depois de mortas viram éguas (VON NEGELEIN. *Das Pferd im Seelenglauben und Totenkult*).

2. Também o lendário rei primitivo Tahmuraht cavalga Ahriman, o diabo.

3. A jumenta e seu filhote provavelmente provêm da astrologia. O signo de Câncer (solstício do verão) na Antiguidade era chamado de asno e seu filhote (cf. ROBERTSON. *Evangelien-Mythen*, p. 19).

4. A ideia provavelmente foi tirada do circo. Ainda hoje o matador espanhol tem aura de herói. Suetônio (*Claud*. 21): "[...] feros tauros per spatia circi agunt insiliuntque defessos et ad terram cornibus detrahunt" (perseguem touros ferozes que correm pelo circo, saltam sobre a nuca dos esgotados animais e pelos chifres os deitam ao chão, p. 341).

5. Esta lenda faz parte do aspecto astrológico do Deus judaico (Saturno), que não quero discutir aqui.

6. Cf. a extensa exposição deste tema em JÄHNS. *Ross und Reiter*.

Fig. 82 – Wotan sobre o Sleipnir de oito pernas. Pedra tumular de Tjangvide, Götland (Suécia, cerca de 1000)

tos eles têm três olhos[7], dez pés e uma cauda, e assim viajam pelos campos"[8]. As sagas atribuem ao cavalo propriedades que psicologicamente pertencem ao inconsciente do homem: cavalos são clarividentes e clariouvintes, mostram o caminho ao desorientado e perdido, têm propriedades proféticas. Na *Ilíada* (XIX) o cavalo prenuncia desgraça; cavalos ouvem palavras pronunciadas pelo morto ao ser levado à sepultura, o que os homens não ouvem; o corcel de pés humanos de César (provavelmente devido à identificação de César com o Menfrígio) anuncia a seu amo que ele conquistará o mundo. Um asno profetiza a Augusto a vitória de Áctio. O cavalo também vê fantasmas. Tudo isto corresponde a manifestações características do inconsciente. Por isso também é compreensível que o cavalo, como símbolo do componente animal do homem, tenha amplas relações

---

7. Wotan tem um olho só. Cf. SCHWARTZ. *Indogermanischer Volksglaube*, p. 164s.

8. Odin propõe este enigma ao Rei Heidrek (saga de Hervarar): "Quinam sunt illi duo / qui in conventus eunt / tres coniunctim / habent oculos / decem pedes, / et ambo caudam unam etc." (Ibid., p. 183).

Fig. 83 – Caricatura do crucifixo. Grafito do Pedagogium,
no Palatino (Roma)

com Satanás. O diabo tem casco de cavalo, em determinadas circunstâncias também aspecto de cavalo. Em momentos críticos, ele mostra
seu caráter infernal, assim como no rapto de Hadding repentinamente Sleipnir aparece por detrás do manto de Wotan[9]. Assim como Mar
monta no adormecido, também o diabo o faz, por isso se diz que
aquele que tem pesadelos está sendo montado pelo diabo. Na versão
persa o diabo é a cavalgadura de Deus. O diabo também representa o
instinto sexual; por isso aparece em forma de bode ou cavalo na festa

---

9. VON NEGELEIN. Op. cit. [XI], p. 415.

das bruxas. A natureza sexual do diabo se transmite também ao cavalo, razão por que este símbolo ocorre em contextos em que só esta interpretação faz sentido. Lembramos que Loki procria em forma de
corcel, assim como o diabo, que faz a mesma coisa em forma de cavalo (como velho deus do fogo). Também o relâmpago é representado
com aspecto teriomorfo[10]. Uma paciente histérica inculta contou-me
que em criança tinha pavor de tempestades, *porque onde caía um raio
ela via em seguida um enorme cavalo preto que chegava até o céu.* A
saga hindu menciona o cavalo-trovão de Yama, o deus dos mortos,
que mora com seu inferno no sul, a mítica região das tempestades[11].
No folclore germânico também se diz que o diabo, como deus-relâm-
pago, lançaria o casco de cavalo (relâmpago) sobre os telhados. De
acordo com o significado da tempestade como fecundação da terra, o
relâmpago e o casco de cavalo têm significado fálico. Uma paciente
inculta, que inicialmente fora forçada brutalmente ao coito pelo marido, sonhava com frequência *que um cavalo selvagem saltava sobre
ela e lhe dava um coice no ventre.* Plutarco reproduz as seguintes palavras de uma oração das orgias de Dioniso: ἐλθεῖν ἥρως Διόνυσε
Αλιον ἐς ναὸν ἁγνὸν σὺν Χαρίτεσσιν ἐς ναὸν τῷ βοέῳ ποδὶ θύων,
ἄξιε ταῦρε, ἄξιε ταῦρε. ("Vinde, Senhor, a vosso templo, junto a
Élis, vinde com as graças a vosso templo sagrado, vinde furioso [na
fúria da orgia], com o casco de touro".)[12] Pégaso, com um pontapé,
faz brotar a fonte Hipocrene. Numa estátua de Belerofonte, em Corinto[13], que era ao mesmo tempo um repuxo, a água saía do casco do
cavalo. O corcel de Bálder abre uma fonte por meio de um coice.
Assim o casco do cavalo é o doador da umidade fecunda[14]. Uma saga
da Baixa-Áustria[15] menciona que às vezes se vê um homem enorme
sobre um cavalo branco cavalgando pelas montanhas, o que significaria chuvas para breve. Na saga alemã, Frau Holle, a deusa
dos nascimentos, chega a cavalo. Mulheres grávidas, quando a
época do parto se aproxima, ofereciam aveia a um cavalo branco

---

10. Ibid., p. 419.
11. SCHWARTZ. Op. cit., p. 88.
12. PRELLER. *Griechische Mythologie*, I, p. 432.
13. Ou Bellerofon.
14. Outros exemplos em AIGREMONT. *Fuss- und Schuhsymbolik.*
15. JÄHNS. Op. cit., p. 277.

em seus aventais, para pedir-lhe que zelasse por um parto próximo; o costume original era o cavalo tocar as partes genitais da mulher. De modo geral o cavalo (como o asno) tem o significado de animal priápico[16]. Marcas das patas de cavalo[16a] são ídolos que trazem bênçãos e frutos. Garantiam a propriedade e demarcavam limites, como os priapos da Antiguidade latina. Como os dáctilos, um cavalo descobriu com seu casco a riqueza mineral das montanhas do Harz. A ferradura, uma redução do casco do cavalo[17], é sinal de sorte e proteção contra o mal. Na Holanda um casco de cavalo é dependurado na estrebaria para afastar feitiços. O efeito análogo do falo é conhecido, daí os falos nos portões. A perna de cavalo era um excelente para-raios, segundo o princípio do "similia similibus".

Por sua velocidade (intensidade) os cavalos representam o vento: o *tertium comparationis* novamente é o símbolo da libido. Na saga alemã, o vento é o caçador ávido por donzelas. Wotan, na tempestade, persegue a noiva do vento (Frigg)[18]. Lugares tempestuosos frequentemente têm nomes derivados de cavalos (Hingstbarge), como os montes Schimmel [= cavalo branco] de Lüneburger Heide. Os centauros entre outras coisas são deuses do vento[19].

Cavalos significam fogo e luz. Bons exemplos são os fogosos cavalos de Hélio. Os corcéis de Heitor chamam-se Xantos (amarelo, claro), Podargos (de pés velozes), Lampos (lampejante) e Aithon (ardente). Siegfried transpõe Waberlohe, o valo em chamas, sobre o corcel-trovão Grani, descendente de Sleipnir e que absorve, só ele, o fogo da Waberlohe[20]. A quadriga mencionada em Dio Chrysostomus representa uma nítida simbólica do fogo[21]: o deus supremo conduz seu carro em círculos. O carro é puxado por quatro cavalos. O cavalo

422

423

---

16. AIGREMONT. Op. cit., p. 17.

16a. *Rosstrappen:* marcas semelhantes às patas de cavalo ligadas muitas vezes a crenças e sagas populares [N.T.].

17. VON NEGELEIN. Op. cit. (XII), p. 386s.

18. SCHWARTZ. Op. cit., p. 113.

19. Provas sobre os centauros como deuses do vento encontram-se em Meyer (*Indogermanische Mythen*, p. 447s.).

20. SCHWARTZ. Op. cit., p. 141.

21. Or. XXXVI § 39s., apud CUMONT. *Mysterien des Mithra*, p. 105s.

que está na periferia anda muito depressa. Tem pelo brilhante, sobre
o qual estão os signos dos planetas e das constelações[22]. O segundo
cavalo é um pouco mais lento e está iluminado só de um lado. O terceiro cavalo anda ainda mais devagar e o quarto gira em torno de si
mesmo. Mas de repente o cavalo externo incendeia a crina do segundo com um hálito fogoso, e o terceiro cobre o quarto com uma torrente de suor. Então os cavalos se desfazem e penetram na substância
do mais forte e mais fogoso, que passa a dirigir o carro. Os cavalos
também representam os quatro elementos. As catástrofes são o incêndio do mundo e o dilúvio. Depois disso cessa a fragmentação do
deus num múltiplo e a unidade divina é restabelecida[23]. Sem dúvida a
quadriga deve ser compreendida astronomicamente como um símbolo do tempo. Já vimos na primeira parte que a concepção estoica
do destino é um símbolo do fogo. É portanto um raciocínio coerente
que o tempo, tão ligado ao conceito do destino, também apresente a
mesma simbólica de libido.

424   A *Brihadâranyaka-Upanishad* (I, 1s., p. 382s.) diz:

> O rubor da aurora, deveras, é a cabeça do corcel sacrifical; o
> Sol é seu olho; o vento seu hálito; sua goela é o fogo universal;
> o ano é o corpo do corcel sacrifical. O céu é seu dorso; a
> atmosfera sua cavidade abdominal; a terra, a saliência de
> seu ventre; os polos são seus flancos; os entrepolos suas
> costelas; as estações do ano, seus membros; os meses e
> quinquênios suas juntas; dias e noites são seus pés; as conste-
> lações, sua ossatura; as nuvens, sua carne. O alimento que ele
> digere são os desertos de areia; os rios, suas artérias; o fígado
> e os pulmões são as montanhas; as ervas e árvores, seus cabe-
> los; o Sol nascente é sua dianteira, o poente sua traseira: – O
> oceano é seu parente, o oceano, seu berço.

---

22. Este é um tema especial, que deve encerrar alguma coisa típica. Uma paciente esquizofrênica (*Über die Psychologie der Dementia praecox* [OC, 3, § 290]) afirmou que
seus cavalos tinham "meias-luas" debaixo da pele "como pequenos cachos de cabelos". Na China, o *I Ching* teria sido trazido por um cavalo que apresentava os sinais
mágicos sobre o pelo ("river map"). O pelo da deusa celeste ou vaca celeste egípcia
aparece coberto de estrelas (cf. fig. 68). O Aion mitraico (cf. adiante) tem os signos do
zodíaco sobre a pele (cf. fig. 84).

23. Esta modificação ocorre por causa da catástrofe universal. Na mitologia o verdejar e
o secar da árvore da vida também representam o marco divisor na sucessão dos séculos.

Fig. 84 – Aion com o sinal do zodíaco (Roma, século II/III)

Aqui encontramos o cavalo como símbolo do tempo, também 425
como o universo todo. Na religião mitraica encontramos um estranho deus do tempo, o Aion (cf. fig. 84), também chamado Crono ou deus leontocephalus, porque sua representação estereotipada é uma figura humana com cabeça de leão, em postura rígida, e envolto por uma serpente, cuja cabeça, passando por detrás, se projeta para a frente sobre a cabeça de leão. A figura tem uma chave em cada mão, sobre o peito a belemnite[23a], no dorso estão as quatro asas dos ventos,

---

23a. Em alemão *Donnerkeil* ou *Donnerstein*, em latim *Ceraunia*, nome popular para as belemnites e machados pré-históricos que segundo a crença popular teriam surgido do raio ou do trovão. Atribui-se-lhes a força de afastar desgraças [N.T.].

e ainda pode trazer o zodíaco no corpo. Acrescentam-se um galo e ferramentas. No *Saltério de Utrecht* carolíngio, calcado sobre modelos antigos, Saeculum-Aion é representado como homem nu com uma serpente na mão[24]. Como já diz o nome, ele é um símbolo do tempo composto de imagens da libido. O leão, o signo zodiacal para o maior calor de verão[25], é o símbolo da "concupiscentia effrenata", da cupidez máxima. ("Minha alma urra com a voz de um leão faminto", diz Mechthild von Magdeburg.) No mistério de Mitra a serpente muitas vezes é mostrada como antagônica ao leão, o que corresponde ao mito universal da luta do Sol com o dragão. No *Livro dos Mortos*, do Egito, Tum é designado como gato porque como tal luta contra a serpente Apófis. O envolvimento pela serpente é, como vimos, a "deglutição", a penetração no ventre materno. Assim o tempo é definido pelo ocaso e pelo nascer do Sol, isto é, pela morte e pela renovação da libido, o despertar e a extinção do consciente. O acréscimo do galo novamente indica o tempo e o das ferramentas a criatividade do tempo ("durée créatrice", em Bergson). Oromazdes (Ahura-Mazda) e Ahriman são criados por Zrwan akarana, "a duração infinitamente longa". O tempo, coisa vazia e puramente formal, no mistério, portanto, é expresso pelas transformações da força criadora, da libido, que correspondem à realidade física de ser idêntica ao curso do processo energético. Macróbio diz: "A cabeça do leão indica o momento presente, porque sua condição é igualmente forte e ardente"[26]. Fílon de Alexandria ao que parece está melhor informado:

> Os homens maus consideram o tempo como deus, porque querem esconder o Ser essencial de Deus... Os homens com ideias erradas consideram o tempo como causa do cosmos, os sábios e bons contudo veem a Deus e não o tempo (como causa)[27].

---

24. CUMONT. *Textes et monuments*, I, p. 76s.

25. Por isso o leão é abatido por Sansão; mais tarde este colhe o mel do corpo do animal. O fim do verão é a fertilidade do outono. É um paralelo com o *sacrificium Mithriacum*. Sobre Sansão cf. STEINTHAL. *Die Sage von Simson*.

26. "Ergo Leonis capite monstratur praesens tempus, quia conditio eius... valida fervensque est" (*Saturnalia* I, 20, § 15, p. 271s.).

27. "Tempus ab hominibus pessimis putatur deus, volentibus Ens essen-tiale... abscondere... Pravis hominibus tempus putatur causa rerum mundi, sapientibus vero et optimis non tempus sed Deus". FÍLON. *In Genesim*, I, 100. Apud CUMONT. Op. cit., I, p. 82.

Em Firdosi o tempo frequentemente é símbolo de destino[28]. Mas 426 o texto hindu, mencionado acima, vai mais longe; aqui o cavalo-símbolo encerra o universo; o parente e o berço do cavalo é o mar; a mãe é idêntica à alma universal. Assim como Aion representa a libido através do "envolvimento", portanto, no estado de morte e renascimento, também o berço do cavalo é o mar, isto é, a libido está na mãe, no inconsciente, morrendo e renascendo.

Já vimos que o cavalo está relacionado à simbólica da árvore através 427 do Yggdrasill. O cavalo também é uma "árvore dos mortos". Na Idade Média o esquife chamava-se "cavalo de São Miguel", e em neopersa a palavra usada para caixão mortuário quer dizer "cavalo de pau"[29]. O cavalo também faz o papel de psychopompos: é o animal usado para cavalgar para o outro mundo; mulheres-cavalos vêm buscar as almas (Valquírias). Canções neogregas falam de Caronte a cavalo.

Mais uma forma de símbolo deve ser lembrada: ocasionalmente 428 o diabo anda sobre um cavalo de três pernas. A deusa da morte Hel em tempos de peste também anda sobre um cavalo de três pernas[30]. Três pernas tem também o asno gigante que está no lago pluvial Vourukasha, cuja urina purifica a água do lago e cujos relinchos fazem com que todos os animais úteis se tornem prenhes e todos os animais nocivos abortem[31]. A simbólica contrastante em Hel fundiu-se numa só imagem no asno do Vourukasha. A libido é tanto fecundadora quanto destruidora.

Um índio se aproxima do herói do drama de Miss Miller, pron- 429 to para atingi-lo com uma flecha. Mas Chiwantopel expõe o peito ao inimigo, numa atitude soberba. Este quadro lembra a autora da cena entre Cassius e Brutus no *Júlio César* de Shakespeare. Surgiu um mal-entendido entre os dois amigos, Brutus acusando Cassius

---

28. SPIEGEL. *Erânische Altertumskunde*, II, p. 193. No trabalho atribuído a Zoroastro περὶ φύσεως, Ananke, a necessidade do destino, é representada pelo ar (CUMONT. Op. cit., I, p. 87).

29. A paciente de Spielrein (op. cit., p. 394), fala de cavalos que comem gente, até cadáveres desenterrados.

30. VON NEGELEIN. Op. cit. [XII], p. 416. Cf. também meus comentários sobre o cavalo de três pernas em: *Zur Phänomenologie des Geistes im Märchen* [§ 425s.].

31. Cf. *Psicologia e alquimia* [OC, 12; § 535].

de negar-lhe o dinheiro para as legiões. Cassius, sensível e irritado, lamenta-se:

> Vem, Marco Antônio, vem, jovem Otávio.
> Vingai-vos em Cassius só,
> Pois Cassius está cansado deste mundo;
> Odiado por alguém que ele ama; desafiado
> Por seu irmão; repreendido como um escravo.
> Todos os seus erros observados,
> Anotados num diário, decorados,
> Para jogar entre meus dentes. – Oh! eu poderia
> Chorar meu espírito através de meus olhos. –
> Aqui está meu punhal, e aqui meu peito nu;
> Dentro dele um coração, mais caro que a mina de Plutus,
> Mais valioso do que ouro: se fores um romano,
> Arranca-o. Eu que ouro te neguei
> Meu coração ofereço: ataca-me, como atacaste outrora a
> César; pois eu sei que quando mais o odiavas,
> O amavas mais do que jamais amaste a Cassius[32].

430   O presente material ficaria incompleto se não mencionássemos que este discurso de Cassius tem várias analogias com o delírio agonal de Cyrano. Cassius, porém, é muito mais teatral. Há mesmo alguma coisa de infantil e histérico em sua atitude. Brutus não pensa em matá-lo, mas lhe dá uma ducha fria com o seguinte diálogo:

Brutus:

> Guardai vosso punhal:
> Sede rancoroso, se quiserdes; tendes carta branca;
> Fazei o que quiserdes; a afronta seja considerada um capricho.
> ó Cassius, sois semelhante a um cordeiro
> Que nutre ódio assim como o seixo, o fogo,
> Que, muito forçado, mostra fugaz fagulha
> E logo esfria.

Cassius:

> Vivi
> Para ser apenas escárnio e riso de meu Brutus,
> Enquanto mágoa e mau humor me afligem?

---

32. 4º ato, cena 3.

Brutus:

Quando assim falei, também estava de mau humor.

Cassius:

Reconheceis tanto? Dai-me vossa mão.

Brutus:

E meu coração também.

Cassius:

Ó Brutus!

Brutus:

O que pedis?

Cassius:

Não me amais bastante para serdes paciente,
Quando aquele humor arrebatado, que da mãe herdei,
Faz esquecer-me?

Brutus:

Sim, Cassius; e doravante,
Quando fordes por demais severo com vosso Brutus,
Que ele pense que é vossa mãe quem ralha, e vos deixará em paz.

A explicação da sensibilidade de Cassius mostra que nestes momentos ele se identifica com a mãe e por isso age de modo bastante feminino. Seu discurso confirma-o claramente[33]. Pois sua submissão feminina, carente de amor, desesperada, à vontade masculina e obstinada de Brutus, faz este observar carinhosamente que Cassius é "semelhante a um cordeiro", isto é, sua personalidade ainda apresenta um traço de inaptidão proveniente da mãe. Sem dificuldade reconhecemos aqui uma disposição infantil caracterizada, como sempre, por uma prevalência da imago dos pais, no caso a imago materna. Um indivíduo é infantil porque se libertou insuficientemente ou não se li-

431

---

33. Um caso de identidade com a Anima. A primeira portadora da imagem da anima é a mãe.

bertou do ambiente da infância, isto é, da adaptação aos pais, razão por que reage perante o mundo como uma criança perante os pais, sempre exigindo amor e recompensa afetiva imediata. Por outro lado, identificado com os pais devido à forte ligação aos mesmos, o indivíduo infantil comporta-se como o pai e como a mãe. Ele não é capaz de viver como ele mesmo e encontrar sua própria personalidade. Por isso Brutus supõe, com razão, que "a mãe falava" através de Cassius, e não ele mesmo. O fato psicologicamente importante que percebemos aqui é a prova de que Cassius é infantil e identificado com a mãe. O comportamento histérico explica-se pelo fato de Cassius ser ainda em parte um "cordeiro", portanto uma criança inocente e inofensiva. No que se refere à sua vida afetiva, ele ficou para trás, o que observamos com frequência em pessoas que, aparentemente poderosas, dominam a vida de seus semelhantes, mas permanecem infantis diante das exigências de seus sentimentos.

432   As figuras do drama de Miss Miller, como produtos da fantasia da sua criadora, relatam este ou aquele traço da personalidade da autora[34]. O herói Chiwantopel representa a figura ideal, aqui projetada para o masculino; isto é, Miss Miller ainda vê o ideal no homem, o que está de acordo com sua juventude. Neste sentido ela ainda não está sadiamente decepcionada, mas ainda se alegra com suas ilusões. Ela ainda não sabe que sua figura ideal deveria ser de natureza feminina, pois uma tal figura lhe diria respeito. O ideal representado através do homem não a obriga a nada, apenas possibilita pretensões fantásticas. Se o ideal fosse de seu sexo, ela poderia descobrir que não corresponde inteiramente a ela. Isto seria incômodo, mas salutar. O gesto de Cyrano[35] por certo é bonito e convincente, o de Cassius é teatral. Os dois heróis querem morrer de forma impressionante, o que Cyrano consegue. Esta inclinação para a morte antecipa o fim inevitável da ilusão de que o outro seria o personagem ideal. Sua figura ideal, ao que parece, pretende mudar sua localização e eventualmente transferir-se para a própria autora. Isto seria um ponto muito crítico em sua vida. Quando uma figura tão vital como um ideal se prepa-

---

34. Esta interpretação se justifica porque na fantasia de Miss Miller não se trata de uma criação conscientemente intencionada e realizada, mas de um produto involuntário.

35. Cf. primeira parte [§ 48 deste volume].

ra para a transformação, é como se fosse morrer. Ela produz então no indivíduo pressentimentos de morte e sentimentos melancólicos dificilmente compreensíveis, aparentemente infundados. Estas tendências já apareceram no canto da mariposa, mas aqui têm uma definição mais precisa. Seu mundo infantil quer terminar, para ser substituído pela fase adulta. A vontade de morrer das jovens muitas vezes só é uma expressão indireta, a pose permanece, mesmo se a morte ocorrer realmente, pois até a morte pode ser dramatizada. Um tal desfecho só aumenta o efeito da pose. É fato conhecido que o ponto culminante da vida é representada pela simbólica da morte, pois o crescer-além-de-si-mesmo significa uma morte. Como ser infantil Miss Miller não pode tomar consciência da meta de sua vida, não pode estabelecer objetivos ou normas pelas quais se sente responsável. Por isso também ainda não está pronta para enfrentar o problema do amor, pois este exige consciência e responsabilidade, visão e previsão. É uma decisão para a vida, que termina com a morte. Amor e morte têm muito em comum.

Fig. 85 – A morte como arqueira (detalhe). "Mestre de 1464",
escola alemã

433   O gesto altivo com que o herói se oferece à morte pode bem ser uma expressão indireta que visa a piedade do outro e assim resvala no frio menosprezo, como o de Brutus. Também o gesto de Chiwantopel é suspeito, pois a cena de Cassius, que lhe serve de modelo, revela indiscretamente que a coisa toda não passa de infantilidade. Pois quando o gesto é excessivamente teatral ele levanta a suspeita fundamentada de que não é sincero, que no fundo há um desejo oposto com objetivos bem diferentes.

434   Ao contrário da natureza inativa dos símbolos precedentes, no drama agora a libido assume uma atividade ameaçadora, pois descortina-se um conflito em que uma parte ameaça a outra com a morte. O herói, como imagem ideal da sonhadora, está pronto para morrer, ele não teme a morte. Pela personalidade infantil deste herói, estaria realmente na hora de sair de cena. A morte deve atingi-lo em forma de uma flechada. Como os heróis muitas vezes são eles mesmos grandes arqueiros ou sucumbem a tiros de flecha, vale a pena perguntar o que significa a morte por flechadas (cf. fig. 85).

435   Na biografia da freira histérica e estigmatizada Catarina Emmerich lemos a seguinte descrição de seu sofrimento:

> Já no noviciado, como presente de Natal de Cristo, ela contraiu uma doença cardíaca que muito a atormentou todo o tempo de sua vida religiosa. Deus lhe mostrou no íntimo o motivo: seria pela decadência do espírito da Ordem, sobretudo pelos pecados de suas coirmãs. Mas o que tornava este sofrimento mais doloroso era o dom, que possuía desde a juventude, de ver a natureza íntima das pessoas, a sua verdade. Sentia este sofrimento organicamente, como se seu coração fosse continuamente atravessado por flechas[36]. Estas flechas – e este era o sofrimento espiritual ainda maior – ela reconhecia como sendo os pensamentos, planos, conversas secretas sobre interpretações erradas, calúnias, desamores, totalmente infundados e inescrupulosos de suas coirmãs contra ela e sua transformação causada por seu temor de Deus[37].

436   É difícil ser uma santa, pois uma tal diferenciação é mal suportada, mesmo por uma natureza mansa e indulgente, que se defende

---

36. O coração da Mãe de Deus é atravessado por uma espada, "para que de muitos corações se revelem os pensamentos" (Lc 2,35).

37. WEGENER. *Das wunderbare äussere und innere Leben der Dienerin Gottes Anna Katharina Emmerich*, p. 63.

como pode. O reverso da santidade são as tentações, sem as quais nenhum santo pode viver. Sabemos que estas tentações também podem acontecer inconscientemente, de maneira que apenas seus equivalentes em forma de sintomas chegam ao consciente. Já é proverbial que "amor" rima com "dor". Sabe-se há muito que a histeria coloca uma dor física no lugar de uma dor espiritual não sentida, isto é, reprimida. Isto o biógrafo de Catarina Emmerich reconheceu mais ou menos corretamente. Só que a interpretação de Emmerich, como sempre, se baseia numa projeção: são sempre os outros que falam mal dela, e isto lhe causa as dores. Na verdade a situação é outra: a renúncia a todas as alegrias da vida, esta morte antes do desabrochar, é o aspecto doloroso em geral, e são em particular os desejos não satisfeitos e as tentativas da natureza de romper o cerco da repressão, sem a qual uma tal diferenciação seria impossível. Naturalmente os mexericos e bisbilhotices das coirmãs sempre insinuam carinhosamente estes pontos sensíveis, dando à santa a impressão de ser esta a causa de seu sofrimento. Ela não poderia saber que o boato frequentemente assume o papel do inconsciente que, como um hábil adversário, sempre visa as lacunas reais de nossa armadura desconhecidas por nós mesmos.

Uma passagem dos discursos em verso de Gotamo Buddho fala neste sentido: 437

> Um desejo, de novo desejado seriamente.
> Na vontade gerado, alimentado,
> E deve, pouco a pouco, ser negado:
> Machuca e fere a carne como um dardo[38].

As flechas que ferem e doem não vêm de fora através de boatos,   438
que sempre só atacam de fora, mas elas vêm "pelas costas", do próprio inconsciente. São nossos próprios desejos que se encravam em nossa carne como flechas[39]. Num outro contexto isto se torna claro também para nossa freira, e isto bem ao pé da letra. É fato conhecido

---

38. NEUMANN. *Die Reden Gotamo Buddho's aus der Sammlung der Bruchstücke Suttanipâto des Pâli-Kanons übersetzt*, p. 252 [n. 767].

39. No mesmo sentido de uma dor exógena, Teócrito 27,28 chama as dores do parto de "projéteis de Ilitíia". No sentido de um desejo encontra-se a mesma alegoria no livro do Eclesiástico 19,12: "Como a flecha cravada no músculo da coxa, assim o segredo, nas entranhas do insensato". Quer dizer, não lhe dá sossego enquanto não sair.

que as cenas místicas de união com Cristo geralmente contêm um forte elemento erótico[40]. A cena de estigmatização significa uma incubação feita por Cristo, pouco diferente apenas do antigo conceito da *unio mystica* como uma coabitação com o deus. A freira conta o seguinte sobre sua estigmatização:

> Eu tive uma visão dos sofrimentos de Cristo e lhe supliquei que me deixasse participar de seu padecimento e rezei cinco pai-nossos em homenagem às cinco chagas sagradas. Deitada na cama com os braços estendidos, penetrou-me uma grande doçura e uma sede infinita pelas dores de Jesus. Então vi uma luz descer até mim, vindo obliquamente do alto. Era um corpo crucificado, vivo e translúcido, com os braços abertos, mas sem cruz. As chagas brilhavam mais que o corpo, eram cinco círculos de glória sobressaindo da glória total. Eu me maravilhava e meu coração estava cheio de dor e ao mesmo tempo de doce desejo de participar das dores de meu Senhor. E enquanto meu desejo pelo padecimento de meu Senhor crescia à vista de suas chagas, e como de meu peito, minhas mãos, ilhargas e pés emanava o anseio por suas chagas sagradas, triplos raios rubros saíram primeiro das mãos, depois do flanco, depois dos pés da imagem, terminando numa flecha, em direção a minhas mãos, flanco e pés[41].

439   Os raios são triplos, terminando em ponta de seta[42]. Como Amor, também o Sol tem sua aljava cheia de setas destruidoras ou fecundadoras[43]. Pois a seta tem significado. Sobre este significado baseia-se o costume oriental de chamar os filhos valentes de flechas e dardos de seus pais. "Fazer setas afiadas" em árabe significa "gerar filhos valentes".

---

40. Mas este fato não prova que a "unio mystica" seja derivada exclusivamente de fontes eróticas. O elemento erótico que se manifesta prova apenas que a transição da libido não foi inteiramente bem-sucedida. Neste caso, resquícios nítidos da forma original permanecem não assimilados.

41. Ibid., p. 77s.

42. Apuleio (*Metamorphoses*, lib. II, p. 31) usa a simbólica de arco e flecha de modo drástico: "[...] ubi primam sagittam saevi Cupidinis in ima praecordia mea delapsam excepi, arcum meum et ipse vigor attendit, et oppido formido ne nervus vigoris nimietate rumpatur". ["Assim que senti a primeira seta do impetuoso Amor em meu íntimo profundo, logo estendi vigorosamente meu arco, até se romperem quase os cornos e nervos" (p. 52).]

43. Assim também Apolo, portador da peste. Em antigo alto-alemão flecha é "strala "

Para anunciar o nascimento de um filho, os chineses dependuravam arco e flecha na frente de sua casa. Assim se explica também a passagem do Salmo (127,4): "Como flechas na mão do guerreiro, assim são os filhos da juventude". Graças a este significado da flecha, compreende-se por que o rei dos citas, Ariantas, para realizar um recenseamento, exigiu uma ponta de seta de cada cidadão[44]. A lança também tem sentido semelhante: dela descendem os homens. O freixo é a mãe das lanças, razão por que o gênero humano do "bronze" dele provém. Kaineus[45] ordenou que se venerasse sua lança. Píndaro relata a lenda deste Kaineus, que, "fendendo a terra com o pé", desceu para as profundezas[46]. Originalmente ele teria sido uma donzela, Kainis, que, por sua complacência, foi transformada por Posídon num homem invulnerável. Ovídio descreve a luta dos lápitas com o invulnerável Kaineus, e como por fim o cobriram inteiramente com árvores porque não podiam competir com ele de outra forma. Ovídio diz a respeito:

> Sua morte é dúbia, pois alguns dizem que seu corpo afundara até o silencioso Tártaro sob o peso das árvores; isto Mopsus nega; ele viu do centro do monte um pássaro de cor tirante a castanho voar para as alturas...[47]

---

44. HERÓDOTO, IV, 77, p. 353.

45. Cf. ROSCHER. Cf. verbete Kaineus (II/l, 894s.).

46. Op. cit.; a paciente de Spielrein tem a ideia da fissura da terra num contexto semelhante: "Precisa-se do ferro para perfurar a terra [...] Com o ferro se pode [...] fazer homens [...] a terra é fendida, explodida, o homem é dividido... O homem é esquartejado e recomposto [...] e para pôr fim ao estado de enterrado vivo, Jesus Cristo ordenou a seus apóstolos que perfurassem a terra". O tema de "fender" tem significado geral. O herói persa Tishtriya, que aparece como cavalo branco, abre o lago das chuvas e assim fecunda a terra. Ele também se chama Tîr = flecha. E igualmente representado como figura feminina com arco e flecha (CUMONT. *Textes et monuments*, I, p. 136). Mitra, com sua flecha, faz água brotar da rocha para terminar com a seca. Em monumentos mitraicos ocasionalmente encontra-se a faca enfiada na terra, em outras ocasiões ela é o instrumento de imolação do touro (Ibid., p. 165 e 115).

47. *Metamorphoses*, XII, p. 196.
Exitus in dúbio est: alii sub inania corpus / Tártara detrusum silvarum mole ferebant, / Abnuit Ampycides: medioque ex aggere fulvis / Vidit avem pennis liquidas exire sub auras.

440   Roscher[48] considera este pássaro como o "Charadrius pluvialis" [Goldregenpfeifer], que deriva seu nome do fato de habitar na χαρά-δρα, a fenda da terra. Com seu canto ele anuncia a vinda da chuva. Kaineus foi transformado neste pássaro.

441   Neste mito tornamos a reconhecer um mito típico da libido: bissexualidade inicial, imortalidade (invulnerabilidade) pela penetração na mãe (fender a mãe com o pé), ressurreição como pássaro-alma e produção de fecundidade. Se este herói faz com que seja venerada sua lança, é de se pensar que ela seja um símbolo válido e equivalente.

442   Sob este ponto de vista compreendemos a passagem de Jó, mencionada na primeira parte (§ 71), sob um novo prisma:

> Deus entrega-me à custódia dos ímpios, arroja-me em mãos criminosas. Vivia eu tranquilo, quando me esmagou, agarrou-me pela nuca e me triturou. Fez de mim seu alvo.
>
> Suas flechas zuniam em torno de mim, atravessou-me os rins sem piedade e derramou por terra meu fel. Abriu-me com mil brechas e assaltou-me como um guerreiro[49].

443   Aqui Jó exprime o sofrimento espiritual causado pelo ímpeto de desejos inconscientes; a libido fere sua carne, um deus cruel apoderou-se dele e o transpassa com seus dardos dolorosos, com pensamentos que o assaltam irresistivelmente.

444   Esta mesma imagem encontra-se também em Nietzsche:

> Estendido, enregelado,
> Qual semimorto a quem se aquecem os pés –
> Sacudido, oh! por ignoradas febres,
> Trêmulo diante de agudas flechas geladas,
> Por ti caçado, pensamento!
> Inenarrável, oculto, horroroso!
> Tu, caçador por entre nuvens!
> Fulminado por ti,
> Olho sarcástico, que me olhas do escuro:
> Assim me retorço, contorço, atormentado
> Por todos os eternos martírios,
> Atingido

---

48. Explicação de: MEYER. *Indogermanische Mythen*, p. 155.
49. 16,11s.

Por ti, cruel caçador,
Tu, estranho – Deus!

Fere mais fundo!
Fere ainda uma vez!
Rasga, dilacera este coração!
Por que este torturar
Com flechas embotadas?
Por que tornas a olhar
Incansável de sofrimento humano,
Com teus olhos relampejantes de malícia?
Matar tu não queres,
Só torturar, torturar?[50]

Não são necessárias grandes explicações para reconhecer nesta alegoria a imagem do mártir sacrificado a Deus, como já vimos nas crucificações mexicanas e no sacrifício de Odin[51]. A mesma imagem nos aparece no martírio de São Sebastião, onde a delicada carne do jovem santo revela toda a dor da renúncia que a sensibilidade do artista nela projetou. Pois o artista não pode impedir que um pouco da psicologia de sua época penetre em sua obra. O mesmo vale, em grau maior, para o símbolo cristão, o crucifixo atravessado pela lança, a imagem do homem da era cristã torturado por seus desejos e crucificado em Cristo.   445

Outra poesia de Nietzsche mostra que não se trata de uma tortura vinda de fora que aflige o homem, mas que ele mesmo é seu próprio caçador, imolador e faca imoladora; nela o aparente dualismo se dissolve no conflito da alma empregando a mesma simbólica.   446

Ó Zaratustra,
cruel Nemrod!
Há pouco ainda, caçador de Deus,
rede colhedora de todas as virtudes,
seta do mal!
Agora – por ti mesmo caçado,

---

50. *Also sprach Zarathustra*, p. 367s.

51. A paciente de Spielrein também diz que foi "atravessada por balas" de Deus (três tiros), "depois veio uma ressurreição só do espírito [...]" (op. cit., p. 376).

tua própria presa,
em ti mesmo encravado...

Agora –
solitário contigo,
bipartido no próprio saber,
entre centenas de espelhos,
falso diante de ti mesmo,
entre centenas de lembranças,
incerto,
em cada ferida cansado,
em cada frio gelado,
estrangulado em tuas próprias cordas,
Autoconhecedor!
Autoimolador!

Por que te amarraste
com a corda de teu saber?
Por que te atraíste
ao paraíso da velha serpente?
Por que te insinuaste
em *ti* – em *ti?*...[52]

447   As flechas mortais não atingem o herói de fora, mas é ele que caça, combate e martiriza a si próprio. Nele mesmo, instinto se voltou contra instinto – razão por que o poeta diz: "encravado em ti mesmo", isto é, ferido pela própria flecha. Uma vez que reconhecemos a flecha como símbolo da libido, compreendemos também a imagem de "encravar": é um ato de união consigo mesmo, uma espécie de autofecundação, também uma autoviolação, um suicídio. Por isso Zaratustra pode chamar-se de "carrasco de si mesmo" (autoimolador) (como Odin, que se sacrifica a Odin). Mas não podemos formular este psicologema de modo excessivamente voluntarístico: o homem não se impõe propositadamente este tormento, mas ele lhe acontece. No entanto, se atribuirmos ao homem o inconsciente como parte de sua personalidade, devemos admitir que ele realmente esbraveja contra si mesmo. Mas enquanto o simbolismo de seu sofrimento é arquetípico, isto é, coletivo, isto pode ser considerado como

---

52. "Zwischen Raubvögeln". *Werke*, VIII, p. 414s.

sinal de que um tal homem não mais sofre em si mesmo, mas no espírito de sua época. Ele sofre por uma causa objetiva, impessoal: seu inconsciente coletivo, que ele tem em comum com todos.

    O ferimento pela própria flecha significa, portanto, um estado   448
de introversão. Já sabemos o que isto quer dizer: a libido penetra em "seu próprio fundo" (uma conhecida alegoria de Nietzsche) e encontra ali, no escuro, o substitutivo para o mundo exterior, que ela abandonou, o mundo das recordações ("entre centenas de recordações"), entre as quais as mais fortes e que causam maior impacto são as mais precoces. É o mundo da criança, aquele estado paradisíaco da primeira infância, do qual a lei do rolar do tempo nos expulsou. Neste reino subterrâneo dormitam sentimentos pátrios e as esperanças de todo o vir a ser. Como Henrique em *Die versunkene Glocke,* de Gerhart Hauptmann, diz sobre sua obra-prima:

> Canta uma canção, perdida e esquecida,
> uma cantiga pátria, uma infantil cantiga de amor,
> do fundo poço dos contos emergida,
> conhecida por todos e, no entanto, inaudita[53].

    Mas "o perigo é grande"[54], como diz Mefistófeles, pois a profun-   449
didade é atraente. Quando a libido abandona a claridade do mundo, seja por sua própria decisão, seja pela diminuição da força vital ou pelo destino, ela volta a seu próprio fundo, para a fonte da qual um dia brotou, e retorna àquela brecha, o umbigo, pela qual um dia penetrou neste corpo. Esta brecha chama-se mãe, pois é dela que nos veio a corrente da vida. Quando se trata de realizar uma grande obra diante da qual o homem recua, duvidando de sua força, sua libido regressa para aquela fonte – e é este o momento perigoso em que se faz a decisão entre destruição e nova vida. Se a libido fica presa no reino maravilhoso do mundo interior[55], o homem se transforma em som-

---

53. [Op. cit., p. 104].

54. *Faust,* parte II, ato I, cena das mães, p. 317.

55. Na mitologia isto é representado na saga de Teseu e Pirítoo, que queriam raptar Prosérpina no submundo. Por isso penetraram na fenda da terra no bosque de Colonos, para chegar ao submundo; ao atingirem o fundo, quiseram descansar um pouco, mas por um feitiço ficaram suspensos nas rochas, presos à mãe e, por isso, perdidos para o mundo exterior. Mais tarde Teseu foi libertado por Hércules, com o que assumiu o papel do redentor que vence a morte. Seu mito representa um processo de individuação.

bra para o mundo exterior, ele está como morto ou gravemente doente. Mas se a libido consegue desvencilhar-se e subir à tona, o milagre aparece: a viagem ao submundo é uma fonte de juventude para ela e da morte aparente desperta novo vigor. Este raciocínio é representado por um mito hindu: certa vez Vishnu entrou em êxtase e neste estado de torpor gerou Brahma, que saiu do umbigo de Vishnu sentado numa flor de lótus como num trono e trazendo os Vedas (cf. fig. 86) os quais lia avidamente. (Nascimento da ideia criativa a partir da introversão.) Mas pelo êxtase de Vishnu um terrível dilúvio co-

Fig. 86 – A flor de lótus nascendo do umbigo de Vishnu, com Brahma.
Relevo de Hampi, Madras (Índia)

briu a terra. (Deglutição e fim do mundo pela introversão.) Um demônio, aproveitando a oportunidade, roubou os Vedas de Brahma e os ocultou nas profundezas. Brahma acordou Vishnu, que, transformando-se num peixe (cf. fig. 87), mergulhou nas águas, lutou contra o demônio, venceu-o e reconquistou os Vedas.

450   Este raciocínio primitivo descreve a penetração da libido na esfera íntima da alma, no inconsciente. Aí, pela introversão e regressão da libido constelam-se conteúdos que antes eram latentes. Como mostra a experiência, são as imagens primárias, arquétipos, que pela introversão da libido foram tão enriquecidas com recordações individuais, que o consciente pode percebê-las, assim como uma rede cristalina latente na água-mãe se torna visível pelo bombardeio das moléculas. Como tais introversões e regressões naturalmente só ocor-

rem nos momentos em que nova orientação e adaptação se tomam necessárias, o arquétipo constelado é sempre a imagem primária da emergência do momento. Por mais infinitamente diferentes que as diversas situações possam parecer a nosso raciocínio, suas possibilidades nunca ultrapassam os limites naturais e sempre possuem formas que se repetem mais ou menos tipicamente. A estrutura arquetípica do inconsciente corresponde aos acontecimentos comuns e ao desenrolar geral das coisas. As alterações que atingem o homem não são de uma multiplicidade infinita, mas representam variantes de certos tipos do acontecer. O número destes tipos é limitado. Quando sobrevêm uma situação de calamidade, um tipo correspondente a esta emergência se constela no inconsciente. Como este é numinoso, isto é, possui uma energia específica, ele atrai os conteúdos do conscien-

Fig. 87 – Vishnu como peixe. Figura em zinco (Índia, século XIX)

te, ideias conscientes, através dos quais se torna perceptível e assim pode tornar-se consciente. Quando ele entra no consciente isto é sentido como inspiração e revelação ou como ideia salvadora. A grande experiência desta correlação tem por consequência que, numa situação de calamidade, o mecanismo de introversão é posto em funcionamento artificialmente através de atos rituais que significam preparo espiritual, tais como magias, oferendas, invocações, orações etc. Estes atos rituais têm a finalidade de dirigir a libido para o inconsciente e assim obrigá-la à introversão. Quando a libido se volta para o inconsciente é como se voltasse para a mãe, contra o que se opõe o tabu. Mas como o inconsciente é uma grandeza que está além da mãe, apenas simbolizado por ela, o medo do incesto deveria ser vencido para atingir aqueles conteúdos salvadores ("as preciosidades dificilmente alcançáveis"). Como o filho desconhece sua tendência ao incesto, esta é projetada sobre a mãe, respectivamente sobre seu símbolo. Mas como o símbolo da mãe não é ela mesma, na verdade não há possibilidade de incesto e com isto o tabu está fora de cogitação como motivo de resistência. À medida que a mãe representa o inconsciente, a tendência ao incesto, sobretudo se aparece como um anseio pela mãe (por exemplo Ishtar e Gilgamesh) ou pela Anima (por exemplo, Criseide e Filoctete)[56], ela representa uma exigência do inconsciente de ser levado em consideração. A sua rejeição geralmente tem consequências desfavoráveis: suas forças instintivas, se não forem levadas em consideração, se revoltam, isto é, Criseide transforma-se numa cobra venenosa. Quanto mais negativa for a posição do consciente para com o inconsciente, tanto mais perigoso se torna este último. A maldição de Criseide se realiza, pois Filoctete,

---

56. Quando os gregos marcharam contra Troia quiseram, como antes deles os Argonautas e Hércules, oferecer um sacrifício no altar de Criseide, uma ninfa na ilha do mesmo nome, para garantir um final feliz para sua expedição. Mas o único entre eles que sabia onde encontrar o santuário oculto de Criseide era Filoctete. Aí, porém, sobreveio a desgraça. Segundo uma versão, uma cobra que guardava o altar mordeu o seu pé; segundo outra versão, ele mesmo se feriu acidentalmente com uma de suas setas envenenadas (que recebera de Hércules), e começou a definhar lentamente. Sófocles relata este episódio em seu *Philoktetes*. Um escoliasta nos conta ainda que Criseide ofereceu seu amor ao herói, mas foi desprezada pelo mesmo e por isso o amaldiçoou. A maldição se concretizou da forma acima exposta. Filoctete (como já indiretamente seu antecessor Hércules) é o protótipo do rei ferido e doente. Esse tema continua até a lenda do Graal e a simbólica da alquimia (*Psychologie und Alchemie*. [OC, 12; § 491s. e fig. 149].

aproximando-se do altar, segundo uma versão, feriu-se no pé com sua própria flecha envenenada, e segundo outra versão[57] (melhor e mais amplamente documentada), foi mordido no pé por uma cobra venenosa[58]. A partir de então começa a fenecer[59].

O ferimento típico, que também destrói Rê, é assim descrito 451 num hino egípcio:

> A idade do deus lhe movia a boca,
> jogou-lhe saliva sobre a terra,
> e o que ele cuspiu caiu no chão.
>
> Ísis amassou-a com sua mão
> juntamente com a terra que lhe aderia;
> ela moldou um venerável verme,
> transformando-o numa lança.
> Não o enrolou vivo em torno de seu rosto,
> mas o jogou enrolado no caminho
> pelo qual o grande deus caminhava

---

57. Cf. ROSCHER. *Lexikon*, cf. verbete Philoktetes, col. 2.318, 15s.

58. Quando o herói solar russo Oleg se aproxima do crânio do cavalo abatido, uma cobra sai de dentro dele e o pica no pé. Em consequência disto o herói adoece e morre. Quando Indra, na forma de falcão Ciena, rouba o soma, o guarda Kriçânu fere-o no pé com a flecha (DE GUBERNATIS. *Die Thiere in der indogermanischen Mythologie*, p. 479s.).

59. Comparável ao rei do Graal, que guarda o vaso, símbolo materno. O mito de Filoctete foi tirado de um contexto maior do mito de Hércules. Hércules tem duas mães, a solícita Alcmena e a perseguidora Hera, de cujo seio ele bebeu a imortalidade. Hércules vence as serpentes de Hera já no berço, isto é, ele se liberta do inconsciente. Mas de quando em quando Hera lhe manda ataques de loucura, durante um dos quais ele mata seus filhos. Indiretamente, portanto, ela se revela como Lâmia. Segundo um relato, o ato acontece no momento em que Hércules se recusa a realizar o grande trabalho a serviço de Euristeu. Em consequência do recuo, a libido destinada ao trabalho regride para a imago materna inconsciente, acarretando a loucura. Neste estado Hércules se identifica com a Lâmia e mata seus próprios filhos. O oráculo de Delfos comunica-lhe que ele "se chama Hércules" porque deve a Hera sua fama imortal, pois a perseguição dela o obriga a grandes feitos. Vê-se que o grande feito em verdade significa: vencer a mãe e assim conquistar a imortalidade. Sua arma característica, a clava, ele talhou da maternal oliveira. Como Sol ele possuía as flechas de Apolo. Venceu o leão de Nemeia em sua caverna, cujo significado é "sepultura no ventre materno" (cf. fim deste capítulo); seguem-se a luta com a hidra (cf. fig. 38) e seus demais trabalhos heroicos, todos a mandado de Hera. Representam em seu conjunto a luta contra o inconsciente. Mas no fim de sua carreira, por um oráculo de Delfos, ele se torna escravo de ônfale (ὀμφαλός = umbigo), isto é, acaba submetendo-se ao inconsciente.

à vontade, através de seus dois reinos.
O venerável deus apareceu esplêndido,
os deuses que serviam o faraó o acompanhavam
e ele passeava como todos os dias.
Então o verme venerável o picou...
O divino deus abriu a boca
e a voz de sua majestade chegou até o céu.
E os deuses exclamaram "vê!"
Ele não pôde responder,
seu queixo batia,
todos os seus membros tremiam
e o veneno inundou sua carne
como o Nilo inunda suas terras[60].

452   Neste hino o Egito nos revela uma versão primitiva do tema da picada da serpente. O envelhecimento do Sol no outono, como imagem da velhice humana, é atribuído simbolicamente a um envenenamento pela serpente. A mãe é acusada de causar a morte do deus Sol por sua traição. A serpente simboliza o enorme númen da "mãe" (e de outros demônios), que mata, mas ao mesmo tempo representa a única possibilidade de proteção contra a morte porque ela também é a fonte da vida[61]. Assim só a mãe pode salvar o mortalmente doente, razão por que o hino conta a seguir como os deuses foram convocados para deliberar:

E Ísis também veio, com sua sabedoria,
cuja boca está cheia de hálito de vida,
cuja fala afugenta o mal
e cuja palavra anima aquele que não mais respira.
Disse ela: "O que é isto? o que é isto, divino pai?
Vê, um verme te fez mal...

Dize-me teu nome, divino pai,
pois viverá o homem que é chamado por seu nome".

---

60. ERMAN. *Ägypten und ägyptisches Leben im Altertum*, p. 360s.

61. In: GATTI. *South of the Sahara*, p. 226s., se vê como se deve interpretar concretamente este mitologema numa etapa primitiva. (Descrição de uma "medicine woman" em Natal, que mantinha uma *Boa constrictor* de sete metros de comprimento como animal doméstico.)

Rê responde: 453

> "Eu sou aquele que criou o céu e a terra e ergueu as
> montanhas,
> e fez todos os seres que os habitam.
> Eu sou aquele que fez a água e criou o grande mar,
> que fez o touro de sua mãe,
> que é o procriador..."
> O veneno não cedeu, continuou,
> o grande deus não estava são.

> Então Ísis falou a Rê:
> "O que me dizes não é teu nome,
> dize-o para mim, para que o veneno saia,
> pois o homem cujo nome é pronunciado viverá".

Finalmente Rê decide revelar seu verdadeiro nome. Mas sua 454
cura foi incompleta, assim como Osíris só foi reconstituído incom-
pletamente, e ele tinha perdido seu poder, retirando-se finalmente
sobre o dorso da vaca celeste.

O verme venenoso é uma forma de libido destruidora ao invés de 455
animadora. O "verdadeiro nome" é alma e força mágica (= libido).
O que Ísis pede é a transferência da libido para a mãe. E este pedido
se realiza efetivamente quando o velho deus retorna para a vaca celestial, o símbolo da mãe.

As considerações acima explicam esta simbólica: a libido pro- 456
gressiva, que domina o consciente do filho, exige separação da mãe;
mas a isto se opõe a saudade da criança pela mãe sob a forma de uma
resistência psíquica, que na neurose se expressa através de inúmeros
temores, isto é, o medo da vida. Quanto mais o indivíduo foge da
adaptação tanto mais aumenta seu medo, que então o acomete em todas as oportunidades e em grau cada vez maior, impedindo-o. O
medo do mundo e dos homens causa um recuo maior, num círculo
vicioso, o que leva ao infantilismo e à volta "para dentro da mãe". A
razão disto geralmente é projetada para fora, para circunstâncias externas, ou os pais são responsabilizados. Na verdade é preciso averiguar até que ponto é culpada a mãe que não quer deixar o filho libertar-se. O filho certamente tentará justificar-se através do comportamento da mãe, mas melhor seria desistir dessas tentativas vãs de en-

ganar a si próprio sobre sua incapacidade através da acusação da mãe (ou do pai).

457   O medo da vida não é um fantasma imaginário, mas um pânico muito real que só parece tão insignificante porque sua verdadeira origem é inconsciente e por isso projetada: a jovem parcela da personalidade que é impedida e retida diante da vida produz medo e transforma-se em medo. O medo parece vir da mãe, mas na realidade é o medo mortal do indivíduo instintivo, inconsciente, que, em consequência do contínuo recuo diante da realidade, está excluído da vida. Se a mãe é sentida como impedimento, ela aparentemente se transforma na perseguidora traiçoeira. Naturalmente não é a verdadeira mãe, embora esta também possa prejudicar muito o filho por meio do carinho excessivo com que o cerca até a idade adulta, fazendo-o adotar um comportamento infantil não mais adequado. É, ao contrário, a imago materna que se transforma na Lâmia[62]. Mas a imago materna representa o inconsciente, cuja necessidade vital é estar ligada ao consciente tanto quanto para o último é indispensável não perder o contato com o inconsciente. Nada ameaça este contato mais que o sucesso na vida, que faz o homem esquecer sua dependência do inconsciente. O caso de Gilgamesh é bem ilustrativo: diante de seus sucessos, os deuses, representantes do inconsciente, veem-se obrigados a deliberar como derrubar Gilgamesh. Suas tentativas a princípio falham, mas quando o herói se apodera da erva da imortalidade (cf. fig. 45), quase atingindo sua meta, uma serpente lhe rouba o elixir da vida enquanto dorme.

458   A exigência do inconsciente a princípio age como um veneno paralisante sobre a energia e a iniciativa, razão por que pode ser comparada à picada de uma serpente venenosa (cf. fig. 88). Aparentemente é um inimigo demoníaco que rouba a energia, mas na realidade é o próprio inconsciente cuja tendência diferente começa a impedir a iniciativa consciente. A causa deste fenômeno muitas vezes é bastante

---

62. O mito de Hipólito apresenta elementos semelhantes: sua madrasta, Fedra, apaixona-se por ele. Ele a repele; ela o acusa de violação junto ao marido; este pede ao deus das águas, Posídon, que castigue Hipólito. Um monstro sai então do mar. Os corcéis de Hipólito se espantam e o arrastam até a morte. Mas ele é reanimado por Esculápio e transformado pelos deuses na sábia ninfa Egéria, a conselheira de Numa Pompílio.

obscura, tanto mais porque se complica com inúmeras circunstâncias, condições e causas secundárias, como por exemplo com tarefas externas difíceis, decepções, insucessos, com a diminuição da resistência pela idade, com problemas familiares que compreensivelmente causam depressões etc. Mas segundo o mito, seria a mulher que secretamente paralisa o homem, que não mais pode libertar-se e volta a ser criança junto a ela[63]. É significativo também que Ísis, como irmã-esposa do deus Sol, produz o animal peçonhento com a saliva do deus. A saliva, como todas as secreções do corpo, tem significado mágico (= libido). Com a libido do deus ela molda o animal através do qual ela o enfraquece e o torna seu dependente. Dalila age de modo semelhante cortando os cabelos de Sansão, os raios do Sol, e assim tira a força do herói. Esta mulher diabólica do mito na realidade é a "irmã-esposa-mãe", o elemento feminino no homem, que na segunda metade da vida inesperadamente se manifesta e tenta forçar certa modificação da personalidade. Descrevi esta modificação em parte no meu trabalho *Die Lebenswende*[64]. Trata-se em parte de uma feminização do homem e uma masculinização da mulher. Esta modificação muitas vezes ocorre sob circunstâncias trágicas, em que a força do homem, seu "logos", se volta contra ele e, por assim dizer, o trai. O mesmo acontece com o correspondente "eros" da mulher. O homem se petrifica e persiste prejudicialmente na posição assumida até então. A mulher fica presa em seu sentimentalismo e perde a oportunidade de usar a razão e o bom-senso, que são substituídos pelo "Animus", por opiniões tão teimosas quanto inúteis. O processo de fossilização do homem se reveste assim de mau humor, sensibilidades ridículas, desconfiança e ressentimentos, com os quais pretende justificar sua petrificação. Um caso de psicose que demonstra muito bem esta psicologia é o de Schreber, descrito em *Denkwürdigkeiten eines Nervenkranken*[65].

---

63. Cf. Hércules e Ônfale.

64. [§ 749s.].

65. Na época o caso foi estudado muito insuficientemente por Freud, a quem eu indicara o livro, na obra: *Psychoanalytische Bemerkungen über einen autobiographisch beschriebenen Fall von Paranoia (Dementia paranoides)*.

Fig. 88 – Quetzalcóatl devorando um homem. *Codex Bor-bonicus*
(asteca, século XVI)

459   A paralisia da energia progressiva de fato tem aspectos desagradáveis. Ela aparece como coincidência indesejável ou mesmo como
catástrofe, que naturalmente se deseja evitar. Em geral a personalidade consciente se revolta contra a manifestação do inconsciente e
combate suas reivindicações que, como se percebe nitidamente, não
se dirige apenas aos pontos fracos do caráter masculino, mas ameaça
também a "virtude principal" (a "função diferenciada" e o ideal). Os
mitos de Hércules e de Gilgamesh mostram que o ataque do inconsciente como que se transforma na fonte de energia da luta heroica, e
isto é tão impressionante que nos vemos obrigados a perguntar se a
aparente inimizade do arquétipo feminino não é justamente um ardil
da *mater natura* no sentido de estimular seu filho preferido para de-

senvolver sua capacidade máxima. Hera, com sua perseguição, estaria então no papel da severa "Senhora Alma" que impõe a seu herói o trabalho mais árduo, ameaçando-o de destruição se ele não realizar seu feito máximo, transformando-se naquilo que em potencial sempre foi. A vitória que o herói conquista sobre a "mãe" e seus representantes demoníacos (dragão etc.) sempre é passageira. Aquilo que o indivíduo jovem considera como regressão, isto é, a feminilidade do homem (identidade parcial com a mãe) e a masculinidade da mulher (identidade parcial com o pai), na segunda metade da vida adquire outro significado. A assimilação da tendência do sexo oposto torna-se uma tarefa que precisa ser resolvida para manter a libido em progressão. A tarefa consiste na integração do inconsciente, na combinação de "consciente" e "inconsciente". Denominei este processo de processo de individuação. Sobre esse assunto remeto o leitor a meus trabalhos posteriores. Nesta etapa o símbolo materno não mais se refere retroativamente ao começo, mas ao inconsciente como a matriz criadora do futuro. O "penetrar na mãe" significa então: estabelecer um relacionamento entre o eu e o inconsciente. Foi o que Nietzsche certamente quis dizer com seus versos:

> Por que te atraíste
> ao paraíso da velha serpente?
> Por que te insinuaste
> em ti – em ti?...

> Um enfermo agora,
> por veneno de serpente[66];
> um prisioneiro agora,
> da mais dura das sortes:
> trabalhando encurvado
> em tua própria mina,
> encovado em ti mesmo,
> cavando a ti mesmo,
> desajeitado
> rígido,
> um cadáver –,
> soterrado por mil cargas,

---

66. Também a paciente de Spielrein está doente por "veneno de cobra" (op. cit., p. 385). Schreber é infeccionado por "veneno de cadáver" (*Denkwürdigkeiten*, p. 93); cometeu-se nele um "assassinato da alma" (p. 22s.) etc.

sobrecarregado por ti,
um *Sabedor!*
um *Autorreconhecedor!*
o *sábio* Zaratustra!...
Tu procuraste o fardo mais pesado:
e encontraste a ti –[67]

460   Aquele que se aprofundou em si mesmo está como que encovado na terra; um morto a bem dizer, que retorna à mãe terra[68]; um Kaineus "sob o peso de mil cargas" e empurrado para a morte; um homem que, arquejante, carrega a pesada carga de si mesmo e de seu destino. Quem não pensa na Tauroforia de Mitra, que põe nas costas seu touro (como diz o hino egípcio: o "touro de sua mãe"), isto é, o amor à sua mater natura como a mais pesada das cargas, e assim inicia a marcha dolorosa, o "transitus"[69]? Esta via-sacra leva à caverna onde o touro é sacrificado. Também Cristo carregou a cruz[70] e a levou até o

---

67. Ibid., p. 415.

68. A paciente de Spielrein (op. cit., p. 336) usa imagens semelhantes; ela fala de uma "rigidez da alma na cruz", de "figuras de pedra" que precisam ser "soltas".

69. Gurlitt diz: "O ato de carregar o touro [cf. fig. 89] é um dos ἆθλα pesados que Mitra realiza a serviço da humanidade a ser redimida, correspondendo talvez, se nos é permitido comparar coisas pequenas com grandes, à *via crucis* de Cristo" (Apud CUMONT. *Textes et monuments*, I, p. 172).

70. ROBERTSON (*Evangelien-Mythen*, p. 130s.) dá uma contribuição à questão do símbolo de carregar a cruz: Sansão carregou os pilares dos portões de Gaza e morreu entre as colunas do salão dos filisteus. Hércules carregou suas colunas até o lugar (Gades) onde, segundo a versão síria, morreu. (As colunas de Hércules indicam o ponto no ocidente onde o Sol mergulha no mar). "[...] a arte antiga de fato o representa carregando as duas colunas sob os braços de modo a formarem uma cruz; aqui talvez tenhamos a origem do mito de Jesus, que carrega sua própria cruz até o lugar da execução. Estranhamente os três sinóticos substituem Jesus por um homem de nome Simão de Cirene para carregar a cruz. Cirene está localizada no Líbano, a legendária sede do trabalho de Hércules carregando as colunas, e Simão é a forma grega mais próxima de Sansão [...] Na Palestina Simão, Semo ou Sem, era o nome de um deus que representava o antigo deus solar Semesh, que por sua vez era identificado com Baal, de cujo mito sem dúvida alguma se originou o mito de Sansão. E o deus Simão gozava de especial veneração na Samaria". Reproduzo aqui as palavras de Robertson, mas devo acentuar que a ligação etimológica entre Simão e Sansão é muito duvidosa. A cruz de Hércules provavelmente é a roda solar, para a qual os gregos tinham o símbolo da cruz. A roda solar no relevo da pequena metrópole em Atenas contém uma cruz que é muito semelhante à cruz de Malta (cf. THIELE. *Antike Himmelsbilder*, p. 59). Devo remeter o leitor aqui à simbólica do mandala. Cf. entre outros JUNG. *Psychologie und Alchemie* [OC, 12]; e WILHELM & JUNG. *O segredo da flor de ouro*. Petrópolis: Vozes, 1984.

Fig. 89 – Mitra carregando o touro. Relevo na fortaleza de Stockstadt
(Alemanha)

lugar do sacrifício, onde segundo a versão cristã deveria ser imolado
o cordeiro na forma de Deus, para depois ser depositado na cova subterrânea[71]. A cruz, ou qualquer que seja a carga que o herói carrega, é
ele mesmo, ou, mais exatamente, seu próprio eu, sua totalidade, Deus
e animal a um só tempo, não só ser humano empírico, mas a plenitude
de seu ser, que tem suas raízes na natureza animal e transcende o meramente humano e atinge a divindade. Sua totalidade significa uma
contradição enorme, mas que aparece una em si, como a cruz, que é
um excelente símbolo da contradição. Aquilo que em Nietzsche parece ser uma figura de retórica poética, na verdade é mito milenar. É
como se ao poeta ainda fosse dada a capacidade de, por entre as palavras de nossa linguagem atual e nas imagens que se impõem à sua

---

71. A saga grega de Íxion (cf. fig. 90), que foi "crucificado" amarrado à roda solar, à
"cadeia de quatro raios" (Píndaro), indica fatos semelhantes. Íxion assassinou seu sogro, mas foi perdoado por Zeus, que lhe concedeu sua graça. O ingrato, porém, tentou
seduzir Hera, a mãe. Zeus o enganou, fazendo com que a deusa das nuvens, Nefele,
imitasse a aparência de Hera. (Desta combinação teriam surgido os centauros.) Íxion
gabou-se de seu ato, mas por castigo Zeus o lançou no inferno, onde foi amarrado à
roda eternamente impelida pelo vento.

fantasia, pressentir ou perceber as sombras eternas de mundos espirituais, há muito extintos, e tornar a reanimá-los. Hauptmann diz: "Poetar
quer dizer fazer ressoar o verbo primitivo que está por trás das palavras"[72].

461   O sacrifício, cujo sentido secreto e múltiplo mais pressentimos
que compreendemos, de início passa incompleto pelo consciente de
nossa autora. A flecha não é atirada, o herói Chiwantopel não está
mortalmente envenenado nem pronto para a morte em autoimolação. Desde já podemos dizer que, de acordo com o material de que
dispomos, este sacrifício significa o desvinculamento da mãe, a renúncia a todos os vínculos e restrições do tempo da infância que a
alma trouxe para a idade adulta. De diferentes alusões de Miss Miller
depreende-se que na época daquelas fantasias ela ainda vivia no seio
da família, numa idade em que já teria tido necessidade de independência. É característico, por isso, que a origem de suas fantasias esteja

Fig. 90 – Íxion na roda. Figura de vaso de Cumas

associada a uma grande viagem, portanto ao afastamento de seu ambiente de criança. Não se vive por um período excessivamente longo
no ambiente infantil, no seio da família, sem certo perigo para a saúde mental. A vida chama o indivíduo para a independência, e quem
não atender a este chamado, por comodidade e temor infantis, está
ameaçado de neurose. E se esta uma vez se instalou, ela cada vez mais

72. STEKEL. *Aus Gerhart Hauptmanns Diarium*, p. 365.

se torna motivo para fugir da luta com a vida e permanecer para sempre na atmosfera infantil moralmente envenenada.

A fantasia da flechada pertence a esta luta pela independência 462 pessoal. A ideia desta decisão ainda não se tornou consciente em nossa sonhadora. A seta do destino ainda não atingiu seu alvo. Chiwantopel, que representa o papel da autora, ainda não está ferido ou morto. Ele é o indivíduo arrojado e empreendedor que faz aquilo de que Miss Miller se esquiva: ele se oferece voluntariamente à flechada mortal. O fato deste gesto de entrega voluntária ser atribuído a um homem demonstra que a sonhadora não está consciente desta necessidade do destino. Pois Chiwantopel é uma figura típica do Animus, uma personificação do elemento masculino de uma alma feminina. É uma figura arquetípica, animada principalmente quando o consciente renega os sentimentos e instintos inspirados pelo inconsciente, por motivos insuficientes: ao invés de amor e dedicação, surgem masculinidade, disposição para brigas, autoafirmação teimosa, e o demônio da obstinação sob todos os aspectos possíveis (poder ao invés de amor!). O Animus não é um homem verdadeiro, mas um herói infantil um pouco histérico. Através das falhas de sua armadura transparece a nostalgia de ser amado. Miss Miller revestiu suas resoluções decisivas com esta roupagem, com esta figura, ou melhor, estas resoluções ainda não ultrapassaram o estado de uma fantasia inconsciente, ainda não são reconhecidas pelo consciente como suas próprias resoluções.

O fato de o assassino se impressionar com o gesto heroico de 463 Chiwantopel significa que a morte em si oportuna deste herói substituto foi adiada; quer dizer, o consciente ainda não está pronto para tomar uma decisão independente mas prefere o inconsciente e para isso – inconscientemente – faz política de avestruz. Chiwantopel deve cair para que a capacidade de decisão, ainda presa no inconsciente e que por enquanto ainda sustenta a frágil figura do herói, venha a integrar-se no consciente. Pois sem a cooperação do inconsciente e suas forças instintivas a personalidade consciente seria demasiado fraca para desvencilhar-se do passado infantil e atrever-se a penetrar num mundo estranho com suas possibilidades imprevisíveis. Para a luta da vida é necessária a libido toda. A autora ainda não consegue tomar esta decisão, que deve romper todas as ligações sentimentais com a infância, com pai e mãe, e no entanto ela deve ser tomada se quiser atender ao apelo de seu próprio destino.

VII

A dupla mãe[1]

Quando o agressor desaparece, Chiwantopel começa o seguinte monólogo:

Da ponta da espinha dorsal destes continentes[2], da extremidade das terras baixas, eu errei por uma centena de Luas depois de ter abandonado o palácio de meu pai, sempre perseguido por um desejo louco de encontrar "aquela que compreenderá". Com joias tentei muitas mulheres, com beijos tentei arrancar o segredo de seus corações, com atos de bravura conquistei sua admiração. (Ele passa em revista as mulheres que conheceu:) Chita, a princesa de minha raça [...] era uma estúpida, vaidosa como um pavão, só tinha joias e perfumes na cabeça. Ta-nan, a jovem camponesa [...] bah, uma pura porca, nada mais que busto e ventre, só pensando no prazer. E depois Ki-ma, a sacerdotisa, um verdadeiro papagaio, repetindo as frases ocas aprendidas com os sacerdotes; tudo da boca para fora, sem instrução real nem sinceridade, desconfiada, posuda e hipócrita! [...] Ai de mim! Nenhuma que me compreendesse, nenhuma que fosse semelhante a mim ou que tivesse uma alma irmã de minha alma. Não há uma entre todas elas que tenha conhecido minha alma, nenhuma que tivesse lido meu pensamento, longe disso; nenhuma capaz de procurar comigo os píncaros luminosos ou de soletrar comigo a palavra sobre-humana de Amor!

---

1. Os editores anglo-americanos dividiram o capítulo VII da edição original em 1952, "Das Opfer" (O Sacrifício), em VII "The Dual Mother" (A Dupla Mãe), e VIII "The Sacrifice" (O Sacrifício). Como o referido volume saiu em 1956, portanto em vida do autor, mantemos esta divisão. Os editores.

2. Flournoy (op. cit., p. 49): "allusion probable aux Andes et aux Montagnes Rocheuses".

Aqui o próprio Chiwantopel diz que as andanças e perambula- 465
ções são uma procura pelo outro e pelo sentido da vida, que está na
união com este outro. Na primeira parte deste trabalho só fizemos
uma leve alusão a esta possibilidade. Não é de admirar que o elemento que procura seja do sexo masculino e o procurado, feminino, pois
o principal objeto da nostalgia inconsciente em primeiro lugar é a
mãe, como se depreende de tudo o que já vimos. "Celle qui comprendra" na linguagem infantil quer dizer a mãe. O significado concreto
primitivo de "comprendre", "compreender", é cingir com as mãos ou
os braços e segurar. É isto que a mãe faz com a criança que procura por
auxílio ou proteção e o que prende a criança à mãe. Mas quanto mais
ela cresce, tanto mais aumenta o perigo de que este tipo de "compreensão" leve a um impedimento do desenvolvimento natural. Ao invés
de adaptar-se a novas condições do meio ambiente, a libido da criança
regride para a proteção e as facilidades dos braços maternos e perde
assim o contato com o tempo. Acontece então aquilo que encontramos num antigo *Texto de Hermes:* "[...] preso aos braços e ao peito de
minha mãe, faço minha substância fundir-se com a substância dela e
repousar, e componho o invisível a partir do visível [...][3] Se um indivíduo permanece ligado à mãe, a vida que ele deveria ter levado decorre em forma de fantasias conscientes e inconscientes, que na mulher
geralmente são atribuídas à figura de um herói, ou melhor, são acio-
nadas por ela, como em nosso caso. Ele sente então a grande nostalgia pela compreensão da alma, anda à procura e vence as aventuras
que a personalidade consciente evita cuidadosamente; num gesto
grandioso ele oferece seu peito às flechas do mundo inimigo e mostra
toda aquela coragem que falta ao consciente. Pobre do homem que,
por algum jogo do destino, cai nas mãos de uma tal mulher infantil:
imediatamente ele é declarado idêntico ao herói do Animus e inexoravelmente chamado de figura ideal, ameaçado com os mais severos
castigos se tentar desviar-se, por pouco que seja, deste ideal!

---

3. "Ego vinctus ulnis et pectori meae matris et substantiae eius, continere, et quiscere
meam substantiam facio, et invisibile ex visibili compono [...]" O sujeito da frase (Mercúrio ou a substância arcana) pode ser interpretado como uma atividade da fantasia.
No texto original a citação naturalmente tem sentido muito mais amplo, anagógico,
mas usa a imagem primária da relação com a mãe. Foi extraída esta passagem de *Septem tractatus aurei* (cap. IV, p. 24). Com relação a Mercúrio, cf. *Der Geist Mercurius*
[e *Psychologie und Alchemie*. OC, 13 e 12].

466   Nossa autora encontra-se neste estado. Chiwantopel é um sujeito dos diabos: é um inveterado arrebatador de corações, todas as mulheres o adoram. Naturalmente nenhuma lhe serve, pois ele procura
uma que só nossa autora pensa conhecer, pois acha um segredo: a
procurada é ela. Nisto ela se engana, pois, como mostra a experiência, as coisas tomam outro rumo. Este típico "filho", herói e Animus,
não se refere a ela, mas à mãe. O jovem herói é o filho-amante da
mãe-deusa, que sempre morre cedo (cf. fig. 49). A libido que não flui
para a vida apropriada à sua época regride para o mundo mítico dos
arquétipos e anima aquelas imagens que desde os tempos mais remotos exprimem a vida não humana dos deuses superiores e inferiores.
Se esta regressão acontece ao indivíduo jovem, sua vida individual é
substituída pelo drama arquetípico dos deuses, que para ele é tanto
mais funesto porquanto a educação de seu consciente não lhe fornece
meios para reconhecer o que está acontecendo e, assim, a possibilidade
de se livrar deste fascínio. Foi este o significado vivo do mito, o de
explicar ao homem desnorteado o que acontecia em seu inconsciente, que não o largava. O mito disse-lhe: "Isto não é você, isto são os
deuses. Você nunca os alcançará, por isso volte-se para sua vida humana, temendo e venerando os deuses". O mito cristão, no qual estes
elementos ainda estão contidos, é demasiado velado para que pudesse esclarecer a nossa autora. Também no catecismo nada consta neste
sentido. "Les sommets lumineux" estão fora do alcance dos mortais,
e "le mot surhumain d'Amour" revela a natureza divina da *dramatis
personae*, uma vez que já o amor meramente humano representa um
problema tão espinhoso para o mortal que ele prefere esconder-se
dele por todos os meios a tocar numa de suas pontas. As palavras citadas mostram o quanto a autora está envolvida no drama inconsciente
e à mercê da fascinação do mesmo. Sob este aspecto, o pathos parece
vazio e o gesto, histérico.

467   No entanto, as coisas são um pouco diferentes se não as observamos sob o ponto de vista personalista, isto é, como estado individual
de Miss Miller, mas sob o ponto de vista da vida própria ao arquétipo.
Como já vimos, também podemos explicar os fenômenos do inconsciente como manifestações mais ou menos espontâneas de arquétipos
autônomos. Esta hipótese, talvez estranha ao leigo, baseia-se no caráter numinoso inerente ao arquétipo: ele age de modo fascinante,

opondo-se eficientemente ao consciente, e a longo prazo até forja destinos através de influências inconscientes, só muito mais tarde reconhecidas, sobre nosso pensar, sentir e modo de agir. Pode-se realmente dizer sobre a imagem primitiva (que representa um "pattern of behaviour")[4] que ela se impõe junto à personalidade consciente, sem ou contra ela. Embora o relato de Miss Miller nos transmita certa ideia de como um arquétipo pouco a pouco se aproxima do consciente, para finalmente apossar-se dele, seu material é muito escasso para elucidar este processo por completo. Por isso remeto o leitor a uma série de sonhos de que tratei em *Psicologia e alquimia* (1944): nesta série vê-se um determinado arquétipo aparecer gradativamente, associado a todos os sinais da autonomia e autoridade próprias ao mesmo.

Observado sob este prisma, o herói Chiwantopel representa uma 468 entidade psíquica que pode ser comparada a uma personalidade fragmentária e por isso deveria ser dotada de uma relativa consciência e vontade. Estas conclusões se impõem necessariamente se a premissa da autonomia e lógica do complexo for correta. Neste caso podemos examinar as intenções de Chiwantopel assim como aquelas da imago materna que presumimos estar por detrás e acima dele. Chiwantopel parece realizar-se totalmente no papel do ator. Como figura ideal, ele atrai sobre si o interesse de nossa autora; ele pronuncia seus pensamentos e desejos mais secretos como Cyrano, numa linguagem que brota do coração da própria Miss Miller. Por isso está certo de seu sucesso e elimina todos os rivais. Ele conquista a alma da nossa sonhadora, mas não para a vida normal, e sim para o destino espiritual, pois é um noivo da morte, um dos filhos-amantes que morrem cedo porque não têm vida própria e nada mais são do que uma flor que logo murcha na árvore materna. Seu sentido e sua força vital estão encerrados na deusa mãe. Se, portanto, Chiwantopel desvia Miss Miller do quotidiano da vida na qualidade de "ghostly lover"[5], ele o faz de certa forma em nome da imago materna, que nas mulheres personifica um aspecto especial do inconsciente. Ela não representa a vida caótica do inconsciente em todos os seus aspectos, como a Ani-

4. *A natureza da psique*. Petrópolis: Vozes, 1984 [OC, 8/2, § 343s.].
5. Cf. HARDING. *Der Weg der Frau* [cap. II, "Der Schattengeliebte", p. 60s.].

ma, mas o fundo fascinante da alma, o mundo das imagens primárias. Para quem entra neste mundo não é pequeno o perigo de ficar preso à rocha, como Teseu e Pirítoo, que queriam raptar a deusa do submundo. Não é muito fácil voltar do reino das mães. Como já dei a entender, Miss Miller teve este destino. Mas aquilo que é funesto poderia igualmente ser o elemento salvador, se no consciente estivessem presentes os meios para a compreensão adequada dos conteúdos inconscientes. Em nossa autora isto não é o caso. Para ela estas fantasias são "estranhos" produtos de uma atividade inconsciente diante da qual ela está praticamente indefesa, embora, como veremos, o contexto de sua fantasia contenha todos os indícios que lhe permitiriam, com alguma reflexão, adivinhar o significado de suas fantasias e assim utilizar a possibilidade de assimilação dos conteúdos inconscientes, oferecidos pelos símbolos. Mas nossa cultura não tem olhos nem sentimentos para isto. O que vem da psique de qualquer modo é suspeito, e o que não tem utilidade material imediata é relegado para um segundo plano.

469   O herói, na qualidade de Animus, age em substituição ao indivíduo consciente, isto é, ele faz aquilo que o sujeito deveria, poderia ou gostaria de fazer, mas não faz. O que poderia acontecer na vida consciente, mas não acontece, passa-se no inconsciente e consequentemente aparece em figuras projetadas. Chiwantopel é caracterizado como o herói que se afasta da família e da casa paterna para procurar sua realização espiritual. Ele representa, portanto, aquilo que deveria acontecer normalmente. Mas o fato de aparecer numa fantasia mostra quão pouco a autora age por si mesma. O que acontece na fantasia portanto é compensação para o estado ou a disposição do consciente. Esta é a regra nos sonhos.

470   Nossa hipótese de que no inconsciente de Miss Miller se trava a luta pela independência é confirmada por ela mesma, quando relata que a despedida do herói da casa paterna lhe trazia à lembrança o destino do jovem Buda, que renunciou a todo o conforto da pátria para andar pelo mundo e viver integralmente a sua vocação[6]. Ele deu

---

6. Não me foi possível obter outra fonte mencionada por Miss Miller, isto é, Samuel Johnson (*Histoire de Rasselas, Prince d'Abyssinie*).

o mesmo exemplo heroico que Cristo, cortando os laços familiares e usando até palavras amargas como (Mt 10,34s.):

> Não penseis que vim trazer a paz à terra. Não vim trazer a paz, e sim a espada. Pois vim separar o filho de seu pai, a filha de sua mãe, a nora de sua sogra. Os inimigos da gente serão os próprios parentes. Quem amar o pai ou a mãe mais do que a mim, não é digno de mim.

Hórus tira o adorno da cabeça de sua mãe, que é o sinal do poder dela. Nietzsche diz: 471

> Pode-se supor que um espírito, no qual o tipo de "espírito livre" deverá um dia amadurecer e florescer por completo, teve sua experiência decisiva numa *grande separação*, e que antes ele fora um espírito preso, eternamente amarrado a seu rincão. O que o liga com mais força? Que laços são quase desatáveis? Em indivíduos diferenciados, de alto nível, serão os deveres: o respeito que é próprio aos jovens, o temor e carinho por tudo o que de há muito é venerado e digno, a gratidão pelo chão de onde nasceram, pela mão que os conduziu, pelo santuário em que aprenderam a rezar; seus momentos mais sublimes serão suas amarras mais fortes, seus mais duradouros compromissos. A grande separação vem repentinamente para indivíduos presos assim [...]
>
> "Antes morrer do que viver *aqui*" – assim fala a voz imperiosa e a tentação: e este "aqui", este "em casa" é tudo o que ela (a alma) amara até então! Um súbito temor e suspeita contra aquilo que amava, um ímpeto de desprezo contra o que lhe era "dever", um anseio rebelde, voluntarioso, vulcânico de peregrinar por outras terras, de se alienar, esfriar, afrouxar, congelar, um ódio pelo amor, talvez um sacrílego ato e olhar *para trás*[7], para aquilo que até então ela venerava e amava, talvez uma onda de vergonha pelo que acabara de fazer e, ao mesmo tempo, um júbilo *por* tê-lo feito, um arrepio íntimo, ébrio e feliz, em que se revela uma vitória – uma vitória? sobre o quê? sobre quem? uma vitória enigmática, questionante e questionável, mas em todo caso a *primeira* vitória: – tal experiência amarga e dolorosa faz parte da história da gran-

---

7. Cf. o ato sacrílego de Hórus em Ísis, diante do qual Plutarco (*De Iside et Osiride*, cap. 20, p. 32s.) se horroriza. Diz o seguinte a respeito: "Mas se alguém quiser acreditar e afirmar que tudo isso de fato aconteceu em relação à feliz e eterna juventude, à qual em geral se atribui o divino, então, como dizia Ésquilo, 'deve-se cuspir e limpar a boca'".

de separação. É ao mesmo tempo uma doença que pode destruir o homem, esta primeira erupção de força e vontade de
autodeterminação [...]

472   O perigo, como Nietzsche expõe, é o isolamento dentro de si
mesmo:

> A solidão me envolve e me circunda, sempre mais ameaçado-
> ra, estranguladora, cortante, esta terrível deusa e *mater saeva
> cupidinum*[8].

473   A libido que retornou da "mãe", que só obedece com relutân-
cia, torna-se ameaçadora como uma cobra, o símbolo do pavor
mortal, pois a relação com a mãe deve morrer, quase provocando a
morte do próprio indivíduo. E o impacto da separação é proporcional à ligação com a mãe; quanto mais forte o cordão rompido, tanto
mais perigosamente a "mãe" o enfrenta na forma do Inconsciente.
Pois é esta a "mater saeva cupidinum", a selvagem mãe dos desejos,
que ameaça devorar o recém-libertado de uma outra forma (cf. a
simbólica da serpente).

474   Miss Miller nos dá mais uma informação sobre um material que
influenciou sua criação de um modo mais geral: É a grande epopeia
indígena de Longfellow, *The Song of Hiawatha*[9]. O leitor deve estranhar que muitas vezes eu recorra a coisas aparentemente tão distantes para estabelecer comparações, e que eu estenda tão longe a base
das criações de Miss Miller. Por certo terá duvidado também da validade de se tecer considerações sobre as bases míticas destas fantasias
a partir de tão parcos indícios; dirá que por detrás das fantasias de
Miss Miller dificilmente existirão tais coisas. Não preciso frisar o
quanto também considero duvidosas estas comparações. Mas neste
caso é a própria Miss Miller que cita suas fontes. Seguindo estes dados, caminhamos em terreno seguro. Estes indícios, fornecidos pelos
pacientes, raramente são completos. Nós mesmos temos dificuldade
em nos lembrar de onde nos vêm certas ideias ou conceitos. As crip-

---

8. *Menschliches, Allzumenschliches*. Prefácio, p. 6s.

9. Da edição anglo-americana transcrevemos os seguintes dados: "Publicada em 1855.
Baseia-se numa lenda americana cujo material se deve principalmente a Henry Rowe
Schoolcraft, um pioneiro da etnologia indígena. Historicamente, Hiawatha foi um
chefe iroquês no século XVI, mas a terminologia e o material lendário do poema são
dos índios algonquinos (cf. *Standard Dictionary of Folklore*, verbete 'Hiawatha').
Longfellow adotou a versificação da epopeia finlandesa *Kalewala*".

tomnésias não são raras. Mas é mais do que provável que nem todas as nossas ideias sejam aquisições individuais, ainda que não nos lembremos mais de onde as tiramos. Outro é o caso da maneira como elaboramos nossas ideias e em que contextos as colocamos. Sem dúvida podemos aprendê-las e lembrá-las. Mas nem sempre será necessário que o espírito humano apresente formas de comportamento universais, típicas, correspondentes ao "pattern of behaviour" biológico. Estas formas existentes *a priori*, inatas (arquétipos), podem produzir ideias ou contextos praticamente idênticos nos mais diversos indivíduos, sem que possamos responsabilizar alguma experiência pessoal pelas mesmas. Nas psicoses existem muitas ideias e imagens que impressionam o doente e os que estão à sua volta por sua absoluta estranheza, embora não sejam estranhas ao conhecedor por sua semelhança temática com certos mitologemas. Como a estrutura fundamental da psique é sempre mais ou menos a mesma, temas de sonhos aparentemente individuais podem ser comparados com mitologemas de qualquer procedência. Não hesito portanto em comparar o mito indígena com a assim chamada alma americana moderna.

Eu não havia lido *Hiawatha,* quando, no decorrer de meus estudos, vim a conhecer este poema que foi leitura necessária para prosseguir o trabalho. *Hiawatha,* uma compilação poética de mitos indígenas, mostrou, para minha satisfação, o quanto as conjeturas precedentes se justificam, pois esta epopeia contém uma riqueza rara em temas mitológicos. Este fato pode explicar grande parte da riqueza das fantasias de Miss Miller. Por isso vale a pena entrar em detalhes sobre os conteúdos desta epopeia.   475

Nawadaha canta as canções do herói Hiawatha, o amigo dos homens: 476

> Ali ele cantou sobre Hiawatha,
> Cantou a canção de Hiawatha,
> Cantou seu milagroso nascimento e seu ser,
> Como orava e como jejuava,
> Como vivia, labutava e sofria,
> Para que as tribos dos homens prosperassem,
> Para que ele pudesse adiantar seu povo![10]

---

10. Ibid., p. 114s. Sobre o tema do "amigo", cf. meu trabalho *Über Wiedergeburt* [OC, 9; § 240s.].

477   Aqui se antecipa o significado teleológico do herói como aquela
figura simbólica que reúne em si a libido em forma de admiração e
adoração para conduzi-la a esferas mais elevadas através das pontes
dos símbolos. Assim, conhecemos Hiawatha como um "Redentor", e
estamos dispostos a ouvir tudo o que precisa ser dito sobre o mesmo:
de seu nascimento milagroso, seus grandes feitos precoces e seu sacrifício por seus semelhantes. A primeira canção começa com um "Evangelho": Gitche Manito, o "master of life", cansado das brigas entre os
homens, reúne seus povos e lhes anuncia uma boa mensagem:

> Eu vos enviarei um profeta,
> Um Redentor das nações,
> Que vos guiará e vos ensinará,
> Que labutará e sofrerá convosco.
> Se ouvirdes seus conselhos,
> Vós vos multiplicareis e prosperareis;
> Se suas advertências não forem atendidas,
> Haveis de definhar e perecer!

478   Gitche Manito, o poderoso, "the creator of the nations"[11], é descrito, de pé "on the great Red Pipestone Quarry":

> De suas pegadas brotou um rio,
> Saltou para a luz da manhã,
> Precipitando-se sobre o abismo,
> Brilhou como Ishkoodah, o cometa.

479   Este quadro tem um paralelo em certas imagens egípcio-cristãs.
Nos *Mysteries of Saint John and the Holy Virgin* lemos:

> (Os querubins) responderam e me disseram: "Vês que a água
> está sob os pés do Pai? Quando o Pai ergue seus pés, a água
> sobe; mas se, na época em que Deus fizer subir a água, os ho-
> mens pecarem contra Ele, Ele fará com que o fruto da terra
> seja pequeno, por causa dos pecados dos homens" etc.[12]

A água é o Rio Nilo, do qual depende a fertilidade do solo egípcio.

---

11. A figura de Gitche Manito pode ser considerada como uma espécie de homem primitivo (Anthropos).

12. BUDGE. *Coptic Apocrypha in the Dialect of Upper Egypt*, p. 244.

Não só os pés, mas também a ação deles, o pisar, parece ter signi- 480
ficado de fertilidade. Nas danças dos Pueblos observei que o passo de
dança é um "calcare terram"; é mais propriamente um longo e cansativo trabalhar da terra com o calcanhar ("nunc pede libero pulsanda
tellus")[13]. Kaineus desce às profundezas "fendendo a terra com o pé
reto". Fausto chega até as mães pisando forte: "Afunda, batendo os
pés; batendo-os, ao alto voltas"[14].

No mito do devoramento do Sol os heróis batem ou fincam os 481
pés no bojo do monstro. Thor fura o fundo do navio na luta com o
monstro e seu pé desce até o fundo do mar. A regressão da libido faz
com que no ato ritual da dança os passos sejam quase uma repetição
do "espernear" infantil. Este último está associado à mãe e à sensação
de prazer, e ao mesmo tempo representa o movimento que já é exe-
cutado na vida intrauterina[15]. O pé e o ato de pisar têm significado
gerador[16], isto é, a reentrada no ventre materno; portanto, o ritmo
da dança coloca o dançarino num estado inconsciente ("ventre materno"). A dança dos xamãs-dervixes e outras danças primitivas confirmam o que foi dito. A comparação da água que jorra das pegadas
com um cometa significa simbolicamente luz e libido para a umidade
fecundadora. Segundo uma informação de Von Humboldt, certas
tribos de índios sul-americanos chamam os meteoros de "urina das
estrelas"[17]. Conta-se ainda como Gitche Manito produz fogo: ele sopra sobre uma floresta, de maneira que as árvores, friccionadas umas
contra as outras, se incendeiam. Esta divindade, portanto, também é
um símbolo da libido: ele também gera o fogo.

Depois deste prólogo seguem-se, na segunda canção, os antece- 482
dentes do herói: o grande guerreiro Mudjekeewis (o pai de Hiawatha)
venceu astutamente o grande urso, "the terror of the nations", e lhe
roubou o mágico "belt of Wampum", um cinto de conchas. Encon-

---

13. HORÁCIO. *Ode*, XXXVII, 1-2.

14. *Faust*, parte II, ato I, p. 318.

15. Sobre o significado do espernear, cf. *O desenvolvimento da personalidade*. Petrópolis: Vozes, 1983 [OC, 17; § 47].

16. Cf. provas em: AIGREMONT. *Fuss- und Schuhsymbolik*.

17. *Kosmos. Versuch einer physischen Weltbeschreibung*, I, p. 72.

tramos aqui o tema da "preciosidade dificilmente alcançada", que o
herói arranca do monstro. As comparações do poeta mostram com
quem o urso é "miticamente" idêntico. Mudjekeewis golpeia a cabeça do urso, depois de lhe ter roubado o ornato:

> Atordoado com o forte golpe,
> Empinou-se o Grande Urso das montanhas;
> Mas seus joelhos tremiam sob seu corpo,
> E ele choramingou como uma mulher.

483   Mudjekeewis lhe diz, com escárnio:

> Caso contrário não chorarias e gemerias
> Como uma miserável mulher!
> Mas tu, urso! sentas aí e gemes,
> E infelicitas a tua tribo com teu choro,
> Como uma desprezível Shaugodaya,
> Como uma velha covarde!

484   As três comparações com uma mulher encontram-se juntas numa
página. O que Mudjekeewis abate é o feminino, a imagem da Anima,
cuja primeira portadora é a mãe. Como verdadeiro herói, mais uma
vez ele arrancou a vida da goela da morte, da terrível mãe que tudo
devora. Este ato que, como vimos, também é apresentado como viagem ao inferno, "viagem noturna pelo mar" (cf. § 309), o fato de
vencer o monstro por dentro, significa ao mesmo tempo um renascimento, cujas consequências se tornam notáveis também para Mudjekeewis. Como na visão de Zósimo, também aqui aquele que entra se
transforma no πνεῦμα, no sopro do vento ou espírito: Mudjekeewis
transforma-se no vento oeste, este fecundo sopro, no pai dos ventos[18]. Seus filhos transformaram-se nos demais ventos. Sobre eles e
seus amores fala-nos um intermezzo, do qual quero citar apenas a
corte de Wabun, o vento leste, porque aqui a carícia do vento está
particularmente bem descrita. Toda manhã ele vê uma linda donzela
num prado, e a corteja carinhosamente:

---

18. Porfírio (*De antro nympharum*, c. 24, apud DIETERICH, *Mithrasliturgie*, p. 63) diz
que, segundo a doutrina de Mitra, às almas que saem do nascimento estão destinados
ventos, porque estas almas teriam absorvido sopro de vento (πνεῦμα) e por isso teriam
tal natureza: ψυξαῖς δ'εἰς γένεσιν ἰούσαις χαὶ ἀπὸ γεγέσεως χωριζομέναις εἰχότως
ἔταξαν ἀνέμους διὰ τὸ ἐφέλξεσθαι χαὶ αὐτὰς πνεῦμα ... χαὶ οὐσίαν ἔχειν τοιαύτην.

> Toda manhã, olhando para a terra,
> A primeira coisa ali a ver
> Eram os olhos azuis dela a contemplá-lo,
> Dois lagos azuis entre os juncos.

A comparação com a água não é gratuita, pois "do vento e da água" o homem renascerá. [485]

> E ele a cortejava com carícias,
> Com seu sorriso de raios de Sol,
> Com palavras lisonjeiras a cortejava,
> Com seus suspiros e seu cantar,
> Gentis sussurros na ramagem,
> Suave música, doce odor...

Nestes versos onomatopaicos está magnificamente expresso o cortejar lisonjeador do vento[19]. [486]

A terceira canção traz a história das mães de Hiawatha. Sua avó, quando jovem, vivia na Lua. Um dia balançava-se num cipó quando um namorado ciumento cortou o cipó e Nokomis, a avó de Hiawatha, caiu sobre a terra. Os homens que a viram cair pensaram que era uma estrela cadente. A origem milagrosa de Nokomis é descrita mais detalhadamente em outra passagem. Aí o pequeno Hiawatha pergunta à avó o que é a Lua. Nokomis lhe explica o seguinte: a Lua seria o corpo de sua avó, que um neto belicoso jogara lá para cima num momento de raiva. Na crença antiga a Lua é um lugar de reunião das almas que partiram deste mundo[20] (cf. fig. 91), um depósito de sêmen, por isso também novamente um lugar de origem da vida de significado [487]

---

19. Na liturgia de Mitra o sopro do espírito gerador vem do Sol, presumivelmente do "tubo solar". Cf. parte I [§ 149-154]. De acordo com esta ideia, o Sol no *Rigveda* chama-se o "Unípede". Cf. a oração armênia, para que o Sol repouse seu pé sobre a face daquele que está orando (ABEGHIAN. *Der armenische Volksglaube*, p. 41).

20. Firmicus Materntus (*Matheseos libri VIII*, I, 6, 10, p. 16): "Cui (animo) descensus per orbem solis tribuitur, per orbem vero lunae praeparatur ascensus" [Diz-se que o espírito desce pela via solar, mas pela via lunar é preparada sua ascensão]. Lydus (*De mensibus*, IV, 3) relata que o hierofante Praetextatus teria dito que Jano τὰς θειοτέας ψυχὰς ἐπὶ τὴν σεληνιχὸν χόρον ἀποπέμπει [envia as almas mais divinas para o bando lunar]. Epifânio (*Adversus octoginta haereses*, LXVI, 52): ὅτι ἐχ τῶν ψυχῶν ὁ δίσχος (τῆς σελήνης) ἀποπίμπλαται [o disco lunar está repleto de almas]. O mesmo se encontra em mitos exóticos (FROBENIUS. Op. cit., p. 352s.).

feminino (cf. fig. 92). O estranho é que Nokomis, ao cair na terra, deu à luz uma filha, Wenonah, a futura mãe de Hiawatha. O ato de jogar a mãe para cima e a queda com nascimento parece ter alguma coisa de típico. Assim, por exemplo, uma história do século XVII conta que um touro bravo jogou uma mulher grávida para cima, na altura da casa, rasgando-lhe o ventre, e a criança caiu no chão intacta. Em consequência deste nascimento milagroso, esta criança foi considerada um herói ou taumaturgo, mas ela morreu precocemente. Como se sabe, entre os povos primitivos acredita-se que o Sol seja feminino e a Lua masculina. Entre os Namaquas, uma tribo de Hotentotes, existe a crença de que o Sol consiste de toucinho claro: "As pessoas que viajam em navios, todas as noites o puxam para baixo por meio de fórmulas mágicas, cortam-lhe um bom pedaço e depois lhe dão um pontapé para que torne a subir ao céu"[21]. O alimento infantil vem da mãe. Nas fantasias dos gnósticos encontramos uma lenda sobre a origem do homem que talvez possa ser enquadrada neste contexto: devido à rápida rotação do céu, os arcontes femininos amarrados à abóboda celeste não conseguem conservar seus frutos, e

Fig. 91 – A Lua como lugar das almas. Segundo uma gema
da Calcedônia (século I a.C.)

os deixam cair sobre a terra. Dali se originam os homens. Não é impossível uma relação com hábitos obstétricos bárbaros (deixar cair a parturiente). A violação da mãe já foi introduzida com a aventura de Mudjekeewis e continua com o tratamento brutal da "avó", Nokomis, que parece ter engravidado de algum modo em consequência do

---

21. WAITZ. *Anthropologie*, II, p. 342.

corte do cipó e da queda. Já reconhecemos o ato de "cortar o galho", o colher, como alusão à quebra de tabu (cf. acima). O conhecido verso do "País da Saxônia, onde as moças bonitas crescem nas árvores", e expressões como "colher cerejas no pomar do vizinho" têm sentido semelhante. A queda de Nokomis merece ser comparada com uma figura poética de Heine:

> Cai uma estrela
> De sua fulgurante altura!
> É a estrela do amor,
> Que vejo ali cair!
>
> Caem da macieira
> Mil flores e folhas.
> Vêm os jocosos ares
> Com elas se divertir[22].

Mais tarde Wenonah é cortejada pelo vento oeste e é por ele engravidada. Wenonah, como jovem deusa da Lua, tem a beleza do luar. Nokomis a previne contra a perigosa corte de Mudjekeewis, o vento oeste. Mas Wenonah se deixa seduzir e concebe um filho do sopro do vento, nosso herói:

> E o vento oeste veio à noite,
> Encontrou a linda Wenonah
> Deitada ali entre os lírios,
> Cortejou-a com doces palavras,
> Com suas carícias cortejou-a
> Até que um filho ela, em mágoa, deu à luz,
> Deu à luz um filho de mágoa e amor.

A estrela ou cometa aparentemente também faz parte da cena do nascimento; também Nokomis vem à terra como uma estrela cadente. A fantasia poética de Mörike criou uma origem divina semelhante:

> E aquela que me carregou no ventre,
> E me ninou no berço
> Era uma morena alegre e bonita,
> E com os homens nada queria.

488

489

---

22. *Buch der Lieder*, p. 23.

Gracejava apenas e ria,
E deixava os pretendentes plantados:
"Prefiro ser a noiva do vento,
A me prender no casamento!"

Então veio o vento, e a tomou o vento
Como amásia em seu poder:
Deste um alegre filho
Ela veio a conceber[23].

490   A história maravilhosa do nascimento de Buda, contada por Sir
Edwin Arnold, também refere estas coisas:

Maia a rainha...
Sonhou um sonho estranho;
Sonhou que uma estrela do céu –
Resplandecente, com seis raios, rosa-pérola,
De que era arauto um elefante
De seis presas, branco como o leite de Kamadhuk –
Disparou pelo espaço; e, iluminando-a,
Em seu ventre pela direita entrou[24] (cf. fig. 93).

Fig. 92 – A Lua como lugar de origem da vida.
Tatuagem dos índios Haida (América do Norte)

491   Durante a concepção um vento sopra sobre terras e mares:

[...] um vento soprou
Com estranho frescor sobre terras e mares.

---

23. *Jung Volkers Lied*, Werke, II, p. 48.

24. *The Light of Asia*, I, p. 22s. Vê-se em ilustrações como o elefante penetra com a
tromba na ilharga de Maia. Em relatos da Idade Média, Maria concebe pelo ouvido.

Depois do nascimento vêm os quatro gênios do Oriente, Ociden- 492
te, Sul e Norte, para oferecer seus serviços como carregadores de pa-
lanquim. (A vinda dos reis magos no nascimento de Cristo.) Para completar a simbólica no mito de Buda ainda encontramos a fecundação
por um símbolo teriomorfo, o elefante, que gera o Buda na qualidade
de Bodhisattva. Na linguagem figurada cristã, além da pomba também
o unicórnio é símbolo do Logos ou do Espírito criador[25].

Aqui poderíamos perguntar por que o nascimento de um herói 493
sempre precisa ocorrer sob condições tão especiais. Seria admissível
que ele nascesse em circunstâncias habituais e pouco a pouco se erguesse acima de seu ambiente simples e insignificante, talvez com
muitos esforços e perigos. (De fato este tema não é completamente a-
lheio ao mito do herói.) Mas geralmente a história de sua origem é
miraculosa. As situações estranhas que acompanham o nascimento e
a concepção de um herói simplesmente fazem parte de seu mito.
Qual o motivo destas histórias?

A resposta a esta pergunta é: o herói não nasce como um simples 494
mortal, porque seu renascimento representa um renascimento a partir
da mãe-esposa. Por isso o herói tão frequentemente tem duas mães.
Como Rank[26] mostrou em numerosos exemplos, o herói muitas vezes
é enjeitado e criado por pais adotivos. Deste modo vem a ter duas
mães. Um bom exemplo é a relação de Hércules com Hera (cf. acima).
Na epopeia de Hiawatha, Wenonah morre depois do nascimento do
filho[27] e Buda recebe uma mãe adotiva. Muitas vezes a mãe adotiva é
um animal (cf. fig. 94; cf. também fig. 3: a loba de Rômulo e Remo
etc.). A dupla mãe também pode ser substituída pelo *tema do duplo
nascimento*, que em várias religiões tem grande importância. No cristianismo, como vimos, o batismo representa o renascimento. Assim o homem não tem apenas um nascimento banal, mas torna a nascer de
modo misterioso, participando do divino. Desta forma, todo aquele
que renasce torna-se um herói, uma espécie de ser semidivino. Por isso

---

25. *Psychologie und Alchemie* [OC, 12; § 518s.].
26. *Der Mythus von der Geburt des Helden*.
27. A morte prematura da mãe ou a separação da mãe faz parte do mito do herói. No
mito da jovem transformada em cisne encontra-se a ideia de que, depois de nascido seu
filho, ela pode tornar a sair voando, pois sua missão está cumprida.

a morte redentora de Cristo na cruz é considerada um "batismo", um renascimento através da segunda mãe, simbolizada pela árvore da morte (cf. fig. 71 e 72). Cristo diz (Lc 12,50): "Tenho de receber um batismo, e como me angustio até que se cumpra". Ele considera sua morte simbolicamente como renascimento.

Fig. 93 – A geração de Buda pelo elefante branco. Relevo. Gandhara (Índia)

495   O *tema das duas mães* indica a ideia do duplo nascimento. Uma das mães é a verdadeira, humana; a outra porém é a mãe simbólica, caracterizada como divina, sobrenatural ou com qualquer outro atributo extraordinário. Também pode ser representada de modo teriomorfo. Em alguns casos ela tem traços mais humanos; trata-se então de projeções da ideia arquetípica sobre determinadas pessoas do ambiente, o que geralmente leva a complicações. Assim, o símbolo do renascimento com frequência é projetado sobre a madrasta ou a sogra (inconscientemente, é claro), assim como a sogra muitas vezes tem dificuldade em não escolher o genro mitologicamente como filho-amante. As variações deste tema são infinitas, sobretudo se ao coletivo, ao mitológico, ainda acrescentarmos o fator individual.

496   Quem descende de duas mães é um herói: o primeiro nascimento o transforma num ser humano, o segundo num semideus imortal. É isto o que visam as numerosas alusões da história da concepção do he-

rói. O pai de Hiawatha primeiro vence a mãe sob o símbolo assustador
do urso[28], depois, ele mesmo transformado em deus, concebe o herói. Através da lenda da origem da Lua, Nokomis indica a Hiawatha
o que deve fazer como herói: jogar sua mãe lá para cima, pois em
consequência deste ato violento ela engravidará e dará à luz uma filha. Segundo a fantasia egípcia, esta mãe rejuvenescida estaria destinada como filha-esposa ao deus Sol, ao "pai de sua mãe", para a au-
torreprocriação. Veremos abaixo o que Hiawatha faz neste sentido.
Já vimos o que acontece com os deuses da Ásia Anterior quando
morrem e renascem. Quanto à preexistência de Cristo, o Evangelho
de João (a palavra de João Batista) é um testemunho excelente (Jo
1,30): "Depois de mim virá alguém que é antes de mim, porque era
primeiro do que eu". Também o começo do Evangelho é significativo: "No princípio era o Verbo, e o Verbo estava com Deus, e o Verbo era Deus. No princípio estava Ele com Deus. Todas as coisas foram feitas por Ele e sem Ele nada se fez de tudo que foi feito". Segue-se a anunciação da luz, de certa forma um nascer do Sol, daquele Sol mysticus, que era antes e será depois. No batistério de Pisa,
Cristo é representado entregando aos homens a árvore da vida. Em
torno de sua cabeça está a roda solar. Sobre o relevo estão inscritas as
palavras: "Introitus Solis".

Como o nascido foi seu próprio gerador, a história de sua concep-   497
ção é tão estranhamente encoberta por acontecimentos simbólicos,
que encobrem e fazem alusão ao mesmo tempo. Disto faz parte a tão
extraordinária afirmação da concepção da Virgem Maria. A ideia de
uma concepção sobrenatural é compreendida como fato metafísico,
mas psicologicamente ela diz que um conteúdo do inconsciente ("filho") nasceu sem a participação natural de um pai humano (isto é, o
consciente) (cf. fig. 17). Ao contrário, um Deus seria o gerador do filho, e além disso o filho seria idêntico ao pai, o que em linguagem psicológica quer dizer que um arquétipo central, a imagem divina, se re-
novara ("renascido") e se "encarnara" de modo perceptível ao consciente. A "mãe" corresponde à "anima virginal" que não está voltada

---

28. O urso está subordinado a Ártemis; é portanto um animal "feminino". Cf. também
a Dea Artio galo-romana (cf. fig. 95). De resto cf. JUNG. *Zum psychologischen Aspekt
der Kore-Figur* [OC, 9; § 340s.].

para o mundo exterior e por isso não é "corrompida" por ele. Ela está voltada para o "Sol interior", a "imagem divina", para o arquétipo da totalidade transcendental, quer dizer, para o si-mesmo[29].

Fig. 94 – A vaca de Hator. Egito (11ª dinastia)

498   De acordo com a origem do herói e Deus renovado do mar do inconsciente, Hiawatha passa sua infância entre a terra e a água, à beira do Grande Mar.

> Nas praias do Gitche Gumee,
> Junto à cintilante Água-do-Grande-Mar,
> Ficava o wigwam de Nokomis,
> Da filha da Lua, Nokomis.
> Por detrás, escura, erguia-se a floresta,
> Erguiam-se os negros e lúgubres pinheiros,
> Erguiam-se os abetos com seus cones.
> Clara, murmurava à sua frente a água,

---

29. Cf. a explicação detalhada em Layard (*The Incest Taboo and the Virgin Archetype*, p. 253s.).

> Murmurava a clara e ensolarada água,
> Murmurava a cintilante Água-do-Grande-Mar.

Neste ambiente Nokomis o criou. Aqui ela lhe ensinou as primeiras palavras e lhe contou as primeiras histórias, e os ruídos da água e da floresta nelas se imiscuíram, de modo que a criança aprendeu não só a linguagem dos homens, mas também da natureza: **499**

> À porta, em noites de verão,
> Sentava o pequeno Hiawatha;
> Ouvia o sussurrar dos pinheiros,
> O marulhar das águas ouvia,
> Sons de música, palavras de magia;
> "Minne-wawa!"[30] diziam os pinheiros,
> "Mudway-aushka!"[31] a água dizia.

Hiawatha ouve palavras humanas nos ruídos da natureza; entende a linguagem da natureza. O vento diz "wawa". O grito do pato selvagem é "wawa". Wah-wah-taysee chama-se o pequeno vagalume, que o encanta. Assim o poeta narra a gradual incorporação da natureza externa no mundo do subjetivo e a contaminação do objeto primário. A este eram destinadas as palavras balbuciantes das quais vieram os primeiros sons, com o objeto secundário, a natureza. Esta imperceptivelmente vem ocupar o lugar da mãe recebendo aqueles sons pela primeira vez ouvidos da mãe e, mais ainda, aqueles sentimentos que mais tarde redescobrimos em nós no grande amor que sentimos pela mãe natureza. A posterior união panteístico-filosófica ou estética do homem civilizado e sensível com a natureza[32], vista em retrospectiva, é uma reunião com a mãe, que foi nosso primeiro objeto e com a qual um dia de fato formamos um ser único. Ela foi nossa primeira vivência de um exterior e ao mesmo tempo de um interior: do **500**

---

30. Palavra hindu para o ruído do vento nas árvores.

31. Quer dizer o som do fluxo e refluxo da maré.

32. Karl Joël (*Seele und Welt*, p. 153s.) diz: "No artista e no profeta a vida não diminui, mas aumenta. Eles são os guias para o paraíso perdido, que só agora se transforma num reencontro do paraíso. Não é à velha, à abafada unidade vital a que o artista aspira e leva; é a sentida re-união, não a unidade vazia, mas a unidade plena, não a unidade da indiferença mas a unidade da diferença [...] Toda vida é quebra do equilíbrio e retorno ao equilíbrio. E um tal regresso encontramos na religião e na arte".

mundo interior surgiu uma imagem, aparentemente um reflexo da imagem materna exterior, porém mais velha, mais primitiva e mais imperecível do que esta, uma mãe que se retransforma em Core, numa figura eternamente rejuvenescida. Esta é a Anima, que personifica o inconsciente coletivo. Não admira, pois, que na linguagem figurada de um filósofo moderno, Karl Joël, vemos reaparecer as antigas imagens que simbolizam a união com a mãe, mostrando a confluência de sujeito e objeto no inconsciente. Joël escreve o seguinte sobre a "vivência primordial":

Fig. 95 – A deusa Artio com um urso. Um paralelo romano de Ártemis. Grupo em bronze, dedicado à deusa por Licinia Sabinilla. De Muri, perto de Berna

Estou deitado na praia; cintila azul o mar rebrilhante nos olhos sonhadores; ao longe flutuam ares ondulantes [...] e avançando, espumando, excitando, adormentando, as ondas se quebram na praia [...] ou no ouvido? Não sei. Longe e perto se confundem; fora e dentro se interpenetram. Perto, cada vez mais perto, mais íntimo e familiar ressoa o bater das vagas; ora se quebram como pulso trovejante em minha testa, ora recobrem minha alma, a envolvem, a tragam, e ao mesmo tempo ela nada para o largo, como correnteza azulada. Sim, o mundo fora e o mundo dentro são uma coisa só. Cintilar e espumar, escorrer e flutuar e ribombar – toda a sinfonia de estímulos percebidos ressoa num só tom, todos os sentidos se unem num só sentido, que se torna uno com o sentimento; o mundo se dissipa na alma e a alma se dissolve no mundo [...] Nossa pequena vida está envolta por uma torrente de sono [...] O sono de nosso berço, o sono de nossa sepultura [...] O sono de nossa pátria, da qual partimos pela manhã e à qual retornamos à noite, nossa vida, a curta peregrinação, a tensão entre o emergir da unidade primitiva e o nela imergir! [...] Azul ondeia o mar, o infinito, em cuja imensidão ainda sonha a medusa daquela vida primeira até a qual nosso titubeante pressentir ainda se infiltra através de éons da recordação. Pois toda vivência contém uma mudança e uma preservação da unidade da vida. No momento em que elas já não se fundem, quando aquele que as vivencia, ainda cego e gotejante, ergue a cabeça do fundo da torrente do vivenciar, do estado de total impregnação com o vivenciado, no momento em que a unidade vital, surpresa, esquiva, de si própria libera a mudança, a mantém diante de si como uma coisa estranha, neste instante de alheamento [...] as unidades de vivência já se substancializaram em sujeito e objeto, neste momento está presente o consciente[33].

Joël descreve aqui, numa simbólica inequívoca, a confluência de sujeito e objeto como a *re-união* de mãe e filho. Os símbolos até coincidem com a mitologia em certos detalhes. Assim o tema do envolver e do tragar. O mar que traga o Sol e o faz renascer já é nosso conhecido. O momento da tomada de consciência, da separação entre sujeito e objeto, é um nascimento. É como se o pensamento filosófico pendesse inerte nas poucas grandes imagens primárias da linguagem humana, acima de cuja grandeza simples, que a tudo transcende, nenhum pensamento realmente se eleva! A imagem da medusa não surgiu por mero acaso. Certa vez, ao explicar a uma paciente o significado materno da água, ela experimentou uma sensação muito desagradável diante desta abordagem do complexo materno: "it makes me squirm", disse ela, "as if I touched a jellyfish". [Eu me arrepio toda,

501

---

33. Ibid., p. 47. Por "vivência primordial" deve-se entender aqui a primeira distinção humana entre sujeito e objeto, a primeira colocação consciente do objeto, que psicologicamente não é concebível sem uma separação interior do homem "animal" de si mesmo, com o que ele se separou da natureza com a qual constituía uma unidade.

como se eu tocasse uma medusa]. O bem-aventurado estado de sono antes do nascimento e depois da morte é, como também observa Joël, alguma coisa como recordação vaga daquele estado ingênuo da primeira infância, quando nenhum obstáculo ainda impedia o tranquilo fluir de uma vida incipiente; para onde a nostalgia íntima sempre de novo nos atrai e de onde a vida ativa sempre de novo precisa libertar-se com luta e medo para não ser vitimada pelo estado de sonolência. Muito antes de Joël um chefe índio disse a mesma coisa, com as mesmas palavras, a um dos sempre ativos homens brancos: "Oh, meu irmão, jamais conhecerás a ventura de nada pensar e nada fazer; isto, depois do sono, é a maior felicidade. Assim éramos antes de nascer, assim seremos depois da morte"[34].

502   O destino futuro de Hiawatha nos mostrará como as impressões de sua infância foram importantes para a escolha de sua esposa. O primeiro ato de Hiawatha foi abater um corço com sua flecha:

> Morto jazia ele na floresta,
> Junto ao vau que cruza o rio [...]

503   Os atos de Hiawatha são bem característicos: o que ele mata geralmente jaz na água ou junto a ela, mais frequentemente metade na água metade em terra[35]. As aventuras futuras explicarão a razão disto. Também o corço não foi um animal comum e sim mágico, um animal com um duplo sentido inconsciente (simbólico). Hiawatha fez luvas e mocassinos (sapatos) do couro do animal: as luvas lhe davam tanta força nos braços que ele conseguia reduzir rochas a pó e os mocassinos tinham o poder de botas de sete léguas. Pelo fato de cobrir-se com a pele do corço ele se transformou numa espécie de gigante. O animal abatido no vau[36] era,

---

34. CRÈVECOEUR. *Voyage dans la haute Pensylvanie*, I, p. 362. Alguma coisa semelhante me disse um chefe dos Taospueblos: ele pensava que o americano era louco por causa de sua atividade incessante.

35. Também os dragões das sagas gregas (e suíças) vivem em/ou junto a fontes ou outras águas, de que frequentemente são os guardiães. Aqui entra também o tema da "luta no vau".

36. Onde se pode atravessar a água a pé; cf. acima os temas do envolvimento e da deglutição. A água como obstáculo em sonhos parece indicar a mãe, isto é, a regressão da libido. Atravessar a água é igual a vencer a resistência, isto é, a mãe como símbolo da nostalgia pelo estado semelhante ao sono ou à morte. Cf. JUNG. *Psicologia do inconsciente*. Petrópolis: Vozes, 1983 [OC, 7/1; § 132s.].

portanto, um "animal médico", um mágico transformado ou um ser demoníaco: é um símbolo que se refere às forças animais ou "demais" forças do inconsciente. Por isso o animal é abatido no vau, na passagem, no limite entre consciente e inconsciente. O animal é um representante do inconsciente que, como matriz do consciente, tem significado materno. Por isso a mãe (cf. acima) também é representada pelo urso. Todos os animais fazem parte da Grande Mãe e cada animal de caça abatido representa uma agressão à mãe. Como aos olhos de toda criança a mãe é muito grande, também a "avó" (Grossmutter, Grande Mãe) arquetípica, a *mater natura*, tem o atributo da grandeza. Aquele que consegue abater o animal "mágico", o representante simbólico da mãe animal, adquire um pouco de sua força gigantesca. Para dar expressão a este fato, o herói se veste com a pele do animal, e assim possibilita uma espécie de ressurreição do animal "mágico". Nos sacrifícios humanos mexicanos, bandidos representavam os deuses; abatiam-se os bandidos, tiravam-se suas peles, e a seguir os sacerdotes se cobriam com estas sangrentas capas para simbolizar a ressurreição ou renovação dos deuses[37].

Com seu primeiro corço Hiawatha abateu também o representante simbólico do inconsciente, sua própria *participation mystique* na natureza animal; daí provém sua grande força. Agora ele parte para a grande luta com Mudjekeewis, o pai, para vingar sua mãe Wenonah (cf. a luta de Gilgamesh com o gigante Chumbaba). Nesta luta o pai também pode estar representado por algum animal "mágico", que deve ser vencido. Os animais "mágicos" têm aqui o aspecto de "pai", que também pode aparecer como gigante ou feiticeiro ou tirano. Sob outras condições os animais também podem ser interpretados como a "mãe", como aquela "mater saeva cupidinum" ou a Ísis que gentilmente coloca uma cobra no caminho do esposo, a "terrível mãe", que destrói e devora, representando assim a própria morte[38]. (Lembro o caso da mãe que, levada de amor e devoção excessivos pelos filhos, prendeu-os junto a si. Na época do climatério ela caiu

504

---

37. Cf. também o costume ático de empalhar touros na primavera, os costumes das lupercais, saturnais etc.

38. Baseada neste fato minha aluna, Dra. Spielrein, desenvolveu sua ideia sobre o "instinto de morte" que Freud depois adotou. A meu ver não se trata só de um instinto de morte, mas também do "outro" instinto (Goethe) que significa vida espiritual.

numa psicose depressiva com delírios nos quais ela se sentia como
animal, sobretudo lobo e porco, e se comportava de acordo: andava
de quatro, uivava como um lobo e grunhia como um porco. Na psicose ela mesma se transformava no símbolo da mãe que tudo devora[39].)

505   Mas a referência aos pais só é em si uma maneira de falar. Na realidade este drama acontece numa psique individual, na qual os
"pais" não são eles mesmos mas apenas as suas imagens, aquelas ideias
que se originaram do encontro da personalidade dos pais com a disposição individual[40] do filho. Estas imagens são animadas e variadas em
todos os sentidos por uma força motriz que também faz parte do indivíduo; ela provém da esfera de seus instintos e manifesta-se na forma da instintividade. Este dinamismo nos sonhos é representado por
símbolos teriomorfos. Todos os leões, touros, cães e cobras que ani-
mam nossos sonhos representam uma libido indiferenciada, ainda
não domesticada, que ao mesmo tempo constitui uma parte da personalidade humana e por isso pode ser chamada de alma antropoide.
Como a energia, também a libido não aparece diretamente, mas só
em forma de uma "força", de um determinado estado energético de
"alguma coisa", por exemplo, corpos em movimento, tensão química
ou elétrica etc. Assim também a libido está ligada a determinadas formas ou estados. Ela aparece como intensidade de impulsos, afetos,
atividades etc. Como estes fenômenos nunca são impessoais, eles se
manifestam como partes da personalidade. O mesmo raciocínio vale
para a teoria dos complexos: também estes se comportam como partes da personalidade.

506   É esta alma antropoide que não se acomoda às formas de cultura
racionais, ou só muito a contragosto e insuficientemente, e se opõe o
máximo possível ao desenvolvimento cultural. É como se sua libido
sempre suspirasse pelo regresso ao estado primitivo, inconsciente, de
selvageria indomada. O caminho de volta, a regressão, leva à infância

---

39. Caso descrito detalhadamente em: JUNG. *O desenvolvimento da personalidade.*
Petrópolis: Vozes, 1983 [OC, 17; § 107].

40. **Para esta disposição é necessária *a priori* a existência de "fatores ordenadores", os
arquétipos, que devem ser entendidos como modos de funcionamento inatos e em sua
totalidade perfazem a natureza humana. O pintinho não aprendeu o jeito de sair do
ovo; ele o possui *a priori*.

e por fim quase até o ventre materno. A intensidade desta saudade regressiva, tão brilhantemente representada pela figura de Enkidu na *Epopeia de Gilgamesh,* cresce até tornar-se intolerável quando o processo de adaptação se defronta com exigências maiores. Isto pode acontecer por razões exógenas ou endógenas. Neste caso, isto é, quando a exigência vem "de dentro", a maior dificuldade não está em circunstâncias externas adversas, mas num aumento das exigências "subjetivas" – que, ao que parece, intensificam-se com o correr dos anos – e na maior manifestação da personalidade interior, até então talvez oculta, a "verdadeira" personalidade. A fonte desta modificação parece ser a alma antropoide. Toda regressão visa e termina nesta alma. Ela já se manifesta, ao menos indiretamente, diante da menor hesitação no "sim" ao processo de adaptação; para não falar dos casos que fogem totalmente às exigências do mundo exterior.

Num seguro pressentimento desta situação, tanto a moral religiosa quanto a moral convencional e – *last but not least* – até à teoria de Freud desvalorizam a regressão e seu aparente alvo, o retorno ao infantilismo, à assim chamada "sexualidade infantil", ao incesto e à "fantasia do ventre materno". Aqui a razão deve deter-se, pois como se poderia retroceder além do útero materno? O concretismo aqui esbarra num muro; mais ainda, a condenação moral abate-se sobre a tendência de regressão e tenta por todos os meios de desvalorização evitar o retorno sacrílego à mãe, quando a orientação "biológica" da psicologia de Freud ainda vem prestar auxílio involuntário. Tudo o que ultrapassa a esfera do consciente pessoal facilmente permanece inconsciente e por isso aparece de forma projetada, isto é, a tão combatida alma semianimal com seu desejo regressivo é atribuída à mãe, a defesa contra ela ao pai. Mas a projeção nunca é um meio de cura; ela impede o conflito só aparentemente e em contrapartida produz uma neurose, que por sua vez permite a fuga para a doença. Com isto o diabo foi exorcizado por Belzebu. {507}

Mas a terapia precisa apoiar a regressão até que esta alcance o estado "pré-natal". Pois deve-se levar em conta aqui que a "mãe" na realidade é uma imago, uma simples figura psíquica, que possui conteúdos inconscientes muito importantes, embora variados. A "mãe", como primeira encarnação do arquétipo-Anima, até personifica todo o inconsciente. Por isso a regressão só aparentemente leva de volta à {508} mãe. Esta em verdade é a porta que se abre para o inconsciente, para o "reino das mães". Quem entra por esta porta submete toda a personalidade consciente de seu eu à influência dominadora do inconsciente; ou, se tiver a sensação de ter entrado por engano ou que alguém lhe causara o contratempo de empurrá-lo para dentro, ele se defenderá desesperadamente, sem que sua resistência lhe traga vantagens. Pois a regressão, se não for dificultada, não estaciona na "mãe", mas regride para além desta, até um assim chamado "eterno-feminino" pré-natal, ao mundo primitivo das possibilidades arquetípicas onde, "envolta por visões de infinitas criaturas", a "divina criança" dorme procurando o despertar de sua consciência. Este filho é o germe do todo que o caracteriza através dos símbolos que lhe são próprios.

509   Quando Jonas foi engolido pela baleia, ele não estava simplesmente preso no ventre do monstro, mas, como diz Paracelso, viu ali "enormes mistérios"[41]. Esta ideia provavelmente provém do *Pirkê de Rabbi Eliezer,* onde se lê:

> Jonas ingressou em sua boca (do peixe) como um homem que entra numa ampla sinagoga e para. Os dois olhos do peixe eram como duas claraboias, que traziam luz para Jonas. Rabbi Meir disse: "Uma pérola estava suspensa nas vísceras do peixe, que trazia luz a Jonas, como o Sol ao meio-dia, e lhe permitia ver tudo que havia no mar e no abismo" etc.[42]

510   Nas trevas do inconsciente está escondido um tesouro, justamente a "preciosidade dificilmente alcançada", que em nosso texto, como em muitas outras ocasiões, é caracterizada como pérola, ou como "mistério" em Paracelso, o que significa um *fascinosum par excellence*. Estas possibilidades de uma vida e de um caminhar "espirituais" ou "simbólicos" constituem o alvo final, mas inconsciente, da regressão. Para que a libido em regressão não fique presa na materialidade materna (na mãe corporal) os símbolos acodem como expressão, ponte e indicação. O dilema por certo nunca foi formulado mais claramente do que

---

41. *Liber Azoth*, SUDHOFF XIV, p. 576.

42. Cap. X: "(Jona) qui ingressus est in os eius (piscis) veluti homo qui intrat Synagogam amplam et subsistit. Erant autem duo oculi istius piscis veluti fenestras tecti lumen praebentes Jonae. R. Meir dixit: Margarita quaedam erat suspensa in visceribus piscis lucem subministrans Jonae instar solis in meridie splendentis et conspiciendum illi praebuit quiequid in mari et abyssis erat" etc. (GANZ. *Chronologia sacro-profana*, p. 21).

no diálogo de Nicodemos: de um lado, a impossibilidade de penetrar no ventre materno, de outro lado, o renascimento a partir de "água e espírito". O herói é herói porque em qualquer dificuldade da vida vê a resistência contra a meta proibida e luta contra esta resistência com toda a nostalgia que aspira pela preciosidade difícil ou inalcançável; uma nostalgia que paralisa e mata o homem comum.

O pai de Hiawatha é Mudjekeewis, o vento oeste: a luta, portan-   511
to, é travada no Ocidente. De lá veio a vida (fecundação de Wenonah); de lá também veio a morte (de Wenonah). Hiawatha, portanto, trava a luta típica do herói pelo renascimento no mar ocidental. A luta é travada com o pai, que significa o obstáculo no caminho para o alvo. Em outros casos a luta no ocidente consiste numa subjugação da mãe devoradora. Como vimos, os dois pais representam perigo iminente: o pai, porque aparentemente torna impossível a regressão, e a mãe porque absorve e guarda consigo a libido em regressão, o que representa a morte para aquele que procura renascimento. Mudjekeewis, que outrora também adquirira natureza divina vencendo o urso "materno", agora é vencido pelo próprio filho:

> Em retirada bateu Mudjekeewis,
> Correndo pelas montanhas rumo ao oeste,
> Tropeçando montanhas abaixo rumo ao oeste,
> Por três dias se retirou lutando,
> Sempre perseguido por Hiawatha.
> Para as portas do vento oeste,
> Para os portais do pôr do Sol,
> Para as bordas mais remotas da terra,
> Onde nos espaços vazios
> O Sol desce, como um flamingo
> Cai em seu ninho, ao romper da noite [...]

Os três dias são uma forma estereotipada da permanência na   512
"prisão do mar noturno" (de 21 a 24 de dezembro); também Cristo permaneceu três dias nos infernos. Nesta luta no ocidente o herói sempre conquista a preciosidade dificilmente alcançável: neste caso o pai precisa fazer uma grande concessão ao filho, confere-lhe natureza divina[43], a mesma natureza de vento cuja imaterialidade, e só ela, protegeu Mudjekeewis contra a morte. Diz ele ao filho:

---

43. Na *Epopeia de Gilgamesh*, aquilo que o herói procura também é a imortalidade.

> Dividirei meu reino contigo;
> Senhor serás doravante
> Do vento noroeste, Keewaydin,
> Do vento pátrio, o Keewaydin[44].

513   O fato de Hiawatha tornar-se senhor do vento pátrio tem seu paralelo exato na *Epopeia de Gilgamesh*, quando este recebe do velho sábio Utnapishtim, que mora no ocidente, a erva mágica que o conduz são e salvo de volta à pátria, atravessando o mar (cf. fig. 45); mas chegando em casa, a erva lhe é novamente roubada por uma serpente. Como prêmio pela vitória Hiawatha recebe um corpo "pneumático", um corpo "de vento" ou "subtle body" inatingível à corrupção. Ao voltar para casa, Hiawatha para num hábil fazedor de setas que tem uma linda filha:

> E deu-lhe o nome do rio,
> O nome da cachoeira lhe deu,
> Minnehaha, Água Sorridente.

514   Quando criança, Hiawatha sonhava sentindo os ruídos da água e do vento penetrarem em seus ouvidos e reconhecia a voz da mãe nos sons da natureza. "Minnewawa", diziam os sussurrantes pinheiros à beira do grande mar. E através do sussurro do vento e do murmúrio da água ele reencontra antigos sonhos de menino em sua eleita, em "Minnehaha, a sorridente água. Também o herói, e sobretudo ele, reencontra a mãe na mulher, para tornar a ser criança e assim conquistar a imortalidade. O arquétipo do feminino, a Anima, aparece primeiro na figura da mãe e depois se transfere desta para a amada.

515   A atividade do pai como hábil fazedor de setas o revela como participante do drama inconsciente, isto é, como o pai do herói (assim como a amada é a mãe). No pai aparece pela primeira vez o arquétipo do ancião (sábio), uma personificação do sentido e do espírito, também aqui com significado criador[45]. O pai do herói frequentemente é um talentoso carpinteiro ou outro artífice. Segundo uma len-

---

44. Cf. ZÓSIMO. *Sobre a arte* (BERTHELOT. Collection des anciens *alchemistes grecs*, III, I, 2, p. 108: ἐξ ἀνάγχης ἱερατευόμενος πνεῦμα τελοῦμαι. (Feito sacerdote por necessidade, sou consumado como "espírito").

45. Cf. *Zur Phänomenologie des Geistes im Märchen* [OC, 9; § 400s.].

da árabe, Taré[46], pai de Abrão, teria sido um hábil marceneiro que de qualquer pedaço de pau talhava flechas, isto é, um gerador de excelentes filhos, na linguagem árabe. Além disso ele fazia ídolos. Tvashtar, o pai de Agni, é o forjador do mundo, um ferreiro e carpinteiro, inventor da técnica de produzir o fogo. José, pai de Cristo, era carpinteiro, assim como Cíniras, pai de Adônis; ele teria inventado o martelo, a alavanca, a construção de telhados e a exploração de minas. Também o pai do multiforme Hermes é um carpinteiro e escultor engenhoso, Hefesto (ao lado de Zeus). Na lenda o pai do herói humildemente é o tradicional rachador de lenha. No *Rigveda* o forjador do mundo talha o mundo a partir de uma árvore. O sogro de Hiawatha é um fazedor de flechas, o que significa que o atributo mitológico que geralmente caracteriza o pai do herói, aqui foi transferido para o sogro. Isto corresponde ao fato psicológico de que a Anima sempre tem uma relação de filha com o sábio ancião[47]. Não é raro o sogro substituir o pai verdadeiro numa conotação peculiar. No fundo disto está então a mencionada relação arquetípica.

Finalmente, em certas ocasiões o próprio herói apresenta os atributos paternos, quando sua identidade com o pai se manifesta. O herói representa o *eu inconsciente do homem,* e este se revela empiricamente como a soma e o conteúdo de todos os arquétipos, incluindo também o tipo do "pai" e o do sábio ancião. Neste sentido o herói é seu próprio pai e se gera a si mesmo. Em Mâni encontramos esta união de temas. Ele realiza seus grandes feitos como líder religioso, durante anos oculta-se numa caverna, morre, é esfolado, empalhado e enforcado; paralelamente ele é artista e tem um pé deformado. Uma fusão de temas semelhante é encontrada em Wieland o Ferreiro. 516

Voltando para casa, Hiawatha não conta à velha Nokomis o que viu na casa do velho fazedor de flechas; também não toma qualquer iniciativa para conquistar Minnehaha. E agora acontece alguma coisa que, se não estivesse escrita numa epopeia de índios, poderia ser esperada antes na anamnese de uma neurose: Hiawatha introverte sua 517

---

46. SEPP. *Das Heidentum und dessen Bedeutung für das Christentum*, 1853, III, p. 82, apud DREWS. *Die Christus-Mythe*, p. 78.

47. Um bom exemplo disto é a história de amor de Sofia (*Adversus haereses*, I, II, 2, p. I, 5s.), relatada por Ireneu.

libido, quer dizer, cai numa resistência extrema contra o desenrolar natural dos acontecimentos. Ele constrói uma cabana na floresta para ali jejuar e ter sonhos e visões. Durante os primeiros três dias caminha pela floresta, como na primeira juventude, e observa todas as plantas e animais:

> Mestre da Vida! exclamou ele em desalento,
> Devem nossas vidas depender de coisas tais?

518   A pergunta se a vida deve depender "destas coisas" é muito estranha. É como se Hiawatha achasse insuportável que a vida provenha "destas coisas", da natureza em geral. Subitamente a natureza parece ter adquirido um significado estranho. Este fenômeno só pode ser explicado pelo fato de uma grande parte da libido, até então inconsciente, ter sido subitamente transferida para a natureza ou dela retirada. Ocorreu alguma transformação decisiva do sentimento geral, que parece consistir numa regressão da libido de Hiawatha. Sem ter feito coisa alguma, ele volta ao lar, a Nokomis; mas também ali não se acomoda, pois Minnehaha está em seu caminho. Ele se afasta ainda mais, volta à primeira juventude, de cujos sons Minnehaha o faz recordar-se intensamente, quando ouvia a voz da mãe na voz da natureza. Nesta reanimação das lembranças da natureza reconhecemos um renascer das primeiras e mais fortes impressões da natureza, sobrepujadas apenas pelas impressões ainda mais fortes que a criança recebe da mãe. O brilho de seu sentimento é transferido para os objetos do mundo infantil, dos quais mais tarde emanam aqueles sentimentos encantados próprios às primeiras recordações da infância. Mas Hiawatha torna a abrigar-se assim no seio da natureza, e é como um novo despertar das relações com a mãe e com aquilo que é mais antigo que a mãe. Por isso se espera que ele despontará novamente renascido de alguma forma.

519   Antes de voltar a esta nova criação decorrente da introversão, devemos ocupar-nos de um segundo significado na questão acima: se a vida deve depender "destas coisas". A vida também pode depender "destas coisas" simplesmente porque sem elas morreríamos de fome. Neste caso deveríamos concluir que o herói de repente se preocupa com o problema da alimentação. A questão da alimentação é cabível, uma vez que a regressão à mãe necessariamente traz à memória a

"alma mater"[48], a mãe como fonte de nutrição. O incesto não é o único aspecto característico da regressão, mas também a fome, que faz a
criança procurar a mãe. Quem desiste do trabalho de adaptação e regride ao seio da família, em última análise da mãe, espera ser ali não
só aquecido e amado, mas também alimentado. Se a regressão tiver
caráter infantil, ela visa incesto e alimentação, embora sem confessar
esta intenção. Mas quando a regressão só é aparente, na realidade
uma introversão dirigida da libido, então esta relação endogâmica,
que de qualquer maneira é proibida pelo tabu do incesto, é evitada, e
a reivindicação de ser alimentado é substituída por jejum voluntário,
como no caso de Hiawatha. Por uma tal atitude a libido é obrigada a
desviar-se para um símbolo ou um equivalente simbólico da "alma
mater", para o inconsciente coletivo. Solidão e jejum são por isto os
mais antigos meios conhecidos para apoiar a meditação que deverá
permitir acesso ao inconsciente.

No quarto dia de seu jejum o herói deixa de ocupar-se com a na-   520
tureza; está estendido em seu catre, exausto, os olhos semicerrados,
profundamente mergulhado em seus sonhos, a imagem da introversão máxima. Já vimos que em tais estados a vida exterior e a realidade externa são substituídas por vivências interiores. Hiawatha tem
uma visão:

> E viu um jovem aproximar-se,
> Vestindo traje verde e amarelo,
> Vindo através do crepúsculo purpúreo,
> Através do esplendor do pôr do Sol;
> Plumas verdes cingiam sua fronte,
> E seu cabelo era macio e dourado.

Este estranho personagem apresenta-se a Hiawatha do seguinte   521
modo:

> Do Mestre da Vida descendo,
> Eu, o amigo do homem, Mondamin,
> Venho te avisar e instruir
> Como, com esforço e trabalho,
> Alcançarás aquilo por que rezaste.

---

48. Almus = alimentador, refrescante, bondoso, abençoador (cf. fig. 36).

> Ergue-te de teu leito de galhos,
> Ergue-te, ó jovem, e luta comigo!

Mondamin é o milho. Um deus comestível surge da introversão   5
de Hiawatha. Sua fome em sentido duplo, sua nostalgia pela mãe que
alimenta, chama do inconsciente um outro herói, um deus comível, o
milho, o filho da mãe-terra. O paralelo cristão está claro. É desnecessário supor aqui uma influência cristã, pois já Frei Bernardino de Sahagun, no início do século XVI, descreve a Eucaristia de Huitzilopochtli entre os antigos mexicanos[49]. Este deus também era ingerido
(ritualmente). Mas Mondamin, o "amigo do homem"[50], o desafia
para a luta, que se trava ao entardecer. No rubor do pôr do Sol (quer
dizer, no Ocidente) inicia-se a luta mítica com o deus que saiu do inconsciente como um reflexo transformado do consciente introverti-
do. Como deus ou homem-deus, ele é um modelo do destino heroico
de Hiawatha; isto é, este tem em si não só a possibilidade, mas também a necessidade de encontrar o seu demônio. Buscando realizar
este objetivo, ele vence os pais, isto é, a fixação em ligações infantis.
A relação mais profunda é com a mãe. Vencendo-a, conseguindo
acesso ao equivalente simbólico desta, ele pode renascer sob nova
forma. Na ligação com sua origem materna se encerra toda a força
que capacita o herói para o extraordinário, seu verdadeiro gênio, que
ele liberta das amarras do inconsciente por sua coragem e liberdade.
Assim aparece o deus dentro dele. O mistério da "mãe" é *força criadora divina* que aqui se manifesta como o deus-milho Mondamin (cf.
fig. 16). Este conceito se confirma numa saga dos Iroqueses: "os quais
invocam (o milho) com o nome de 'a Velha', em alusão a um mito segundo o qual ele proveio do sangue de uma velha mulher assassinada
por seus filhos desobedientes"[51].

> Fraco de fome, Hiawatha
> Ergueu-se de seu leito de galhos;

---

49. *Einige Kapitel aus dem Geschichtswerk des Fray Bernardino de Sahagún*, p. 258s.
50. Sobre a figura do amigo, cf. minhas considerações sobre Chadir em: *Über Wiedergeburt* [OC, 9; § 240s.], assim como *Psychologie und Alchemie* [OC, 12; § 155s.].
51. FRAZER. *The Golden Bough*, parte IV, p. 297: "who invoke it (the maize) under
the name of 'the Old Woman' in allusion to a myth that it sprang from the blood of an
old woman killed by her disobedient sons".

Da penumbra de seu wigwam
Para o rubor do Sol poente
Saiu, e lutou com Mondamin;

A seu contato sentiu nova coragem
Pulsando em seu cérebro e peito,
Sentiu nova vida, esperança e vigor
Correr através de cada nervo e fibra.

A luta com o deus-milho ao pôr do Sol dá novas forças a Hiawat-   523
ha: e assim deve ser, pois a luta contra a força paralisante do inconsciente dá forças criadoras ao homem. Pois é esta a fonte de toda criação,
mas é necessário coragem heroica para lutar contra estas potências e
arrancar-lhes a preciosidade dificilmente alcançável. Quem o conseguir, no entanto, conseguiu o melhor. Hiawatha luta consigo mesmo
pela criação de si mesmo[52]. A luta novamente dura os três dias míticos.
No quarto dia, como profetizara Mondamin, Hiawatha o vence e ele
cai por terra morto. Conforme desejo anterior de Mondamin, Hiawatha
cava sua sepultura na terra materna. Pouco depois nasce de sua sepultura, tenro e fresco, o milho para alimento do homem (cf. fig. 96). Se Hiawatha não o tivesse vencido, Mondamin o teria "matado", isto é,
substituído, e Hiawatha se tornaria um malfeitor possesso[53].

É estranho que não é Hiawatha que morre e renasce renovado,   524
como seria de se esperar, mas sim a divindade. Não é o homem que se
transforma em deus, mas o deus se transforma no homem e através
dele. É como se estivesse dormindo na "mãe", no inconsciente de Hiawatha, e depois fosse acordado e combatido para que não sobrepu-
jasse o homem e finalmente, passando pela morte e pelo renascimento, adquirisse no milho forma nova e benéfica para o homem. Inicialmente ele aparece portanto sob uma forma inimiga, como entidade
violenta contra o qual o herói precisa lutar. Isto corresponde à violência da dinâmica inconsciente. Nesta o deus se revela e nesta forma
ele deve ser vencido. A luta tem seu correspondente na luta de Jacó

---

52. Cf. § 459: "Procuraste o fardo mais pesado, e encontraste a ti" (Nietzsche).

53. Cristo no deserto resistiu à tentação do demônio do poder. Por isso, pelo preceito
cristão, quem prefere o poder está possuído do demônio: contra isso nada há a objetar
sob o ponto de vista psicológico.

Fig. 96 − Divindade do milho. Cerâmica Chimbote, Peru

com o anjo de Javé no vau do Jaboc. O surto de violência dos instintos é vivência divina quando o homem não sucumbe à força deles, não os segue cegamente, mas defende com sucesso sua condição humana contra o caráter animal da força divina. É "terrível cair nas mãos do deus vivo" e "quem está perto dele, está perto do fogo, e quem está longe dele, está longe do reino", pois "Deus é um fogo devorador", e o Messias é "um leão da tribo de Judá":

> Filhote de leão, Judá!
> Voltaste da caçada, meu filho.

Agacha-se e repousa, como leão,
O rei dos animais, quem irá despertá-lo?[54]

Também "o diabo, como um leão que ruge, anda rondando"[55].   525
Estes conhecidos exemplos são suficientes para mostrar como este
pensamento também é familiar na esfera judeu-cristã.

No mistério de Mitra o herói luta com o touro; no "transitus" car-   526
rega o mesmo até a caverna, onde o mata. Desta morte nasce toda a
fertilidade, sobretudo todo o alimento[56] (cf. fig. 66). A caverna corresponde à sepultura. A mesma ideia está expressa no mistério cristão sob
forma mais bonita, humana. A luta espiritual de Cristo no Getsêmani,
onde luta consigo mesmo para terminar a sua obra, depois o "transitus", a *via crucis*[57], onde carrega o símbolo da mãe mortal e com isto
carrega a si mesmo até a morte, da qual ressuscita depois de três dias.
Todas estas imagens exprimem o mesmo pensamento básico: Cristo é
um deus comido na ceia. Sua morte transforma-o em pão e vinho, que
consumimos como alimento místico[58]. Não podemos deixar de mencio-

---

54. Gn 49,9.

55. 1Pd 5,8.

56. É por assim dizer uma particularidade constante no mito da baleia e do dragão que o
herói está muito faminto no interior do monstro e começa a cortar pedaços do animal
para alimentar-se. Ele se encontra dentro da "mãe nutriz". Seu ato seguinte é acender
fogo para libertar-se. Num mito dos esquimós do estreito de Bering, o herói dentro da
baleia encontra uma mulher, a alma do animal (cf. FROBENIUS. Op. cit., passim).

57. Como se vê em Strabo (a θαλλοφορία), o ato de carregar ramo de oliveira era importante no culto de Dioniso e de Ceres (Deméter).

58. Um texto egípcio que trata da chegada do faraó morto ao céu conta como o faraó
se apodera dos deuses para adquirir ele mesmo natureza divina, e transformar-se ele
mesmo no Senhor dos deuses: "Seus servos laçaram os deuses com um cabo de navio,
acharam-nos bons e os arrastaram para perto, amarraram-nos, cortaram suas goelas e
tiraram suas entranhas, esquartejaram-nos e os cozinharam em caldeiras quentes. E o
rei devora sua força e suas almas. Os grandes deuses constituem seu desjejum, os médios
são seu almoço, os pequenos são seu jantar [...] O rei devora tudo que aparece à sua
frente. Avidamente ele come tudo e seu poder mágico torna-se maior que toda magia.
Ele se torna um herdeiro do poder, maior que todos os herdeiros, ele se torna o Soberano do céu, ele comeu todas as coroas e braceletes, ele comeu a sabedoria de cada
deus" etc. (WIEDEMANN. *Die Toten und ihre Reiche im Glauben der alten Ägypter.
Der alte Orient* II, 2, 1900, p. 18, apud DIETERICH. Op. cit., p. 100s.). Esta bulimia
descreve muito bem o instinto regressivo na fase em que os pais têm significado predominantemente "nutritivo".

nar aqui a conexão que existe entre Agni e o beber o Soma, entre Dioniso e o vinho[59]. Outro paralelo é Sansão estrangulando o leão e o ato
seguinte em que as abelhas se instalam em sua carcaça, o que levou à
conhecida charada: "Do que come saiu comida e do forte saiu doçura"[60]. Também nos mistérios de Elêusis estas ideias parecem ter sido
importantes (cf. fig. 6). Além de Deméter e Perséfone, Iaco era um
dos principais deuses do culto de Elêusis, ele era o "puer aeternus", o
eternamente jovem, que Ovídio invoca do seguinte modo:

> Eterna é, florescente mancebo
> A tua juventude e és visto como o mais belo
> No alto Olimpo: sem cornos apareces
> Com aspecto de uma donzela...[61]

527   No grande cortejo festivo de Elêusis a imagem de Iaco era levada
na frente. Não é fácil dizer que deus era Iaco; provavelmente um menino ou um filho recém-nascido, talvez comparável ao Tages etrusco,
que tem o cognome de "menino recém-desenterrado na lavoura",
porque segundo a lenda ele teria surgido do sulco aberto pelo camponês que conduzia o arado. Este quadro mostra claramente o tema
de Mondamin. O arado tem conhecido significado fálico (cf. fig. 34),
o sulco aberto por ele representa a mulher (por exemplo, entre os
hindus). A psicologia desta imagem é um equivalente simbólico da
cópula; o filho é o fruto comestível da lavoura. Entre os lexicógrafos
ele se chama τῆς Δήμητρος δαίμων (o daimon de Deméter). Foi
identificado com Dioniso, sobretudo com o Dioniso-Zagreu da Trá-
cia, a quem se atribui a história de um destino de renascimento típi-

---

59. O sacrifício sacramental de Dioniso-Zagreu e o ato de comer a carne sacrifical pro-
duzia o Διόνυσος, a ressurreição de deus, como se depreende do fragmento cretense
de Eurípides, citado em Dieterich (op. cit., p. 105): ἁγνὸν δὲ βίον τείνων ἐξ οὗ / Διὸς
Ἰδαίου μύστης γενόμην / χαὶ νυχτιπόλου Ζαγρέως βούτας / τοὺς ὠμοφάγους δαῖτας
τελέσας. (Levando uma vida consagrada desde que / me tornei um iniciado do Zeus de
Ida / e um pastor dos bois do noturno Zagreu, / e ao ter comido as refeições de carne
crua). Ao comerem a carne sacrifical crua, os iniciados, segundo a lenda cultual, rece-
biam o deus em si. Cf. o ritual mexicano do Teoqualo, do "comer deus" in: JUNG. *O
símbolo da transformação na missa* [OC, 11/3; § 339s.].

60. Jz 14,14.

61. Tu puer aeternus, tu formosissimus alto / Conspiceris coelo tibi, cum sine cornibus
astas, / Virgineum caput est [...] (*Metamorphoses*, IV, 18s.,p. 53s.).

co: Hera incitara os titãs contra Zagreu que, assumindo várias formas, procurou fugir deles, até que finalmente o alcançaram quando se transformara em touro. Como tal o mataram e esquartejaram, jogando a seguir os pedaços num caldeirão fervente. Mas Zeus matou os titãs com seu raio e engoliu o coração ainda palpitante de Zagreu. Com este ato ele o fez renascer e Zagreu reapareceu como Iaco.

No cortejo festivo de Elêusis era levada a joeira de trigo (cf. fig. 6), o berço de Iaco (λίξνον, mystica vannus Iacchi). Segundo a lenda órfica[62] Iaco foi criado junto a Perséfone, onde acordou na λίξνον depois de dormir três anos. O dia 20 de boedrômion (o mês boedrômion vai aproximadamente do dia 5 de setembro a 5 de outubro) chamava-se Iaco em honra do herói. Na noite deste dia era celebrada a grande festa das tochas à beira-mar, quando se representavam a procura e a lamentação de Deméter. O papel de Deméter que, sem comer e sem beber, erra pelo mundo todo à procura da filha na epopeia índia é assumido por Hiawatha. Ele se dirige a todas as criaturas, sem obter resposta. Assim como Deméter só obtém notícias da filha junto à deusa lunar Hécate, Hiawatha encontra o que procurava, Mondamin[63], só na mais profunda introversão (descida para a "noite", até as mães). O Bispo Astério (cerca de 390) relata o seguinte sobre o conteúdo dos mistérios: "Porventura não acontecem ali (em Elêusis) a sombria descida (katabasion) e o encontro solene entre o hierofante e a sacerdotisa, entre ele e ela só; não são apagadas as tochas e a incontável multidão não considera como bênção sua aquilo que na escuridão é consumado pelos dois?"[64] Isto indubitavelmente indica uma cerimônia de hierógamo celebrada subterraneamente. A sacerdotisa de Deméter parece ser a representante da deusa da terra,

528

---

62. Hino órfico 46 (ROSCHER. *Lexikon*, verbete Iakchos).

63. Um paralelo exato disto é a saga de Izanagi, o Orfeu japonês, que segue sua esposa morta ao inferno e lhe pede que retorne. Ela está disposta, mas pede ao marido: "Não olhes para mim!" Izanagi acende luz com seu pente, isto é, com uma trave masculina do mesmo, e perde assim sua esposa.
(FROBENIUS. Op. cit., p. 343). Em lugar de esposa, leia-se "mãe", Anima, inconsciente. Ao invés da mãe o herói traz o fogo, Hiawatha o milho, Odin as runas etc.

64. Apud DE JONG. *Das antike Mysterienwesen*, p. 22.

por assim dizer do sulco do arado[65]. A descida para o interior da terra é simbólica de "ventre materno" e era muito difundida como culto em cavernas. Plutarco conta que os magos sacrificaram Ahriman εἰς τόπον ἀνήλιον (num sítio onde não havia Sol)[66]. Luciano faz o mago Mithrobarzanes descer às profundezas εἰς χωρίον ἔρημον χαὶ ὑλῶδες χαὶ ἀνήλιον (lugar pantanoso, ermo)[67]. Segundo o testemunho de Moses von Khoren, na Armênia veneravam-se irmão Fogo e irmã Fonte numa caverna. Juliano conta uma χατάβασις εἰς ἄντρον, da lenda de Átis, de onde Cibele torna a içar seu filho-amante[68]. A gruta em que Cristo nasceu em Belém ("Casa do Pão") teria sido uma caverna (spelaeum) de Átis.

529   Outra simbólica das Eleusínias liga-se à celebração do hierógamo: são as caixas místicas (cf. fig. 97) que, segundo o testemunho de Clemente de Alexandria, teriam contido bolos, dádivas de sal e frutas. Mas o "synthema" (confissão) do iniciado nos mistérios relatado por Clemente indica ainda mais:

> Eu jejuei, eu bebi o kykeon, eu tomei da caixa e depois de ter trabalhado eu o repus no cesto, e do cesto na caixa[69].

530   Dieterich[70] analisa mais de perto o que havia na caixa. O "trabalhar" refere-se a uma atividade fálica que o iniciado precisava realizar. De fato existem ilustrações do cesto fálico em que se vê um falo cercado de frutas[71]. No assim chamado vaso sepulcral de Lovatelli, cujos relevos são considerados como cerimônias de Elêusis, um iniciado acaricia a serpente enroscada em Deméter. O ato de acariciar o

---

65. Um filho-amante do mito de Deméter é Iasião que abraça Deméter numa seara três vezes arada. Por isso Iasião foi abatido por Zeus com o relâmpago (OVÍDIO. Op. cit., IX. Cf. em ROSCHER. Op. Cit., verbete Iasion, col. 60).

66. *De Iside et Osiride.*

67. Cf. HARMAN (org.). *Menippus*, IV, p. 89.

68. Oratio V, apud CUMONT. *Textes et monuments*, I, p. 56.

69. Ἐνήστευσα, ἔπιον τὸν χυχεῶνα, ἔλαβον ἐχ χίστης, ἐργασάμενος ἀπεωέμή εἰς χάλαθον χαὶ ἐχ ξαλάθον εἰς χίστην. Ao invés de ἐργασάμενος por sugestão de Lobeck lê-se ἐγγευσάμενος, "depois de ter provado". Dieterich (*Mithrasliturgie*, p. 125) no entanto mantém o texto tradicional.

70. Ibid., p. 125s.

71. Por exemplo, relevo de um campanário em Lovatelli (*Antichi monumenti* I, IV, fig. 5). Também o Priapo de Verona tem um cesto cheio de falos.

animal temido indica uma repressão cultual do incesto. Segundo o testemunho de Clemente de Alexandria, a arca mística continha uma serpente[72]. Esta serpente indica o perigo do movimento regressivo da libido. Rohde[73] menciona que nas arretoforias jogavam-se bolos em forma de falos no abismo durante os festejos das tesmofórias; a cerimônia visava a bênção das crianças e da colheita[74]. A serpente também tinha papel importante nas consagrações sob o curioso título ὁ διὰ χόλπον θεός (o deus através do seio)[75]. Clemente observa que o símbolo dos mistérios de Sabázio seria: ὁ διὰ χόλπου θεός. δράχων δὲ ἐστι χαὶ οὗτος διελχόμενος τοῦ ξόλπου τῶν τελουμένων. ("O 'deus através do seio'; esta é uma cobra puxada através do seio do iniciado"[76].) Arnóbio conta: "Uma serpente dourada é introduzida nas vestes do consagrado e embaixo é novamente puxada para fora"[77]. No hino órfico 52 invoca-se Bakcheus: ὑποχόλτιε, o que indica que o deus penetra no homem como que pelas partes genitais femininas[78]. O hierofante anunciava no mistério de Elêusis ἔτεχε πότνια χοῦρον, Βριμὼ βριμόν ("A Sublime deu à luz um menino, Brimo a Brimos")[79]. Este evangelho natalino "nasceu-vos hoje um filho" é ilustrado pelo relato de que os atenienses "mostram em segredo àqueles

---

72. DE JONG. *Das antike Mysterienwesen*, p. 21.

73. "ΣΚΙΡΑ", p. 124.

74. A mãe é a doadora de alimento. Dominicus é amamentado nos seios da mãe de deus, assim como o adepto alquimístico. A mulher solar de Namaqua consiste de toucinho. Cf. também as ideias de grandeza de minha paciente, que afirmava: "Eu sou Germânia e Helvétia, toda de manteiga doce" (*Über die Psychologie der Dementia praecox* [OC, 3; § 201].

75. *Protrepticus*, II, 16, in: DIETERICH. Op. cit., p. 123.

76. Ibid.

77. "Aureus coluber in sinum demittitur consecratis et eximitur rursus ab inferioribus partibus atque imis" (DIETERICH. Op. cit.).

78. Cf. as imagens de Nietzsche: "encravado", "em ti mesmo" etc. [§ 446 e 459 deste volume]. Numa oração a Hermes de um papiro londrino lê-se: ἐλθέ μοι, χύριε Ἑρμῆ, ὡς τὰ βρέφη εἰς τὰς χοιλίας τῶν γυναιχῶν. ("Vem a mim, Hermes, como as crianças vêm ao ventre das mulheres".) KENYON. *Greek Papyri in the British Museum*, I, p. 116; Papiro CXXII, II, 2s. cit. in: DIETERICH. Op. cit., p. 97).

79. Brimo = Deméter. Júpiter teria coabitado com Deo (=Deméter) sua mãe, na forma de um touro, o que deixou a deusa furiosa. Para acalmá-la ele simulou autocastração (ROSCHER. Op. cit., IV, verbete Sabazios, col. 253, 5).

que participam da epopteia (solenidade) o grande e magnífico e mais perfeito segredo epóptico [...] uma espiga ceifada"[80].

Fig. 97 – Caixa e serpente. Moeda de prata, de Éfeso, chamada Kistophóros, de quatro dracmas (57 a.C.)

531   O paralelo ao tema da morte e ressurreição é o da perda e reencontro. Também aparece em forma cultual exatamente no mesmo momento, nos festejos da primavera semelhantes a hierógamos, onde a imagem divina era escondida e reencontrada. É uma tradição extracanônica que Moisés teria abandonado a casa paterna aos doze anos, para ir ensinar os homens. Também Cristo se afasta dos pais e eles o reencontram como pregador de sabedoria. Assim como na lenda maometana Moisés e Josué perdem o peixe e em seu lugar aparece o sábio Chidr, também o deus dos grãos, perdido e julgado morto, reaparece sobre a terra com nova juventude.

532   Através destes relatos compreendemos como os mistérios de Elêusis eram confortadores para as esperanças de eternidade do iniciado. Um epitáfio de Elêusis diz:

> Realmente, um belo mistério anunciam os bem-aventurados deuses!
> Aos mortais não é maldição, mas uma bênção a morte!

533   O mesmo diz o *Hino a Deméter* sobre os mistérios:

> Bem-aventurados aqueles dentre os homens terrestres que os contemplaram!

---

80. Cf. DE JONG. Op. cit., p. 22s. O deus dos cereais da Antiguidade era Adônis, cuja morte e ressurreição era festejada todos os anos. Ele era o filho-amante da mãe, pois o grão é o filho e fecundador da terra, como Robertson observa corretamente (*Evangelien-Mythen*, p. 36).

> Mas quem não participa dos atos sagrados,
> Sorte diversa terá também nas escuras névoas da morte![81]

Num hino sagrado de Samuel Preiswerk, do século XIX, encontra-se a mesma simbólica: 534

> A coisa é tua, Senhor Jesus Cristo,
> A coisa em que estamos,
> E porque a coisa é tua
> Não pode perecer.
> Porém, o grão de trigo, fértil,
> Antes de crescer, para a luz,
> No seio da terra deve morrer,
> Antes, desfazer-se do próprio ser [...]

> Subiste, Jesus, nosso Senhor,
> Aos céus com sofrimento,
> E a todos aqueles que em ti creem
> Conduzes pelo mesmo caminho.
> Leva-nos, pois, neste momento,
> A partilhar do reino e do sofrimento;
> Pelo portal de tua morte nos conduz,
> Com a coisa tua para a luz [...][82]

Fig. 98 – Cesto de Ísis com serpente. Altar de mármore do templo de Ísis erigido por Calígula em Roma

---

81. DE JONG. Op. cit. [as duas citações], p. 14.

82. *Gesangbuch für die Evangelisch-reformierte Kirche*, n. 170 (p. 186s.).

535 Firmicus relata, do mistério de Átis:

> Em determinada noite deita-se a imagem do deus de costas sobre uma maca e procede-se a lamentações rítmicas; e depois de se entregarem o suficiente ao simulado lamento fúnebre, introduz-se uma luz. A seguir o sacerdote unge o pescoço de todos os que choraram e murmura lentamente o seguinte: "Tende coragem, ó iniciados, pois como o deus está salvo, também virá do sofrimento a bem-aventurança para vós"[83].

536 Estes paralelos mostram quão pouco há de humano-pessoal na imagem de Cristo, e quanto de mito geral. O herói é um homem extraordinário no qual habita um δαίμων, e é este que o transforma em herói. É esta a razão por que as informações sobre o herói geralmente são tão pouco pessoais e tão frequentemente típicas e impessoais. Cristo é um ser divino, como dizem as primeiras interpretações cristãs. Em muitas partes da terra e sob diversas formas e aspectos o herói-salvador aparece como fruto da penetração da libido na profundidade materna do inconsciente. As sagrações baquianas representadas no relevo da Vila Farnesina contêm uma cena em que um iniciado, coberto com o manto puxado por sobre a cabeça, é levado a Sileno, que tem nas mãos o λίκνον coberto por um pano. A cobertura da cabeça significa invisibilidade, isto é, morte[84]. Entre os Nandis da África Oriental os recém-circuncidados, os iniciados, durante algum tempo usam estranhos bonés cônicos de capim, que chegam até o chão, ocultando-os por completo. Os circuncidados tornaram-se invisíveis espíritos. O véu das freiras tem o mesmo sentido. O iniciado morre figuradamente como o grão de trigo, torna a brotar e crescer e chega à joeira de trigo. Proclo conta que os iniciados eram enterrados até o pescoço[85]. A Igreja de certo modo é um sepulcro de heróis (catacumbas!). O crente desce ao túmulo para ressuscitar com o herói. Dificilmente podemos duvidar de que o sentido básico da Igreja seja o

---

83. *De errore profanaram religionum*, XXII, I, p. 57. "Nocte quadam simulacrum in lectica supinum ponitur, et per numeros digestis fletibus plangitur. Deinde cum se ficta lamentatione satiaverint, lumen infertur. Tunc a sacerdote omnium qui flebant fauces unguentur, quibus pe]runctis sacerdos hoc lento murmure susurrat: Θαρρεῖτε μύσται τοῦ θεοῦ σεσωσμένου / ἔσται γὰρ ἡμῖν ἐκ πόνων σωτηρία".

84. DIETERICH. Op. cit., p. 167.

85. Ibid.

do ventre materno. A interpretação tântrica considera o interior do templo como o interior do corpo e o ἄδυτον é chamado de garbha griha, de lugar de germinação ou útero. Neste sentido o mais claro exemplo é certamente a veneração do santo sepulcro, como o sepulcro na Igreja de Santo Estêvão, em Bolonha (cf. fig. 99). A própria igreja, uma construção redonda poligonal, consiste de restos de um templo de Ísis. No interior encontra-se um *spelaeum* artificial, um assim chamado santo sepulcro, ao qual se chega por uma porta minúscula. A adoração num tal *spelaeum* não poderá deixar de identificar o adorador com o morto e ressuscitado, isto é, renascido. As cavernas neolíticas de Hal Saflieni, em Malta, parecem ter servido para iniciações semelhantes. Um ossário etrusco no museu arqueológico de Florença é ao mesmo tempo a estátua de Matuta (cf. fig. 100), a deusa da morte; a figura da deusa da morte é oca por dentro para receber as cinzas. A figura 100 mostra que Matuta é a mãe. Seu assento está ornamentado com esfinges, como compete à mãe da morte (cf. o mito de Édipo).

Entre os demais atos de Hiawatha só poucos nos interessam. Entre estes, o oitavo cântico contém a luta com Mishe-Nahma, o deus dos peixes, e merece ser citado por ser uma luta típica de herói solar. Mishe-Nahma é um peixe monstro que mora no fundo das águas. Desafiado por Hiawatha para a luta, ele engole o herói juntamente com sua canoa.

537

> Em sua ira projetou-se para cima,
> Lampejante pulou para a luz do Sol,
> Abriu suas grandes mandíbulas e engoliu
> Ambos, canoa e Hiawatha.
>
> Para dentro da escura caverna
> Mergulhou Hiawatha de ponta-cabeça,
> Como uma tora em negro rio
> Dispara e submerge corrente abaixo;
> Encontrou-se em total escuridão
> E tateou a seu redor, em desvalida consternação,
> Até perceber o bater de um coração enorme,
> Palpitando nesta total escuridão.
>
> E golpeou em sua raiva,
> Com seu punho, o coração de Nahma,

Fig. 99 – O "santo sepulcro", na Igreja de Santo Estêvão, Bolonha

> Sentiu o poderoso rei dos peixes
> Tremer em cada nervo e fibra...
> Em cruz então Hiawatha
> Amarrou sua canoa por segurança,
> Antes que, em meio ao confuso turbilhão,
> Das mandíbulas de Nahma
> Fosse despejado e sucumbisse.

538   É o mito dos heróis disseminado por assim dizer pelo mundo todo. Ele anda de barco, luta contra o monstro marinho, é engolido, apoia-se protegendo-se do perigo de ser triturado ou esmagado[86] (motivo de bater ou fincar o pé); chegando no interior do "dra-

---

86. "Wie Wolkenzüge schlingt sich das Getreibe, / Den Schlüssel schwinge, halte sie vom Leibe!" ("Névoas ali flutuam incessantes, / Agite a chave, mantenha-as distantes) (*Faust*, parte II, ato I, p. 317).

gão-baleia" procura o órgão mais vital, corta-o ou o destrói de outro modo. Muitas vezes o monstro morre porque o herói secretamente acende fogo dentro dele. Nas entranhas do monstro ele em segredo produz a vida, o Sol nascente. Assim o peixe é morto, flutua até a terra firme onde, com o "auxílio de um pássaro", o herói retorna à luz do dia[87]. O pássaro aqui, de um lado, poderia significar o novo nascer do Sol, o renascimento de Fênix, de outro lado, indicar os "animais

---

87. Menciono aqui, como exemplo, o mito de Rata (FROBENIUS. Op. cit., p. 64-66): "Com vento favorável, o barco velejava gostosamente pelo oceano, quando um belo dia Nganaoa exclamou: 'Ó Rata, aqui está um inimigo terrível, que se ergue do oceano!' Era um molusco com a concha aberta, de dimensões gigantescas. Um dos pratos estava na frente, o outro atrás do barco, e este estava exatamente no meio. No próximo instante a terrível concha poderia fechar-se e esmagar a embarcação e todos eles. Mas Nganaoa estava preparado para esta eventualidade. Pegou uma lança comprida e a fincou rapidamente no corpo do animal, de modo que a criatura, ao invés de fechar suas conchas, afundou imediatamente no mar. Livres deste perigo, continuaram seu caminho. Mas depois de algum tempo ouviu-se de novo a voz do sempre vigilante Nganaoa: 'Ó Rata, outro inimigo terrível emergiu das profundezas do oceano!' Desta vez era um enorme octópode cujos tentáculos já enlaçavam o barco, para destruí-lo. Neste momento crítico Nganaoa tomou sua lança e a enterrou na cabeça do octópode. Seus tentáculos caíram frouxos e o monstro morto desapareceu flutuando na superfície do oceano. Novamente continuaram sua viagem, mas um perigo ainda maior os esperava. Um dia o valente Nganaoa exclamou: 'Ó Rata, eis aqui uma grande baleia!' Escancarou enorme boca, e já colocava o maxilar inferior debaixo da embarcação, e o outro por cima dela. Um instante, e a baleia os engoliria. Nganaoa, 'o matador de monstros' (the slayer of monstres), quebrou sua lança em duas partes e, no momento em que a baleia quis esmagá-los, fincou as duas hastes na goela do inimigo, de modo que este não pôde mais fechar a enorme boca. Rapidamente Nganaoa pulou para dentro da baleia (*deglutição do herói*) e olhou para o interior de seu corpo. E o que viu? Ali sentados estavam seu pai Tairitokerau e sua mãe Vaiaroa, que haviam sido engolidos pelo monstro enquanto pescavam [...] O oráculo se havia cumprido; a viagem alcançara seu fim. Grande foi a alegria dos pais de Nganaoa ao verem seu filho, pois estavam convencidos agora que sua libertação não tardaria. E Nganaoa também decidiu vingar-se. Tirou uma das hastes da boca do animal – uma só bastava para impedir que a baleia a fechasse, e ainda assim conservasse aberto o caminho para Nganaoa e seus pais saírem. Quebrou esta parte da lança em duas metades, para usá-las como paus de acender fogo. Pediu ao pai que segurasse um deles embaixo, enquanto ele próprio manejava a parte superior até que o fogo começou a surgir (*acender o fogo*). Soprando então para produzir chamas, ele se apressou em aquecer as partes gordurosas do ventre da baleia com o fogo (*coração*). O monstro, retorcendo-se de dor, nadou até a praia para procurar ajuda (*viagem pelo mar*). Assim que atingiu o banco de areia (*desembarque*), pai, mãe e filho saíram pela boca aberta da baleia moribunda e pisaram em terra firme (*eclosão do herói...*)". Cf. esquema, op. cit., p. 354 [§ 309 deste volume].

Fig. 100 – Matuta, uma pietá etrusca

prestimosos", que, como aves, representam seres aéreos, espíritos ou anjos (que têm natureza de aves), como auxiliares sobrenaturais durante o nascimento. Nos mitos é frequente o aparecimento de emissários divinos por ocasião do nascimento, o que ainda hoje subsiste no costume de adotar padrinhos (que em alemão suíço se chamam Götti e Gotte!). O símbolo solar da ave que se ergue das águas (etimologicamente) está contido no canto do cisne. "Cisne" [em alemão

"Schwan"] vem da raiz "sven", assim como o Sol [em alemão Sonne]
e os sons[88]. Este feito significa renascimento e a vida tirada da mãe[89]
e, assim, a destruição definitiva da morte que, como diz um mito negro, entrara no mundo pelo descuido de uma velha. Durante a troca
geral da pele (pois os homens naquele tempo rejuvenesciam trocando
a pele, como as cobras), por inadvertência ela tornara a vestir a pele
velha ao invés da nova, razão por que morreu.

    É fácil entender o que a luta contra o monstro marinho represen-   539
ta: é a luta pela libertação da consciência do "eu" das amarras fatais
do inconsciente. O preparo do fogo no ventre do monstro é um indí-
cio disto. É uma magia apotropaica dirigida contra as trevas do inconsciente. A salvação do herói é ao mesmo tempo um nascer do Sol,
o triunfo do consciente (cf. fig. 101).

    Mas o efeito de um tal ato heroico infelizmente não dura muito.   540
Sempre de novo os esforços do herói devem renovar-se e isto sempre
sob o símbolo da libertação da mãe. Como Hera (no papel da mãe perseguidora) é a verdadeira fonte dos grandes trabalhos de Hércules, também Nokomis não dá trégua a Hiawatha e sempre põe novas dificuldades em seu caminho; estas são aventuras mortais, das quais o herói poderá sair vencedor mas também vencido. O homem e seu consciente
sempre ficam para trás em relação aos objetivos do inconsciente; ele cai
em preguiçosa indolência até que sua libido o chama para novos perigos.
Ou então, no auge da existência, ele é acometido por saudade retrospectiva e paralisa. Mas se atender à perigosa atração pelo proibido ou
pelo aparentemente impossível, ele perece ou se transforma em herói.
Assim a mãe é o demônio que desafia o herói para grandes feitos, colocando em seu caminho a serpente que o destruirá. No nono cântico,
onde o Sol se põe purpúreo, Nokomis o chama e lhe diz:

> Acolá mora o grande Pérola-Pena,
> Megissogwon, o Mágico,
> Manito de Fortuna e Wampum,

---

88. Cf. acima [§ 235 deste volume].

89. Na saga de Mauí, da Nova Zelândia (FROBENIUS. Op. cit., p. 66s.), o monstro a
ser vencido é a anciã Hine-nui-te-po. Mauí, o herói, diz aos pássaros que o ajudam:
"Meus amiguinhos, se eu agora entrar na garganta da velha, vocês não podem rir, mas
quando tiver estado lá dentro e tornado a sair por sua boca, vocês podem receber-me
com risos jubilosos". E Mauí de fato rasteja para dentro da boca da velha adormecida.

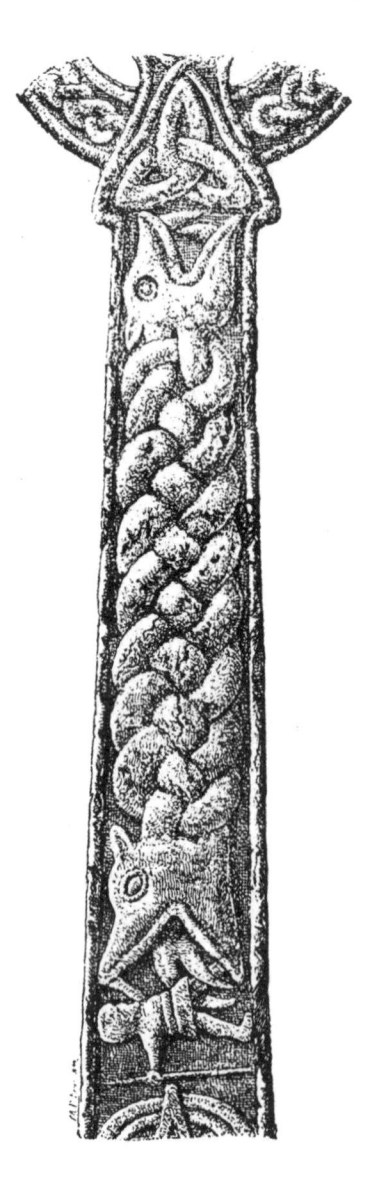

Fig. 101 – A luta de Vidarr com o lobo Fenris. Relevo de uma cruz no
cemitério de Gosforth (Cumberland)

Guardado por suas fogosas serpentes,
Guardado pela negra água de breu.
Podes ver suas fogosas serpentes,
As Kenabeek, as grandes serpentes,
Enroscando-se, brincando na água...

O perigo que está à espreita no Ocidente é a morte, da qual nin-   541
guém escapa, nem o maior dos poderosos. Ficamos sabendo que o mágico matou o pai de Nokomis. Agora ele envia seu filho para vingar o
pai. Pelos símbolos associados ao mágico, é fácil reconhecer quem ele
simboliza. Serpente e água pertencem à mãe. A serpente se enrosca no
rochedo materno protegendo-o e defendendo-o, habita a caverna,
sobe pela árvore materna, vigia o "Hort", o "tesouro" secreto. As
águas negras do Estige, como o poço de lama de Dhulqarnein, é o lugar onde o Sol desaparece para renascer, o mar mortal e noturno da
mãe devoradora. Na viagem até lá, Hiawatha leva o óleo mágico de
Mishe-Nahma, que ajuda seu barco a atravessar as águas da morte
(portanto, uma espécie de magia de imortalidade, como o sangue do
dragão para Siegfried etc.). Primeiro Hiawatha mata a grande serpente. Sobre a "viagem noturna" sobre as águas estígeas diz o poema:

Por toda a noite velejou sobre ela,
Navegou sobre esta inerte água,
Coberta pelo limo dos tempos,
Negra de juncos apodrecidos,
Oculta por vegetação e folhas de lírios,
Estagnada, sem vida, triste, sombria,
Aclarada pela vacilante luz da Lua
E alumiada por fogos-fátuos,
Fogos acesos pelas almas dos mortos,
Em seus desolados abrigos noturnos.

Esta descrição mostra nitidamente a natureza de uma água da   542
morte. A vegetação aquática apodrecida indica o tema já mencionado de enlaçar e engolir. Assim, no *Traumschlüssel des Jagaddeva*, lemos[90]: "Quem no sonho enlaça seu corpo com fibras, cipós ou cor-

---

90. VON NEGELEIN (org.), p. 177.

das, com pele de cobra, fios ou tecidos, também morrerá". Remeto o leitor à documentação anterior sobre o assunto.

543 Sem dúvida trata-se aqui do reino da "terrível mãe", representado pelo mágico, figura paterna negativa, isto é, por um princípio masculino na mãe. O secreto "spiritus rector" que determina os empreendimentos de Hiawatha também é representado por Nokomis, a mãe, portanto por um princípio feminino no peito do herói. Como esta corresponde à Anima de Hiawatha, assim aquele corresponde ao Animus da terrível mãe.

544 Chegado ao Ocidente, o herói desafia o mágico para a luta. Inicia-se um combate terrível. Hiawatha está impotente, pois Megissogwon é invulnerável. A noite, ferido e desesperado, ele se afasta por algum tempo para descansar.

> Parou para repousar sob um pinheiro,
> De cujos galhos pendiam os musgos,
> E cujo tronco estava coberto
> Com o couro mocassino do homem morto,
> Com o fungo branco e amarelo.

545 Esta árvore protetora é descrita como revestida (com o couro mocassino dos mortos, o cogumelo). Esta antropomorfização da árvore é um fator importante em todos os lugares onde as árvores são veneradas, como por exemplo na Índia, onde cada aldeia tem sua árvore sagrada (cf. fig. 102), que é vestida e tratada como um ser humano. As árvores são ungidas com águas de cheiro, salpicadas com pós, enfeitadas com grinaldas e vestes. Assim como os homens perfuram a orelha como magia apotropaica contra a morte, isto também é feito na árvore sagrada.

> Entre todas as árvores da Índia, nenhuma é mais sagrada aos hindus do que o... Aswatha (Ficus religiosa). Conhecem-na como Vriksha Raja (Rei das Árvores). Brahma, Vishnu e Maheswar vivem nela, e o seu culto é o culto da Trindade. Quase toda aldeia hindu tem um Aswatha, etc.[91]

546 Esta "árvore da aldeia", que nos é bem conhecida, aqui está nitidamente caracterizada como símbolo materno: ela contém os três

---

91. Ibid., p. 257.

deuses. Se Hiawatha se retira para descansar sob a "pinetree"[92], este é um passo bastante arriscado, pois ele se dirige para a mãe, cujo vestido é uma mortalha. Como na luta contra a baleia-dragão, o herói necessita da "ajuda dos pássaros", dos animais prestimosos, que representam sensações ou ideias correspondentes do inconsciente, isto é, da mãe auxiliadora:

> Súbito, dos altos galhos
> Cantou o pica-pau Mama:
> "Aponta tuas flechas, Hiawatha,
> Para a cabeça de Megissogwon,
> Acerta em seu tufo de cabelos,
> Em suas raízes, as longas tranças pretas;
> Só ali é ele vulnerável!"

Curiosamente Mama vem em seu auxílio. Mas o pica-pau também foi "Mama" de Rômulo e Remo ao colocar o alimento na boca dos gêmeos com o seu bico[93]. O pica-pau deve sua importância ao fato de cavar buracos nas árvores. Por isso é compreensível que na lenda romana tenha sido celebrado como Dono ou Senhor da árvore sagrada, o protótipo do "Pater familias". Uma antiga fábula conta que Circe, esposa do Rei Picus, o transformou no "Picus martius". Ela o mata e o transforma no pássaro da alma. Picus também é interpretado como demônio da floresta e incubus[94], e também como profeta[95]. Picus frequentemente é equiparado a Picumnus. Picumnus é o companheiro inseparável de Pilumnus, e ambos chamam-se "infantium dii", deuses das crianças. Sobretudo de Pilumnus se conta que ele protege as crianças recém-nascidas contra os ataques funestos do sátiro Silvano. O pássaro prestimoso aconselha o herói a atirar no má-

547

---

92. O "pine-tree" dizia a significativa palavra "Minne-wawa"!

93. No conto da Gata Borralheira, o passarinho sentado na árvore que cresce sobre o túmulo da mãe vem em seu auxílio.

94. ROSCHER. Op. cit., verbete Picus, col. 2.496, 30.

95. O pai de Picus se chamava Sterculus ou Sterculius, nome esse claramente derivado de stercus, esterco, excremento; ele também teria sido o inventor do estrume. O criador primário, que criou a mãe, o fez conforme a maneira infantil de produzir, que já vimos anteriormente. O deus supremo põe o seu ovo, sua mãe, através da qual ele se faz renascer. Na alquimia esterco tem o significado de "prima materia".

Fig. 102 – A árvore da iluminação. Relevo de coluna
em Barhut, Índia (século I a.C.)

gico debaixo do cabelo, onde se encontra o único ponto vulnerável.
Este se localiza na altura da cabeça, no lugar onde ocorre o místico
nascimento pela cabeça, que ainda existe nas teorias das crianças sobre o nascimento. Para este ponto Hiawatha arremessa três setas[96] e
assim abate Megissogwon. A seguir rouba-lhe a couraça de Wampum, que é mágica e torna o herói invulnerável, e deixa o morto caí-
do junto à água.

> Na praia ele deixou o corpo,
> Meio em terra e meio n'água;

---

96. A paciente de Spielrein foi atingida por três tiros de Deus, na cabeça, no peito e no
olho; "depois veio uma ressurreição só do espírito" (op. cit., p. 376). Na saga tibetana
de Bogda Gesser Khan, o herói solar atira uma flecha na testa da velha demoníaca que
o devora e depois o cospe fora. Numa saga calmuca o herói atira a seta no "olho radia-
do" que se encontra na testa do touro.

> Na areia seus pés se enterraram
> E sua face ficou na água.

A situação portanto é igual à do rei dos peixes, pois o mágico é a personificação da água da morte, que por sua vez representa a mãe devoradora. A este feito máximo de Hiawatha, em que ele, revestindo a figura paterna negativa, venceu também a terrível mãe como o demônio causador da morte, segue-se o casamento com Minnehaha. Ele pode tornar a seu lado humano só depois de ter cumprido seu destino heroico: possibilitar, de um lado, a transformação do demônio, de uma criatura indomada da natureza, numa força disponível ao homem e de outro lado libertar para sempre a consciência do eu da ameaça fatal constituída pelo inconsciente na forma dos pais negativos. O primeiro passo representa a criação da vontade, o segundo, a possibilidade do livre uso da mesma. **548**

Do cântico seguinte (n. 12) devemos mencionar uma pequena fábula que o autor inseriu: Um ancião se transforma num jovem rastejando através de um carvalho oco[97]. O cântico n. 14 relata como Hiawatha inventa a escrita. Limito-me à descrição de dois caracteres hieroglíficos: **549**

> Gitche Manito, o Poderoso,
> Ele, o Mestre da Vida, foi pintado
> Como um ovo, com pontas projetadas
> Na direção dos quatro ventos dos céus.
> "Onipresente é o Grande Espírito",
> Era o significado deste símbolo.

O mundo está dentro do ovo (cf. fig. 109), que o envolve por todos os lados; ele faz o papel daquela que gera o mundo, símbolo esse usado por Platão e pelos *Vedas*. Esta mãe é como o ar, que também está em toda parte. Mas ar é espírito: a mãe do mundo é um espírito, uma *anima mundi*. Esta imagem é ao mesmo tempo um símbolo de quaternidade, que psicologicamente sempre indica o próprio si-mesmo. Ela descreve portanto o mais exterior e o mais íntimo, o maior e o menor, correspondendo à ideia hindu do Atman, que envolve o **550**

---

97. É sinônimo de penetração na mãe, aprofundar-se no mundo interior, atravessar, furar, furar os ouvidos, quebrar as unhas, devorar serpentes etc.

mundo e vive no coração dos homens como um dedal[98]. O segundo hieróglifo é o seguinte:

> Gitche Manito, o Poderoso,
> Ele, o terrível Espírito do Mal,
> Como uma serpente foi representado,
> Como Kenabeek, a grande serpente.

551   O espírito do Mal é o medo, a proibição, o antagonista que se opõe à vida que almeja duração eterna assim como a toda grande ação isolada, que instila no corpo o veneno da fraqueza e da idade através de traiçoeira picada de serpente; ele é toda tendência ao retrocesso, que ameaça fixar-se na mãe, bem como dissolver e extinguir o inconsciente (cf. figs. 108 e 118). Para o indivíduo heroico o medo é um desafio e uma missão, pois só a audácia pode libertar do medo. E quando o homem não ousa, alguma coisa se rompe no sentido da vida e todo o futuro está condenado a uma mediocridade vã, a um crepúsculo iluminado só por fogos-fátuos.

552   No cântico n. 15 descreve-se como Chibiabos, o melhor amigo de Hiawatha, o amável jogador e trovador, a corporificação da alegria de viver, é atraído para uma emboscada pelos maus espíritos e morre afogado. Hiawatha o chora até conseguir trazê-lo de volta com a ajuda dos magos. Mas o ressuscitado é apenas um espírito e torna-se o senhor do reino dos espíritos. Seguem-se novas lutas e depois vem a perda de um segundo amigo, Kwasind, a corporificação da força física. Estes acontecimentos são os presságios do fim, semelhantes à morte de Eabani na *Epopeia de Gilgamesh*. No cântico n. 20 vem a fome e a morte de Minnehaha, anunciada por dois silenciosos hóspedes do reino dos mortos; e no cântico n. 22 Hiawatha se prepara para a viagem final ao Ocidente:

> Parto agora, ó Nokomis,
> Em longa e distante viagem,
> Para os portais do pôr do Sol,
> Para as regiões do vento pátrio,
> Do vento noroeste, Keewaydin.

---

98. Cf. *Psicologia e religião* [OC, 11/1; § 97].

Uma longa trilha e senda de esplendor,
Em cujo curso, como rio abaixo,
A oeste, a oeste, Hiawatha
Velejava para dentro do fogoso poente,
Velejava para dentro dos vapores purpúreos,
Velejava para dentro das brumas do anoitecer.

Assim partiu Hiawatha,
Hiawatha, o Bem-amado,
Na glória do pôr do Sol,
Nas purpúreas névoas da tarde,
Para as regiões do vento pátrio,
Do vento noroeste, Keewaydin,
Para as Ilhas dos Abençoados,
Para o Reino de Ponemah,
Para a terra do Além!

O Sol se liberta do abraço e do envolvimento, do seio abarcante do mar, subindo triunfante e, deixando atrás de si o apogeu do meio-dia e toda sua gloriosa obra, torna a mergulhar no mar materno, na noite que tudo cobre e tudo faz renascer (cf. figs. 11 e 67). Esta imagem por certo foi a primeira a tornar-se, com toda razão, a expressão simbólica do destino humano: na manhã da vida o filho se afasta dolorosamente da mãe e do rincão natal para erguer-se até a altura que lhe está reservada, muitas vezes julgando ter seu inimigo à sua frente e no entanto trazendo-o dentro de si mesmo, esta perigosa nostalgia pelo próprio abismo, pelo afogamento na própria fonte, pelo ser atraído para o subterrâneo reino das mães. Sua vida é uma luta constante com a extinção, uma libertação violenta e passageira da noite eternamente à espreita. Esta morte não é um inimigo exterior, mas um anseio próprio e íntimo pelo silêncio e pela profunda paz de um sabido não ser, pelo sono clarividente no mar do vir a ser e do desaparecer. Mesmo em seus maiores esforços por harmonia e equilíbrio, por absorção filosófica e emoção artística, ele procura a morte, a imobilidade, a plenitude e a paz. Demorando-se demais como Pirítoo nesta sede de silêncio e paz, ele entorpecerá e o veneno da serpente talvez o paralise para sempre. Se quiser viver, precisará lutar e sacrificar sua nostalgia do passado, para assim atingir a altura que lhe é própria. E quando atingir a altura do meio-dia terá de sacrificar também o amor por sua própria altura, pois não lhe é dado parar. Também o Sol sacrifica sua maior força para prosseguir em frente, rumo aos frutos do outono, que são sementes de renascimento. O curso natural da vida exige inicialmente do jovem o sacrifício de sua infância e de sua dependência infantil dos pais físicos, para que não permaneça fixado a eles pelo laço do incesto inconsciente, prejudicial para corpo e alma. Essa tendência regressiva é combatida desde as fases mais primitivas pelos grandes sistemas psicoterapeutas que, a nosso ver, são as religiões. Com a separação do torpor da infância se almeja uma consciência autônoma. O Sol se afasta das névoas do horizonte e atinge a claridade imaculada da posição meridiana[99]. Atingido este alvo, o Sol torna a declinar para aproximar-se da noite. Isto se manifesta em alguma coisa que poderia ser alegorizada por uma gradual infiltração e desaparecimento da água da vida. Teríamos que abaixar-nos cada vez mais para tornar a alcançar a fonte. Quando nos sentimos nas alturas, não gostamos de fazer isto. Desenvolvemos uma resistência contra a tendência de descer, principalmente quando sentimos que alguma coisa dentro de nós quer acompanhar este movimento; com razão nada de bom pressentimos por detrás dele, e sim algo obscuro, rejeitável e ameaçador. Sentimos um deslizar, e começamos a lutar contra esta tendência e a defender-nos contra a obscura maré do inconsciente e sua sedução para o retrocesso, que se esconde sob o manto de princípios, convicções e ideais consagrados. Se quisermos firmar-nos na altura alcançada, precisamos esforçar-nos continuamente pela conservação de nosso consciente e da posição por ele assumida. Mas perceberemos que esta luta louvável e aparentemente inevitável, com o correr dos anos, leva ao ressecamento e enrijecimento interior. As convicções transformam-se em discos gastos, os ideais em hábitos rígidos e o entusiasmo em gesto automático. A fonte de água viva desapareceu infiltrando-se na terra. Se o próprio indivíduo não o percebe, percebem-no os outros, e isto é desagradável. Se ousarmos alguma vez olhar para dentro, talvez por um enérgico esforço de rara honestidade, ao menos para consigo mesmo, poderemos ter uma sensação de necessidades, nostalgias, temores, de contrariedades e coisas obscuras. A razão se afasta, mas a vida quer

---

99. Cf. μεσουράνισμα ἡλίου: posição meridiana do Sol como símbolo da iluminação do iniciado, em Zósimo (BERTHELOT. *Alch. Grecs*, III, v^{bis}, p. 118).

resvalar para lá. Nosso destino talvez nos resguarde disto porque estamos determinados a nos transformar na coluna imutável que sustenta um edifício. Mas o δαίμων nos faz cair e nos transforma em traidores de nossos ideais e de nossas melhores convicções, até de nós mesmos, tal como pensávamos conhecer-nos. Esta em última análise é a catástrofe, pois ela é um sacrifício não desejado. A situação é outra se o sacrifício é feito voluntariamente. Neste caso ele não significa queda, "inversão de todos os valores", destruição de tudo que outrora era sagrado, mas transformação e preservação. Tudo o que é jovem um dia envelhece, toda beleza fenece, todo calor esfria, todo brilho se extingue, e toda verdade se torna vazia e chã. Pois todas estas coisas um dia tomaram forma e todas as formas estão sujeitas à ação do tempo; elas envelhecem, adoecem, desintegram-se – caso não se transformem. Podem transformar-se, pois a centelha invisível que um dia as gerou é capaz de criação infinita por sua força eterna. Ninguém deve negar o perigo da descida, mas ela pode ser arriscada. Não se deve arriscá-la, mas é certo que alguém a tentará. Quem tiver de descer, que o faça com os olhos abertos. Pois é um sacrifício que dobra até a vontade dos deuses. A cada descida segue-se uma ascensão. As formas que desaparecem são reformadas, e uma verdade só é válida a longo prazo quando se transforma e torna a trazer seu testemunho através de novas imagens, em novas línguas, como um novo vinho que é acondicionado em odres novos.

O *Song of Hiaivatha* contém material muito apropriado para dar vazão e estimular a expressão formal das inúmeras possibilidades de símbolos arquetípicos que o espírito humano abriga. Os produtos, porém, sempre contêm os mesmos problemas humanos que, sempre revestidos de novos invólucros simbólicos, emergem do mundo de sombras do inconsciente. **554**

Chiwantopel faz Miss Miller lembrar-se de outro herói que surgiu no palco sob a forma do Siegfried de Wagner. Em seu monólogo, Chiwantopel exclama: "Não existe uma que me compreenda, que seja semelhante a mim ou que tenha uma alma irmã de minha alma". Miss Miller diz que a atmosfera emotiva desta cena tem a maior analogia com os sentimentos que Siegfried nutre por Brünhilde. Esta analogia nos leva a considerar o relacionamento de Siegfried com Brünhilde em Wagner. Sabe-se que Brünhilde, a valquíria, favorece o nascimento de Siegfried, decorrente do incesto entre irmão e irmã. **555**

Enquanto Sieglinde é a mãe humana, Brünhilde exerce o papel da mãe simbólica, da "mãe espiritual" (imago materna), mas não perseguindo, como Hera a Hércules, e sim ajudando. O pecado do incesto, pelo qual ela também é culpada por sua cumplicidade, constitui a razão para o repúdio de Wotan. O nascimento de Siegfried da irmã-esposa caracteriza-o como Hórus, o Sol renascido, uma reencarnação do deus solar envelhecido. O nascimento do Sol jovem, do homem-deus, de fato ocorre através de seres humanos, mas que são apenas portadores dos símbolos cósmicos. Assim o nascimento é protegido pela mãe espiritual. Ela envia Sieglinde com o filho no ventre[100] para a "viagem noturna por mar" rumo ao Oriente:

> Parte então, depressa,
> Voltado para o Oriente!...
>
> O mais augusto herói do mundo
> Abrigas tu, mulher,
> Em teu ventre protetor![101]

556   O tema do esquartejamento é reencontrado na espada despedaçada de Siegmund, que é guardada para Siegfried. Da fragmentação a vida se recompõe (milagre de Medeia). Como um ferreiro une as partes umas às outras, o morto esquartejado é recomposto. (Esta comparação encontra-se também no *Timeu* de Platão: As partes do mundo estão unidas umas às outras com cavilhas.) No *Rigveda* 10, 72, o criador do mundo, Brahmanaspati, é um ferreiro:

> Soldou as partes deste mundo
> Como grande ferreiro, Brahmanaspati[102].

557   A espada tem o significado da força solar, razão pela qual uma espada sai da boca do Cristo apocalíptico (cf. fig. 19), isto é, o fogo criador, a palavra ou o logos criador. No *Rigveda* Brahmanaspati é a oração[103] que tem significado primitivo, criador. *Rigveda* 10,31:

> E esta oração do cantor, expandindo-se,
> Transformou-se numa vaca, que já existia antes do mundo;

---

100. Cf. fuga de Maria para o Egito, perseguição de Leto etc.
101. *Die Walküre*, linhas 1.782s., 1.792s.
102. DEUSSEN. *Geschichte der Philosophie*, I, p. 145.
103. Ibid., p. 139.

Neste regaço divino juntos morando.
Filhos da mesma estirpe são os deuses[104].

O logos transforma-se numa vaca, na mãe que os deuses engravi-   558
daram. A transformação do logos na mãe nada tem de extraordinário, uma vez que nos *Atos de São Tomé* o Espírito Santo é invocado
como mãe; além disso, é a imago materna que de um lado se transforma no maior perigo para o herói, mas, justamente por isso, também
na única fonte de seus atos e de sua ascensão. Sua ascensão significa
uma renovação da luz, um renascimento do consciente a partir das
trevas, isto é, da regressão ao inconsciente.

O tema da perseguição aqui não está ligado à mãe e sim a Wotan,   559
de acordo com a saga de Linos e outras, onde também o pai é o perse-
guidor. Wotan é o pai de Brünhilde, havendo entre eles um relacionamento estranho. Brünhilde diz a Wotan:

À vontade de Wotan falas,
Quando me dizes o que queres.
Quem – sou eu,
Não seria eu a tua vontade?

Wotan:

– Só comigo falo,
ao dirigir-me a ti...[105]

Brünhilde é uma espécie de parte separada de Wotan, uma par-   560
cela da personalidade do mesmo, como a Palas Atená de Zeus. Ela é
uma espécie de mensageira ou executiva de Wotan, corresponde portanto a um anjo de Javé ou ao anjo do Deus cristão, ao "Olho de Ahura" ou Vohumano, ao bom pensamento de Deus dos persas, ao Nabu
(a Palavra do Destino) dos babilônios, ou ao mensageiro divino Hermes, que filosoficamente se transformou na razão do mundo e no Logos. Entre os assírios o papel de Logos cabe ao deus do fogo Gibil. É
estranho que Wagner tenha colocado o aspecto executivo de um
deus tão guerreiro como Wotan nas mãos de um ser feminino, apesar
do modelo grego de Palas Atená. Uma figura semelhante é Core, dos
Atos de São Tomé, sobre a qual o Apóstolo Tomé canta:

---

104. Ibid., p. 140.
105. *Die Walküre*, linhas 900-903 e 907-908.

> A donzela é a filha da luz
> Sobre ela repousa o augusto brilho dos reis...
>
> À sua cabeceira trona o rei
> E alimenta seus subalternos com sua ambrosia.
> A verdade pousa sobre sua cabeça...
>
> Sua língua é como a cortina da porta,
> Que é corrida para os que entram.
> Como degraus sobe sua nuca.
> Criada pelo primeiro construtor do mundo.
> Suas mãos apontam, proféticas, o coro dos felizes éons,
> Seus dedos, as portas da cidade[106].

561   De acordo com os *Atos de São Tomé* esta donzela é a "Mãe da Sabedoria". Contrariamente, também o Espírito Santo é venerado como figura feminina numa oração eucarística dos *Atos de São Tomé:*

> Vem, sabedora dos segredos dos eleitos;
> Vem, tu que participas de todas as lutas do nobre lutador...
>
> Vem, paz (silêncio),
> Que anuncias os grandes atos da Grandeza toda;
> Vem, tu que descortinas o oculto,
> E os segredos revelas;
> Vem, pomba sagrada,
> Que geras os gêmeos;
> Vem, mãe oculta...[107]

562   Esta celebração eucarística ocorre num momento característico, logo depois que Tomé libertou uma "bela mulher" de um "demônio impudico" que a atormentara durante anos. Isto por certo não aconteceu acidentalmente, pois o hino tem o significado terapêutico da transformação de uma obsessão sexual num reconhecimento das qualidades positivas do espírito feminino.

563   Com os *Atos de São Tomé* concorda a ideia dos ofitas, segundo a qual o Espírito Santo é a "primeira palavra", a "mãe de tudo o que é vivo", e também com a ideia de Valentim, que chama o Espírito Santo

---

106. HENNECKE (org.). *Neutestamentliche Apokryphen*, p. 260.
107. Ibid., p. 270.

de "palavra da mãe vinda do alto". Este material mostra que a Brünhilde wagneriana é uma das muitas figuras da anima atribuídas às divindades masculinas, todas elas representando uma separação com insis-
tente tendência a uma existência independente na psique masculina
em geral. A tendência à autonomia faz com que a anima antecipe pensamentos e decisões do consciente masculino, de modo que este sempre se confronta com situações que ele não procurou e aparentemente
não causou. Wotan encontra-se nesta situação, assim como todo herói
masculino que não sabe de sua própria feminilidade insidiosa.

Wagner vê diante de si esta imagem: 564

Lamento de Wotan:

> Nenhuma como ela
> Conhecia meus pensamentos mais íntimos;
> Nenhuma como ela
> Sabia da fonte de minha vontade;
> Ela própria era
> O seio criador de meu desejar;
> E agora ela quebrou
> O pacto sagrado![108]

O pecado de Brünhilde é proteger Siegmund. Mas atrás disto está   565
o incesto; este se projeta no casal de irmãos Siegmund e Sieglinde: simbolicamente, porém, Wotan, o pai, penetrou na própria filha para re-
juvenescer. Este fato arcaico aparece aqui um tanto velado. Mas na
saga do "Entkrist" ele é declarado abertamente pelo diabo como o pai
do Anticristo. Com razão Wotan se zanga com Brünhilde, pois ela fez
o papel de Ísis e tirou o poder das mãos do velho com o nascimento do
filho. Wotan repeliu a primeira ameaça do fim na figura do filho, Siegmund, quebrando a espada de Siegmund. Mas ele ressurge no neto. E
para este destino inevitável há sempre a ajuda da mulher, que é mensageira de seu sentido oculto; daí a raiva impotente de Wotan, que não
consegue reconhecer sua própria natureza contraditória.

Sieglinde, como é justo, morre ao dar à luz Siegfried[109]. Mas a   566
mãe adotiva não é uma mulher e sim um deus ctônico, um anão alei-

---

108. *Die Walküre*, linhas 1.867-1.874.

109. Grimm menciona a lenda de que Siegfried foi amamentado por uma cerva.

jado, que pertence à raça dos que renunciam ao amor[110]. O deus do
inferno egípcio, a deformada sombra de Osíris (que celebra uma ressurreição um tanto tristonha em Harpócrates), é o mentor de Hórus,
que precisa vingar a morte de seu pai.

567   Enquanto isso Brünhilde dorme o sono encantado na montanha,
onde Wotan a fez dormir com o espinho do sono (*Edda*)[111], cercada
pelo fogo de Wotan que impede a aproximação de quem quer que
seja e ao mesmo tempo representa o desejo ardente do herói pelo objetivo proibido[112]. Mas Mime torna-se inimigo de Siegfried e lhe deseja a morte através de Fafner. Aqui se revela a natureza dinâmica de
Mime: ele é um representante masculino da terrível mãe, que coloca
o verme peçonhento no caminho do filho[113]. A nostalgia de Siegfried
pela imago materna o afasta de Mime.

---

110. Cf. GRIMM. *Deutsche Mythologie*, I, p. 314s. Mime ou Mimir é um ser gigantes-
co de grande sabedoria, um "deus da natureza envelhecido", que tem relação com os
Asos. Fábulas posteriores fazem dele um sátiro e hábil ferreiro. Assim como Wotan se
aconselha com a mulher sábia, Odin vai ao poço de Mimir, no qual estão ocultas sabedoria e inteligência. Ele pede ali uma bebida (poção da imortalidade), que não recebe
enquanto não sacrificar seu olho ao poço. O poço de Mimir indica claramente a imago
materna. Em Mimir e seu poço se condensam mãe e embrião (anão, Sol subterrâneo,
Harpócrates). Ao mesmo tempo, como mãe, ele é a fonte da sabedoria e da arte. Assim
como o anão e preceptor Bes está subordinado à deusa mãe egípcia, assim Mimir está
ligado à fonte materna. No drama de Barlach, *Der tote Tag*, a mãe demoníaca possui
um gênio doméstico, "Steissbart", uma criatura anã como Bes. São figuras mitológicas
do animus. Sobre a figura do animus, cf. *O eu e o inconsciente* [Op. cit.; § 328s.].

111. Também na celebração homérica do hierógamo o sono mágico está presente.

112. Cf. as palavras de Siegfried [linhas 2.641-2.650]:

Através de fogo ardente	irrompeu no meu peito;
fui ter contigo;	meu sangue se inflama
nem couraça nem arnês	em ardente cio;
protegiam meu corpo:	um fogo consumidor
agora a chama	acendeu-se em mim.

113. O dragão na gruta é a terrível mãe (cf. fig. 108). Frequentemente na saga alemã a
donzela a ser salva aparece como serpente ou dragão e precisa ser beijada nesta condição, transformando-se então numa linda mulher. Certas mulheres sábias são representadas com um rabo de peixe ou serpente. No Monte Osel, perto de Dinkelsbühl, mora
uma serpente com cabeça de mulher e molho de chaves ao pescoço (GRIMM. Op. cit.,
II, p. 809s.).

Siegfried:

> Que se vá o pesadelo!
> Não quero vê-lo mais.
> Mas como teria sido minha mãe?
> Não posso imaginar!
> Semelhante à corça
> Brilhavam por certo
> Seus olhos reluzentes e claros[114].

Siegfried quer separar-se do "pesadelo" que lhe foi a "mãe" no   568
passado, e prossegue tenteando com a nostalgia que se dirige para a
outra mãe. Também para ele a natureza adquire um significado materno oculto ("corça"); também ele descobre nos sons da natureza
um eco da voz materna e da linguagem da mãe.

Siegfried:

> Ó terno passarinho!
> Por certo nunca te ouvi;
> Moras aqui no bosque? –
> Pudesse eu entender seu doce balbuciar!
> Deve dizer-me alguma coisa –
> Talvez – sobre a querida mãe?[115]

Mas seu diálogo com o passarinho chama Fafner para fora da ca-   569
verna. A nostalgia de Siegfried pela imago materna o colocou inesperadamente no perigo de olhar para trás, para a infância e para a mãe
humana, que assim se transforma imediatamente no dragão ameaçador. Com isto ele atrai o aspecto perigoso do inconsciente, sua natureza devoradora (cf. figs. 69 e 70) personificada pelo monstro da floresta que mora nas cavernas. Fafner é o guardião do tesouro; em sua
caverna está o tesouro [Hort], a fonte da vida e do poder. A mãe aparentemente possui a libido do filho (com ciúme ela cuida deste tesouro), e na realidade assim é enquanto o filho não tem consciência de si
mesmo[116]. Traduzido em linguagem psicológica, isto quer dizer: na

---

114. *Siegfried*, linhas 1.462-1.470.

115. Ibid., linhas 1.482-1.487.

116. Leia-se sobre este problema em Barlach (op. cit.), que dá uma excelente descrição
do complexo materno.

imago materna, no inconsciente, está a "preciosidade dificilmente alcançada". Este símbolo indica um mistério da vida do qual a mitologia fala através de inúmeros símbolos. Se tais símbolos aparecem em sonhos individuais, eles representam como que um centro de toda a personalidade, da totalidade psíquica, que consiste de consciente e inconsciente. A este respeito remeto o leitor a meus trabalhos posteriores, nos quais o símbolo do si mesmo é analisado detalhadamente[117]. A vitória desta batalha contra Fafner foi amplamente cantada na saga de Siegfried: segundo a *Edda,* Sigurd come o coração de Fafner[118], a sede da vida. Ele ganha a capa mágica, por cujo feitiço Alberich se transformou numa cobra. Isto indica o tema da troca de pele, do rejuvenescimento. Uma capa prenunciadora de felicidade é também a membrana amniótica que às vezes aparece na cabeça dos recém-nascidos ("capuz da felicidade"). Além disso, Siegfried bebe o sangue do dragão e passa a entender então a linguagem dos pássaros. Isto o coloca numa singular relação com a natureza, uma posição em que domina pelo saber. E conquista o tesouro [Hort].

570   "Hort" é uma palavra do médio e antigo alto-alemão com o significado de "tesouro acumulado e guardado", gótico huzd, nórdico antigo hodd, germânico hozda, do pré-germânico kuzdho – em vez de kudtho – a coisa oculta. Kluge[119] acrescenta o grego κεύθω, ἔκυθον = proteger, esconder, também "Hütte" = cabana (Hut, hüten = guarda, guardar, inglês hide); raiz germânica hud do indogerm. kuth (duvidoso se tem relação com κεύθω e κύσθος, cavidade, partes pudendas femininas). Também Prellwitz[120] associa o gótico huzd, o anglo-saxão hyde, inglês hide e Hort com κεύθω. Withley Stokes[121] associa o inglês hide, anglo-saxão hydan, alto-alemão do norte Hütte, latim cûdo = capacete, sânscrito kuhara (caverna?) com

117. *Tipos psicológicos* (op. cit.); *Psychologie und Alchemie* (op. cit.); *Aion* [OC, 9/2, Petrópolis: Vozes, 1982 (op. cit.); WILHELM & JUNG. Op. cit.

118. *Edda,* I, p. 124.

119. *Etymologisches Wörterbuch der deutschen Sprache*, verbete Hort.

120. *Griechische Etymologie*, verbete κεύθω, p. 219.

121. *Urkeltischer Sprachschatz.* FICK. *Vergleichendes Wörterbuch der indogermanischen Sprachen*, II, p. 89.

o celta primitivo koudo = encobrimento, latim occultatio. A este respeito deve-se mencionar também o que Pausânias relata:

> Existia em Atenas "um recinto sagrado (um têmeno) de Geia chamada Olímpia. Aqui o soalho apresenta uma brecha de aproximadamente uma vara de largura; e contam que depois da enchente na época de Deucalião a água escorreu por ali; e a cada ano jogam na brecha farinha de trigo amassada com mel"[122].

Já vimos que nas arretoforias jogavam-se biscoitos em forma de serpentes e falos num precipício. Mencionamos este fato em relação a cerimônias de fecundação da terra. A enchente da morte penetrou na fenda da terra, portanto novamente na mãe, pois da mãe veio outrora a grande morte geral. O dilúvio é simplesmente o reverso das águas que a tudo dão vida e tudo fazem nascer: Ὠκεανοῦ, ὅς περ γένεσις πάντεσσι τέτυκται (do oceano, que é o princípio de origem de tudo)[123]. Oferta-se à mãe o bolo de mel para que ela poupe da morte. Também em Roma jogava-se anualmente uma oferenda em dinheiro no "lacus Curtius", no antigo precipício, que só poderia fechar-se pelo sacrifício e morte de Curtius. Curtius foi o herói que desceu ao inferno para afastar o perigo que ameaçava o Estado Romano pela abertura do precipício. No Anfiarau de Oropos os curados pela incubação no templo jogavam suas oferendas de dinheiro na fonte sagrada, da qual Pausânias diz:

> Quando alguém se curou de uma doença pela fala de um oráculo, é costume jogar uma moeda de prata ou de ouro na fonte; pois aqui Anfiarau já teria subido ao alto como deus[124].

Presumivelmente esta fonte orópica também é o local da catábase de Anfiarau. Existiam diversas entradas para o Hades na Antiguidade. Em Elêusis, por exemplo, havia uma garganta através da qual Aidoneus subia e descia quando raptou Core. Havia passagens nas rochas através das quais as almas podiam subir para o mundo. Atrás do templo de Ctônia em Hermione havia uma zona sagrada de Plutão com um desfiladeiro através do qual Hércules trouxera o Cérbe-

571

572

---

122. PAUSÂNIAS, I, op. cit., 18, 7, p. 42.
123. *Ilíada*, XIV, 246.
124. Ibid., I, 34, 4, p. 82.

ro. Encontrava-se ali também um lago "aquerôntico"[125]. Este desfiladeiro é portanto a entrada para o lugar onde a morte é vencida. O desfiladeiro do Areópago em Atenas era considerado como a sede do subterrâneo[126]. Um antigo costume grego indica ideias semelhantes[127]: Como prova de virgindade as moças eram enviadas para uma caverna habitada por uma cobra venenosa. Se a cobra as picasse, isto era sinal de que não eram mais virgens. Reencontramos o mesmo tema numa lenda romana de São Silvestre, que data do fim do século V.

> Havia um dragão gigantesco no Monte Tarpeio, onde está o Capitólio. Uma vez por mês, magos com virgens sacrílegas desciam 365 degraus, quase até o inferno até este dragão, com dádivas e sacrifícios expiatórios, de onde o dragão poderia tirar seu alimento. Este dragão, de súbito e inesperadamente, subiu e, embora não pudesse sair, empestou o ar da redondeza com seu hálito, do que resultou uma grande mortalidade de pessoas e o grande sofrimento da morte de crianças. Por isso, quando São Silvestre entrou em conflito com os gentios na defesa da verdade, estes lhe disseram: "Silvestre, desce até o dragão e faze com que, em nome de teu Deus, ele pare com esta matança de homens ao menos por um ano"[128].

573   São Pedro apareceu em sonho a Silvestre e o aconselhou a fechar com correntes esta porta do inferno, de acordo com o modelo apocalíptico:

> Vi um anjo descer do céu com a chave do abismo e uma grande cadeia em sua mão. E ele tomou do dragão a velha serpente

---

125. ROHDE. *Psyche* I, p. 214.

126. Ibid.

127. MAEHLY. *Die Schlange im Mythus und Kultus der klassischen Völker*, p. 13.

128. "Erat draco immanissimus, in monte Tarpeio in quo est Capitolium collocatum. Ad hunc draconem per CCCLXV gradus, quasi ad infernum, magi cum virginibus sacrilegis descendebant semel in mense cum sacrificiis et lustris ex quibus esca poterat tanto draconi inferri. Hic draco subito ex improviso ascendebat et licet non egrederetur vicinos tamen aeres flatu suo vitiabat. Ex quo mortalitas hominum et maxime luctus de morte veniebat infantum. Sanctus itaque Silvester, cum haberet cum paganis pro defensione veritatis conflictum, ad hoc venit ut dicerent ei pagani 'Silvester descende ad draconem et fac eum in nomine Dei tui vel uno anno ab interfectione generis humani cessare' "[...] (DUCHESNE. *Liber Pontificalis*, I, p. CIX, apud CUMONT. *Textes et monuments*, I, p. 351).

que é o diabo e satanás e o amarrou por mil anos, e o jogou no abismo, e fechou à chave e lacrou[129].

Do início do século V o autor anônimo de uma obra *De promissio-* **574** *nibus*[130] menciona a seguinte lenda, muito semelhante:

Perto da cidade de Roma existia uma caverna na qual se via um dragão enorme, um mecanismo artificial que trazia uma espada na boca[131] e seus olhos eram pedras vermelhas reluzentes[132], assustador e horrível. Para lá anualmente se enviavam virgens consagradas enfeitadas com flores como oferendas sacrificais. As coisas aconteciam do seguinte modo: ao levarem suas oferendas para baixo, inconscientemente pisavam no degrau ao qual estava ligado este mecanismo diabólico do dragão e eram atravessadas pela espada projetada para a frente, derramando-se assim seu sangue inocente. Este dragão foi destruído por um monge, conhecido de Estilicão, da classe patrícia, por seus préstimos. Com um bastão e com a mão ele tateou cuidadosamente cada degrau, descobriu a cilada diabólica, passou por cima do respectivo degrau, partiu o dragão e o fez em pedaços. Provou assim que não são verdadeiros os deuses feitos pela mão do homem[133].

O herói que luta contra o dragão tem muita coisa em comum **575** com ele: ele assume particularidades do dragão como a invulnerabili-

---

129. Ap 20,1s.

130. Apud CUMONT. Op. cit.

131. Cf. Ap 20,3. Encontramos o mesmo tema do dragão que mata mulheres num mito da tribo da Baía das Ostras na Terra de Van Diemen: "Uma raia estava na concavidade de uma rocha, uma grande raia! A raia era grande, tinha uma lança muito comprida. De seu buraco espreitava as mulheres, via-as mergulharem; ela as atravessava com sua lança, matava-as e as levava embora. Durante muito tempo não eram mais vistas". – O monstro foi morto então pelos dois heróis. Eles acenderam fogo e reanimaram as mulheres (FROBENIUS. Op. cit., p. 77).

132. Os olhos do Filho do Homem são "como uma labareda de fogo" (Ap 1,14).

133. "Apud urbem Romam specus quidam fuit in quo draco mirae magnitudinis mechanica arte formatus, gladium ore gestans, oculis rutilantibus gemmis, metuendus ac terribilis apparebat. Huic annuae devotae virgines floribus exornatae, eo modo in sacrifício dabantur, quatenus inscias munera deferentes gradum scalae, quo certe ille arte diaboli draco pendebat, contingentes impetus venientis gladii perimeret, ut sanguinem funderet innocentem. Et hunc quidam monachus, bene ob meritum cognitus Stiliconi tunc patrício, eo modo subvertit. Baculo, manu, singulos gradus palpandos inspiciens, statim ut illum tangens fraudem diabolicam repperit, eo transgresso descendens, draconem scidit, misitque in partes; ostendens et hic deos non esse qui manu fiunt".

dade, os olhos de serpente, etc. Dragão e homem podem ser um casal de irmãos, assim como Cristo se identifica com a serpente que – *similia similibus* – lutou contra a agonia da serpente no deserto (Jo 3,14). Como serpente ele deve ser "levantado" na cruz, quer dizer, morrer como ser humano que só pode ter pensamentos e desejos humanos e por isso só pode ansiar pela infância e pela mãe; e assim morrerá lançando seu olhar para o passado. Esta formulação não quer dizer mais que uma interpretação psicológica do símbolo da crucificação, que, por seu efeito milenar, deve ser uma ideia que de algum modo venha ao encontro da alma humana. Se assim não fosse, este símbolo há muito teria soçobrado. Não me preocupo aqui com o aspecto teológico, como aliás em todas as partes deste livro em que trato da psicologia de figuras religiosas. Quero acentuar este ponto, pois tenho plena consciência de que meu procedimento comparativo muitas vezes coloca lado a lado figuras que sob outros aspectos dificilmente poderiam ser comparadas. Sei perfeitamente que um leigo em psicologia pode sentir-se chocado com tais comparações. Mas quem se ocupou com os fenômenos do inconsciente sabe com que estonteante irracionalismo e com que chocante falta de tato e respeito o "espírito" inconsciente passa por cima de conceitos lógicos e valores morais. O inconsciente,

Fig. 103 – A visão de Ezequiel. Bíblia de Manerius.
Manuscrito latino, Paris

ao que parece, não obedece às mesmas leis que o consciente, e se assim não fosse ele também não teria função compensatória.

Como herói e homem-deus Cristo psicologicamente significa o si-mesmo; ele representa a projeção deste arquétipo mais importante e mais central (cf. fig. 114). A este cabe funcionalmente o significado de um Senhor do mundo interior, isto é, do inconsciente coletivo[134]. O si-mesmo como símbolo da totalidade é uma "coincidentia oppositorum", portanto contém luz e trevas ao mesmo tempo (cf. figs. 103 e 112). Na figura de Cristo os contrastes, unidos no arquétipo, separaram-se no luminoso Filho de Deus de um lado, e no diabo, do outro. A primitiva unidade dos opostos ainda pode ser reconhecida na união inicial de Satanás com Javé. Cristo e o dragão do Anticristo têm contato íntimo na história de seu aparecimento e de seu significado cósmico[135]. A lenda do dragão encerrada no mito do Anticristo faz parte da vida do herói[136] e por isso é imortal. Nunca, em mitos mais recentes, os pares opostos estão tão perceptivelmente próximos um ao outro como no Cristo e Anticristo. (Remeto o leitor à bela descrição deste problema no romance de Mereschkowski, *Leonardo da Vinci*.) O fato de o dragão ser apenas artificial é uma ideia racionalista útil. Com isto os deuses monstruosos são banalizados. Os doentes esquizofrênicos frequentemente usam este mecanismo para fins apotropaicos. Dizem muitas vezes: "É tudo mentira, tudo artificial" etc. O seguinte sonho de um esquizofrênico é característico: *O sonhador está sentado num quarto escuro, que só tem uma única pequena janela, através da qual pode ver o céu. Ali aparecem o Sol e a Lua, mas eles são artificiais, feitos de papel laminado.* O Sol e a Lua, na qualidade de equivalentes divinos do arquétipo dos pais, têm enorme poder psíquico e este precisa ser enfraquecido porque o doente em si já está excessivamente dominado pelo inconsciente.

576

---

134. Cf. *Psicologia e religião oriental* [OC, 11/5; § 943s.].

135. Cf. BOUSSET. *Der Antichrist in der überlieferung des Judentums, des neuen Testaments und der alten Kirche.*

136. Cirilo de Jerusalém († 386) mostra o quanto Cristo é o herói arquetípico, pois segundo ele o corpo de Cristo era uma isca para o diabo, que o engoliu, mas teve que devolvê-lo por ser demasiadamente indigesto, exatamente como a baleia e o corpo de Jonas.

577   Esta descida de 365 degraus indica um trajeto solar, portanto novamente a caverna da morte e o renascimento. Uma nota em Malalas,
o historiador de Antioquia[137], faz crer que esta caverna de fato está
em relação com a subterrânea mãe da morte. O autor relata que Dio-
cleciano ali teria consagrado uma cripta a Hécate, até a qual desciam
365 degraus. Também na Samotrácia seus mistérios cavernais, ao que
parece, eram celebrados. Os mistérios de Hécate floresciam em
Roma no fim do século IV, de maneira que as duas lendas acima men-
cionadas provavelmente se referiam a seu culto. Hécate[138] é uma au-
têntica deusa da noite e da assombração, um mar; também é representada cavalgando, e em Hesíodo é considerada como patrona dos
cavaleiros. Ela envia o horrendo fantasma do medo, a Empusa, sobre
a qual Aristófanes diz que aparecia envolta numa bolha de sangue.
Segundo Libânio, também a mãe de Ésquines chamava-se Empusa, e
isto porque ἐκ σκοτεινῶν τόπων τοῖς παισίν καὶ ταῖς γυναιξὶν
ὡρμᾶτο (escondendo-se em cantos escuros, atacava crianças e mulheres)[139]. Empusa tem pés estranhos: um é de bronze e o outro, de excremento de asno. Em Traias, Hécate aparece ao lado de Priapo e
também existe uma Hécate Afrodísia. Seus símbolos são a chave[140], o
açoite[141], o punhal e a tocha. Como mãe da morte ela é acompanhada
por cães, cujo significado vimos acima. Como guardiã da porta do
Hades, como deusa dos cães de aspecto triplo, ela é por assim dizer
idêntica a Cérbero. Assim Hércules, na forma de Cérbero, a bem dizer traz a deusa vencida ao mundo superior. Como a "mãe fantasma"
ela envia a loucura, o lunatismo. Esta ideia tem sentido se levarmos
em consideração que as doenças mentais em grande parte consistem
de afeições que correspondem a uma invasão do inconsciente e uma
submersão do consciente. Em seus mistérios era colhido um junco,

---

137. Apud CUMONT. Op. cit., I, p. 352.

138. Cf. ROSCHER. Op. cit., col. 1.891, verbete Hekate.

139. Ibid., verbete Empusa, col. 1.243.

140. *Faust*, parte II, cena das mães: A chave cabe a Hécate como guardiã da porta do
Hades e deusa psicopômpica. Cf. Jano, Pedro e Aion.

141. Atributo da terrível mãe: Ishtar "martirizou o corcel [...] com açoite, espinho e
chicote, torturando-o até a morte" (JENSEN. *Gugamesch-Epos*, p. 18).

Fig. 104 – A Hécate tríplice. Roma

chamado λευκόφυλλος. Este junco protege a pureza das virgens e enlouquece aquele que tocar a planta. Reconhecemos nisto o tema da árvore sagrada que, como mãe, não pode ser tocada. Só um louco ousaria tal coisa. Como pesadelo ou vampiro, Hécate aparece sob a forma de Empusa ou como Lâmia, como antropófaga, eventualmente também sob o aspecto mais bonito da "noiva de Corinto". Ela é a mãe de todo feitiço e de todas as feiticeiras, a deusa protetora de Medeia, pois o poder da terrível mãe é irresistível porque age a partir do inconsciente. No sincretismo grego ela exerce um papel importante: ela se mistura com Ártemis, também chamada ἑκάτη, a "que acerta de longe" ou "acerta de acordo com sua vontade", o que novamente atesta sua força superior. Ártemis é a caçadora com cães, e assim também Hécate é uma selvagem caçadora noturna. Tem seu nome em comum com Apolo (ἕκατος, ἑκάεργος). A identificação de Hécate com Brimo, como mãe subterrânea, é compreensível, assim também com Perséfone e Reia, a antiquíssima mãe universal. Através do significado de mãe torna-se compreensível também a mistura com Ilitíia, a parteira. Hécate é deusa do nascimento (κουροτρόφος), multiplicadora dos rebanhos e deusa do casamento. Orficamente ela aparece até como ponto central do mundo, como Afrodite e Geia, mesmo como alma do mundo em geral. Numa gema[142] ela traz a cruz sobre a cabeça (cf. fig. 105). O pelourinho em que os criminosos eram castigados chamava-se ἑκάτη. A ela estava consagrada (como a Trivia romana) a via tríplice

Fig. 105 – Hécate da Samotrácia. Gema gnóstica

ou via divisora ou encruzilhada. E no ponto em que os caminhos se separam ou se reúnem lhe eram oferecidos sacrifícios de cães; ali se jogavam também os cadáveres dos executados. O sacrifício é feito no ponto de união. Onde os caminhos "se cruzam", se entrecortam, e assim exprimem a imagem da união dos opostos, aí também está a "mãe", que é objeto e essência de união. Onde os caminhos se "separam", onde existe despedida, separação, partida, rompimento, aí

---

142. *Arch. Zeitung*, 1857, quadro 99, apud ROSCHER. Op. cit., verbete Hekate, col. 1.909.

existe vagina e fenda, o sinal da mãe e ao mesmo tempo a essência daquilo que vivenciamos na mãe: separação e adeus. O significado de
um sacrifício neste lugar seria portanto: propiciar a mãe nos dois sentidos. Não é difícil conceber o têmeno de Geia, a fenda do mundo e a
fonte como aqueles portais da vida e da morte[143] "perante os quais
todos passam temerários"[144] e sacrificam seu óbolo ou sua πελανοί
ao invés de seu corpo, assim como Hércules acalmou o Cérbero com
o bolo de mel. Assim a fenda de Delfos com a fonte Castália era a
sede do Pitão ctônico, que foi vencido pelo herói solar Apolo. Pitão,
instigado por Hera, perseguiu a Leto grávida de Apolo; mas ela deu à
luz seu filho sobre a ilha flutuante de Delfos ("viagem noturna pelo
mar"), e este filho mais tarde matou Pitão. Em Hierápolis (Edessa) o
templo estava erigido sobre a fenda da terra pela qual o dilúvio se in-
filtrara, e em Jerusalém a pedra fundamental do templo cobria o
grande abismo[145]. Também igrejas cristãs foram construídas sobre cavernas, grutas, fontes, etc. Encontramos o mesmo tema na gruta de
Mitra[146] e nos demais cultos de cavernas até as catacumbas cristãs,
que devem sua importância não às legendárias perseguições, mas ao
culto aos mortos[147]. Também o costume de enterrar os mortos em re-
cintos sagrados (no "campo santo", em claustros, criptas, etc.) é a devolução à mãe com a esperança de ressurreição. O dragão que representa a mãe devoradora e vive na caverna era propiciado primeiro
com sacrifícios humanos, depois com oferendas naturais. Daí o costume ático de enterrar os mortos com o μελιτοῦττα (scil. μᾶζα = pão
de mel), para apaziguar o cão do inferno, o monstro de três cabeças

---

143. Cf. a simbólica do hino a Maria, de Melk (século XII): "Santa Maria, / Porta fechada / Aberta por palavras de Deus, / Fonte lacrada, / Jardim trancado, / Porta do Paraíso".
A mesma simbólica na esfera do erótico: "Jovenzinha, posso acompanhá-la / a vosso jardim de rosas, / Ali, onde estão as rubras rosinhas, / Finas e delicadas, / E uma árvore ao
lado, / Que embala suas folhas, / E também uma fresca fonte, / Que fica logo abaixo".

144. *Faust*, parte I [cf. § 417 deste volume].

145. HERZOG. *Aus dem Asklepieion von Kos*, p. 219s.

146. Um santuário de Mitra sempre que possível era uma gruta subterrânea. Muitas
vezes somente se imitava uma caverna. É bem possível que as criptas e as partes baixas
das igrejas tenham tido significado semelhante (cf. fig. 66).

147. Cf. SCHULTZE, V. *Die Katakomben*, p. 9s.

na porta do inferno. O óbolo para Caronte parece ter sido um substituto das ofertas naturais, razão por que Rohde o chamou de segundo Cérbero, correspondendo assim ao deus chacal Anúbis, do Egito[148] (cf. fig. 65). Cão e serpente do inferno são idênticos. Nos autores trágicos, Erínias são tanto serpentes como cães; os monstros Tifão e Equidna são os pais de Hidra, o dragão das Hespérides, e de Górgona (cf. fig. 39), assim como dos cães Cérbero, Ortro e Cila[149]. Serpentes e cães também guardam tesouros. O deus ctônico provavelmente era uma serpente que habitava uma caverna e era alimentada com πελανοί (cf. fig. 106). Nos templos tardios de Asclépio (asklepieia), as serpentes sagradas quase desapareceram, ou talvez existissem ainda, mas só figuradamente[150]. Só havia o buraco onde a serpente devia viver. Ali eram depositados os πελανοί (as oferendas em confeitos) e mais tarde jogado o óbolo. A caverna sagrada no templo de Kos consistia de uma fossa retangular coberta por uma tampa de pedra, e nesta tampa havia um buraco quadrado. Este dispositivo corresponde às finalidades de um Thesaurus: o buraco da cobra se transformou em lugar para introduzir dinheiro, um "cepo" para dádivas, e a caverna num "Hort". Esta evolução concorda perfeitamente com os resulta-

Fig. 106 – O sacrifício à serpente sagrada.
Relevo de Sialesi (Eteonos), Beócia

148. *Psyche* I, p. 306. Outras provas em HERZOG. Op. cit., p. 224.

149. Ibid., p. 225.

150. Contudo, conservavam-se serpentes sagradas para exibição e outras finalidades.

dos arqueológicos, como mostra um achado no templo de Asclépio e Higia na Ptolemaida:

> É uma serpente de granito enrolada e com a cabeça bem erguida. No meio dos giros existe uma fenda estreita, gasta pelo uso, do tamanho exato para permitir a introdução de uma moeda de no máximo 4cm de diâmetro. Nos lados existem orifícios para a colocação de cabos para levantar a pesada peça, cuja parte inferior é feita em forma de tampa removível[151].

A serpente aqui aparece como guardiã do "Hort" sobre o Thesaurus. O medo do seio materno da morte transformou-se em guarda do tesouro da vida. Neste contexto a serpente realmente se transformou em símbolo da morte, o que também se depreende do fato de as almas dos mortos, à semelhança dos deuses ctônios, aparecerem como serpentes, como habitantes do reino da mãe mortal[152].

Esta evolução dos símbolos permite reconhecer a transição do significado primitivo da fenda da terra como mãe para aquele de Thesaurus e por isso provavelmente corresponde à etimologia de "Hort" proposta por Kluge. O κεῦθος que faz parte de κεύθω significa as mais profundas entranhas da terra (Hades); a palavra κύσθος, que ele acrescenta, tem significado semelhante: concavidade, seio. Prellwitz, contudo, não menciona esta relação. Fick[153] associa: o alto-alemão do norte hort, gótico huzd, com o armênio kust (venter), eslavo cista, veda kostha = ventre inferior, da raiz indogermânica koustho-s = vísceras, ventre inferior, câmara, despensa[154]. Prellwitz associa a κύσθος – κύστις (e κύοτη) = bexiga urinária, sacola, hindu antigo: kustha-s = concavidade lombar; depois κύτος = cavidade, abaulamento; κυτίς = caixa pequena de κυέω = estou grávida. Daí κύτος = caverna, pele, κύαρ = buraco, κύαθος = cálice, κύλα = depressão abaixo do olho, κῦμα, inchaço, vaga, onda. As raízes indogermânicas básicas são[155]: kevo = inchar, ser forte. Daí os acima mencio-

578

579

---

151. HERZOG. Op. cit., p. 212s.

152. ROHDE. Op. cit., p. 244.

153. Op. cit., I, p. 28.

154. Também existe o termo latino *cuturnium* = vas quo in sacrificiis vinum fundebatur [o recipiente no qual se derramava o vinho durante o sacrifício].

155. FICK. Op. cit., I, p. 424.

nados χυέω, χύαρ E latim cavus, oco, arqueado, cavidade, buraco, cavea, cavidade, cerca, jaula, cena e reunião; caulae, cavidade, abertura, cercado, estábulo[156]; kuéyô = intumescência, part. kueyonts, inchando; en-kueyonts = grávida, ἐγχυέων = latim inciens, prenhe; compare-se o sânscrito vi-çvàyan = inchando[157].

580   O tesouro que o herói traz da caverna escura é a vida, é ele mesmo, renascido da escura cavidade materna do inconsciente, para dentro da qual a introversão ou a regressão o relegara. Assim o portador do fogo hindu chama-se Matariçvan = o que intumesce na mãe. Na condição de preso à mãe, o herói é o dragão, e na condição do renascido da mãe, ele é o que vence o dragão (cf. fig. 107). Tem esta natureza paradoxal em comum com a serpente. Segundo Fílon, ela é a mais espiritual dentre os animais, sua natureza é a do fogo, sua velocidade é grande. Tem vida longa, e com a pele ela se despoja também da idade[158]. Na realidade a serpente é um animal de sangue frio, inconsciente e indiferente. Ela é mortal e curativa, ao mesmo tempo um símbolo do espírito do mal e do espírito do bem (Agatodemo), do diabo e de Cristo. Já para os gnósticos ela é considerada como um representante do tronco cerebral e da medula espinhal, o que concorda com a sua psique predominantemente refletiva. É um excelente símbolo do inconsciente, que exprime a presença inesperada e repentina do mesmo, sua intromissão incômoda ou perigosa e seu efeito amedrontador. Compreendido como puro psicologema, o herói é um ato positivo, favorável, do inconsciente, enquanto o dragão representa um ato negativo e desfavorável, não um nascimento mas um devorar,

---

156. Cf. a limpeza dos estábulos por Hércules. O estábulo, como a caverna, é um lugar de natividade. Cf. tb. a gruta e o estábulo em que nasceu Cristo (cf. ROBERTSON. *Christ and Krishna*). Numa lenda dos basutos também aparece o nascimento num estábulo (FROBENIUS. Op. cit., p. 105s.). O nascimento no estábulo faz parte da fábula; assim, por exemplo, a história da fecundação da estéril Sara já existe como fábula egípcia. Em Heródoto (*Geschichte*, III, 28, p. 19) lê-se: "Este Ápis, ou Epaphos, é um bezerro de uma vaca que não pode mais conceber um fruto de seu ventre. E os egípcios dizem que um raio desceria do céu sobre a vaca e deste ela teria gerado Ápis". Ápis é o Sol, daí seus símbolos: uma mancha branca sobre a testa, nas costas o desenho de uma águia, sobre a língua um escaravelho.

157. Neste contexto associou-se também χῦρος, poder, χῦριος, Senhor, antigo iraniano caur, cur, herói, antigo hindu, *çuras*, forte, herói. Mas a associação é duvidosa, e considerada improvável.

158. MAEHLY. *Die Schlange in Mythologie und Kultus*, p. 7.

não um bem construtivo, mas repressão mesquinha e destruição (cf. fig. 108; e também figs. 69 e 88).

Todo extremo psicológico contém secretamente o seu oposto ou   581
está de alguma forma em estreita relação com ele[159]. Na verdade, é desta contradição que ele deriva a dinâmica que lhe é peculiar. Não existe rito sagrado que eventualmente não se inverta em seu oposto, e quanto mais extrema se tornar uma posição, tanto mais se pode esperar a sua enantiodromia, sua reversão para o contrário. O melhor é o mais ameaçado com certa perversão diabólica, pois foi o que mais reprimiu o mal. Esta estranha relação com o próprio oposto aparece também na linguagem, como na comparação entre bom, melhor, o melhor. (Em alemão: gut, besser, am besten. "Besser" é derivado do termo arcaico "bass" = bom.) Em inglês "bad" quer dizer mau; mas seu superlativo seria "better". O que acontece na linguagem ocorre também na mitologia: onde na versão de uma lenda está escrito "Deus", em outra versão está o diabo. E quantas vezes, na história das religiões, rito, orgia e mistério degeneram em depravação licenciosa![160] Assim, um blasfemador e sectário do início do século XIX disse sobre a Santa Ceia:

> Nestes bordéis a companhia é Satanás. Tudo o que ali sacrificam é ao diabo e não a Deus; ali eles têm o cálice e a mesa de Satanás; ali bebem da cabeça das serpentes[161], ali alimentam-se do pão ímpio e bebem o vinho da luxúria.

---

159. Um bom exemplo é a doutrina de Yang e Yin da filosofia chinesa clássica.

160. Cf. a descrição das orgias de sectários russos em Mereschkowski (*Pedro o Grande e seu filho Alexei*). O culto orgíaco de Anâhita (Anaitis) conservou-se entre os Ali Illâhiya, os "Apagadores da Luz", entre os Yêzidas e os Dushicurdos, que celebram orgias religiosas noturnas, as quais terminam numa terrível promiscuidade sexual, incluindo relações incestuosas (SPIEGEL. *Erânische Altertumskunde*, II, p. 64s.). Mais documentação em STOLL. *Das Geschlechtsleben in der Völkerpsychologie*.

161. Cf. o beijo na serpente em Grimm (*Deutsche Mythologie* II, p. 809s.). Com isto uma linda mulher é libertada. A paciente de Spielrein (op. cit., p. 344s.) diz o seguinte: "Vinho é o sangue de Jesus [...] A água deve ser abençoada e também é abençoada por Ele [...] O enterrado vivo transforma-se em vinha. Todo vinho transforma-se em sangue [...] A água é penetrada de caráter infantil porque Deus diz: Tomai-vos como crianças. Existe também uma água espermática que pode ser misturada com sangue. Esta talvez seja a água de Jesus". A mistura das diversas ideias é característica. Wiedemann (apud DIETERICH. *Mithrasliturgie*, p. 101) documenta a ideia egípcia de que ao mamar no seio de uma rainha, junto com o leite ingere-se a imortalidade. Cf. a respeito o mito de Hércules, onde o herói adquire a imortalidade através de uma única sucção no seio de Hera.

582   Unternährer [= que alimenta por baixo], como se chamava este
homem[162], imagina-se como uma espécie de divindade erótica; diz
ele sobre si mesmo:

> Cabelos negros e traços graciosos e belos, todos te ouvem
> com prazer pelas palavras afáveis que saem de tua boca; por
> isso te amam as donzelas.

583   Ele prossegue:

> Tolos e cegos, Deus criou o homem à sua imagem como um
> homenzinho e uma mulherzinha, e os abençoou e falou: Sede
> fecundos e multiplicai-vos, enchei e subjugai a terra. Para isso
> concedeu a maior honra aos membros carentes e os colocou
> nus no jardim etc.
>
> As folhas de parreira e aquilo que vos servia de coberta já não
> existem, porque vos convertestes ao Senhor. Pois o Senhor é
> Espírito, e onde está o Espírito do Senhor, aí há liberdade[163],
> aí se reflete a claridade do Senhor, seu semblante descoberto.
> Delícia de Deus, magnificência e adorno do Senhor, quando,
> à imagem e à honra de Deus, assim estais como Ele vos criou,
> nus, e sem vos envergonhardes.
>
> Quem poderia louvar condignamente, nos filhos e filhas do
> Deus vivo, os membros do corpo que foram feitos para gerar?
>
> No seio das filhas de Jerusalém está a porta do Senhor. Os jus-
> tos por ela penetrarão no templo, até o altar. É no seio dos fi-
> lhos do Deus vivo que está o tubo que vem do alto, semelhan-
> te a uma vara para medir o templo e o altar. E na parte de bai-
> xo do tubo estão erigidas as pedras sagradas, como sinais e
> testemunhas[164] do Senhor, que tomou a si o sêmen de Abraão.
>
> Pelo sêmen na câmara materna Deus cria um homem com sua
> mão, à sua imagem. Então são abertas às filhas do Deus vivo
> sua casa e câmara maternas e o próprio Deus através delas
> gera a criança. Assim Deus faz nascer crianças destas pedras,
> pois das pedras vem o sêmen.

---

162. *Aus den Schriften des Sektierers Anton Unternährer. Geheimes Reskript der bernis-chen Regierung an die Pfarr- und Statthalterämter*, 1821. Devo o conhecimento deste documento ao pastor Dr. O. Pfister.

163. Nietzsche (*Also sprach Zarathustra*, p. 79): "E também esta parábola eu vos pro-ponho: não poucos que quiseram exorcizar o seu demônio acabaram eles mesmos en-tre os porcos".

164. Quanto ao sentido ambíguo original cf. *testis* = testículo e testemunha.

Fig. 107 – O dragão que devora a si mesmo. Lambsprinck,
Figurae et emblemata (1678)

Em seus muitos exemplos a história nos ensina como facilmente   584
o mistério descamba em orgia sexual, e o inverso: como o mistério se
originou da oposição à orgia. É notável como este sectário se volta
para o símbolo da serpente, que nos mistérios penetra no fiel, fecun-
dando-o e espiritualizando-o, também como significado fálico. Nos
mistérios dos ofitas a solenidade era realmente celebrada com cobras,
e os animais eram até beijados (cf. as carícias à serpente de Deméter
nos mistérios de Elêusis). Nas orgias sexuais de seitas cristãs modernas este beijo exerce um papel nada desprezível.

Um paciente teve o seguinte sonho: *Uma serpente sai de dentro*   585
de uma cavidade e pica o sonhador na região genital. Este sonho ocorreu no momento em que o paciente se convenceu da conveniência do
tratamento psíquico e começava a libertar-se do jugo do complexo
materno. Ele sentia que fazia progressos e podia dispor mais livremente de si mesmo. Mas no momento em que sente o movimento

para a frente, ele também percebe a ligação à mãe. A mordida da cobra na região genital (cf. fig. 122) lembra a autocastração de Átis motivada pela mãe. Durante uma recidiva de sua neurose uma paciente
teve o seguinte sonho: *Ela estava totalmente tomada internamente
por uma enorme cobra. Só uma ponta da cauda ainda saía de seu braço. Tentou agarrá-la mas esta lhe escapou.* Outra paciente se queixava de ter uma serpente atravessada na garganta[165]. Nietzsche usa este
simbolismo na "Visão" do pastor e da serpente:

> E, em verdade, o que eu via eu não vira jamais. Eu vi um jo-
> vem pastor se retorcendo, sufocado, estremecendo, com o
> semblante desfigurado, e de sua boca pendia uma pesada e ne-
> gra serpente.

Fig. 108 – A subjugação pelo dragão. Vitruvius, *De architectura* (1511)

---

165. Cf. o poema de Nietzsche: "Por que te insinuaste no paraíso da velha serpente?"
etc. [cf. § 459 deste volume].

Já vi eu tanto asco e lívido terror num rosto?[166] Teria ele dormido? Então a serpente penetrou em sua goela – e ali se fixou.

Minha mão puxava e puxava a serpente. Mas em vão! "[...] Arranca a cabeça! Morde!" – gritava meu horror, meu ódio, meu asco, minha compaixão. Tudo o que havia de bom e de mau em mim gritava num só grito que saía de mim.

Vós, temerários, ao meu redor [...] Desvendai o enigma que naquela ocasião eu vi, interpretem-me a visão do solitário!

Pois aquilo era uma visão e uma profecia. O que vi então em forma de alegoria? E quem é aquele que um dia ainda há de vir?

Quem é o pastor, em cuja boca a serpente assim penetrou? Quem é o homem em cuja boca há de entrar tudo o que há de mais pesado e de mais negro?[167]

Mas o pastor mordeu conforme meus gritos lhe aconselhavam; mordeu bem mordido! Para longe cuspiu a cabeça da serpente, e ergueu-se num salto.

Não mais pastor, não mais homem – um transfigurado, um iluminado, que ria! Nunca sobre a terra alguém riu assim como ele ria!

Oh! meus irmãos, ouvi seu riso, e não era um riso humano – e agora uma sede me corrói, uma saudade que nunca se aplaca.

A saudade deste riso me atormenta: oh! como suporto viver ainda! E como suportaria morrer agora![168]

De acordo com o que foi dito acima, o acontecimento descrito por Nietzsche deve ser interpretado do seguinte modo:

586

A serpente representa a psique inconsciente que, como o deus Serpente nos mistérios de Sabázio, entra na boca do iniciado, do próprio Nietzsche na qualidade do ποιμήν Ou ποι-μάνδρης, pastor das almas e pregador, inicialmente para impedi-lo de falar demais, mas depois para torná-lo ἔνθεος; iluminado por Deus. Já a cobra tinha se fixado com os dentes,

---

166. O próprio Nietzsche durante certo tempo teria tido atração por animais repugnantes. Cf. BERNOULLI. *Franz Overbeck und Friedrich Nietzsche*, I, p. 166.

167. Lembro o sonho de Nietzsche citado na parte I deste volume [§ 47, nota 1].

168. *Also sprach Zarathustra*, p. 233s. O mito germânico de Dietrich von Bern pertence a este quadro: Ele é ferido na testa por uma flecha e um pedaço da mesma fica encravado; justamente por isto ele chama-se o imortal. Da mesma forma, a metade da cunha de pedra de Hrûngnir está encravada na testa de Thor. Cf. GRIMM. *Deutsche Mythologie*, I, p. 309.

mas o medo foi mais rápido e mais forte: ele mordeu a cabeça da serpente, arrancando-a e cuspindo-a para fora. Se quisermos que a cobra nos pique no calcanhar, é preciso esmagar-lhe a cabeça com os pés. O pastor riu quando se viu livre da serpente; ele riu abertamente porque havia realizado a compensação através do inconsciente. Agora podia tirar fácil vantagem com o conhecido resultado: leiam-se todas as passagens de *Zarathustra* em que Nietzsche fala de rir e de gargalhadas. Infelizmente depois tudo aconteceu como se a nação alemã tivesse ouvido o sermão de Nietzsche.

587   O inconsciente se insinua em forma de serpente quando o consciente sente medo da tendência compensadora do inconsciente, o que geralmente acontece na regressão. Mas quem assume uma atitude afirmativa para com a compensação não regride, e irá ao encontro do inconsciente através da introversão. Deve-se convir, no entanto, que o problema como ele se apresentou a Nietzsche de fato era insolúvel, pois ninguém poderia esperar do pastor que tragasse uma serpente nestas circunstâncias. Trata-se aqui de um destes casos não tão raros em que a compensação aparece de forma inaceitável, que só poderia ser vencida por meio de algum absurdo correspondente. Uma tal situação acontece quando se resiste ao inconsciente por princípio e durante muito tempo, afastando com isto o instinto do consciente.

588   Como mostram muitos exemplos históricos, pela introversão o indivíduo é fecundado, entusiasmado, reconcebido e renasce. Esta imagem de atividade espiritual criadora na filosofia hindu tem até significado cosmogônico. O desconhecido Criador original de todas as coisas segundo *Rigveda* 10, 121 é Prajâpati, o "Senhor das Criaturas". Nos diferentes Brâmanas sua atividade cosmogônica é relatada do seguinte modo:

> Prajâpati almejava: "Eu quero reproduzir-me, quero ser múltiplo!" Ele exercitou Tapas; depois de ter exercitado Tapas, criou estes mundos[169].

589   O conceito de Tapas, segundo Deussen, deve ser traduzido por: "ele chocou uma ninhada"[170] com o sentido: "ele incubou incubação", quando o incubador e o incubado não são dois, e sim um só e

---

169. DEUSSEN. *Geschichte der Philosophie*, I, p. 181.
170. "Sa tapo atapyata" (op. cit., p. 182).

mesmo ser. Como Hiranyagarbha, Prajâpati é o ovo por ele mesmo produzido, o ovo do mundo, no qual ele choca a si mesmo (cf. fig. 109): ele, portanto, penetra em si mesmo, torna-se seu próprio útero, está prenhe de si mesmo, para gerar o mundo do múltiplo. Assim Prajâpati através da introversão se transforma num ser novo, o múltiplo do mundo. É particularmente interessante observar como conceitos distantes se tocam. Deussen diz: "[...] na medida em que o conceito de Tapas (calor) na quente Índia se tornou o símbolo do esforço e do tormento, o tapo atapyata passou também para o conceito de automortificação e com isso relacionou-se com a ideia [...] de que a criação por parte do Criador seria um ato de autorrenúncia"[171].

Fig. 109 – Prajâpati com o ovo do mundo. Índia

---

171. Op. cit.

590   Autoincubação[172], automortificação e introversão são conceitos muito próximos. O aprofundamento em si mesmo (introversão) é uma penetração no inconsciente e ao mesmo tempo uma ascese. Para a filosofia dos Brâmanes, desta atitude se origina o mundo, para os místicos dela provém a renovação e o renascimento espiritual do indivíduo, que nasce num mundo novo, espiritual. A filosofia hindu admite também que da introversão se origina a criação em geral; assim lemos no *Rigveda* 10, 129:

> Então, pela força da ardente dor,
> Nasceu o Uno que na casca se ocultava.
> Do Uno surgiu o amor[173], primeiro em origem,
> Como germe do reconhecimento;
> Os sábios encontraram as raízes do ser
> No não ser, investigando os impulsos do coração[174].

591   O conceito filosófico considera o mundo como uma emanação da libido. O doente mental Schreber produz uma espécie de fim do mundo com sua introversão, e isto corresponde à ideia de que ele retira a libido da criação existente, tornando-a assim irreal[175]. Assim também Schopenhauer tentou anular pela negação (santidade, ascese), o erro da vontade primitiva devido ao qual o mundo aconteceu. E também Goethe diz:

> Seguis pista errada,
> Não penseis, que gracejamos!
> Não está o âmago da natureza
> No coração do homem?[176]

---

172. A ideia estoica do calor primitivo criador, no qual já reconhecemos a libido [§ 102, nota 52], faz parte deste contexto, assim como o nascimento de Mitra na pedra, que ocorre "solo aestu libidinis" (só pelo calor da libido).

173. Kâma = Eros.

174. Na tradução exata em prosa esta passagem quer dizer: "Então desenvolveu-se nele no início Kâma" (DEUSSEN. Op. cit., p. 123). Kâma é a libido. "A radicação do existente no não existente foi encontrada pelos sábios quando procuraram com compreensão, no coração" (op. cit.).

175. *Denkwürdigkeiten eines Nervenkranken*.

176. [*Gott und Welt. Ultimatum*. Werke III, p. 102].

O herói que precisa realizar a renovação do mundo, vencer a   592
morte, personifica a força criadora do mundo que, chocando-se a si
mesma na introversão, como serpente envolvendo o próprio ovo,
ameaça a vida com mordida venenosa para conduzi-la à morte, e desta noite, vencendo-se a si mesma, a faz renascer. A linguagem de
Nietzsche parece conhecer esta imagem:

> Há quanto tempo estás sentado sobre teu infortúnio?
> Ouve! Ainda hás de chocar
> um ovo,
> um ovo de basilisco
> de tanto te lamentares[177].

O herói é serpente para si mesmo, seu próprio imolador e imola-   593
do, razão por que Cristo se compara com razão à serpente sagrada de
Moisés (cf. fig. 23) e o redentor dos ofitas cristãos era uma serpente.
Ela é Agatodemo e Cacodemo (cf. fig. 110). A saga germânica diz que
os heróis tinham olhos de serpente[178].

Fig. 110 – Serpente Agatodemo. Gema antiga

No mito de Cécrope há sinais nítidos da primitiva identidade de   594
serpente e herói: Cécrope é meio serpente, meio homem. Numa fase
primitiva ele provavelmente foi a própria serpente castelã ateniense.

---

177. *Ruhm und Ewigkeit.* Werke, VIII/1, p. 425.

178. GRIMM. *Deutsche Mythologie* III, p. 111. Olhos de serpente: "ormr î auga; Si-
gurdr chama-se Ormr î Auga".

Como deus enterrado ele é, como Erecteu, um deus-serpente ctônico. Sobre sua moradia subterrânea ergue-se o Partenão, o templo da
virgem deusa. O esfolamento do deus, que já mencionamos de passagem, tem íntima relação com a natureza de serpente do herói. Já vimos as cerimônias mexicanas de esfolamento. Sobre Mâni, o fundador da religião maniqueia, conta-se que foi morto, esfolado, empalhado, e assim pendurado[179]. O ato de pendurar tem valor simbólico
claro, sendo que o pender e afligir-se em dores de suspensão exprime
um anseio não realizado ou esperança intensa. Por isso Cristo, Odin,
Átis e outros estão pendurados em árvores. Jesus ben Pandira teve
morte semelhante na véspera de uma festa de Passah durante o reinado de Alexandre Janeu (106-79). Este Jesus teria sido o fundador da
seita essênica[180], que tinha certa relação com o cristianismo posterior. O Jesus ben Stada, identificado com o Jesus precedente, mas
transportado para o século II depois de Cristo, também foi pendurado. Ambos foram antes apedrejados, castigo por assim dizer incruen-
to como o ficar pendurado. Isto deve ter tido sua importância, pois
de Uganda se descreve uma cerimônia estranha:

> Quando um rei de Uganda queria viver para sempre, diri-
> gia-se a um lugar em Busiro onde os chefes celebravam uma
> festa. Na festa, honras especiais eram destinadas ao clã de
> Mamba[181], e durante as festividades um membro deste clã era
> secretamente escolhido por seus companheiros e espancado
> até a morte; nenhum bastão ou arma, a não ser os próprios
> punhos, podia ser usado pelos homens indicados para prati-
> car a ação. Depois da morte o corpo da vítima era esfolado e
> com a pele fazia-se um açoite especial [...] Depois da cerimô-
> nia da festa em Busiro, com seu estranho sacrifício, supu-
> nha-se que o rei de Uganda viveria para sempre, mas a partir
> daquele dia nunca mais lhe permitiam ir ver sua mãe[182].

---

179. Gl 3,27 inconscientemente se refere a esta imagem primitiva: "Pois todos vós,
que fostes batizados em Cristo, vos revestistes de Cristo". O (induere) aqui usado significa: introduzir, atrair, vestir.

180. Cf. ROBERTSON. *Evangelien-Mythen*, p. 123.

181. Mamba chama-se a cobra africana.

182. FRAZER. *The Golden Bough*, parte IV, p. 405.

Mársias, que parece ser um substituto de Átis, o filho-amante de Cibele, foi esfolado[183]. Quando morria um rei dos citas, seus escravos e cavalos eram mortos, esfolados e empalhados, e assim recolocados em suas posições[184]. Assim como na Frígia os representantes do deus-pai eram sacrificados e esfolados, também acontecia em Atenas com um boi que, esfolado e empalhado, era de novo atrelado diante do arado. Deste modo celebrava-se a ressurreição da fertilidade da lavoura[185]. 595

O deus-herói, simbolizado como signo da primavera (Áries, Touro), vence a baixa do inverno e, passada a altura do verão, é tomado de inconsciente nostalgia pelo ocaso. No entanto, ele está em desacordo consigo mesmo, por isso a descida e o fim lhe parecem uma maldosa invenção da terrível mãe, que secretamente colocou uma cobra venenosa em seu caminho para causar a sua ruína. Mas o mistério anuncia, confortando, que não há contradição[186] nem desarmonia quando a vida se transforma em morte: ταῦρος δράκοντος καὶ ταύρου δράκων πατήρ[187] (o touro da serpente e a serpente como pai do touro). 596

Também Nietzsche pronuncia este enigma: 597

> E agora estou aqui sentado...
> deglutido por este minúsculo oásis
> – sonolenta, abria ela sua suave boca...
> Bendita, bendita aquela baleia,
> quando assim aconchegou seu hóspede!...
>
> Bendito o seu ventre,
> quando foi assim
> um ventre-oásis tão cândido...

---

183. Ibid., p. 242.

184. Ibid., p. 246.

185. Ibid., p. 249. Sobre o tema do esfolamento, cf. meu trabalho: *O símbolo da transformação na missa* [OC, 11/3; § 348].

186. Outra tentativa de solução parece ser o tema dos dioscuros (fig. 264). São dois irmãos semelhantes: um mortal, o outro imortal. O mesmo tema encontra-se também no hindu como os dois açvins, entre os quais contudo não há diferença. Mas no *Svetâsvatara-Upanishad* 4, 6 ele aparece nitidamente como o par de amigos que "abraçam uma mesma árvore", como o Atman pessoal e impessoal. No culto de Mitra, Mitra é o pai, Sol o filho, e não obstante os dois são um só como o ὁ μέγας θεὸς ῞Ηλιος Μίθρας (DIETERICH. Op. cit., p. 68). Quer dizer: o homem não se transforma em sua parte imortal, mas já em vida é ambos, o eu e o si-mesmo.

187. FIRMICUS MATERNUS. *De errore profanarum religionum*, XXVI, 1, p. 67.

O deserto cresce; ai daquele que desertos abriga!
Pedra range contra pedra, o deserto devora e aniquila.
A horrível morte espreita ardendo, escura,
e *mastiga* – sua vida é mastigar...

Não olvides, homem, a quem a volúpia esgotou:
Tu – és a pedra, o deserto, és a morte...[188]

598   Depois de matar o dragão, Siegfried encontra o pai Wotan, acabrunhado por obscuras preocupações, pois a mãe primitiva Erda por
assim dizer colocou a serpente em seu caminho para tirar a força de
sua vida. Ele diz a Erda:

Peregrino:

Onisciente
Cravaste um dia
O espinho da apreensão
No audacioso coração de Wotan:
Com temor de ignóbil
E inimigo fim
Preenche-o teu saber,
O medo reprime sua coragem.
Se és a mais sábia das mulheres
Diz-me pois:
Como vence o Deus a apreensão?

Erda:

Tu não és
Aquilo de que te chamas!

599   Com espinho venenoso a mãe tira a alegria de viver do filho e o
despoja do poder, que está relacionado ao nome. Assim como Ísis exige o nome do deus, Erda diz: "Tu não és aquilo que te chamas". Mas o
"peregrino" encontrou a maneira de vencer o feitiço mortal da mãe:

Pelo fim dos deuses
Não me aflige o medo,
Desde que meu desejo – o quer!

---

188. *Unter Töchtern der Wüste*. Werke, VIII, p. 407s.

Ao mais deleitoso Wälsung
Destino agora a minha herança.

Ao eternamente jovem
Cede com alegria o deus[189].

Estas sábias palavras na realidade contêm a ideia salvadora: não   600
foi a mãe quem colocou o verme venenoso no caminho, mas é a própria vida que quer seguir a trajetória do Sol, quer subir desde a manhã até o meio-dia e, ultrapassando o meio-dia, apressar-se em direção à tarde, não em desacordo consigo mesma, mas desejando também a descida e o fim[190].

O Zarathustra de Nietzsche ensina: 601

Eu vos exalto minha morte, a morte livre, que vem a mim
    porque eu quero.
E quando hei de querer? –
Quem tem um objetivo e um herdeiro, quer a morte no
    momento certo para o objetivo e o herdeiro[191].

---

189. *Siegfried*, linhas 2.088-2.101, 2.117-2.119, 2.126-2.127, 2.248-2.249.

190. É digno de nota que os heróis que matam um leão, Sansão e Hércules, lutam sem
armas (cf. fig. 38). O leão é o símbolo do maior calor de verão, astrologicamente é o
"domicilium solis". Steinthal (*Die Sage von Simson*, p. 133) faz a respeito o seguinte raciocínio que cito textualmente: "Se, portanto, o deus solar luta contra o calor do verão,
ele luta contra si mesmo; se o matar, ele se mata. – Realmente! O povo fenício (assírio e
lídio) atribui a seu deus solar um suicídio. Pois só como suicídio ele podia compreender
que o Sol diminuísse seu calor. Portanto, acreditava ele, se o Sol no verão está no apogeu
e envia seu raio com calor abrasante, o próprio deus se queima, mas não morre, apenas
rejuvenesce [...] Também Hércules se queima, mas sobe ao Olimpo nas chamas. – É esta
a contradição nos deuses pagãos. Como forças da natureza, são ao mesmo tempo benéfi-
cos e prejudiciais ao homem. Para fazer bem e salvar, eles precisam agir contra si mesmos. A contradição é atenuada quando cada um dos dois lados da força natural é personificado por um deus especial; ou se a força de fato é concebida como uma só personalidade divina, mas cada uma de suas duplas ações, a benéfica e a maléfica, recebe um símbolo especial. O símbolo torna-se cada vez mais independente e finalmente transforma-
ma-se também num deus. E enquanto originalmente o deus agia contra si próprio, des-
truía a si mesmo, agora símbolo luta contra símbolo, deus contra deus, ou o deus com o
símbolo". O herói não tem arma porque luta consigo mesmo.

191. Op. cit.., p. 106.

602   Nietzsche exagera aqui o amor fati e, sobre-humanamente ado-
           entado, não quer seguir, mas antecipar-se ao destino. Siegfried vence
           o pai Wotan e se apodera de Brünhilde. A primeira coisa que dela vê
           é o cavalo; pensa então que se trata de um cavaleiro armado. Ele cor-
           ta a armadura protetora da adormecida. Vendo que se trata de uma
           mulher, ele se apavora.

                    Oscilam meus sentidos em vertigem! –
                    A quem apelar
                    Por auxílio?
                    Mãe! Mãe!
                    Pensa em mim! –
                    É isto o temer? –
                    Ó Mãe, Mãe!
                    Teu valente filho!
                    Dorme uma mulher: –
                    Esta ensinou-lhe o temer! –
                    Desperta! Desperta!
                    Santa mulher! –
                    Assim aspiro vida
                    De dulcíssimos lábios –
                    Ainda que venha a perecer!

603   No dueto que se segue é invocada a mãe:

                    Oh! salve a mãe
                    Que me gerou...

604   Muito característica é a confissão de Brünhilde:

                    Oh! soubesses tu, prazer do mundo,
                    Como te amei!
                    Tu eras meu pensar,
                    Minha apreensão, tu!
                    Eu te nutri na ternura,
                    Ainda antes de gerado;
                    Já antes de nascido
                    Protegia-te o meu escudo[192].

---

192. Era costume etrusco cobrir a urna que continha as cinzas, portanto o morto, com
o escudo ao ser enterrado. – Citações de *Siegfried*, linhas 2.478-2.482, 2.496-2.500,
2.511-2.516, 2.542-2.543, 2.552-2.559.

Brünhilde, que tem com o pai Wotan a relação de filha-anima,   605
torna-se aqui nitidamente a mãe simbólica, espiritual de Siegfried, e
confirma assim a regra psicológica de que para o filho a primeira portadora da imagem da Anima é a mãe. Siegfried diz, confirmando:

> Não morreu então a minha mãe?
> Dormia ela apenas?

A imago materna, que inicialmente é idêntica à Anima, represen-   606
ta o aspecto feminino do próprio herói. Isto Brünhilde lhe explica
com as palavras:

> Tu mesma sou eu
> Quando amas a mim, ditosa.

Como Anima, Brünhilde é mãe-esposa-irmã. Ela preexiste como   607
arquétipo e sempre amou Siegfried.

> Ó Siegfried, Siegfried!
> Luz vitoriosa!
> A ti sempre amei;
> Pois só a mim
> Atingia o pensamento de Wotan.
> O pensamento que eu jamais
> Pude mencionar,
> Que eu jamais pensei
> Mas apenas sentia;
> Pelo qual combati,
> Lutei e briguei;
> Pelo qual eu afrontava
> Aquele que o pensava,
> E só percebia! –
> Poderias compreender! –
> Para mim ele era apenas amor por ti!

A imagem da Anima encerra ainda outros aspectos da imago ma-   608
terna, entre outros o da água e do mergulhar.

Siegfried:

> Águas deslumbrantes
> Diante de mim ondeiam;
> Com todos os sentidos
> Vejo só a ela,

A deliciosa vaga ondeante:
Quebrou a minha imagem,
E agora queimo eu mesmo,
Ardor abrasante,
Para refrescar-me n'água
Eu mesmo, como sou,
Pulo no riacho: –
Oh, se suas vagas
Me tragassem feliz...

Fig. 111 – Esquema mexicano do mundo, México. De um códex asteca

609　　A água aqui mencionada representa a profundidade materna e o lugar do renascimento, e assim o inconsciente em seu aspecto positivo e negativo. Mas o mistério da renovação tem natureza horrenda. É um abraço mortal. Nas palavras de Brünhilde (a bem dizer, da mulher-cavalo que leva o morto para o além), encontra-se a alusão à terrível mãe dos heróis, que ensina a estes o medo:

Não temes, Siegfried,
Não temes tu
A bravia, esbravejante mulher?

O orgíaco "occide moriturus" da cena de amor das *Metamorfo-* 610
ses de Apuleio[193] vem a nós nas palavras de Brünhilde:

Rindo, deixe-nos arruinar –
Rindo, perecer!

E nas palavras: 611

Reluzente amor,
Sorridente morte![194]

encontra-se a mesma contradição significativa. Esta orgia e esta imoderação constituem a natureza da "mater saeva cupidinum" e determinam o destino do herói: uma sorte imprevisível deve acompanhá-lo, do contrário sua exagerada autoconfiança o poria a perder já em sua primeira aventura. Sua mãe-anima é cega, e por isso seu destino acaba por alcançá-lo mais cedo ou mais tarde, independentemente de sua sorte, geralmente porém mais cedo. Também os demais destinos de Siegfried são os dos heróis arquetípicos: a lança do ciclópico Hagen, o obscuro, atinge seu ponto vulnerável. Na figura de Hagen, o ciclópico Wotan abate o filho-herói. O herói é um tipo ideal de vida masculina. O filho abandona a mãe, a fonte de sua vida, impelido por uma nostalgia inconsciente de reencontrá-la para voltar a seu seio. Todo obstáculo que se ergue no caminho de sua vida e ameaça sua ascensão tem veladamente os traços da terrível mãe, que com o veneno da dúvida secreta e do recuo inibe sua coragem de viver; e em cada vitória ele reconquista a mãe sorridente, doadora de amor e vida. Esta imagem, por assim dizer como figura musical, como transformação contrapontística da emoção, é infinitamente simples e fácil de compreender. Mas para o intelecto, e sobretudo para o raciocínio lógico, ela representa uma dificuldade praticamente intransponível. Isto porque nenhum elemento do mito do herói é suscetível de uma

---

193. I, p. 32.

194. *Siegfried*, linhas 2.561-2.562, 2.565-2.566, 2.571-2.590, 2.738-2.750, 2.797-2.799, 2.818-2.819, 2.862-2.863.

Fig. 112 – Representação copta dos quatro cantos do mundo no zodíaco, como Sol e Lua como centro

só interpretação e – *cum grano salis* – todas as figuras podem ser trocadas. Certo e seguro é apenas o fato de que o mito existe e possui inegáveis analogias com outros mitos. A interpretação dos mitos é coisa melindrosa que se vê com certa desconfiança, e com razão. Até agora o intérprete de mitos de fato se encontrava em situação pouco invejável, pois só dispunha de pontos de orientação muito duvidosos como dados astronômicos e meteóricos. A psicologia moderna tem a vantagem de ter conhecido uma área de fenômenos psíquicos que sem dúvida representa a matriz de toda mitologia: sonhos, visões, fantasias e ilusões. Aqui ela não só encontra frequentes analogias com temas míticos, mas também tem a oportunidade ímpar de observar ao vivo e analisar a origem e o funcionamento de tais conteúdos. No sonho de fato podemos demonstrar a mesma ambiguidade e multiplicidade aparentemente ilimitada das figuras. Por outro lado estamos em condições de verificar certas leis ou pelo menos regras, que tornam a interpretação um pouco mais segura. Sabemos, por exemplo, que os sonhos compensam o estado consciente, isto é, completam o que nele falta[195]. Este conhecimento, importante para a interpretação dos sonhos, também vale para o mito. Da pesquisa dos produtos do inconsciente resultam ainda alusões claras a estruturas arquetípicas que coincidem com os temas míticos, e entre elas determi-

---

195. Embora o inconsciente em geral seja *complementar* ao consciente, no caso individual a complementação não tem um caráter mecânico e por isso claramente previsível, mas age de forma adequada e inteligente, razão por que é melhor considerá-lo como *compensação*.

nados tipos que merecem o nome de *dominantes*: trata-se de arquétipos como anima, animus, ancião, bruxa, sombra, mãe-terra etc. e as
dominantes de ordem do si-mesmo, do círculo e da quaternidade,
respectivamente das quatro "funções" ou dos aspectos do si-mesmo
(cf. figs. 103 e 114) ou do consciente. Percebe-se sem dificuldades
(cf. figs. 111, 112 e 113) que o conhecimento destes tipos facilita
muito a interpretação dos mitos e ao mesmo tempo a coloca no chão
a que pertence, isto é, na base da psique.

Assim, o mito do herói é um drama inconsciente que só aparece   612
na projeção, comparável aos acontecimentos da alegoria da caverna
de Platão. O próprio herói aparece então como um ser que possui
mais do que mera natureza humana. Desde o início ele é caracterizado como um deus em potencial. Sendo psicologicamente um arquétipo do si-mesmo, sua divindade exprime que o si-mesmo é numinoso,
um quase deus ou participante da natureza divina. Neste mitologema
poderia encontrar-se o motivo da disputa sobre a homoousia, pois
psicologicamente não é indiferente se o si-mesmo deve ser considerado ὁμοούσιος ou apenas ὁμοιούσιος τῷ πατρί (de natureza igual ou

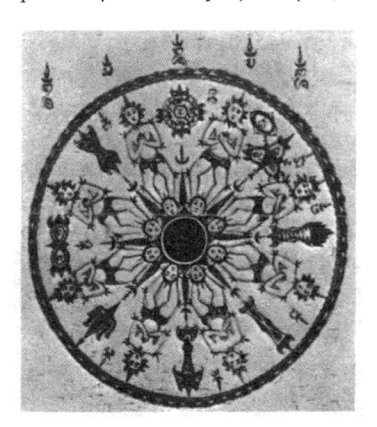

Fig. 113 – Circulo de deuses de Bali

de natureza semelhante ao Pai). A decisão a favor da homoousia era
de importância psicológica. Com isto se decidiu que Cristo era de natureza igual a Deus. Mas sob o ponto de vista da história comparada
da religião e da psicologia, Cristo é um tipo do si-mesmo. Psicologi-

camente o si-mesmo é uma imago Dei e empiricamente não pode ser
dela distinto (cf. fig. 114). Resulta daí que as duas ideias têm essencialmente a mesma natureza. O herói é o ator da transformação de
Deus no homem; corresponde àquilo que denominei de "personalidade mana"[196]. Esta exerce grande fascínio sobre o consciente: o eu
facilmente cede à tentação de identificar-se com o herói, o que acarreta uma inflação psíquica com todas as suas consequências. Neste
sentido é compreensível a aversão de determinados círculos eclesiás-
ticos pelo "Cristo interior", e isto como medida preventiva contra o
perigo da inflação psíquica que ameaça o europeu cristão. Embora a
filosofia religiosa hindu seja dominada pela ideia da homoousia[197], o
perigo daí decorrente é menor porque o hindu possui um conceito de
Deus correspondente; o que não acontece com o cristão. Este ainda
tem uma introspecção muito insuficiente para poder perceber que
modificação no conceito de Deus a homoousia do si-mesmo significa. Queira perdoar-me o leitor estas considerações aparentemente
distantes. Eu apenas as acrescento para dar à numinosidade do arquétipo do herói o seu devido destaque[198].

Fig. 114 – Cristo entre os evangelistas. Relevo. Igreja em
Arles-sur-Tech, Pirinéus Orientais (séc. XI)

---

196. Cf. *O eu e o inconsciente* [OC, 7/1; § 374s.].

197. Identidade do Âtman pessoal e suprapessoal.

198. Mais detalhes cf. *Tipos psicológicos* [§ 338s.]. Rio de Janeiro: Zahar, 1967; e
Aion [OC, 9/2].

VIII

O sacrifício[1]

Voltemos agora às fantasias de Miss Miller para observar a continuação do drama do herói. Chiwantopel fala com emoção dolorosa: "Neste mundo todo não existe uma só! Procurei em cem tribos. Envelheci cem luas desde que comecei. Será que não existirá jamais uma que conhecerá a minha alma? – Sim, por Deus soberano, sim! – Mas dez mil luas nascerão e minguarão antes que nasça sua alma pura. E é de um outro mundo que seus pais chegarão a este aqui. Ela terá a pele pálida e pálidos os cabelos. Ela conhecerá a dor antes mesmo que sua mãe a tenha dado à luz. O sofrimento a acompanhará; ela também procurará – e não encontrará quem a compreenda. Muitos pretendentes far-lhe-ão a corte, mas não haverá um que saiba compreendê-la. A tentação frequentemente provocará sua alma – mas ela não fraquejará [...] Em seus sonhos, eu virei a ela, e ela compreenderá. Conservei meu corpo inviolado. Eu vim dez mil luas antes de sua época e ela virá dez mil luas tarde demais. Mas ela compreenderá! É só uma vez a cada dez mil luas que nasce uma alma como aquela!" (Uma lacuna) – Uma víbora verde sai dos abrolhos, rasteja até ele e o pica no braço, depois ataca o cavalo, que sucumbe primeiro. Chi-wan-to-pel diz então ao cavalo: "Adeus, irmão fiel! Entra em teu repouso! Eu te amei e tu me serviste bem. Adeus, eu te reencontro logo!" Depois à serpente: "Obrigado, irmãzinha, puseste fim a minhas peregrinações!" – Depois ele grita de dor e clama sua súplica: "Ó Deus Todo-poderoso, leva-me logo! Procurei conhecer-te e guardar tua lei! Oh, não permitas que meu corpo tombe na podridão e no mau cheiro e sirva de comida às águias!" – Avista-se ao longe um vulcão fumegante, ouve-se o estrondo de um tremor de terra, seguido por um deslizamento do terreno. Chi-wan-to-pel

1. Cf. cap. VII, nota 1.

grita no delírio do sofrimento, enquanto a terra cobre seu corpo: "Conservei meu corpo inviolado. – Ah! ela compreenderá! – Ja-ni-wa-ma, Ja-ni-wa-ma, tu, tu me compreendes!"

614   A profecia de Chiwantopel é uma repetição do *Hiawatha* de Longfellow, onde o poeta não conseguiu evitar o sentimentalismo e introduziu, no fim da carreira do herói Hiawatha, o Redentor dos homens brancos na forma da chegada dos eminentes representantes da religião cristã. (Lembro a "Obra Redentora" dos espanhóis no México e no Peru e as lutas com os índios na América do Norte!) Com esta profecia de Chiwantopel a personalidade da autora voltou a relacionar-se intimamente com o herói, como sendo o verdadeiro objeto da nostalgia de Chiwantopel. Por certo o herói a teria desposado se ela já tivesse vivido em sua época. Mas infelizmente ela chega tarde, nada menos do que dez mil luas depois. Esta grande distância no tempo indica uma distância também em outro sentido: O eu de Miss Miller está separado por um abismo da figura de Chiwantopel! Ele é totalmente "do além". Assim como ele a procura em vão, ela jamais o encontrará: não haverá união ou encontro do consciente com o inconsciente, o que no entanto seria necessário para a compensação do consciente e para o estabelecimento da totalidade. Ela ou ele no máximo sonharão com tal encontro e só assim poderão compreender as suas almas, amá-las e abraçá-las. Mas este amor nunca será um fato consciente. Isto não constitui um bom prognóstico para Miss Miller, pois em todo relacionamento amoroso verdadeiro a jovem encontra seu herói e o jovem encontra sua alma na realidade palpável.

615   A frase seguinte do texto diz: "J'ai conserve mon corps inviolé". Esta frase orgulhosa, que evidentemente só pode ser dita por uma mulher – pois um homem jamais se gabaria disto – torna a confirmar que o corpo ficou ileso e todos os empreendimentos não passaram de sonhos. A afirmação do autor, de estar ileso, refere-se ao malogrado atentado no capítulo anterior e explica só depois o que na realidade significava. Ele diz nestes termos: "La tentation souvent assaillira son âme – mais elle ne faiblira pas". Esta afirmação mostra a atitude negativa de nossa autora, que no entanto lhe é por assim dizer ditada por seu "ghostly lover"[2]. Em todo caso o despertar da figura deste herói ("Animus") parece ter tais consequências para a atitude consciente. É

2. Cf. HARDING. *Der Weg der Frau* [cap. II, p. 60s.].

como se "um novo instinto" despertasse e uma nostalgia até agora desconhecida se apoderasse da alma: a imagem do amor mundano empalidece diante da imagem do amor celestial, que afasta o coração e os sentidos do assim chamado destino natural. A palavra "natural" aqui tem o sentido que o Iluminismo francês lhe deu. Na realidade a paixão do "espírito", alienada do mundo, é tão natural quanto o voo nupcial dos insetos. O amor pelo "noivo celestial" ou por Sofia é um fenômeno que de modo algum se limita à esfera cristã. É, em verdade, o "outro" instinto, igualmente natural, de aderir às realidades da alma. Estas últimas não são invenções de emergência, como certas teorias querem fazer crer, mas fatos e figuras que podem emocionar, enganar e tornar feliz o homem tanto quanto as criaturas deste mundo. "Tens consciência apenas de um único instinto"[3], diz Fausto a Wagner. Mas Miss Miller parece estar prestes a esquecer este instinto a favor do outro. Com isto ela não escapa do perigo da unilateralidade, mas apenas muda os seus sinais. Quem ama o mundo e seu esplendor e por sua causa esquece o "reino das sombras" ou até o substitui (o que constitui a regra), tem o "espírito" como inimigo, e quem foge do mundo para cair nos "braços eternos", tem a vida por inimigo. E assim o herói Chiwantopel, que personifica a espiritualidade de Miss Miller, entra em perigoso confronto com a serpente verde[4]. O verde indica um númen de vegetação ("verde é a árvore dourada da vida"), e a serpente é a representante do mundo dos instintos, isto é, daqueles processos vitais que psicologicamente são os mais inatingíveis. Os sonhos com serpentes, tão frequentes, sempre indicam uma discrepância entre a atitude do consciente e o instinto. A serpente significa o perigo de um tal conflito. O aparecimento da víbora verde, portanto, quer dizer alguma coisa como: "Cuidado! Perigo de vida!"

Sabemos que Chiwantopel é afastado totalmente do cenário; 616 primeiro a serpente o mata; seu cavalo, sua força vital animal, também é destruído, e finalmente seu corpo é tragado por uma erupção vulcânica. Esta solução do problema significa uma compensação e um auxílio que o inconsciente presta a uma situação perigosa do consciente. Sobre esta até agora só percebemos indícios. Se há neces-

---

3. *Faust*, parte I, p. 165.
4. Cf. o trabalho de A. Jaffé sobre HOFFMANN, E.T.A. *Der Goldene Topf*.

sidade de uma destruição tão drástica do herói, ao contrário de seu papel mitológico restante, justifica-se a conclusão de que a personalidade humana da autora está altamente ameaçada pela invasão do inconsciente (eufemisticamente interpretada como "fantasia criadora"). Se o atraente Chiwantopel pode ser afastado do caminho, há alguma esperança de que o interesse torne a voltar-se à terra e a seu verdor porque "o caminho para o lado de lá está barrado", sem esperanças pela morte do amado. A invasão do inconsciente torna-se um perigo real para o consciente quando este não é capaz de captar e integrar compreensivamente os conteúdos trazidos. Não se tem a impressão de que Miss Miller seja aquela que já agora "compreende", embora o "elle comprendra" se refira tão claramente a ela. Como Miss Miller de fato não compreende absolutamente o que se passa, sua posição é crítica, pois existe a possibilidade de que, nestas circunstâncias, o consciente seja dominado pelo inconsciente. Pouco depois, isto realmente aconteceu, com efeito fatal[5].

617   Quando ocorre alguma coisa semelhante à invasão do inconsciente trata-se muitas vezes de uma situação em que o inconsciente ultrapassa o consciente. O consciente de alguma forma estacionou, razão por que o inconsciente se encarrega do impulso para a frente e da transformação no tempo, e interrompe a parada. Os conteúdos que então invadem o consciente representam, de forma arquetípica, aquilo que o consciente deveria ter vivenciado para não estacionar. A tendência à parada pode ser reconhecida facilmente através da menção da integridade do corpo e do desejo de preservá-lo da decomposição na sepultura. A vontade é segurar os raios da roda que faz rolar os anos, de conservar a infância e a eterna juventude, de não morrer e apodrecer na terra. ("Oh, ne permets pas que mon corps tombe dans la pourriture et la puanteur".) E levados pela sensação de juventude conservada por longo, talvez excessivamente longo tempo, no estado sonhador das recordações obstinadamente guardadas, se esquecermos que a roda gira, então os cabelos grisalhos, o enrugamento da pele e do rosto anunciam impiedosamente que, mesmo protegendo o corpo ao máximo contra as forças destruidoras da vida, o veneno da

---

5. Cf. Prefácio da 2ª edição no início deste volume.

serpente do tempo se insinua e age secretamente em nosso corpo. A fuga da vida não nos liberta da lei do envelhecimento e da morte. O neurótico que procura livrar-se da necessidade da vida nada ganha e apenas se impõe o fardo de uma velhice e morte precoces, que devem ser particularmente cruéis diante da falta de conteúdo e de sentido de sua vida. Se negarmos à libido uma vida que avança num fluxo constante, que conhece e quer o perigo e o declínio final, então ela tomará outro rumo e descerá para as próprias profundezas, cavando seu caminho até a antiga ideia da imortalidade de toda vida, a nostalgia do renascimento.

Holderlin mostra este caminho em suas poesias e em sua vida. 618
Fala o poeta em suas canções:

A uma rosa

Em seu seio maternal nos traz eterna,
Doce rainha das campinas,
A ti e a mim, a natureza silenciosa, grande,
Que a tudo dá vida.

Pequena rosa! Nosso esplendor fenece,
Tempestades desfolham a ti e a mim,
Mas o eterno germe desabrocha
Logo em nova floração[6].

Sobre a alegoria deste poema devemos observar o seguinte: a 619
rosa é o símbolo da mulher amada[7]. Quando o poeta sonha estar com a rosa no seio materno da natureza, o significado psicológico é que ele está com a mãe. É um eterno germinar e renovar, uma vida em potencial que tem tudo pela frente e ainda contém dentro de si todas as possibilidades de realização sem estar sujeita ao esforço da configuração. Plutarco, em sua tradição do mito de Osíris, mostra este tema de forma ingênua: Osíris e Isis desposando-se no ventre materno. Hölderlin também sente como prerrogativa invejável dos deuses o fato

---

6. Obras Completas, II (*Gedichte*), p. 91.

7. "Rosa" é a essência da amada, e como "Rosa mystica" designa Maria. Cf. o trabalho publicado em colaboração com Richard Wilhelm, *O segredo da flor de ouro* [Op. cit., § 31s.]; e a simbólica do Mandala in: JUNG. *Psychologie und Alchemie* [Op. cit., § 99 e 139]; também HARTLAUB. *Giorgiones Geheimnis.*

de gozar da terna primeira infância; diz ele na "Canção do Destino de Hiperion" ("Hyperions Schicksalslied"):

> Sem destino, como a adormecida
> Criança de peito, respiram os celícolas;
> Castamente guardado em modesto botão,
> Floresce-lhes o espírito eternamente,
> E os olhos bem-aventurados
> Veem em silenciosa,
> Eterna claridade[8].

620   Esta passagem mostra o que significa bem-aventurança celestial. Hölderlin jamais conseguiu esquecer esta primeira e máxima bem-aventurança, cuja imagem visionária o alienou da vida real. No mito de Osíris existe uma alusão ao tema dos gêmeos no ventre materno. Em Frobenius[9] encontra-se uma saga na qual a grande serpente (originada de uma serpente pequena numa árvore oca, pelo que se chama "criação de serpentes") devora todos os homens (mãe devoradora = morte), restando apenas uma mulher grávida. Esta cava um fosso, cobre-o com uma pedra e, vivendo nele, dá à luz gêmeos, os futuros matadores de dragões. A ideia de "estar juntos" na mãe encontra-se também na seguinte saga: "No início Obatala (o Céu) e Odudua (a Terra), sua mulher, estão deitados numa cabaça, bem apertados um contra o outro"[10]. A ideia de estar guardado "em modesto botão" é uma imagem já encontrada em Plutarco, onde se diz que o Sol nasce pela manhã de um botão de flor. Também Brahma vem de um botão (cf. fig. 86). Em Assam o primeiro casal humano nasce assim:

> ### O homem
>
> Ó terra, mal surgiram das águas os cimos
> Das jovens montanhas, as primeiras graciosas ilhas
> Perfumavam o ar, respirando prazer,
> Cobertas de bosques sempre verdes,
> No deserto cinzento do oceano;

---

8. Op. cit., p. 160.

9. FROBENIUS. *Das Zeitalter des Sonnengottes*, p. 68.

10. Ibid., p. 269.

E os olhos prazerosos do deus Sol
Contemplavam os novos seres,
As plantas, sorridente geração
De sua eterna juventude, de ti nascidos:

Então, na mais bela das ilhas, onde
O bosque em suave paz envolve o ar,
Sob videiras encontrou-se um dia,
Após cálida noite, ao romper da aurora,

Nascido, mãe terra, teu mais belo filho;
E o menino ao pai Hélio ergue os olhos,
E vela e escolhe, provando
A doce fruta, a santa videira

Como ama. E logo cresce; temem-no
Os animais, pois o homem é diferente deles;
Não a ti e não ao pai.
Se assemelha ele, pois temerário, só nele está

O elevado espírito do pai, com teu prazer,
Ó terra! e a teu pranto, desde sempre unido;
A mãe dos deuses, à natureza,
A que tudo abrange, quer ser igual!

Por isso o seu arrojo o impele, terra,
Para longe, e tuas dádivas são
Vãs e brandos teus laços;
Pois coisa melhor procura o bravo!

Da margem, perfumado prado,
A água deserta quer partir o homem.
Que seu bosque brilhe qual noite estrelada
De dourados frutos; ele cava para si

Cavernas nas montanhas e espreita no poço
A alegre luz de seu pai distante,
Ao deus Sol também infiel,
Não ama servos e do sofrimento ri.

Pois mais livres respiram as aves da floresta,
Ainda que o peito do homem se erga mais soberbo,
E o que vê o negro futuro deve também
Ver a morte e a ela só temer.

Contra todos que respiram, o homem
Porta armas em sempre temeroso orgulho;
Na discórdia ele se consome,
E a flor de sua paz, delicada, dura pouco.

Não é ele, dentre todos os companheiros de vida,
O mais feliz? Porém mais fundo e pungente
Atinge-o o destino, tudo nivelando,
Mesmo o peito inflamável do forte[11].

621   Esta poesia revela a iminente ruptura entre o poeta e a natureza; ele começa a alienar-se da realidade. É digno de nota que o menino escolhe a "videira por ama". Sobre esta alusão dionisíaca pode-se dizer o mesmo que lemos na bênção de Jacó sobre Judá (Gn 49,11): "Ele ata à videira o jumentinho, à parreira escolhida o filho da jumenta [...]"

622   Conservou-se uma gema de tendência gnóstica que representa uma jumenta amamentando o potro, e no alto a figura de câncer com a inscrição: D.N.IHY.XPS: Dominus noster Jesus Christus, com o acréscimo: Dei Filius[12]. Como já insinua São Justino mártir, irritado, as relações da lenda cristã com a de Dioniso são inegáveis (por exemplo, o milagre do vinho). Em sua lenda o jumento como cavalgadura de Sileno tem certa importância. O jumento faz parte do "segundo Sol", de Saturno. Este é a estrela de Israel e por isso Javé é identificado com Saturno. A caricatura do Crucificado com cabeça de jumento, no Palatino (cf. fig. 83), insinua que no templo de Jerusalém se venerava uma cabeça de jumento. A diferença entre cristãos e judeus naquela época era confusa para um estranho.

623   Hölderlin considera principalmente a natureza dionísica do homem: a videira é sua ama e sua ambição é "ser igual à eterna natureza, à mãe dos deuses, a terrível". A terrível mãe é a "mater saeva cupidinum", natureza desimpedida, desabalada, representada pelo deus mais rico em contradições do Panteão grego, Dioniso, que caracteristicamente também foi o deus de Nietzsche, embora a experiência primeira deste filósofo a rigor e originalmente visasse o sinistro caçador Wotan. Wagner disse isto tanto mais claramente.

---

11. HÖLDERLIN. Op. cit., p. 128s.
12. ROBERTSON. *Evangelien-Mythen*, p. 92.

O "Arrojo" impele o homem para longe da mãe e da terra, e o   624
afasta da luz paterna, até que sua obstinação se transforma em medo.
Como filho da natureza o homem se indispõe com ela, justamente
porque é igual "à mãe dos deuses" e na medida em que é. Não é a razão que o guia, mas a "libido effrenata" dionísica.

À natureza

Quando ainda entre teus véus eu brincava,
Ainda de ti como uma flor eu pendia[13],
Ainda teu coração em qualquer som eu sentia,
Que meu terno, palpitante, coração eu cingia,
Quando ainda rico em fé e nostalgia,
Como tu, diante de teu retrato eu me calava,
Um lugar ainda para meu pranto,
Um mundo para meu amor eu achava;

Quando ao Sol ainda meu coração se abria,
Como se lhe pudesse ouvir os sons,
E as estrelas seus irmãos chamava[14],
A melodia divina chamava a primavera,
Quando no sopro que o bosque agitava,
Ainda teu espírito, teu jovial espírito,
Na quieta vaga de meu coração se fazia sentir:
Então dias de ouro me envolviam.

---

13. Por natureza, de acordo com nossas explicações anteriores e com a poesia precedente de Hölderlin, deve-se entender a mãe (cf. fig. 7). Aqui o poeta vê a mãe como árvore da qual a criança pende como uma flor (cf. fig. 76).

14. Ele chamava "as estrelas seus irmãos". Lembro aqui o que foi dito na primeira parte
deste trabalho [§ 130], sobretudo a identificação mística com os astros: Ἐγώ εἰμι σύμπλανος ὑμῖν ἀστὴρ etc. A separação e distinção da mãe, a "individuação" produz o confronto de sujeito e objeto, o fundamento do consciente. Antes era a unidade com a mãe,
isto é, com o universo. Naquele tempo ainda não se conhecia o Sol como irmão, só depois. Depois de efetuada a separação, o indivíduo sensível pressente sua relação com os
astros. Este processo não parece ser muito raro na psicose. Um jovem operário adoeceu
de esquizofrenia. Em suas primeiras sensações doentias ele percebia uma relação especial com o Sol e com os astros. As estrelas se lhe tornaram significativas, ele pensava que tinham alguma coisa a ver com ele, e o Sol lhe insuflava ideias. Nesta doença encontra-se
às vezes esta percepção aparentemente nova da natureza. Outro paciente começou a entender a linguagem dos pássaros, que lhe traziam mensagens da amada (cf. Siegfried!).

Quando no vale, com sua refrescante fonte[15],
Onde o verde dos jovens talos
Entre silenciosas rochas saltitava,
E o éter entre os galhos se avistava,
Quando ali, por flores encoberto,
Quieto e ébrio seu hálito eu bebia,
E das alturas, de luz e brilho inundada,
Dourada nuvem para mim descia...[16]

Muitas vezes com lágrimas inebriantes,
Como após longo errar
Os rios o oceano buscam,
Lindo mundo! amando, em tua plenitude eu me perdia;
Oh! então, com os seres todos,
Caía eu, da solidão do tempo,
Qual peregrino que ao lar retorna,
Feliz nos braços do Infinito.

Abençoados sejam, sonhos dourados de criança,
Vós me ocultastes a pobreza da vida,
Os bons germes do coração criastes,
Presente me fizestes daquilo que jamais consigo!
Oh natureza! À luz da beleza tua,
Sem fadiga ou força desabrocharam
Os frutos imperiais do amor[17]
Como as colheitas na Arcádia.

Morta agora está quem me criou e nutria,
Morto agora está o mundo juvenil,
Este seio que um dia um céu todo enchia,

---

15. A fonte faz parte do conjunto do quadro.

16. Este quadro expressa a divina felicidade infantil, como na canção do destino de Hyperion: "Ihr wandelt droben im Licht / Auf weichem Boden, selige Genien! / Glänzende Götterlüfte / Rühren euch leicht..." (Caminhais lá em cima na luz / em macio chão, benditos gênios! / Esplêndidos ares divinos / vos afagam...).

17. Esta passagem é especialmente característica: na infância tudo lhe era dado, e o homem é incapaz de readquiri-lo, pois nada é possível sem "fadiga e força"; até o amor exige esforço. Na infância a fonte jorrava em borbulhante abundância. Na vida adulta é trabalhoso manter a fonte jorrando, pois com o avançar da idade ela mostra tendência cada vez maior de refluir para sua origem.

Morto e ermo como um campo de restolhos;
Oh! ainda canta a primavera, como outrora,
A meu sofrer gentil canção consoladora,
Mas morta está a manhã de minha vida,
Morta de meu coração a primavera.

Para sempre o mais querido amor sofre penúria,
O que amamos, uma sombra apenas é.
Quando da juventude os dourados sonhos pereceram,
A amável natureza para mim morreu;
Disto não soubeste em dias felizes,
Que tão longe de ti a pátria está,
Pobre coração, jamais hás de conhecê-la,
Se um sonho seu não te bastar[18].

Palinódia

Por que, qual névoa, me envolve, terra, teu amável verde?
Por que me sopras de novo, leve brisa, como outrora?
Em todos os cimos sussurra...
....
Por que me despertais a alma?
Por que me revolveis
Coisas do passado, queridas?
Poupai-me, peço,
E deixai-as descansar, as cinzas
De minhas alegrias; zombais apenas; andai,

Ó deuses sem destino, passai e florescei
Em vossa juventude além do envelhecido;
E se quiserdes unir-vos aos mortais,
Muitas donzelas vos esperam,

Muitos jovens heróis, e mais belos do que nunca,
Acaricia a manhã as faces dos ditosos,
E suaves vos soam...
As canções dos tranquilos.

---

18. HÖLDERLIN. Op. cit., p. 97s.

Oh! Outrora fluia leve a onda da canção
Também de meu peito, quando ainda a alegria
Divina brilhava em meu olhar...[19]

625   A despedida da juventude tirou até da natureza o brilho dourado
e o futuro se apresenta como um vazio desolador. Mas o que tira o
brilho da natureza e a alegria de viver é a atitude de olhar para trás,
para uma condição externa do passado, ao invés de olhar para dentro
do estado depressivo. O olhar para trás leva à regressão e constitui o
início da mesma. A regressão também é uma introversão involuntária
na medida em que o passado é uma reminiscência e com isso um conteúdo psíquico, um fator endopsíquico. A regressão é um resvalar
para o passado, causado por uma depressão no presente. A depressão
deve ser considerada como um fenômeno de compensação inconsciente, cujo conteúdo, para alcançar eficiência plena, deveria tornar-se
consciente. Isto pode ser feito se se acompanhar a tendência depressiva e regredir conscientemente, integrando assim ao consciente as reminiscências animadas. Isto corresponde ao objetivo da depressão.

Empédocles

A vida procuras, procuras, e brota e brilha para ti
Um fogo divino da profundeza da terra,
E tu, em terrível desejo,
Te atiras nas labaredas do Etna.

Assim fundiu no vinho pérolas de arrogância
A rainha; e as queria! Não tivesses tu,
Ó poeta, sacrificado teu tesouro
Na fermentante taça!

Mas sagrado me és, como o poder da terra
Que te levou, arrojado morto!
E seguir ao abismo queria,
Não me impedisse o amor o herói[20].

---

19. Ibid., p. 285.
20. Ibid., p. 202.

Esta poesia revela a secreta nostalgia pela profundeza materna e   626
pelo seio que faz renascer (cf. fig. 115). Ele quer ser dissolvido no vinho como pérola, sacrificado na taça, a "cratera" do renascimento.
Ele quer imitar Empédocles, sobre o qual Horácio diz:

> Como queria ser considerado um deus imortal, Empédocles
> pulou resolutamente no fumegante Etna...[21]

Ele quer seguir o herói, o seu tipo ideal, e partilhar o destino do   627
mesmo. Mas o amor ainda o retém na luz do dia. A libido ainda tem
um objeto pelo qual vale a pena viver. Mas se este objeto for abandonado, ela submergirá no reino da mãe subterrânea, regeradora.

Epitáfio

Tomo outro rumo a cada dia,
Ora ao verde bosque, ora à fonte,
À rocha, onde florescem as rosas,
Olho da colina para o vale, mas

Em parte alguma, querida, te encontro na luz,
E nos ares desaparecem as palavras
Que, piedosas, outrora, eu, a teu lado,
....

Longe estás, rosto bendito!
E o som harmonioso de tua vida emudeceu em mim,
Não mais ouvido e, ai! onde estais
Cânticos milagrosos, que um dia o coração

Me aplacastes com a paz dos celestiais?
Foi há tanto tempo! tanto! O jovem
Envelheceu; até a terra, que então
Me sorria, modificou-se.

Adeus! despede-se e retorna a ti
A alma a cada dia, e chora por ti
O olho, para que mais claro possa
Enxergar-te lá, onde estás[22].

---

21. Deus immortalis haberi / Dum cupit Empedocles ardentem frigidus Aetnam / Insi-
luit... *Ars poética*, p. 464s.

22. HÖLDERLIN. Op. cit., p. 209.

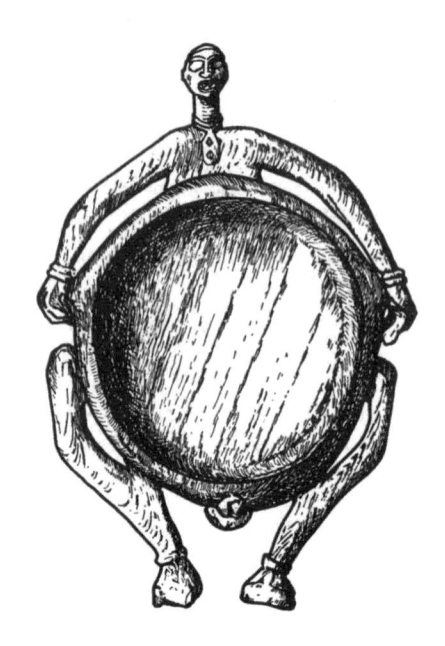

Fig. 115 – O seio da mãe universal. Prato de madeira, do Congo

628   Claramente já se percebe aqui a renúncia, uma inveja da própria
juventude, daquela época do "descanso", que tanto gostaríamos de
prender junto a nós. Mas a última estrofe anuncia perigo: um olhar
para a outra margem, a longínqua costa do pôr ou do nascer do Sol.
O amor não mais retém o poeta, os laços com o mundo se romperam,
e alto soa agora seu grito de socorro à mãe.

Aquiles

Grandioso filho dos deuses! quando perdeste a amada,
Foste ter à praia e levaste teu pranto à maré,
Com lamentos, aspirava teu coração o sagrado abismo,
O silêncio, onde, longe do clamor dos barcos,
Sob as vagas, em tranquila gruta, mora
A bela Tétis, que te protegia, a deusa do mar.
Mãe para o jovem foi ela, a poderosa deusa,
À beira dos rochedos de sua ilha,

Nutrira outrora com amor o menino,
Com o vigoroso canto das ondas e no
Banho robustecedor, ela o transformara em herói.
E a mãe ouviu o lamento do jovem,
Pesarosa, do fundo do mar emergiu, como pequenas nuvens,
Serenou com carinhoso abraço as dores do querido,
E ele ouviu, meiga, prometera auxílio.
Filho dos deuses, fosse eu como tu, poderia na intimidade,
A um celestial contar meu secreto sofrer.
Não o presenciarei, devo carregar a desonra, como se
Não mais pertencesse a ela, que no entanto chora por mim.
Bons deuses! Ouvis todas as súplicas dos homens,
Oh! íntima e abnegadamente te amei, sagrada luz,
Desde que vivo, a ti, terra, e a tuas fontes e bosques,
Pai Éter, e a ti, com demasiado ardor e pureza sentia
Este coração – oh abrandai minha dor, benditos,
Para que minh'alma não se cale cedo, demasiado cedo,
Para que eu viva e vos possa, potestades celestiais,
Agradecer ainda, no fugidio dia, com cântico devoto,
Por antigo bem, por alegrias de finda juventude,
E depois recebei entre vós, com brandura, o solitário[23].

Estes cânticos descrevem melhor do que áridas palavras o cons- 629
tante afastamento e a alheação cada vez maior da vida, o lento submergir no abismo da recordação. A estes cânticos de nostalgia retrospectiva associa-se estranhamente, como hóspede sinistro, o canto
apocalíptico *Patmos*, envolto pelas brumas da profundeza, pelas envolventes "névoas" da mãe causadora de loucura. Nele reaparecem
as ideias do mito, o pressentimento da morte e ressurreição da vida
revestido de símbolos.

Cito alguns fragmentos significativos de *Patmos*[24]. 630

Deus perto está,
Difícil de captar,
Mas onde há perigo, cresce
O que salva também.

---

23. Ibid., p. 213s.
24. *Sämtliche Werke*, p. 230s.

631   Estas palavras indicam que a libido agora atingiu uma profundidade onde "o perigo é grande"[25]. Aí "Deus está próximo" e o homem encontra o vaso materno do renascimento, o lugar de germinação, onde a vida pode renovar-se. Pois a vida continua, apesar da perda da juventude, e pode mesmo ser vivida com a maior intensidade se a retrospecção para o que findou não tolher o passo. A retrospecção em si nada teria de errado se não se prendesse às exterioridades que de qualquer forma não voltam mais, mas se desse conta de onde vem, afinal, o fascínio do passado. O brilho dourado das recordações da infância é muito menos devido a simples fatos do que à presença de imagens miraculosas, muito mais pressentidas do que realmente conscientes. A comparação com Jonas, engolido pela baleia, reproduz muito bem a situação. Mergulha-se nas recordações da infância e foge-se assim do mundo atual. Entra-se aparentemente na mais profunda escuridão, mas então aparecem visões inesperadas de um outro mundo. O "mistério" que se percebe representa aquele cabedal de imagens primitivas que cada um traz consigo para a vida como prenda da humanidade, aquela soma de formas inatas que são próprias aos instintos. Chamei esta psique "potencial" de inconsciente coletivo. Se esta camada for animada pela libido em regressão, surgirá a possibilidade de uma renovação da vida e ao mesmo tempo de uma destruição dela. Uma regressão coerente significa uma reassociação com o mundo dos instintos naturais, que constitui matéria primordial também sob o aspecto formal e ideal. Se esta pode ser captada pelo consciente, ela determinará uma reanimação e reordenação. Mas se o consciente for incapaz de assimilar os conteúdos vindos do inconsciente, cria-se uma situação perigosa na qual os novos conteúdos conservam sua forma original, caótica e arcaica, e com isto rompem a unidade do consciente. O distúrbio mental daí resultante chama-se por isto, caracteristicamente, esquizofrenia, "loucura por cisão".

632   Hölderlin conta em seu poema a vivência da penetração neste mundo estranho das imagens primitivas:

> No escuro moram
> As águias, e destemidas deslizam

---

25. *Faust,* parte II, Cena das Mães.

As filhas dos Alpes por sobre o abismo,
Sobre pontes levemente construídas.

Com estas palavras a poesia obscura e fantástica continua. A 633
águia, a ave solar, mora no escuro – a libido ocultou-se, mas no alto
os habitantes das montanhas transpõem o espaço, certamente os deuses ("Caminhais lá no alto, na luz"), imagens do Sol que caminha no
céu e, como uma águia, desliza sobre a profundidade.

Pois agregados estão em torno
Os cimos do tempo
E os entes queridos moram perto, em desalento,
Sobre montanhas distantes,
Assim dai água inocente.
Oh! dai-nos asas, para, singelamente,
Atravessar e retornar!

A primeira é uma imagem escura de montanhas e de tempo – 634
provavelmente motivada pelo Sol que caminha por sobre as montanhas; o segundo quadro, a proximidade e, no mesmo quadro, a separação dos queridos, parece indicar a vida no inferno[26], onde se dá a
reunião com tudo o que mais se queria; mas a felicidade da união não
pode ser desfrutada, pois tudo é sombra, sem substância, sem vida.
Ali quem desce bebe a "inocente" água, a poção da renovação[27], para
que lhe cresçam asas e, alado, possa reerguer-se para a vida, como o
disco solar alado (cf. figs. 12 e 21), que se ergue da água voando,
como um cisne ("asas, para atravessar e retornar").

Assim falava eu, quando me raptou
Mais depressa do que imaginava,
Para longe, para onde jamais

---

26. Cf. o trecho na viagem pelo Hades, onde Ulisses quer abraçar sua mãe: "Mas eu,
movido por intensa saudade, / Quis abraçar a alma da falecida mãe. / Três vezes tentei, ardentemente desejando o abraço; / Três vezes das mãos, como vã sombra e quimera, / Ela escapou; e mais forte se tornou em meu coração a saudade" (*Odisseia*, XI,
Versos 204s.).

27. A doente de Spielrein (op. cit., p. 345), em relação ao significado da Santa Ceia,
fala de "água impregnada de infantilidade", "água espermática", "sangue e vinho"; à
p. 368 ela diz: "As almas caídas n'água são salvas por Deus: elas caem no fundo mais
profundo. – As almas são salvas pelo deus solar". Cf. tb. as propriedades milagrosas da
aqua permanens (*Psychologie und Alchemie* [Op. cit., § 336s.]).

Pensei chegar, um gênio,
Levando-me de casa. Entreviam-se
No crepúsculo, quando eu ia,
O frondoso bosque
E os saudosos riachos
Da pátria; jamais conheci estas terras...

635   Depois das obscuras e enigmáticas palavras iniciais, onde o poeta
expressa o pressentimento do que está por vir, começa a viagem para o
Oriente, para o começo, para o enigma da eternidade e do renascimento, com o que também Nietzsche sonha e fala com palavras grandiosas:

> Ó como não estaria eu sedento de eternidade e do nupcial
> anel dos anéis – o anel do regresso! Nunca encontrei a mulher
> da qual desejasse um filho, não fora esta a mulher que eu
> amo: pois eu te amo, ó eternidade[28].

636   Hölderlin põe a mesma nostalgia num quadro magnífico, cujos
traços isolados já nos são conhecidos:

> Mas logo, em fresco esplendor, Misteriosa,
> No incenso dourado, desabrochou,
> Depressa crescendo,
> Com passos de Sol,
> Com mil cimos perfumada,
>
> Ásia para mim, e ofuscado procurei
> Algo conhecido, pois estranhas
> Me eram as ruas largas, onde
> Do Tmolus desce
> Paktol adornado de ouro,
> E Taurus está com Messogis.
> Cheio de flores o jardim,
> Um silencioso fogo; mas à luz
> Brilha a neve prateada;
> E testemunha de vida imortal,
> Em paredões inacessíveis,
> Antiquíssima, a hera[29] cresce, e sustentados são

---

28. *Also sprach Zarathustra*, p. 334s.

29. Ο φάρμαχον ἀθανασίας, a poção do Soma, o Haoma dos persas, seria feito de
Ephedra vulgaris (SPIEGEL. *Erânische Altertumskunde*, I, p. 433).

Por colunas vivas cedros e louros,
Solenes,
Os palácios divinamente erigidos.

O quadro é apocalíptico: a cidade maternal no país da juventude   637
eterna, envolta por imperecível verde e florida primavera[30]. O poeta
aqui se identifica com João, que vivia na Ilha de Patmos e um dia se
uniu ao "Filho do Altíssimo" e o viu face a face:

Quando ali, junto ao enigma da videira,
Eles estavam reunidos, à hora da ceia,
E na grande alma, sereno, percebendo a morte,
Falou o Senhor, e o último amor...

... E a seguir morreu. Muito poderia
Ser dito a respeito. E viram-no, com olhar vencedor,
O mais alegre, os amigos ainda no fim...

Por isso enviou-lhes ele
O Espírito, e por certo estremeceu
A casa, e os templos de Deus rolaram
Trovejantes sobre
As cabeças sábias, quando, sombrios,
Reunidos estavam os heróis da morte,
Agora, quando partindo,
Mais uma vez lhes apareceu.
Pois agora apagou-se o dia do Sol,

O régio que quebrou
O radiante cetro,
Com divino sofrimento,

---

30. Como a cidade celestial in: HAUPTMANN. *Hanneles Himmelfahrt* (p. 92): "A
Bem-aventurança é uma bela cidade, / Onde paz e alegria não têm fim. / Suas casas são
de mármore, seus telhados de ouro, / Na prateada fonte corre vinho rubro. / Pelas
brancas, brancas ruas espalharam flores, / Repiques nupciais ressoam das torres. / Ver-
de-maio são as ameias, por luz matinal iluminadas, / Adornadas de rosas, / De borbole-
tas cercadas. / ... Lá embaixo caminham de mãos dadas / Os festivos homens pela terra
abençoada. / Rubro vinho tinto enche o grande, grande mar, / Nele mergulham com
alegria sem par. / Mergulham fundo na espuma e no esplendor. / Por inteiro os recobre
a purpúrea cor. / E quando das águas emergem deslumbrados, / Com o sangue de Jesus
foram purificados".

Pois deve retornar
No momento certo.

638   As imagens básicas são a morte como sacrifício e a ressurreição
de Cristo, como autoimolação do Sol, que espontaneamente quebra
seu cetro de raios, na espera da ressurreição. Sobre a substância do
"cetro de raios" deve-se observar o seguinte: a mencionada paciente
de Spielrein diz que "Deus perfura a terra com um raio". Para a doente a terra tem o significado de uma mulher. Ela também interpreta o
raio solar, mitologicamente, como um objeto sólido: "Jesus Cristo
mostrou-me seu amor batendo com um raio em minha janela"[31].
Também em outro doente mental encontrei a ideia do raio solar cons-
tituído de substância sólida. O martelo de Tor, com o qual ele fende a
terra e nela penetra, pode ser comparado com o pé de Kaineus. No
fundo da terra o martelo comporta-se como o Hort, isto é, com o correr do tempo volta à superfície (o tesouro "floresce"), ele renasce da
terra. Onde Sansão jogou a queixada do asno, Deus fez brotar uma
fonte[32]. (Fontes nascidas de cascos de cavalo, pegadas, casco de cavalo.) Quanto ao sentido, faz parte deste contexto a varinha mágica, o
cetro em geral. Em grego σκῆπτρον = cetro, pertence a σκᾶπος,
σκηπάνων, σκήπων = bastão, σκηπτός = vento de tempestade, latim
scapus, haste, antigo alto-alemão scaft: lança[33] (cf. fig. 85). Reencontramos aqui aquelas relações que já nos são conhecidas como símbolos da
libido. A quebra do cetro significa, portanto, o sacrifício do poder retido
até então, isto é, de uma libido organizada em determinada direção.

639   A passagem da Ásia para o mistério cristão, passando por Patmos, na poesia de Hölderlin aparentemente é uma relação superficial, mas no fundo é um raciocínio de muito sentido: é a penetração na
morte e no além como uma autoimolação do herói para alcançar a
imortalidade. No período em que o Sol se pôs, em que a vida aparentemente cessou, reina secreta esperança de sua renovação:

---

31. Op. cit., p. 375 e 383.
32. Jz 15,17s.
33. PRELLWITZ. *Wörterbuch der griechischen Sprache,* cf. verbete σκήπτω, p. 416s.

... e foi alegria
Doravante,
Viver em carinhosa noite e conservar
Em singelos olhos, constantes,
Abismos de saber.

Nas profundezas mora a sabedoria, a sabedoria da mãe; ser uma   640
só coisa com ela confere aos sentidos a percepção de coisas mais profundas, das imagens e das forças primitivas que estão na raiz de todas
as realidades e constituem a matriz que as nutre, conserva e cria. O
poeta, em seu êxtase doentio, sente multiplicada a grandeza do que
vê, mas não se interessa em trazer para cima, para a luz do dia, aquilo
que colheu na profundidade – ao contrário de Fausto.

E não é um mal, se alguma coisa
Se perde e da fala
O som vivo se queda,
Pois a obra divina é semelhante à nossa.
Nem tudo o Supremo quer de uma vez.
Embora ferro contenha a mina
E incandescentes resinas o Etna,
Tivesse eu fortuna
Para fazer uma imagem e vê-lo,
Como foi, o Espírito[34].

De fato, aquilo que o poeta vê em profundidades vulcânicas é o   641
"Espírito", assim como ele sempre foi: a totalidade das formas primitivas das quais se originam as imagens arquetípicas. Neste mundo do
inconsciente coletivo há um tipo que, ao que parece, tem a importância máxima e que se expressa na figura do herói divino, que no Ocidente corresponde a Cristo.

... Os mortos ele despertar,
Que ainda não foram apanhados
Pelo Bruto...

E se os celestiais agora
Tal como penso, me amam...

---

34. A princípio usei uma edição antiga de Hölderlin. Na nova edição, em lugar de "Espírito" (Geist) está "Christ". Conservei a forma antiga porque, pela evidência interior do
poema, eu já havia deduzido Cristo antes de conhecer a nova forma [op. cit., p. 234],

... Silencioso é o seu[35] sinal
No céu trovejante. E alguém debaixo está
Por toda sua vida. Pois ainda vive Cristo.

642   Mas como Gilgamesh, que ao trazer a erva mágica das terras
benditas do Ocidente (cf. fig. 45), tem sua presa roubada pela serpente demoníaca, também o poema de Hölderlin termina em lamento
doloroso que nos revela que após sua descida para as sombras não
haverá um renascer:

... Ultrajantemente
Nos arranca o coração uma força.
Pois quer sacrifício de cada celestial.

643   O poeta reconheceu tarde demais que deveríamos sacrificar a saudade retrospectiva, que quer apenas fazer a infância reencontrar sua
felicidade semiconsciente, antes que os "celestiais" nos "arrebatem"
os sacrifícios, quando então levam o indivíduo todo.

644   Por isso considero sábio o conselho que o inconsciente dá à nossa autora, para que deixe seu herói morrer, pois ele de fato nada mais
foi que a personificação de um sonho regressivo e infantil que não
manifestava a intenção, nem possuía a força para, em troca do afastamento deste mundo, fisgar um outro no mar primitivo do inconsciente, o que teria sido um ato de heroísmo verdadeiro. Este sacrifício
só acontece numa total devoção à vida, quando toda a libido retida
em laços familiares precisa sair do círculo estreito e ser levada para o
grande mundo. Pois para o bem-estar de cada um é necessário que,
depois de ter sido na infância uma partícula que simplesmente acom-
panhava o movimento num sistema giratório, depois de adulto se
torne ele próprio o centro de um novo sistema. É claro que tal passo
inclui também a solução, ou pelo menos a consideração, do problema erótico, pois se isto não acontece, a libido não usada inevitavelmente fica presa na relação endogâmica inconsciente com os pais e
não deixa o indivíduo livre sob muitos aspectos. Lembramos que a
doutrina de Cristo quer separar o indivíduo de sua família, sem qualquer consideração, e no diálogo com Nicodemos vimos o esforço es-

35. Do Pai.

pecial de Cristo para dar à regressão um sentido simbólico. As duas tendências servem para o mesmo fim: libertar o indivíduo de sua ligação à família, que não corresponde a uma compreensão mais elevada e sim à brandura e descontrole do sentimento infantil. Pois se ele deixar agir sua libido presa ao ambiente infantil e não a libertar para objetivos mais elevados, ele estará sob a influência de um jogo inconsciente. Onde quer que esteja, o inconsciente lhe criará de novo o ambiente infantil através da projeção de seus complexos, restabelecendo sempre, contra seu interesse vital, a mesma dependência e falta de liberdade que caracterizam o relacionamento com os pais. Seu destino não passa por suas mãos; suas Τυχία καὶ Μοῖραι (sorte e destino) lhe caem por assim dizer dos astros. Os estoicos chamavam este estado de εἰμαρμένη, isto é, o jugo dos astros do destino a que sucumbem todos os "não salvos". A libido que permanece presa a esta forma primitiva mantém o indivíduo na fase correspondente, na fase da falta de controle e da dominação pelos afetos. Era esta a situação psicológica do fim da Antiguidade, e o redentor e médico daquela época era aquele que tentava libertar os homens do seu destino[36] (Heimarmene).

Se a visão de Miss Miller tem por objeto o problema do sacrifício, de início é um problema individual. Mas se considerarmos a forma em que se faz a sua elaboração, perceberemos que aqui se trata de alguma coisa que deve ser problema para a humanidade em geral. Pois os símbolos – a serpente que mata o cavalo e o herói que se sacrifica voluntariamente – são figuras dos mitos que brotam do inconsciente.   645

À medida que o mundo e tudo o que existe é produto direto da imaginação, a criação do mundo resulta do sacrifício da libido que anseia pelo passado. Para aquele que olha para trás, o mundo (e mes-   646

---

36. Praticamente todos os mistérios têm este fim. Eles criam símbolos de morte e ressurreição (cf. fig. 116). Como mostra Frazer (*The Golden Bough,* parte III: "The Dying God", p. 214s.), também povos exóticos têm em seus mistérios os mesmos símbolos de iniciação através de morte e renascimento, exatamente como Apuleio (*Metamorphoses*, XI, 23, p. 240) diz sobre a iniciação de Lúcio aos mistérios de Ísis (cf. fig. 9): "Accessi confinium mortis: et calcato Proserpinae limine, per omnia vectus elementa remeavi" ("Eu fui até o limite entre vida e morte. Cruzei o umbral de Prosérpina, e depois de ter atravessado todos os elementos, retornei") (p. 425). Lúcio morreu figuradamente (ad instar voluntariae mortis) ("como que de uma morte voluntária") e renasceu (renatus).

Fig. 116 − O mistério das serpentes. Altar dos Lares, em Pompeia

mo o céu estrelado) se torna novamente a mãe debruçada sobre ele a envolvê-lo de todos os lados; e da renúncia a esta imagem e da nostalgia por ela origina-se a imagem do mundo que corresponde ao reconhecimento moderno. Desta simples ideia básica resulta o significado do sacrifício cósmico. Um bom exemplo para isto é a matança da mãe primitiva babilônica, Tiâmat (cf. fig. 117), do dragão, cujo cadáver está destinado a formar o céu e a terra[37]. Encontramos a formulação mais completa desta ideia na filosofia hindu antiga, nos cânticos do *Rigveda*. O canto (10, 81, 4) pergunta:

> O que foi a madeira, o que foi a árvore,
> Da qual esculpiram terra e céu?
> Ó sábios, pesquisai isto no espírito...[38]

647   Viçvakarman, o criador universal, que criou o mundo a partir da árvore desconhecida, o fez do seguinte modo:

---

37. Do sacrifício do dragão surge na alquimia o microcosmo do "lápis philosophorum" (cf. *Psychologie und Alchemie* [Op. cit., § 404].

38. DEUSSEN. *Geschichte der Philosophie*, I, p. 136.

Fig. 117 – Marduk lutando contra Tiâmat. Cilindro de sinete assírio

Aquele que, sacrificando, se aprofundou,
Em todos estes seres como sábio imolador, nosso Pai,
Ambicionando riquezas por meio de reza,
Ocultando origem, no baixo mundo penetrou.
Mas o que lhe serviu de base,
De ponto de apoio?...

Rigveda 10, 90 dá resposta a estas perguntas: o Purusha (Homem   648
ou Ser Humano) é o ser primitivo que

Cobre a terra toda por completo,
Para dez dedos acima fluir ainda.

Vê-se que Purusha é uma espécie de alma universal platônica,   649
que envolve o mundo também por fora:

Nascido ele envolveu o mundo,
Pela frente, por trás, por todos os lados.

Como alma universal que tudo envolve, Purusha também tem   650
caráter materno. Como ser primitivo, ele representa um estado psíquico primitivo: ele é o envolvente e o envolvido, mãe e filho ainda
não nascido, um estado indiscriminado, inconsciente. Como tal ele
deve acabar e, como ao mesmo tempo é objeto de nostalgia regressiva, deve ser sacrificado, para que possam surgir seres distintos: conteúdos conscientes. Com esta hipótese explica-se o seguinte:

Como animal sacrifical sobre a palha ofertaram
Purusha, o que antes se originara.
Ali o sacrificaram deuses, bem-aventurados
E sábios, que ali se reuniram.

Este verso é estranho. Se quisermos entender este mitologema   651
nos moldes da lógica, não poderíamos aceitá-lo tal como é apresenta-

do. É uma fantasia excessivamente ousada que, além dos deuses, meros "sábios" tenham "sacrificado" o ser primário, sem falar do fato de que no início nada existia além dele (isto é, antes do sacrifício), como ainda veremos. Mas se o mitologema se refere ao grande enigma do estado psíquico primitivo, tudo se esclarece:

> Dele, como animal sacrifical todo consumado
> Escorreu o mel do sacrifício com sebo misturado;
> Com isto criaram-se os animais no ar
> E os que vivem na floresta e no lar.
> Dele, como animal sacrifical todo queimado
> Os hinos e cânticos se originaram,
> Como também os cantos de pompa, todos eles,
> E o que de versos sacrificais nós conhecemos...

> De seu Manas se formou a Lua,
> O olho como Sol se vê agora,
> De sua boca nasceram Indra e Agni,
> Vâyu, o vento, do sopro de seu hálito foi feito.
> O reino do espaço surgiu de seu umbigo,
> O céu da cabeça teve origem,
> Dos pés, a terra, os polos da orelha,
> Assim se fez a criação inteira[39].

652   É evidente que isto não diz respeito a uma cosmogonia física e sim psicológica. O mundo se origina quando o homem o descobre. E ele o descobre quando sacrifica sua condição de envolto pela mãe original, pelo estado inicial inconsciente. Aquilo que o impele para esta descoberta foi considerado por Freud como a *inzestschranke* ("barreira do incesto"). A proibição do incesto se opõe ao anseio infantil pela mãe e força a libido para o caminho do objetivo biológico. A libido afastada da mãe pela proibição do incesto procura o objeto sexual em lugar da mãe proibida. Neste sentido, que se expressa na linguagem alegórica de "proibição do incesto", "mãe" etc., por certo também deve ser interpretada a frase paradoxal de Freud: "Originalmente nós só conhecíamos objetos sexuais"[40]. Esta frase nada mais é

39. Ibid., p. 156s.
40. *Zur Dynamik der Übertragung*, p. 171.

do que alegorização sexualista, assim como se fala de instrumentos (chaves) machos e fêmeas. É simplesmente a retransmissão da semiverdade de um adulto para estados infantis de natureza completamente diferente. O conceito de Freud, se considerado ao pé da letra, está errado, pois deveria dizer, mais exatamente, que originalmente só teríamos conhecido seios amamentadores. Se o lactente sente prazer ao mamar, isto não prova em absoluto que se trata de prazer sexual, pois o prazer pode originar-se de diversas fontes. Provavelmente a taturana come com igual prazer, embora não possua qualquer função sexual e o instinto de nutrição seja uma coisa completamente diferente do instinto sexual, indiferentemente daquilo que uma fase sexual futura venha a fazer destas atividades iniciais. O beijo, por exemplo, provém muito mais provavelmente do ato de alimentação do que da sexualidade. Além disso a "barreira do incesto" é uma hipótese muito duvidosa (por melhor que se preste para a descrição de estados neuróticos), uma vez que representa uma aquisição cultural que não foi inventada mas se originou naturalmente, com base nas complicadas necessidades biológicas que se relacionam com o aparecimento dos assim chamados sistemas de classes de casamento. Estes não visam o impedimento do incesto mas procuram evitar o perigo social da endogamia através do "cross-cousin-marriage". O casamento típico com a filha do tio materno é realizado com a mesma libido que poderia apoderar-se da mãe ou da irmã. Não se trata portanto de impedir o incesto, que aliás encontra oportunidade suficiente nos frequentes ataques de promiscuidade dos primitivos, e sim da necessidade social de estender a organização familiar a toda a tribo[41].

Não pode ter sido, portanto, o tabu do incesto que tirou o homem do estado psíquico primitivo de indiscriminação, mas foi o instinto de desenvolvimento próprio ao homem, que o distingue tão fundamentalmente dos outros animais e que lhe impôs inúmeros tabus, entre os quais o tabu do incesto. Contra este "outro" instinto opõe-se o homem "animalesco" com seu conservadorismo e misoneísmo, ambos características essenciais do homem primitivo e pouco

653

---

41. Cf. *Ab-reação análise dos sonhos e transferência* [OC, 16/2; § 433s.] e LAYARD. *The Incest Taboo and the Virgin Archetype.*

consciente. Nossa mania de progresso é representada pela correlata compensação doentia.

654   A teoria do incesto de Freud descreve certas fantasias que acompanham a regressão da libido e são características sobretudo do inconsciente pessoal na histeria. Até certo ponto, são fantasias sexuais infantis que mostram nitidamente por que a atitude histérica é tão falha e imprestável. Elas revelam a sombra. Naturalmente a linguagem desta compensação é dramatizante e exagerada. A teoria daí deduzida corresponde à interpretação histérica devido à qual o indivíduo é neurótico. Por isso esta forma de expressão não deveria ser levada tão a sério como Freud o faz. Pois ela é tão improvável quanto os supostos traumas sexuais dos histéricos. Além disso, a teoria sexual da neurose também é superada pelo último ato do drama, que consiste na volta ao ventre materno. Esta geralmente não ocorre por vias naturais mas por via oral, isto é, pelo ato de ser devorado e engolido (cf. fig. 118). Com isto se descortina uma versão ainda mais infantil, desenvolvida por Rank. Não se trata de mera alegoria de perplexidade, mas do fato de a regressão alcançar a camada funcional mais profunda, nutritiva, anterior à sexualidade, e agora se reveste com o mundo do lactente: a linguagem alegórica sexual da regressão transforma-se, regredindo ainda mais, nas metáforas da função de alimentação e digestão, que devem ser consideradas apenas como um modo de falar. O assim chamado complexo de Édipo com sua tendência ao incesto nesta fase transforma-se no complexo do Jonas-baleia, que tem muitas variantes como a bruxa que come crianças, o lobo, o Ogro, o dragão etc. O medo do incesto transforma-se no temor de ser devorado pela mãe (cf. fig. 119). A libido em regressão dessexualiza-se aparentemente porque recua pouco a pouco até fases pré-sexuais da primeira infância. Também ali não se detém, mas retrocede até o estado intrauterino, pré-natal (o que não deve ser tomado ao pé da letra!), e sai da esfera da psicologia pessoal para penetrar na da psique coletiva; isto é, Jonas vê os mistérios, as "représentations collectives" dentro da barriga da baleia. A libido atinge assim uma espécie de estado primitivo onde, como Teseu e Pirítoo em sua viagem ao inferno, pode arraigar-se. Mas também pode tornar a libertar-se do abraço materno e trazer à superfície uma nova possibilidade de vida.

Fig. 118 – Monstro devorador. Pedra. Belahan, Java Oriental (século XI)

O que realmente acontece na fantasia de incesto e ventre mater- 655
no é uma imersão da libido no inconsciente, onde provoca de um
lado reações pessoais, afetos, opiniões e atitudes infantis e de outro
lado anima também imagens coletivas (arquétipos), que têm significado compensador e curativo, como o mito sempre teve. Freud faz
depender excessivamente das ideias neuróticas sua teoria sobre a neurose, teoria que se adapta tão bem à natureza da neurose, mas é justamente por causa delas que as pessoas ficam doentes. Isto causa a impressão (que também serve para o neurótico) de que o motivo das neuroses se encontra num passado longínquo. Na realidade a neurose é

refabricada dia após dia por uma atitude errada, que consiste no fato de o neurótico pensar e sentir assim como ele o faz e justifica com sua teoria de neurose.

656 Depois desta digressão, voltemos ao cântico do *Rigveda*. O *Rigveda* 10, 90 termina com o significativo verso, que também é da maior importância para o mistério cristão:

> Os deuses, sacrificando, veneraram o sacrificado,
> E este foi dos sacrifícios o primeiro;
> Em altas vozes para o céu clamavam,
> Lá onde os velhos, santos deuses moram[42].

Pelo sacrifício se obtém um poder tão grande que se aproxima do poder dos deuses. Assim como o mundo se originou do sacrifício, da renúncia à ligação pessoal à infância, segundo o ensinamento dos

Fig. 119 − A deusa antropófaga Kali. Arte popular hindu

---

42. DEUSSEN. Op. cit., p. 158.

Upanixades também se produz a nova condição do homem, que pode ser considerada com a imortal. Esta nova condição depois da existência humana por sua vez é obtida através de um sacrifício, pelo sacrifício de um cavalo, que tem significado cósmico. *Brihadâranyaka-Upanishad* 1, 1 diz o que significa o cavalo sacrificado:

> Om!
>
> 1. O rubor da aurora, em verdade, é a cabeça do corcel sacrifical, o Sol é seu olho, o vento seu hálito, sua goela o fogo universal, o ano é o corpo do corcel sacrifical. O céu é seu dorso, o espaço sua cavidade abdominal, a terra é a saliência de seu ventre; os polos são seus flancos, os entrepolos suas costelas, as estações do ano seus membros, os meses e quinzenas suas articulações, dias e noites são seus pés, os astros sua ossatura, as nuvens sua carne. O alimento que ele digere são os desertos de areia, os rios suas artérias, fígado e pulmões são as montanhas, os arbustos e árvores sua crina. O Sol nascente é sua parte anterior, o Sol em declínio seu lado posterior. O que ele relincha é relâmpago, o que ele estremece é trovão, o que ele molha é chuva; sua voz é fala.
>
> 2. O dia, em verdade, nasceu para o corcel como a pátera que está diante dele: seu berço está no oceano pela manhã; a noite nasceu para ele como a pátera que lhe está por trás: seu berço está no oceano ao cair da tarde; estas duas páteras surgiram para cercar o corcel. Como corcel ele puxou os deuses, como lutador os Gandharvas, como corredor os demônios, como cavalo os homens. O oceano é seu parente, o oceano seu berço[43].

Como observa Deussen, o sacrifício do corcel tem o significado   658
de uma "renúncia ao universo". Quando o cavalo é sacrificado, de certa forma o mundo é sacrificado e destruído – um raciocínio com que já Schopenhauer se ocupava. No texto acima o corcel está entre duas páteras, de uma delas ele vem, para a outra ele vai, como o Sol caminha da manhã para a noite (cf. fig. 11). Como o cavalo é o animal de montaria e de trabalho do homem e este até mede a energia em "forças de cavalo", o corcel significa uma quantidade de energia à disposição do homem. Ele representa assim a libido que penetrou no mundo. Vimos acima que a libido ligada à mãe teve de ser sacrificada

---

43. Segundo Deussen (*Geheimlehre des Veda*, p. 21s.).

para produzir o mundo; aqui o mundo é anulado pelo novo sacrifício da mesma libido, que primeiro pertenceu à mãe e depois penetrou no mundo. O corcel por isso pode ocupar simbolicamente o lugar desta libido, uma vez que, como já vimos, tem muitas relações com a mãe[44]. Pelo sacrifício do corcel só pode, portanto, ser proporcionada nova fase de introversão, semelhante àquela da criação do mundo. A posição do cavalo entre as duas páteras, que representam a mãe que dá à luz e a mãe devoradora, indica a imagem da vida encerrada no ovo, razão por que as páteras têm a função de "cercar" o corcel. O *Brihadâranyaka-Upanishad* 3, 3 prova que isto de fato é assim:

> 1. "Para onde foram os descendentes de Parikshit, eu te pergunto, Yâjñavalkya! Para onde foram os descendentes de Parikshit?"
>
> 2. Yâjñavalkya falou: "Ele vos disse que foram para onde vão (todos) os que fizeram o sacrifício do corcel. Pois este mundo se estende tanto quanto alcançam trinta e dois dias da carruagem do deus (Sol). Este (mundo) envolve a terra por duas vezes esta extensão. Esta terra envolve o oceano por duas vezes esta extensão. Aí existe, tão largo quanto o fio de uma navalha ou como a asa de uma mosca, um espaço entre (as duas cascas do ovo universal). Estes Indra levou como falcão para o vento; e o vento os acolheu e os levou para o lugar onde estavam os ofertantes do sacrifício do corcel. Assim vos falou ele (o Gandharva) e louvou o vento". Por isto o vento é o especial (vyashti) e o vento é o geral (samashti). Impede a nova morte, quem disto sabe![45]

659   Como diz este texto, os que ofertam o sacrifício do corcel entram naquela fresta estreitíssima entre as cascas do ovo universal, no lugar onde elas se unem e ao mesmo tempo estão separadas[46]. Indra,

---

44. *Bundahish*, XV, 27, o touro Sarsaok é sacrificado no fim dos tempos. Mas Sarsaok foi quem difundiu o gênero humano; ele levou nove de quinze raças humanas em seu dorso, através do mar, para lugares distantes da terra. O touro primitivo de Gayomart, como vimos, devido à sua fecundidade tem significado materno.

45. *Geheimlehre des Veda*, p. 38.

46. Deussen diz a respeito: "'Ali', isto é, no horizonte, onde céu e terra se encontram, existe entre as duas cascas do ovo universal uma fenda estreita, através da qual se pode chegar ao 'dorso do céu'..., onde... ocorre a união com Brahman" (*Brihadâranyaka-Upanishad* 3, 3, em: *Sechzig Upanishad's des Veda*, p. 434).

que como falcão raptou o soma (a preciosidade dificilmente alcançada), como psychopompos leva as almas para o vento, para o pneuma criador, para o prâna (o sopro da vida) individual e cósmico[47], até a libertação da "nova morte". Esta ideia resume o sentido de muitos mitos; ao mesmo tempo é um excelente exemplo para mostrar que a filosofia hindu até certo ponto não passa de mitologia refinada e sublimada[48]. No drama de Miss Miller morre primeiro o cavalo, como o irmão animal do herói. (Como a morte prematura do semianimal Enkidu, o amigo-irmão de Gilgamesh). Esta morte por imolação lembra toda a categoria dos sacrifícios mitológicos de animais. O sacrifício de animais, quando perde o significado primitivo de simples oferenda e adquire um sentido religioso mais elevado, está em íntima relação com o herói e com a divindade. O animal representa o próprio deus; assim, por exemplo, o touro representa Dioniso-Zagreu e Mitra; o cordeiro, Cristo[49], etc. O sacrifício do animal significa imolação da natureza animal, da libido instintiva. Isto aparece mais claramente na lenda de Átis. Átis é o filho-amante da deusa-mãe, a Agdístis-Cibele. Alucinado pela mãe causadora de loucura, por ele apaixonada, ele pratica a autocastração debaixo de um pinheiro. O pinheiro é importante em seu culto (cf. fig. 120): todo ano enfeita-se um pinheiro com grinaldas, pendura-se nele uma imagem de Átis, e depois o pinheiro é cortado. Cibele então toma este pinheiro, leva-o até sua gruta, e ali chora por ele. A árvore neste contexto evidentemente significa o filho – segundo uma versão Átis foi transformado em pinheiro – que a mãe Cibele recolhe em sua caverna, isto é, no seio materno. Ao mesmo tempo a árvore também tem significado materno, pois o ato de nela pendurar o filho, respectivamente sua imagem, representa uma união entre filho e mãe. A linguagem comum também usa

---

47. Um símbolo de Brahman (DEUSSEN. Op. cit.).

48. Se para Silberer a simbólica mitológica é um processo de reconhecimento em nível mitológico (*Über Symbolbildung*), há perfeita concordância entre este conceito e o meu próprio.

49. Da biblioteca de Assurbanípal existe um interessante fragmento sumério-assírio (apud GRESSMANN. *Altorientalische Texte und Bilder*, I, p. 101): "Ao sábio ele falou: / Um cordeiro é substituto para um homem; / O cordeiro ele dá por sua vida, / a cabeça do cordeiro ele dá pela cabeça do homem..."

Fig. 120 – A árvore sagrada de Átis. Relevo de um altar de Cibele

esta imagem: as pessoas se "apegam à mãe" (em alemão diz-se: "man hängt an der Mutter", o que literalmente significa estar "pendurado" na mãe). O corte do pinheiro é um paralelo da castração e por isso a lembra. Neste caso a árvore teria antes significado fálico. Mas como a árvore em primeiro lugar significa a mãe, sua derrubada significaria um sacrifício da mãe. Estes emaranhados dificilmente destrincháveis e esta superposição de significados podem tornar-se um pouco mais claros se os reunirmos sobre um denominador comum. Este denominador é a libido: o filho personifica a nostalgia pela mãe, e isto na psique de um indivíduo que se encontra nesta situação ou em outra semelhante. A mãe significa o amor (incestuoso) pelo filho. A árvore, por um lado, personifica a mãe; por outro, o falo do filho. O membro masculino por sua vez personifica a libido do filho. O corte do pinheiro, a "castração", significa o sacrifício desta libido, que procura aquilo que é irracional e da mesma forma o impossível. Pelo arranjo e pela natureza de suas figuras, o mito descreve, portanto, o destino de uma regressão da libido que ocorre principalmente no inconsciente. No consciente aparecem, como no sonho, as "dramatis personae", que por sua natureza são configurações de correntes e tendências da libido. O agente decisivo de todas as figuras é a libido, que mantém suas configurações tão próximas entre si por causa da unidade da libido, que certos atributos ou atividades facilmente podem deslocar-se de uma figura para outra, o que não causa dificuldades à compreensão intuitiva, mas tropeços infinitos à explicação lógica.

A iniciativa do sacrifício em nosso caso parte da mãe, a "mater   660
saeva cupidinum", que enlouquece o filho e assim o obriga à automu-
tilação. A mãe, como ser que dá origem, representa o inconsciente
frente ao consciente. Por isso o mito diz que a iniciativa para o sacrifício parte do inconsciente. Provavelmente isto deve ser compreendido no sentido de que a regressão se torna adversa à vida e perturba as
bases instintivas da personalidade; consequentemente há uma reação
compensadora da mesma, em forma de uma supressão e erradicação
violenta da tendência incompatível. Trata-se de um processo natural,
inconsciente, de uma colisão entre tendências instintivas às quais o
eu consciente geralmente está entregue passivamente porque normalmente não se dá conta destes movimentos da libido e por isso não
participa deles no consciente.

Ovídio diz sobre o pinheiro: 661

> Agradável para a mãe dos deuses, assim como Átis, amado de
> Cibele,
> Perdeu sua humanidade e endureceu sob aquele tronco[50].

A transformação em pinheiro significa o mesmo que um sepulta-   662
mento na mãe, assim como Osíris foi envolvido pela erica (cf. fig.
64). Num relevo de Koblenz[51], Átis parece sair de uma árvore, no que
Mannhardt[52] vê o númen da vegetação próprio da árvore. Provavelmente trata-se apenas do nascimento numa árvore, como em Mitra.
(Relevo de Heddernheim, cf. fig. 77.) Firmicus Maternus relata que
árvore e imagem tiveram importância no culto de Ísis e Osíris e também no culto da virgem Perséfone[53]. Dioniso tinha o cognome Den-
drites, e na Beócia ele teria se chamado ἐνδενδρος, portanto "na árvore"[54]. A saga de Penteu, associada ao mito de Dioniso, traz o equi-

---

50. *Metamorphoses*, lib. X, p. 254.
Grata deum matri, siquidem Cybeleius Attys / Exuit hac hominem, truncoque induruit illo.

51. Cf. ROSCHER. *Lexikon*, verbete Attis, col. 722, 10.

52. *Wald- und Feldkulte*, II, p. 292.

53. FIRMICUS MATERNUS. *De errore profanaram religionum*, XXVII, p. 69: "[...] per annos singulos arbor pinea caeditur, et in media arbore simulacrum iuvenis subligatur" [Todos os anos corta-se um pinheiro e no meio da árvore afixa-se a imagem de um jovem].

54. PRELLER. *Griechische Mythologie*, I, p. 55, apud ROBERTSON. *Evangelien-My-then*, p. 137.

valente interessante e complementar à morte de Átis e ao lamento subsequente: Penteu[55] , curioso por espreitar as orgias das mênades, trepa num pinheiro, mas sua mãe o percebe; as mênades cortam a árvore e Penteu, tido por elas como um animal, é despedaçado em meio à loucura[56]; a primeira a atirar-se sobre ele é a própria mãe[57]. Nesta saga temos o significado fálico da árvore (cortar = castrar), sua natureza materna (a árvore carrega Penteu, e sua identidade com o filho (cortar − matança de Penteu). Ao mesmo tempo temos aqui o oposto complementador da Pietà, a terrível mãe. A festa de Átis foi celebrada como lamentação e depois como festa de regozijo na primavera. (Sexta-feira Santa e Páscoa). Os sacerdotes no culto de Átis-Cibele eram castrados e chamavam-se galloi[58]. O arquigallos chamava-se Atys (Átis)[59]. Ao invés da castração anual os sacerdotes apenas faziam arranhões em seus braços. (Braço ao invés de falo. "Desarticular o braço"[60].) Uma simbólica semelhante ao sacrifício de animais é encontrada na religião de Mitra, onde partes importantes do mistério representam os atos de apanhar e dominar o touro. Uma figura paralela a Mitra é o homem primitivo Gayomart. Ele foi criado juntamente com seu touro e os dois viveram em estado de bem-aventurança durante seis mil anos. Mas quando o mundo entrou na era de Libra, irrompeu o mau princípio. Astrologicamente Libra é o assim chamado domicílio positivo de Vénus; o mau princípio ficou, portanto, sob o domínio da deusa do amor, que personifica o aspecto erótico da mãe. Como este aspecto, conforme já vimos, psiquicamente é muito perigoso, a clássica catástrofe ameaça desabar sobre o filho. Devido a esta constelação, Gayomart e seu touro morreram já depois de trinta anos. (Também as provas de Zaratustra duram até o 30° ano.) Do touro morto nasceram 55 tipos de grãos, 12

---

55. Penteu como herói com natureza de serpente; seu pai foi Equíon, o ofídio.

56. A morte sacrificial típica no culto de Dioniso.

57. Roscher, verbete Dionysos, col. 1.054, 56s.

58. Nos cortejos festivos usavam roupas de mulher.

59. Na Bitínia, Átis chamava-se πάπας (papa) e Cibele, Mã. Lembro que nos cultos da Ásia Anterior venerava-se o peixe em honra a esta deusa-mãe e os sacerdotes eram proibidos de comer peixe. É interessante saber também que o filho de Atárgatis, idêntica a Astarte, Cibele etc. chamava-se Ἰχθύς (ROSCHER. Op. cit., verbete Ichthys, col. 94).

60. FROBENIUS. Op. cit., passim.

tipos de plantas medicinais etc. O sêmen do animal foi para a Lua, para purificação, o sêmen de Gayomart foi para o Sol. Este fato poderia indicar um significado feminino oculto do touro. Gosh ou Drvâshpa é a alma do animal e é venerada como divindade feminina. A princípio, por timidez, ela não quis ser deusa dos rebanhos, até que a vinda de Zaratustra lhe foi anunciada. Isto tem seu paralelo num Purâna hindu, onde se promete à Terra a vinda de Krishna[61]. A alma do touro, como Ardviçûrua, a deusa do amor, anda de carruagem. A anima do touro, portanto, parece ser decididamente feminina. Astrologicamente, Taurus também é um "domicilium Veneris". O mito de Gayomart repete, de forma modificada, a ideia primitiva do círculo fechado sobre si mesmo de uma divindade masculino-feminina que gera e faz renascer a si própria.

Como o touro sacrificado, o fogo, de cujo sacrifício tratamos no capítulo III, tem natureza feminina na China. O comentarista do filósofo Tchuang-Tse (– 350) diz: "O espírito do lar chama-se Ki (= trança de cabelos). Ele está vestido de vermelho-claro, semelhante ao fogo, e tem o aspecto de uma bela e dócil donzela". No *Livro dos ritos* lê-se: "A madeira é queimada nas chamas para o espírito Au. Este sacrifício para Au é um sacrifício a mulheres velhas (mortas)"[62]. Estes espíritos do lar e do fogo são as almas dos cozinheiros mortos, e por isso chamam-se "mulheres velhas". O deus da cozinha desenvolveu-se a partir desta tradição pré-budista e mais tarde (com sexo masculino) tornou-se o chefe da família e o mediador entre família e deus. Assim o antigo espírito do fogo, feminino, tornou-se uma espécie de Logos e mediador.

Do sêmen do touro originaram-se os primeiros pais dos bovinos assim como 272 tipos de animais úteis[63]. Segundo o *Minôkhired*[64], Gayomart matou o Dév Azûr, que é considerado como o demônio do mau desejo. Azi, também um demônio mau, apesar da ação de Zaratustra se mantém por mais tempo na Terra. Mas na ressurreição ele

663

664

---

61. SPIEGEL. Op. cit., II, p. 77.

62. NAGEL. *Der chinesische Küchengott Tsau-kyun*, p. 24.

63. SPIEGEL. Op. cit., I, p. 511.

64. SPIEGEL. *Grammatik der Pârsisprache*, p. 134 e 166.

será o último a ser destruído (como Satanás no Apocalipse de João). Outra versão diz que Angro Mainyu e a serpente resistem até o fim para serem destruídos pelo próprio Ahura Mazda[65]. Segundo a hipótese de Kern, Zaratustra se chamaria "Estrela de Ouro" e seria idêntico a Mitra[66]. O nome de Mitra tem relação com o neopersa mihr, que significa Sol e Amor.

665   Em Zagreu vemos que o touro é idêntico ao deus, razão por que o sacrifício do touro é um sacrifício divino. O animal de certa forma é só uma parte do herói; ele só sacrifica seu animal, portanto simbolicamente só renuncia a sua instintividade. A participação íntima no ato da imolação[67] se revela através da expressão de doloroso êxtase no rosto de Mitra ao matar o touro. Ele o faz voluntária e involuntariamente[68], daí a expressão estranhamente patética em certos monumentos, que tem alguma semelhança com o rosto exageradamente sentimental do crucifixo de Guido Reni. Benndorf diz sobre Mitra:

> A expressão do rosto, que sobretudo na parte superior apresenta traços de todo ideais, tem aparência altamente doentia[69].

666   Cumont também comenta a expressão do rosto do tauróctono (matador de touro):

> Este rosto, tal como pode ser observado nas melhores reproduções, é o de um jovem de beleza quase feminina; uma abundante cabeleira anelada, que lhe cai sobre a fronte, o envolve como uma auréola; a cabeça está ligeiramente inclinada para trás de modo que o olhar se dirige para o céu, e a contração das sobrancelhas e dos lábios confere à fisionomia uma estranha expressão de dor[70].

---

65. SPIEGEL. *Erânische Altertumskunde*, II, p. 164.

66. SPIEGEL. Op. cit., I, p. 708.

67. Porfírio (*De antro nympharum*) diz: ὡς καὶ ὁ ταῦρος δημιουργὸς ὢν ὁ Μίθρας καὶ γενέσεως δεσπότης. ("Como o touro representa á força criadora, Mitra também é o Senhor da Origem"). Apud DIETERICH. *Mithrasliturgie*, p. 72.

68. A morte do touro é desejada e indesejada. Quando Mitra mata o touro, um escorpião lhe morde o testículo (equinócio de outono da era do touro, cf. fig. 77).

69. *Bildwerke des Laternischen Museums*, n. 547, apud CUMONT. *Textes et monuments* I, p. 182.

70. CUMONT. Op. cit. Em outra passagem (p. 183), Cumont fala da "grâce douloureuse et presque morbide des traits du héros".

A cabeça de Óstia (Mitra tauróctono?), reproduzida em Cu-   667
mont, tem no entanto uma expressão de resignação sentimental,
como a que conhecemos bem em nossos pacientes. É interessante notar que a transformação espiritual nos primeiros séculos depois de
Cristo foi acompanhada por uma igualmente extraordinária libertação ou soltura dos sentimentos. Isto se manifestou não só na forma
elevada da caridade e do amor divino, mas também em traços sentimentais e infantis. A este contexto pertence sobretudo a alegórica do
cordeirinho na arte cristã antiga.

Como o sentimentalismo é irmão da brutalidade e os dois nunca   668
estão muito longe um do outro, trata-se provavelmente de uma situação característica do período dos séculos I a III d.C. A expressão
mórbida do rosto indica o dilema e a divisão do praticante do sacrifício: ele quer – e não quer. Este conflito revela que o herói é ao mesmo tempo imolador e imolado. Em todo caso, Mitra sacrifica somente sua natureza animal, sua instintividade[71], sempre em analogia com
a trajetória do Sol.

No decorrer deste estudo vimos que a libido que constrói ima-   669
gens religiosas em última análise regride para a mãe, e assim representa aquele laço por meio do qual estamos ligados à nossa origem.
Se os Santos Padres deduzem a palavra "religio" de "religare", podem ao menos referir-se a este fato psicológico para apoiar sua teoria[72]. Como vimos, a libido em regressão oculta-se em símbolos numerosos e bastante variáveis, indiferentemente se de natureza masculina ou feminina. Também as diferenças sexuais no fundo são de na-

---

71. A natureza libidinosa daquilo que foi sacrificado é indubitável. Na Pérsia um carneiro auxilia o primeiro homem a cometer o primeiro pecado, a coabitação; ele também é o primeiro animal que foi sacrificado (SPIEGEL. Op. cit., I, p. 511s.). O carneiro, portanto, é equivalente à serpente do paraíso, que, segundo a literatura maniqueia,
foi Cristo. Melitão de Sardes (séc. II) teria ensinado que Cristo foi um cordeiro, comparável ao carneiro que Abraão sacrificou em lugar do filho. O arbusto representaria a
cruz (Fragmento V, apud ROBERTSON. Op. cit., p. 143s.).

72. A derivação original de "relegere" é mais provável (CÍCERO. *De inventione*, 2,
53, e *De natura deorum*, 1, 42). Lactantius (*Divinae institutiones*, 4, 28) faz a derivação de religare: "Hoc vinculo pietatis obstricti Deo et religati sumus". (Com este vínculo de piedade estamos unidos e ligados a Deus). Também Jerônimo e Agostinho. Cf.
WALDE. *Lateinisches etymologisches Wörterbuch*, verbete diligo. O oposto característico é religo e neglego.

tureza secundária e psicologicamente não têm a importância que poderíamos atribuir-lhes numa observação superficial. A substância e a força motivadora do drama do sacrifício consistem numa transformação energética em si inconsciente, da qual o eu toma consciência mais ou menos como os homens do mar percebem uma erupção vulcânica submarina. É preciso admitir que, diante da beleza e da sublimidade do pensamento que acompanha o sacrifício assim como do ritual solene, uma formulação psicológica parece assustadoramente fria. O aspecto dramático do ato do sacrifício é por assim dizer reduzido a um abstrato seco, e a vida exuberante das figuras é mortificada à bidimensionalidade. A análise científica infelizmente tem tais efeitos lastimáveis – por um lado; mas por outro lado justamente esta abstração possibilita uma compreensão mais profunda dos fenômenos. Assim, por exemplo, reconhecemos que as figuras do drama mítico possuem propriedades trocáveis, porque não têm o mesmo significado existencial que é próprio das figuras concretas do mundo físico. Os últimos sofrem uma tragédia real, os primeiros apenas a representam, e isto no palco subjetivo de um consciente introspectivo. Aquilo que a intrepidez humana especula sobre a natureza do universo fenomenológico, isto é, que a dança dos astros e a história do mundo são a concretização de um sonho divino, quando aplicado ao drama interior, transforma-se em probabilidade científica: o essencial do drama mítico não é o concretismo das figuras. Não importa que animal é sacrificado ou qual deus é representado por este animal; o importante é somente que se realize um ato de sacrifício, ou melhor, que no inconsciente ocorra um processo de transformação cuja dinâmica, conteúdos e sujeito são em si inconscientes, mas indiretamente afloram ao consciente ao estimularem o material disponível de ideias e por assim dizer se revestirem com ele, como o dançarino com peles de animais e os sacerdotes com as peles dos homens sacrificados.

670   A abstração científica nos fornece a grande vantagem de uma conclusão sobre o misterioso acontecimento atrás do palco da representação do mistério, onde, deixando para trás o mundo colorido do teatro, descobrimos uma realidade de dinâmica e significância psíquica que não pode ser mais reduzida. Este reconhecimento despoja os assim chamados processos inconscientes de todo epifenomenalismo e os expõe tais como são realmente, segundo toda a experiência: como gran-

dezas autônomas. Com isto toda tentativa de deduzir o inconsciente do consciente se torna mero artifício, um estéril jogo intelectualista. Podemos suspeitar disto sempre que os autores falam despreocupadamente de "subconsciência", nem se darem conta do arrogante preconceito que estabelecem com isto. Como é que sabem com tanta certeza que o inconsciente está "abaixo" ou "acima" do consciente? A única coisa certa nesta terminologia é que o consciente se julga superior, superior aos próprios deuses. Talvez algum dia, e assim esperamos, venha a "sentir medo, nesta sua semelhança com os deuses".

O sacrifício anual de donzelas ao dragão representa o caso ideal 671 de um sacrifício em nível mitológico. Para aplacar a cólera da terrível mãe sacrifica-se a mais bela jovem como símbolo de sua ganância. Formas mais amenas são o sacrifício do primogênito e de diferentes animais domésticos valiosos. Outro caso ideal é a autocastração a serviço da mãe; uma forma mais suave disto é a circuncisão. Com isto pelo menos uma parte é sacrificada, o que equivale a um substituto do sacrifício por um ato simbólico[73]. Com estes sacrifícios, cujas vítimas são objetos apreciados, renuncia-se a este desejo instintivo, a libido, para readquiri-la de forma renovada. O sacrifício proporciona libertação do medo mortal e reconciliação com o exigente Hades. Nos cultos tardios em que o herói, que desde tempos remotos vence todo mal e a morte, transformou-se na figura principal e divina, ele se torna o sacerdote autoimolador e o regenerador da vida. Como ele é uma figura divina e seu sacrifício é um mistério transcendental cujo significado vai muito além de uma simples oferenda sacrifical, este aprofundamento da simbólica do sacrifício retomou regressivamente a ideia do sacrifício humano; isto porque necessitava de uma expressão mais forte e mais total para apresentar a ideia do autossacrifício. A relação entre Mitra e seu touro já se aproxima bastante desta ideia. No cristianismo é o próprio herói que se sacrifica voluntariamente. Em monumentos do culto de Mitra encontramos frequentemente

---

73. Cf. "Noivo de sangue da Mãe" (Ex 4,25s.). Em Js 5,2s. diz-se que Josué tornou a introduzir a circuncisão e a venda da primogenitura. "Com isto ele teria substituído o sacrifício de crianças, como era antes oferecido a Javé, pelo sacrifício do prepúcio, e assim instituído uma forma mais humana do culto sacrifical" (DREWS. *Die Christusmythe* I, p. 47).

um símbolo estranho: uma cratera[74] (vasilha), envolta pela serpente e, em oposição a ela, um leão[75]. Parece que ambos brigam pela cratera. A cratera simboliza o recipiente de renascimento materno, a serpente, medo e resistência, e o leão desejo intenso[76]. A serpente quase sempre assiste ao sacrifício mítico do touro, movendo-se em direção ao sangue que jorra da ferida. Isto parece indicar que a vida do touro (o sangue) de certo modo flui para a serpente como uma oferenda sacrifical aos habitantes do inferno em que as sombras bebem sangue na Nekyia de Ulisses. Já mencionamos acima a inter-relação entre serpente e touro e achamos que o touro simboliza o herói vivo, a serpente o herói morto, enterrado ou ctônico. Como no estado de morto ele se encontra na mãe, a serpente também representa a mãe devoradora. A relação do sangue do touro com a serpente parece uma união de opostos. Leão e serpente brigando pela cratera podem ter significados semelhantes. Provavelmente também é esta a razão por que depois do sacrifício do touro sobrevém a pujante fertilidade. Já em nível primitivo (negros da Austrália), encontra-se o credo de que a força vital se desgasta, "estraga" ou se perde, e por isso necessita de renovação em determinados intervalos. Quando quer que ocorra uma tal "abaissement", deve ser realizado o ritual da renovação da vida. Estes rituais são extraordinariamente variados. Mas também nos níveis mais elevados ainda se reconhece o sentido original de renovação da vida. Assim, o sacrifício mítico do touro significa um sacrifício à terrível mãe, isto é, ao inconsciente, que atraiu espontaneamente a si a energia do consciente, porque este se afastou excessivamente de suas raízes, esqueceu os poderes dos deuses, sem os quais toda vida seca ou se perde em manifestações perversas com desfechos catastróficos. No sacrifício o consciente renuncia à posse e ao poder, a favor do inconsciente. Isto torna possível uma união de opostos cuja consequência consiste numa libertação de energia. O ato do sa-

---

74. De um relato de Porfírio citamos o seguinte: παρὰ τῷ Μίθρᾳ ὁ κρατὴρ ἀντὶ τῆς πηγῆς τέτακται (em Mitra encontra-se a vasilha ao invés da fonte; apud CUMONT. Op. cit., I, p. 101¹), o que é importante para a interpretação da cratera. Cf. tb. a cratera de Zósimo (BERTHELOT. *Alch. grecs*, III, LI, 8, p. 245 (236).

75. Cf. CUMONT. Op. cit., I, p. 100.

76. Como o maior calor de verão do Zodíaco.

crifício tem ao mesmo tempo o sentido de uma fecundação da mãe; a serpente ctônica bebe o sangue, que é a alma do herói. Com isto a vida se conserva imortal, pois, como o Sol, também o herói se recria através de sua autoimolação e sua penetração na mãe. Depois de todo o material anteriormente apresentado não será difícil reconhecer o sacrifício humano ou o sacrifício do filho à mãe também no mistério cristão. Assim como Átis se castrou por causa da mãe e em memória deste fato sua imagem foi pendurada no pinheiro, também Cristo está suspenso[77] na árvore da vida e lenho da cruz, a Ἑχάτη e mãe (cf. fig. 71), e assim salva a criação da morte. Ao tornar a penetrar no seio da mãe, ele paga na morte[78] pelo que o protântropo (homem original) Adão pecou em vida, e por seu ato ele renova a vida arruinada pelo pecado original, a um nível espiritual. A morte de Cristo em Agostinho (como já foi dito) realmente tem o significado de um hierógamo com a mãe, semelhantemente à festa de Adônis, onde Vênus e Adônis eram deitados sobre o leito nupcial.

> Como um noivo saiu Cristo de seu aposento; com o prenúncio de seu casamento saiu para o campo do mundo [...] Chegou até o leito da cruz e ali, subindo, confirmou o matrimônio; e ao sentir os penosos suspiros da criatura, entregou-se ao castigo em devota doação pela esposa [...] e desposou a mulher para todo o sempre[79].

Na linguagem de Agostinho, a mulher (matrona) significa a Igreja como noiva do cordeiro. O tom do antigo hierógamo transfor-

672

---

77. Um sacrifício semelhante é o fim de Prometeu. Ele é amarrado na rocha. Segundo outra versão, suas amarras passam através de uma coluna. A ele acontece como castigo aquilo que Cristo aceita voluntariamente. O destino de Prometeu lembra o infortúnio de Teseu e Pirítoo, que ficaram presos na rocha, a mãe ctônica. Segundo Ateneu, Júpiter ordenou a Prometeu, depois de tê-lo libertado, que usasse uma coroa de salgueiro e um anel de ferro, o que representava simbolicamente sua falta de liberdade e sua dependência. Robertson compara a coroa de Prometeu à coroa de espinhos de Cristo. Os adeptos também usavam coroas em homenagem a Prometeu, para representar sua filiação (*Evangelien-Mythen*, p. 126). Neste sentido a coroa significa, portanto, o mesmo que o anel de noivado. São χάτοχοι τοῦ θεοῦ, cativos do deus.

78. O golpe de lança de Longino substitui a punhalada no sacrifício do touro mítrico. "O dente afiado da cunha de bronze" fere o peito de Prometeu, amarrado e sacrificado (ÉSQUILO. *Prometeu*). Odin e Huitzilopochtli são atravessados pela lança (cf. fig. 163).

79. *Sermo suppositus* 120, 8 [cf. § 411 deste volume].

mou-se em seu oposto. Em lugar do prazer surge o sofrimento e em lugar da mãe-amante o lenho da cruz; aquilo que antes era sentido com prazer, agora é doloroso: a união do consciente masculino com o inconsciente feminino; poderíamos dizer também que o símbolo do hierógamo não mais é vivenciado concretisticamente, em nível corporal, mas a um nível mais elevado, psíquico, como união de Deus com seus fiéis (seu "corpus mysticum"). Em linguagem moderna esta última projeção significa a conjunção do consciente com o inconsciente: a função transcendental própria ao processo de individuação. A integração do inconsciente no consciente tem efeito curativo[80].

673   A comparação entre o sacrifício mitraico e o cristão mostra claramente em que consiste a superioridade do símbolo cristão: é a compreensão direta de que não só a instintividade animal, representada pelo touro, deve ser sacrificada, mas o homem todo, em toda sua natureza, que é mais do que diz seu símbolo teriomorfo. Enquanto o primeiro representa a instintividade animal, isto é, a sujeição à lei da espécie, o homem natural significa, além disso, o especificamente humano, o poder-desviar-se-da-lei, o que na linguagem religiosa quer dizer a capacidade de "pecar". Só devido a esta variabilidade, que sempre mantém em aberto ainda outros caminhos, é possível o desenvolvimento espiritual no *homo sapiens*. Mas a desvantagem, se quisermos, é que a orientação absoluta e por isso naturalmente segura dos instintos é reprimida por uma enorme capacidade de aprendizado, que também existe nos antropoides. Em lugar da segurança dos instintos aparece insegurança, e com isso surge a necessidade de uma consciência que reconhece, avalia, escolhe e decide. Se este consegue compensar eficientemente a segurança instintiva, ele substituirá cada vez mais a atuação instintiva e o pressentimento intuitivo por regras e normas de conduta seguras. Com isso aparece por fim o perigo oposto de que o consciente se afasta de sua base instintiva e coloca a vontade consciente no lugar dos impulsos naturais.

---

80. Na mitologia nórdica encontramos a mesma imagem: suspenso na árvore da vida, Odin adquiriu conhecimento das runas e do elixir extasiante que lhe conferia imortalidade. A tendência é atribuir este mitologema a influências cristãs. Mas como fica então Huitzilopochtli?

Pelo sacrifício do homem natural tenta-se atingir este objetivo,   674
pois só então a ideia dominante do consciente está em condições de
se impor totalmente e moldar a natureza humana neste sentido. A
grandeza e eminência deste ideal é incontestável e não deve ser con-
testada. Mas justamente a esta altura sobrevêm a dúvida se a natureza
em si é capaz de suportar esta moldagem e se nossa ideia dominante é
constituída de modo a poder moldar a matéria-prima natural sem
dano para a mesma. Só a experiência pode responder a esta pergunta.
A tentativa de galgar a altura por isso deve ser feita, pois sem tal empreendimento nunca poderá ser provado que esta tentativa de transformação, tão audaciosa quanto violenta, de fato é possível. Também
jamais se poderia avaliar ou compreender quais são as forças que fa-
vorecem ou tornam impossível tal tentativa. Só então também se poderá verificar se o autossacrifício do homem natural, como o cristianismo o interpreta, significa uma solução definitiva ou um conceito
ainda passível de modificação. Enquanto o sacrifício mitraico ainda é
simbolizado pelo arcaico sacrifício de um animal e visa apenas uma
domesticação e disciplina do homem instintivo[81], a ideia cristã de sacrifício, representada pela morte de um ser humano, exige uma entrega do ser total, portanto não só uma domesticação de seus instintos animais, mas uma renúncia total a eles e, além disso, uma discipli-
nação de suas funções espirituais, especificamente humanas, para um
fim espiritual transcendental. Este ideal significa uma experiência
dura, que não pôde deixar de afastar o homem de sua própria natureza e da natureza em geral. Como mostra a história, esta tentativa foi
possível e no decorrer dos séculos levou a um desenvolvimento do
consciente que teria sido impossível sem este treinamento. Tais de-
senvolvimentos não são invenções e fantasias arbitrárias ou intelectuais, mas têm sua lógica e necessidade interior. A crítica (materialista)
que persiste desde a época do Iluminismo, que visa a improbabilida-
de física dos dogmas, erra totalmente. O dogma precisa ser uma impossibilidade física, pois nada diz sobre o físico, sendo um símbolo de
processos transcendentais, inconscientes que, tanto quanto a psicologia pode constatar, têm relação com o desenvolvimento inevitável do
consciente. A fé no dogma é um expediente igualmente inevitável,

---

81. O mitraísmo foi a religião militar romana e só tinha homens como iniciados.

que mais cedo ou mais tarde deverá ser substituído por uma compreensão e um reconhecimento adequados, se é que nossa civilização deve continuar a existir.

675 Assim, também na fantasia de Miss Miller existe uma necessidade interna que a faz passar do sacrifício do cavalo para o autossacrifício do herói. Enquanto o primeiro simboliza a renúncia aos instintos biológicos, o último tem o sentido mais profundo e eticamente mais elevado do autossacrifício humano, da renúncia à pura concentração sobre si mesmo. Neste caso, porém, isto vale só como metáfora, uma vez que não é a autora da história, mas o herói da mesma, Chiwantopel, quem faz o sacrifício voluntário e ao mesmo tempo é o sacrificado. O ato moralmente importante é delegado ao herói enquanto Miss Miller apenas assiste e aplaude admirada, sem perceber que está induzindo a figura de seu Animus, Chiwantopel, a fazer aquilo que ela mesma não faz. O progresso em relação ao sacrifício do animal (representado pela morte do cavalo) por isso só existe em pensamento, e se neste ato de sacrifício imaginário Miss Miller faz o papel da expectadora atenta, esta participação não tem valor ético. Como acontece geralmente nestes casos, ela também desconhece totalmente o que significa a morte do herói, o realizador do ato vital, mágico. O que acontece então é que a projeção desaparece e o ato ameaçador

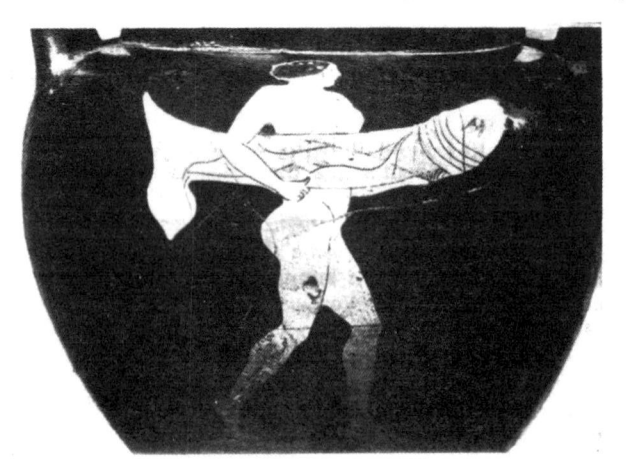

Fig. 121 – O peixe fálico dos mistérios de Deméter. Vaso grego ilustrado pelo pintor de Pã

do sacrifício consequentemente se aproxima do sujeito, do eu pessoal da sonhadora. Não posso prever como então as coisas acontecem. Devido à falta de material e de meu desconhecimento da personalidade, no caso de Miss Miller também não previ, ou melhor, não ousei supor, que seria uma psicose a equivalente ao sacrifício de Chiwantopel. Na realidade foi uma entrega total, uma fixação (κατοχή), não às possibilidades positivas da vida, mas ao mundo noturno do inconsciente, uma aniquilação análoga à de seu herói.

Chiwantopel é morto por uma serpente. A serpente como instru-   676
mento do sacrifício já foi amplamente documentada (lenda de São Silvestre, prova da virgindade, ferimento de Rê e de Filoctete, simbólica da lança e da flecha). Ela é a faca que mata, mas também o falo como símbolo da força regenerativa (cf. fig. 121) do grão de trigo que, enterrado na terra como um morto, é ao mesmo tempo uma semente que fecunda a terra. A serpente simboliza o númen do ato da transformação assim como da substância da transformação, como acontece especialmente na alquimia. Como habitante ctônica das cavernas, ela vive no seio da mãe-terra, assim como a Kundalini tântrica habita a cavidade abdominal. Na alquimia existe, por exemplo, a lenda de Gabricus e Beya, o par real de irmão e irmã. No hierógamo o irmão entra como um todo no ventre da irmã e ali desaparece, é enterrado em seu seio, dissolvido em átomos e transforma-se como herói na serpente anímica (*serpens mercurialis*, cf. fig. 15), etc.[82] Fantasias deste tipo também não são raras em pacientes. Uma de minhas pacientes, por exemplo, fantasiou que *ela era uma serpente que se enrolava na mãe e finalmente penetrava inteiramente nela.*

A serpente que mata o herói é verde. Verde também é a serpen-   677
te de minha doente, que diz: "*Então veio uma cobrinha verde até a minha boca – ela tinha o mais fino e suave sentido, como se tivesse inteligência humana e quisesse dizer-me alguma coisa, como se quisesse beijar-me*"[83]. A paciente de Spielrein diz sobre a serpente: "É um animal de Deus, que tem cores tão lindas: verde, azul, branca. Verde é a cascavel; ela é muito perigosa. A cobra pode ter espírito humano, pode ter julgamento divino; é amiga das crianças. Ela sal-

---

82. Cf. *Psychologie und Alchemie* [Op. cit., § 346: "Visio Arislei"].
83. *Über die Psychologie der Dementia praecox* [OC, 3; § 283].

varia a vida daquelas crianças que são necessárias para a preservação da vida humana"[84]. O significado da serpente como regenerati-
vo é indubitável (cf. fig. 110).

678   Assim como o cavalo é o irmão, a serpente é a irmã de Chiwantopel ("ma petite soeur"). Cavaleiro e cavalo formam uma unidade
centáurea, como o homem e sua sombra, o homem superior e inferi-
or ou a consciência do eu e a sombra, ou como Gilgamesh e Enkidu.
Assim, do homem também faz parte o feminino, sua própria feminilidade inconsciente, que designei como Anima. Nos pacientes ela frequentemente aparece sob a forma de serpente. O verde, como cor da
vida, combina perfeitamente com ela. Verde também é a cor do Creator Spiritus. Eu defini a Anima simplesmente como arquétipo da
vida[85]. Se aqui, em aparente contradição, pelo símbolo da serpente
lhe é atribuído também o atributo do "espírito", isto acontece porque a Anima personifica todo o inconsciente, inicialmente e enquanto sua imagem não puder ser diferenciada de outros arquétipos. Em
diferenciações posteriores, a figura do ancião (sábio) que é um arquétipo do "espírito" geralmente se desliga da Anima. Este se comporta
em relação a ela como o pai (espiritual) (por exemplo Wotan e Brünhilde, ou Bythos e Sofia. Exemplos clássicos são encontrados nos
romances de Rider Haggard!).

679   Se Chiwantopel chama a serpente de sua "irmãzinha", isto é importante para Miss Miller, pois o herói é seu amante-irmão, seu
"ghostly lover", o Animus. Ela própria é uma serpente da vida, que
lhe traz a morte. Quando o herói e seu cavalo morrem, resta a serpente verde que nada mais é do que a alma inconsciente da própria
autora e esta, como já vimos, sofrerá o destino de Chiwantopel: ela
será vencida por seu inconsciente.

680   O contraste entre cavalo e serpente ou entre touro e serpente representa o contraste da libido em si mesma, uma vontade de avançar
e recuar ao mesmo tempo[86]. A libido não é só um impulso irrefreável

---

84. *Über den psychologischen Inhalt eines Falles von Schizophrenie*, p. 366 [OC, 3].

85. *Über die Archetypen des kollektiven Uribewussten* [OC, 9; § 66].

86. Bleuler deu a isto o nome de ambivalência ou ambitendência, Stekel (*Die Sprache des Traumes*, p. 535s.), o de "bipolaridade de todos os fenômenos psíquicos".

para a frente, um infindável desejo de viver e construir, como Schopenhauer formulou sua vontade do mundo, onde a morte é uma traição ou fatalidade que vem de fora; mas a libido, à semelhança do Sol,
também quer seu declínio, sua involução. Na primeira metade da vida
ela quer crescimento, na segunda ela primeiro insinua de leve, depois
anuncia claramente a mudança de seu objetivo. E se na juventude o ímpeto de incontida expansão da vida frequentemente se oculta sob uma
camada de oposição a ela, também o "outro instinto" muitas vezes se
esconde sob um apego teimoso e inadequado ao modo de vida levado
até então. Esta aparente contradição na natureza da libido é ilustrada
pela estatueta de Verona[87]: Priapo aponta com o dedo, sorrindo, uma
serpente que pica o seu membro (cf. fig. 122).

Encontramos um tema semelhante no "Juízo Final" de Rubens   681
(Munique, Pinacoteca Antiga), onde uma serpente castra um homem. Este tema explica o sentido do fim do mundo[88]. A fantasia do
incêndio do mundo, do fim catastrófico do mundo em geral, é a projeção da imagem primitiva da grande reviravolta; por isso Rubens representa a castração pela serpente como um caso especial da destruição. A imagem da modificação, que torna a desfazer o fenômeno do
mundo pertencente à existência psíquica individual, germina no inconsciente e aparece ao consciente em sonhos e pressentimentos.
Quanto mais o consciente se negar a captar esta mensagem, tanto
mais desfavoráveis e assustadores serão os símbolos através dos quais
ela se manifesta. A serpente, como símbolo do medo, tem papel importante nos sonhos. Devido a seu veneno, sua imagem em sonhos
não raro precede doenças físicas como sintoma precoce. Via de regra
ela exprime uma animação anormal do inconsciente (um "inconsciente constelado") e os sintomas fisiológicos (abdominais) correlatos.

---

87. Devo a permissão de reproduzir esta estatueta inédita à gentileza do diretor da Coleção de Antiguidades de Verona.

88. O papel mítico da serpente é análogo ao fim do mundo. Na *Völuspa* está escrito
que o dilúvio virá quando a serpente Midgard despertar para a destruição universal.
Ela se chama Jörmungandr, o que literalmente quer dizer "lobo comum". O destruidor lobo Fenris por sua vez tem relação com o mar (cf. fig. 101). "Fen" encontra-se em
Fensalir (salões do mar), a morada de Frigg, e originalmente significa mar (FRO-
BENIUS. Op. cit., p. 179). Na história de Chapeuzinho Vermelho também foi colocado o lobo no lugar da serpente, pois ele também é um devorador típico.

Fig. 122 – Priapo com serpente. Figura romana

A interpretação, como sempre, depende de inúmeras circunstâncias individuais: deve ser modificada de acordo com elas. Para os jovens ela representa o medo da vida; para os velhos, o medo da morte. No caso de nossa autora, à luz dos acontecimentos que se seguiram depois pode-se perceber claramente o significado fatal da cobra verde. Mas não é tão fácil dizer qual foi o verdadeiro motivo para o predomínio do inconsciente. Para isto falta o material biográfico. Posso dizer apenas, de modo geral, que em tais casos observei frequentemente uma grande estreiteza do consciente, uma acanhada rigidez do posicionamento e um horizonte intelectual e afetivamente limitado por uma ingenuidade infantil ou por um preconceito pedantesco. O pouco que sabemos sobre nossa autora parece indicar que se tratava de ingenuidade afetiva: possivelmente ela subestimou suas possibilidades e com excessiva facilidade passou por cima de profundezas excessivamente perigosas, onde um certo conhecimento psicológico sobre a sombra teria sido útil. Justamente de tais casos se deve transmitir o maior conhecimento psicológico possível. Mesmo se não proteger contra a psicose, tal conhecimento melhora o prognóstico, como vi em muitos casos. Uma correta compreensão psicológica muitas vezes é a salvação para estes casos limítrofes.

Como no início de nossa pesquisa o nome do herói tornou necessário falar da simbólica do Popocatepetl como a parte "criadora" do corpo humano, assim o fim do drama de Miss Miller nos dá a oportunidade de ver como o vulcão também assiste à morte do herói e através de um terremoto o faz desaparecer na terra. Assim como o vulcão deu nome e nascimento ao herói, ele torna a tragá-lo no fim dos dias[89]. As últimas palavras do herói nos dizem que sua almejada amada, a única que o compreende, chama-se Ja-ni-wa-ma. Neste nome reencontramos as primeiras palavras balbuciadas pelo herói na infância: Wawa, wama, mama (de acordo com o *Hiawatha* de Longfellow). A única que realmente nos compreende é a mãe. Pois compreender (verstehen) (no antigo alto-alemão firstân) provavelmente é derivado do prefixo germânico primitivo fri, que é idêntico a περί, em torno, ao redor; o antigo alto-alemão antfristôn (= traduzir) é considerado idêntico a firstân. Disto resultaria o significado básico de compreender (verstehen) como "colocar-se ao redor de alguma

682

---

89. Cf. a nostalgia de Hölderlin por Empédocles. Também a viagem de Zaratustra ao inferno através da abertura ao Hades no vulcão. (A passagem no texto de Nietzsche, como pude verificar, é uma criptomnésia [*Kryptomnesie*. OC, 1; § 180s.]). A morte é a repenetração na mãe. Por isso também o faraó egípcio Miquerinos fez sua filha morta ser sepultada numa vaca de madeira dourada. Esta é a garantia do renascimento. A vaca estava num aposento suntuoso e lhe eram feitos sacrifícios. Num outro cômodo, perto desta vaca, estavam as estátuas das concubinas de Miquerinos (HERÓDOTO. *Geschichte*, II, 1, p. 194).

coisa"[90]. Comprehendere e κατασυλλαμβάνειν exprimem uma ideia semelhante ao "erfassen" alemão (abranger, entender). O que estas expressões têm em comum é o "envolver" e "abraçar". E não há dúvida de que nada no mundo jamais nos abraça tão totalmente quanto a mãe. Quando o neurótico se queixa de que o mundo "não entende", ele diz indiretamente que sente falta da mãe. Paul Verlaine deu a mais bela expressão a este pensamento em sua poesia "Mon rêve familier":

> Frequentemente tenho este sonho estranho e penetrante
> De uma mulher desconhecida, e que eu amo, e que me ama,
> E que não é, a cada vez, exatamente a mesma
> Nem exatamente outra, e me ama e me compreende.
>
> Pois ela me compreende, e meu coração transparente
> Para ela só, ah! cessa de ser um problema
> Para ela só, e a umidade de minha fronte pálida,
> Ela só sabe refrescar, chorando.
>
> É ela morena, loira ou ruiva? – Eu ignoro.
> Seu nome? Lembro-me que é doce e sonoro
> Como aqueles dos amados que a vida exilou.
>
> Seu olhar é semelhante ao olhar das estátuas,
> E, por sua voz longínqua, calma e grave, ela tem
> A inflexão das vozes queridas que se calaram[91].

---

90. KLUGE. *Etymologisches Wörterbuch der deutschen Sprache.*
91. *Poèmes saturniens*, VI.

IX

Epílogo

O desfecho melancólico das fantasias de Miss Miller decorre do   683
fato de terminarem no momento decisivo em que ainda se pode reconhecer vagamente o perigo iminente de um domínio do inconsciente.
Dificilmente Miss Miller, tão alheia ao significado de suas visões e a
quem também Théodore Flournoy nada conseguiu explicar, apesar
de sua avaliação correta do caso, teria sido capaz de enfrentar adequadamente a fase seguinte do processo, a inevitável assimilação do
herói por sua personalidade consciente. Esta deveria reconhecer o
que o destino exige e o que significam as estranhas imagens que ir-
romperam em seu consciente. Já existe uma dissociação, pois o inconsciente age independentemente e lhe traz imagens que ela não criou conscientemente, e por isso percebe como alheias e estranhas. Ao
observador objetivo se evidencia que as fantasias procedem de uma
energia psíquica não sujeita ao controle do consciente. São nostalgias, impulsos e acontecimentos simbólicos com os quais o consciente
não pode arcar nem positiva nem negativamente. Ao impulso instintivo que quer arrancar a sonhadora da modorra da infância opõe-se
um orgulho pessoal, muito inoportuno, e possivelmente também um
horizonte moral relativamente estreito. Nada contribui para que o
consciente compreenda o conteúdo intelectual da simbólica. Nossa
cultura já esqueceu há muito como pensar simbolicamente, e mesmo
a teologia não sabe mais o que fazer com a hermenêutica dos Santos
Padres. A *cura animarum* no protestantismo está totalmente à mín-
gua. Quem se daria ao trabalho de destrinchar ideias cristãs fundamentais em meio ao "caos de fantasias patológicas?" Mas pacientes
nesta situação poderiam ser salvos se o médico se ocupasse de tais
produtos e explicasse ao doente o sentido neles contido. Deste modo

ele tornaria possível a seu paciente assimilar ao menos uma parte do inconsciente e com isto reduzir na mesma proporção o perigo da dissociação. Ao mesmo tempo, a assimilação do inconsciente protege contra o perigoso isolamento que sente todo aquele que se vê frente a frente com uma porção incompreensível, irracional, de sua personalidade. Pois o isolamento leva ao pânico, e com isto tão frequentemente começa a psicose. Quanto mais se alarga a brecha entre consciente e inconsciente, tanto mais iminente a cisão da personalidade, que no indivíduo com tendência neurótica leva à neurose, naquele com predisposição psicótica leva à esquizofrenia, à desintegração da personalidade. A terapia procura diminuir ou eventualmente impedir a dissociação fazendo com que as tendências do inconsciente sejam integradas ao consciente. Normalmente os impulsos do inconsciente são realizados inconscientemente ou, como se diz, "instintivamente", quando o respectivo conteúdo espiritual não é levado em consideração, mas mesmo assim se insinua inconscientemente na vida intelectual consciente, e aliás sob muitos disfarces. Isto pode ocorrer sem dificuldades se no consciente existirem ideias de natureza simbólica: "Habentibus symbolum facilis est transitus" (Para aqueles que têm o símbolo, a travessia é fácil), como se diz na alquimia. Mas se já existe uma certa dissociação, talvez datando da juventude, então todo avanço do inconsciente aumenta a distância entre consciente e inconsciente. Em geral é necessário o auxílio profissional para sustar uma tal cisão. Se eu tivesse assumido o tratamento de Miss Miller, eu lhe teria revelado muito do que está escrito neste livro visando formar o seu consciente de tal forma que pudesse compreender os conteúdos do inconsciente coletivo. As relações arquetípicas dos produtos do inconsciente só podem ser compreendidas com o auxílio das "représentations collectives" (Lévy-Bruhl), que já nos primitivos são de importância psicoterapêutica. De modo algum basta para isto uma psicologia de orientação exclusivamente pessoal. Portanto, quem quiser tratar de tais dissociações obrigatoriamente deve saber alguma coisa sobre a anatomia e história da evolução da mente que ele pretende curar. Exige-se do médico que trata de doenças físicas que tenha conhecimentos de anatomia, fisiologia, embriologia e filogênese. Dissociações neuróticas até certo ponto podem ser curadas com uma psicologia puramente individual, não porém o problema da transferência, que ocorre na maioria dos casos e sempre tem conteúdos coletivos.

O caso de Miss Miller é um exemplo clássico das manifestações **684** do inconsciente que precedem um grave distúrbio psíquico. Sua presença contudo não diz que um tal distúrbio necessariamente vá ocorrer. Como já foi dito, isto depende, entre outros, da atitude mais ou menos positiva ou negativa do consciente. O caso me veio oportunamente porque nada tive a ver com ele e por isso pude refutar a objeção tão frequente de ter influenciado a paciente. Se o caso tivesse sido tratado desde as primeiras criações espontâneas da fantasia, o episódio de Chiwantopel teria assumido um caráter totalmente diferente e o desfecho – assim esperamos – teria sido menos doloroso.

Com estas observações chegamos ao fim de nosso programa. **685** Nosso objetivo foi estudar um sistema individual de fantasias quanto às relações com suas fontes, e nos deparamos com problemas cujas proporções são tão imensas que nossa tentativa de compreendê-los em toda sua amplitude necessariamente não pode passar de uma orientação superficial. Não posso aceitar a posição de rejeitar certas hipóteses de trabalho porque possivelmente não são eternamente válidas ou porque contêm alguma forma de erro. Por certo procurei o mais possível evitar erros, que em tais terrenos escorregadios podem tornar-se especialmente funestos, estando para isto perfeitamente ciente dos perigos de um tal estudo. Nós médicos não estamos em situação igual à de pesquisadores em outras áreas. Nós não podemos escolher uma tarefa ou delimitar uma área de estudo, pois o doente a ser tratado nos confronta muitas vezes com problemas imprevisíveis e exige de nós o cumprimento de uma tarefa terapêutica para a qual dificilmente nos sentimos capacitados. O maior estímulo para um incessante trabalho de pesquisa me veio da terapia e consistiu na pergunta pungente: "Como você pode tratar de alguma coisa que você não entende?" Sonhos, visões, fantasias e manias são expressões de situações. Se eu não compreendo os sonhos, não compreendo a situação do paciente, de que serve então o meu tratamento? Nunca procurei justificar minhas teorias através do paciente, pois me parecia mais importante compreender a situação do doente em todos os seus aspectos, entre os quais naturalmente também está a compensação inconsciente. Miss Miller foi um destes casos. Tentei compreender sua situação da melhor forma possível, e apresentei neste estudo os resultados de meus esforços como um exemplo para o tipo e a extensão da problemática que o médico que quer exercer a psicoterapia deve conhecer. Ele precisa de uma *ciência da alma,* não de uma teoria sobre ela. Considero o exercício da ciência não como uma disputa sobre quem está com a razão, mas como um trabalho que visa aumentar e aprofundar o reconhecimento. Àqueles que assim pensam sobre ciência destina-se este trabalho.

Figura 123 – Gema antiga

Apêndice

Trechos originais citados por Jung

p. 1 Donc comme c'est la théorie qui donne leur valeur et leur signification aux faits, elle est souvent très utile, même si elle est partiellement fausse; car elle jette la lumière sur des phénomènes auxquels personne ne faisait attention, force à examiner sous plusieurs faces des faits que personne n'étudiait auparavant, et donne l'impulsion à des recherches plus étendues et plus heureuses... c'est donc un devoir moral de l'homme de science de s'exposer à commettre des erreurs et à subir des critiques, pour que la science avance toujours... Un écrivain... a vivement attaqué l'auteur en disant que c'est là un idéal scientifique bien restreint et bien mesquin... Mais ceux qui sont doués d'un esprit assez sérieux et froid pour ne pas croire que tout ce qu'ils écrivent est l'expression de la vérité absolue et éternelle, approuveront cette théorie qui place les raisons de la science bien au dessus de la misérable vanité ct du mcsquin amour propre du savant.

§ 8 *Erstes Liebeslied eines Mädchens*
Was im Netze? Schau einmal!
Aber ich bin bange;
Greif'ich einen süssen Aal?
Greif'ich eine Schlange?

Lieb' is blinde
Fischerin;
Sagt dem Kinde,
Wo greift's hin?

Schon schnellt mir's in Händen!
Ach Jammer! o Lust!

Mit Schmiegen und Wenden
Mir schlüpft's an die Brust.

Es beisst sich, o Wunder,
Mir keck durch die Haut,
Schiesst s'Herze hinunter!
O Liebe, mir graut!

Was thun, was beginnen?
Das schaurige Ding,
Es schnalzet da drinnen
Es legt sich im Ring.

Gift muss ich haben!
Hier schleicht es herum,
Thut wonniglich graben
Und bringt mich noch um.

§ 13   "Et qu'est-ce que penser? Et comment pense-t-on?

Nous pensons avec des mots; cela seul est sensuel et ramène à la nature. Songez-y, un métaphysicien n'a, pour constituer le système du monde, que le cri perfectionné des singes et des chiens. Ce qu'il appelle spéculation profonde et méthode transcendante, c'est de mettre bout à bout, dans un ordre arbitraire, les onomatopées qui criaient la faim, la peur et l'amour dans les forêts primitives et auxquelles se sont attachées peu à peu des significations qu'on croit abstraites quand elles sont seulement relâchées. – N'ayez pas peur que cette suite de petits cris éteints et affaiblis qui composent un livre de philosophie nous en apprenne trop sur l'univers pour que nous ne puissions plus y vivre".

§ 25[27] "C'est justement sur cette partie supérieure des fonctions, sur leur adaptation aux circonstances présentes que portent les névroses [...]" [p. 386]. "[...] les névroses sont des troubles ou des arrêts dans l'évolution des fonctions" [p. 388]. "Les névroses sont des maladies portant sur les diverses fonctions de l'organisme, caractérisées par une altération des parties supérieures de ces fonctions, arrêtées dans leur évolution, dans leur adaptation au moment présent, à l'état présent du monde extérieur et de l'individu et par l'absence de détérioration des parties anciennes de ces mêmes fonctions [...]" [p. 392]. "A la place de ces opérations supérieures se développent de l'agitation physique et mentale, et surtout de l'émotivité. Celle-ci n'est [...] que la tendance à remplacer les opérations supérieures par l'exagération de certaines opérations inférieures et surtout par de grossières agitations viscérales" [p. 393].

§ 35 "Il est très commun de croire que plus l'homme s'éloigne dans le lointain du temps, plus il est censé être différent de nous par ses idées et ses sentiments; que la psychologie de l'humanité change de siècle en siècle comme la mode ou la littérature. Aussi, à peine trouve-t-on dans l'histoire un peu ancienne une institution, un usage, une loi, une croyance un peu différentes de celles que nous voyons chaque jour, que l'on va chercher toutes sortes d'explications compliquées lesquelles, le plus souvent, se réduisent à des phrases dont la signification n'est pas très-précise. Or l'homme ne change pas si vite; sa psychologie reste au fond la même; et si sa culture varie beaucoup d'une époque à l'autre, ce n'est pas encore cela qui changera le fonctionnement de son esprit. Les lois fondamentales de l'esprit demeurent les mêmes, au moins pour les périodes historiques si courtes dont nous avons connaissance; et presque tous les phénomènes, même les plus étranges, doivent pouvoir s'expliquer par ces lois communes de l'esprit que nous pouvons constater en nous mêmes".

§ 48 Roxane, adieu, je vais mourir!
C'est pour ce soir, je crois, ma bien-aimée!
J'ai l'âme lourde encor d'amour inexprimé
Et je meurs! Jamais plus, jamais mes yeux grisés,
Mes regards dont c'était les frémissantes fêtes,
Ne baiseront au vol les gestes que vous faites;

J'en revois un petit qui vous est familier
Pour toucher votre front, et je voudrais crier...
Et je crie:
Adieu!... Ma chère, ma chérie,

Mon trésor... Mon amour!...
Mon cœur ne vous quitta jamais une seconde,
Et je suis et serai jusque dans l'autre monde
Celui qui vous aima sans mesure, celui...

§ 49   Je crois qu'elle regarde...
Qu'elle ose regarder mon nez, cette camarde!
(*Il lève son épée*).
Que dites-vous?... C'est inutile?... Je le sais!
Mais on ne se bat pas dans l'espoir du succès!
Non! non! c'est bien plus beau lorsque c'est inutile!
– Qu'est-ce que c'est que tous ceux-là? – Vous êtes mille?
Ah! je vous reconnais, tous mes vieux ennemis!
Le Mensonge?
(*Il frappe de son épée le vide*).
Tiens, tiens! Ha! ha! les Compromis,
Les Préjugés, les Lâchetés!...
(*Il frappe*).
Que je pactise?
Jamais, jamais! – Ah, te voilà, toi, la Sottise!
– Je sais bien qu'à la fin vous me mettrez à bas;
N'importe: je me bats! je me bats! je me bats!
Oui, vous m'arrachez tout, le laurier et la rose!
Arrachez! Il y a malgré vous quelque chose
Que j'emporte, et ce soir, quand j'entrerai chez Dieu,
Mon salut balaiera largement le seuil bleu,
Quelque chose que sans un pli, sans une tache,
J'emporte malgré vous, et c'est...
Mon panache.

§ 53   "... j'ai réussi à lui faire rendre des paysages, comme ceux du lac
Léman, où il n'a jamais été, et il prétendait, que je pouvais lui
faire rendre des choses qu'il n'avait jamais vues, et lui donner la
sensation d'une atmosphère ambiante qu'il n'avait jamais sen-
tie; bref, que je me servais de lui comme lui-même se servait de
son crayon, c'est à dire comme d'un simple instrument".

§ 81   While I nodded, nearly napping, suddenly there came a tapping,

As of some one gently rapping, rapping at my chamber door.
"T is some visitor", I muttered, "tapping at my chamber door" –
Only this and nothing more.

§ 82   "Be that word our sign of parting, bird or fiend!" I shrieked upstarting –
"Get thee back into the tempest and the Night's Plutonian shore!
Leave no black plume as a token of the lie thy soul hath spoken!
Leave my loneliness unbroken! – quit the bust above my door!
Take thy beak from out my heart, and take thy form from off my door!"
Quoth the Raven "Nevermore".

§ 84   Mephistopheles:
Was wettet Ihr? den sollt Ihr noch verlieren,
Wen Ihr mir die Erlaubnis gebt,
Ihn meine Strasse sacht zu führen!

§ 88   Job 40,15-19:
Behold now behemoth, which I made with thee;
he eateth grass as an ox.
Lo now, his strength is in his loins, and his force
is in the navel of his belly.
He moveth his tail like a cedar: the sinews of his
stones are wrapped together.
His bones are as strong pieces of brass; his bones
are like bars of iron.
He is the chief of the ways of God...

41,1-4:
Canst thou draw out leviathan with an hook? Or
his tongue with a cord, which thou lettest down?
Canst thou put an hook into his nose? or bore his
jaw through with a thorn?
Will he make many supplications unto thee? Will
he speak soft words unto thee?

Will he make a covenant with thee? wilt thou
take him for a servant for ever?

§ 89[27]   Job 41,19-29:

Out of his mouth go burning lamps, and sparks of fire leap out.

Out of his nostrils goeth smoke, as out of a seething pot or
cauldron.

His breath kindleth coals, and a flame goeth out of his
mouth.

In his neck remaineth strength, and sorrow is burnt into joy
before him.

The flakes of his flesh are joint together: they are firm in
themselves; they cannot be moved.

His heart is as firm as a stone; yea, as hard as a piece of the
nether millstone.

When he raiseth up himself, the mighty are afraid: by reason
of breakings they purify themselves.

The sword of him that layeth at him cannot hold: the spear,
the dart, nor the habergeon.

He esteemeth iron as straw, and brass as rotten wood.

The arrow cannot make him flee: slingstones are turned with
him into stubble.

Dart are counted as stubble: he laugheth at the shaking of the
spear.

§ 116   *The moth to the sun*

I longed for thee when first I crawled to consciousness
My dreams where all of thee when in the chrysalis I lay.
Oft myriads of my kind beat out their lives
Against some feeble spark once caught from thee.
And one hour more – and my poor life is gone;
Yet my last effort, as my first desire, shall be
But to approach thy glory; then, having gained
One raptured glance, I'll die content,
For I, the source of beauty, warmth and life
Have in his perfect splendor once beheld!

§ 117   Betrachte, wie in Abendsonneglut
Die grünumgebnen Hütten schimmern!

Sie rückt und weicht, der Tag ist überlebt,
Dort eilt sie hin und fördert neues Leben.
O dass kein Flügel mich vom Boden hebt,
Ihr nach und immer nach zu streben!
Ich säh im ewgen Abendstrahl
Die stille Welt zu meinen Füssen...

Doch scheint die Göttin endlich wegzusinken;
Allein der neue Trieb erwacht:
Ich eile fort, ihr ewiges Licht zu trinken,
Vor mir den Tag und hinter mir die Nacht,
Den Himmel über mir und unter mir die Wellen.
Ein schöner Traum, indessen sie entweicht.
Ach, zu des Geistes Flügeln wird so leicht
Kein körperlicher Flügel sich gesellen.

§118 Ja, kehre nur der holden
Erdensonne
Entschlossen deinen Rücken zu.

§ 120 Wagner:
Welch ein Gefühl musst du, o grosser Mann,
Bei der Verehrung dieser Menge haben!

...

Faust:
So haben wir mit höllischen Latwergen
In diesen Tälern, diesen Bergen
Weit schlimmer als die Pest getobt.
Ich habe selbst den Gift an Tausende gegeben,
Sie welkten hin, ich muss erleben,
Dass man die frechen Mörder lobt.

§ 136 "O Herr, minne mich gewaltig und minne mich oft und lang;
je öfter du mich minnest, um so reiner werde ich; je gewalti-
ger du mich minnest, um so schöner werde ich; je länger du
mich minnest, um so heiliger werde ich hier auf Erden."

§ 137 Gott antwortet: "Dass ich dich oft minne, das habe ich von
meiner Natur, denn ich bin selber die Liebe. Dass ich dich ge-

waltig minne, das habe ich von meiner Begier, denn auch ich begehre, dass man mich gewaltig minne. Dass ich dich lange minne, das ist von meiner Ewigkeit, denn ich bin ohne Ende".

§ 139 "Das Licht aber, das ich schaue, ist nicht örtlich, sondern weit und weit heller als die Wolke, die die Sonne trägt... Dieses Lichtes Gestalt vermag ich in keiner Weise zu erkennen, wie ich das Kreisrund der Sonne nicht vollkommen anblicken kann. In diesem Lichte aber sehe ich zuweilen und nicht häufig ein anderes Licht, das mir das lebendige Licht genannt wird, und wann und in welcher Weise ich dieses sehe, das weiss ich nicht zu sagen. Und da ich es schaue, wird mir alle Traurigkeit und alle Not entrafft, also dass ich alsdann die Sitten eines einfältigen Mägdleins, und nicht einer alten Frau habe."

§ 141[29] *Schmerzen,* de Wesendonck:

Sonne, weinest jeden Abend
Dir die schönen Augen rot,
Wenn im Meeresspiegel badend
Dich erreicht der frühe Tod.

Doch erstehst in alter Pracht,
Glorie der düstern Welt,
Du am Morgen neu erwacht,
wie ein stolzer Siegerheld.

Ach, wie sollte ich da klagen,
wie, mein Herz, so schwer dich sehn,
Muss die Sonne selbst verzagen,
Muss die Sonne untergehn?

Und gebieret Tod nur Leben
Geben Schmerzen Wonnen nur:
O, wie dank' ich, dass gegeben
Solche Schmerzen mir Natur.

Poesia de Ricarda Huch:

Wie sich die Erde scheidend von der Sonne
Mit hastgem Flug in stürmsche Nacht entfernt,
Den nackten Leib mit kaltem Schnee besternt,
Verstummt, beraubt der sommerlichen Wonne.

Und tiefer sinkend in des Winters Schatten
sich plötzlich nähert dem, wovor sie flieht,
Mit Rosenlicht sich warm umschlungen sieht,
Entgegenstürzend dem verlornen Gatten.

So ging ich, leidend der Verbannung Strafe,
Von deinem Antlitz fort ins Ungemach,
Dem ödem Norden schutzlos zugewendet,

Stets tiefer neigend mich dem Todesschlafe,
Und wurde so an deinem Herzen wach,
Von morgenroter Herrlichkeit geblendet.

§ 145   *Das Feuerseichen*
Hier, wo zwischen Meeren die Insel wuchs,
ein Opferstein jäh hinaufgethürmt,
hier zündet sich unter schwarzem Himmel
Zarathustra seine Höhenfeuer an, –...

Diese Flamme mit weissgrauem Bauche
– in kalte Fernen züngelt ihre Gier,
nach immer reineren Höhn biegt sie den Hals
eine Schlange gerad aufgerichtet vor Ungeduld:
dieses Zeichen stellte ich vor mich hin.

Meine Seele selber ist diese Flamme:
unersättlich nach neuen Fernen
lodert aufwärts, aufwärts ihre stille Gluth...

Nach allem Einsamen werfe ich jetzt die Angel:
gebt Antwort auf die Ungeduld der Flamme,
fangt mir, dem Fischer auf hohen Bergen,
meine siebente letzte Einsamkeit!

§ 166   Still blessed be the Lord,
For what is past,
For that which is:
For all are his,
From first to last –
Time, space, eternity, life, death –
The vast known and immeasurable unknown.
He made, and can unmake,

And shall I for a little gasp of breath,
Blaspheme and groan?
No; let me die, as I have lived, in faith,
Nor quiver, though the universe may quake!

§ 167   Cyrano:
Oh! mais!... puisqu'elle est en chemin,
Je l'attendrai debout, et l'epee a la main!...

Que dites-vous?... C'est inutile?... Je le sais.
Mais on ne se bat pas dans l'espoir du succes!
Non! non! c'est bien plus beau lorsque c'est inutile!...

Je sais bien qu'a la fin vous me mettrez à bas...

§ 169   But man hath listen'd to his voice,
And ye to woman's – beautiful she is,
The serpent's voice less subtle than her kiss.
The snake but vanquish'd dust; but she will draw
A second host from heaven, to break heaven's law.

§ 170   Cannot this earth be made, or be destroy'd,
Without involving ever some vast void
In the immortal ranks?...

§ 171   Anah:
Seraph!
From thy sphere!
Whatever star contain thy glory;
In the eternal depths of heaven
Albeit thou watchest with "the seven"
Though through space infinite and hoary
Before thy bright wings worlds be driven,
Yet hear!
Oh think of her who holds thee dear!
And though she nothing is to thee,
Yet think that thou art all to her...

Eternity is in thine years,
Unborn, undying beauty in thine eyes;
With me thou canst not sympathise,
Except in love, and there thou must

Acknowledge that more loving dust
Ne'er wept beneath the skies.
Thou walk'st thy many worlds, thou se'st
The face of him who made thee great,
As he hath made me of the least
Of those cast out from Eden's gate;
Yet, Seraph dear!
Oh hear!

For thou hast loved me, and I would not die
Until I know what I must die in knowing,
That thou forgett'st in thine eternity
Her whose heart death could not keep from
o'erflowing
For thee, immortal essence as thou art!
Great is their love who love in sin and fear;
And such, I feel, are waging in my heart
A war unworthy: to an Adamite
Forgive, my Seraph! that such thoughts appear.
For sorrow is our element...

The hour is near
Which tells me we are not abandon'd quite.
Appear! Appear!
Seraph!
My own Azaziel! be but here,
And leave the stars to their own light.

Aholibamah:
I call thee, I await thee and I love thee...
Though I be form'd of clay,
And thou of beams
More bright than those of day
On Eden's streams,
Thine immortality cannot repay
With love more warm than mine
My love. There is a ray
In me, which, though forbidden yet to shine,
I feel was lighted at thy God's and thine.

It may be hidden long: death and decay
Our mother Eve bequeath'd us – but my heart,
Defies it: though this life must pass away,
Is *that* a cause for thee and me to part?

I can share all things, even immortal sorrow;
For thou hast ventured to share life with *me,*
And shall *I* shrink from thine eternity?
No! though the serpent's sting should pierce me
through,
And thou thyself wert like the serpent, coil
Around me still! And I will smile,
And curse thee not; but hold
Thee in as warm a fold
As – but descend, and prove
A mortal's love
For an immortal...

§172   Aholibamah:
The clouds from off their pinions flinging,
As though they bore to-morrow's light.

Anah:
But if our father see the sight!

Aholibamah:
He would but deem it was the moon
Rising unto some sorcerer's tune
An hour too soon...

Anah:
Lo! They have kindled all the west,
Like a returning sunset; – lo!
On Ararat's late secret crest
A mild and many-colour'd bow,
The remnant of their flashing path,
Now shines!...

§ 173   Return'd to night, as rippling foam,
Which the leviathan hath lash'd
From his unfathomable home,
When sporting on the face of the calm deep,

Subsides soon after he again hath dash'd
Down, down, to where the ocean's fountains sleep.

§ 174 Japhet:
The eternal will
Shall deign to expound this dream
Of good and evil, and redeem
Unto himself all times, all things;
And, gather'd under his almighty wings,
Abolish hell!
And to the expiated Earth
Restore the beauty of her birth.

Spirits:
And when shall take effect this wondrous spell?

Japhet:
When the Redeemer cometh; first in pain,
And then in glory.

Spirits:
New times, new climes, new arts, new men; but still,
The same old tears, old crimes, and oldest ill,
Shall be amongst your race in different forms;
But the same moral storms
Shall oversweep the future, as the waves
In a few hours the glorious giants' graves.

§176 "2. For there is one Rudra only, they do not allow a second,
who rules all the worlds by his powers. He stands behind all
persons, and after having created all worlds he, the protec-
tor, rolls it up at the end of time.

3. That one god, having his eyes, his face, his arms, and his
feet in every place, when producing heaven and earth, forges
them together with his arms and his wings.

4. He, the creator and supporter of the gods, Rudra, the great
seer, the lord of all, he who formerly gave birth to Hiranyagarbha,
may he endow us with good thoughts" (Third Adhyaya, p. 244 f.).

"7. Those who know beyond this the High Brahman, the
vast, hidden in the bodies of all creatures, and alone envelo-
ping everything, as the Lord, they become immortal.

§ 177   8. I know that great person (purusha) of sunlike lustre beyond the darkness. A man who knows him truly, passes over death; there is no other path to go.

11. ... he dwells in the cave (of the heart) of all beings, he is all-pervading, therefore he is the omnipresent Siva" (op. cit., p. 245 f.).

§ 178   "12. That person (purusha) is the great lord; he is the mover of existence, he possesses that purest power of reaching everything, he is light, he is undecaying.

13. The person (purusha), not larger than a thumb, dwelling within, always dwelling in the heart of man, is perceived by the heart, the thought, the mind; they who know it, become immortal.

14. The person (purusha) with a thousand heads, a thousand eyes, a thousand feet, having compassed the earth on every side, extends beyond it by ten fingers' breadth.

15. That person alone (purusha) is all this, what has been and what will be; he is also the lord of immortality; he is whatever grows by food" (op. cit., p. 246 f.).

§ 179   "12. The person (purusha), of the size of a thumb, stands in the middle of the Self (body?), as lord of the past and the future, and henceforward fears no more. This is that.

13. That person, of the size of a thumb, is like a light without smoke, lord of the past and the future, he is the same to-day and to-morrow. This is that".

§ 180   Mephistopheles:
Ich rühme dich, eh du dich von mir trennst,
Und sehe wohl, dass du den Teufel kennst.
Hier diesen Schlüssel nimm!

Faust:
Das kleine Ding!

Mephistopheles:
Erst fass ihn an und schätz ihn nicht gering!

Faust:
Er wächst in meiner Hand! er leuchter! blitzt!

Mephistopheles:
Merkst du nun bald, was man an ihm besitzt? Der Schlüssel
wird die rechte Stelle wittern; Folg ihm hinab; er führt dich
zu den Müttern.

§ 181 Ein Teil von jener Kraft,
Die stets das Böse will, und stets das Gute schafft.

§ 182 "19. Grasping without hands, hasting without feet, he sees
without eyes, he hears without ears. He knows what can be
known, but no one knows him; they call him the first, the
great person (purusha).

20. The Self, smaller than small, greater than great..." (Third
Adhyäya, p. 248).

§ 235 Die Sonne tönt nach alter Weise
In Brudersphären Wettgesang,
Und ihre vorgeschriebne Reise
Vollendet sie mit Donnergang.

Horchet, horcht dem Sturm der Horen!
Tönend wird für Geistesohren
Schon der neue Tag geboren.
Felsentore knarren rasselnd,
Phöbus' Räder rollen prasselnd,
Welch Getöse bringt das Licht!
Es trommetet, es posaunet,
Auge blinzt, und Ohr erstaunet,
Unerhörtes hört sich nicht.
Schlüpfet zu den Blumenkronen,
Tiefer tiefer, still zu wohnen,
In die Felsen, unters Laub.
Trifft es euch, so seid ihr taub.

§ 236 Wo bist du? trunken dämmert die Seele mir
Von aller deiner Wonne; denn eben ists,
Dass ich gelauscht, wie, goldner Töne
Voll, der entzückende Sonnenjüngling
Sein Abendlied auf himmlischer Leier spielt';
Es tönten rings die Wälder und Hügel nach...

§ 241   All's then God!
        The sacrifice is Brahm, the ghee and grain
        Are Brahm, the fire is Brahm, the flesh it eats
        Is Brahm, and unto Brahm attaineth he
        Who, in such office, méditâtes on Brahm.

§ 244   "Man liest in dem propheten Daniel am III c., dass nabuchodo-
        nosor der kunig zu babilon liess setzen III kind in ain gluenden
        ofen und da der kunig kam zu dem ofen und sach hinein da sach
        er bey den III den vierden der was gleich dem sun gotz. Die drey
        bedeuten uns die heiligen drivaltigkeit in den person und der vi-
        ert ainigkeit des wesen. Also Christus in seiner ercla-rung bezai-
        chet er die Drivaltigkeit der person und die ainigkeit des wesen".

§ 253   "De toutes les passions, celle qui est la plus inconnue à nous-mê-
        mes, c'est la paresse; elle est la plus ardente et la plus maligne de
        toutes, quoique sa violence soit insensible, et que les dommages
        qu'elle cause soient très-cachés. Si nous considérons attentive-
        ment son pouvoir, nous verrons qu'elle se rend en toutes rencon-
        tres maîtresse de nos sentiments, de nos intérêts et de nos plai-
        sirs: c'est la rémore qui a la force d'arrêter les plus grands vaissea-
        ux; c'est une bonace plus dangereuse aux plus importantes affai-
        res que les écueils et que les plus grandes tempêtes. Le repos de la
        paresse est un charme secret de l'âme qui suspend soudainement
        les plus ardentes poursuites et les plus opiniâtres résolutions;
        pour donner enfin la véritable idée de cette passion, il faut dire
        que la paresse est comme une béatitude de l'âme, qui la console
        de toutes ses pertes, et qui lui tient lieu de tous ses biens."

§ 268   Sie ist nun aller Noth entnommen,
        Ihr Schmerz und Seufzen ist dahin;
        Sie ist zur Freudenkrone kommen,
        Sie steht als Braut und Königinn
        Im Golde ew'ger Herrlichkeiten
        Dem grossen König an der Seiten;

        Sie sieht sein klares Angesicht;
        Sein freudenvoll, sein lieblich Wesen
        Macht sie nun durch und durch genesen;
        Sie ist ein Licht in seinem Licht.

Nun kann das Kind den Vater sehen,
Es fühlt den sanften Liebestrieb;
Nun kann es Jesu Wort verstehen:
Er selbst, der Vater hat dich lieb.

Ein unergründlich Meer des Guten,
Ein Abgrund ew'ger Segensfluten
Entdeckt sich dem verklärten Geist;
Er schauet Gott von Angesichte
Und weiss, was Gottes Erb' im Lichte
Und ein Miterbe Christi heisst.

Der matte Leib ruht in der Erden;
Er schläft, bis Jesus ihn erweckt.
Dann wird der Staub zur Sonne werden,
Den jetzt die finstre Gruft bedeckt;
Dann werden wir mit allen Frommen,
Wer weiss, wie bald, zusammenkommen
Und bei dem Herrn sein alle Zeit...

§ 269   Weil sie überwunden,
Die Krone nun vertraut.

§ 270   Schmückt meinen Sarg mit Kränzen,
Wie sonst ein Sieger prangt.
Aus jenen Himmelslenzen
Hat meine Seel' erlangt
Die ewig grüne Krone;
Die werthe Siegespracht,
Rührt her von Gottes Sohne:
Der hat mich so bedacht.

§ 299   Mephistopheles:
Ungern entdeck ich höheres Geheimnis. –
Göttinnen thronen hehr in Einsamkeit,
Um sie kein Ort, noch weniger eine Zeit;
Von ihnen sprechen ist Verlegenheit.
Die *Mütter* sind es!

...Göttinnen, ungehannt
Euch Sterblichen, von uns nicht gern genannt.
Nach ihrer Wohnung magst ins Tiefste schürfen;
Du selbst bist schuld, dass ihrer wir bedürfen.

Faust:
Wohin der Weg?

Mephistopheles:
Kein Weg! Ins Unbetretene,
Nicht zu Betretende! Ein Weg ans Unerbetene,
Nicht zu Erbittende. Bist du bereit?
Nicht Schlösser sind, nicht Riegel wegzuschieben,
Von Einsamkeiten wirst umhergetrieben:
Hast du Begriff von Öd und Einsamkeit?...

Und hättest du den Ozean durchschwommen,
Das Grenzenlose dort geschaut,
So sähst du dort doch Well auf Welle kommen,
Selbst wenn es dir vorm Untergange graut.
Du sähst doch etwas! sähst wohl in der Grüne
Gestillter Meere streichende Delphine,
Sähst Wolken ziehen, Sonne, Mond und Sterne –
Nichts wirst du sehn in ewig leerer Ferne,
Den Schritt nicht hören, den du tust,
Nichts Festes finden, wo du ruhst...

Hier diesen Schlüssel nimm...

Der Schlüssel wird die rechte Stelle wittern;
Folg ihm hinab: er führt dich zu den Müttern...

Versinke denn! Ich könnt auch sagen: steige!
's ist einerlei. Entfliehe dem Entstandenen,
In der Gebilde losgebundne Reiche!
Ergetze dich am längst nicht mehr Vorhandnen!
Wie Wolkenzüge schlingt sich das Getreibe,
Den Schlüssel schwinge, halte sie vom Leibe...

Ein glühnder Dreifuss tut dir endlich kund,
Du seist im tiefsten, allertiefsten Grund.
Bei seinem Schein wirst du die Mütter sehn:
Die einen sitzen, andre stehn und gehn,

Wie's eben kommt. Gestaltung, Umgestaltung
Des ewigen Sinnes ewige Unterhaltung.
Umschwebt von Bildern aller Kreatur,
Sie sehn dich nicht, denn Schemen sehn sie nur.
Da fass ein Herz, denn die Gefahr ist gross,
Und gehe grad auf jenen Dreifuss los,
Berühr ihn mit dem Schlüssel!

§ 319 In Lebensfluten, im Tatensturm
Wall ich auf und ab,
Webe hin und her!
Geburt und Grab, Ein ewiges Meer,
Ein wechselnd Weben,
Ein glühend Leben...

§ 331 Blicket auf zum Retterblick,
Alle reuig Zarten,
Euch zu seligem Geschick
Dankend umzuarten!
Werde jeder bessre Sinn
Dir zum Dienst erbötig!
Jungfrau, Mutter, Königin,
Göttin, bleibe gnädig!

§ 362 Queen Maya stood at noon, her days fulfilled,
Under a Palso in the Palace-grounds,
A stately trunk, straight as a temple-shaft,
With crown of glossy leaves and fragrant blooms;
And – knowing the time come – for all things knew –
The conscious tree bent down its bows to make
A bower about Queen Maya's majesty;
And Earth put forth a thousand sudden flowers
To spread a couch; while, ready for the bath,
The rock hard by gave out a limpid stream
Of crystal flow. So brought she forth her child...

§ 402 "[...] it is a fact not less remarkable than well attested, that
the Druids in their groves were accustomed to select the
most stately and beautiful tree as an emblem of the deity they
adored; and, having cut off the side branches, they affixed

two of the largest of them to the highest part of the trunk, in such a manner as that those branches, extended on each side like the arms of a man, together with the body, presented[...] the appearence of a huge cross (fig. 79); and on the bark, in various places, was actually inscribed the letter 'Thau'".

§ 416   Nicht hemmte dann den göttergleichen Lauf
       Der wilde Berg mit allen seinen Schluchten;
       Schon tut das Meer sich mit erwärmten Buchten
       Vor den erstaunten Augen auf.

§ 417   Ins hohe Meer werd ich hinausgewiesen,
       Die Spiegelflut erglänzt zu meinen Füssen,
       Zu neuen Ufern lockt ein neuer Tag.
       Ein Feuerwagen schwebt auf leichten Schwingen
       An mich heran! Ich fühle mich bereit,
       Auf neuer Bahn den Äther zu durchdringen
       Zu neuen Sphären reiner Tätigkeit.
       Dies hohe Leben, diese Götterwonne!...
       Vermesse dich, die Pforten aufzureissen,
       Vor denen jeder gern vorüberschleicht!
       Hier ist es Zeit, durch Taten zu beweisen,
       Dass Manneswürde nicht der Götterhöhe weicht,
       Vor jener dunkeln Höhle nicht zu beben,
       In der sich Phantasie zu eigner Qual verdammt,
       Nach jenem Durchgang hinzustreben,
       Um dessen engen Mund die ganze Hölle flammt,
       Zu diesem Schritt sich heiter zu entschliessen,
       Und wär es mit Gefahr, ins Nichts daninzufliessen.

§ 420   "Le personnage Chi-wan-to-pel surgit du midi, à cheval avec
       autour de lui une couverture aux vives couleurs, rouge, bleue et
       blanche. Un Indien, dans un costume de peau de daim à perles,
       et orné de plumes, s'avance en se blotissant et se prépare à tirer
       une flèche contre Chi-wan-to-pel. Celui-ci présente sa poitrine
       dans une attitude de défi, et l'Indien, fasciné à cette vue,
       s'esquive et disparaît dans la forêt."

§ 444   Hingestreckt, schaudernd,
       Halbtodtem gleich, dem man die Füsse wärmt –

Geschüttelt, ach! von unbekannten Fiebern,
Zitternd vor spitzen eisigen Frost-Pfeilen,
Von dir gejagt, Gedanke!
Unnennbarer! Verhüllter! Entsetzlicher!
Du Jäger hinter Wolken!
Darniedergeblitzt von dir,
Du höhnisch Auge, das mich aus Dunklem anblickt: – so lie-
ge ich,
Biege mich, winde mich, gequält
Von allen ewigen Martern,
Getroffen
Von dir, grausamster Jäger,
Du unbekannter – Gott!

Triff tiefer!
Triff Ein Mal noch!
Zerstich, zerbrich diess Herz!
Was soll diess Martern
Mit zähnestumpfen Pfeilen?
Was blickst du wieder,
Der Menschen-Qual nicht müde,
Mit schadenfrohen Götter-Blitz-Augen?
Nicht töten willst du,
Nur martern, martern?

§ 446   Oh Zarathustra,
grausamster Nimrod!
Jüngst Jäger noch Gottes,
das Fangnetz aller Tugend,
der Pfeil des Bösen!
Jetzt –
von dir selber erjagt,
deine eigene Beute,
in dich selber eingebohrt...

Jetzt –
einsam mit dir,
zwiesam im eignen Wissen,
zwischen hundert Spiegeln

vor dir selber falsch,
zwischen hundert Erinnerungen
ungewiss,
an jeder Wunde müd,
an jedem Froste kalt,
in eignen Stricken gewürgt,
Selbstkenner!
Selbsthenker!

Was bandest du dich
mit dem Strick deiner Weisheit?
Was locktest du dich
in's Paradies der alten Schlange?
Was schlichst du dich ein
in *dich* − in *dich?*...

§ 448   Es singt ein Lied, verloren und vergessen,
ein Heimatlied, ein Kinderliebeslied,
aus Märchenbrunnentiefen aufgeschöpft,
gekannt von jedem, dennoch unerhört.

§ 459   Was locktest du dich
in's Paradies der alten Schlange?
Was schlichst du dich ein
in dich − in dich?...

Ein Kranker nun,
der an Schlangengift krank ist;
ein Gefangner nun,
der das härteste Loos zog:
im eigenen Schachte
gebückt arbeitend,
in dich selber eingehöhlt,
dich selber angrabend,
unbehilflich,
steif,
ein Leichnam −,
von hundert Lasten übertürmt,
von dir überlastet,
ein *Wissender!*
ein *Selbsterkenner!*

der *weise* Zarathustra!...
Du suchtest die schwerste Last:
da fandest du dich –

§ 464 "Du bout de l'épine dorsale de ces continents, de l'ex-
trémité des basses terres, j'ai erré pendant une centaine de
lunes, après avoir abandonné le palais de mon père, toujours poursuivi par mon désir fou de trouver 'celle qui comprendra'. Avec des joyaux j'ai tenté beaucoup de belles,
avec des baisers j'ai essayé d'arracher le secret de leur cœur,
avec des actes de prouesse j'ai conquis leur admiration. (Il
passe en revue les femmes qu'il a connues): Chi-ta, la prin-
cesse de ma race... c'était une bécasse, vaniteuse comme un
paon, n'ayant autre chose en tête que bijoux et parfums.
Ta-nan, la jeune paysanne... bah, une pure truie, rien de plus
qu'un buste et un ventre, et ne songeant qu'au plaisir. Et puis
Ki-ma, la prêtresse, une vraie perruche, répétant les phrases
creuses apprises des prêtres; toute pour la montre, sans ins-
truction réelle ni sincérité, méfiante, poseuse et hypocrite!...
Hélas! Pas une qui me comprenne, pas une qui soit semblable
à moi ou qui ait une âme sœur de mon âme. Il n'en est pas
une, d'entre elles toutes, qui ait connu mon âme, pas une qui
ait pu lire ma pensée, loin de là; pas une capable de chercher
avec moi les sommets lumineux, ou d'épeler avec moi le mot
surhumain d'Amour!"

§ 471 "Man darf vermuthen, dass ein Geist, in dem der Typus 'freier Geist' einmal bis zur Vollkommenheit reif und süss werden soll, sein entscheidendes Ereigniss in einer *grossen Loslösung* gehabt hat, und dass er vorher um so mehr ein gebunde-
ner Geist war und für immer an seine Ecke und Säule gefes-
selt schien. Was bindet ihn am festesten? welche Stricke sind
beinahe unzerreissbar? Bei Menschen einer hohen und aus-
gesuchten Art werden es die Pflichten sein: jene Ehrfurcht,
wie sie der Jugend eignet, jene Scheu und Zartheit vor allem
Altverehrten und Würdigen, jene Dankbarkeit für den Boden, aus
dem sie wuchsen, für die Hand, die sie führte, für das Heiligthum,
wo sie anbeten lernten; – ihre höchsten Augenblicke selbst werden

sie am festesten binden, am dauerndsten verpflichten. Die grosse Loslösung kommt für solchermaassen Gebundene plötzlich...

'Lieber sterben als *hier* leben' – so klingt die gebieterische Stimme und Verführung: und diess 'hier', diess 'zu Hause' ist Alles, was sie (die Seele) bis dahin geliebt hatte! Ein plötzlicher Schrecken und Argwohn gegen Das, was sie liebte, ein Blitz von Verachtung gegen das, was ihr 'Pflicht' hiess, ein aufrührerisches willkürliches vulcanisch stossendes Verlangen nach Wanderschaft, Fremde, Entfremdung, Erkältung, Ernüchterung, Vereisung, ein Hass auf die Liebe, vielleicht ein tempelschänderischer Griff und Blick *rückwärts*, dorthin, wo sie bis dahin anbetete und liebte, vielleicht eine Gluth der Scham über das, was sie eben that, und ein Frohlocken zugleich, *dass* sie es tat, ein trunkenes inneres frohlockendes Schaudern, in dem sich ein Sieg verräth – ein Sieg? über was? über wen? ein räthselhafter, fragenreicher fragwürdiger Sieg, aber der *erste* Sieg immerhin: – dergleichen Schlimmes und Schmerzliches gehört zur Geschichte der grossen Loslösung. Sie ist eine Krankheit zugleich, die den Menschen zerstören kann, dieser erste Ausbruch von Kraft und Willen zur Selbstbestimmung..."

§ 472 "Die Einsamkeit umringt und umringt ihn, immer drohender, würgender, herzzuschnürender, jene furchtbare Göttin und *mater saeva cupidinum*".

§ 476 There he sang of Hiawatha,
Sang the song of Hiawatha,
Sang his wondrous birth and being,
How he prayed and how he fasted,
How he lived, and toiled, and suffered,
That the tribes of men might prosper,
That he might advance his people!

§ 477 "I will send a Prophet to you,
A Deliverer of the nations,
Who shall guide you and shall teach you,
Who shall toil and suffer with you.
If you listen to his counsels,
You will multiply and prosper;

If his warnings pass unheeded,
You will fade away and perish!"

§ 478 From his footprints flowed a river,
Leaped into the light of morning,
O'er the precipice plunging downward
Gleamed like Ishkoodah, the comet.

§ 479 "(The Cherubim) answered and said unto me: 'Seest thou that the water is under the feet of the Father? If the Father lifteth up His feet, the water riseth upwards; but if at the time when God is about to bring the water up, man sinneth against Him, He is wont to make the fruit of the earth to be little, because of the sins of men'" etc.

§ 482 With the heavy blow bewildered,
Rose the Great Bear of the mountains;
But his knees beneath him trembled,
And he whimpered like a woman.

§ 483 "Else you would not cry and whimper
Like a miserable woman!
But you, Bear! sit here and whimper,
And disgrace your tribe by crying,
Like a wretched Shaugodaya,
Like a cowardly old woman!"

§ 484 Every morning, gazing earthward,
Still the first thing he beheld there
Was her blue eyes looking at him,
Two blue lakes among the rushes.

§ 485 And he wooed her with caresses,
Wooed her with his smile of sunshine,
With his flattering words he wooed her,
With his sighing and his singing,
Gentlest whispers in the branches,
Softest music, sweetest odors...

§ 487 Es fällt ein Stern herunter
Aus seiner funkelnden Höh!
Das ist der Stern der Liebe,
Den ich dort fallen seh'!

Es fallen vom Apfelbaume
Der Blüten und Blätter viel.
Es kommen die neckenden Lüfte
Und treiben damit ihr Spiel.

§ 488   And the West-Wind came at evening –
Found the beautiful Wenonah,
Lying there among the lilies,
Wooed her with his words of sweetness,
Wooed her with his soft caresses,
Till she bore a son in sorrow,
Bore a son of love and sorrow.

§ 489   Und die mich trug im Mutterleib,
Und die mich schwang im Kissen,
Die war ein schön frech braunes Weib,
Wollte nichts vom Mannsvolk wissen.
Sie scherzte nur und lachte laut
Und liess die Freier stehen:
"Möcht'lieber sein des Windes Braut,
Denn in die Ehe gehen!"

Da kam der Wind, da nahm der Wind
Als Buhle sie gefangen:
Von dem hat sie ein lustig Kind
In ihrem Schoss empfangen.

§ 490   Maya the queen...
Dreamed a strange dream; dreamed that a star from heaven –
Splendid, six-rayed, in color rosy-pearl,
Whereof the token was an Elephant
Six-tusked, and white as milk of Kamadhuk –
Shot through the void; and, shining into her,
Entered her womb upon the right.

§ 491   With unknown freshness over lands and seas.

§ 498   By the shores of Gitche Gumee,
By the shining Big-Sea-Water,
Stood the wigwam of Nokomis,
Daughter of the Moon, Nokomis.

Dark behind it rose the forest,
Rose the black and gloomy pine-trees,
Rose the firs with cones upon them;
Bright before it beat the water,
Beat the clear and sunny water,
Beat the shining Big-Sea-Water.

§ 499 At the door on summer evenings
Sat the little Hiawatha;
Heard the whispering of the pine-trees,
Heard the lapping of the waters,
Sounds of music, words of wonder;
"Minne-wawa!" said the pine-tress,
"Mudway-aushka!" said the water.

§ 502 Dead he lay there in the forest,
By the ford across the river...

§ 511 Back retreated Mudjekeewis,
Rushing westward o'er the mountains,
Stumbling westward down the mountains,
Three whole days retreated fighting,
Still pursued by Hiawatha
To the doorways of the West-Wind,
To the portals of the Sunset,
To the earth's remotest border,
Where into the empty spaces
Sinks the sun, as a flamingo
Drops into her nest at nightfall...

§ 512 "I will share my kingdom with you,
Ruler shall you be thenceforward
Of the Northwest-Wind, Keewaydin,
Of the home-wind, the Keewaydin".

§ 513 And he named her from the river,
From the water-fall he named her,
Minnehaha, Laughing Water.

§ 517 Master of Life! he cried, desponding,
Must our lives depend on these things?

§ 520   And he saw a youth approaching,
        Dressed in garments green and yellow,
        Coming through the purple twilight,
        Through the splendor of the sunset;
        Plumes of green bent o'er his forehead,
        And his hair was soft and golden.

§ 521   "From the Master of Life descending,
        I, the friend of man, Mondamin,
        Come to warn you and instruct you,
        How by struggle and by labor
        You shall gain what you have prayed for.
        Rise up from your bed of branches,
        Rise, O youth, and wrestle with me!"

§ 522   Faint with famine, Hiawatha
        Started from his bed of branches,
        From the twilight of his wigwam
        Forth into the flush of sunset
        Came, and wrestled with Mondamin;
        At his touch he felt new courage
        Throbbing in his brain and bosom,
        Felt new life and hope and vigor
        Run through every nerve and fibre.

§ 534   Die Sach' ist dein, Herr Jesu Christ,
        Die Sach', an der wir stehn,
        Und weil es deine Sache ist,
        Kann sie nicht untergehn.
        Allein das Weizenkorn, bevor
        Es fruchtbar sprosst zum Licht empor,
        Muss sterben in der Erde Schooss,
        Zuvor vom eignen Wesen los...

        Du gingst, o Jesu, unser Haupt,
        Durch Leiden himmelan
        Und führest Jeden, der da glaubt,
        Mit dir die gleiche Bahn.
        Wohlan, so nimm uns allzugleich
        Zum Theil am Leiden und am Reich;

Führ' uns durch deines Todes Thor
Sammt deiner Sach' zum Licht empor...

§ 537 In his wrath he darted upward,
Flashing leaped into the sunshine,
Opened his great jaws, and swallowed
Both canoe and Hiawatha.

Down into that darksome cavern
Plunged the headlong Hiawatha,
As a log on some black river
Shoots and plunges down the rapids,
Found himself in utter darkness,
Groped about in helpless wonder,
Till he felt a great heart beating,
Throbbing in that utter darkness.

And he smote it in his anger,
With his fist, the heart of Nahma,
Felt the mighty King of Fishes
Shudder through each nerve and fibre...
Crosswise then did Hiawatha
Drag his birch-canoe for safety,
Lest from out the jaws of Nahma,
In the turmoil and confusion,
Forth he might be hurled and perish.

§ 540 Yonder dwells the great Pearl-Feather,
Megissogwon, the Magician,
Manito of Wealth and Wampum,
Guarded by his fiery serpents,
Guarded by the black pitch-water.
You can see his fiery serpents,
The Kenabeek, the great serpents,
Coiling, playing in the water...

§ 541 All night long he sailed upon it,
Sailed upon that sluggish water,
Covered with its mould of ages,
Black with rotting water-rushes,
Rank with flags and leaves of lilies,

Stagnant, lifeless, dreary, dismal,
Ligthed by the shimmering moonlight,
And by will-o'-the-wisps illumined,
Fires by ghosts of dead men kindled,
In their weary night-encampments.

§ 544 Paused to rest beneath a pine-tree,
From whose branches trailed the mosses,
And whose trunk was coated over
With the Dead-man's Moccasin-leather,
With the fungus white and yellow.

§ 545 "Of all the trees in India there is none more sacred to the Hindus than the... Aswatha (Ficus religiosa). It is known to them as Vriksha Raja (king of trees). Brahma, Vishnu and Maheswar live in it, and the worship of it is the worship of the Triad. Almost every Indian village has an Aswatha" etc.

§ 546 Suddenly from the boughs above him
Sang the Mama, the woodpecker:
"Aim your arrows, Hiawatha,
At the head of Megissogwon,
Strike the tuft of hair upon it,
At their roots the long black tresses;
There alone can he be wounded!"

§ 547 On the shore he left the body,
Half on land and half in water,
In the sand his feet were buried,
And his face was in the water.

§ 549 Gitche Manito the Mighty,
He, the Master of Life, was painted
As an egg, with points projecting
To the four winds of the heavens.
Everywhere is the Great Spirit,
Was the meaning of this symbol.

§ 550 Gitche Manito the Mighty,
He the dreadful Spirit of Evil,

As a serpent was depicted,
As Kenabeek, the great serpent.

§ 552 "I am going, O Nokomis,
On a long and distant journey,
To the portals of the Sunset,
To the regions of the home-wind,
Of the Northwest-Wind, Keewaydin."

One long track and trail of splendor,
Down whose stream, as down a river,
Westward, westward Hiawatha
Sailed into the fiery sunset,
Sailed into the purple vapors,
Sailed into the dusk of evening.

Thus departed Hiawatha,
Hiawatha the Beloved,
In the glory of the sunset,
In the purple mists of evening,
To the regions of the home-wind,
Of the Northwest-Wind, Keewaydin,
To the Islands of the Blessed,
To the Kingdom of Ponemah,
To the land of the Hereafter!

§ 555 Fort denn, eile
Nach Osten gewandt!...
Den hehrsten Helden der Welt
Hegst du, o Weib,
Im schirmenden Schoss!

§ 559 Brünhilde:
Zu Wotans Willen sprichst du,
Sagst du mir, was du willst.
Wer – bin ich,
Wär' ich dein Wille nicht?

Wotan:
– Mit mir nur rat ich,
Red' ich mit mir...

§ 564   Keine wie sie
Kannte mein innerstes Sinnen;
Keine wie sie
Wusste den Quell meines Willens;
Sie selbst war
Meines Wunsches schaffender Schoss;
Und so nun brach sie
Den seligen Bund! –

§ 567[112] Durch brennendes Feuer
fuhr ich zu dir;
nicht Brünne noch Panzer
barg meinen Leib:
nun brach die Lohe
mir in die Brust;
es braust mein Blut
in blühender Brunst;
ein zehrendes Feuer
ist mir entzündet.

§ 567   Siegfried:
Fort mit dem Alp!
Ich mag ihn nicht mehr seh'n.
Aber wie sah meine Mutter wohl aus?
Das kann ich nun gar nicht mir denken! –
Der Rehhindin gleich
Glänzten gewiss
Ihr hellschimmernde Augen.

§ 568   Siegfried:
Du holdes Vöglein!
Dich hört ich wohl nie;
Bist du im Wald hier daheim? –
Verstünd ich sein süsses Stammeln!
Gewiss sagt es mir was –
Vielleicht – von der lieben Mutter?

§ 581 "In denen Hurenhäusern ist die Gemeinschaft der Teufel. Alles, was sie da opfern, das haben sie den Teufeln geopfert und nicht Gott; da haben sie der Teufel Kelch und der Teufel Tisch, da haben sie am Kopfe der Schlangen gesogen, da haben sie sich mit dem gottlosen Brot genährt und den Wein des Frevels getrunken."

§ 582 "Mit schwarzen Haaren und gar lieblich und schön von Angesicht, und jedermann hört dich gern wegender holdseligen Reden, die aus deinem Munde gehen; darum lieben dich die Mägde."

§ 583 "Ihr Narren und Blinde sehet, Gott hat den Menschen zu seinem Bilde geschaffen als ein Männlein und Fräulein und hat sie gesegnet und gesprochen: Seid fruchtbar und mehret euch und füllet die Erde und macht sie euch untertan. Dazu hat er den dürftigen Gliedern am meisten Ehre gegeben und hat sie nakkend in den Garten gesetzt" usw.

"Nun sind die Feigenblätter und die Decke abgetan, weil ihr euch zum Herrn bekehrt habt, denn der Herr ist der Geist, und wo der Geist des Herrn ist, da ist Freiheit, da spiegelt sich des Herrn Klarheit mit aufgedecktem Angesicht. Das ist köstlich vor Gott und ist die Herrlichkeit des Herrn und der Schmuck unseres Gottes, wenn ihr in Gottes Bild und Ehre stehet, wie euch Gott geschaffen hat, nackend und euch nicht schämet".

"Wer will den Söhnen und Töchtern des lebendigen Gottes die Glieder des Leibes, die zum Gebären gesetzt sind, nach Würde loben können?"

"In dem Schoss der Töchter Jerusalems, da ist das Tor des Herrn, die Gerechten werden da hineingehen in den Tempel, zu dem Altar. Und in dem Schoss der Söhne des lebendigen Gottes ist die Wasserröhre des oberen Teiles, das ist ein Rohr, einem Stecken gleich, den Tempel und den Altar zu messen. Und unter der Wasserröhre sind die heiligen Steine aufgerichtet, zum Zeichen und Zeugen des Herrn, der den Samen Abrahams an sich genommen hat."

"Durch den Samen in der Mutterkammer schafft Gott mit seiner Hand einen Menschen, ihm zum Bilde. Da wird den Töchtern des lebendigen Gottes ihr Mutterhaus und ihre Mutterkammer geöffnet und Gott selbst gebiert durch sie das Kind. Also tut Gott aus denen Steinen Kinder erwecken, denn aus den Steinen kommt der Samen."

§ 585 "Und, wahrlich, was ich sah, desgleichen sah ich nie. Einen jungen Hirten sah ich, sich windend, würgend, zuckend, verzerrten Antlitzes, dem eine schwarze, schwere Schlange aus dem Mund hieng.

Sah ich je so viel Ekel und bleiches Grauen auf Einem Antlitze? Er hatte wohl geschlafen? Da kroch ihm die Schlange in den Schlund – da biss sie sich fest.

Meine Hand riss die Schlange und riss: – umsonst!... 'Den Kopf ab! Beiss zu!' – so schrie es aus mir, mein Grauen, mein Hass, mein Ekel, mein Erbarmen, all mein Gutes und Schlimmes schrie mit Einem Schrei aus mir.

Ihr Kühnen um mich... So rathet mir doch das Räthsel, das ich damals schaute, so deutet mir doch das Gesicht des Einsamsten!

Denn ein Gesicht war's und ein Vorhersehn: – was sah ich damals im Gleichnisse? Und wer ist, der einst noch kommen muss?

Wer ist der Hirt, dem also die Schlange in den Schlund kroch? Wer ist der Mensch, dem also alles Schwerste, Schwärzeste in den Schlund kriechen wird?

– Der Hirt aber biss, wie mein Schrei ihm rieth; er biss mit gutem Bisse! Weit weg spie er den Kopf der Schlange: – und sprang empor. –

Nicht mehr Hirt, nicht mehr Mensch – ein Verwandelter, ein Umleuchteter, welcher lachte! Niemals noch auf Erden lachte je ein Mensch wie er lachte!

Oh meine Brüder, ich hörte ein Lachen, das keines Menschen Lachen war – und nun frisst ein Durst an mir, eine Sehnsucht, die nimmer stille wird.

Meine Sehnsucht nach diesem Lachen frisst an mir: oh, wie ertrage ich noch zu leben! Und wie ertrüge ich's, jetzt zu sterben!"

§ 591 Ihr folget falscher Spur
Denkt nicht, wir scherzen!
Ist nicht der Kern der Natur
Menschen im Herzen?

§ 592 Wie lange sitzest du schon auf deinem Missgeschick
       Gieb Acht! Du brütest mir noch
       ein Ei
       ein Basilisken-Ei
       aus deinem langen Jammer aus.

§ 594 "When a king of Uganda wished to live for ever, he went to a pla-
       ce in Busiro, where a feast was given by the chiefs. At the feast the
       Mamba clan was especially held in honour, and during the festivi-
       ties a member of that clan was secretly chosen by his fellows, ca-
       ught by them, and beaten to death with their fists; no stick or ot-
       her weapon might be used by the men appointed to do the deed.
       After death the victim's body was flayed and the skin made into a
       special whip [...] After the ceremony of the feast in Busiro, with its
       strange sacrifice, the king of Uganda was supposed to live for ever,
       but from that day he was never allowed to see his mother again."

§ 597 Da sitze ich nun...
       nämlich hinabgeschluckt
       von dieser kleinsten Oasis
       – sie sperrte gerade gähnend
       ihr liebliches Maul auf...
       Heil, Heil jenem Wallfische,
       wenn er also es seinem Gaste
       wohlsein liess!...

       Heil seinem Bauche,
       wenn es also
       ein so lieblicher Oasis-Bauch war...

       Die Wüste wächst: weh dem, der Wüsten birgt!
       Stein knirscht an Stein, die Wüste schlingt und würgt.
       Der ungeheure Tod blickt glühend braun
       Und *kaut* – sein Leben ist sein Kaun...
       Vergiss nicht, Mensch, den Wollust ausgeloht:
       Du – bist der Stein, die Wüste, bist der Tod...

§ 598 Wanderer:
       Urwissend
       Stachest du einst
       der Sorge Stachel

in Wotans wagendes Herz:
Mit Furcht vor schmachvoll
Feindlichem Ende
Füllt ihn dein Wissen,
das Bangen band seinen Mut.
Bist du der Welt weisestes Weib
Sage mir nun:
Wie besiegt die Sorge der Gott?

Erda:

Du bist – nicht
Was du dich nennst!

§ 599 Um der Götter Ende
Grämt mich die Angst nicht,
Seit mein Wunsch es – will!

Dem wonnigsten Wälsung
Weis ich mein Erbe nun an.

Dem ewig Jungen
Weicht in Wonne der Gott. –

§ 601 "Meinen Tod lobe ich euch, den freien Tod, der mir kommt,
weil ich will.
Und wann werde ich wollen? –
Wer ein Ziel hat und einen Erben, der will den Tod zur rech-
ten Zeit für Ziel und Erben."

§ 602 Mir schwankt und schwindelt der Sinn! –
Wen ruf ich zum Heil,
Dass er mir helfe? –
Mutter! Mutter!
Gedenke mein! –
Ist dies das Fürchten? –
O Mutter, Mutter!
Dein mutiges Kind!
Im Schlaf liegt eine Frau: –
Die hat ihn das Fürchten gelehrt! –
Erwache! erwache!
Heiliges Weib! –

So saug ich mir Leben
Aus süssesten Lippen –
Sollt ich auch sterbend vergehn!

§ 603 O Heil der Mutter
Die mich gebar...

§ 604 O wüsstest du, Lust der Welt,
Wie ich dich je geliebt!
Du warst mein Sinnen,
Mein Sorgen du!
Dich Zarten nährt ich
Noch eh' du gezeugt,
Noch eh' du geboren
Barg dich mein Schild.

§ 605 So starb nicht meine Mutter?
Schlief die Minnige nur?

§ 606 Du selbst bin ich,
Wenn du mich Selige liebst.

§ 607 O Siegfried, Siegfried!
Siegendes Licht!
Dich lieb ich immer;
Denn mir allein
Erdünkte Wotans Gedanke.
Der Gedanke, den ich nie
Nennen durfte,
Den ich nicht dachte,
Sondern nur fühlte;
Für den ich focht,
Kämpfte und stritt;
Für den ich trotzte
Dem, der ihn dachte,
Und nur empfand! –
Dürftest du's lösen! –
Mir war er nur Liebe zu director

§ 608   Siegfried:

Ein herrlich Gewässer
Wogt vor mir;
Mit allen Sinnen
Seh ich nur sie,
Die wonnig wogende Welle:
Brach sie mein Bild,
So brenn ich nun selbst,
Sengende Glut
In der Flut zu kühlen
Ich selbst, wie ich bin
Springe in den Bach: −
O dass seine Wogen
Mich selig verschlängen...

§ 609   Fürchtest du, Siegfried,
Fürchtest du nicht
Das wild wütende Weib?

§ 610   Lachend lass uns verderben −
Lachend zugrunde geh'n!

§ 611   Leuchtende Liebe,
Lachender Tod!

§ 613   "'Dans ce monde entier, il n'y en a pas une seule! J'ai cherché
dans cent tribus. J'ai vieilli de cent lunes depuis que j'ai com-
mencé. Est-ce qu'il n'y en aura jamais une qui connaîtra mon
âme? − Oui, par le Dieu souverain, oui! − Mais dix mille lunes
croîtront et décroîtront avant que naisse son âme pure. Et c'est
d'un autre monde que ses pères arriveront à celui-ci. Elle aura la
peau pâle et pâles les cheveux. Elle connaîtra la douleur avant
même que sa mère l'ait enfantée. La souffrance l'accompagnera;
elle aussi cherchera − et ne trouvera personne qui la comprenne. Bien des prétendents voudront lui faire la cour, mais il n'y
en aura pas un qui saura la comprendre. La tentation souvent
assaillira son âme − mais elle ne faiblira pas... Dans ses rêves, je vi-
endrai à elle, et elle comprendra. J'ai conservé mon corps inviolé.
Je suis venu dix mille lunes avant sont époque et elle viendra dix
mille lunes trop tard. Mais elle comprendra! Ce n'est qu'une fois,

toutes les dix mille lunes qu'il naît une âme comme celle-là!'
(Une lacune). – Une vipère verte sort des broussailles, se glisse
vers lui et le pique au bras, puis s'attaque au cheval, qui succom-
be le premier. Alors Chi-wan-to-pel au cheval: 'Adieu, frère fidè-
le! Entre dans ton repos! Je t'ai aimé et tu m'as bien servi. Adieu,
je te rejoins bientôt!' Puis au serpent: 'Merci, petite sœur, tu as
mis fin à mes pérégrinations!' – Puis il crie de douleur et clame sa
prière: 'O Dieu souverain, prends-moi bientôt! J'ai cherché à te
connaître et à garder ta loi! Oh! ne permets pas que mon corps
tombe dans la pourriture et la puanteur, et serve de pâture aux
aigles!' Un volcan fumant s'aperçoit à distance, on entend le
grondement d'un tremblement de terre, suivi par un glissement
de terrain. Chi-wan-to-pel s'écrie dans le délire de la souffrance,
tandis que la terre recouvre son corps: 'J'ai conservé mon corps inviolé. – Ah! elle comprendra! – Ja-ni-wa-ma, Ja-ni-wa-ma, toi, tu
me comprends!'"

§ 618   *An eine Rose*

Ewig trägt im Mutterschosse,
Süsse Königin der Flur,
Dich und mich die stille, grosse,
Allbelebende Natur.
Röschen! unser Schmuck veraltet,
Sturm entblättert dich und mich,
Doch der ew'ge Keim entfaltet
Bald zu neuer Blüte sich.

§ 619   Schicksallos, wie der schlafende
Säugling, atmen die Himmlischen;
Keusch bewahrt in bescheidener Knospe,
Blühet ewig ihnen der Geist,
Und die seligen Augen
Blicken in stiller
Ewiger Klarheit.

§ 620   *Der Mensch*

Kaum sprossten aus den Wassern, o Erde, dir
Der jungen Berge Gipfel, und dufteten,

Lustatmend, immergrüner Haine
Voll, in des Ozeans grauer Wildnis

Die ersten holden Inseln; und freudig sah
Des Sonnengottes Auge die Neulinge,
Die Pflanzen, seiner ew'gen Jugend
Lächelnde Kinder, aus dir geboren:

Da auf der Inseln schönster, wo immerhin
Den Hain in zarter Ruhe die Luft umfloss,
Lag unter Trauben einst, nach lauer
Nacht, in der dämmernden Morgenstunde

Geboren, Mutter Erde, dein schönstes Kind;
Und auf zum Vater Helios sieht bekannt
Der Knab' und wacht und wählt, die süsse
Beere versuchend, die heil'ge Rebe

Zur Amme sich. Und bald ist er gross; ihn scheun
Die Tiere, denn ein anderer ist, wie sie,
Der Mensch; nicht dir und nicht dem Vater
Gleicht er, denn kühn ist in ihm und einzig

Des Vaters hohe Seele mit deiner Lust,
O Erd'! und deiner Trauer von je vereint;
Der Göttermutter, der Natur, der
Allesumfassenden möcht' er gleichen!

Ach! darum treibt ihn, Erde! vom Herzen dir
Sein Übermut, und deine Geschenke sind
Umsonst, und deine zarten Bande;
Sucht er ein Besseres doch, der Wilde!

Von seines Ufers duftender Wiese muss
Ins blütenlose Wasser hinaus der Mensch,
Und glänzt auch, wie die Sternennacht, von
Goldenen Früchten sein Hain, doch gräbt er

Sich Höhlen in den Bergen und späht im Schacht,
Von seines Vaters heiterem Lichte fern,
Dem Sonnengott auch ungetreu, der
Knechte nicht liebt und der Sorge spottet.

Denn freier atmen Vögel des Walds, wenn schon
Des Menschen Brust sich herrlicher hebt, und der

Die dunkle Zukunft sieht, er muss auch
Sehen den Tod und allein ihn fürchten.

Und Waffen wider alle, die atmen, trägt
In ewigbangem Stolze der Mensch; im Zwist
Verzehrt er sich, und seines Friedens
Blume, die zärtliche, blüht nicht lange.

Ist er von allen Lebensgenossen nicht
Der seligste? Doch tiefer und reissender
Ergreift das Schicksal, allausgleichend,
Auch die entzündbare Brust dem Starken.

§ 624   *An die Natur*

Da ich noch um deinen Schleier spielte,
Noch an dir wie eine Blüte hing,
Noch dein Herz in jedem Laute fühlte,
Der mein zärtlich bebend Herz umfing,
Da ich noch mit Glauben und mit Sehnen
Reich, wie du, vor deinem Bilde stand,
Eine Stelle noch für meine Tränen,
Eine Welt für meine Liebe fand;

Da zur Sonne noch mein Herz sich wandte,
Als vernähme seine Töne sie,
Und die Sterne seine Brüder nannte,
Und den Frühling Gottes Melodie,
Da im Hauche, der den Hain bewegte,
Noch dein Geist, dein Geist der Freude sich
In des Herzens stiller Welle regte:
Da umfingen goldne Tage mich.

Wenn im Tale, wo der Quell mich kühlte,
Wo der jugendlichen Sträuche Grün
Um die stillen Felsenwände spielte
Und der Äther durch die Zweige schien,
Wenn ich da, von Blüten übergossen,
Still und trunken ihren Odem trank,
Und zu mir, von Licht und Glanz umflossen,
Aus den Höhn die goldne Wolke sank...

Oft verlor ich da mit trunknen Tränen
Liebend, wie nach langer Irre sich
In den Ozean die Ströme sehnen,
Schöne Welt! in deiner Fülle mich;
Ach! da stürzt' ich mit den Wesen allen
Freudig aus der Einsamkeit der Zeit,
Wie ein Pilger in des Vaters Hallen,
In die Arme der Unendlichkeit. –

Seid gesegnet, goldne Kinderträume,
Ihr verbargt des Lebens Armut mir,
Ihr erzogt des Herzens gute Keime,
Was ich nie erringe, schenktet ihr!
O Natur! an deiner Schönheit Lichte,
Ohne Müh' und Zwang, entfalteten
Sich der Liebe königliche Früchte,
Wie die Ernten in Arkadien.

Tot ist nun, die mich erzog und stillte,
Tot ist nun, die jugendliche Welt,
Diese Brust, die einst ein Himmel füllte,
Tot und dürftig wie ein Stoppelfeld;
Ach! es singt der Frühling meinen Sorgen
Noch, wie einst, ein freundlich tröstend Lied,
Aber hin ist meines Lebens Morgen,
Meines Herzens Frühling ist verblüht.

Ewig muss die liebste Liebe darben,
Was wir lieben, ist ein Schatten nur,
Da der Jugend goldne Träume starben,
Starb für mich die freundliche Natur;
Das erfuhrst du nicht in frohen Tagen,
Dass so ferne dir die Heimat liegt,
Armes Herz, du wirst sie nie erfragen,
Wenn dir nicht ein Traum von ihr genügt.

Palinodie

Was dämmert um mich, Erde, dein freundlich Grün?
Was wehst du wieder, Lüftchen, wie einst, mich an?

In allen Wipfeln rauscht's...
....

Was weckt ihr mir die Seele? was regt ihr mir
Vergangnes auf, ihr Guten? o schonet mein
Und lasst sie ruhn, die Asche meiner
Freuden, ihr spottet nur; o wandelt,

Ihr schicksallosen Götter, vorbei und blüht
In eurer Jugend über den Alternden,
Und wollt ihr zu den Sterblichen euch
Gerne gesellen, so blühn der Jungfraun

Euch viel, der jungen Helden, und schöner spielt
Der Morgen um die Wangen der Glücklichen,
Und lieblich tönen...
Euch die Gesänge der Mühelosen.

Ach! vormals rauschte leicht des Gesanges Well'
Auch mir vom Busen, da noch die Freude mir,
Die himmlische vom Auge glänzte...

§ 625 *Empedokles*

Das Leben suchst du, suchst, und es quillt und glänzt
Ein göttlich Feuer tief aus der Erde dir,
Und du in schauderndem Verlangen
Wirfst dich hinab in des Ätna Flammen.

So schmelzt' im Weine Perlen der Übermut
Der Königin; und mochte sie! Hättest du
Nur deinen Reichtum nicht, o Dichter,
Hin in den gärenden Kelch geopfert!

Doch heilig bist du mir, wie der Erde Macht,
Die dich hinwegnahm, kühner Getöteter!
Und folgen möcht' ich in die Tiefe,
Hielte die Liebe mich nicht, dem Helden.

§ 627 *Nachruf*

Wohl geh' ich täglich andere Pfade, bald
Ins Grün im Walde, bald zu der Quelle Bad,
Zum Felsen, wo die Rosen blühen,
Blicke vom Hügel ins Land; doch nirgend,

Du Holde, nirgend find' ich im Lichte dich,
Und in die Lüfte schwinden die Worte mir,
Die frommen, die bei dir ich ehmals

....

Ja, ferne bist du, seliges Angesicht!
Und deines Lebens Wohllaut verhallt vor mir,
Nicht mehr belauscht, und ach! wo seid ihr
Zaubergesänge, die einst das Herz mir

Besänftiget mit Ruhe der Himmlischen?
Wie lang' ist's! o wie lange! der Jüngling ist
Gealtert, selbst die Erde, die mir
Damals gelächelt, ist anders worden.

O lebe wohl! es scheidet und kehrt zu dir
Die Seele jeden Tag, und es weint um dich
Das Auge, dass es heller wieder
Dort, wo du säumest, hinüberblicke.

§ 628   *Achill*

Herrlicher Göttersohn! da du die Geliebte verloren,
Gingst du ans Meergestad, weintest hinaus in die Flut,
Weheklagend hinab verlangt' in den heiligen Abgrund,
In die Stille dein Herz, wo, von der Schiffe Gelärm
Fern, tief unter den Wogen, in friedlicher Grotte die schöne
Thetis wohnt', die dich schützte, die Göttin des Meers.
Mutter war dem Jünglinge sie, die mächtige Göttin,
Hatte den Knaben einst liebend am Felsengestad
Seiner Insel gesäugt, mit dem kräftigen Liede der Welle
Und im stärkenden Bad ihn zum Heroen gemacht.
Und die Mutter vernahm die Wehklage des Jünglings,
Stieg vom Grunde der See trauernd, wie Wölkchen, herauf,
Stillte mit zärtlichem Umfangen die Schmerzen des
        Lieblings,
Und er hörte, wie sie schmeichelnd zu helfen versprach.
Göttersohn! o wär' ich, wie du, so könnt' ich vertraulich
Einem der Himmlischen klagen mein heimliches Leid.
Sehen soll ich es nicht, soll tragen die Schmach,
        als gehört' ich

Nimmer zu ihr, die doch meiner mit Tränen gedenkt.
Gute Götter! doch hört ihr jegliches Flehen der
    Menschen,
Ach! und innig und fromm liebt' ich dich, heiliges Licht,
Seit ich lebe, dich Erd' und deine Quellen und Wälder,
Vater Äther und dich fühlte zu sehnend und rein
Dieses Herz – o sänftiget mir, ihr Guten, mein Leiden,
Dass die Seele mir nicht früh, ach! zu frühe verstummt,
Dass ich lebe und euch, ihr hohen himmlischen Mächte,
Noch am fliehenden Tag danke mit frommem Gesang,
Danke für voriges Gut, für Freuden vergangener Jugend,
Und dann nehmet zu euch gutig den Einsamen auf.

§ 630 Nah ist
    Und schwer zu fassen der Gott.
    Wo aber Gefahr ist, wächst
    Das Rettende auch.

§ 632 Im Finstern wohnen
    Die Adler, und furchtlos gehn
    Die Söhne der Alpen über den Abgrund weg
    Auf leicht gebaueten Brücken.

§ 633 Drum, da gehäuft sind rings
    Die Gipfel der Zeit
    Und die Liebsten nah wohnen, ermattend auf
    Getrenntesten Bergen,
    So gib unschuldig Wasser,
    O Fittiche gib uns, treuesten Sinns
    Hinüber zu gehn und wiederzukehren!

§ 634 So sprach ich, da entführte
    Mich schneller, denn ich vermutet,
    Und weit, wohin ich nimmer
    Zu kommen gedacht, ein Genius mich
    Vom eigenen Haus. Es dämmerten
    Im Zwielicht, da ich ging,
    Der schattige Wald
    Und die sehnsüchtigen Bäche
    Der Heimat; nimmer kannt ich die Länder...

§ 635   "Oh, wie sollte ich nicht nach der Ewigkeit brünstig sein und nach
        dem hochzeitlichen Ring der Ringe, – dem Ring der Wiederkunft!
        Nie noch fand ich das Weib, von dem ich Kinder mochte, es sei
        denn dieses Weib, das ich liebe: denn ich liebe dich, oh Ewigkeit."

§ 636   Doch bald, in frischem Glanze,
        Geheimnisvoll
        Im goldenen Rauche, blühte,
        Schnell aufgewachsen
        Mit Schritten der Sonne,
        Mit tausend Gipfeln duftend,

        Mir Asia auf, und geblendet sucht
        Ich eines, das ich kennete, denn ungewohnt
        War ich der breiten Gassen, wo herab
        Vom Tmolus fährt
        Der goldgeschmückte Paktol
        Und Taurus stehet und Messogis,
        Und voll von Blumen der Garten,
        Ein stilles Feuer; aber im Lichte
        Blüht hoch der silberne Schnee;
        Und Zeug' unsterblichen Lebens,
        An unzugangbaren Wänden
        Uralt der Epheu wächst, und getragen sind
        Von lebenden Säulen, Zedern und Lorbeern,
        Die feierlichen,
        Die göttlichgebauten Paläste.

§ 637   Da, beim Geheimnisse des Weinstocks, sie
        Zusammensassen, zu der Stunde des Gastmahls,
        Und in der grossen Seele ruhig ahnend den Tod
        Aussprach der Herr, und die letzte Liebe...

        ... Drauf starb er. Vieles wäre
        Zu sagen davon. Und es sahn ihn, wie er siegend blickte,
        Den Freudigsten, die Freunde noch zuletzt...

        Drum sandt er ihnen
        Den Geist, und freilich bebte
        Das Haus und die Wetter Gottes rollten
        Ferndonnernd über

Die ahnenden Häupter, da, schwersinnend.
Versammelt waren die Todeshelden,
Itzt, da er scheidend
Noch einmal ihnen erschien.
Denn itzt erlosch der Sonne Tag,
Der königliche, und zerbrach
Den geradestrahlenden,
Den Zepter, göttlichleidend, von selbst,
Denn wiederkommen sollt er
Zu rechter Zeit...

§ 639 Von nun an,
Zu wohnen in liebender Nacht und bewahren
In einfältigen Augen unverwandt
Abgründe der Weisheit.

§ 640 Und nicht ein Übel ists, wenn einiges
Verloren gehet und von der Rede
Verhallet der lebendige Laut,
Denn göttliches Werk auch gleicht dem unsern.
Nicht alles will der Höchste zumal.
Zwar Eisen träget der Schacht
Und glühende Harze der Ätna,
So hätt ich Reichtum,
Ein Bild zu bilden und ähnlich
Zu schauen, wie er gewesen, den Geist.

§ 641 Er auf, die noch gefangen nicht
Vom Rohen sind...

Und wenn die Himmlischen jetzt
So, wie ich glaube, mich lieben...

Am donnernden Himmel. Und einer stehet darunter
Sein Leben lang. Denn noch lebt Christus.

§ 642 Entreisst das Herz uns eine Gewalt.
Denn Opfer will der Himmlischen jedes.

§ 666 "Ce visage, tel qu'on peut l'observer dans les meilleures répliques, est celui d'un jeune homme d'une beauté presque féminine; une abondante chevelure bouclée qui se dresse sur le

front, l'entoure comme d'une auréole; la tête est légère-
ment penchée en arrière de façon que le regard se dirige
vers le ciel, et la contraction des sourcils et des lèvres
donne à la physionomie une étrange expression de douleur".

§ 682   Je fais souvent ce rêve étrange et pénétrant
        D'une femme inconnue, et que j'aime, et qui m'aime,
        Et qui n'est, chaque fois, ni tout à fait la même
        Ni tout à fait une autre, et m'aime et me comprend.

        Car elle me comprend, et mon cœur, transparent
        Pour elle seule, hélas! cesse d'être un problème
        Pour elle seule, et les moiteurs de mon front blême,
        Elle seule les sait rafraîchir, en pleurant.

        Est-elle brune, blonde ou rousse? – Je l'ignore.
        Son nom? Je me souviens qu'il est doux et sonore
        Comme ceux des aimés que la Vie exila.

        Son regard est pareil au regard des statues,
        Et, pour sa voix lointaine, et calme, et grave, elle a
        L'inflexion des voix chères qui se sont tues.

Miss Frank Miller
(Pseudônimo), de Nova York:
Fenômenos de sugestão passageira ou autossugestão momentânea.

(Texto completo, traduzido, como foi publicado por Théodore
Flournoy sob o título "Quelques faits d'imagination créatrice subconsciente", com uma introdução, nos *Archives de Psychologie*, 5, p.
36-51, Genebra 1906.

I

Denomino assim, por falta de expressão melhor, um fenômeno
estranho que observei em mim mesma e que se manifesta sob diferentes formas. Consiste no fato de, em determinadas épocas e por apenas
alguns instantes, impressões e sensações de outros me ocorrerem tão

vivamente como se fossem minhas próprias, embora eu saiba, quando a sugestão passou, que este não foi o caso. Eis alguns exemplos:

1. Eu adoro caviar, cujo cheiro e gosto, no entanto, desagradam muito a alguns membros de minha família. Se um deles, no momento em que começo a comer, demonstra sua aversão, esta aversão me invade tão intensa e imediatamente, que durante alguns instantes sinto absoluta repugnância pelo alimento. Mas não são necessários mais de um momento e um esforço de minha parte para vencer esta impressão e degustar o caviar com todo o prazer de sempre.

2. Ao contrário, vai aqui um exemplo da transmissão de uma impressão agradável. Existem substâncias aromáticas e essências que, por seu odor intenso, me desagradam e me fazem sentir mal. Quando uma senhora cheira sua água de colônia e louva sua concentração e seu perfume delicioso, compartilho por um instante – provavelmente não mais de três a cinco segundos – o seu prazer, para logo em seguida voltar a sentir meu desagrado contra odores fortes. Parece-me muito mais fácil afastar sugestões agradáveis e voltar à minha impressão real de repugnância do que o contrário.

3. Quando acompanho com interesse uma história que leio ou que alguém me conta, frequentemente tenho a ilusão, que pode durar até por um minuto, de participar realmente dos acontecimentos ao invés de apenas os ler ou ouvir. Isto ocorre principalmente em boas peças de teatro (por exemplo, em apresentações de Sarah Bernhardt, Duse ou Irving). Em certas cenas muito empolgantes, a impressão se torna tão completa que, como no "Cyrano", quando Christian é morto e Sarah Bernhardt se joga sobre ele para estancar o sangue de sua ferida, senti uma dor aguda em meu próprio peito, exatamente no lugar em que Christian foi ferido. Este tipo de sugestão pode durar um minuto ou um segundo.

4. Esta sugestão momentânea às vezes assume formas estranhas, quando a imaginação exerce papel ainda maior. Assim, por exemplo, apreciei enormemente minhas viagens por mar, e me recordo especialmente da travessia do Atlântico. Recentemente mostraram-me uma bonita fotografia de um navio em alto-mar; imediatamente – a ilusão foi de força e beleza incalculáveis – percebi o barulho das máquinas, o movimento das ondas, o balanço do navio. Isto só pode ter durado

um segundo, mas durante este instante apenas perceptível eu me senti como se estivesse novamente em alto-mar. O mesmo fenômeno repetiu-se, embora menos intensamente, quando tornei a ver esta fotografia alguns dias depois.

5. Agora um exemplo que pertence inteiramente à área da fantasia criadora. Um dia, quando eu estava no banheiro e me preparava para entrar debaixo do chuveiro, enrolei uma toalha na cabeça para proteger meus cabelos. A toalha, de tecido grosso, assumiu uma forma curiosa e eu estava diante do espelho para prendê-la com grampos. Esta forma cônica lembrava o ornato pontiagudo usado na cabeça pelos antigos egípcios. Como quer que seja, por um momento pareceu-me, com nitidez consternante, que eu estava num pedestal, como uma estátua egípcia verdadeira, em todos os seus detalhes: membros rígidos, um pé na frente, insígnias na mão, etc. Foi tão maravilhoso que percebi com pesar como esta impressão desaparecia, assim como um arco-íris se desfaz; e como um arco-íris, ela voltou, mais fraca, antes de desaparecer por completo.

6. Mais um fenômeno. Um artista bastante conhecido ofereceu-se para ilustrar algumas de minhas publicações. Nestas coisas, porém, tenho minhas próprias ideias e sou difícil de contentar: pois consegui fazê-lo reproduzir paisagens como a do Lago de Genebra, onde ele nunca estivera, e ele afirmou que "eu o fazia desenhar coisas que nunca vira antes, e lhe transmitia a sensação de uma atmosfera correspondente, que nunca vivenciara; em resumo, que eu me servia dele como ele mesmo se servia de seu lápis, isto é, como de um simples instrumento".

Não dou grande importância aos fatos que acabo de relatar – eles são tão fugazes e nebulosos – e suponho que todas as pessoas de temperamento nervoso e dotadas de fantasia que recebem impressões estranhas por meio de empatia, tenham passado por experiências semelhantes. Não me parecem muito significativas, a não ser que possam ajudar a compreender outros fatos, menos elementares. Quero dizer que este temperamento de comunhão de sentimentos ou de simpatia em indivíduos de saúde normal exerce papel importante na origem de tais imagens e impressões "estimuladas" ou na possibilidade disto. E não seria possível que, sob determinadas condições favoráveis, alguma coisa nunca vista, diferente de tudo que se conhece, se erguesse no horizonte da mente tão deslumbrante e bela como um arco-íris e contudo tão natural quanto este em relação à sua origem e causa? Pois estas estranhas pequenas experiências (falo das acima expostas) são tão distintas da realidade habitual e cotidiana da vida quanto um arco-íris se distingue do céu azul.

As observações acima têm o intuito de servir de introdução para os dois ou três importantes casos apresentados a seguir: estes, por sua vez, parecem-me indicados para esclarecer fenômenos mais complexos e ilusórios em outros indivíduos que se deixam enganar por eles porque não conseguem ou não querem analisar o funcionamento subliminar ou subconsciente de sua mente.

II

"Louvado seja Deus!" – Poesia sonhada

1. Não se pode imaginar algo de mais maravilhoso do que a viagem marítima de Odessa a Gênova no inverno, com paradas curtas, mas lindíssimas em Constantinopla, Esmirna, Atenas e nos portos da Sicília e da costa ocidental da Itália... Só uma pessoa embotada, sem qualquer sensibilidade, não se emocionaria diante da beleza do Bósforo ou não sentiria vibrar todas as cordas de sua alma ao pensar no passado de Atenas... Em 1898, na idade de vinte anos, pude realizar esta viagem com minha família...

Depois da longa e cansativa viagem de Nova York a Estocolmo e de lá para Petersburgo e Odessa, foi para mim uma verdadeira volúpia abandonar o mundo das cidades habitadas, das ruas barulhentas, das lojas, em uma palavra, da terra firme, e penetrar no mundo das ondas, do céu e do silêncio... Eu passava horas no convés para sonhar, estendida numa cadeira preguiçosa: as histórias, lendas e mitos dos diferentes países vistos como que de longe voltavam à minha memória imprecisos, diluídos numa espécie de névoa radiante, na qual as coisas reais perdiam seu caráter de realidade e as fantasias pareciam ser a única coisa real. No início evitei toda companhia, mantendo-me à distância, absorvida em meus sonhos, em que tudo que eu conhecia de verdadeiramente grandioso, belo e bom me voltava à memória com nova vida e nova força. Empreguei também boa parte de meu tempo para escrever a meus amigos, ler e esboçar pequenos poemas em recordação aos lugares visitados. Algumas destas poesias eram de natureza mais séria. Quando a viagem chegava ao fim, os oficiais de bordo se desdobraram em amabilidades e passei muitas horas divertidas tentando ensinar-lhes inglês.

Na costa da Sicília, no Porto de Catania, compus uma "canção do marinheiro", que aliás era praticamente a adaptação de uma canção muito conhecida sobre o mar, o vinho e o amor (*brim, wine and damsels fine*). Os italianos de modo geral cantam bem, e um dos oficiais, que cantava no convés durante a vigia noturna, causara-me grande impressão e me inspirara a ideia de escrever algumas palavras que combinassem com a sua melodia.

Pouco depois quase tive de inverter o conhecido ditado "ver Nápoles e morrer", pois no Porto de Nápoles me senti muito indisposta (embora sem perigo): mas restabeleci-me o suficiente para poder desembarcar e visitar de carro os principais pontos turísticos da cidade. Este dia me cansou muito e, como pretendíamos ver Pisa no dia seguinte, voltei logo a bordo e fui dormir cedo, sem pensar em coisa mais séria que na beleza dos oficiais e na feiura dos mendigos da Itália.

2. De Nápoles a Livorno o navio leva uma noite, durante a qual dormi mais ou menos bem – pois meu sono raramente é profundo e sem sonhos – e pareceu-me que a voz de minha mãe me despertava exatamente no fim do seguinte sonho, que portanto deve ter ocorrido imediatamente antes de acordar:

Primeiro tive uma ideia vaga das palavras "when the morning stars sang together" (quando as estrelas da manhã cantaram juntas), que eram, se assim posso expressar-me, o prelúdio de uma ideia confusa da criação e de imponentes corais que ecoavam através do universo. Mas a este caráter confuso e contraditório próprio dos sonhos misturavam-se os coros de oratórios apresentados por uma das melhores sociedades musicais de Nova York e com imprecisas semelhanças como *Paraíso perdido* de Milton. Depois, lentamente, certas palavras emergiram desta confusão, arranjando-se em três estrofes, escritas em minha caligrafia, sobre uma folha de papel comum com pautas azuis, página de meu velho álbum de poesias que sempre levo comigo; em resumo, apareceram-me exatamente assim como alguns minutos depois de fato se encontravam em meu livro.

Neste momento minha mãe chamou-me: "Vamos, acorde, não se pode dormir o dia inteiro e ver Pisa ao mesmo tempo!" Isto me fez saltar de meu leito e gritar: "Não fale comigo! Nenhuma palavra! Acabo de ter o sonho mais lindo de minha vida, uma verdadeira poesia! Vi e ouvi as palavras, as estrofes e até a métrica. Onde está meu álbum? Preciso escrevê-la no papel imediatamente, antes que esqueça alguma coisa". Minha mãe, habituada a ver-me escrevendo a qualquer hora do dia, recebeu meu capricho com bom humor e até admirou meu sonho, que lhe contei tão depressa quanto pude pronunciar as palavras. Necessitei de alguns minutos para apanhar meu álbum e meu lápis e vestir alguma peça de roupa; mas por rápido que tudo isto fosse, foi o bastante para que a lembrança imediata do sonho se apagasse, de maneira que as palavras que eu estava pronta para escrever haviam perdido sua clareza. A primeira estrofe veio sem esforço, mas a segunda foi mais difícil de ser reavivada, e só com grande esforço consegui lembrar a última, distraída como estava pela sensação do ridículo de estar assim a rabiscar, acocorada sobre o leito superior do camarote, semivestida, enquanto minha mãe ria de mim. Por isso a primeira composição é imperfeita. Meus deveres como cicerone ocuparam depois meu tempo até o fim de nossa longa viagem, e só alguns meses mais tarde, quando estava acomodada em Lausanne para meus estudos, no silêncio de minha solidão, voltei a lembrar-me deste sonho, e aprontei uma segunda versão da poesia, mais exata, isto é, muito mais próxima do original sonhado do que a primeira. Reproduzo-a aqui nas duas formas:

> Quando Deus, no início, criou o Som,
> Miríades de ouvidos
> Surgiram para a existência,
> E através de todo o universo
> Rolou vigoroso eco:
> "Louvado seja o Deus do Som!"

> Quando Deus, no início, deu a beleza (a luz),
> Miríades de olhos surgiram para ver,
> E ouvidos que ouviam e olhos que viam
> Fizeram ecoar novamente a vigorosa canção:
> "Louvado seja o Deus da Beleza (da Luz)!"

Quando Deus, no início, deu o Amor,
Miríades de corações surgiram;
E ouvidos cheios de música, olhos cheios de Beleza
Corações cheios de amor, todos cantavam:
"Louvado seja o Deus do Amor!"

Quando o Eterno criou o Som,
Miríades de ouvidos surgiram para ouvir,
E através de todo o universo
Rolou um eco profundo e claro:
"Toda Glória ao Deus do Som!"

Quando o Eterno criou a Luz
Miríades de olhos surgiram para ver,
E ouvidos que ouviam e olhos que viam
Tornaram a entoar o imponente coral:
"Toda Glória ao Deus da Luz!"

Quando o Eterno criou o Amor,
Miríades de corações saltaram para a vida;
E ouvidos cheios de música, olhos cheios de luz,
Proclamaram com corações empolgados de amor:
"Toda Glória ao Deus do Amor!"

3. Como nunca fui adepta do espiritismo e do contranatural, que distingo do sobrenatural, tentei alguns meses depois descobrir as prováveis causas e condições necessárias para um tal sonho. O que eu mais estranhava, e ainda hoje continua inexplicável para mim como fantasia, é que, ao contrário do relato bíblico de Moisés, em que sempre acreditei, minha poesia colocava a criação da luz em segundo lugar, ao invés do primeiro. É interessante lembrar que Anaxágoras também faz o cosmos originar-se do caos por meio de um furacão – o que geralmente não acontece sem a produção de ruído. Mas naquela época eu ainda não estudara filosofia e nada sabia de Anaxágoras nem de suas teorias sobre o Nous, cujo sistema eu seguira inconscientemente. Também desconhecia totalmente o nome de Leibniz e consequentemente sua doutrina: "dum Deus calculat fit mundus" (enquanto Deus calcula, origina-se o mundo).

Há primeiro O paraíso perdido, de Milton, do qual tínhamos em casa uma bela edição, ilustrada por Gustavo Doré, e que desde criança sempre folheei. Depois o Livro de Jó, que me leram em voz alta desde que me lembro. Se compararmos agora meu primeiro verso com as primeiras palavras de O paraíso perdido, veremos que a métrica é a mesma ($\cup - / \cup - / \cup - / \cup /$):

Of man's first disobedience...
When the Eternal first made sound.

Além disso, a ideia básica de minha poesia lembra um pouco diversas passagens de Jó e também uma ou duas partes do Oratório de Haendel, "A criação" (que de alguma forma já se imiscuiu no início do sonho).

Lembro que uma vez, aos quinze anos, fiquei muito perturbada com um artigo que minha mãe me lera, sobre a "Ideia que gera espontaneamente o seu objeto". Fiquei tão perturbada que não dormi quase a noite toda, pensando e repensando no que significaria aquilo. Na idade dos nove aos dezesseis anos, eu ia todos os domingos a uma igreja presbiteriana, onde o pároco, naquela época, era um homem muito culto, e que agora é diretor de um colégio famoso. Numa das primeiras lembranças que dele guardei, vejo-me como menininha, sentada numa grande cadeira no coro da igreja, esforçando-me para ficar acordada e prestar atenção, mas não conseguindo por nada neste mundo compreender o que ele queria dizer ao nos falar do "caos", "cosmos" e do "dom do amor" (don d'amour).

No que se refere aos sonhos, lembro que, aos quinze anos, durante meus preparos para uma prova de geometria, fui dormir sem conseguir resolver um só problema. Acordei no meio da noite, sentei-me na cama, repeti para mim mesma uma fórmula que acabara de encontrar durante o sonho, e tornei a dormir. Na manhã seguinte tudo estava claro na minha cabeça. O mesmo aconteceu com uma palavra latina que eu procurava encontrar. – Também sonhei várias vezes que amigos distantes me haviam escrito, e isto pouco antes da chegada real destas cartas, o que eu expliquei simplesmente com o fato de que em meu sono eu calculara aproximadamente em que época possivelmente me escreveriam e que a ideia de chegada real da carta no sonho substituía a esperança desta chegada provável. Tiro esta conclusão do fato de que algumas vezes também sonhei que receberia cartas que nunca chegaram.

Se penso resumidamente no que acima referi que, na época de meu sonho, eu havia escrito uma série de poesias, este fato já não me parece tão extraordinário quanto no primeiro instante. Ele me parece proceder de uma mistura de ideias de O *paraíso perdido,* de Jó e da "Criação", que em meu espírito se haviam combinado com conceitos como o da "Ideia que gera espontaneamente o seu objeto", do "dom do amor", do "caos" e do "cosmos". Como cacos irregulares de vidro colorido formam lindos e raros desenhos num caleidoscópio, assim a meu ver se combinaram os fragmentos de filosofia, estética e religião em mim existentes – sob a influência estimulante da viagem e dos países conhecidos de relance, combinada com o grande silêncio e a magia indizível do mar – para produzir este lindo sonho. Foi apenas isto, e nada mais: *"Only this and nothing more!"*

III
"A mariposa e o Sol" – Poesia hipnagógica

Meu último dia antes de partir de Genebra foi extremamente cansativo. Eu havia feito um passeio sobre o Salève e ao voltar encontrei um telegrama que me obrigou a arrumar minhas malas, pôr todos os meus assuntos em ordem e partir dentro de duas horas. Meu cansaço no trem foi tal, que mal consegui dormir uma hora. Estava terrivelmente quente no compartimento das senhoras. Às quatro da manhã levantei a cabeça de minha mala, que me servia de travesseiro, sentei-me e estendi meus membros enrijecidos. Uma mariposa voava em torno da luz que transparecia através da cortina que balançava de um lado para outro com o movimento do trem. Tornei a deitar-me e tentei dormir de novo; quase consegui, isto é, adormeci tanto quanto possível, sem no entanto perder totalmente a consciência de mim mesma. Subitamente ocorreu-me então o poema transcrito abaixo. Apesar de todos os esforços não consegui tirá-lo da cabeça. Tomei um lápis e o escrevi imediatamente:

A mariposa ao Sol

Ansiei por ti quando primeiro rastejei para a consciência,
Meus sonhos todos tratavam de ti quando na crisálida dormia.
Miríades de minha espécie esgotam suas vidas

Contra uma tênue centelha vinda de ti.
Só uma hora mais – e minha pobre vida se esvai;
Mas meu último esforço, como o primeiro desejo meu, será
Apenas de tua glória aproximar-me; depois, obtido
Um vislumbre encantado, eu morrerei contente,
Pois a fonte de beleza, calor e vida
Em seu esplendor perfeito, por uma vez olhei.

Este pequeno poema me impressionou profundamente. É verdade que não encontrei logo uma explicação suficientemente clara e direta para ele. Mas poucos dias depois, quando retomei um texto filosófico que eu lera em Berlim no inverno passado, e que me entusiasmara, e o li para uma amiga, deparei com as seguintes palavras: "A mesma aspiração apaixonada da mariposa pela estrela, do homem por Deus". Eu as tinha esquecido completamente, mas parecia bem claro que eram justamente elas que reapareciam em minha poesia hipnagógica. Além disso, lembrei-me de um drama, visto há alguns anos, com o título "Mariposa e chama", como outra possível fonte do poema. Vê-se quantas vezes a expressão "mariposa" me foi inculcada! – Acrescento que na primavera eu havia lido uma coletânea de textos escolhidos de Byron e que esta leitura me agradara muito. Sempre de novo os folheava. Notei que existe grande semelhança entre o ritmo de meus dois últimos versos, "Pois a fonte..." e aquele dos seguintes versos de Byron:

Now let me die as I have lived in faith
Nor tremble tho' the Universe should quake!

É possível que a leitura tão frequente deste livro tenha me influenciado e contribuído para preparar minha inspiração tanto em relação à ideia em si quanto ao ritmo.

Colocando esta poesia, que me ocorreu em estado de semiconsciência, por um lado junto àquelas que componho quando estou totalmente acordada, e por outro lado junto à anterior, que foi obra do sono profundo, então estas três categorias me parecem formar uma série absolutamente natural: o caso central constitui uma transição simples e espontânea entre os dois extremos e afasta assim qualquer suspeita de alguma coisa "oculta" que poderia ter ocorrido em relação ao poema composto no sonho.

IV
"Chiwantopel", drama hipnagógico

Os fenômenos limítrofes (*borderland phenomena*) – ou, se o senhor preferir, as composições do cérebro no "estado crepuscular" (Flournoy) – me interessam particularmente, e penso que seu estudo exato e compreensivo ajudaria muito a esclarecer os enigmas e a desfazer a crença nos assim chamados "espíritos". Neste sentido apresento-lhe um caso que, nas mãos de alguém que se preocupasse menos com a verdade exata ou que não tivesse escrúpulos em inventar acréscimos e aumentos, poderia dar motivo a um romance fantástico e comparar-se às histórias inventadas de seus médiuns. Redigi a observação abaixo tão fielmente quanto possível, baseada nas anotações feitas imediatamente depois do estado de sonolência, e limito-me a intercalar, entre parênteses, uma ou duas observações assim como letras que indicam as observações explicativas no fim.

Observação do dia 17 de março de 1902, 12:30 horas da noite.

1ª fase. – Depois de uma noite cheia de preocupações e temor, fui deitar-me às 11:30 horas. Estava agitada e sem poder dormir, apesar de muito cansada. Tive a impressão de encontrar-me num estado de espírito receptivo (*receptive mood*). Não havia luz no quarto. Fechei os olhos e tive a sensação de esperar por alguma coisa que estava para acontecer. Senti então um grande relaxamento e fiquei tão passiva quanto possível. Diante de meus olhos surgiram linhas, centelhas e espirais de fogo, sinais de nervosismo e excesso de cansaço dos olhos, seguidas de uma série caleidoscópica de imagens de acontecimentos triviais recentes. Depois a impressão de que alguma coisa me seria comunicada no próximo momento. Pareciam repetir-se em mim as palavras: "Fala, Senhor, pois tua serva ouve, / Abre tu mesmo meus ouvidos". A cabeça de uma esfinge aparece subitamente diante de meus olhos, com adornos egípcios; depois tudo se apaga. Neste instante meus pais me chamaram, e eu lhes respondi imediatamente, de forma totalmente coerente, prova de que não havia adormecido.

2ª fase. – De repente aparece um asteca, perfeitamente claro em todos os detalhes: a mão aberta com dedos grandes, a cabeça de perfil, armamentos, ornato da cabeça semelhante ao adorno de penas dos índios americanos. Todo o quadro se assemelha um pouco às esculturas mexicanas (observação A).

– O nome "Chi-wan-to-pel" forma-se parte por parte, e parece pertencer à figura que acaba de ser mencionada (observação B).

– Depois, um formigueiro de gente, cavalos, uma batalha, a visão de uma *cidade de sonho* (observação C). – Uma estranha árvore conífera com galhos nodosos, velas pontudas numa enseada com água purpúrea, um penhasco íngreme, confusão de sons, como Wa-ma, Wa-ma etc.

(Uma lacuna). – A cena transformou-se numa floresta. Árvores, arbustos, mato etc. A figura de Chi-wan-to-pel surge do sul, a cavalo, envolto por um manto de cores vivas, vermelho, azul e branco. Um índio, em traje de camurça bordado de pérolas e ornado de plumas, avança agachado e se prepara para atirar uma flecha contra Chi-wan-to-pel. Este apresenta seu peito, numa atitude de desafio, e o índio, fascinado diante desta visão, esquiva-se e desaparece na floresta. Chi-wan-to-pel desfalece numa colina, deixa seu cavalo pastar preso a uma corda, e começa o seguinte monólogo, todo em inglês: "Do alto da espinha dorsal destes continentes, da extremidade das terras baixas, eu errei por uma centena de luas depois de ter abandonado o palácio de meu pai, sempre perseguido por um desejo louco de encontrar 'aquela que compreenderá'. Com joias tentei muitas mulheres, com beijos tentei arrancar o segredo de seus corações, com atos de bravura conquistei sua admiração. (Ele passa em revista as mulheres que conheceu): Chi-ta, a princesa de minha raça [...] era estúpida, vaidosa como um pavão, só tinha joias e perfumes na cabeça. Ta-nan, a jovem camponesa [...] bah, uma verdadeira porca, nada mais que busto e ventre, só pensando no prazer. E depois Ki-ma, a sacerdotisa, um mero papagaio, que repetia as frases ocas aprendidas com os sacerdotes; tudo da boca para fora, sem instrução real nem sinceridade, desconfiada, posuda e hipócrita! [...] Ai de mim! Nenhuma que me compreendesse, nenhuma que fosse semelhante a mim ou que tivesse uma alma irmã de minha alma. Não há uma entre todas elas que tenha conhecido minha alma, nenhuma que tivesse lido meu pensamento, longe disso; nenhuma capaz de procurar comigo os píncaros luminosos ou de soletrar comigo a palavra sobre-humana de Amor!"

(Uma lacuna). – Ele exclama dolorosamente: "Neste mundo todo não existe uma só! Procurei em cem tribos. Envelheci cem luas desde que comecei. Será que não existirá jamais uma que conheça a minha alma? – Sim, por Deus soberano, sim! – Mas dez mil luas nascerão e minguarão antes que nasça sua alma pura. E de um outro mundo virão seus pais. Ela terá a pele pálida e pálidos os cabelos. Ela conhecerá a dor antes mesmo que sua mãe a tenha dado à luz. O sofrimento a acompanhará; ela também procurará – e não encontrará quem a compreenda. Muitos pretendentes far-lhe-ão a corte, mas não haverá um que saiba compreendê-la. A tentação frequentemente provocará sua alma – mas ela não fraquejará [...] Em seus sonhos, eu virei a ela, e ela compreenderá. Conservei meu corpo inviolado. Eu vim dez mil luas antes de sua época e ela virá dez mil luas tarde demais. Mas ela compreenderá! É só uma vez a cada dez mil luas que nasce uma alma como aquela!"

(Uma lacuna). – Uma víbora verde sai dos abrolhos, rasteja até ele e o pica no braço, depois ataca o cavalo, que sucumbe primeiro. Chi-wan-to-pel diz então ao cavalo: "Adeus, irmão fiel! Entra em teu repouso! Eu te amei e tu me serviste bem. Adeus, eu te reencontro logo!" Depois à serpente: "Obrigado, irmãzinha, puseste fim às minhas peregrinações!" – Depois ele grita de dor e clama sua súplica: "Oh Deus Todo-poderoso, leva-me logo! Procurei conhecer-te e guardar tua lei! Oh, não permitas que meu corpo tombe na podridão e no mau cheiro e sirva de pasto às águias!" – Avista-se ao longe um vulcão fumegante, ouve-se o estrondo de um tremor de terra, seguido por um deslizamento do terreno. Chi-wan-to-pel grita no delírio do sofrimento, enquanto a terra recobre seu corpo: "Conservei meu corpo inviolado. – Ah! ela compreenderá! – Ja-ni-wa-ma, Ja-ni-wa-ma, tu, tu me compreendes!"

Observações e esclarecimentos

O senhor há de convir, suponho, que esta fantasia hipnagógica, como obra da imaginação, merece alguma atenção. Não lhe falta diferenciação e peculiaridade na estrutura, e possui até certa originalidade na composição dos temas. Poderíamos até fazer dela uma espécie de melodrama. Se eu tivesse a tendência de superestimar o significado de tais composições e fosse incapaz de reconhecer elementos conhecidos nesta estranha fantasia, eu poderia até chegar ao ponto de ver em Chi-wan-to-pel meu "controle", meu espírito controlador, a exemplo de tantos médiuns. Não preciso dizer que não farei isto. Procuremos, portanto, as prováveis fontes deste pequeno romance.

Em primeiro lugar, o nome Chi-wan-to-pel: um dia, estando completamente desperta, veio-me à cabeça a palavra A-ha-ma-ra-ma, em caracteres assírios, e apenas tive de relacioná-la com outros nomes já meus conhecidos, como Ahasverus, Asurabama (o segundo a fabricar tijolos cuneiformes), para descobrir sua origem. Assim também aqui: compare Chi-wan-to-pel com Po-po-cat-a-pel, o nome de um vulcão da América Central, com a pronúncia que nos foi ensinada: a semelhança é enorme.

Além disso quero observar que alguns dias antes eu havia recebido uma carta de Nápoles, em cujo envelope havia uma vista do Vesúvio fumegante (K). Em minha infância interessei-me muito por fragmentos astecas assim como pela história do Peru e dos Incas (A e B). – Recentemente vi uma belíssima exposição de índios com suas roupas etc., que encontraram o seu devido lugar em meu sonho (D). – A conhecida cena de Shakespeare, em que Cassius apresenta seu peito nu a Brutus, sugere-me uma explicação para a cena (E); e a cena (F) lembra-me de um lado o momento em que Buda deixa sua casa paterna e, de outro lado, também a história de Rasselas, o príncipe da Abissínia, de Samuel Johnson. – Vários detalhes lembram também a Canção de Hiawatha, a epopeia índia de Longfellow, cujo ritmo entrou inconscientemente em diversas passagens do monólogo de Chi-wan-to-pel. E sua ardente procura por alguém que lhe fosse semelhante (G) apresenta inegável analogia com os sentimentos de Siegfried para com Brünhilde, que Wagner conseguiu expressar tão bem. – Enfim (I), ouvi recentemente uma palestra de Félix Adler sobre a personalidade intacta (*The inviolate personnality*).

Na vida febril que se leva em Nova York, muitas vezes milhares de elementos diferentes se fundem numa impressão geral de um único dia. Concertos, conferências, livros, revistas, peças de teatro etc., tudo isso realmente pode transformar nossa cabeça num redemoinho. Afirma-se que nada daquilo que entra na mente se perde por completo; bastaria qualquer associação de ideias ou uma certa coincidência de fatos para fazer reviver até mesmo a mais fraca das impressões. Isto deve ocorrer em muitos casos. Assim, por exemplo, os detalhes da cidade de sonho (C) correspondiam àqueles vistos na capa de uma revista que eu havia lido há pouco tempo. E, resumindo, é possível que a história toda nada mais seja que um mosaico composto pelos seguintes elementos:

A. – Fragmentos astecas e a história dos Incas do Peru.

B. – Pizarro no Peru.

C. – Gravuras e ilustrações vistas recentemente em diversas revistas.

D. – Exposição de índios com suas roupas, etc.

E. – Reminiscências de uma cena de *Júlio César*, de Shakespeare.

F. – Despedida de Buda e Rasselas.

G. e H. – Siegfried, que suspira por Brünhilde.

I. – Recordações de uma conferência sobre a personalidade intacta.

K. – Vista do Vesúvio sobre um envelope.

E agora, se acrescento que, durante os dias que antecederam, eu estivera à procura de uma "ideia original", não é preciso grande esforço para imaginar que este mosaico se formou por si só, através de milhares de impressões, como ocorre em pessoas muito ocupadas, tendo assumido esta forma fantástica de sonho. Era ao redor de meia-noite e possivelmente meu estado de extremo cansaço e excitação psíquica até certo ponto turvou e desviou o curso de meus pensamentos.

P.S. – Temo que minha preocupação com a exatidão do relato me tenha levado a dar um cunho demasiado pessoal a minhas observações. No entanto, espero – e esta é a minha justificativa – que possam ajudar outras pessoas a orientar-se em meio a situações semelhantes, e contribuir para o esclarecimento de fenômenos ainda mais complexos, como aparecem frequentemente nos médiuns.

Lista das ilustrações

Damos a bibliografia completa de cada obra apenas uma vez. Havendo repetição, o número em colchetes remete à respectiva referência.

12   O disco solar alado. – CARTER, H. & MACE, A.C.
      Tut-ench-Amun. Ein ägyptisches Königsgrab.
      Leipzig, 1924, I, quadro 49, 121
13   Ídolo solar germânico. – *Abgötter der alten Sachsen.*
      Magdeburgo, 1570, p. 10, 122
14   O Sol gerador de vida. – BUDGE, E.A.W. *The Gods of the
      Egyptians.* 2 vols. Londres, 1904, II, p. 74, 125
15   A serpente de Mercúrio. – BARCHUSEN, J.C. *Elementa
      chemiae.* Leiden, 1718, fig. 62, 125
16   As mãos do Sol. – JUNG, E. *Germanische Götter und
      Helden.* Munique/Berlim, 1939, fig. 2, 126
17   Obumbratio (sombreamento) Mariae. – SPIESS, K. von.
      "Marksteine der Volkskunst". *Jahrbücher für historische
      Volkskunde* V-VI, VIII-IX (Berlim, 1937-1942), parte II, p.
      112, 128
18   A sedução de Eva. – WORRINGER, W. *Die altdeutsche
      Buchillustration.* Munique, 1919, ilustr. 6, p. 37, 130
19   O Filho do Homem entre os sete candelabros. –
      SCHMITT, O. *Reallexikon der deutschen Kunstgeschichte.*
      Stuttgart, 1937, I, ilustr. 12, p. 765, 132
20   Mitra com a adaga e a tocha. – CUMONT, F. *Textes et
      monuments figures relatifs aux mystères de Mithra.* 2 vols.
      Bruxelas, 1896-1899, II, fig. 28, p. 202, 134
21   Sol alado com a Lua e a árvore da vida. – JEREMIAS, A.
      Das Alte Testament im Lichte des alten Orients. 4.
      ed., Leipzig, 1930, ilustr. 28, p. 95, 136
22   Serpente representando a trajetória da Lua. – ROSCHER, W.H.
      *Ausführliches Lexikon der griechischen und römischen
      Mythologie.* 11 vols. Leipzig, 1884-1937, IV, col. 1475, 137
23   A serpente elevada. – Arquivo da *Ciba-Zeitschrift,* Basileia, 140
24   A sensualidade. – Coleção de pinturas da Baviera, Munique,
      143
25   Quadro do deus Sol. – *A Guide to the Babylonian and
      Assyrian Antiquities,* Londres, 1922, quadro XXVI, 149
26   Bes com olhos de Hórus. – LANZONE, R.V. *Dizionario di
      mitologia egizia.* 2 vols. Turim, 1881-1885, quadro LXXX, fig.
      3, 153
27   O deus da fecundidade Frey. – HAAS, H., 1º fascículo:
      Germanische Religion, fig. 46 [11], 155
28   A caverna geradora. – DANZEL, Th.W.
      Symbole, Dämonen und heilige Türme.
      Hamburgo, 1930, quadro 87, 156

29 Ulisses como cabiro deformado. – PFUHL, E. *Tausend Jahre griechischer Malerei*. Munique, 1940, quadro 249, ilustr. 616, 158

30 Banquete do cabiro. – PFUHL, E., quadro 249, ilustr. 613 [29], 160

31 Fanes no ovo. – *Revue archéologique* XL (Paris, 1902), quadro I, defronte à p. 432, 169

32 O deus solar Tjintya, de Bali. – Arquivo da *Ciba-Zeitschrift*, Basileia, 178

33 Agni com as duas madeiras. – PRAMPOLINI, G. *La mitologia nella vita dei popoli*, 179 *vols., Milão, 1937-1938, II*, p. 107.

34 O arado fálico. – DIETERICH, A. *Mutter Erde. Ein Versuch über Volksreligion*. Leipzig, 1905, p. 108, 182

35 A furadeira giratória. – Arquivo da Ciba-Zeitschrift, Basileia, 185

36 A mãe Terra nutriz. – CLEMEN, P. *Die romanischen Wandmalereien des Rheinlands*. (Publicações da Sociedade de História Renana, n. 25.) Düsseldorf, 1905, quadro 51, 192

37 Batendo o mar de leite. – *Mythologie asiatique illustrée*. Paris, 1928, p. 68, 202

38 Os três primeiros trabalhos de Hércules. – ROBERT, C. *Die antiken Sarkophag-Reliefs*. Berlim, 1897, III/1, quadro XXXIX, fig. 128 (detalhe), 206

39 Górgona. – GUIRAND, F. *Mythologie générale*. Paris, 1935, p. 173, 216

40 Dançarino índio. – Publicação feita por ocasião do "Inter-Tribal Indian Ceremonial", em Gallup (Novo México), 1949, 220

41 O hermafrodita coroado. – *Tractatus qui dicitur Thomae Aquinatis de alchimia*. Ms. Voss. chem. F. 29, foi. 91 (1520), Biblioteca da Universidade de Leiden, 221

42 Alexandre com cornos. – BERNOULLI, J. J. *Die erhaltenen Darstellungen Alexanders des Grossen, 231* Munique, 1905, quadro VIII, fig. 4.

43 Mitra e Hélio. – BURCKHARDT, J. *Die Zeit Constantins des Grossen*. Viena [s.d., editado pela Phaidon], ilustr. 139, 236

44 Sacerdote com máscara de peixe como Oannes. – JEREMIAS, A., ilustr. 32, p. 96 [21], 237

45 Gilgamesh com a erva da imortalidade. – Metropolitan Museum of Art, Nova York, 239

46 Os dadóforos. – CUMONT, F., II, figs. 111 e 113, p. 270 [20], 240

68   A vaca celeste. – ERMAN, A. *Die Religion der Ägypter.*
      Berlim/Leipzig, 1934, p. 15, 291
69   Demônio devorando o Sol. – Revista *Cultureel Indie* I
      (Leiden, fev. 1939), p. 41, 294
70   O leão que devora o Sol. – Arquivo da
      Ciba-Zeitschrift, Basileia, 295
71   Cristo na árvore da vida. – Galeria de Estrasburgo.
      Coletânea do autor, 296
72   A cruz do túmulo de Adão. – SCHMITT, O., I, ilustr. 2, p.
      157 [19], 297
73   Lâmia raptando recém-nascido. – GUIRAND, F.
      Mythologie générale. Paris, 1935, p. 121, 300
74   A mãe antropófaga. – VAILLANT, G.C, quadro 92 [54], 303
75   A formação do ovo do universo. – BUDGE, E.A.W., I, p.
      500 [14], 307
76   A "árvore Wak-Wak". – KENTON, E. *The Book of Earths.*
      Nova York, 1928, quadro XIX, 311
77   O sacrifício do touro de Mitra. – CUMONT, F., II, quadro
      VII [20], 315
78   A cruz de Palenque. – GRAY, L.H., & MACCULLOCH, J.A. (org.).
      The Mythology of all Races. 13 vols., Boston, 1916-1928, XI, quadro
      Xxb., 316.
79   O homem como cruz. – AGRIPPA VON NETTESHEIM, H.C.
      De occulta philosophia libri tres. Colônia, 1533, p. 162.
80   A crux ansata doadora de vida. – BUDGE, E.A.W., II, p.
      24 [14], 322
81   Renovação no ventre materno. – VAILLANT, G.C, quadro
      80 [54], 324
82   Wotan sobre o Sleipnir. – GRAY, L.H. & J. A.
      MACCULLOCH, II, quadro VIII [78], 330
83   Caricatura do crucifixo. – BURCKHARDT, J., Ilustr. 48
      [43], 331
84   Aion com o sinal do Zodíaco. – Museo Profano, Vaticano.
      Coletânea do autor, 335
85   A morte como arqueira. – SPIESS, K. von, parte I, p. 225 [17],
      341
86   A flor de lótus nascendo do umbigo de Vishnu, com
      Brahma. – GUIRAND, F., p. 320 [73], 350
87   Vishnu como peixe. – PRAMPOLINI, G., II, p. 278 [33], 351
88   Quetzalcóatl devorando um homem. – DANZEL, Th.W.
      "Zur Psychologie der altamerikanischen Symbolik".
      Eranos-Jahrbuch 1937 (Zurique, 1938), ilustr. 11, p. 235
      (detalhe), 358

Referências

ABEGHIAN, M. *Der armenische Volksglaube*. Leipzig: [s.e.], 1899.

ABRAHAM, K. *Traum und Mythus* – Eine Studie zur Völkerpsychologie (Schriften zur angewandten Seelenkunde). Leipzig/Viena: [s.e.], 1909 [Org. por S. Freud].

AESCHYLOS. *Der gefesselte Prometheus* – Der Prometheus-Trilogie erhaltenes Mittelstück. Zurique: [s.e.], [s.d.] [Trad. por Max Eduard Liehburg].

AGRIPPA VON NETTESHEIM, H.C. *De occulta philosophia libri tres*. Colônia: [s.e.], 1533.

AIGREMONT, Dr. [Pseudônimo de Siegmar von Schultze-Galléra]. *Fuss- und Schuh-Symbolik und -Erotik*. Folkloristische und sexualwissenschaftliche Untersuchungen. Leipzig: [s.e.], 1909.

_____. *Volkserotik und Pflanzenwelt*. 2 vols. Halle: [s.e.], 1908/1909.

ALCIATI, A. *Emblemata cum commentarijs amplissimis*. Padua: [s.e.], 1661.

[APULEIUS]. *Lucii Apuleii Madaurensis Platonici philosophi opera*. Vol. I: Metamorphoseos sive De asino aureo. Altenburg: [s.e.], 1778. Versão alemã: *Die Metamorphosen oder Der goldene Esel*. Munique/Leipzig: [s.e.], 1909 [Trad. de August Rode. Ed. refund. por Hanns Floerke].

ARNOBIUS. Disputationum adversus gentes libri septem. In: MIGNE, *Patrologia Latina* V, col. 713-1290.

ARNOLD, Sir E. *The Light of Asia or The Great Renunciation... being the Life and Teaching of Gautama*. Londres: [s.e.], 1895. Versão alemã: *Die Leuchte Asiens oder Die grosse Entsagung (Mahabhinischkramana)*. Leipzig: [s.e.], 1887.

ARNOLD, R.F. "Die Natur verrät heimliche Liebe". *Zeitschrift des Vereins für Volkskunde*, XII, 1902, p. 155-167 e 291-295. Berlim.

ARTEMIDOROS (aus Daldis). *Symbolik der Träume*. Viena/Pest/Leipzig: [s.e.], 1881 [Tradução e anotações de Friedrich S. Krauss].

AUGUSTINUS (Sanctus Aurelius Augustinus). *Confessionum libri tredecim.* Tomo I [col. 132-410]. Versão alemã: *Die Bekenntnisse des heiligen Augustinus.* Leipzig: Reclam, 1888 [Trad., introd. e notas de Otto F. Lachmann].

_____. Opera omnia. Opera et studio monachorum ordinis S. Benedicti e congregatione S. Mauri. 11 vols. Paris: [s.e.], 1836-1838.

_____. *De civitate Dei contra paganos libri viginti duo,* tomo VII [todo o vol.].

_____. *In Ioannis evangelium tractatus XXXVII,* tomo HI/2.

_____. Sermones ad populum: In appendice, sermones supposititii, tomo V/2 [sermo supposititius CXX].

BALDWIN, J.M. *Das Denken und die Dinge oder Genetische Logik* – Eine Untersuchung der Entwicklung und der Bedeutung des Denkens. 3 vols. Leipzig: [s.e.], 1908-1914 [Trad. para o alemão com a colaboração do autor por W.F.G. Geisse].

BARLACH, E. *Der tote Tag* – Drama in fünf Akten. Berlim: [s.e.], 1912.

[BERNARDINO DE SAHAGUN (Fray)]. *Einige Kapitel aus dem Geschichtswerk des Fray B' de S'.* Stuttgart: [s.e.], 1927 [Trad. do asteca por Eduard Seler. Org. por Caecilie Seier-Sachs].

BERNOULLI, C.A. *Franz Overbeck und Friedrich Nietzsche – Eine Freundschaft.* 2 vols. Jena: [s.e.], 1908.

BERTHELOT, M. *Collection des anciens alchimistes grecs.* 3 vols. Paris: [s.e.], 1887-1888.

BERTSCHINGER, H. "Illustrierte Halluzinationen." *Jahrbuch für psychoanalytische und psychopathologische Forschungen,* III, 1912, p. 69-100. Leipzig/Viena.

[Bhagavad Gita]. The Song Celestial, or Bhagavad Gita. Londres: [s.e.], 1930 [Trad. de Sir Edwin Arnold].

BÍBLIA. Citamos neste vol. as seguintes edições:

_____. Petrópolis: Vozes, [s.d.].

_____. The Holy Bible, containing the Old and New Testaments ["King James Version"]. Londres: [s.e.], [s.d.].

_____. Die Bibel oder die ganze Heilige Schrift des Alten und Neuen Testaments nach der deutschen Übersetzung D. Martin Luthers. Stuttgart: [s.e.], 1932.

_____. Die Heilige Schrift des Alten und Neuen Testaments ["Zürcher Bibel"]. Zurique: [s.e.], 1942.

Biblia pauperum. Ed. alemã de 1471. Gesellschaft der Bibliophilen. Weimar: [s.e.], 1906.

BLEULER, E. "Zur Theorie des schizophrenen Negativismus". *Psychiatrisch-neurologische Wochenschrift*, XII, 1910, n. 18-21. Halle.

BOUSSET, W. *Der Antichrist in der Überlieferung des Judentums, des neuen Testaments und der alten Kirche* – Ein Beitrag zur Auslegung der Apokalypse. Göttingen: [s.e.], 1895.

BRUGSCH, H. *Religion und Mythologie der alten Ägypter*. Leipzig: [s.e.], 1891.

_____. *Dictionnaire hiéroglyphique* (Hieroglyphisch-demotisches Wörterbuch). Litografado, 7 vols. Leipzig, 1867-1882.

_____. Die Adonisklage und das Linoslied. Berlin: [s.e.], 1852.

BÜCHER, K. *Arbeit und Rhythmus* (Abhandlungen der philologisch-historischen Classe der sächsischen Gesellschaft der Wissenschaften XVII/5). Leipzig: [s.e.], 1896.

_____. *Die Aufstände der unfreien Arbeiter 143 bis 129 vor Christus*. Frankfurt: [s.e.], 1874.

BUDGE, Sir E.A.T.W. *Coptic Apocrypha in the Dialect of Upper Egypt*. Londres: [s.e.], 1913.

_____. *The Gods of the Egyptians*. 2 vols. Londres: [s.e.], 1904.

_____. *Osiris and the Egyptian Resurrection*. 2 vols. Londres: [s.e.], 1911.

Bundahish. In: WEST, E.W. [org.]. *Pahlavi Texts* (Sacred Books of the East V). Oxford: [s.e.], 1880.

BURCKHARDT, J. *Die Cultur der Renaissance in Italien* – Ein Versuch. 2. ed. Leipzig: [s.e.], 1869.

_____. *Die Zeit Constantins des Grossen* – Grosse illustrierte Phaidon-Ausgabe. Viena: [s.e.], [s.d.].

BYRON, G.G.N. Lord. *The Poetical Works*. Londres: Complete. Pearl Edition, 1902.

_____. *Lord B's Werke*. 6 vols. 2. ed. Berlin: [s.e.], 1866 ["Heaven and Earth", vol. IV. Trad. de Otto Gildemeister].

CAESAR (C. Julius). *Commentarii de bello Gallico*. Amsterdam: [s.e.], 1746. Versão al.: *Des Cajus Julius Caesar Denkwürdigkeiten des Gallischen und des Bürgerkriegs*. Stuttgart: [s.e.], 1854 [Trad. de A. Baumstark].

CAETANI-LOVATELLI, E. Contessa. *Antichi monumenti illustrati*. Roma: [s.e.], 1889.

CARLYLE, T. *Über Helden* – Heldenverehrung und das Heldentümliche in der Geschichte. Seis confer. Trad. Halle a. d. S. [s.d.].

CHAMBERLAIN, H.S. *Die Grundlagen des neunzehnten Jahrhunderts*. 5. ed. 2 vols. Munique: [s.e.], 1904.

CICERO (Marcus Tullius). *Tusculanarum disputationum ad M. Brutum libri quinqué*. 8. ed. Berlim: [s.e.], 1884 [Com notas do Dr. Gustav Tischer].

CLAPARÈDE, E. "Quelques mots sur la définition de l'hystérie". *Archives de psychologie de la Suisse romande*, VII, 1908, p. 169-183. Genebra.

CONYBEARE, F.C. "Die jungfräuliche Kirche und die jungfräuliche Mutter. Eine Studie über den Ursprung des Mariendienstes". *Archiv für Religionswissenschaft*, IX, 1906, p. 73-86. Leipzig.

CREUZER, F. *Symbolik und Mythologie der alten Völker, besonders der Griechen*. Conf. e expos., 4 vols. Leipzig/Darmstadt: [s.e.], 1810-1812.

[CRÈVECOEUR, M.G.J. de]. *Voyage dans la Haute Pensylvanie*. 3 vols. Paris: [s.e.], 1801.

CUMONT, F. *Die Mysterien des Mithra*. Ein Beitrag zur Religionsgeschichte der römischen Kaiserzeit. 2. ed. Leipzig: [s.e.], 1911.

_____. *Textes et monuments figurés relatifs aux mystères de Mithra*. 2 vols. Bruxelas: [s.e.], 1896/1899.

DE JONG, K.H.E. *Das antike Mysterienwesen in religionsgeschichtlicher, ethnologischer und psychologischer Bedeutung*. Leiden: [s.e.], 1909.

DEUSSEN, P. *Sechzig Upanishad's des Veda*. 3. ed. Leipzig: [s.e.], 1938 [Trad. do sânscrito com introd. e notas].

_____. *Die Geheimlehre des Veda*. Ausgewählte Texte der Upanishad's. 3. ed. Leipzig: [s.e.], 1909.

_____. Allgemeine Geschichte der Philosophie mit besonderer Berücksichtigung der Religionen. 2. ed. 2 vols. Leipzig: [s.e.], 1906/1915.

_____. Die Geheimlehre. Briefe Jakob [sic] Burckhardts an Albert Brenner. Com intr. e notas de Hans Brenner. *Basler Jahrbuch*, 1901, p. 87-110. Basileia.

DIETERICH, A. *Eine Mithrasliturgie*. 2. ed. Berlim: [s.e.], 1910.

_____. *Mutter Erde*. Ein Versuch über Volksreligion. Leipzig/Berlim: [s.e.], 1905.

_____. *Abraxas*. Studien zur Religionsgeschichte des späteren Altertums. Festschrift für Hermann Usener. Leipzig: [s.e.], 1891.

DREWS, A. *Die Christusmythe*. Ed. revis. e melh. Jena: [s.e.], 1910.

_____. *Plotin und der Untergang der antiken Weltanschauung*. Jena: [s.e.], 1907.

EBBINGHAUS, H. Psychologie. In: DILTHEY, W. (org.). *Die Kultur der Gegenwart*. Berlim/Leipzig: [s.e.], 1910.

EBERSCHWEILER, A. Untersuchungen über die sprachliche Komponente der Assoziation. *Allgemeine Zeitschrift für Psychiatrie und psychisch-gerichtliche Medizin*, LXV, 1908, p. 240-271. Berlim.

EDDA. vol. I: Heldendichtung. Jena: [s.e.], 1912. [Trad. por Felix Genzmer, com introd. e notas de Andreas Heusler (Thüle. Altnordische Dichtung und Prosa)].

Ekstatische Konfessionen. Colet. de Martin Buber. Jena, 1909.

[ELIEZER BEN HYRCANUS]. *Pirkê de Rabbi Eliezer*. Londres/Nova York: [s.e.], 1916 [Trad. e edit. por Gerald Friedlander].

EMERSON, R.W. The Conduct of Life. In: EMERSON, R.W. *The Complete Works of R' W' E'*, VI. Centenary Edition, 16 vols., 1903-1904.

EPHRAEM SYRUS. *Hymni et sermones*. 4 vols. Malinas: [s.e.], 1882-1902 [Edit. por Thom. Jos. Lamy].

EPIPHANIUS. [Panarium] Contra octoginta haereses opus quod inscribitur Panarium sive Arcula. In: MIGNE, J.P. *Patrologia Graeca*, XLI, col. 173-XLII, col. 832.

ERDMANN, B. *Logische Elementar lehre* (Logik I). 2. ed. Halle a.S.: [s.e.], 1907.

ERMAN, A. *Ägypten und ägyptisches Leben im Altertum*. Tübingen: [s.e.], 1885.

FERENCZI, S. Introjektion und Übertragung. *Jahrbuch für psychoanalytische und psychopathologische Forschungen*, I, 1909, p. 422-457. Leipzig/Viena.

FERRERO, G. *Les lois psychologiques du symbolisme*. Paris: [s.e.], 1895.

FICHTE, I.H. von. *Psychologie*. 2 vols. Leipzig: [s.e.], 1864/1873.

FICK, A. *Vergleichendes Wörterbuch der Indogermanischen Sprachen*. 4. ed. preparada por Adalb. Bezzenberger, Aug. Fick e Whitley Stokes. 3 vols. Göttingen: [s.e.], 1890-1909.

FIRMICUS MATERNUS, I. *De errore profanarum religionum*. Leipzig: [s.e.], 1907 [Org. por Konrat Ziegler].

_____. *Matheseos* libri VIII. Pars I: libri IV. Leipzig: [s.e.], 1894 [Org. por C. Sittl].

FLOURNOY, T. *Des Indes à la planète Mars* – Etude sur un cas de somnambulisme avec glossolalie. 3. ed. Paris/Genebra: [s.e.], 1900.

FRANCE, A. *Le jardin d'Epicure*. Paris: [s.e.], 1908.

FRAZER, Sir J.G. *The Golden Bough*. A Study in Magic and Religion. Part III: The Dying God; Part IV: Adonis, Attis, Osiris. 3. ed. Londres: [s.e.], 1911 e 1907.

FREUD, S. *Die Zukunft einer Illusion*. 2. ed. Leipzig/Viena: [s.e.], 1928.

_____. *Totem und Tabu*. – Einige Übereinstimmungen im Seelenleben der Wilden und der Neurotiker. Leipzig/Viena: [s.e.], 1913.

_____. *Psychoanalytische Bemerkungen über einen autobiographisch beschriebenen Fall von Paranoia (Dementia paranoides)*. Jahrbuch für psychoanalytische und psychopathologische Forschungen, III, 1911, p. 9-68 [Suplem.: "P. Schreber: Denkwürdigkeiten eines Nervenkranken", p. 588-590 do mesmo vol.]. Leipzig/Viena.

_____. Zur Dynamik der Übertragung. *Zentralblatt für Psychoanalyse*, II, 1911, p. 167-173. Wiesbaden.

_____. *Eine Kindheitserinnerung des Leonardo da Vinci* (Schriften zur angewandten Seelenkunde VII). Leipzig/Viena: [s.e.], 1910.

_____. Analyse der Phobie eines 5jährigen Knaben. *Jahrbuch für psychoanalytische und psychopathologische Forschungen*, I, 1909, p. 1-109. Leipzig/Viena.

_____. Der Dichter und das Phantasieren. In: *Sammlung kleiner Schriften zur Neurosenlehre*. 2. série. Leipzig/Viena: [s.e.], 1909.

_____. *Drei Abhandlungen zur Sexualtheorie*. Leipzig/Viena: [s.e.], 1905.

_____. *Die Traumdeutung*. Leipzig/Viena: [s.e.], 1900.

FRIEDLÄNDER, S. Venicreator! [sic]. Zehn Jahre nach dem Tode Friedrich Nietzsche's. *Jugend*, n. 35, 1910, p. 823. Munique.

FROBENIUS, L. *Das Zeitalter des Sonnengottes*. Berlim: [s.e.], 1904.

GANZ, R.D. *Chronologia Sacro-Profana*. Lyon: [s.e.], 1644.

GATTI, A. *South of the Sahara*. 2. ed. Nova York: [s.e.], 1945.

Gesangbuch, Evangelisches, für Kirche, Schule und Haus in Basel-Stadt und Basel-Land. Basileia, 1854.

Gesangbuch für die Evangelisch-reformierte Kirche der deutschen Schweiz. Basileia, 1897.

GOETHE, J.W. von. *Faust*. Gesamtausgabe Insel. Leipzig: [s.e.], 1942.

_____. *Werke* 31 vols. Stuttgart: Cotta, 1827-1834 [Edição completa do texto definitivo].

GOODENOUGH, E.R. "The Crown of Victory in Judaism". *Art Bulletin*, XXVIII/3, set. de 1946, p. 139-159. Yale, Nova York.

GÖRRES, J. von. *Die christliche Mystik*. 4 vols. Regensburg/Landshut: [s.e.], 1836-1842.

GRAF, M. *Richard Wagner im "Fliegenden Holländer"*. Ein Beitrag zur Psychologie künstlerischen Schaffens (Schriften zur angewandten Seelenkunde IX). Leipzig/Viena: [s.e.], 1911.

GRESSMANN, H. [org.]. *Altorientalische Texte und Bilder zum Alten Testamente*. 2 vols. Tübingen: [s.e.], 1909.

GRIMM, J. [L.]. *Deutsche Mythologie*. 4. ed. 3 vols. Gutersloh: [s.e.], 1876-1877 [Org. por Elard Hugo Meyer].

GUBERNATIS, A. de. *Die Thiere in der indogermanischen Mythologie*. Leipzig: [s.e.], 1874.

GUNKEL, H. *Schöpfung und Chaos in Urzeit und Endzeit* – Eine religionsgeschichtliche Untersuchung über Gen. 1 und Ap. Joh. 12. Göttingen: [s.e.], 1895.

HAMANN, J.G. *Schriften*. 8 vols. Berlin: [s.e.], 1821-1843 ["Metakritik über den Purismum der reinen Vernunft", no vol. VII. Org. por Friedrich Roth].

HARDING, E. *Der Weg der Frau* – Eine psychologische Deutung. Zurique: [s.e.], 1935 [Com uma introdução de C.G. Jung].

HARTLAUB, G.F. *Giorgiones Geheimnis*. – Ein kunstgeschichtlicher Beitrag zur Mystik der Renaissance. Munique: [s.e.], 1925.

HARTMANN, E. von. *Die Weltanschauung der modernen Physik*. 2. ed. Bad Sachsa: [s.e.], 1909.

HAUPTMANN, G. *Die versunkene Glocke* – Ein deutsches Märchendrama. 57. ed. Berlim: [s.e.], 1904.

_____. *Hanneies Himmelfahrt* – Traumdichtung in zwei Teilen. 11. ed. Berlim: [s.e.], 1902.

HEIDEL, A. *The Gilgamesh Epic and Old Testament Parallels*. Chicago: [s.e.], 1946.

HEINE, H. *Sämtliche Werke* ["Buch der Lieder", p. 1-64]. Stuttgart/Leipzig: [s.e.], 1899.

HENNECKE, E. (org.). *Apokryphen, Neutestamentliche*. 2. ed. Tübingen: [s.e.], 1924.

HERMETICA. The ancient Greek and Latin writings which contain religious or Philosophie teachings ascribed to Hermes Trismegistus. 4 vols. Oxford: [s.e.], 1934-1936 [Org. por Walter Scott].

HERODOTUS. *Neun Bücher der Geschichte*. Vol. I: 1º ao 4º livro. Munique/Leipzig: [s.e.], 1911.

HERRMANN, P. *Nordische Mythologie in gemeinverständlicher Darstellung*. Leipzig: [s.e.], 1903.

HERZOG, R. "Aus dem Asklepieion von Kos". *Archiv für Religionswissenschaft*, X, 1907, p. 201-228, 400-415. Leipzig.

HESIOD. *Werke*. 4. ed. (Langenscheidtsche Bibliothek sämtlicher griechischer und römischer Klassiker II). Berlim/Stuttgart: [s.e.], 1855-1911 [Trad. para o alemão de acordo com a métrica original por Eduard Eyth].

HIPPOLYTUS. Elenchos [= Refutatio omnium haeresium]. (Die griechischen christlichen Schriftsteller der ersten drei Jahrhunderte). Leipzig: [s.e.], 1906 [Org. por Paul Wendland].

HIRT, H. *Etymologie der neuhochdeutschen Sprache* – Darstellung des deutschen Wortschatzes in seiner geschichtlichen Entwicklung. Munique: [s.e.], 1909.

HOFFMANN, E.T.A. *Die Elixiere des Teufels* – Nachgelassene Papiere des Bruders Medardus, eines Kapuziners. Berlim/Leipzig: [s.e.], 1908.

HÖLDERLIN, F. *Sämtliche Werke*. Leipzig: Insel, [s.d.].

_____. *Gesammelte Werke*. Bd. II: Gedichte. 3 vols. Jena: [s.e.], 1909.

[HOMERO]. *Homer's Werke*, por Johann Heinrich Voss. Vol. I: Ilias. Vol. II: Odyssee. Stuttgart/Tübingen: [s.e.], 1842.

HORÁCIO (Quintus Horatius Flaccus). *Werke*. 2 vols. Leipzig: [s.e.], 1899/ 1925 [Org. por O. Keller e A. Holder].

HUCH, R. *Liebesgedichte*. Leipzig: Insel, [1916].

HUGO DE S. VITOR. De laude caritatis. In: MIGNE, J.P. *Patrologia Latina* CLXXVI, col. 969-976.

HUMBOLDT, A. von. *Kosmos* – Entwurf einer physischen Weltbeschreibung. 4 vols. (in 2). Stuttgart: [s.e.], 1889.

I Ging. Das Buch der Wandlungen. Jena: [s.e.], 1924. [Trad. do chinês e notas de Richard Wilhelm].

[IRINEU (de Lião)]. S. Irenaei episcopi Lugdunensis contra omnes haereses libri quinque. Londres: [s.e.], 1702 [No texto do livro lê-se o título habitual *"Adversus omnes haereses"*]. Em alemão: *Des heiligen I' fünf Bücher gegen die Häresien* (Bibliothek der Kirchenväter). Livro I-III. Kempten/Munique: [s.e.], 1912.

JAFFË, A. Bilder und Symbole aus E.T.A. Hoffmanns Märchen "Der Goldne Topf". In: JUNG, C.G. *Gestaltungen des Unbewussten*. Zurique: Rascher, 1950.

JAHNS, M. *Ross und Reiter in Leben, Sprache*, Glauben und Geschichte der Deutschen. Eine kulturhistorische Monografie. 2 vols. Leipzig: [s.e.], 1872.

JAMES, W. *Psychologie*. Leipzig: [s.e], 1909.

JANET, P. *Les névroses*. Paris: [s.e.], 1909.

JENSEN, P. *Das Gilgamesch-Epos in der Weltliteratur*. Estrasburgo: [s.e.], 1906.

JODL, F. *Lehrbuch der Psychologie*. 2 vols. Stuttgart/Berlim: [s.e.], 1908.

JOËL, K. *Seele und Welt* – Versuch einer organischen Auffassung. Jena: [s.e.], 1912.

JOHNSON, S. *The History of Rasselas, Prince of Abissinia*. Londres: [s.e.], 1759.

JONES, E. On the Nightmare. *American Journal of Insanity*, LXVI, 1910, p. 383-417. Baltimore [Trad. al.: Der Alptraum in seiner Beziehung zu gewissen Formen des mittelalterlichen Aberglaubens. Leipzig/Viena, 1912].

JUNG, C.G. *Allgemeines zur Komplextheorie* (Kultur- und staatswissenschaftliche Schriften der Eidgenössischen Technischen Hochschule XII). Aarau: Sauerländer, 1934. Mais tarde em: *Über psychische Energetik und das Wesen der Träume* (Psychologische Abhandlungen II). Zurique: Rascher,

1948. Reedição (paperback) 1965. Ölten: Studienausgabe Walter, 1971 [OC, 8 (1967)].

_____. *Die Beziehung zwischen dem Ich und dem Unbewussten*. Darmstadt: Reichl, 1928. Reedição Zurique: Rascher, 1933. Reimpressões 1935, 1939, 1945, 1950, 1960 e (paperback) 1966. Ölten: Studienausgabe Walter, 1971 [OC, 7 (1964)].

_____. *Gestaltungen des Unbewussten* – Mit einem Beitrag von Aniela Jaffé (Psychologische Abhandlungen VIII). Zurique: Rascher, 1950. [Contribuições de Jung: OC, 15 (1971) e 9/1].

_____. Der Geist Mercurius. *Eranos-Jahrbuch*, IX (1942). Zurique: Rhein-Verlag, 1943. Reedição ampliada in: JUNG, C.G. *Symbolik des Geistes*.

_____. Der Geist der Psychologie. *Eranos-Jahrbuch*, XIV (1946). Zurique: Rhein-Verlag, 1947. Reedição ampliada como Theoretische Überlegungen zum Wesen de Psychischen. In: JUNG, C.G. *Von den Wurzeln des Bewusstseins* [OC, 8 (1967)].

_____. *Der Inhalt der Psychose* (Schriften zur angewandten Seelenkunde III). Leipzig/Viena: Deuticke, 1908. Reimpressão ampl. 1914 [OC, 3 (1968)].

_____. Die Lebenswende. *Seelenprobleme der Gegenwart* (Psychologische Abhandlungen III). Zurique: Rascher, 1931 [OC, 8 (1967)].

_____. *Mysterium Coniunctionis* – Untersuchungen über die Trennung und Zusammensetzung der seelischen Gegensätze in der Alchemie. Com a colaboração de Marie-Louise von Franz, 2(3) vols. [s.l.]: Rascher, 1955 [vols. I e II como OC, 14/1 e 2 (1968)].

_____. *Paracelsica* – Zwei Vorlesungen über den Arzt und Philosophen Theophrastus. Zurique: Rascher, 1942 [OC, 13 e 15 (1971)].

_____. Paracelsus als geistige Erscheinung [OC, 13].

_____. *Psychologie und Alchemie* (Psychologische Abhandlungen V). Zurique: Rascher, 1944. Reimpressão revis. 1952 [OC, 12 (1972)].

_____. *Psychologie und Erziehung*. Zurique: Rascher, 1946. Reimpressão 1950. Reedição (paperback) 1963 [OC, 17 (1972)].

_____. *Psychologie und Religion*. Die Terry Lectures, gehalten an der Yale University. Zurique: Rascher, 1940. Reimpressões 1942, 1947 e 1962 (paperback). Ölten: Studienausgabe Walter, 1971 [OC, 11 (1963)].

_____. *Die Psychologie der Übertragung*. Erläutert an Hand einer alchemistischen Bilderserie, für Ärzte und praktische Psychologen. Zurique: Rascher, 1946 [OC, 16 (1958)].

_____. *Psychologische Typen*. Zurique: Rascher, 1921. Reimpressões 1925, 1930, 1937, 1940, 1942, 1947 e 1950 [OC, 6 (1960 e 1967)].

_____. *Symbolik des Geistes*. Studien über psychische Phänomenologie, mit einem Beitrag von Riwkah Schärf (Psychologische Abhandlungen VI). Zurique: Rascher, 1948. Reedição 1953 [Contribuições de Jung: OC, 9/1, 11 (1963) e 13].

_____. Über die Archetypen des kollektiven Unbewussten. *Eranos-Jahrbuch* II (1934). Zurique: Rhein-Verlag, 1934. Ed. refund. in: Von den Wurzeln des Bewusstseins [OC, 9/1].

_____. Über Konflikte der kindlichen Seele. In: *Psychologie und Erziehung.*

_____. *Über psychische Energetik und das Wesen der Träume* (Psychologische Abhandlungen II). Zurique: Rascher, 1948. Paperback 1965. Ölten: Studienausgabe Walter, 1971 [OC, 8 (1967)].

_____. *Über die Psychologie der Dementia praecox*. Ein Versuch. Halle: Carl Marhold, 1907 [OC, 3 (1968)].

_____. Über die Psychologie des Unbewussten. Rascher, Zurique 1943. Reimpressões 1948, 1960 e Paperback 1966 [OC, 7 (1964)].

_____. Über die Symbolik des Selbst. In: JUNG, C.G. *Aion*. Untersuchungen zur Symbolgeschichte, mit einem Beitrag von Marie-Louise von Franz (Psychologische Abhandlungen VIII). Zurique: Rascher, 1951 [Contr. de Jung: OC, 9/2].

_____. Über Wiedergeburt. In: JUNG, C.G. *Gestaltungen des Unbewussten* [OC, 9/1].

_____. Versuch zu einer psychologischen Deutung des Trinitäts-dogmas. In: JUNG, C.G. *Symbolik des Geistes* [OC, 11 (1963)].

_____. Die Visionen des Zosimos. In: JUNG, C.G. *Von den Wurzeln des Bewusstseins* [OC, 13].

_____. *Von den Wurzeln des Bewusstseins*. Studien über den Archetypus (Psychologische Abhandlungen IX). Zurique: Rascher, 1954 [OC 8 (1967), 9/1 e 11 (1963)].

_____. Das Wandlungssymbol in der Messe. In: JUNG, C.G. *Von den Wurzeln des Bewusstseins* [OC, 11 (1963)].

_____. Zur Empirie des Individuationsprozesses. In: JUNG, C.G. *Gestaltungen des Unbewussten* [OC, 9/1].

_____. Zur Phänomenologie des Geistes im Märchen. In: JUNG, C.G. *Symbolik des Geistes* [OC, 9/1].

_____. Zur Psychologie östlicher Meditation. In: JUNG, C.G. *Symbolik des Geistes* [OC, 11 (1963)].

_____. Zur Psychologie und Pathologie sogenannter occulter Phänomene. Eine psychiatrische Studie. Leipzig: Oswald Mutze, 1902 [OC, 1 (1966)].

JUNG, C.G. & KERÉNYI, K. *Einführung in das Wesen der Mythologie.* Das göttliche Kind / Das göttliche Mädchen. Zurique: Rhein-Verlag, 1951, [Contr. de Jung: OC, 9/1].

Obras de C.G. Jung citadas neste volume, traduzidas para o português e publicadas pela Editora Vozes:

– *Estudos sobre psicologia analítica.* OC, 7 (encad.), 2. ed., 1981.

– *O eu e o inconsciente.* OC, 7/1 (broch.), 4. ed., 1984.

– *Psicologia do inconsciente.* OC, 7/2 (broch.), 3. ed., 1983.

– *A dinâmica do inconsciente.* OC, 8 (encad.), 1984.

– *A energia psíquica.* OC, 8/1 (broch.), 1983.

– *A natureza da psique.* OC, 8/2 (broch.), 1984.

– *Sincronicidade*: Um princípio de conexões acausais. OC, 8/3 (broch.), 1984.

– *Aion*: Estudos sobre o simbolismo do si-mesmo. OC, 9/2 (encad. e broch.), 1982.

– *Psicologia da religião ocidental e oriental.* OC, 11 (encad.), 2. ed., 1983.

– *Interpretação psicológica do Dogma da Trindade.* OC, 11/2 (broch.), 2. ed., 1983.

– *Psicologia e religião.* OC, 11/1 (broch.), 2. ed., 1984.

– *O símbolo da transformação na missa.* OC, 11/3 (broch.), 1979.

– *Resposta a Jó.* OC, 11/4 (broch.), 1979.

– *Psicologia e religião oriental.* OC, 11/5 (broch.), 2. ed., 1982.

– *Mysterium Coniunctionis.* OC, 14/1 (broch. e encad.), 1984.

– *A prática da psicoterapia.* OC, 16/1 (broch.), 1981.

– *O desenvolvimento da personalidade*. OC, 17 (broch. e encad.), 1983.

JUNG, C.G. (org.). *Diagnostische Assoziationsstudien*. Beiträge zur experimentellen Psychopathologie. 2 vols. Leipzig: J.A. Barth, 1906/1910. Reedições 1911 e 1915 [Contribuições de Jung: OC, 2].

JUNG, E. Ein Beitrag zum Problem des Animus. In: JUNG, C.G. *Wirklichkeit der Seele*. Anwendungen und Fortschritte der neueren Psychologie (Psychologische Abhandlungen IV). Zurique: Rascher, 1934. Reedições 1939, 1947. A contribuição de Emma Jung foi publicada à parte juntamente com o estudo "Die Anima als Naturwesen" sob o título "Animus und Anima" em paperback por Rascher em 1967.

KALTHOFF, A. *Die Entstehung des Christentums*. Neue Beiträge zum Christusproblem. Leipzig: [s.e.], 1904.

KERÉNYI, K. Die Göttin Natur. Eranos-Jahrbuch, XIV, 1946. Zurique.

_____. *Prometheus*. Das griechische Mythologem von der menschlichen Existenz (Albae Vigiliae, Nova Série IV). Zurique: [s.e.], 1946.

_____. *Die Geburt der Helena, samt humanistischen Schriften aus den Jahren* 1943-45 (Albae Vigiliae, Nova Série III). Zurique: [s.e.], 1945.

_____. Mysterien der Kabyren. Einleitendes zum Studium antiker Mysterien. *Eranos-Jahrbuch*, XI, 1945. Zurique.

KERNER, J. *Die Seherin von Prevorst* – Eröffnungen über das innere Leben des Menschen und über das Hereinragen einer Geisterwelt in die unsere. 6. ed. Stuttgart: [s.e.], 1892.

KIRCHER, A. *Oedipus Aegyptiacus*. 3 partes em 4 vol. Roma: [s.e.], 1652-1654.

KLEINPAUL, R. *Das Leben der Sprache und ihre Weltstellung*. 3 vols. Leipzig: [s.e.], 1893.

KLUGE, F. *Etymologisches Wörterbuch der deutschen Sprache*. 7. ed. Estrasburgo: [s.e.], 1910.

KOCH-GRÜNBERG, T. *Südamerikanische Felszeichnungen*. Berlim: [s.e.], 1907.

Koran, Der. Aus dem Arabischen wortgetreu neu übersetzt und mit erläuternden Anmerkungen versehen von L. Ullmann. 4. ed. Bielefeld, 1857.

KUHN, A. *Mythologische Studien*. Vol. I: Die Herabkunft des Feuers und des Göttertranks. Ein Beitrag zur vergleichenden Mythologie der Indogermanen. 2. ed. Gutersloh: [s.e.], 1886.

KÜLPE, O. *Grundriss der Psychologie auf experimenteller Grundlage dargestellt*. Leipzig: [s.e.], 1893.

LACTANTIUS FIRMIANUS. *Opera omnia*. Org. por Samuel Brandt e Georg Laubmann (Corpus scriptorum ecclesiasticorum Latinorum XIX e XXVII), 3 vols. Viena: [s.e.], 1890-1893 [Pars I: Divinae institutiones].

LAISTNER, L. *Das Rätsel der Sphinx*. 2 vols. Berlim: [s.e.], 1889.

LAJARD, J.B.F. *Recherches sur le culte, les symboles, les attributs et les monuments figurés de Vênus en orient et en occident* [Excerto]. Paris: [s.e.], 1837.

LA ROCHEFOUCAULD, F. Duc de. *Oeuvres complètes*. 3 vols. Paris: [s.e.], 1868 ["Maximes", vol. I].

LAYARD, J. The Incest Taboo and the Virgin Archetype. *Eranos-Jahrbuch*, XII, 1945. Zurique.

LE BLANT, E. *Les Sarcophages chrétiens de la Gaulle*. Paris: [s.e.], 1886.

Lehrbuch der Religionsgeschichte. Begründet von Chantepie de la Saussaye. Org. por Alfred Bertholet e Eduard Lehmann. 4. ed., 2 vols. Tübingen, 1925.

Lexikon zu den Reden des Cicero. Mit Angabe sämtlicher Stellen, de H. Marquet. 4. ed. Jena, 1884.

Lexikon, Ausführliches, der griechischen und römischen Mythologie. Org. por W.H. Roscher e outros. 11 vols. Leipzig, 1884-1890.

LIEPMANN, H. *Über Ideenflucht*: Begriffsbestimmung und psychologische Analyse. Halle: [s.e.], 1904.

LOMBROSO, C. *Genie und Irrsinn in ihren Beziehungen zum Gesetz, zur Kritik und zur Geschichte*. Leipzig: [s.e.], 1887.

LONGFELLOW, H.W. *The Complete Poetical Works*. Boston/Nova York: Cambridge Edition, 1893 [The Song of Hiawatha].

LOTZE, H. *Logik*. Drei Bücher vom Denken, vom Untersuchen und vom Erkennen (System der Philosophie I). Leipzig: [s.e.], 1874.

LÖWIS OF MENAR, A. von. Nordkaukasische Steingeburtssagen. *Archiv für Religionswissenschaft* XIII, 1910, p. 509-524. Leipzig.

LUCIANO, M. *In Lucian*. With an English translation by A.M. Harman (Loeb Classical Library). 8 vols. Londres: [s.e.], 1913s.

LUCRÉCIO (T. Lucretius Carus). *De rerum natura libri sex*. Berlim: [s.e.], 1923. [Org. por Hermann Diels].

LYDUS, J. *De mensibus*. Org. por Richard Wünsche. Leipzig: [s.e], 1898.

MACDONELL, A.A. *A Practical Sanskrit Dictionary*. Londres: [s.e.], 1924.

MACROBIUS, A.A.T. *Saturnaliorum libri VII*. Lyon: [s.e.], 1556 [Junto com: In somnium Scipionis libri II].

MAEDER, A. Die Symbolik in den Legenden, Märchen, Gebräuchen und Träumen. *Psychiatrisch-neurologische Wochenschrift*, X, 1908, p. 45 e 55. Halle.

MAEHLY, J. *Die Schlange im Mythus und Cultus der classischen Völker*. Basileia: [s.e.], 1867.

MAETERLINCK, M. *L'Oiseau bleu*. Féerie en six actes et douze tableaux, 98e mille. Paris: [s.e.], [s.d.] [estreia em Moscou/Paris, 1908/1911].

_____. *La Sagesse et la destinée*, 55e mille. Paris: [s.e.], 1914.

MANNHARDT, W. Wald- und Feldkulte. 2. ed. 2 vols. [s.l.]: [s.e.], 1904/1905.

MAURICE, T. *Indian Antiquities*. 7 vols. Londres: [s.e.], 1796.

MAUTHNER, F. *Sprache und Psychologie* (Beiträge zu einer Kritik der Sprache I). Stuttgart: [s.e.], 1901.

MAYN, G. Über Byrons "Heaven and Earth". Breslau, 1887 [Dissertação].

MEAD, G.R.S. *A Mithraic Ritual* (Echoes from the Gnosis VI). Londres/Benares: [s.e.], 1907.

[MECHTHILD VON MAGDEBURG]. *Das fliessende Licht der Gottheit der M' von M'. Ins Neudeutsche übertragen und erläutert von Mela Escherich*. Berlim: [s.e.], 1909.

MERESCHKOWSKI, D.S. *Leonardo da Vinci*. Historischer Roman aus der Wende des 15. Jahrhunderts. Leipzig: [s.e.], 1910.

MERINGER, R. Wörter und Sachen. *Indogermanische Forschungen*, XVI, 1904, p. 101-196. Estrasburgo.

MEYER, E.H. *Indogermanische Mythen*. 2 vols. (num só). Berlim: [s.e], 1883/1887.

MILLER, F. (Miss, pseud.). Quelques faits d'imagination créatrice subconsciente. Introduction par M. Th. Flournoy. *Archives de psychologie de la Suisse romande*, 1906), p. 36-51. Genebra. [Versão port. cf. Apêndice neste vol.].

MÖRIKE, E. *Sämtliche Werke*. 6 vols. (em 2). Leipzig: [s.e.], [1905?].

MÜLLER, F.M. *Einleitung in die vergleichende Religionswissenschaft*. Estrasburgo: [s.e.], 1874.

_____. *Vorlesungen über den Ursprung und die Entwicklung der Religion mit besonderer Rücksicht auf die Religionen des alten Indiens*. Estrasburgo: [s.e.], 1880.

MÜLLER, J. *Über die phantastischen Gesichtserscheinungen*. Coblenz: [s.e.], 1826.

MÜLLER, J.G. *Geschichte der Amerikanischen Urreligionen*. 2. ed. Basileia: [s.e.], 1867.

MUTHER, R. *Geschichte der Malerei*. 3 vols. Vol. II: Die Renaissance im Norden und die Barockzeit. Leipzig: [s.e.], 1909.

Mythology of all Races, The. Org. por L.H. Gray e J.A. Mac-Culloch, 13 vols. Boston, 1916-1928.

NAGEL, A. Der chinesische Küchengott Tsau-kyun. *Archiv für Religionswissenschaft*, XI, (1908), p. 23-43. Leipzig.

NEGELEIN, J. von. Das Pferd im Seelenglauben und Totenkult. *Zeitschrift des Vereins für Volkskunde*, XI, (1901), p. 406-420; XII (1902), p. 14-25 e 377-390. Berlim.

_____. *Der Traumschlüssel des Jaggadeva*. Ein Beitrag zur indischen Mantik (Religionsgeschichtliche Versuche und Vorarbeiten VI). Giessen: [s.e.], 1912.

NERVAL, G. de (Pseud. de Gérard Labrunie). *Aurélia* (Ecrits intimes). Paris : Pleiade, 1927. Versão alemã: *Aurelia* (Sammlung Klosterberg). Basileia: [s.e.], 1943.

NIETZSCHE, F. *Werke*. 16 vols. Leipzig: [s.e.], 1899-1911 [Vols. cit. II: Menschliches, Allzumenschliches; VI: Also sprach Zarathustra. Ein Buch für Alle und Keinen; VIII: Zarathustra-Sprüche und -Lieder].

NORDEN, E. *Die Geburt des Kindes*. Geschichte einer religiösen Idee (Studien der Bibliothek Warburg III). Leipzig/Berlim: [s.e.], 1924).

OVÍDIO (Publius Ovidius Naso). *Opera*. Ex recensione Dan. Heinsii. Amsterdam: [s.e.], 1630.

PARACELSUS (Theophrastus Bombastus von Hohenheim). *Obr. Compl.* Org. por Karl Sudhoff e Wilhelm Matthiesen, 15 vols. Munique/Berlim: [s.e.], 1922-1935. Vol. IV: Liber Azoth sive de ligno et linea vitae.

PAUL, H. *Prinzipien der Sprachgeschichte*. 4. ed. Halle a. S.: [s.e.], 1909.

[PAUSÂNIAS]. *Pausanias' Beschreibung von Griechenland*. Traduzido do grego por Joh. Heinrich Chr. Schubart (Biblioteca Langenscheidt de todos os autores clássicos gregos e latinos, vols. 37 e 38). 4. ed. Berlim/Stuttgart: [s.e.], 1855-1907.

[PETRONIUS (Titus Arbiter)]. *P'ii satyrae et liber Priapeorum* [Satyricon]. Berlim: [s.e.], 1882 [Org. por F. Buecheler].

PFISTER, O. *Die Frömmigkeit des Grafen Ludwig von Zin-zendorf. Ein psychoanalytischer Beitrag zur Kenntnis der religiösen Sublimierungsprozesse und zur Erklärung des Pietismus* (Schriften zur angewandten Seelenkunde VIII). Leipzig/Viena: [s.e.], 1910.

Pistis Sophia. A Gnostic Miscellany. Londres: [s.e.], 1921 [Trad. para o inglês e org. por G.R.S. Mead].

[PLATÃO]. *P's Gastmahl*. Trad. para o alemão por Rudolf Kassner. 2. ed. Jena: [s.e.], 1906.

_____. *Timaios/Kritias/Gesetze* X. Jena: [s.e.], 1909. [Trad. para o alemão por Otto Kiefer].

PLINIUS (Secundus C). *Naturalis historiae libri XXXVII*. Ree. Car. Mayhoff, 6 vols. Leipzig: [s.e.], 1875-1906. Versão alemã: *Die Naturgeschichte des P' S' C*. 6 vols. Leipzig: [s.e.], 1881-1882. [Org. por G.C. Wittstein]

[PLUTARCO]. *P' über Isis und Osiris*. Nach neuverglichenen Handschriften mit Übersetzungen und Erläuterungen hg. von Gustav Parthey. Berlim: [s.e.], 1850.

POE, E.A. *The Raveri'and Other Poems*. Nova York: [s.e.], 1845.

PÖHLMANN, R. von. *Geschichte des antiken Kommunismus und Sozialismus*. 2 vols. Munique: [s.e.], 1893/1901.

PRELLER, L. *Griechische Mythologie*. 2 vols. Leipzig: [s.e.], 1854.

PRELLWITZ, W. *Etymologisches Wörterbuch der griechischen Sprache*. 2. ed. Göttingen: [s.e.], 1905.

PREUSS, K. Th. Der Ursprung der Religion und Kunst. *Globus. Illustrierte Zeitschrift für Länder- und Völkerkunde*, LXXXVI, 1904, p. 321-327, 355-363, 375-379, 388-392; LXXXVII (1905), p. 333-337, 347-350, 380-384, 394-400, 413-419. Braunschweig.

RANK, O. Ein Traum, der sich selbst deutet. *Jahrbuch für psychoanalytische und psychopathologische Forschungen*, II/2, 1910, p. 465-540. Leipzig/Viena.

_____. *Der Künstler*; Ansätze zu einer Sexualpsychologie (Imago-Bücher I). Leipzig/Viena/Zurique: [s.e.], 1925.

_____. *Die Lohengrinsage*. Ein Beitrag zu ihrer Motivgestaltung und Deutung (Schriften zur angewandten Seelenkunde XII). Leipzig/Viena: [s.e.], 1911.

_____. *Der Mythus von der Geburt des Helden* – Versuch einer psychologischen Mythendeutung (Schriften zur angewandten Seelenkunde V). Leipzig/Viena: [s.e.], 1909.

Reden, Die, des Gotamo Buddho's aus der Sammlung der Bruchstücke Suttanipáto des Páli-Kanons. Leipzig, 1905 [Trad. por Karl Eugen Neumann].

REITZENSTEIN, R. *Die hellenistischen Mysterienreligionen*. Ihre Grundgedanken und Wirkungen. Leipzig/Berlim: [s.e.], 1910.

RENAN, E. *Dialogues et fragments philosophiques*. Cit.: Les Sciences de la nature et les sciences historiques. Lettre à M. Marcellin Berthelot (août 1863), p. 153-191. Paris, 1876.

ROBERTSON, J.M. *Die Evangelien-Mythen*. 2. ed. Jena: [s.e.], 1910.

_____. *Christ and Krishna*. Londres: [s.e.], 1889.

ROHDE, E. *Psyche*. Seelencult und Unsterblichkeitsglaube der Griechen. 2 vols. (num só) 4. ed. Tübingen: [s.e.], 1907.

_____. Σκιρα ἐπι Σκιρῳ ἱεροποιια. *Hermes* XXI, 1886, p. 124. Berlim.

ROSTAND, E. *Cyrano de Bergerac*. Comédie héroique en cinq actes, 161e mille. Paris: [s.e.], 1899. Versão alemã: *Cyrano von Bergerac*. Romantische Komödie in fünf Aufzügen. 7. ed. Stuttgart: [s.e.], 1899 [Traduzido por Ludwig Fulda].

SAINT-EXUPÉRY, A. de. *Le petit Prince*. Paris: [s.e.], 1946. Versão alemã: *Der kleine Prinz*. Mit Zeichnungen des Verfassers. Zurique, 1950.

[SALÚSTIO (Sallustius C. Crispus)]. *Werke*. 2. ed. 2 vols. Stuttgart: [s.e.], 1865/1868 [Trad. e notas de Carl Cless].

SCHÄRF, R. Die Gestalt des Satans im Alten Testament. In: JUNG, C.G. *Symbolik des Geistes.*

SCHEFFEL, J.V. von. "Ein Harung liebt' eine Auster..." In: Liederbuch für den Neu-Zofingerverein [Apêndice, p. 113]. Zurique, 1861.

SCHELLING, F.W.J. von. *Philosophie der Mythologie.* Obr. Compl. II/1 e 2. Stuttgart/Augsburg: [s.e.], 1856/1857.

SCHILLER, F. *Die Piccolomini.* 2ª parte de: Wallenstein, ein dramatisches Gedicht. Obr. Compl. VI. Stuttgart/Tübingen: [s.e.], 1823.

SCHMID, H. Zur Psychologie der Brandstifter. In: *Psychologische Abhandlungen* I. Zurique, 1914.

SCHOPENHAUER, A. *Die Welt als Wille und Vorstellung.* Sämtliche Werke in sechs Bänden. I e II. 2. ed. Leipzig: Reclam, 1891 [Org. por Eduard Griesebach].

SCHOTT, A. *Das Gilgamesch-Epos.* Leipzig: [s.e.], [1934].

SCHREBER, D.P. *Denkwürdigkeiten eines Nervenkranken nebst Nachträgen usw.* Leipzig: [s.e.], 1909.

SCHULTZ, W. *Dokumente der Gnosis.* Jena: [s.e.], 1910.

SCHULTZE, F. *Psychologie der Naturvölker.* Leipzig: [s.e.], 1900.

SCHULTZE, V. *Die Katakomben.* Die altchristlichen Grabstätten. Ihre Geschichte und ihre Monumente. Leipzig: [s.e.], 1882.

SCHWARTZ, W. *Indogermanischer Volksglaube.* Ein Beitrag zur Religionsgeschichte der Urzeit. Berlim: [s.e.], 1885.

SCHWEITZER, A. *Geschichte der Leben-Jesu-Forschung.* 5. ed. Tübingen: [s.e.], 1933.

[SÊNECA]. L. *Anneae S'ae opera quae supersunt.* 3 vols. Leipzig: [s.e.], 1871-1873. [Org. por Frdr. Haase].

Septem tractatus seu capitula Hermetis Trismegisti, aurei *[Tractatus aureus].* In: Ars chemica [p. 5-31]. Estrasburgo, 1566.

SHAKESPEARE, W. *The Complete Works.* Londres: [s.e.], 1947.

SHARPE, S. *Egyptian Mythology and Egyptian Christianity with their influence on the opinions of modern Christendom.* 2. ed. Londres: [s.e.], 1896.

SIECKE, E. Der Gott Rudra im Rig-Veda. *Archiv für Religionswissenschaft,* I, 1898, p. 113-151, 209-259. Freiburg i. Br.

SILBERER, H. Phantasie und Mythus (Vornehmlich vom Gesichtspunkte der "funktionalen Kategorie" aus betrachtet). *Jahrbuch für psychoanalytische und psychopathologische Forschungen*, II/2, 1910, p. 541-622. Leipzig/Viena.

_____. Bericht über eine Methode, gewisse symbolische Halluzinationserscheinungen hervorzurufen und zu beobachten. *Jahrbuch für psychoanalytische und psychopathologische Forschungen*, I, 1909, p. 513-525. Leipzig/Viena.

[SÓFOCLES]. Philoktet. In: *Tragödien*. Berlim: [s.e.], 1862.

SPIEGEL, F. *Erânische Altertumskunde*. 3 vols. Leipzig: [s.e.], 1871-1878.

_____. *Grammatik der Parsisprache nebst Sprachproben*. Leipzig: [s.e.], 1851.

SPIELREIN, S. Über den psychologischen Inhalt eines Falles von Schizophrenie (Dementia praecox). *Jahrbuch für psychoanalytische und psychopathologische Forschungen*, III, 1912, p. 329-400. Leipzig/Viena.

SPITTELER, C. *Prometheus und Epimetheus*. Ein Gleichnis. Jena: [s.e.], 1923.

_____. *Imago*. Jena: [s.e.], 1919.

Standard Dictionary of Folklore, Mythology and Legend. Org. por Mary Leach, 2 vols. Nova York 1949/1950.

STEINTHAL, H. Die Sage von Simson. *Zeitschrift für Völkerpsychologie und Sprachwissenschaft*, II, 1862, p. 129-178. Berlim.

_____. Die ursprüngliche Form der Sage von Prometheus. *Zeitschrift für Völkerpsychologie und Sprachwissenschaft*, II, 1862, p. 1-29. Berlim.

STEKEL, W. *Aus Gerhart Hauptmanns Diarium*. Zentralblatt für Psychoanalyse, II, 1912, p. 365s. Wiesbaden.

_____. *Die Sprache des Traumes*. Für Ärzte und Psychologen. Wiesbaden: [s.e.], 1911.

STOKES, W. *Urkeltischer Sprachschatz*. (Vergleichendes Wörterbuch der Indogermanischen Sprachen, org. por August Fick, II). Göttingen: [s.e.], 1894.

STOLL, O. *Das Geschlechtsleben in der Völkerpsychologie*. Leipzig: [s.e.], 1908.

SUETON. *Die zwölf Cäsaren*. Munique/Leipzig: [s.e.], 1912. [Trad. por Adolf Stahr (Klassiker des Altertums, erste Reihe XII)].

TEÓCRITO. *Theokrits Idyllen*. 2. ed. Leipzig: [s.e.], 1869. [Com texto explicativo em alemão por Ad. Th. Hermann Fritzsche].

TERTULIANO (Quintus Septimus Tertullianus). *Apologeticus adversus gentes pro Christianis [Apologia]*. In: MIGNE, J.P. *Patrologia Latina* I, col. 257-536.

Theatrum chemicum, praecipuos selectorum auctorum tractatus... continens, 6 vols. Ursel/Estrasburgo, 1602-1661. Platonis liber quartorum, vol. V (Estrasburgo, 1622).

THIELE, G. *Antike Himmelsbilder*. Mit Forschungen zu Hipparchos, Aratos und seinen Fortsetzern und Beiträgen zur Kunstgeschichte des Sternhimmels. Berlim: [s.e.], 1928.

THOMPSON, R.C. (org.). *The Epic of Gilgamish*. Londres: [s.e.], 1928.

Upanishads, The. Part II. Trad. e publ. por F. Max Müller (The Sacred Books of the East XV). Oxford, 1900.

USENER, H. *Das Weihnachtsfest* (Religionsgeschichtliche Untersuchungen I). 2. ed. Bonn: [s.e.], 1911.

VERGIL. *Hirtengedichte / Vom Landbau*. Versão alemã de Rudolf Alexander Schröder. Leipzig: [s.e.], 1939.

VERLAINE, P. *Oeuvres complètes*. 5 vols. Paris: [s.e.], 1923-1926 ["Poèmes Saturniens", vol. I, 1925].

VÖLLERS, K. Chidher. *Archiv für Religionswissenschaft*, XII (1909), p. 234-284. Leipzig.

WAGNER, R. *Gesammelte Schriften*. Org. por Julius Kapp. 14 vols. Leipzig: [s.e.], [s.d.] ["Siegfried" e "Walküren", vol. IV].

WAITZ, T. *Anthropologie der Naturvölker*. 6 Theile. Leipzig: [s.e.], 1859-1872.

WALDE, A. *Lateinisches etymologisches Wörterbuch* (Indogermanische Bibliothek, 2. Reihe I). 2. ed. Heidelberg: [s.e.], 1910.

WEGENER, T. a V. *Das wunderbare innere und äussere Leben der Dienerin Gottes Anna Katharina Emmerich aus dem Augustinerorden*. Dülmen i. W., 1891.

WIEDEMANN, A. Die Toten und ihre Reiche im Glauben der alten Ägypter. *Der Alte Orient*, II/2, 1900, p. 33-68. Leipzig.

WILHELM, R. *Das Geheimnis der Goldenen Blüte*. Ein chinesisches Lebensbuch. Mit einem europäischen Kommentar von C.G. Jung. Dorn Verlag, Munique 1929. Reedição Rascher 1938. Reimpressões 1939, 1944, 1948 e 1957 [Contr. de Jung: OC, 13].

WIRTH, A. (org.). *Aus orientalischen Chroniken*. Frankfurt a. M.: [s.e.], 1894.

WOLFIUS, C. (Christian Freiherr von Wolff). *Psychologia empirica methodo scientifica pertractata etc*. Frankfurt/Leipzig: [s.e.], 1732.

WUNDT, W. *Grundriss der Psychologie*. 5. ed. Leipzig: [s.e.], 1902.

_____. Über naiven und kritischen Realismus. Dritter Artikel: II, Der Empiriokriticismus (Schluss) (In: Philosophische Studien. Org. por W W', XIII). Leipzig, 1898.

ZÖCKLER, O. *Das Kreuz Christi*. Religionshistorische und kirchlich-archäologische Untersuchungen. Zugleich ein Beitrag zur Philosophie der Geschichte. Gutersloh, 1875.

Índice onomástico*

Abegg, E. 214[21]
Abeghian, M. 163[77], 486[19]
Abelardo 14, 22
Abraham, K. 2, 26[28], 29, 208, 319[18]
Adler, A. Pref. à 4. ed.
Agostinho (Aurelius Augustinus) 21[23], 102, 104[58], 107, 111, 112, 162, 186, 411, 669[72], 671
Agrippa von Nettesheim fig. 79
Aigremont – Dr. 209[10], 356[52], 292[122], 422[14], 422[16], 481[16]
Alciati (Alciatus), A. 261[10]
Alexandre, J. 594
Allendorf, J.L.K. 268
Amenhotep (Amenofis) IV 148s., fig. 14
Anaxágoras 67, 76, 176[2]
Apuleio, L. 102[52], 130[14], fig. 9, 148[45], 158, 208[10], 439[42], 610, 644[36]
Aristófanes 577
Arnóbio 530
Arnold, Sir Edwin 362, 490
Artemidoros 4
Astério, bispo 528
Assurbanipal, A. 280, 659[49]
Ateneu 321, 671[77]

Baldwin, J.M. 12[6], 15
Bancroft, H.H. 400
Bapp, K. 208[6]
Barchusen, J.C. fig. 15
Barlach, E. 566[110], 569[116]
Beneke, F. 190[2]
Benndorf, O. 665
Bergson, H. 425
Bernardino de Sahagún 522[49]
Bernoulli, C.A. 47[1], 585[166]
Berthelot, M. 200[24], 512[44], 553[99], 671[74]
Bertschinger, H. 261
Bleuler, E. 19[21], 37, 58[2], 253[3], 680[86]
Boehme, J. fig. 10
Bousset, W. 576[135]
Brenner, A. 45[46]
Brugsch, H. 235[39], 316[13], 357[53s.], 358[58], 359[59], 367[79], 388[110], 408[151]
Bruno, G. 24
Buber, M. 137[24], 139[27], 140[28], 141[30]
Bücher, K. 104[60], 218[27]
Buda, G. 362[63], 437, 470, 490
Budge, E.A.T.W. 479[12]
Burckhardt, J. 21[23], 45, 107

Índice analítico*

---

* Os números referem-se aos parágrafos. Os números em índice referem-se às notas de rodapé. – v.e.t. = ver este termo.

Quadriga mística 42
Quarto, como Filho de Deus 245
Quaternidade 550, 611
Queda (no pecado) 84
- tema da 69
Queixo 208[10]
Querer, visão do 253
Quimera 265

Raab 379, 380, 381, 382, 383
Racionalismo, moderno 113, 221
Rafael, arcanjo 169
Raia, v. animais
Raio 156[57], 421
- como cavalo 421
Rapto, tema do 8, 34, 250
- produção do fogo como 248, 250
- das Sabinas etc. 34
Rastejar 550[97]
Raven, The (O Corvo, Poe) 81
Rê (Ra, Chnum-Rê, Amon-Rê)
133, 147, 274, 292[53], 351, 356,
357, 362, 368, 408[152], 451
Realidade, alheamento da 58
- espiritual 336
- "interior", como origem do medo
221
-- e exterior 221
Rede cristalina 450
Rede, mágica de Hefesto 364[67]
Redenção 95, 96, 104
Região anal 276
"Região pré-consciente" (em
Fichte) 39[41]
Regressão 40, 220, 227, 253, 264,
345, 351, 398, 506, (553)
- da libido, v.e.t.
- religiosa 138
- sentido simbólico da 644
- como característica do
pensamento no sonho (em Freud) 25
- para o inconsciente 558

- no nível pré-sexual 206, 226
Reia 183, 303, 349, 577
Reis sassânidas 131[16]
Reiva, árvore de 367
Rejuvenescimento 538, 549, 565,
569
Relação com o mundo externo
190, 300
Relevo de Átis em Koblenz 662
Religião, religiões 134, 221, 332,
411[155], 415, 553
- como guarda das verdades
simbólicas 336
- valor da 105
Religio 669
Renascimento 113, 290, 332, 349,
354, 369, 484, 494, 626, 635
- do maligno 351
- peixe e 291
- espiritual pela introversão 589
- do herói, v.e.t.
- mitos do 332, 362, 364, 374[102]
- sementes de 553
- anseio por 312, 417, 617
- do Sol, v.e.t.
- símbolos do 300, 495
- morte e, v.e.t.
- da "água e do Espírito" 510
- do "vento e da água" 485
Renovação 609
Renovação da vida 671
"Représentations collectives"
(Lévy-Bruhl) 223, 654, 683
Repressão 9, 90-95, 262, 263, 436
- como sintoma de uma atitude
neurótica 262
- origem da vontade de 221
Repuxar os lábios 217
Rigveda 211, 322, 486[19], 515, 556,
588, 646, 656
Ritmo 183[14], 206, 208, 217
- e sexualidade 219, 297[64], 370

CULTURAL

Administração
Antropologia
Biografias
Comunicação
Dinâmicas e Jogos
Ecologia e Meio Ambiente
Educação e Pedagogia
Filosofia
História
Letras e Literatura
Obras de referência
Política
Psicologia
Saúde e Nutrição
Serviço Social e Trabalho
Sociologia

CATEQUÉTICO PASTORAL

Catequese
Geral
Crisma
Primeira Eucaristia

Pastoral
Geral
Sacramental
Familiar
Social
Ensino Religioso Escolar

TEOLÓGICO ESPIRITUAL

Biografias
Devocionários
Espiritualidade e Mística
Espiritualidade Mariana
Franciscanismo
Autoconhecimento
Liturgia
Obras de referência
Sagrada Escritura e Livros Apócrifos

Teologia
Bíblica
Histórica
Prática
Sistemática

REVISTAS

Concilium
Estudos Bíblicos
Grande Sinal
REB (Revista Eclesiástica Brasileira)
SEDOC (Serviço de Documentação)

VOZES NOBILIS

Uma linha editorial especial, com importantes autores, alto valor agregado e qualidade superior.

VOZES DE BOLSO

Obras clássicas de Ciências Humanas em formato de bolso.

PRODUTOS SAZONAIS

Folhinha do Sagrado Coração de Jesus
Calendário de mesa do Sagrado Coração de Jesus
Agenda do Sagrado Coração de Jesus
Almanaque Santo Antônio
Agendinha
Diário Vozes
Meditações para o dia a dia
Encontro diário com Deus
Guia Litúrgico

CADASTRE-SE
www.vozes.com.br

EDITORA VOZES LTDA.
Rua Frei Luís, 100 – Centro – Cep 25689-900 – Petrópolis, RJ
Tel.: (24) 2233-9000 – Fax: (24) 2231-4676 – E-mail: vendas@vozes.com.br

UNIDADES NO BRASIL: Belo Horizonte, MG – Brasília, DF – Campinas, SP – Cuiabá, MT
Curitiba, PR – Florianópolis, SC – Fortaleza, CE – Goiânia, GO – Juiz de Fora, MG
Manaus, AM – Petrópolis, RJ – Porto Alegre, RS – Recife, PE – Rio de Janeiro, RJ
Salvador, BA – São Paulo, SP